鎌野 邦樹
Kuniki Kamano

花房 博文
Hirofumi Hanafusa

山野目 章夫
Akio Yamanome

［編］

マンション法の判例解説

勁草書房

は　し　が　き

　2015 年末現在、全国で約 623 万戸のマンションがあり、約 1500 万人がマンションに居住している。特に都市部においては、マンションが主要な居住形態となっている。マンションは、市民にとって、生存・生活の拠点であり、最重要な財産である。また、地域の環境（日照・景観等）に大きな影響を与える。このことから、マンション法は、今日の民事法の領域においてきわめて重要な地位を占めるに至っている。マンション法の中核は、1962（昭和 37）年に制定された「建物の区分所有等に関する法律」（区分所有法）であるが、同法は、現在、不動産法（土地住宅私法）において、借地借家法、不動産登記法と並ぶ重要な法律である。区分所有法の制定から 50 年以上が経過し、この間のマンションの増加（同法の制定当時のマンションの戸数は約 1 万戸といわれている）に伴って、それをめぐる法的紛争も増加し、現在までにマンションに関する多数の判決が出されている。本書は、このような背景の下に、マンションをめぐる重要な判例を 100 件厳選して収録したものである。その多くは、区分所有法に関するものであり、本書の第 1 事件から第 86 事件（目次参照）までがそれである。本書では、各事件を当該事件に関連する区分所有法の規定の順番に従って掲載した。ただ、マンションをめぐる紛争は、区分所有法のみに関係するのではなく、一方では民法に関わり、他方では広義のマンション法を構成する被災マンション法（被災区分所有建物の再建等に関する特別措置法）、マンション管理適正化法（マンションの管理の適正化の推進に関する法律）、マンション建替え等円滑化法（マンションの建替え等の円滑化に関する法律）等に関係する。本書の第 87 事件から第 97 事件までは、民法に関連し、第 98 事件から第 100 事件までは、それ以外の保険法または刑法に関連する。広義のマンション法に含まれる上記の法については、適宜、各事件の解説の中で言及した。

　ところで、「マンション」とは、「区分所有建物」のうち、居住の用に供するもの（店舗・事務所等が併存する複合用途型の住宅も含む）をいうが、本書における各事件の解説では、両者の用語を厳格に区別しないで用いている。なお、上記の広義のマンション法に含まれる法律のうち、被災マンション法は、区分所有建物を対象とするが、マンション管理適正化法およびマンション建替え等円滑化法は、「マンション」のみを対象とする。

　区分所有法は、管理に関する区分所有者相互間の事項に関しては、集会の決議によって規約を設定することができると定めているが、その規約においては、広範な事項について、区分所有法の定めとは異なる「別段の定め」をすることを認めている。そして、国土交通省は、管理組合が参考にすべき規約のモデルとして、「マンション標準管理規約」を提示しているが、そこでは、区分所有法の規定と矛盾・抵触することはないが、区分所有法の規定とは異なる「別段の定め」を多く設けている。例えば、マンションの管理の執行機関として、区分所有法上の「管理者」とは異なる「理事」「理事会」「理事長」の規定を設けている。本書では、マンション標準管理規約の関連規定については、各事件の解説の中で、必要に応じて述べてある。

　本書が、読者の現実に抱えているマンション紛争の解決のための参考となり、また、マンション法をより深く理解できる助けとなることを編者一同望んでいる。最後に、本書を刊行するにあたっては、勁草書房編集部の竹田康夫氏に並々ならぬご尽力をいただいた。この場を借りて執筆者全員を代表して、感謝申し上げたい。

2017 年 1 月

鎌野　邦樹

花房　博文

山野目章夫

本書の活用の仕方

マンション法の重要判例100件を精選し、それぞれ見開き2頁でおおよそ以下の構成で解説した。

(1) 事実
〔事実〕は〔判旨〕を理解し、事案の特殊性を明確にし、分析を助けるのに必要な限度で付した。下級審がある場合に、必要に応じてその流れ（裁判の経緯、第1審・第2審における当事者の主張と裁判所の判断）を簡潔に示した。当該事例の中に規約が問題とされる場合には、必要な範囲内で引用を施し言及した。

(2) 判旨（決定要旨）
判決文の引用は判例分析および判例理論（規範）の定立またその評価に必要最小限の限度で行った。

(3) 解説
本判決の分析、本判決の評価、実務指針の3つに細分化し、おおよそ以下の方針に基づき解説した。

①本判決（本決定）の分析

冒頭で判例を理解するために前提となる基本的知識、問題の所在、関連判例を示したうえ、鳥瞰的に判例相互の有機的な関連、判例の位置づけ、判例法理の動向、さらに、判決の背後にある利益状況、判例の問題点、限界事例、特筆すべき重要箇所（ポイント）の指摘、事案の特殊性等の解説をした。

②本判決（本決定）の評価

学説の評価、著者の見解等総合的な判例研究を指向した。判例結論の賛否のみならず、その根拠、評価の位置づけ、著者の見解等について解説した。

③実務指針

判例規範から導かれ、同一事案の紛争の予防や解決を図る実務での指針を解説した。

目　次

はしがき　i
本書の活用の仕方　ii
目　次　iii
凡　例　vi

Ⅰ　総則：管理組合と区分所有者等の権利の調整

1　マンションの譲受人の賃借人に対する看板の撤去請求（権利の濫用）（最判平 25・4・9）………山野目章夫　2
　（§3　区分所有者の団体）
2　県営住宅の自治会における会員の脱会の自由と自治会費の支払（最判平 17・4・26）………鎌野邦樹　4
3　管理組合の当事者適格と請求権（東京高判平 8・12・26）………花房博文　6
　（§7　先取特権）
4　先取特権の被担保債権（大阪高判平 20・4・16）………大山和寿　8
　（§8　特定承継人の責任）
5　特定承継人が滞納管理費等を支払った場合における前区分所有者への求償
　　（東京高判平 17・3・30）………大山和寿　10
6　中間取得者と特定承継人の責任（大阪地判昭 62・6・23）………大山和寿　12
　（§9　建物設置又は保存の瑕疵に関する推定）
7　階上から階下の住宅への雨水の浸入による損害（東京地判平 4・3・19）………松尾　弘　14
　（§10　区分所有権売渡請求権）
8　専有部分のみの取得者が他の専有部分と敷地利用権を取得したときは
　　「敷地利用権を有しない区分所有者」に当たらない（東京高判平 2・3・27）………松尾　弘　16

Ⅱ　マンションの専有部分・共用部分

　（§1　建物の区分所有）
9　マンション内の倉庫の帰属（最判昭 61・4・25）………角田光隆　18
10　マンション内の駐車場の帰属（東京地判平 26・10・28）………角田光隆　20
　（§2　定義）
11　マンションの排水管枝管の帰属とその費用負担（最判平 12・3・21）………大野　武　22
　（§4　共用部分）
12　バルコニーの帰属（最判昭 50・4・10）………角田光隆　24
13　管理室・管理人室の帰属（最判平 5・2・12）………角田光隆　26
14　登記されていない規約共用部分の譲渡と背信的悪意者（東京高判平 21・8・6）………鎌野邦樹　28
　（§6　区分所有者の権利義務等）
15　管理組合の役員らに対する誹謗中傷行為の共同利益背反行為該当性（最判平 24・1・17）………大野　武　30

Ⅲ　共用部分および敷地をめぐる法律関係

　（§11　共用部分の共有関係）
16　一部共用部分の該当性と管理費の負担割合（東京地判平 5・3・30）………大野　武　32
　（§13　共用部分の使用）
17　屋上広告塔に専用使用権を設定した売買契約および管理規約の有効性（東京高判昭 56・4・21）………大野　武　34
18　屋上通信アンテナ設置のため管理組合が共用部分を第三者に賃貸するための要件
　　（札幌高判平 21・2・27）………大野　武　36
19　駐車場専用使用権(1)（最判平 10・10・22）………野口大作　38
20　駐車場専用使用権(2)（最判平 10・10・30）………野口大作　40
　（§16　一部共用部分の管理）
21　一部区分所有者による管理にすべきかの判断（東京高判昭 59・11・29）………野口大作　42
　（§17　共用部分の変更）
22　専有部分の増築と区分所有法 17 条 2 項の「特別の影響」（大阪高判平 4・1・28）………野口大作　44
23　駐車場の使用細則（那覇地判平 16・3・25）………野口大作　46
　（§18　共用部分の管理）
24　マンションの雑排水管は専有部分か、共用部分か（東京地判平 3・11・29）………舟橋　哲　48
25　区分所有法 18 条 1 項但書の「保存行為」の意義（東京地判平 4・7・29）………舟橋　哲　50
26　共有者による地役権設定登記手続請求と当事者適格（最判平 7・7・18）………小田敬美　52
　（§19　共用部分の負担及び利益収取）
27　排水槽についての費用負担義務（東京地判平 24・1・30）………伊藤栄寿　54
28　共用部分への負担（大阪地判昭 57・10・22）………伊藤栄寿　56
29　管理費等の消滅時効（最判平 16・4・23）………伊藤栄寿　58
30　管理組合法人の劣化抑制・壁面塗装工事と事務管理（東京地判平 16・11・25）………角田光隆　60
31　マンションの共用部分について生じた不当利得の返還請求権の行使権者（最判平 27・9・18）………鎌野邦樹　62

（§21　共用部分に関する規定の準用）
32　敷地付属施設の管理（神戸地決昭54・11・9）……………………西島良尚　64
　　　（§22　分離処分の禁止、§23　分離処分の無効の主張の制限、§24　民法第255条の適用除外）
33　共有者が相続人なくして死亡した場合の共有持分の帰属（最判平元・11・24）……………西島良尚　66
34　棟割式区分所有建物と土地の占有権原（東京地判平25・8・22）……………西島良尚　68

Ⅳ　管理者

　　　（§25　選任及び解任）
35　管理者の解任請求（東京地判平2・10・26）……………………吉井啓子　70
　　　（§26　権限）
36　集会の決議の実行（神戸地判平7・10・4）……………………吉井啓子　72
37　不当利得返還請求（東京地判平9・7・25）……………………吉井啓子　74
38　管理組合の原告適格（最判平23・2・15）……………………吉井啓子　76
　　　（§27　管理所有、§28　委任の規定の準用）
39　管理者の報告義務（東京地判平4・5・22）……………………矢田尚子　78
40　管理者の金銭等の引渡義務（東京地判平22・6・21）……………矢田尚子　80
　　　（§29　区分所有者の責任等）
41　区分所有者の設備撤去の責任（最判昭61・7・10）……………矢田尚子　82

Ⅴ　規約

　　　（§30　規約事項）
42　規約に違反した用途外利用行為（東京高判平23・11・24）……………土居俊平　84
43　法人が負担すべき管理費等を高額にする規約等の有効性（東京地判平2・7・24）……………土居俊平　86
44　管理費等滞納者が支払う「違約金としての弁護士費用」の意義（東京高判平26・4・16）……………土居俊平　88
　　　（§31　規約の設定、変更及び廃止、§32　公正証書による規約の設定）
45　不在区分所有者に対し住民活動協力金支払を求める規約の有効性（最判平22・1・26）……………土居俊平　90
46　店舗の使用制限を内容とする規約変更の有効性（東京地判昭63・11・28）……………土居俊平　92
47　ペット飼育（最判平10・3・26）……………………小西飛鳥　94
　　　（§33　規約の保管及び閲覧）
48　規約の閲覧（東京高判平14・8・28）……………………小西飛鳥　96
49　閲覧・謄写請求（東京高判平23・9・15）……………………小西飛鳥・藤巻梓　98

Ⅵ　集会

　　　（§34　集会の招集）
50　管理者による集会の招集（東京地判平13・2・20）……………花房博文　100
　　　（§35　招集の通知、§36　招集手続の省略）
51　招集通知の欠如（東京地判平19・2・1）……………………花房博文　102
　　　（§37　決議事項の制限）
52　議題の欠如（東京地判昭62・4・10）……………………岡田康夫　104
53　議案の要領の欠如（東京高判平7・12・18）……………………岡田康夫　106
　　　（§38　議決権、§39　議事）
54　頭数と議決権（人数の数え方）（神戸地判平13・1・31）……………藤巻　梓　108
55　白紙委任状（横浜地判平3・12・12）……………………藤巻　梓　110
　　　（§45　書面又は電磁的方法による決議）
　56　原始規約の設定手続（東京地八王子支判平5・2・10）……………藤巻　梓　112
　　　（§46　規約及び集会の決議の効力）
57　特定承継人への効力（最判平9・3・27）……………………藤巻　梓　114

Ⅶ　管理組合法人

　　　（§47　成立等）
58　管理組合法人の法人化前の団体の原告適格（最判平13・3・22）……………小田敬美　116
　　　（§49の3　理事の代理行為の委任）
59　代表権の制限（最判平2・11・26）……………………山野目章夫　118
　　　（§49の4　仮理事）
60　組合の仮理事長の選任申立てが認められたケース（大阪地決昭63・2・24）……………山野目章夫　120

Ⅷ　義務違反者に対する措置

　　　（§57　共同の利益に反する行為の停止等の請求）
61　義務違反行為の停止(1)（東京地立川支判平22・5・13）……………横山美夏　122
62　義務違反行為の停止(2)（東京地判平17・6・23）……………横山美夏　124
63　義務違反行為の結果の除去（東京高判平7・2・28）……………秋山靖浩　126
64　訴訟の提起（東京地判平6・2・14）……………………秋山靖浩　128

（§58　使用禁止の請求）
65　暴力団事務所の使用禁止（福岡地判昭62・5・19）………………………………南部あゆみ　130
66　管理費等の滞納と専有部分の使用禁止請求（大阪高判平14・5・16）……………竹田智志　132
　　　（§59　区分所有権の競売の請求）
67　暴力団事務所の競売請求（京都地判平4・10・22）……………………………………南部あゆみ　134
68　電気供給契約の切替え（横浜地判平22・11・29）……………………………………南部あゆみ　136
69　管理費等の滞納と区分所有法59条1項の競売請求（東京地判平17・5・13）………竹田智志　138
70　区分所有権の競売請求訴訟の口頭弁論終結後の承継人に対する競売申立て（最決平23・10・11）…中村壽宏　140
71　剰余を生じる見込みがない競売請求の訴えに係る競売（東京高決平16・5・20）…中村壽宏　142
　　　（§60　占有者に対する引渡し請求）
72　暴力団事務所（最判昭和62・7・17）……………………………………………………大場浩之　144
73　複合用途型マンションでの用途区分違反使用（東京地八王子支判平5・7・9）…大場浩之　146
74　教団施設としてのマンションの専有部分の使用と賃貸借契約の解除および専有部分の引渡請求
　　　（横浜地判平12・9・6）……………………………………………カライスコス　アントニオス　148
75　騒音・振動等の迷惑行為とマンションの引渡請求・競売申立請求等（東京地判平17・9・13）
　　　……………………………………………………………………カライスコス　アントニオス　150

IX　復旧および建替え

　　　（§61　建物の一部が滅失した場合の復旧等）
76　買取請求時の時価（大阪高判平14・6・21）…………………………………………上河内千香子　152
　　　（§62　建替え決議、§63　区分所有権等の売渡し請求等、§64　建替えに関する合意）
77　建物の老朽化と建替え（大阪高判平12・9・28）……………………………………上河内千香子　154
78　被災マンションの建替え（神戸地判平11・6・21）…………………………………上河内千香子　156
79　建替決議における「再建建物の設計の概要」（東京高判平19・9・12）…………上河内千香子　158
80　62条2項4号「再建建物の区分所有権の帰属に関する事項」（東京地判平24・9・25）……岡田康夫　160
81　団地一括建替決議の反対者に対するマンション建替法15条1項の売渡請求
　　　（東京地判平24・12・27）………………………………………………………………岡田康夫　162
82　借地上マンションの区分所有権および敷地利用権の売渡請求と相手方の義務
　　　（東京地判平16・7・13）………………………………………………………………藤井俊二　164
83　売渡請求権の行使による敷地賃借権の移転と賃貸人の承諾に代わる許可の裁判
　　　（東京地決平17・7・19）………………………………………………………………藤井俊二　166
84　建替決議後の売渡請求時の時価（東京高判平16・7・14）……………………………竹田智志　168

X　団地

　　　（§65〜§68　団地）
85　団地関係の成立の法意（福岡高判平15・2・13）………………………………………良永和隆　170
　　　（§69〜§70　団地内建物の建替え）
86　団地内一括建替え（最判平21・4・23）…………………………………………………良永和隆　172

XI　その他（マンションの購入・欠陥・近隣紛争・居住者間トラブル・保険等）

87　マンション建設と近隣環境（最判平18・3・30）………………………………………瀬川信久　174
88　マンションの基本的安全性と瑕疵（最判平19・7・6、最判平23・7・21）…………吉田克己　176
89　耐震偽装・耐震不足マンション（札幌地判平22・4・22）……………………………磯村　保　178
90　公団の分譲販売後の値下げと説明義務（最判平16・11・18）…………………………執行秀幸　180
91　リゾートマンションと付属スポーツ施設の関係（債務不履行による解除）（最判平8・11・12）………早川眞一郎　182
92　マンション販売における不動産業者の告知義務（東京高判平11・9・8）……………後藤巻則　184
93　シックハウス症候群と売主の瑕疵担保責任（東京地判平17・12・5）………………笠井　修　186
94　暴力団組員が居住する中古マンションの売買と売主の瑕疵担保責任（東京地判平9・7・7）………角田光隆　188
95　区分所有部分に登記のない1棟の建物全部について賃借権設定登記がされた場合の抹消登記請求
　　　（最判平7・1・19）………………………………………………………………………七戸克彦　190
96　管理委託契約と徴収管理費等の管理会社名義の預金債権の帰属者（東京高判平12・12・14）……西島良尚　192
97　マンション内でのトラブル（東京高判平25・10・10）…………………………………小賀野晶一　194
98　区分所有者が締結した個人財産総合保険契約約款における地震免責条項の解釈
　　　（東京高判平24・3・19）………………………………………………………………黒木松男　196
99　保険会社の管理組合に対する損害賠償請求（東京地判平23・4・25）………………黒木松男　198
100　マンションの各住戸への政党ビラ投函行為と住居侵入罪（最判平21・11・30）……花房博文　200

掲載判例索引　202

凡　例

1　当事者の表示は、原則として第1審原告をX（複数のときはX₁、X₂、X₃…）、同被告をY、訴外をA、B…と表記とした。マンション名等の固有名詞は、原則としてA, B, C等のローマ字表記とし、例外として人口に膾炙している事件については固有名詞とした。
2　判決文は原則として原文重視としたが、以下のような加工を施した。
・大きく表記されている促音、拗音は、小さく記する。
・数字は算用数字とする。
・筆者注記は〔　　　〕とする。
3　判決裁判所、登載判例集、法令、頻出文献は、以下のように略記した。

(1) 判決裁判所・登載判例集

・判決裁判所
　最大判（決）　　最高裁判所大法廷判決（決定）
　最判（決）　　　最高裁判所小法廷判決（決定）
　高判（決）　　　高等裁判所判決（決定）
　地判（決）　　　地方裁判所判決（決定）

・登載判例集
　民（刑）集　　最高裁判所民（刑）事判例集
　高民集　　　　高等裁判所民事判例集
　下民集　　　　下級裁判所民事裁判例集
　裁判集民　　　最高裁判所民事判例集
　東高民時報　　東京高等裁判所民事判決時報
　新聞　　　　　法律新聞
　判時　　　　　判例時報
　判タ　　　　　判例タイムズ
　金判　　　　　金融・商事判例
　金法　　　　　金融法務事情

(2) 法令

建物の区分所有等に関する法律　カッコ内では単に条数のみとした。文章中では、通称を用いて「区分所有法○条」または単に「法○条」とした。
マンション管理　　マンションの管理の適正化の推進に関する法律
マンション建替　　マンションの建替え等の円滑化に関する法律
標準管理規約　　　マンション標準管理規約（単棟型）
民　　　民法
借地借家　借地借家法
不登　　不動産登記法
一般法人　一般社団法人及び一般財団法人に関する法律
会社　　会社法
商　　　商法
その他の法令名の略語については、有斐閣版・六法全書の「法令名略語」に従った。

(3) 文献

・書籍
　稲本＝鎌野・区分所有法　　稲本洋之助＝鎌野邦樹『コンメンタール　マンション区分所有法〔第3版〕』（日本評論社、2015年）
　稲本＝鎌野・管理規約　　稲本洋之助＝鎌野邦樹編『コンメンタール マンション標準管理規約』（日本評論社、2012年）
　鎌野・案内　　鎌野邦樹『マンション法案内』（勁草書房、2010年）
　鎌野＝山野目　　鎌野邦樹＝山野目章夫編『マンション法』（有斐閣、2003年）
　国交省・管理規約　　民間住宅行政研究会編著＝国土交通省住宅局住宅総合整備課マンション管理対策室監修『新版　マンション標準管理規約の解説』（大成出版社、2005年）
　玉田＝米倉・裁判例　　玉田弘毅＝米倉喜一郎編『マンションの裁判例〔第2版〕』（有斐閣、1999年）
　全国マン研・判例の解説　　全国マンション問題研究会『わかりやすいマンション判例の解説〔第3版〕―紛争解決の実務指針』（民事法研究会、2011年）
　濱崎・改正　　濱崎恭生『建物区分所有法の改正』（法曹会、1989年）
　法務省・マンション法　　法務省民事局参事官室編『新しいマンション法――一問一答による改正区分所有法の解説』（商事法務研究会、1983年）
　升田・要約　　升田純『新版 要約マンション判例』（学陽書房、2015年）
　丸山＝折田　　丸山英気＝折田泰宏編『これからのマンションと法』（日本評論社、2008年）
　水本ほか・基本法コンメン　　水本浩＝遠藤浩＝丸山英気『基本法コンメンタール　マンション法〔第3版〕』（日本評論社、2006年）

・雑誌
　ジュリ　　ジュリスト
　曹時　　法曹時報
　判解民　　最高裁判所判例解説・民事篇
　判評　　判例評論＝判例時報併設誌
　○○判例百選　　別冊ジュリスト
　　＊最新版の百選を引用しない場合には、「○○百選〔第○版〕」とする。
　ひろば　　法律のひろば
　不動産百選　　不動産取引判例百選 第3版（別冊ジュリスト192号）
　平成○年度重判　　重要判例解説＝ジュリスト臨時増刊
　平成○年度主判解　　主要民事判例解説＝判例タイムズ臨時増刊
　法セミ　　法学セミナー
　法協　　法学協会雑誌
　民商　　民商法雑誌
　リマークス　　私法判例リマークス

マンション法の判例解説

1 マンションの譲受人の賃借人に対する看板の撤去請求（権利の濫用）

最高裁平成25年4月9日判決（判時2187号26頁、判タ1390号142頁）

1 事実

　Aは、昭和34年から本件建物を所有していた。本件建物は、渋谷駅周辺の繁華街に位置する地上4階、地下1階の建物である。Yは、昭和39年頃から本件建物の地下1階部分（これからあと「本件建物部分」とよぶ）で蕎麦屋（同じく「本件店舗」という）を営業しており、遅くとも平成8年9月までに本件建物部分を目的とする賃借権を取得した。

　Yは、本件店舗の営業開始以降、Aの承諾を得て、本件店舗の営業のために、看板、装飾およびショーケース（これらをあわせ「本件看板等」とよぶことにする）を設置した。その設置場所は、本件建物の1階部分の外壁、床面、壁面などであり、いずれも地下1階の本件建物部分へ続く階段の入口およびその周辺に位置していた。なお、本件看板等の一部は、本件建物に固定されているものの、分離は可能であるとみられる。

　Aは、平成22年1月、本件建物をBに売却した。また、Bは、平成22年4月、本件建物をXに転売した。その際に作成された売買契約書には、本件建物の賃借権の負担がXに承継されることや、本件建物に本件看板等があることなどが記載されている。

　Xは、Yに対し、所有権に基づき、本件建物部分の明渡し、賃料相当損害金の支払および本件看板等の撤去を請求して本件訴訟を提起した。第1審は、これらの請求を全部棄却。X控訴。原審は、本件看板等の撤去の請求を認容する限度において原判決を変更した。Y上告。

2 判旨

　破棄自判。最高裁判所は、「本件看板等は、本件建物部分における本件店舗の営業の用に供されており、本件建物部分と社会通念上一体のものとして利用されてきたということができる。Yにおいて本件看板等を撤去せざるを得ないこととなると、本件建物周辺の繁華街の通行人らに対し本件建物部分で本件店舗を営業していることを示す手段はほぼ失われることになり、その営業の継続は著しく困難となることが明らかであって、Yには本件看板等を利用する強い必要性がある」、「他方、上記売買契約書の記載や、本件看板等の位置などからすると、本件看板等の設置が本件建物の所有者の承諾を得たものであることは、Xにおいて十分知り得たものということができる。また、Xに本件看板等の設置箇所の利用について特に具体的な目的があることも、本件看板等が存在することによりXの本件建物の所有に具体的な支障が生じていることもうかがわれない」、「そうすると、上記の事情の下においては、XがYに対して本件看板等の撤去を求めることは、権利の濫用に当たるというべきである」と判示し、原判決中Y敗訴部分を取り消し、自判して、Xの控訴を棄却した。

3 解説

1 本判決の分析

　(1) 建物賃借人の使用権限が及ぶ物理的な範囲　建物の部分であって独立して建物の用途に供することができるもの（①）が存する場合において、その法律的な処遇がどのようなものであるかは、その建物が区分所有に服するものとされている（法1条にいう「それぞれ所有権の目的とする」ものとされている）かどうか、に応じて異なる。区分所有になっているとき（①-a）に、それが所有権の目的とされ、したがってまた賃貸借の目的とすることができることは自明である。区分所有になっていないとき（①-b）には、所有権の目的とすることができないけれども、賃貸借の目的とすることはでき、しかも、その部分を目的とする賃貸借も借地借家法26条、31条が適用される「建物の賃貸借」であることが認められている。

　また、この建物の部分を使用する権利がある者が、その建物のうち、独立して建物の用途に供することができるもの以外の部分（②）について、どのような権利行使をすることができるか、ということも、その建物が区分所有に服するものとされているかどうか、による。区分所有になっているとき（②-a）には、共用部分の概念で理解され、①-aの専有部分を有する区分所有者らが共有し、また、使用することができる（2条4項、11条1項、13条）。これに対し、区分所有になっていない場合（②-b）において、①-bの独立性のある部分を賃借した者が、その建物のうち独立性のない②-bの部分について、どのような権利主張をすることができるかは、問題の次元を2つに分けて考察しなければならない。まず、賃貸借の当事者間において②-bの部分を使用する権利が認められるか、という問題があり、これは、賃貸借契約の解釈の問題として解決される。個別の事例を検討した結果として、使用する権利が認められる事例もあれば、そうでない事例もある。次に、当事者間で②-bの部分を使用する権利が認められる場合においては、賃貸人が建物を第三者に譲渡したときに、新しい所有者に対し②-bの部分を使用する権利を主張することができるか、ということが問われる。この問題の解決には、2つのアプローチがありうる。第1は、借地借家法31条の解釈問題として受け止め、引渡しによる対抗力が②-bの使用権限にも及ぶか、という問題の立て方である。第2に、新しい所有者と賃借人の両方の利害や意図を総合的に勘案し、事例によっては所有者から賃借人に対する②-bの使用の排除請求を権利の濫用であるとして阻むゆきかたが考えられる。本判決は、賃借建物部分へ続く階段の入口や周辺が②-bに当たる事例において、後者の権利濫用のアプローチにより、その場所に設置された看板の撤去請求を排斥した。

　(2) 専有部分の賃貸借（上記①-aの場合）　専有部分を賃借した者が、専有部分そのものを使用する権限を

有することは、自明である。もっとも、その使用は、単に賃貸人との間の契約に基づく義務を遵守することでよいということにはならない。建物区分所有に伴う団体的な拘束を受けるから、専有部分の引渡しを受けた賃借人は、「建物又はその敷地若しくは附属施設の使用方法につき、区分所有者が規約又は集会の決議に基づいて負う義務と同一の義務を負う」（46条2項）。もっとも、規約や集会決議に従わなければならないのは、「使用方法につき」に限られる（藤巻・後掲338頁）。また、このようにして区分所有者の団体による管理に賃借人が服することは、「ただ義務を課すだけでなく権利付与の側面を有しており」（藤巻・後掲338頁）、無断転貸のような場合を除き、賃借人が集会に出席して意見を述べることができること（44条1項）は、この観点から理解することができる。

（3）専有部分の貸借人が使用することができる範囲（上記①-bの場合）　賃借人が契約の目的である専有部分でない建物の部分を使用することができるかは、その賃貸借契約の解釈問題である。とはいえ、とりわけ共用部分は、区分所有者が自ら使用するとするならば必要または有益であると考えられる建物の部分であり、特別の事情がない限り、賃借人も、契約により使用の権限が与えられることが通常であろう。また、団地建物共用部分（67条）にも、同様の思考が当てはまると考えられる。

（4）建物の部分の賃貸借（上記②-bの場面）　区分所有の目的となっている専有部分でないとしても、「建物の一部であっても、障壁その他によって他の部分と区画され、独占的排他的支配が可能な構造・規模を有するものは、借家法1条〔現借地借家法31条〕にいう『建物』である」（最判昭和42年6月2日民集21巻6号1433頁）と解されている。本件は、この場面に当たる。本件建物は、5つの階からなる構造であるが、区分所有の目的となっていないとみられる。Yは、そのうちの1つの階を目的とする賃貸借契約により、この部分の賃借権を取得した。このような建物賃貸借も可能であり、その目的である部分そのものをYが使用することができることは、いうまでもない。

（5）建物の部分の貸借人が使用することができる範囲（上記②-bの場合）　くわえて、Yが、目的そのものでない部分を使用することができるかは、前述（3）の局面と同様に、その賃貸借契約の解釈問題である。本件のように壁面などに看板を設けるなどのために使用することができるかどうか、という問題は、このようにして解決される。その契約の解釈として積極に解される部分がある場合の論理の構成は、ふつうには、建物の賃借人が、その建物の使用権限の延長として附随的に壁面などを使用することができると考えることになる。その壁面それ自体が賃貸借の目的に含まれるというよりは、建物の使用権限の附随的延長である。壁面それ自体は建物賃貸借の対象となる部分としての独立性をもたないし、また、一般には賃借人の排他的な使用を許すとは限らない性質の場所であるにとどまる。とはいえ、契約の当事者間において使用の権限が肯定される場合において、賃借人の使用が妨げられないことは、疑う余地がない。

（6）建物の部分の貸借人が使用することができる権限の第三者対抗可能性（上記②-bの論点の発展）　そこで、本件のように建物が第三者に譲渡された場合において、この壁面などの使用の権限をひきつづき賃借人が主張することができるか、が次に問われる。この問題を解明するにあたっては、2つのアプローチがありうることであろう。第1は、対抗力アプローチとでもよぶべきものであり、借地借家法31条1項の対抗力が、賃借部分の外郭をなす建物の部分も及ぶと考え、それにより賃借人が建物譲受人に対し使用の権限を主張することを認めようとする。しかし、この帰結を是認することができるためには、第三者の個別の主観的容態を捨象し、客観的に対抗力が及ぶということを是認するに足りるだけの状況が調うことが要請される。「建物の構造や看板等の位置（入口、外壁、建物内通路など）などから見た、看板等設置権原に対する、『第三者の認識可能性』の観点からの判断」（笠井・後掲9頁）を経なければならず、対抗力を是認することができない場合は、どうしても残る。

成立可能な第2の考え方は、権利濫用アプローチとよんでよいものである。民法1条3項の「権利の濫用」に当たるかどうかは、訴訟における攻撃防御においては、規範的要件として理解されるものであり、主張認定される評価根拠事実と評価障害事実との総合判断により結論が見定められる。

2　本判決の評価

本判決においては、権利濫用アプローチに依拠して、賃借人であるYの側の事情として「看板等を撤去せざるを得ないこととなると、本件建物周辺の繁華街の通行人らに対し本件建物部分で本件店舗を営業していることを示す手段はほぼ失われる」ということがあり、また、新しく賃貸人となるXの側については、本件請求を認めないことにより大きな不利益がないと認められる事情として、「看板等の設置が本件建物の所有者の承諾を得たものであることは……十分知り得た」こと、「看板等の設置箇所の利用について特に具体的な目的がある」とはみられないこと、さらに「看板等が存在することにより……本件建物の所有に具体的な支障が生じていることもうかがわれない」ことが指摘される。本件判決は、これらの具体的な諸事実を権利濫用の評価根拠事実として把握し、結論としてXの請求が、民法1条3項が禁ずる権利の濫用に当たると判断したものとみられる。

3　実務指針

専有部分の賃借人は、マンション標準管理規約においても、敷地・建物・附属施設で別表掲記のものの使用方法について、規約や総会決議が定める義務を負うとされている（標準管理規約4条、5条2項）。賃借人がこれらを使用する権限を有するとする理解が、その前提である。それだけにまた、よく賃借人にこれらの内容を周知することも望まれる。

【参考文献】　稲本洋之助『借地制度の再検討』261頁以下[1986]、藤巻梓「区分所有建物の賃貸借」松尾弘ほか編『不動産賃貸借の課題と展望』338頁[2012]、笠井修・リマークス49号。

山野目章夫
早稲田大学教授

2 県営住宅の自治会における会員の退会の自由と自治会費の支払

最高裁平成 17 年 4 月 26 日判決（判時 1897 号 10 頁、判タ 1182 号 160 頁）

1 事実

(1) Xは、集合住宅 3 棟によって構成される県営団地の賃借人を会員とする自治会である。同自治会は、Xの規約によると快適な環境の維持と会員相互の親睦等を目的として設立された団体である。同規約は、①Xは本件団地の入居者をもって組織する、②共益費（団地共用施設の維持費用であり、街路灯、階段灯等の電気料金、屋外散水栓等の水道料金、排水施設の維持、エレベーターの保守等に要する費用）は一世帯月額 2700 円、③自治会費は一世帯月額 300 円とすることなどを規定している。会員の退会については規定を設けていない。本件は、Xが同団地入居者Yに対し共益費および自治会費の滞納分の支払を求めたものであるが、YのXからの退会申入れが有効か否かが主として争われた。

(2) 第 1 審（さいたま地判平成 16 年 1 月 27 日判例集未登載）は、X自治会は民法上の組合であるとはいえ、本件団地の共用部分を管理し共用部分の光熱水や清掃費用などを負担していることから区分所有法の管理組合に類似した性格を有するものであり、Yの脱退は、民法 678 条ただし書に定める、組合に不利なる時期における脱退についての「やむことを得ない事由」とは認められないとして、Yの退会は無効であるとした。原審（東京高判平成 16 年 7 月 15 日判例集未登載）は、第 1 審の結論は支持しながらも、Xは、権利能力なき社団であるとし、その会員にあっては共益費の支払義務を負うという公共的性格にかんがみ、会員は、本件団地から他に移転した場合のほかは退会できないと解するべきであり、特段の事情がない限り退会は条理上許されないとして、Yの本件退会申入れは無効であり、第 1 審と同様に、XのYに対する未払共益費および自治会費の支払請求を認めた。Y上告。

2 判旨

本判決（一部破棄自判）は、原審の判断のうち、Yの共益費の支払義務については結論において是認したが、自治会費の支払義務については否定して、次のように述べた。

(1) 県から委託を受けて本件団地の管理業務を行っている公社は、本件団地の各入居者がXに共益費を支払うことを指示し、Xおよび各入居者はこの指示に従っており（Yも従来Xに共益費を支払ってきた）、これによれば、Yは、本件団地に入居しているかぎりXに共益費を支払うことを約したものということができる。したがって、YのXに対する退会申入れが有効か否かにかかわらず、YのXに対する共益費の支払義務は消滅しない。

(2)「Xは、会員相互の親ぼくを図ること、快適な環境の維持管理及び共同の利害に対処すること、会員相互の福祉・助け合いを行うことを目的として設立された権利能力のない社団であり、いわゆる強制加入団体でもなく、その規約において会員の退会を制限する規定を設けていないのであるから、Xの会員は、いつでもXに対する一方的意思表示によりXを退会することができると解するのが相当であり、本件退会の申入れは有効であるというべきである。」最高裁は、このように説示して、XのYに対する請求のうち退会後の自治会費相当分の支払請求については認めなかった。

3 解説

1 本判決の分析

本件は、集合住宅のうちの公営賃貸集合住宅団地に関するものであるが、本判決は、区分所有建物における共用部分・敷地の管理および管理組合と自治会との関係について、多角的視点から考えるうえで重要な判決である。以下では、まず、このような観点から本判決の背景にある集合住宅の管理一般について考察しよう。

(1) 集合住宅における共用部分等の管理　集合住宅においては、分譲であるか賃貸であるかを問わず、構造上、玄関ホール・廊下・階段・エレベータ等の共用部分が存在していることから、それらの管理を必要とする。また、特に団地においては、敷地および敷地上の共用施設（集会所・駐車駐輪施設・倉庫・街灯・植栽等）の管理も必要とする。それらの管理については、区分所有建物では区分所有者全員（ないし団地内建物所有者全員）で、建物ならびに敷地および附属施設の「管理を行うための団体」（以下、「管理組合」ないし「区分所有者の団体」という）が当然に構成されて（3 条）、これが管理主体となる。賃貸マンションでは賃貸人が管理主体となる。賃貸人は、賃借人に対し共用部分等を含む住宅を使用・収益させる義務を負い（民 601 条）、また、その使用・収益にあたって必要な修繕をする義務を負う（民 606 条 1 項）。

ただ、賃貸マンションにおいても、賃貸人の修繕義務とは無関係に、共用部分や敷地等の維持管理に必要な光熱費、上下水道使用料、エレベーター・浄化槽等の保守点検料などの維持管理費（ランニング・コスト）が発生する。これらは、それらの使用の割合に応じて費用が発生すること等から賃料とは別に共益費として、賃借人が負担するのが一般的である。この点については、本件のような公営住宅においても変わるところはない。

(2) 集合住宅における自治会　集合住宅においては、分譲か賃貸かを問わず、上記の共用部分等の管理とは無関係に、当該マンション（ないし団地内の建物）の居住者の全部または一部を構成員とする自治会が設立されることがある。その主たる目的は、居住者間のコミュニティの形成・増進ないし居住者間の親睦を図ることである。

(3) 一般の団体と区分所有者の団体（管理組合）
一般的に、管理組合以外の団体は、それが法人の形態をとるか否かにかかわらず、自然人等による設立行為（講学上は「合同行為」といわれる）によって成立する。一般的に、団体は設立行為なしには成立せず、団体設立後の団体の業務や団体への入会・退会等に関しては、設立

行為において定められる。分譲マンションまたは賃貸マンションの居住者のみにより構成される自治会も、このような設立行為に基づく団体であり、設立自体が任意であるだけではなく、その構成員の入会および退会についても基本的に任意である。

これに対して管理組合は、設立行為によって成立するものではなく、区分所有建物が建設され、そこに複数の区分所有者が存在するといった事実によって当然にその区分所有者全員で構成される。区分所有建物には専有部分だけではなくこれと分離して処分できない共用部分が存在し（15条）、共用部分は区分所有者全員の共有であることから必然的に区分所有者全員による管理がなされなければならず、区分所有法は、その管理につき「団体」を構成して行うものとしている。このように管理組合は、設立行為によって形成されるものではない。各区分所有者は、自らが所有権（共有持分権）を有する共用部分等の管理について権限を有しているところ、区分所有建物にあっては一般的に多数の区分所有者が存在することが想定されるために、その管理を団体的に行うものとしている。

他方、集合賃貸住宅の共用部分等の所有権は賃貸人にあり、その管理の権限（権利・義務）は、前述のように賃貸人にある。ここにおいては、共用部分等の管理を行うための「賃借人の団体」は当然には必要とされない。それでは、本件自治会のような「賃借人の団体」は、賃借人間の親睦を目的とすること以外に、共用部分等の管理との関連においてどのような性格を有するのか。本件の本質的な法律問題は、まさにこの点であった。

2　本判決の評価

（1）**賃借人の団体**　集合賃貸住宅の共用部分等の管理のための「賃借人の団体」は、現実には多くは存在しないが、理念上は次の2つのものが存在しうる。1つは、賃借人間の合意によって任意に設立されるものであり、もう1つは、入居時に当該団体の構成員となることを賃借人が賃貸人に対して約することによって設立されるものである。いずれの場合も、上述のように賃貸人が共用部分等に対する管理の権限を有していることを前提としているため、賃借人の団体による管理の範囲は限定的であるか、賃貸人により委ねられた範囲に限定される。賃借人の団体による共用部分等の管理に関しては、その権限自体を同団体が本来的に有するのではなく、当該団体は、当該部分についての賃借人間での使用・利用に関する調整を行ったり、賃借人（の団体）と賃貸人との関係の調整を担う。

そして、先の2つの類型のうちの前者の場合は賃借人間における直接的な合意に基づいて、後者の場合は賃貸人との合意（賃貸人の指示と賃借人の承諾）を媒介とする賃借人間の間接的な合意に基づいて、各賃借人が当該団体の決定に服することになる。本件において、各賃借人が本件自治会に対し共益費を支払うべき義務は後者の場合に該当する。さらに言えば、たとえばゴミの収集（それ自体は市町村の義務（廃棄物処理6条の2））に関し、当該集合住宅におけるゴミの出し方のルールやゴミ置き場の清掃については、賃貸人により当該団体の「自治」に委ねられ、各賃借人がその構成員となることを約したときには、賃借人は、当該団体の決定に従わなければならない。ここで賃借人が団体の決定に服するのは、区分所有法の3条（区分所有者の団体）、19条（共用部分の負担）および46条（規約および集会の決議の効力）などの区分所有上の法理からではない。

（2）**本件自治会の法的性格と本判決の意義**　本件団地自治会に関し、会員の相互親睦の部分（そのための自治会費の支払）を除いた共用部分等の快適な環境の維持管理の部分については、上記後者の場合における「賃借人の団体」に関する事項であり、したがって、前述のように、各賃借人は、賃貸人との約定に基づき、同団体に対し共益費を支払わなければならず、また、同団体における自治に服さなければならない。本件最高裁判決は、YのXに対する共益費の支払義務が消滅しないことについて、前掲のように、YのXに対する「本件退会の申入れが有効であるか否かにかかわらず」と述べている。

会員の相互親睦以外の部分については、以上の点から、本件自治会は、第1審判決がいうような賃借人間の組合契約（民667条）に基づく民法上の組合ではなく、また、区分所有法の管理組合に類似するものでもない。さらに、原審判決がいうような条理上退会が制限されるような公共的な性格を有する権利能力なき社団でもない。最高裁が示唆しているような、各賃借人が賃貸人との入居時の賃貸借契約に基づいて共益費を支払うべき「賃借人の団体」としての権利能力なき社団と解することができる。

これに対して、会員の相互親睦のための団体（いわゆる本来の意味での「自治会」）については、賃貸人・賃借人間の合意に基づくものではなく、賃借人間の合意のみによって形成されるものであり、その入会は任意であり、また、基本的に退会を制限することはできない。親睦という賃貸借の内容とは関係のない点についてまで、賃貸人が賃借人に対し契約で強制することはできず、仮に入会につき賃貸人・賃借人間の合意があったとしても、退会の自由まで制限することはできない。この点についても最高裁の判断は是認できる。

3　実務指針

マンションや団地において管理組合とは別個に自治会が設立されている場合には、自治会の入退会について任意であること、および管理費と自治会費とを分別管理すること以外には別段問題は生じない。これに対し、管理組合（ないし区分所有者全員）が購入時等において地域の自治会に所属することとされている場合や、管理組合の業務として催事の開催など居住者間や地域住民を含む親睦を図る事業（コミュニティ形成事業）をする場合（特にそのために管理費からの支出を伴うとき）が問題となる。前者に関しては、本判決の立場からは、各区分所有者の自治会からの退会の自由が認められ、退会したときには自治会費の支払義務は免れることになる。後者に関しては、マンション標準管理規約の「コミュニティ条項」（27条10号、32条15号）を削除する旨の改定（2016年）に際し議論があったが（両論あった。筆者は削除に反対）、本判決は、この点とは無関係である（この点に関する下級審の裁判例および私見については参考文献④参照）。

【**参考文献**】　本件の評釈としては、①鎌野邦樹・判評565号11頁、②星野豊・法時78巻11号90頁、③平野裕之・リマークス33号6頁等がある。関連するものとして、④鎌野邦樹「マンションのコミュニティに関する判例の分析および現下の論点」マンション学47号14頁。

鎌野邦樹
早稲田大学教授

I 総則：管理組合と区分所有者等の権利の調整 §3 区分所有者の団体

3 管理組合の当事者適格と請求権

東京高裁平成8年12月26日判決（判時1599号79頁）

1 事実

本件は、マンション（5階建42戸）管理組合であるX（原告・控訴人）が、本件建物を建築したY₁（被告・被控訴人）および本件建物の区分所有部分を販売したY₂（被告・被控訴人）に対して、被控訴人らが、本件建物（5階を除く）の各住戸テラス部分に、1個300kg近いプランター8個から10個を手すり近くに配置したため、本件建物の外壁・バルコニー等にひび割れ等の瑕疵が生じたとして、民法709条、719条に基づいて補修にかかる費用相当分の損害賠償を求めたものである。

原審では、Xが、法26条4項の規定に基づき本請求をしたことについて、「同条同項が適用されるためには、第1に、訴訟の目的物が管理者の職務に関するものでなければならず、第2に、訴訟担当者は、同法の管理者に限られるものといわなければならない」として、管理組合を訴訟担当者としての本請求を否定し、また、「その請求は本件建物の共用部分の共有者である各区分所有者（法11条1項本文、本件規約3条）に帰属するのであり、しかも、可分債権であるから、各区分所有者にその共有持分割合（法14条、本件規約3条）に従って分割して帰属している」ので、「（仮に、各区分所有者間で、取得した損害賠償金を共用部分の補修費用に充てる合意がなされたとしても、右結論を左右することにはならない。）。」と判断し、Xは、訴訟要件である当事者適格を欠くとして、訴えが却下された。そこでXが控訴した。

2 判旨

控訴審判決は、権利能力なき社団であるXが主張する本件損害賠償請求権が、はたしてXの組合員全員に総有的に帰属するか否かの判断は、「本案の問題にほかならず」、本件訴訟において、Xがそのように主張しているのであるから、「その主張に理由があるか否かにかかわらず、控訴人には本件訴訟の当事者適格はあるというべきであり」、その上で、「控訴人の右主張が理由のない場合には控訴人の請求は棄却すべきものということになる」とし、「原判決は、第一審裁判所において控訴人の請求について実質的な審理判断をしているものというべきであって」、このような場合には、「事件を第一審裁判所に差し戻さなくても当事者の審級の利益を失わせることはないから、控訴審裁判所において自ら直接請求の当否について判断をすることができる」と、最判昭和58年3月31日裁判集民138号449頁を引用して、原審を破棄自判して、控訴人の請求を棄却したものである。

3 解説

1 本判決の分析

（1）本判決の論旨の展開　控訴審判断の論旨の展開は次のようになる。まず、①給付訴訟における原告適格は、その当否は別として、原告がその主張に基づいて請求している以上、原告適格はあるものとする。この点は、最判平成23年12月15日裁判集民236号45頁でも確認・踏襲されている。②ただし、本件のように、権利能力なき社団性や当該請求権の帰属主体の判断がその前提となる場合には、それらの判断は実体的判断であるので、その判断によって原告の主張が明白に理由がないものとされる場合には、訴え却下判決ではなく請求棄却判決をすべきである。③この場合、本来は、原審判決を取り消し、原審にその判断を差し戻すべきところ、既に原審で、かかる部分の実質的判断をし、その判断に誤りがない場合には、当裁判所においても、自ら直接請求の当否についての判断ができると、前掲最判昭和58年3月31日を踏襲したものである。

かかる論旨は訴訟手続上妥当な判断と考えられるが、その後のマンション管理の在り方の変容やマンション管理紛争の多様化に鑑みると、法主体性について簡便な判断で結論づけられた点が見受けられるので、その後の議論を踏まえて、以下この点について再検討してみたい。

（2）マンション管理における複数の法主体の競合と、多様化するマンション紛争の当事者適格

（ア）当事者適格問題を難解化させる要因　マンションの実体法上の管理主体について、法3条は、「区分所有者は、全員で、建物並びにその敷地及び附属施設の管理を行うための団体を構成し、この法律の定めるところにより、集会を開き、規約を定め、及び管理者を置くことができる。一部の区分所有者のみの共用に供されるべきことが明らかな共用部分（以下「一部共用部分」という。）をそれらの区分所有者が管理するときも、同様とする」と規定する。

ここに規定される法主体は、共用部分等の管理のための団体として、名称如何に関わらず、法3条によって当然発生する社団であり、いわゆる「権利能力なき社団」の要件を満たす（最判昭和39年10月15日民集18巻8号1671頁）場合は、団体主体性も認められる。また、法47条の要件を備えることによって、法人化されたマンション管理組合法人となるが、その実体は権利能力なき社団が変容したものであるにもかかわらず、各区分所有者との関係では、法人格を得たことにより、法25条に規定される管理者に代わる立場として代理権を有する。

一方、民事訴訟では、法人格を得ていない権利能力なき社団にも、訴訟法上の当事者能力が与えられ（民訴29条）、その結果、マンション管理組合それ自体が、その代表機関を通じて団体の名で原告・被告となることができるが、同社団に訴訟要件たる当事者適格が認められるには、訴訟物たる実体法上の給付請求権との関係において判決の名宛人としての適格要件が求められるので、結局、訴訟法上の法主体性の判断においても、実体法上の請求主体が、各区分所有者なのか、一部の区分所有者なのか、区分所有者全員なのか、権利能力なき社団たる管理組合なのか、あるいは訴訟担当者たる管理者または管理組合法人なのか、また、それらが択一的なのか重畳的なのかといった問題も含めて整理すべき難解な問題が

その前提に残る。
　（イ）請求権の法的性質決定へのアプローチ　①まず、物的支配主体としての側面からみると、建物の構造的側面から、構造上および利用上の独立性をもった各区分所有権の対象たる「専有部分」と、それら以外の「共用部分」、後者についてはさらに、一部の区分所有者の共用に供されている構造によって、一部にだけ帰属する「一部共用部分」とが区別される（3、11条）。②そして、この構造上の帰属の区別とは別に、当該一部共用部分が全体の利害に関する場合や、別途規約で定めた場合には全体共用部分となり、帰属と管理主体が異なることになる（16条）。③さらに、たとえばピロティ等の修繕工事等費用負担については、帰属主体や管理主体との別に、法30条3項による費用負担の衡平を図る趣旨での修正合意も許されることもあろう。
　これらの物な帰属・管理の問題から生じる法的紛争であるならば、共有関係から生じる共用部分（共有物）の管理の問題として請求主体を考えるべき問題となり、規約に団体的行使に制限する事項が明記されていても、当該団体が団体的行使しない場合には、共有持分権に基づいて、保存行為として各区分所有者が物権的請求権の単独行使が可能な請求権となろう（玉田弘毅ほか編『建物区分所有権法』162頁［1975］）。④帰属主体と別に管理主体が定まっている場合には、管理主体には、管理義務と一体化される利益享受主体性として、財貨帰属・財貨移転の衡平を図る不当利得の制度趣旨から返還請求主体になることも認められるであろうし、不法行為に基づく損害賠償請求であれば、当該不法行為の直接被害者が誰であるかの判断によって法主体性が認められることもあろう。
　（ウ）契約関係から生じる請求権の場合の法主体性　①しかし、前述の（イ）と異なり、各区分所有者全員からの委託を受けた管理者、理事会役員の責任を追及する場合や、権利能力なき社団としての管理組合が締結した管理委託契約（あるいは管理者を委任者に集約させて締結した管理委託契約）から生じる債権債務や、修繕の請負契約に基づく履行請求や瑕疵修補請求については団体行使を前提とする債権的請求権であるため、行使制限を規定する規約や総会決議には拘束されることになる。②特に、理事の背任行為や任務懈怠に基づく損害賠償請求についての一連の判例（東京地判平成4年7月16日判タ815号221頁、東京地判平成4年7月29日判タ801号236頁、神戸地判平成7年10月4日判時1569号89頁）では、ⓐ区分所有者の理事に対する監督是正権構成（商267条類推）、ⓑ管理組合の損害賠償請求権の代位行使構成（民423条）、ⓒ請求権に対する保存行為構成（18条1項、民225条但書）などの試みはなされているものの、一貫して、法6条を前提に行使される請求については、団体行使すべき性質が強調されている。
2　本判決の評価
　本判決は法26条を根拠に管理組合が損害賠償請求権の原告となっている点を棄却事由とする。①ただ、本件訴訟当時は、現行法26条2項「管理者は、その職務に関し、区分所有者を代理する。第18条第4項（第21条において準用する場合を含む。）の規定による損害保険契約に基づく保険金額『並びに共用部分等について生じた損害賠償金及び不当利得による返還金』の請求及び受領についても、同様とする。」の『』部分のない旧規定

であったので、たとえ管理者でも、解釈によらなければ、瑕疵担保責任に基づく損害賠償請求権についての訴訟担当をすることができなかった状況のもとでは、本件原告である管理組合は訴訟担当者となれないのは勿論、損害賠償請求権の可分性から各区分所有者に帰属すべき請求は、管理組合の管理行為に当たらないことは明白であると判示したものであった。②しかし、本判決後になされた平成14年法改正の趣旨に鑑みると、清算金的性質の損害賠償の請求権についても、そのまま管理組合に訴訟担当させ団体的手続の一貫性が図られる道を全く閉ざしてしまう合理性は乏しい。③判例の一貫した態度は、法26条に明記される訴訟担当者は、管理者または管理組合法人に限定され、その趣旨は「管理組合にこのような訴訟担当を認める規定は存在しないし、上記のように管理者等に訴訟担当が認められていることからして、更に任意的訴訟担当を認める合理的必要性があるとは考えられない」（東京高判平成22年12月10日判例集未登載、前掲最判平成23年2月15日の原審）とするものであるが、本件のような場合は、管理組合への訴訟担当を認めても、弁護士代理制度を免脱する可能性も乏しい。④さらに、近時、権利能力のない社団に総有的に帰属する不動産について、登記名義人に対する当該社団代表者の個人名義への所有権移転登記手続を請求する訴訟の原告適格を社団自身に認めた判決（最判平成26年2月27日民集68巻2号192頁）では、「実質的には当該社団が有しているとみるのが事の実態に即していることに鑑みると、当該社団が当事者として当該不動産の登記に関する訴訟を追行し、本案判決を受けることを認めるのが、簡明であり、かつ、関係者の意識にも合致していると考えられる。」と判示する。⑤したがって、瑕疵担保責任に基づく損害賠償請求訴訟においても、ⓐなお同賠償金全額をもって組合財産の修補に充てられる性質を失っていない賠償金の場合であれば、管理組合の団体行使すべき請求主体性は失われていないとの解釈や、ⓑ請求主体が各区分所有者に分割された後も、管理組合を訴訟担当者として訴訟追行することは可能であるとの解釈もできよう。ただ、ⓑについては、現行においては、個別の集会に基づく授権決議が必要と思われる。
3　実務指針
　以上、本判決が示すように、①給付訴訟においては、当事者が主張する請求主体に原告適格があるもとして取り扱う。②しかし、当該訴訟物との関係での請求主体性について実質的判断がなされて、明白に否定される場合には、請求棄却判決をすべきであるとした点は、既に確立された判例の態度であると思われるが、その請求権の有無についての実質判断については、今後は、個別の実態に即した総合判断による、より柔軟な紛争解決が求められていくことになると思われる。

【参考文献】　丸山英氣『区分所有建物の法律問題』225頁［1980］菅原郁夫・判評466号40頁、升田純「マンション紛争と当事者適格」ジュリ1110号101頁以下、東京地方裁判所プラクティス委員会第一小委員会「マンションの管理に関する訴訟をめぐる諸問題(1)判タ1383号29頁。

花房博文
創価大学教授

4 先取特権の被担保債権

大阪高裁平成20年4月16日判決（判時2018号19頁、判タ1267号289頁）

1 事実

本件マンションでは、X管理組合が市の水道局や電気会社との間で水道や電気の供給を受ける旨の一括契約を締結し、全戸分の使用料金を立替払いしたうえで、各専有部分の使用料を区分所有者に請求していた。X管理組合の規約には、組合員が専有部分において使用した公共料金の支払に関し、支払期日までに所定の方法にて支払わねばならない旨が定められていた。なお、本件マンションでは各戸が水道局や電力会社と個別に契約を結び、個々に料金を払うことはできなかった。

Aは本件区分所有権を所有していたところ、自己の専有部分で使用した水道料金および電気料金合計20万8347円をX管理組合に支払わなかった。Yは、平成17年6月1日に本件区分所有権を競売により買い受けた。X管理組合は、Aから支払われていない水道料金および電気料金の支払をYに対し請求した。原審がこの請求を認めたためYが上告した。

2 判旨

上告棄却。法3条1項および30条1項の「趣旨・目的に照らすと、建物又はその敷地若しくは附属施設の管理又は使用に関する区分所有者相互間の事項は、規約で定めることができるものの、それ以外の事項を規約で定めるについては団体の法理による制約を受け、どのような事項についても自由に定めることが許されるものではないと解される。そして、各専有部分の水道料金や電気料金は、専ら専有部分において消費した水道や電気の料金であり、共用部分の管理とは直接関係がなく、区分所有者全体に影響を及ぼすものともいえない事柄であるから、特段の事情のない限り、規約で定めうる債権の範囲に含まれないと解すべきである」。

しかし、本件マンションでは各戸が水道局や電力会社と個別に契約を結び料金を払うことはできないので、「本件マンションにおける水道料金等に係る立替払とそれから生じた債権の請求は、各専有部分に設置された設備を維持、使用するためのライフラインの確保のため必要不可欠の行為であり、当該措置は建物の管理又は使用に関する事項として区分所有者全体に影響を及ぼすということができる」。「そうであれば、Xの本件マンションの各区分所有者に対する各専有部分に係る水道料金等の支払請求権については、前記特段の事情があるというべきであって、規約事項とすることに妨げはなく、本件規約62条1項に基づく債権であると解することが相当である」。

3 解説

1　本判決の分析

（1）法7条は、「規約若しくは集会の決議に基づき他の区分所有者に対して有する債権」については先取特権の被担保債権となると定め、これを受けて法8条はこの債権については特定承継人に対しても行うことができると規定している。本判決では管理組合が徴収する水道料金や電気料金について直接には法8条の適用の有無が問題となっているけれども、法8条が適用されるためには、このような水道料金等が法7条の先取特権の被担保債権とならなければならない（もっとも、鎌野邦樹・ジュリ934号127～128頁は、法8条で特定承継人に請求できる債権の範囲よりも法7条の先取特権の被担保債権の方が広いと主張される）。このため、以下においては、まず7条の先取特権の被担保債権として、規約等に定められている債権のすべてが認められるかについて述べる。

（2）本判決は、原則として専有部分で消費した水道や電気料金については特段の事情のないかぎり規約で規定できず、法8条の債権ではないとしつつも、本件マンションでは各戸が個別に水道局や電気会社と契約を結ぶことができないことから、特段の事情を認めて、例外的にこれらの料金についての債権も、法8条の債権となるとしたものである。もっとも、本判決と同じく上告審判決である名古屋高判平成25年2月22日判時2188号62頁は、一括検針一括徴収制度が採用されていても、それだけでは特段の事情があるとは判断していない。ただし、この判決の事案で一括検針一括徴収制度にせざるをえなかったかははっきりしない。

事実審の判決にまで視野を広げると、大阪地判昭和62年6月23日判時1258号102頁は、傍論ながら、光熱水費の料金も法7条および8条の対象となるとした。大阪地判平成21年7月24日判タ1328号120頁は、給排水施設が区分所有建物の附属施設であることを根拠に法8条の対象となるとした（申請をすれば各戸計量・各戸収納ができる事案。佐々木好一・マンション学48号65頁は、一括検針一括徴収制度がとられていたことを前提とする判示であると理解する）。東京地判平成23年8月24日判例集未登載は、一括検針一括徴収制度の廃止には全区分所有者の同意が必要であることから、特段の事情を認めて、この制度の廃止までの水道料金を特定承継人に請求することを認めた。これに対して、東京地判平成5年11月29日判時1499号81頁は、一括検針一括供給方式の場合でも、専有部分で消費される電気料・水道料について集会の決議で定めることができないと判示している。もっとも、この判決の事案では、基本料の計算根拠が不明であるし、決議で定められた方法により計算された額が実費と必ず等しくなる証拠がなかった（佐々木・前掲67頁の指摘も参照）。

これらの判決からは、一括検針一括徴収制度がとられているだけでは直ちに特段の事情があるとは認められず、水道局や電気会社との関係でこのような制度にせざるをえない場合にのみ例外的に特段の事情があると考えるべきだろうか。また、各戸から徴収する料金の算定根拠等に問題がある場合には、規約の定めや集会の決議があったとしても、その効力が否定される可能性がある。

（3）本判決は法7条の先取特権の被担保債権に関する

ものであるけれども、東京高決平成22年6月25日判タ1336号281頁は、法7条の先取特権に基づき、競売による剰余金への物上代位を肯定する。しかし、抵当権に関する事案であるけれども、大阪高判平成26年7月11日判時2255号80頁（以下「大阪高決」という）が、競売の剰余金への物上代位を否定しており、最決平成26年11月26日金判1476号15頁もこれを是認している。しかも、大阪高決の説示する形式的根拠は、東京高決平成22年6月25日の原審が、物上代位を否定する根拠として説示するものと同旨である。さらに実質的根拠についても、大阪高決の示唆するように、競売を申し立てた後に発生した管理費については、管理組合はこの競売の手続の中で法7条の先取特権に基づき配当要求をしたり、別途に仮差押え命令を求めるなどしておけばよかったといえる。そうすると、今後の実務では競売代金に対する物上代位は認められない可能性が高い。

2 本判決の評価

（1）水道料金等を規約で定めることが肯定される（昭和58年改正法の立案担当官は、建物の構造、取引通念に従い区分所有者の全員が共同で行うことの必要性・相当性がある場合には、エネルギー源・水道の共同受給も3条団体の目的に含まれる〔規約事項となる〕とする〔濱崎・改正116頁〕）としても、直ちに法7条または8条の債権として認められると考えるべきではない。規約若しくは集会の決議に基づく債権が法7条の債権に加えられた理由は、法旧6条の規定では、管理費や修繕積立金が被担保債権に含まれるか疑問視されていたからである（濱崎・改正127〜128頁）。規約等に定めがあればどのような債権であれ何でも対象に含めようと考えられていたわけではない（おそらく同旨、新田敏・判評353号46頁）。さらに、法7条の先取特権の根拠は、公平であると説かれている（法旧6条につき、川島一郎「建物の区分所有等に関する法律の解説」濱崎・改正559頁）。管理がなされたことにより区分所有権の価値が維持されたならば、そのための費用である管理費等が区分所有権（の維持された価値）から優先的に支払われなければ、公平といえない（直接には共益費用の先取特権につき、梅謙次郎『民法要義巻之二』332〜333頁参照［オンデマンド版、2001］）。逆に言えば、価値の維持に寄与した管理費等を一般債権に優先して弁済することが、正当化される。しかし、管理に直接関係のない費用については、このような費用も先取特権の被担保債権とされると、これらの費用により区分所有権等が維持されていないのに、区分所有権等から優先弁済される結果となり、一般債権者を害する結果となる。

法8条に基づき前区分所有者の滞納した管理費等を特定承継人に請求することは、（管理により）区分所有権の価値に化体していることを根拠に正当化されている（濱崎・改正135頁）。価値に化体するとは、区分所有権の価値が維持されていることを意味するはずである。そうであるならば、管理に直接関係していない債権については、特定承継人に請求することが正当化されないのではないか（結果同旨、鎌野・前掲128頁）。さらに、法8条に基づき特定承継人に請求する債権も、法7条の先取特権の対象となる（濱崎・改正136頁）ので、特定承継人への請求を認めることは、特定承継人の一般債権者を害する結果となる。

（2）①給水・給電施設は共用部分であり光熱水費も共用部分から生じた債権であり、また、②光熱水費についても管理組合に支払われたならば、これらの費用も管理に使われると説く見解もありうる（駐車場料金につき、東京高判平成21年3月25日マンション管理サポート（マンション管理相談データベース）判例集No.296、前掲名古屋高判平成25年2月22日、山上知裕＝服部弘昭「管理費等の徴収」自由と正義44巻5号37〜38頁、花房博文・マンション管理センター通信2014年7月号19頁）。しかし、このようなことを言い出したならば、共用部分に関して生じるすべての債権について同じことがいえるから、規約等に定めさえすれば、すべての債権が法7条、8条の債権に該当することになり、きりがなくなってしまう。また、区分所有者が法人の場合には、地方自治体や電力会社がその法人と直接契約して水道や電気を供給したときには、日用品供給の先取特権が認められない（最判昭和46年10月21日民集25巻7号969頁）のに、規約等に定めがあることによりこの先取特権よりも優先順位の高い法7条の先取特権が認められてしまうとすると、権衡を失するのではないか。そうだとするならば、管理に直接関係する管理費等に限定して理解すべきである（結果同旨、新田・前掲46頁）。

（3）このように説くと、執行手続において管理に直接関係する債権なのかを判断しなければならなくなり、迅速な手続の進行が妨げられると懸念する向きもあろう。しかし、規約等に定めがある債権ならば、明らかに管理に関係のないものを除き、先取特権に基づく競売手続を開始し、債務者が争う場合には、開始決定に対する執行異議で争わせればよい。また、配当要求がなされた場合には、管理と関係のないと主張する者が配当異議の訴えを提起すればよい。そうだとするならば、手続の進行を懸念されるほどに妨げるものではないと考える。

3 実務指針

（1）水道料金・電気料金については、一括検針一括徴収制度がとられていても、規約や集会の決議でこれらの徴収について定めることができるか（特段の事情があるか）判断が分かれている。このため、本判決に依拠して法7条または8条に基づいて請求する際には、規約等でこれらについて規定する必要のある特段の事情がある旨をきちんと主張・立証する必要がある。滞納をした区分所有者が自然人の場合には、この者に対して請求する際には日用品供給の先取特権を予備的に主張しておくべきである。

（2）前述したように、今後は競売の際に剰余金が生じたとしても、これに対する物上代位が認められない可能性が高い。このため、競売手続が長くかかり、その間に支払われていない管理費等が増えていく場合には、その分の管理費等について法7条の先取特権に基づいて配当要求をしておくことが必要である。

【参考文献】 本件の評釈として、花房博文・マンション学33号219頁。本文中に引用したもののほか、①堀之内和英「区分所有法上の『特定承継人』の責任」専門実務研究（横浜弁護士会）3号21頁、②湖海信成「滞納水道使用料と承継人の負担義務」マンション学36号125頁。東京高決平成22年6月25日の評釈として、本多健司・平成22年度主判解242頁、花房博文・マンション学42号248頁。

大山和寿
青山学院大学准教授

5 特定承継人が滞納管理費等を支払った場合における前区分所有者への求償

東京高裁平成17年3月30日判決（判時1915号32頁、金判1224号51頁）

1 事実

　Yは、本件区分所有権を所有していた。Yは、A管理組合の規約に基づき、同組合に対して、管理費月額1万2500円、修繕積立金月額1万円、組合費月額500円の支払義務を負っていた。Yには、平成6年3月分以降の本件管理費等につき滞納分があった。

　Yの所有する区分所有権について競売手続が開始された。競売事件記録の現況調査報告書および評価書には、平成15年6月現在の滞納分が207万9000円である旨、物件明細書には、管理費等の滞納分がある旨がそれぞれ記載されており、評価書においては、上記時点の滞納分に見合うものとして21％の減額（211万6000円）をし、最低売却価額を795万円とした旨が記載されている。

　Xは、本件区分所有建物を1054万円で落札し、平成16年1月21日に本件建物等を買い受け、所有権を取得した。Xは、平成16年5月21日に、Yの同年1月までの本件管理費等の滞納分として219万5500円をA管理組合に代位弁済した。

　そこで、Xは、自己の負担部分はゼロであると主張し、民法442条に基づき、Yに対し、代位弁済した219万5500円の支払を求めた。これに対して、Yは、「本件競売事件においては、物件明細書等に本件管理費等の滞納分があることが明示され、最低売却価額から滞納分が控除されており、買受人は、滞納分があることを承知した上で、安い価格で物件を取得することになるから本件管理費等の滞納分は、当然買受人であるXにおいて負担すべきである」と主張した。

　1審判決（東京地判平成16年10月18日金判1224号55頁）は、Xの請求を認容した。これに対して、Yが控訴した。

2 判旨

　本判決も、1審判決と同様に、Xの請求を認容した（1審判決との違いは、法定利息の起算点のみであり、この点についてのみ1審判決を変更した）。

　「控訴人は、本件建物等の所有権が被控訴人に移転するまでの間の本件管理費等について支払義務を負っている。ところで、建物の区分所有等に関する法律（区分所有法）8条は、同法7条1項に規定する債権は、債務者たる区分所有者の特定承継人に対しても行うことができる旨規定しており、これによれば、被控訴人は、本件管理費等の滞納分について、控訴人の特定承継人として支払義務を負っていることは明らかである。これは、集合建物を円滑に維持管理するため、他の区分所有者又は管理者が当該区分所有者に対して有する債権の効力を強化する趣旨から、本来の債務者たる当該区分所有者に加えて、特定承継人に対して重畳的な債務引受人としての義務を法定したものであり、債務者たる当該区分所有者の債務とその特定承継人の債務とは不真正連帯債務の関係にあるものと解されるから、真正連帯債務についての民法442条は適用されないが、区分所有法8条の趣旨に照らせば、当該区分所有者と競売による特定承継人相互間の負担関係については、特定承継人の責任は当該区分所有者に比して二次的、補完的なものに過ぎないから、当該区分所有者がこれを全部負担すべきものであり、特定承継人には負担部分はないものと解するのが相当である。したがって、被控訴人は、本件管理費等の滞納分につき、弁済に係る全額を控訴人に対して求償することができることとなる」。

　物件明細書に管理費等の滞納がある旨が記載され、最低売却価格が減価されていたことについては、「しかしながら、物件明細書等の競売事件記録の記載は、競売物件の概要等を入札希望者に知らせて、買受人に不測の損害を被らせないように配慮したものに過ぎないから、上記記載を根拠として本件管理費等の滞納分については当然買受人たる被控訴人に支払義務があるものとすることはできない」。

3 解説

1 本判決の分析

　(1) 本判決は、特定承継人が前区分所有者の負っていた管理費等を管理組合に弁済した場合に、前区分所有者への求償を認めたはじめての裁判例である。なお、本判決の後には、前区分所有者が破産し、その後破産管財人により破産財団から区分所有権が放棄された（自由財産になった）事案について、本判決と同様の見解に基づいて、破産財団から放棄された後の管理費等について前区分所有者への求償を認めた裁判例も存する（東京高判平成23年11月16日判時2135号56頁）。

　なお、管理組合が法人化されていない場合についても、記述を簡明にするために、管理組合が有する債権とか、管理組合に対して負う債務との表現を用いる。前区分所有者とは、特定承継人の前主のことを指す。

　(2) 前区分所有者の管理費等支払債務と法8条の特定承継人の債務との関係については、本判決と同様に、不真正連帯債務である、と説明されるのが通例である（たとえば、濱崎・改正135頁）。これに対しては、前区分所有者の管理費支払債務と、特定承継人の法8条の債務とを不真正連帯債務とすることが何故正当化されるのか、疑問を投げかける見解も存在する（土居俊平「区分所有法8条にいう特定承継人の責任」宮崎産業経営大学法学論集19巻1号155頁注24参照）。しかし、前区分所有者と特定承継人との間には主観的共同関係が存在しないものの、前区分所有者の管理費支払債務と、特定承継人が法8条により負う債務については、前区分所有者も特定承継人も各自の債務を全部履行しなければならず、一方が履行されたならば他方も消滅する関係（全部給付義務と給付一倍額性が認められる関係）にあるのではないか。つまり、前区分所有者と特定承継人という異主体に対して管理組合がそれぞれ請求権をもっているけれども、この請求権は競合している。そうだとするならば、不真

正連帯債務として説明される内容は、単なる異主体間の請求権競合の場合の言い換えにすぎない（末川博「不真正連帯債務ニ関スル疑問」論叢1巻4号139～140頁参照）から、前区分所有者が負う債務と、法8条の債務とは、伝統的通説の用語でいえば不真正連帯債務の関係にあるのではないか（もっとも、不真正連帯債務という概念には理論的にも欠陥があり、実践的にも問題があるとの指摘〔淡路剛久『連帯債務の研究』230～233頁[1975]〕に賛同する）。

（3）特定承継人が前区分所有者の滞納した管理費等を支払った後に、前区分所有者に対して求償することができるかについては、玉田弘毅編『コンメンタール区分所有法』38頁［玉田弘毅＝大杉麻美][2005]は、買受人と前区分所有者との間に内部的な負担部分がないことを理由に、求償権を否定する。この見解は、伝統的な通説が、不真正連帯債務については求償関係が生じないと説いていること（たとえば、我妻栄『新訂債権総論』444頁、445頁[1964]）を踏襲したものであろう。

しかし、伝統的通説でも内部的法律関係で求償関係を生じる場合を認めているから、求償関係が生じないことは、不真正連帯債務とされる種々の場合についての共通の特徴なのではなく、求償関係はそれぞれの法律関係に任されるという意味でしかない（淡路・前掲232頁）。そして、判例および伝統的通説については、特別の求償権発生原因が当事者間に存在しないときには、求償権の正当化は不当利得規範によることになる、と指摘されている。弁済した債務者が自己固有の義務に相当する額（内部的に負担すべき額）を超えた弁済をしてはじめて当該債務者に損失が生じるから、この固有義務に相当する数額を超えて初めて他の不真正連帯債務者に求償できることになる（潮見佳男『債権総論Ⅱ〔第3版〕』569～570頁[2005]。ただし、以上については、潮見教授自身の見解ではない）。

（管理費が滞納されている間に）管理がなされたことによる恩恵を直接受けたのは当時の区分所有者（前区分所有者）であり、この者が管理費の全額を支払うべきである。言い換えれば、特定承継人は、このような管理による恩恵を直接には受けていないから、その当時の管理費についての最終負担者となるのはおかしいはずである。そうであるならば、特定承継人と前所有者との内部関係においては、特定承継人の負担部分はないはずである。それにもかかわらず、特定承継人が管理組合に対して出捐し、それによって前区分所有者が管理費の支払義務（債務）を免れる。その結果として、特定承継人に出捐という損失が生じ、元の区分所有者に債務を免れた利得が生じているので、不当利得の関係が生じる。したがって、特定承継人は自己の出捐した額を求償できるべきである。判旨はこの趣旨をいっていると理解できる。

2 本判決の評価

（1）Yの主張にもかかわらず、物件明細書等に滞納管理費のあることが記載されていたり、最低売却価額（現在では売却基準価額、民執60条）が滞納管理費の分だけ減価されていたことを理由に、競売の買受人が滞納管理費を負担すべきであるとはできないであろう。すなわち、物件明細書の記載は実体的な権利関係に影響を及ぼすものではない（「本件コメント」金判1224号53頁、阿保・後掲63頁）。また、最低売却価額の決定に際して滞納管理費を控除する点についても、買受人は常に最低売却価額で競落できるものでないし、本件においても最低売却価額に滞納管理費分を上乗せした以上の金額で、Xは競落している。そうであるならば、前述の点を重視することは、入札価額を競わせる競売手続の特殊性を無視することになりかねない（以上、前掲「本件コメント」53頁）。そうすると、最低売却価額から控除することは、本件の1審判決が述べるように、管理費を求償できないという損害が買受人に生じることを慮った措置にすぎないといわざるをえない。

（2）解釈論としては前区分所有者への求償を認めざるを得ないと解するものの、立法論としては、疑問が残る。というのは、①管理費等については法8条に基づき買受人が引き受けることとされているために、競売手続の安定性を損なうおそれがあるだけでなく、②求償関係を生じさせる結論が妥当か疑問であるからである。

すなわち、競売手続上の問題について述べれば、法8条により買受人が負担すべき管理費の存否や額については競売手続で確定されない。そのために、管理組合が買受人に対して滞納管理費を取り立てるために先取特権を行使したり、訴訟を提起したりするまでは、管理費等の額や存否については最終的な決着がつかないことになる。さらに、滞納管理費等の額を誤って競売されたような場合には、買受人が前区分所有者に対する担保責任を追及することができるか、疑問である。

結論の妥当性について述べれば、何故求償という問題が生じるかといえば、法7条の先取特権が抵当権よりも劣後するために、管理費等については競売代金から十分な配当を受けられないことが生じる。その結果として、買受人が前区分所有者の滞納管理費等を負担するからである。

前区分所有者にめぼしい財産が残されている可能性は低く、求償権の実効性には疑問が残る（千葉地決平成20年5月26日金法1849号61頁の「コメント」同62頁）ので、求償権を認めても買受人の保護にさほどならない。そうだとすると、求償を認めることにより法律関係が複雑になる害はあるけれども、益はほとんどないことになる。

立法論としては、競売代金から（抵当権の被担保債権などよりも）優先して管理費等が支払われるようにすることによって、買受人が滞納管理費を負担しなくてもよいようにすることを検討すべきである（詳細については、大山和寿「区分所有法7条の先取特権のあり方に関する一試論（上）」青山法学論集50巻4号148～155頁参照）。

3 実務指針

特定承継人は前区分所有者に求償できるといっても、前区分所有者にはめぼしい財産がないのが普通である。このため、特定承継人になろうとする者は、前区分所有者への求償を当てにせずに、滞納管理費等を自己が負担することを前提にして行動する（たとえば、滞納管理費の分だけ競売時の買受申出の価額を引き下げる、など）必要がある。

【参考文献】 本判決の評釈としては、①塩崎勤・民事法情報231号62頁、②片桐善衛・判評573号11頁、③阿保賢祐・平成18年度主判解62頁、④舟橋哲・マンション学27号57頁。

大山和寿
青山学院大学准教授

中間取得者と特定承継人の責任

大阪地裁昭和62年6月23日判決（判時1258号102頁、判タ658号218頁）

1 事実

X株式会社は、昭和44年4月21日に本件ビルの区分所有者から建物および敷地の管理を委託された。同日に制定された管理規約を定める際に、①各区分所有者が共有部分および敷地の管理費を負担すること、②管理費は集会の決議により決定され、③月末までに管理者であるXに支払うこと、④専有部分のガス・電気・水道料も、毎月末日までに前月分をXに支払うことにつき、各区分所有者の間で合意がなされた。そして、昭和53年2月1日の規約の改正により、支払期日が（光熱水費も含めて）毎月20日に変更されている。

Y_1は、昭和44年5月16日に本件専有部分を取得したものの、昭和52年11月分から54年11月までの管理等のうち127万円余を、昭和52年10月分から54年11月までの光熱水費85万8000円余を滞納していた（なお、昭和49年から昭和52年10月分までの管理費・光熱水費については、別訴でY_1は支払を命じられている）。その後、本件専有部分については、Aを経て、昭和54年8月8日にY_2が取得し、次いで昭和58年10月31日にY_3が取得した。Y_2は、管理費97万5000円余および光熱水費32万6000円余を滞納している。Y_3は、管理費172万5000円余および光熱水費74万6000円余を滞納している。

Xは、Y_1に対してY_1の滞納額（管理費および光熱水費の双方）の支払を、Y_2に対してはY_1およびY_2の滞納額の支払を、Y_3に対してはY_1、Y_2およびY_3の滞納額の支払を求めて本訴を提起した。

Y_2は、法8条の趣旨につき昭和58年改正法の立案担当官の見解と同旨の内容を主張したうえで、法8条の特定承継人とは現に価値や財産を享受する現在の区分所有者に限られるべきたと主張した。

2 判旨

Y_1に対する請求のすべてを認容。Y_2に対する請求については、Y_2自身の滞納した管理費および光熱水費のみ請求認容。Y_3に対する請求については、Y_1、Y_2およびY_3の滞納した管理費およびY_3自身の光熱水費のみ請求認容（つまり、Y_1およびY_2の光熱水費については請求棄却）。

Y_2（中間取得者）が特定承継人となるかについて、本判決は次のように述べて否定する。「旧規定15条が民法254条と同趣旨に出た規定であって、同条の立法趣旨が前記のとおり〔共用部分につき出費を余儀なくされた場合に、他の区分所有者が自己の区分所有権を他に売却して責任を回避することを防止すること〕であると解するとき、負担となるべき共用部分についての債権は区分所有権がそのひき当てとなっており、かつ特定承継人の債務負担はその限りにおいてのみ意味があるものと解すべきである。（民法254条に関する、石田文次郎・物権法論493頁及び横田秀雄・改訂増補物権法402頁参照）。

それゆえ、旧規定15条に定める特定承継人はその負担を支える区分所有権を現に有する特定承継人に限られると解すべきである。

そして、このことわりは、新規定8条に定める特定承継人についても妥当することであり、経過措置に関する前記改正法附則について論じる余地はない」。

3 解説

1 本判決の分析

（1）本判決は前述のように中間取得者が法8条の責任を負うことを否定している。しかし、その後の裁判例では、Y_2のような中間取得者も特定承継人としての責任を認めるものが多い。その理由としては、次のようなことが説かれている。特定承継人は取得する以前の管理による恩恵を受けており（東京高判平成21年3月25日マンション管理サポート（マンション管理相談データベース）判例集No.296）、この管理による価値が建物の全体に化体しているから、中間取得者も売買等による換価処分の際に、建物に化体した価値に対応する利益を享受している（大阪地判平成21年3月12日判タ1326号275頁）。中間取得者が法8条の特定承継人に該当しないとすると、訴訟中や敗訴判決確定後に区分所有権を譲渡すれば、中間取得者が責任を免れることになり、管理組合等の管理費の負担者側の実質的保護に欠けることになりかねない（前掲大阪地判平成21年3月12日。大阪地判平成21年7月24日判タ1328号120頁の述べている理由も、これと同旨のものと理解できる）。

また、前掲大阪地判平成21年3月12日の事案のように、区分所有権を譲渡している当事者の間に人的なつながりがあり、滞納管理費を免れようとしてこのような譲渡をしたのではないか、と疑われる事案も存している（同判決の事案では、株式会社B'が競落した後に、Y'に区分所有権を信託し、Y'は自己に対し訴訟が提起された後にY''〔B'の代表者〕に売却している）。

2 本判決の評価

（1）学説に目を転じると、中間取得者が法8条の特定承継人に当たることを否定する見解と、肯定する見解に分かれる。否定説は、既に区分所有関係から出た中間取得者に、前区分所有者までの管理費滞納分を負担させるのは妥当でないこと（鎌野・後掲128頁）や、固有の債務者は譲渡しても債務を免れないのだし（新田・後掲46頁（直接には民法254条について））、債権者には先取特権の保護がある（新田・後掲47頁）ので、中間取得者に特定承継人としての責任を課す必要はないと説かれている。

これに対して、肯定説は、法8条は民法254条と同一の性質を有するのではなく、法8条は、債権の確保を優先する政策的規定であり（前澤・後掲65頁、おそらく同旨、堀之内和英「区分所有法上の『特定承継人』の責任」専門実務研究（横浜弁護士会）3号33頁注12）、一度特定承継人として債務を負った中間取得者が、所有権

を失ったからといって債務を免れる必然性はないと主張する（山上知裕＝服部弘昭「管理費等の徴収」自由と正義44巻5号40頁、同旨、堀之内・前掲25頁、伊藤栄寿「共有物についての債権の特定承継人に対する効力」愛知学院大学法学部同窓会編『法学論集第4巻』236頁注61［2011］）。また、中間取得者が転売する際に滞納分を秘していたならば、このようにして区分所有権の価値を実現した中間取得者を保護する必要はない（山上＝服部・前掲39〜40頁、堀之内・前掲25頁）。また、中間取得者が区分所有権を取得する際に、滞納管理費の存在を明らかにして売買されるのであれば、中間取得者に対し滞納管理費の決済を要求する結果となっても、中間取得者にとってあながち加重な負担ではない（山上＝服部・前掲41頁）。現に、宅地建物取引業法上、管理費の額や滞納があるかは、宅地建物取引業者が重要事項として説明しなければならない（宅地建物取引業法施行規則16条の2。なお、マンション標準管理委託契約書14条1項1号では、専有部分の売却等の依頼を受けた宅地建物取引業者から管理会社に開示を求められたときには、管理会社は、管理組合に代わって、当該（専有部分の売却等を依頼した）組合員の負担に係る管理費および修繕積立金等の月額ならびに滞納額があるときはその金額を開示することとされている）。また、競売の場合には、物件明細書等に管理費等の滞納がある旨の記載がされているし（東京地裁民事執行実務研究会編『改訂不動産執行の理論と実務上』326〜327頁［1999］）、競売される区分所有権の評価をする際に滞納額を控除して最低売却価額を決定するのが妥当とされる（久保田三樹ほか『不動産執行事件等における物件明細書の作成に関する研究』書記官実務研究報告書25巻1号538頁［1994］。具体的には滞納管理費を減価率に置き換えて減価される（東京競売不動産評価事務研究会編『競売不動産評価マニュアル〔第3版〕』別冊判タ30号110頁［2011］）、竹内康「滞納管理費等の回収を図るために区分所有建物の競売を申し立てる場合等における留意点」金法1906号63頁も参照）。

（2）中間取得者も特定承継人としての責任を免れないと解さざるをえないと考える。というのは、譲渡をすれば特定承継人としての責任を免れると解すると、前述の裁判例の事案のように、詐害的な譲渡がなされる可能性が否定できないからである。しかも、中間取得者が特定承継人としての責任を負わないとの解釈をとった場合には、ある特定承継人を債務者として滞納管理費を回収するために仮差押えをしても、その後他の者に区分所有権を譲渡することにより、その特定承継人（仮差押えの債務者）は、特定承継人としての責任を免れることになりかねない。仮にそうだとすると、管理組合は、本案で敗訴することになろうから、仮差押えも取り消され、その特定承継人は仮差押えにもかかわらず特定承継人としての責任を潜脱できてしまうことになる。そうすると、法8条の責任を免れさせないためには、管理組合としては処分禁止の仮処分の発令を求め、区分所有権自体の譲渡を妨げなくてはならなくなってしまう。このような結論が妥当であろうか。このように解するよりも、区分所有権を譲渡した後も特定承継人としての責任を免れないと解釈すれば、上記のようなおそれを防げる（処分を禁止する必要もなくなる）。

なお、重要事項説明の際に滞納額の明示義務を宅建業者が守らなかったとしても、特定承継人は滞納管理費の支払から免れるわけではないし、管理組合が正確な情報を提供すべき法的義務を負わないことが問題点として指摘されるけれども（土居俊平「区分所有法8条にいう特定承継人の責任」宮崎産業経営大学法学論集19巻1号154頁注3）、宅地建物取引業者が滞納がないかを管理組合に問い合わせなかった場合には、特定承継人として管理費を支払わされた者は、この業者に対し説明義務違反による損害賠償責任を追及できるであろう（後藤巻則『消費者契約の法理論』353頁［2002］参照）。仮に売買や競売がなされる際に、管理組合に滞納額について問い合わせがあった場合に、管理組合がその時点での滞納額を適切に答えなかったために、重要事項として滞納管理費の存在が説明されなかったり、競売の場合に滞納管理費のあることが物件明細書に記載されていなかった結果として、買主が滞納額を知ることができなかった（滞納がないと考えていた）場合には、管理組合からその買主に対して前主の滞納分を請求することは、信義則に反し許されないと解するべきであろう。

（3）もっとも、中間取得者も特定承継人としての責任を負うと解すると、問題がないわけではない。というのは、中間取得者が複数存在する場合であって、滞納管理費について売買契約で手当がされていないときには、管理組合が中間取得者と現所有者のうち誰を狙い撃ちにして滞納管理費を請求するかによって、滞納管理費の最終的な負担者が変わってくる（その者が他の者に事実上求償できない）おそれがあるからである。例えば、Aが管理費を滞納していたところ、区分所有権がその後B、C、Dに順次譲渡され、Cが、Aの滞納した管理費を支払ったとしよう。Cは、確かにAに対する求償権を取得するけれども、求償権に基づいて回収することが困難である。民法444条を類推できれば、負担を中間取得者と現所有者の全員で分かち合うことになるけれども、同条をこの場合に類推できるであろうか。なお、滞納管理費について先取特権が認められることを根拠に、民法567条2項に基づいてCが前主Bに請求することは、大判昭和15年3月12日民集19巻571頁の説示に照らせば、否定されるであろう。

3 実務指針

裁判例の大勢から判断すると、本判決と異なり、中間取得者も区分所有権を他人に譲渡しても、特定承継人としての責任を免れない。管理組合としては、中間取得者に対しても前主以前の滞納管理費を請求できることになる。

他方で、区分所有権を買い受けようとする際には、滞納管理費がないか確認することが必要である。滞納分があった場合には、売買契約において滞納管理費の処理について取決めをしておくこと（たとえば、譲受人が滞納分を支払うこととし、その分だけ売買価格を減じる、など）が必要である。

【参考文献】 本件の評釈として、①新田敏・判評353号43頁、②鎌野邦樹・ジュリ934号126頁。東京高判平成21年3月25日の評釈として、花房博文・マンション管理センター通信2014年7月号16頁。大阪地判平成21年7月24日の評釈として、前澤利明・平成22年度主判解64頁。

大山和寿
青山学院大学准教授

7 階上から階下の住宅への雨水の浸入による損害

東京地裁平成4年3月19日判決（判時1442号126頁、判タ809号182頁）

1 事実

　X_1は8階建てマンションの7階にある602号室を所有し、家族と居住していた。X_2はその隣室601号室を所有し、写真家X_3と同居していた。601・602号室の真上にある8階（最上階）の701号室はY_1が所有し、昭和63年2月24日にY_2会社に賃貸したが、Y_2は同年3月31日に解散した。その清算人Y_3はY_1・Y_2間の701号室賃貸借契約を合意解除した。その明渡猶予期間中、平成元年7月31日夜から豪雨があり、701号室のベランダから同室内に流れ込んだ雨水が、8月1日未明に601・602号室に浸入した。その原因として、①701号室のベランダには雨が直接降りかかる構造であったが、ベランダの東南2ヵ所の排水口の排水能力が低かった（雨水が701号室内に浸入する事態はY_2賃借後も度々起こっていた。Y_3はY_1の母A、同マンション管理人Bに改善工事を要望したが、行われなかった）。②Y_1による701号室購入前、東側排水口の上にサンルームが設置され、掃除窓は設けられたが、周囲の掃除が難しくなり、排水能力がさらに低下したほか、同ベランダがタイル張りによって底上げされ、滞留水量が低下した。③②の結果、南側排水口に流れる水量の方が多く、塵芥も溜まりやすかったため、Y_3はY_1の注意に従って掃除していたが、前記豪雨時はベランダに置かれたゴムの木が倒れて同排水口を塞ぎ、塵芥も大量に詰まり、雨水が701号室に流入し、601・602号室に浸入した。その結果、601・602号室の天井・壁・床板、家具・寝具・衣類、絨毯・畳、その他の財産を汚損した。
　そこで、X_1・X_2・X_3は、701号室の占有者Y_2・Y_3および所有者Y_1に対し、土地工作物責任（民717条）を理由に、X_1については、部屋の内装工事費、工事期間中のホテル宿泊費・食費・交通費、家具類等の買替費等として1002万円余、X_2については、同じく467万円余、X_3については、受注した写真集のネガ等の損傷によって納期に遅れたために、撮影料300万円中得られなかった150万円、および各損害に対する損害発生日の翌日である平成元年8月2日から支払済みに至るまで年5分の割合による遅延損害金の支払を請求した。

2 判旨

　（1）Y_2・Y_3の責任　（ア）本件豪雨は1時間当たり雨量が非常に大きく、両排水口の塵芥が完全に除去されていても浸水を回避できなかった可能性もあるが、Y_3が「少なくとも、忠実に塵芥の除去を行っていれば、かかる大きな事故発生は回避することができたことは明らかである」から、Y_3の過失と事故発生の因果関係の存在は否定できない。
　（イ）「Y_3に過失が認められる以上、同人が清算人となっており、かつ、契約上701号室の使用者であったY_2に損害賠償責任がある」。
　（ウ）701号室の契約上の使用者はY_2であったが、民法717条1項によって損害賠償責任を負うべき「占有者」とは、「工作物を事実上支配し、その瑕疵を修補することができ、損害の発生を防止することができる関係にある者を意味するから」、Y_3もそのような地位にあったことが明らかであるので、Y_3も占有者として損害賠償の責任を負う。
　（2）Y_1の責任　Y_1は、占有者に損害賠償責任が認められる場合は所有者としての責任は認められるべきでない旨主張する（民717条1項ただし書）が、本件事故の発生には「本件ベランダの構造」（サンルームの設置およびタイル張りによる底上げ）が大きく影響を与えており、「そのために損害の発生が増大したこと」は明らかであるから、「これによる損害増大部分の責任を占有者に負わせることはできず、その部分は、所有者たるY_1が負わなければならない」。
　（3）Y_1・Y_2・Y_3の責任の関係　「Y_2又はY_3の負うべき損害部分と、Y_1が負うべき損害部分とを区分けすることができない以上」、Yらは連帯してXらに生じた損害を賠償する義務がある。
　（4）X_1・X_2・X_3の損害　（ア）X_1につき、①内装工事費中、本件事故と相当因果関係がある、畳表・壁紙・天井クロス等の張替費の支出が予定より早められたことによる損害650万円、②平成元年8月1日～15日頃のホテル代・自宅との往復等のタクシー代・食事代のうち、本件事故と相当因果関係の認められないマッサージ料金、喫茶料金、一定額を超える外食代等を除く35万円、③汚損した家具類等の買替費、クリーニング代等のうち、本件事故と相当因果関係がある150万円、合計835万円が認められる。
　（イ）X_2につき、①寝具類購入費、8月8日～15日頃のホテル代等のうち、本件事故と相当因果関係がある35万円、②家具類等の買替費用等のうち、本件事故と相当因果関係にある150万円、合計185万円が認められる。
　（ウ）X_3につき、本件事故当時カタログ写真を受注して撮影を終え、601号室で現像中であったが、本件事故の結果、所定納期の8月5日に納品できなかったことにより、予定の撮影料300万円中半額しか取得できなかったことによる150万円相当の損害が認められる。
　（エ）X_1・X_2・X_3の（ア）～（ウ）の損害およびこれに対する事故発生後、支払期日到来日の翌日である平成元年8月2日から支払済みまで年5分の遅延損害金の支払義務が認められる。

3 解説

1 本判決の分析

　（1）本判決は、マンションの階上から階下への浸水事故による損害に対し、階上部屋の賃借人＝占有者たる法人Y_2とその清算人Y_3、および同部屋の所有者Y_1に対し、土地工作物責任（民717条）を認め、かつ三者の連帯責任を認めたものである。その特色は次の点にある。

①土地工作物責任における所有者の責任が、「占有者が損害の発生を防止するのに必要な注意をした」場合における補充的・第2次的責任とされる（民717条1項ただし書）にもかかわらず、占有者と並んで所有者にも損害賠償責任を認めた。②その際、占有者と所有者に連帯責任を認めた。③マンションの賃借人である法人とその清算人（個人）の両者に土地工作物の占有者として連帯責任を認めた。以下、この3点について分析する。

（2）本判決は、701号室の占有者Y_2・Y_3と同所有者Y_1が同時に土地工作物責任を負う理由として、①占有者Y_2・Y_3が南側・東側の排水口の塵芥（ゴムの木の転倒によるものを含む）を完全に除去していれば、本件事故の発生を回避できた可能性があること、しかし、②本件事故の発生には、本件ベランダの構造（サンルームの設置およびタイル張り）も大きく影響を与えており、かかる「損害増大部分の責任」を占有者に負わせることはできないと判断した。この点に関して、本判決は「本件事故の原因となった豪雨は、1時間当たりの雨量が非常に大きく、両方の排水口の塵芥が完全に除去されていても、浸水を回避することができなかった可能性も否定できない」と認めており、損害増大部分に限定すれば、「占有者が損害の発生を防止するのに必要な注意をした」のと同様に評価したともいえる。

（3）仮に本件浸水事故による損害を、①占有者による損害発生防止義務の不履行による部分と、②同義務を履行していても生じたであろう損害増大部分に区分できるとすれば、①については占有者Y_2・Y_3が負い（民717条1項本文）、②は所有者Y_1が負う（民717条1項ただし書）ことになる。しかし、本判決は、占有者Y_2・Y_3と所有者Y_1に損害全額についての連帯責任を認めている。その根拠は必ずしも明示されていないが、本判決は連帯責任に言及する部分で、「Y_2又はY_3が負うべき損害部分と、Y_1が負うべき損害部分とを区分けすることができない」と述べている。それはY_2・Y_3とY_1による共同不法行為（民719条1項）の成立を認めているようにも解される。

（4）本判決はY_2とY_3をともに土地工作物責任を負うべき「占有者」と解した。Y_2は契約上701号室の使用者（建物賃借人）として、Y_3については、民法717条1項の「占有者」とは「工作物を事実上支配し、その瑕疵を修補することができ、損害の発生を防止することができる関係にある者」であるとの一般論（東京高判昭和29年9月30日民集10巻12号1567頁等参照）に照らし、Y_3個人もそのような地位にあるとみた。

2 本判決の評価

（1）建物の浸水事故に土地工作物責任を適用した裁判例には、①住宅公団の賃貸住宅の排水管の瑕疵による漏水事故（大阪高判昭和49年1月18日判時744号61頁）、②建物の占有者＝所有者がテラスの雨樋・雨水排水管の管理を怠ったことによる雨水の漏水事故（東京地判昭和57年7月28日判時1065号149頁）、③建物の2階部分の賃借人による前々賃借人が使用していた旧排水パイプ残骸の管理義務懈怠による漏水事故（大阪高判平成元年5月26日判タ704号236頁）、④建物の1階部分の賃借人による排水管の管理義務懈怠による漏水事故（大阪高判平成3年8月29日判時1410号69頁）等がある。①・②は建物所有者＝占有者の土地工作物責任を、③は建物賃借人＝占有者の土地工作物責任のみを肯定した。

④は建物賃借人の土地工作物責任と建物賃貸人（建物所有者）の賃貸借契約上の責任を肯定し、かつ両者は連帯債務（民719条1項後段の共同不法行為責任）となることを認めた。これに対し、本判決は、建物賃借人（土地工作物の占有者）と建物所有者（土地工作物の所有者）の責任を同時に認め、かつ両者の連帯責任を肯定した点に特色がある。

（2）土地工作物責任における所有者の責任が補充的・第2次的責任とされているにもかかわらず、別個の法人格である占有者と所有者の両者に同責任を認め、かつ両者を連帯責任と認めるという本判決の法理は、2つの要素から構成されている。第1に、被害者に発生した損害を、①占有者の損害発生防止義務の懈怠による部分と、②同義務を履行したとしても回避できなかった損害増大部分に観念的に区分し、②については占有者の免責事由＝所有者への帰責事由（民717条1項ただし書）として、占有者の損害発生防止義務の履行に代えて、占有者の帰責事由によらない損害発生防止義務の履行不能を解釈上追加しているとみることができる。しかし、第2に、占有者と所有者が同時に、しかも損害の全額について土地工作物責任を負う根拠として、両者の関係を共同不法行為責任とみることが考えられる。その際、両者の関係を⒜共同行為型（民719条1項前段）とみるか、⒝損害一体・寄与度不明型（民719条1項後段）とみるか（前田陽一『債権各論Ⅱ不法行為』119～123頁［2007］参照）については、解釈の余地がある。裁判例には、階上建物の賃借人による排水管の管理義務懈怠と建物賃貸人の義務不履行による漏水事故につき、後者⒝と解した例がある（前述（1）④判決）。もっとも、この点は事案によるものと考えられる。所有者の設置した工作物（本件の場合、サンルームの設置とタイル張りによる底上げ）それ自体の構造が、その潜在的危険性を顕在化させないための占有者の管理方法に影響を与える本件のような事案は、⒜共同行為型、または⒜・⒝両者の複合型とみる余地もある。なお、占有者たる賃借人Y_2（清算中の法人）とその清算人Y_3が連帯責任を負う根拠は、法人の不法行為責任とその代表者個人の責任の関係を不真正連帯債務と解する法理に立脚するものであろうか。

3 実務指針

本判決に対しては、控訴後和解が成立し、上級審の判断は下されなかったが、賃貸建物の管理をめぐり、占有者・所有者双方に土地工作物責任の連帯責任を認める法理を提示したものとして、実務上も注意すべきである。とくに建物に設置された物件の管理に特別な注意が必要な場合、所有者は賃貸人等の占有者と管理義務の内容を明確にしておく必要がある。また、本判決は、漏水事故と相当因果関係にある損害の範囲に関し、内装工事費、仮住居費、家財の買替・修繕費、慰謝料等に関し、具体的に判断しており、1つの手掛かりになる。

【参考文献】本文中に掲げたもののほか、小島浩・平成元年度主判解116頁（③2（1）③判決の評釈）参照。

松尾 弘
慶應義塾大学教授

専有部分のみの取得者が他の専有部分と敷地利用権を取得したときは「敷地利用権を有しない区分所有者」に当たらない

東京高裁平成2年3月27日判決（判時1335号59頁）

1 事実

A（Yの補助参加人）は昭和56年9月から、自ら所有するマンションおよびその敷地につき、専有部分とその敷地持分（各専有部分につき、21万7138分の4963または5076）を順次売却して移転登記し、昭和58年末までに102・103・104号室を除いて完売した。この間、102室にはB信用金庫のために、104号室とその敷地持分にはC信用金庫のために各々根抵当権が設定・登記がされた。昭和58年12月28日、Aは102・103・104号室および当時Aが所有していた敷地持分をすべてDに売却し、昭和59年1月4日、所有権移転登記手続をした。その後、①102号室に設定されたB信用金庫の根抵当権は敷地持分のないまま競売され、昭和62年1月13日、Yが競落し、翌14日移転登記した。②同年3月25日、Yは同マンションの203号室を敷地持分（21万7138分の5076）とともに購入し、移転登記した。③同年7月9日、Yは103号室をDから敷地持分のないまま買い受け、同月25日移転登記した。④104号室は敷地持分とともにC信用金庫が根抵当権を実行して競売され、同月15日、Xが競落し、同日移転登記した。そして、同年12月12日、XはYに対し、区分所有法10条に基づき、102・103号室の売渡しを請求した。これに対し、Yは、203号室の前記敷地持分の効力が102・103号室にも及ぶこと、そうでないとしても、102・103号室について法定地上権（民388条）が成立することを理由に、Xの売渡請求の効力を否定して争った。

第1審（東京地判平成元年3月15日）は、①203号室に対応する敷地持分は203号室の敷地利用権を確保する目的を有するにすぎず、102・103号室の敷地利用権を確保するものではないこと、②土地が共有の場合、その共有者の1人が所有する建物が競落されても、他の共有者が法定地上権の成立する事態を予め容認している場合でなければ、法定地上権は成立しない（最判昭和29年12月23日民集8巻12号2235頁、最判昭和44年11月4日民集23巻11号1988頁参照）とし、Xの請求を認容した。Yが控訴した。

2 判旨

原判決中Y敗訴部分を取り消し、Xの請求を棄却した。
①「Yは、203号室とともにY持分を取得したのであって、102号室及び103号室を取得した際には本件土地に関する利用権は何も取得しなかったけれども、このような場合に、Yが102号室及び103号室について区分所有法10条にいう敷地利用権を有しない区分所有者に該当するものと解すべきではなく、Yは、203号室、102号室及び103号室の3つの専有部分を有するとともに、それらについての敷地利用権としてY持分を有するものと解するのが相当である」。
②「もともと、敷地利用権を有しない区分所有者は、本来その有する専有部分の収去を免れないものであるが、特定の専有部分のみの収去が物理的に不可能であることから、同法10条により、いわばこれに代わる措置として、明渡請求権者は、当該専有部分の売渡しを請求することができることとされたものと考えられる。そうとすれば、いやしくも敷地利用権を有する以上、区分所有者は、その敷地利用権を取得した経緯、もともとその敷地利用権が当該専有部分に係るものとして分離処分が禁止されるものであったかどうか、敷地利用権である共有持分の持分割合の多寡等の事情に係わらず、その専有部分を保持するための土地の利用権を有するものというべきであるから、その専有部分は、売渡請求の対象とされる余地がないものと解すべきである」。
③昭和58年の区分所有法改正により、「区分所有者は、専有部分とその専有部分に係る敷地利用権とを分離して処分することができないものとされ（同法22条1項本文）、区分所有者が数個の専有部分を有する場合において、その各専有部分に係る敷地利用権の割合についての基準が定められた（同条2項）こと等により、区分所有建物に関して、共有に関する民法の一般原則が若干の修正を受けたものということができるが、それらの点が専有部分の売渡請求に関する前記判断に格別の影響を及ぼすものと解することはできない」。

3 解説

1 本判決の分析

（1）日本法は土地・建物別不動産制を採用している結果、たとえ土地に対する無権原者が建物を築造した場合でも、当該建物は土地に付合せず、建物所有者として建物所有権を留保し、他人に処分できる。これに対し、土地所有者は建物所有者に対し、土地所有権に基づいて建物収去・土地明渡請求することにより、土地所有権の侵害状態を解消することになる。これと理論的に同様の事態は、区分所有建物の専有部分の所有者が、それに対する敷地利用権を付することなしに処分した場合（区分所有建物と敷地利用権との分離処分）にも生じる。しかし、建物の一部である当該専有部分のみの収去は事実上不可能な場合もあることから、区分所有法10条は「敷地利用権を有しない区分所有者があるときは、その専有部分の収去を請求する権利を有する者は、その区分所有者に対し、区分所有権を時価で売り渡すべきことを請求することができる」とした。本件では、本件マンションの専有部分203号室の所有権とともに、その敷地利用権（敷地所有権の共有持分21万7138分の5076）を取得したXが、102・103号室の専有部分のみの所有権を取得したYに対し、法10条の区分所有権売渡請求権を行使した。その際、Yが法10条にいう「敷地利用権を有しない区分所有者」といえるかが問題になった。

（2）本事案の特色として、①Yが102号室の専有部分のみを取得（昭和62年1月13日。登記は翌14日）した後、②Yが203号室の専有部分と敷地持分21万

7138分の5076を取得し（同年3月25日）、さらに、③Yが103号室の専有部分のみを取得（同年7月9日。登記は25日）した後、④Xが104号室の専有部分と敷地利用権を取得（同年7月25日。同日登記）したというものである（「事実」参照）。したがって、Yは②段階で同マンションの敷地持分を取得していたが、その敷地利用権としての効力が、取得時の専有部分である203号室のみにとどまるか、既に取得した102号室および後に取得した103号室の敷地利用権としての効力ももつかにより、Yが102・103号室について「敷地利用権を有しない区分所有者」というべきかが決まることになる。ここでは、区分所有建物の専有部分と敷地利用権との対応関係が、固定的なものか否か等、区分所有法理の根本的な点が問われている。

（3）この専有部分と敷地利用権との対応関係につき、原判決は厳格に固定的に捉え、203号室の敷地利用権の効力は他の専有部分（102・103号室）には及ばないとした。これに対し、本判決は正反対に、Yが203号室の専有部分と共に取得した敷地持分は、203・102・103号室の「3つの専有部分」に共通する敷地利用権としての効力をもつことを認めた（判旨①）。その理由は何か。本判決はこれを区分所有法10条の趣旨に求め、それが敷地利用権をもたない専有部分のみの区分所有者の出現回避にあると解しているようである（判旨②）。その結果、たとえ専有部分のみの区分所有権を取得した者であっても、事前または事後に敷地利用権を取得すれば売渡請求を回避でき、しかも「いやしくも敷地利用権を有する」に至っていれば、その取得経緯のみならず、特定の専有部分との分離処分が禁止された敷地利用権でも、また、敷地利用権の共有持分の割合の多寡も問わないものとした。このように、本判決は専有部分と敷地利用権の対応関係を柔軟に捉え、共有持分権に基づく共有物の使用権は、持分の多寡にかかわらず、共有物の全部に及ぶという民法上の原則（民249条）に沿った解釈をしているものと解される。このことは、昭和58年の区分所有法改正が、規約に別段の定めがないかぎり、専有部分とその敷地利用権の分離処分を禁止し（22条1項）、区分所有者が複数の専有部分を有する場合は各専有部分に係る敷地利用権の割合に関する基準を定める（22条2項）等の修正をしたことと矛盾しないものと解されている（判旨③）。

2 本判決の評価

（1）本判決の評釈には、区分所有法10条の解釈として、原判決の論理と本判決の論理は何れも成り立ちうるとしたうえで、昭和58年法改正の趣旨に鑑み、「専有部分とそれに対応する敷地利用権との一体化」を重視すれば、法10条の「敷地利用権を有しない区分所有者」とは「当該専有部分に対応する敷地利用権を有しない区分所有者」を指すものとして、専有部分と敷地利用権の対応関係を固定的に捉える見解もある（半田・後掲180頁）。しかし、「専有部分と敷地利用権との一体化の原則」に従い、法10条によってYに売渡請求権を認めたとしても、取得した専有部分102・103号室に対応する敷地利用権が新たに創造されるものではない以上、その場合も「その専有部分の収去を請求する権利を有する者」（10条）であるXがもつ敷地利用権の効力の拡張の法理で対応していることになる。このことに鑑みれば、Xに対しては既存の敷地利用権の効力拡張を否定し、Yに対し

ては既存の敷地利用権の効力拡張を肯定する原判決の論理は、首尾一貫しないものといわざるをえない。

（2）①専有部分に対応する敷地利用権が既に存在する場合において、両者ができるかぎり一体処分され、分離処分されることのないようにすべきであるという問題と、②様々な事情（後述3参照）である専有部分の区分所有権を取得した時点ではその専有部分の敷地利用権をもたなかった者が、その取得の前または後に、他の専有部分とともにその敷地持分等の敷地利用権を取得したときに、その効力が敷地利用権を伴わずに取得した専有部分を占有するための土地利用権原としての意味をもちうるという問題は、別個の問題であると考えられる。むしろ、①法22条は、専有部分と敷地利用権の分離処分が起こらないようにするための事前規制であるのに対し、②法10条による区分所有権売渡請求権は、専有部分と敷地利用権の分離処分が生じてしまった場合の事後規制として捉えることができるように思われる。そして、両者相俟って、専有部分と敷地利用権の一体化の促進を図るものとみることができる。この観点からは、②専有部分のみの区分所有権の取得者が、その取得前または取得後に、同じ区分所有建物の敷地に対する何らかの敷地利用権をもつときは、最早「敷地利用権を有しない区分所有者」（10条）ではない者として、区分所有権売渡請求を回避しうると解することが、むしろ専有部分と敷地利用権の一体化促進に資するであろう。

（3）もっとも、その結果として、区分所有者により、保有する専有部分の床面積の比率と敷地利用権の比率（22条2項参照）に少なからぬ差が出ることも予想される。しかし、そのことは、本件のような事案で区分所有権売渡請求を認めても多かれ少なかれ生じる問題であるし、民法が共有持分権の持分割合の多寡を問わずに共有物全部について持分に応じた使用権を認める原則（民249条）に照らし、不当であるとはいえないと考えられる。

3 実務指針

昭和58年法改正の結果、専有部分と当該専有部分に係る敷地利用権の分離処分が原則として禁止されたことから（22条1項本文）、敷地利用権をもたない区分所有者が現れるケースは、現在ではそれほど多くないと考えられる。しかし、現行法下でも敷地利用権を伴わない専有部分の区分所有権が生じる可能性は、存続する。たとえば、①同分離処分禁止前の法制（昭和37年区分所有法）の下で分離処分された専有部分のみの取引、②規約で分離処分を認めている場合（22条1項ただし書）、③敷地利用権が建物所有を目的とする地上権または賃借権（借地権）である場合において、借地契約が終了した場合、④分離処分が善意の第三者に対して行われた場合（23条）等である。その際には、本判決が示した区分所有権売渡請求の要件を再確認し、それを満たす敷地利用権の取得見込みについて、予め検討を加えておくことが便宜である。

【参考文献】 本判決の評釈として、半田正夫・判評387号32頁がある。

松尾　弘
慶應義塾大学教授

9 マンション内の倉庫の帰属

最高裁昭和61年4月25日判決（判時1199号67頁、判タ607号45頁）

1 事実

Aというビルディング（以下、本件建物という）において、XらはB株式会社から分譲を受けた全区分所有者の一部の者であって、全区分所有者から選任された本件建物の管理者である。Yは本件建物を分譲した会社の更生管財人である。

Xらは、本件建物の車庫部分（以下、本件車庫という）および本件建物の倉庫部分（以下、本件倉庫という）が本件建物の一部であって、本件車庫につき構造上の独立性がなく、本件倉庫につき利用上の独立性がないので本件建物の共有部分であるから、本件建物の全区分所有者の共有に属すると主張した。

したがって、B株式会社は本件車庫および本件倉庫につき各所有権保存登記を経由しているので、XらはYに対し各保存登記の抹消登記手続を請求した。

これらの事実を認定した東京地判昭和51年10月12日判時851号202頁は、本件倉庫につきXらの請求を認容した。東京高判昭和53年8月16日判時906号46頁は、第1審判決を追認した。

最判昭和56年6月18日民集35巻4号798頁は、本件車庫につき、本件車庫が構造上他の部分と区分され、それ自体として独立の建物としての用途に供することができる建物部分であると判断し上告を棄却した。

しかし、最判昭和56年6月18日判時1009号63頁は、本件倉庫につき、建物の専有部分として区分所有権の目的となることを否定することはできないと判断して、原審に差し戻した。

東京高判昭和57年4月20日判時1047号80頁は、本件倉庫の内の第1倉庫および第2倉庫のいずれも専有部分であると判断した。この判断に対しXらが上告した。

2 判旨

本判決は、「1棟の建物のうち構造上他の部分と区分され、それ自体として独立の建物としての用途に供することができるような外形を有する建物部分は、そのうちの一部に他の区分所有者らの共用に供される設備が設置され、このような共用設備の設置場所としての意味ないし機能を一部帯有しているようなものであっても、右の共用設備が当該建物部分の小部分を占めるにとどまり、その余の部分をもって独立の建物の場合と実質的に異なるところのない態様の排他的使用に供することができ、かつ、他の区分所有者らによる右共用設備の利用、管理によって右の排他的使用に格別の制限ないし障害を生ずることがなく、反面、かかる使用によって共用設備の保存及び他の区分所有者らによる利用に影響を及ぼすこともない場合には、」建物の専有部分として区分所有権の目的となりうるとし、次のように上告を棄却した。

「(1) 本件倉庫は、本件建物の1階ロビー及びこれから電気室に通じる廊下の北側に位置し、通路に面する側は壁及び扉などにより仕切られ、その余の三面は壁によって仕切られた本件建物の部分であり、床から天井までの高さは約2.89メートルあり、倉庫として利用されている、(2) 本件倉庫は床面積18.52平方メートルの本件第2倉庫とその余の本件第1倉庫から成り、両者はコンクリートブロックで床から天井まで仕切られている、(3) 本件第1倉庫内の入口近くには、本件建物の共用設備である電気スイッチ及び積算電力計の配電盤、換気、汚水処理及び揚水ポンプなどの動力系スイッチ並びに汚水マンホール及び雑排水マンホールが設置されており、また、本件第1倉庫の床面から約2.05メートルの高さのところには電気、水道等のパイプが張りめぐらされ、右パイプは本件第2倉庫の天井にも配管されている、(4) 本件第1倉庫内の前記パイプ以外の共用設備自体と右スイッチ等の操作、マンホールの清掃等のために必要な場所の本件第1倉庫内に占める部分は、本件第1倉庫の床面積及び空間に比して極めて僅少な部分にとどまり、その余の部分をもって独立の建物の場合と実質的に異なるところのない態様の排他的使用に供することができ、かつ、右各種スイッチ操作のため本件建物の管理人が必要とする一日3回程度の右部分への出入や右マンホールの清掃のための出入によって本件第1倉庫の右のような排他的使用に格別の制限ないし障害は生ずるものではない、(5) 本件第1倉庫及び本件第2倉庫の天井に設置されている前記電気、水道等のパイプの存在も、本件第一倉庫及び本件第2倉庫の排他的使用に格別の制限ないし障害を生ずるものではない、(6) 本件第1倉庫及び本件第2倉庫を排他的に使用することによって、その内部に設置されている前記共用設備の保存及び他の区分所有者らによるその利用に影響を及ぼすこともない」として、本件第1倉庫および本件第2倉庫が、1棟の建物のうち構造上他の部分と区分され、それ自体として独立の建物としての用途に供することができる建物部分であり、建物の専有部分であるとした。

3 解説

1 本判決の分析

(1) 本件においては、本件倉庫が1棟の建物のうち構造上他の部分と区分され、それ自体として独立の建物としての用途に供することができる建物部分であって建物の専有部分であるのではないかが問われた。

(2) 法1条によれば、建物の区分所有の対象となる部分は、1棟の建物に構造上区分された数個の部分で独立して住居、店舗、事務所または倉庫その他の建物としての用途に供することができるものである。本件判決は、本件倉庫を法1条と定義規定である法2条1項および3項がいう建物と捉えているのである。

しかし他方で、法4条1項および定義規定である法2条4項は、数個の専有部分に通ずる廊下または階段室その他構造上区分所有者の全員またはその一部の共用に供されるべき建物の部分を区分所有権の対象とならない共用部分とする。Xらは本件倉庫を法4条1項および定義

規定である法2条4項が意味する共用部分に該当すると主張していた。ただし、法4条2項の規約上の共用部分でなく、法4条1項の構造上の共用部分であると主張していたのである。しかし、この主張は本判決において受け入れられなかった。

以下において、本判決が本件倉庫を専有部分として共用部分としなかった理論構成を学説・判例を参考としながら分析することにする。

(3) 従来の学説・判例によれば、区分所有権の対象となる建物の部分に関する判断基準は、法1条がいう①1棟の建物に構造上区分された数個の部分で、かつ、②独立して住居、店舗、事務所または倉庫その他の建物としての用途に供することができるもので、①は構造上の独立性とよばれ、②は利用上の独立性とよばれている。

構造上の独立性とは、シャッターのような遮蔽が可能な設備があって、この位置が建物の天井や床のような本体構造部分との関係で固定していることと解されている（稲本＝鎌野・区分所有法8頁）。

本件判決に関連する本件車庫についての上告審判決は、この点について「建物の構成部分である隔壁、階層等により独立した物的支配に適する程度に他の部分と遮断され、その範囲が明確であることをもって足り、必ずしも周囲すべてが完全に遮断されていることを要しないものと解するのが相当である」として、完全遮断性を要しないとする（最判昭和56年6月18日民集35巻4号798頁）。

利用上の独立性の要件に挙げられている住居、店舗、事務所または倉庫は例示であって、これらに限定されない。ただし、廊下、階段室、エレベータ室はその他の建物としての用途に含まれないとする。独立して建物としての用途に供するためには、独立の出入口を有して外部に直接通行できることと、内部の設備が使用目的に適した状態で具備されていることを要するとする。しかも、建物の内部に共用設備がないことを条件としていた（以上につき、稲本＝鎌野・区分所有法10頁以下）。

本件判決に関連する本件車庫についての上告審判決は、この点について「右の共用設備が当該建物部分の小部分を占めるにとどまり、その余の部分をもって独立の建物の場合と実質に異なるところのない態様の排他的使用に供することができ、かつ、他の区分所有者らによる右共用設備の利用、管理によって右の排他的使用に格別の制限ないし障害を生ずることがなく、反面、かかる使用によって共用設備の保存及び他の区分所有者らによる利用に影響を及ぼすこともない場合には、なお建物の区分所有等に関する法律にいう建物の専有部分として区分所有権の目的となりうるものと解するのが相当である」として、共用設備の不存在が利用上の独立性の条件とならない場合があるとする（最判昭和56年6月18日民集35巻4号798頁。その他に、最判昭和56年7月17日民集35巻5号977頁）。

(4) 本判決において構造上の独立性に言及している部分は、判旨の中の「1棟の建物のうち構造上他の部分と区分され」ているとする規範部分と、規範部分を事実関係に当てはめた(1)と(2)の部分である。この部分は、構造上の独立性に関する従来の学説・判例に一致している。

(5) 本判決において利用上の独立性に言及している部分は、判旨の中の「1棟の建物のうち構造上他の部分と区分され」ている部分に続く「それ自体として独立の建物としての用途に供することができるような外形を有する建物部分は、……かかる使用によって共用設備の保存及び他の区分所有者らによる利用に影響を及ぼすこともない場合には、」建物の専有部分として区分所有権の目的となりうるとする規範部分と、規範部分を事実関係に当てはめた(3)(4)(5)(6)である。この部分は、前掲最判昭和56年6月18日の内容と一致する。この部分は再検討を要する。

2 本判決の評価

(1) 本判決において構造上の独立性に言及している部分に対して異論はない。しかし、利用上の独立性に言及している部分について建物の内部に全く共用設備がないことを条件としなくてもよいが、①共用設備が当該建物部分の小部分を占めるにとどまり、その余の部分をもって独立の建物の場合と実質的に異なるところのない態様の排他的使用に供することができること、②他の区分所有者らによる共用設備の利用・管理によってその排他的使用に格別の制限ないし障害を生ずることがないこと、③かかる使用によって共用設備の保存および他の区分所有者らによる利用に影響を及ぼすことがないことを厳格に解釈すべきではないかと思う。特に②と③である。

①②③という規範部分を事実関係に当てはめた本判決の中で、(3)で書かれている共用設備の存在自体によって利用上の独立性が失われるとは即断できないが、しかし(4)で書かれている「右各種スイッチ操作のため本件建物の管理人が必要とする一日3回程度の右部分への出入や右マンホールの清掃のための出入」という共用設備の管理行為を考慮するならば、その建物部分の排他的使用に格別の制限ないし障害を生ずるものではないとはいえないのではないかと思う。したがって、本件倉庫はそれ自体として独立の建物としての用途に供することができる建物部分ではなく、建物の専有部分であるとはいえないことになる。②と③に出ている他の区分所有者による共用設備の保存・利用・管理行為を看過すべきではないのである。

①を容認したとしても、共用設備の保存・利用・管理行為の程度によって、「独立の建物としての用途に供することができる建物部分」の評価が異なることになる。

(2) 本判決について、②と③は両立しえないとする意見（丸山英気「共用設備の存在と専有部分性」民商96巻3号135頁）、共用設備がある以上、原則的に共用部分になるとする意見（片桐善衛「共用設備が設置されている倉庫が、建物の区分所有等に関する法律にいう専有部分に当たる、とされた事例」九州産業大学商経論叢27巻4号240頁）、③の要素を強調する意見（吉田克己「専有部分の意義」不動産百選191頁）は、②と③の関係に課題を見出している。

3 実務指針

判例によれば、倉庫が専有部分であると評価されるためには、構造上の独立性のほかに、利用上の独立性がなければならない。利用上の独立性は①②③の基準で判定される。これらの基準に準拠して個別的に判定しなければならないであろう。①②③の基準を事実関係に当てはめた本判決から分かるように、この判断は難しい。

【参考文献】 本文に引用したものを参照。

角田光隆
神奈川大学教授

10 マンション内の駐車場の帰属

東京地裁平成26年10月28日判決（判時2245号42頁）

1 事実

Xらは、1棟の建物の一部の建物部分（以下、本件建物部分という）を占有している区分所有者によって構成される法人格のない社団である管理組合Yに対し、本件建物部分がXらの共有する屋内駐車場として構造上および利用上の独立性を有する専有部分であるにもかかわらず、Yが本件建物部分を不法に占有していると主張し、本件建物部分の明渡しなどを請求するとともに、何ら権限なくXらに無断で駐車場として賃貸して利得を得ていると主張して、利得の返還を請求した。

Yは、本件建物部分の登記がなく共用通路ピロティであって、本件建物部分が構造上および利用上の独立性を有していないので、Xらの専有部分ではないと主張した。

2 判旨

本判決は、本件建物部分が構造上および利用上の独立性を有していない共用部分であるとし、本件建物部分が区分所有権の目的とすることができない部分であるので、Xらの被相続人が本件建物部分を区分所有することはできないとした。

本判決は、本件建物部分が構造上の独立性がないことについて、次のように判断した。

「本件建物部分に相当する部分は、……現況においては、南側および西側には壁面があり（ただし、西側壁面の位置は上記設計図書と異なる。）、東側には、簡易な壁がある。

東側の壁は、本件建物部分の南側および西側壁面とも、マンションの上層階の壁面とも仕上げが異なっており、またその材質も金属製波板とベニヤ板であるので、当初から設計された壁面であるとは考えられず、竣工後に簡易に作られたものであるとみるべきであり、その設置の時期は、本件建物部分をA社が倉庫として使い始めた昭和56年6月ころと認めるのが相当である（乙第11号証、被告代表者本人）。X本人尋問の結果中、この認定に反する部分は採用できない。

したがって、マンションの竣工当時、本件建物部分の北側部分および東側部分は、前記設計図書にあるのと同様に、壁面がなく外部に対して完全に開放された状態にあったものと認められ、四方のうち二方が遮断されていなかったのであるから、本件建物部分は、隔壁、階層等により独立した物的支配に属する程度に他の部分と遮断されているものとはいいがたい。」

本判決は、本件建物部分が利用上の独立性がないことについて、次のように判断した。

「設計図書上、本件建物部分には「通路（共用）」、「ポリバケツ置場」もしくは「ピロティ」または「ポーチ」と記載されており、現に、本件建物部分の北側は道路に面しており、本件建物部分の西側には、マンション1階の共用部分であるホール等部分に通じる出入口があり、ホール等部分にはその出入口扉に向けた非常口との表示

があるから（乙第24号証）、本件建物部分は、区分所有者等がマンションの裏口として使用するためのピロティ兼通路として設計されたものと認められる。……かえって、本件建物部分は、設計図書のとおり、東側をも開放する空間として建築されており、構造上の独立性をもたせるような設計変更はされていないといえること、本件建物部分には、照明用の蛍光灯以外には特段の設備がなく、その電源もホール等部分の共用の分電盤から供給されていること、101号室との間の出入口はマンション建築時にはなく、後日、101号室と本件建物部分の間の壁面をくり抜いて設置されたに過ぎないことを考えると、本件建物部分が、それ自体独立して建物としての用途に供することができるような形で設計、建築されているとみることはできない。」

3 解説

1 本判決の分析

(1) 本判決において、本件建物部分が共用部分であるのかあるいは専有部分であるのかが問われた。

(2) 法1条によれば、建物の区分所有の対象となる部分は、1棟の建物に構造上区分された数個の部分で独立して住居、店舗、事務所または倉庫その他の建物としての用途に供することができるものである。

Xらは本件建物部分がXらの共有する屋内駐車場として構造上および利用上の独立性を有する専有部分であると主張していたが、本件判決は、本件建物部分を法1条と定義規定である法2条1項および3項がいう専有部分ではないとしたのである。

他方で、法4条1項および定義規定である2条4項は、数個の専有部分に通ずる廊下または階段室その他構造上区分所有者の全員またはその一部の共用に供されるべき建物の部分を区分所有権の対象とならない共用部分とする。

Yは、本件建物部分が構造上および利用上の独立性を有していないのでXらの専有部分ではないと主張した。ただし、法4条2項の規約上の共用部分でなく、法4条1項の構造上の共用部分であると主張していたのである。この主張が本判決において受け入れられた。

以下において、本判決が本件建物部分を共用部分としたことを学説・判例を参照し分析することにする。

(3) 従来の学説・判例によれば、区分所有権の対象となる建物の部分に関する判断基準は、法1条がいう①1棟の建物に構造上区分された数個の部分で、かつ、②独立して住居、店舗、事務所または倉庫その他の建物としての用途に供することができるもので、①は構造上の独立性を意味し、②は利用上の独立性を意味する。

構造上の独立性とは、シャッターのような遮蔽が可能な設備があって、この位置が建物の天井や床のような本体構造部分との関係で固定していることと解されている（稲本＝鎌野・区分所有法8頁）。

利用上の独立性の要件に挙げられている住居、店舗、

事務所または倉庫は例示であって、これらに限定されない。ただし、廊下、階段室、エレベータ室はその他の建物としての用途に含まれないとする。独立して建物としての用途に供するためには、独立の出入口を有して外部に直接通行できることと、内部の設備が使用目的に適した状態で具備されていることを要するとする。しかも、建物の内部に共用設備がないことを条件としていた。（以上につき、稲本＝鎌野・区分所有法10頁以下）。

建物の1階ピロティ部分に車庫が作られた事案（東京地判昭和52年12月21日判時895号89頁）、建築確認の際に1階部分をピロティとして申請され、その後に車庫になった事案（東京地判昭和56年8月3日判時1034号112頁）、1階部分のピロティに四方を壁で囲み内部に造作を調えた居宅・店舗・事務所からなる建物部分が建築された事案（東京地判昭和54年10月30日判タ403号107頁）につき構造上の独立性と利用上の独立性が肯定された。これらはピロティに対する評価というよりも車庫や建物部分に対する評価であった。

1階部分の配電盤や排水設備が設置されたピロティ部分を専有部分とした事案（神戸地判平成9年3月26日判タ947号273頁）は、倉庫としての利用、共用部分としての説明がないこと、敷地の持分権登記の記載や固定資産税等の支払状況などに加えて、「本件係争部分は、その構造上、脚柱のみの開放部分が多いが、北部の西側ロビー部分に接する部分にはコンクリート製の隔壁が設けられ、西部の北側半分もコンクリート製の壁面が設置されており、ロビー部分はタイル貼りであるのに対し、本件係争部分は、舗装されていなかったのであって、ロビー部分と本件係争部分との境界は明確であり、住民が2階以上の専有部分への出入りのために自由に立ち入ることができる構造ではなく、一応独立の物的支配が可能な程度に他から遮断されているものといえる。」として構造上の独立性と利用上の独立性を肯定した。

他方で、マンションの専有部分の一部の表示登記がなされた時点では柱によって囲まれた建物内の空間部分であった本件専有部分を区分所有者全員の法定共用部分であるとした事案（東京地判昭和51年5月13日判時840号84頁）があった。これは、完成された建物内の空間部分は構造上の法定共用部分であるとする学説に近い（玉田弘毅『注解建物区分所有法(1)』146頁［1979］）。

1階部分のピロティ部分を共用部分とした事案（東京地判平成3年2月26日判タ768号155頁）は、「区分所有権の対象となるためには、その部分について建物の構造部分による一定以上の遮断性が要求されるべきところ、本件ピロティーは、前記のような吹き抜け構造となっているうえに、前記色違いのタイル部分と他の部分との間には、これを区分する何らの物理的な構造物は存在せず、また実際の利用状況を考えても、本件ピロティーの広さ、2つの入口と玄関ホール・階段との位置関係からみて、本件ピロティーのほぼ全域が、本件マンションの居住者の通行の用に供されているものとみることができる。したがって、被告が駐車場として使用してきた本件ピロティー部分が、独立した物的支配に適する程度に他の部分と遮断されているとは到底認め難い」として構造上の独立性と利用上の独立性を否定した。

また、1階吹き抜け部分を共用部分とした事案（東京高判平成7年2月28日判時1529号73頁）は、自転車置場などとして区分所有者全員の共用に供されていたことなどに加えて、「右設置物は南側と北側の従前マンション建物の外壁がなく南北に通り抜けができていたのを右南側と北側に木材で囲いを付けて壁状にして遮断し、右設置した北側の壁に出入口となる戸を付けた程度のものであり、その余の2つの側面、すなわち、右吹き抜け部分の東側面は宮町マンションの建物の西側外壁（その東内側に103号室が位置する）であり、また右吹き抜け部分の西側面も同マンション建物の最西端外壁（同マンション建物最西端の右建物を支える基礎柱2本の間の側壁部分）であり、右両側面とも右マンション建物の外壁をそのまま利用している状態でしかなく、さらにその上部も同マンション2階の203号室の床下部分を利用して板枠を取り付けた程度であることが認められるのである。そして、右マンション建物の外壁や床下部分は区分建物所有者の専有部分ではなく右区分建物所有者全員の共用部分であることは明らかである。」として構造上の独立性と利用上の独立性を否定した。

これらの共用部分とした判決は、ピロティ部分に対して専有部分とした事案と比較して、学説・判例がいう構造上および利用上の独立性がないと判断したものである。

本件建物部分の北側部分および東側部分は壁面がなく外部に対して完全に開放された状態にあったことにより構造上の独立性がなく、ピロティ兼通路として設計されたこと、照明用の蛍光灯以外には特段の設備がなく、その電源もホール等部分の共用の分電盤から供給されていること、101号室との間の出入口はマンション建築時にはなく、後日101号室と本件建物部分の間の壁面をくり抜いて設置されたことなどにより利用上の独立性がないことを認定した本判決も、学説・判例に沿って構造上および利用上の独立性がないと判断したのである。

2　本判決の評価

本判決の先例を考慮するならば、本判決の結論は正当である。事案が異なるが車庫と倉庫の専有部分性に関する最判昭和56年6月18日民集35巻4号798頁と最判昭和61年4月25日判時1199号67頁の判定基準を斟酌しても、その結論の正当性は変わらない。

完成された建物内の空間部分である場合と建築予定の未完成建物の空間部分である場合を分けて、前者の場合だけに構造上の法定共用部分を認める学説（玉田・前掲146頁、全国マン研・判例の解説100頁）がある。この分類基準も参考としながら、学説・判例がいう構造上および利用上の独立性の判定基準から判断していくことになろう。

3　実務指針

判例によれば、ピロティ部分が専有部分であると評価されるためには、構造上の独立性と利用上の独立性がなければならない。たとえば、ピロティ部分が車庫、居宅・店舗・事務所からなる建物部分、倉庫などに変化して構造上の独立性と利用上の独立性を充足した場合を挙げることができる。その他の完成された建物内の空間部分の吹き抜け部分であるピロティ部分は、共用部分と評価されるであろう。したがって、ピロティ部分の事後的な変質状況を注視しておく必要がある。

【参考文献】　本文に引用したものを参照。

角田光隆
神奈川大学教授

11 マンションの排水管枝管の帰属とその費用負担

最高裁平成12年3月21日判決（判時1715号20頁、判タ1038号179頁）

1 事実

本件マンションにおいて、Xが区分所有権を有する707号室とY_1が区分所有権を有し、Y_2とともに居住する607号室とは上下階の関係にあるところ、607号室の天井裏を通っている排水管（本件排水管）からの漏水が原因で、607号室の天井から水漏れ事故が発生した。本件排水管は、707号室の台所、洗面所、風呂およびトイレから出る排水を排水管本管に流す枝管であり、床下にあるスラブを貫通して、その直下の607号室の天井裏に配管され、そこから共用部分である本管（たて管）に連結される構造（いわゆる天井配管）となっており、加えて708号室のトイレの排水管も戸境壁を貫通して、本件配管に接続している。そこで、Xは、Y_1、Y_2および本件マンションの管理組合Y_3に対して、本件排水管が区分所有者全員の共用部分であることの確認を求めるとともに、Y_1およびY_2に対しては、水漏れによる損害賠償義務がないことの確認を求め、Y_3に対しては、Xが排水管の修理費用の立替払いをしたとしてその求償を求めた。

第1審（東京地判平成8年11月26日判タ954号151頁）は、607号室の天井裏と共用部分である床コンクリートの間の空間部分は共用部分と認められ、本件排水管は、本件建物全体への附属物というべきであり、共用部分と解するのが相当であるとした。

原審（東京高判平成9年5月15日判時1616号70頁）は、本件排水管が専有部分に属するか否かを検討するに際しては、「本件排水管が設置された場所（空間）、本件排水管の機能、本件排水管に対する点検、清掃、修理等の管理の方法、及び建物全体の排水との関連などを、総合的に考慮する必要がある」ところ、「本件排水管は、特定の区分所有者の専用に供されているのであるが、その所在する場所からみて当該区分所有者の支配管理下にはなく、また、建物全体の排水との関係からみると、排水本管との一体的な管理が必要であるから、これを当該専有部分の区分所有者の専有に属する物として、これをその者の責任で維持管理をさせるのは相当でない。また、これが存在する空間の属する専有部分の所有者は、これを利用するものではないから、当該所有者の専有に属させる根拠もない。結局、排水管の枝管であって現に特定の区分所有者の専用に供されているものでも、それがその者の専有部分内にないものは……、専有部分に属さない建物の付属物として、共用部分であるというべきである」とした。これに対し、Y_3は、これを不服として上告をした。

2 判旨

本判決は、①本件排水管は、707号室の床下にあるコンクリートスラブと607号室の天井板との間の空間に配置されていること、②本件排水管では、707号室および708号室以外の部屋からの汚水は流れ込んでいないこと、③本件排水管は、707号室および708号室から本件排水管の点検、修理を行うことは不可能であり、607号室からその天井板の裏に入ってこれを実施するほか方法はないことを認定して、「右事実関係の下においては、本件排水管は、その構造及び設置場所に照らし、建物の区分所有等に関する法律2条4項にいう専有部分に属しない建物の附属物に当たり、かつ、区分所有者全員の共用部分に当たると解するのが相当である」と判示した。

3 解説

1 本判決の分析

（1）本件は、本件排水管が専有部分に属するものとしてXに帰属し、それに起因する損害はXが負担することになるのか、それともそれが共用部分に属するものとして区分所有者全員に帰属し、それに起因する損害はそれを管理する管理組合Y_3が負担することになるのかが争われた事例である。この争点について、本判決は、本件排水管は、区分所有法2条4項所定の「専有部分に属しない建物の附属物」に当たり、かつ、共用部分に当たると判示して、これに起因する水漏れ事故による損害は管理組合Y_3が賠償するものとした。

（2）本判決は、本件排水管を「専有部分に属しない建物の附属物」に当たるとするが、まずこの点から検討する。立法担当者によれば、建物の附属物とは、建物に附属し、効用上その建物と不可分の関係にあるものをいい、かかる建物の附属物のうち、専有部分に属すると認められる以外のもの（例えば、水道の配管でいえばメインパイプの部分）は、法律上当然に共用部分となるとされている（川島一郎「建物の区分所有等に関する法律の解説」濱崎・改正532～533頁、法務省・マンション法70頁）。この見解によれば、専有部分に属しない給水管本管は法律上当然に共用部分、専有部分に属する給水管枝管は専有部分ということになる（排水管については言及されていないが、同様の取扱いとなると解される）。

しかし、排水管等の配管が専有部分に属するのか、それとも共用部分に属するのかについては、法律上一義的に明瞭であるわけではない。そこで、1983（昭和58）年および2002（平成14）年の法改正の際、両者の区分を立法で明確化することが検討されたが、配管の態様は千差万別であり、法律で定めた基準により一律に区分することは適当でない場合があること、配管に関しては、その帰属自体が問題となることは少なく、むしろその管理を誰が行うか、その配管を原因として生じた損害について誰が責任を負うかが問題となるので、具体的な事項ごとに規約で定めを置くなど、問題の解決を当事者の自治に委ねるのが適切であることなどの理由により、そのような措置を講ずることは見送られた（法務省・マンション法73～74頁、吉田徹『一問一答改正マンション法』29頁［2003］）。このため、排水管等の配管の帰属の問題は、実務上は規約の定めで対応すべきものとされている。そして、国土交通省の「マンション標準管理規約（単棟型）」によれば、「給水管については、本管から

各住戸メーターを含む部分、雑排水管及び汚水管については、配管継手及び立て管」を「専有部分に属さない『建物の附属物』」（別表第2「共用部分の範囲」2）と規定しており（これによると、排水管本管は共用部分、排水管枝管は専有部分となる）、立法担当者の見解と同様の内容を規定している。

以上のような規約の定めがある場合であれば、本件排水管も「専有部分に属する建物の附属物」としてXに帰属するということになるであろう。しかし、本件は、そのような規約の存在を前提としていない事案であり、そのような規約が存在しない場合には、排水管が専有部分となるか、それとも共用部分となるかという問題がなお検討されることも必要となることがある。

（3）それでは、本判決以前の判例は、この問題をどのように取り扱ってきたであろうか、実際のところ、排水管の帰属とその費用負担をめぐる判例はほとんどなく、本件の第1審と原審のほかは、専有部分の床下に敷設されている給排水管（床下配管）が共用部分に当たるとされた事例（東京地判平成3年11月29日判時1431号138頁）とそれが共用部分に当たらないとされた事例（東京地判平成5年1月28日判時1470号91頁）の2件があるくらいである。後者の判決は立法担当者の見解と同様であるのに対して、前者の判決は立法担当者の見解とは異なる判断をしていることから、同判決がどのような理由に基づいて判断をしたのかを確認しておきたい。

前掲東京地判平成3年11月29日は、管理組合が老朽化した専有部分に敷設されている雑排水管（床下配管）の取替工事を行うこと、その費用の一部を各区分所有者に負担させることを臨時総会で決議したにもかかわらず、区分所有者の1人が工事に反対しているという事案において、「本件雑排水管は、……特に区分所有者の好みで維持管理を行う対象となる性質のものではなく、雑排水を機械的にスムーズに流すことにのみ意味があるに過ぎず、少なくとも維持管理の面からは、むしろ『本件マンション全体への附属物』というべきであり、……法2条4項の専有部分に属しない附属物に該当する」と判示している。同判決では、建物の附属物が専有部分に附属していれば専有部分に、共用部分に附属していれば共用部分になるというように、建物の附属物の帰属が建物の部分との物理的空間的な位置・形状・様態によって、単純に機械的に定められておらず、建物の附属物自体の機能（本件雑排水管の機能の共同性）と建物の附属物を維持管理するうえでの便宜（共同による維持管理の効率性）とが考慮されて定められているとして、同判決を妥当なものと評価する見解がある（山田誠一・判評413号35～36頁）。

2 本判決の評価

本判決は、本件排水管は「専有部分に属しない建物の附属物」に該当するとしており、結論だけをみれば、前掲東京地判平成3年11月29日と同様である。しかし、本判決は、控訴審で判示した「建物全体の排水との関係」（排水管本管との一体的な管理の必要性）には触れず、また、前掲東京地判平成3年11月29日について指摘された「排水管の機能の共同性」と「共同による維持管理の効率性」についても言及していない。したがって、本判決については、天井配管（他の専有部分に立ち入ることなしには点検、修理は不可能な場所に設置された配管）といったやや特殊な場合に限って、その排水管枝管を共用部分としたものと理解でき、その意味では、立法担当者の見解に代表される従来の支配的見解に若干の例外を認めたものにすぎないと評価することもできるとされている（鎌野邦樹・リマークス2001（下）32頁）。

このように、本判決は、前掲東京地判平成3年11月29日と結論は同じでも、同判決とは基本的に見解を異にしており、前記のように、本件排水管は、その設置場所や構造等から、例外的に共用部分とされたにすぎないとの見方が妥当であろう。そして、この見方によれば、通常の床下配管の場合は、規約の定めがない限り、排水管枝管は専有部分に、排水管本管は共用部分にというように機械的に定まることになる。

しかし、現実には、たとえ通常の床下配管であったとしても、これが専有部分であるのか、それとも共用部分であるのかについて一義的に導かれるものでない。そこで、学説において、規約の定めがない場合には、排水管枝管の本管との機能の一体性・共益性からこれを共用部分とするという見解（鎌野・前掲33頁）や、排水管枝管の管理・処分をそれを利用している区分所有者の自由に任せると、他の区分所有者が不利益を被る可能性があるので、これを共用部分として、区分所有者全員の管理に委ねるべきであるとの見解（河内宏・判評505号13頁）が有力に主張されている（なお、後者の見解では、排水管の使用に伴う費用はこれを専用使用する者が負担すべきであるとするが、そのためには規約の定めを要することになると思われる）。

3 実務指針

本件排水管は例外的に共用部分とされたものにすぎないと解すると、それ以外の通常の床下配管の排水管枝管は専有部分となり、管理組合が総会の決議で排水管枝管を含めた排水管全体の取替工事を行う際、個別の区分所有者の非協力により、他の区分所有者が不利益を被る可能性が生じないか懸念される。このため、排水管全体を共用部分と解すべきとする見解には、実務上合理的な意義があるということができる。

しかし、排水管枝管を専有部分としたとしても、管理実務の現場で次のような内容の規約を定めておけば特に支障が生ずることはない（戎正晴・不動産百選189頁）。すなわち、前記標準管理規約において、「専有部分である設備のうち共用部分と構造上一体となった部分の管理を共用部分の管理と一体として行う必要があるときは、管理組合がこれを行うことができる」（21条2項）との規定があり、実際に同規定に基づく規約の定めをし、そして、配管の清掃等に要する費用については、「共用設備の保守維持費」として管理費から充当し、配管の取替え等に要する費用のうち専有部分に係るものについては、各区分所有者が実費に応じて負担すべきものとする（コメント・第21条関係⑧）と定めておけば、実務上適切な処理を行うことが可能であるからである。

結局、立法担当者の見解でも、またその他の学説においても、規約の定めが管理実務上重要な意義を持つことになる。

【参照文献】 本文中で引用した文献以外の本件判決に関する評釈として、玉越義雄・平成12年度主判解56頁がある。

大野 武
明治学院大学教授

12 バルコニーの帰属

最高裁昭和50年4月10日判決（判時779号62頁、判タ323号148頁）

1 事実

　Xは、A団地分譲住宅の購入者全員のための組合組織である。Xは、A公団住宅管理組合規約（以下、本件規約という）、A公団住宅管理組合建築協定（以下、建築協定という）などの規定に従って、分譲住宅の共用部分を管理し、共用部分の使用に伴う組合員の共同利益を維持する業務を行ってきた。また、Xは、団地内の建物、建物の敷地、附属施設の管理・使用に関する組合員相互間の事項を処理執行してきた。

　Xの組合員であるYは、自ら所有する建物部分のバルコニー南側の手すり用障壁を利用して、その上の空間部分に木製およびアルミサッシ製の枠を付設し、これにアルミサッシ製のガラス戸をはめ込んで窓を設置し、この窓と手すり用障壁が一体となって建物の外壁を作った。さらに、Yは、バルコニーと東側隣家のバルコニーとの境の仕切板の左右の隙間をベニヤ板で塞ぎ、その上部に回転窓を取り付け、これらによってバルコニーを外気と遮断された独立の部屋とし、その壁面と天井の全面に保温用発泡スチロールを張りつめて、これを温室として利用していた。

　そこで、Xは、Yによる本件工事が建築協定11条2号により禁止されているバルコニーの改築であって、Xの組合員の共同の利益を侵害するので、Yは本件工事による付加部分を撤去し原状に復すべき義務があるだけでなく、将来再びバルコニーを改築してXの組合員の共同利益を侵すおそれがあるので、Yに対しアルミサッシ窓及び回転窓の撤去を求め、Yがバルコニーを改築してはならない旨の判決を求めた。

　これらの事実を認定した東京地判昭和45年9月24日判時606号16頁は、Yによるバルコニーの改築行為が建築協定の禁止する改築に該当しないと判断した。

　Xが控訴した東京高判昭和47年5月30日判時667号10頁は、「組合規約第7条第2項第1号によると、共同住宅の建物の躯体部分はXの管理する共有物と定められていること、そしてバルコニーに該当する部分の躯体が右規定にいう共同住宅の建物の躯体部分に含まれることは当事者間に争いがないので、バルコニーはXの管理する共有物ということができ、しかも組合規約第8条、第10条によれば、共有物の改築はXがその目的を達成するために行う業務に属することが明らかであるから、Xの組合員がバルコニーを自由に改築することは許されず、建築協定はこれが絶対的禁止を明定し、その違反に対しては理由のいかんを問わず原状に復せしめることとしているのである。本件においてYのした右バルコニーの工作はそれ自体本件共同住宅におけるバルコニーの本来の形体を変えるものであって、その改築であることは否定し得ない。それ故すでにその限りにおいて、Yのした右改築は右協定の禁止に違反しXの要求により原形に復せしめられるべきものであることは明らかである」と判断した。

　さらに、「建築協定がバルコニーの改築を禁止するに至った主たる理由は、第1に組合員が自由にバルコニーを改造することになれば、建物全体ひいては団地全体の美観を害するからであること、第2に本件の住宅部分及びバルコニーはいずれも鉄筋コンクリート造りで、一定の限度以上の重量が加わると、バルコニーの存立に危険を及ぼすおそれがあるため、改築にともなう架重の変更を防止する必要があること、第3に各バルコニーは隣家のバルコニーと接続していて、その間の仕切板はある程度の力を加えると容易に突き破れる構造になっているので、相互に非常の際の避難路の効用を有し、これを勝手に改造すると、その効用をそこなうおそれがあるためである」とし、Yのバルコニーの改築が特に第1および第3の理由に該当すると判断した。

2 判旨

　Yは原審の判断に不服であるとして上告したが、次の理由により上告が棄却された。

　「所論の点に関する原審の事実認定は、原判決挙示の証拠関係に照らして是認することができる。そして、その確定した事実関係によれば、本件バルコニーはXの管理する共有物であり、Yが本件バルコニーに加えた原判示の工事は、バルコニーの改築を禁止した判示の建築協定に違反するものであって、Yはその加えた工事部分を撤去して復旧すべき義務があるとした原審の判断は、正当として是認することができる。」

3 解説

1 本判決の分析

　(1) 本判決では、バルコニーが共用部分であるのか否か、バルコニーを温室に改築した工事がバルコニーの改築を禁止した本件規約および建築協定に違反するのか否かが問われた。

　(2) 建物の区分所有に関する法1条、定義規定である法2条1項および3項によって、バルコニーが専有部分であれば、区分所有者の権利義務に関する法6条によって、区分所有者は建物の保存に有害な行為その他建物の管理又は使用に関し区分所有者の共同の利益に反する行為をしてはならないことになる。

　他方で、共用部分に関する法4条および定義規定である2条4項によって、バルコニーが共用部分であれば、法6条の禁止措置のほかに、共用部分の変更に関する法17条1項によって、原則として区分所有者および議決権の各4分の3以上の多数による集会の決議によらなければ共用部分の変更をすることができないことになる。

　規約事項に関する法30条によれば、建物またはその敷地もしくは附属施設の管理または使用に関する区分所有者相互間の事項は、建物の区分所有等に関する法律に定めるもののほか、規約によって定めることができる。したがって、本件規約および建築協定が本条の規約に該当するならば、バルコニーを温室に改築した工事を制約

する本件規約および建築協定が効力を有することになる。

（3）バルコニーが共用部分であるのか専有部分であるのかについて、従来の学説には空間を本体とする建物部分と空間を随伴する建物部分に分け、前者は専有部分の一部であるが、後者は全体建物の壁体外部を構成するので共用部分であって専有部分の一部でないとする見解（玉田弘毅『注解建物区分所有法(1)』173頁以下〔1979〕）や、非共益的性格と専有部分との具体的一体性から専有部分と解して専有部分一般よりも強い制約を受けて、この制限を超えないかぎりで使用・改良行為を認める見解（稲本＝鎌野・区分所有法35頁以下）等がある。

判例には売買契約書に専有部分と表示されていたことから専有部分とするもの（東京地判平成4年9月22日判時1468号111頁）や規約共用部分とするもの（横浜地判昭和60年9月26日判タ584号52頁）があった。本判決の原審は組合規約7条2項1号を根拠にして、バルコニーに該当する部分の躯体が共同住宅の建物の躯体部分に含まれるので、バルコニーは管理組合の管理する共有物であるとした。本判決もこれを踏襲した。

本判決に対して、専用バルコニーとして完全な独立性をもち規約で専用部分である旨の明示がないかぎり共用部分と解し、他のバルコニーと完全に独立していないならば規約によっても専用使用が認められるだけであって専用部分とすることができないとする見解（吉田真澄「バルコニー改築と建築協定」法時48巻5号114頁）、共用避難路としての役割をもっている場合には共同の利益に係る部分であるので当然の共用部分であるとする見解（新田敏「区分所有建物における規約の効力」不動産百選（増補版）248頁）、バルコニーとこれに接続する居室部分の個数ないし区分所有者数との関係を標準とする場合には共用部分として専用使用を認めるか、バルコニーと全体建物との関係を標準とする場合には当然に共用部分とする見解（玉田弘毅「公団分譲住宅のバルコニーを温室とする工事が分譲住宅の買受人全員を組合員とする団地住宅管理組合のバルコニー改築禁止の建築協定に違反するとされた事例」判タ328号100頁以下）、当然共用部分であるが実質上は専用部分であるとする見解（大沢正男「いわゆる『バルコニー温室事件』の判決をめぐって」国士舘法学5号209頁）がある。いずれの見解においても共用部分とすることで一致している。

バルコニーが専有部分の一部と解される場合があるが、学説・判例から本件の場合は共用部分という解釈で妥当ではないかと思う。

（4）本判決はバルコニーが共有物であると判定する際に本件規約を根拠にし、その改築の禁止につき建築協定を挙げていたので、本件規約および建築協定の効力を確認する。

法30条が規定するように規約で定めることができることは、建物等の管理および使用に関する区分所有者相互間の事項である。本件規約および建築協定は、その事項に該当すると判断できるので、それらの効力を認めることができる。

本判決の原審は「組合規約及び建築協定は昭和42年9月11日Xの創立総会において、Yを含む出席者全員の一致により可決承認され、そのころ総会欠席者を含むX組合員全員の書面による合意により設定されて発効したものであること当事者間に争なく、その成立の経緯、内容及び趣旨にかんがみれば、右規約及び協定は国法の範囲内において日本住宅公団石神井公園団地分譲住宅を買受けて団地住民となった現在及び将来の全員を拘束する自治規則」であるとして効力を認めている。本判決はこれを追認していると判断できる。本件規約および建築協定は建物区分所有法上の規約と解する正当な見解がある（玉田・前掲104頁以下、大沢・前掲206頁）。

（5）本件規約および建築協定が有効であるならば、共用部分であるバルコニーを温室に改築した工事が禁止されるのか否かは、まず本件規約および建築協定から判断される。

本判決の原審は本件規約7条2項1号、8条、10条、および建築協定11条によって、その改築工事を違法と判断した。本判決も同様の判断を示した。その改築工事を建築協定違反として捉える正当な見解がある（吉田・前掲114頁、新田・前掲249頁、玉田・前掲101頁、大沢・前掲207頁以下）。

また、バルコニーが専有部分の一部または共用部分と解される場合には、法6条によってバルコニーの改築が区分所有者の共同の利益に反するならば禁止される。また、バルコニーが共用部分である場合には、法17条によってバルコニーの改築が共用部分の変更に該当するならば単独でそれを行うことができない。

学説は、前者であれば法6条の共同利益背反行為における不当使用行為の中に位置づけ、後者であれば法17条の共用部分の変更の中に位置づけている。（稲本＝鎌野・区分所有法48頁以下、吉田・前掲114頁、新田・前掲248頁、玉田・前掲101頁、大沢・前掲208頁）。

判例において、共用部分のバルコニーに設置された衛星放送受信用アンテナの撤去が規約11条別表3違反および総会決議事項違反によって認められた事案（東京地判平成3年12月26日判時1418号103頁）、共用部分のバルコニーにおける大理石の敷設等がバルコニーに耐久性ないし安全性の問題を生じさせているので法17条の共用部分の変更であるとともに規約74条の区分所有者の共同の利益に反する行為であるとした事案（東京地判平成18年8月31日判タ1256号342頁）がある。

2　本判決の評価

バルコニーが専有部分の一部と解される場合があるが、本件の場合は学説・判例からみて共用部分であると解するのが妥当である。本件規約および建築協定は有効であって、建築協定に違反するバルコニーを温室に改築した工事は違法である。したがって、Yは工事部分を撤去して復旧すべき義務があると考える。本判決は正当である。

たとえ本件規約および建築協定がなくても、学説・判例からみてバルコニーを温室に改築した工事は法17条1項の共用部分の変更であるとともに、法6条の区分所有者の共同の利益に反する行為に該当するのと考える。

3　実務指針

バルコニーの管理については、管理組合規約と管理組合建築協定に注意する必要がある。本件において、建築協定11条2号は、組合員が所有する建物部分のバルコニーを改築してはならないと規定していた。その改築は、法6条の区分所有者の共同の利益に反する行為や17条1項の共用部分の変更に当たる場合もあるであろう。

【参考文献】　本文に引用したものを参照。

角田光隆
神奈川大学教授

Ⅱ　マンションの専有部分・共用部分　§4　共用部分

13　管理室・管理人室の帰属

最高裁平成5年2月12日判決（民集47巻2号393頁）

1　事実

Xらは、1棟の建物と表示された建物（以下、本件マンションという）の中にある建物部分を区分所有している。Y₁は専有部分の建物と表示された建物（以下、本件管理人室という）の保存登記を有し、Y₂は本件管理人室を占有している。本件管理人室に隣接して管理事務室（以下、本件管理事務室という）がある。

Xらは、本件管理人室が「構造上区分所有者全員又はその一部の共用に供されるべき建物の部分」（以下、共用部分という）に当たるとし、本件管理人室の共有持分権に基づいて、その保存行為としてY₁に対しては所有権保存登記の抹消登記手続を、Y₂に対しては本件管理人室の明渡しを求めた。

これらの事実を認定した東京地判平成元年3月8日判タ715号239頁は、Xらの請求をいずれも棄却した。Xらが控訴した東京高判平成2年6月25日判タ755号207頁は、本件管理人室が専有部分であるためには、当該部分が法1条の要件を充足している必要があるとして、本件管理人室がこのような意味の構造上の独立性を有しているが、利用上の独立性を有していないと判断した。Xらの請求を認容した。

そこで、Y₁とY₂は、上告した。

2　判旨

上告審はまず次のような事実を認定した。

「(1) 本件管理人室は、床面積37.35平方メートルで、和室二間、台所、便所、風呂場、廊下及び玄関出入口から成るが、同室内には、警報装置、配電盤、点消灯装置などの共用設備は存在しないし、電話も設置されておらず、鉄製で施錠可能な玄関ドアがあり、これを利用して、隣接する管理事務室を利用しないでも外部との出入りができる。(2) しかしながら、本件マンションは、地上7階建、延床面積9167.15平方メートルで、専有部分として、1、2階に店舗、駐車場、倉庫等を、2階以上に区分所有の対象となっている居宅108戸を有し、本件管理人室が存在する1階には住居部分は存在しない。(3) 本件管理人室は、共用部分である玄関、ロビー、エレベーター及び階段に接しており、本件管理人室に隣接して、床面積8.28平方メートルの共用部分である管理事務室があり、その玄関・ロビーに面した側に開閉可能なガラス窓及びカウンターが設けられていて、本件マンションに出入りする人との応対やその監視ができる構造になっており、火災、溢水などの警報装置、配電盤、共用部分の電灯の点消灯装置などの共用設備が設けられている。(4) 本件管理人室の床と右管理事務室の床との間には段差がなく、その境にあるガラス引戸を開閉して自由に行き来することができるようになっており、また、右管理事務室には、管理人が常駐するのであれば不可欠の設備というべき便所がなく、管理関係の書類を保管する上でも支障が生ずるほど狭いものである。(5) 本件マンションの区分所有の対象となる居宅の販売に当たって頒布されたパンフレットや、右居宅の区分所有者とY₂との間の管理委託契約書に添付の管理費一覧表には、管理事務室の表示と共に管理人室の表示があり、本件マンションの設計図（仕上表）には、本件管理人室と前記管理事務室が一体として「管理人室」と表示されている。」

上告審は次のように判断して、上告を棄却した。

「本件マンションは、比較的規模が大きく、居宅の専有部分が大部分を占めており、したがって、本件マンションにおいては、区分所有者の居住生活を円滑にし、その環境の維持保全を図るため、その業務に当たる管理人を常駐させ、多岐にわたる管理業務の遂行に当たらせる必要があるというべきところ、本件マンションの玄関に接する共用部分である管理事務室のみでは、管理人を常駐させてその業務を適切かつ円滑に遂行させることが困難であることは右認定事実から明らかであるから、本件管理人室は管理事務室と合わせて一体として利用することが予定されていたものというべきであり、両室は機能的にこれを分離することができないものといわなければならない。そうすると、本件管理人室には、構造上の独立性があるとしても、利用上の独立性はないというべきであり、本件管理人室は、区分所有権の目的とならないものと解するのが相当である。」

3　解説

1　本判決の分析

(1) 本判決では、管理人室が共用部分に該当するのか否かが問われた。

(2) 法1条によれば、建物の区分所有の対象となる部分は、1棟の建物に構造上区分された数個の部分で独立して住居、店舗、事務所または倉庫その他の建物としての用途に供することができるものである。

他方で、法4条1項および定義規定である法2条4項は、数個の専有部分に通ずる廊下または階段室その他構造上区分所有者の全員またはその一部の共用に供されるべき建物の部分を区分所有権の対象とならない共用部分とする。

Xらは本件管理人室を法4条1項および定義規定である法2条4項が意味する共用部分に該当すると主張していた。ただし、法4条2項の規約上の共用部分でなく、法4条1項の構造上の共用部分であるとする主張である。この主張は本判決において受け入れられた。

以下において、本判決が本件管理人室を専有部分ではなく共用部分とした理論構成を学説・判例を参考としながら分析することにする。

(3) 従来の学説・判例によれば、区分所有権の対象となる建物の部分に関する判断基準は、法1条における①1棟の建物に構造上区分された数個の部分で、かつ、②独立して住居、店舗、事務所または倉庫その他の建物としての用途に供することができるものである。①は構造上の独立性とよばれ、②は利用上の独立性とよばれている。

したがって、構造上区分所有者の全員またはその一部

の共用に供されるべき建物の部分とは、構造上の独立性または利用上の独立性がない部分を指している。構造上の独立性があるとしても、利用上の独立性がない場合は、共用部分となる。現実に共用されている必要はなく、共用されうる状態であればよいとする（稲本＝鎌野・区分所有法33頁）。

東京地判昭和60年7月26日判時1219号90頁は、「101号室は、その構造上独立した建物部分であることは明らかであるが、……本件建物の管理の用に供されてきているもので、その床面積、構造からみても管理事務に適当な形態を有しており、内部には警報装置等各種共用設備が設置されているというのであるから……、その主たる利用は本件建物の管理の用に供することにあるものというべきであり、その意味で101号室は管理という本件建物居住者の全体の用に供されるべきものであって利用上の独立性がなく、本件建物の専有部分とはなり得ず、法定供用部分と認めるのが相当である。」とした。

東京地判平成1年10月19日判時1355号102頁は構造上の独立性を有するが、「(1) 本件物件は、Ａの玄関脇に位置し、前面の壁面はガラスでできており、その一部に窓口が設けられていて、外部からＡの構内への人や車の出入りないし建物内への人の出入りを監視し、あるいはＡへの訪問者の応対をし易い構造となっていること、(2) 内玄関側の壁面の一部には郵便物受箱が付設され、室内には火災報知機、ガス警報器、館内放送設備等が設置されていること、(3) 床面積は27.21平方メートルにすぎず、全体が居住部分のない事務所の形態をしていることが認められる。……本件物件は、利用上の独立性を欠き、法定共用部分にあたるものというべきである。」とした。

東京地判平成10年12月21日判タ1066号274頁は本件建物部分が管理事務室と管理人室からなっていて、管理事務室は共用部分であるとした。管理人室は構造上の独立性を有するが、「Ｘは右建物に管理人が常駐することをアピールして右建物を分譲していたこと、右建物の区分所有者の中には、右建物の立地条件等からしてリゾートマンションとして使用する者も相当数いることなどからすれば、区分所有者の生活環境を維持保全し、円滑な生活を営むことができるようにするため、管理人を常駐させ、管理業務を遂行させる必要があるというべきであるが、本件管理事務室だけでは、管理人が常駐し、管理業務を適切かつ円滑に行うことは困難であるという外ないから、本件管理人室は右管理事務室と機能的に一体として利用することが予定されていたというべきである。そうすると、本件管理人室は、利用上の独立性を有しないものと認められる。」とした。

いずれの判決も本判決と同様に、管理人室を共用部分と判断するうえで構造上の独立性を有するが利用上の独立性を有しないとした。共用部分か否かの判断において利用上の独立性の有無が焦点となっている。

この利用上の独立性の判断構造を確認するために、前述した判決と逆の結論に達した管理人室を専有部分とする判決における利用上の独立性の判断構造を以下において紹介しておくことにする。

東京地判昭和51年10月1日下民集27巻9＝12号699頁は管理人室が構造上の独立性を有し、「本件管理人室が構造上の共用部分であるといいうるためには、同室が全体として、その構造及び機能からみて、区分所有者全員にとって不可欠であるか、又は、不可欠とまではいえなくとも、共用とされるに適当であり、かつ、共用以外の用途に供されることが通常期待されえないものであることを要すると解されるところ、右認定の事実をもってしては、未だこれにあたるものということはできない。」とした。

東京地判昭和54年4月23日判時938号68頁は本件201号室が構造上の独立性を有し、「本来第三者に分譲することを予定して設計、建築されていた201号室をその代替として差額金を徴したうえ東名レンタカーに譲渡したものであるうえ、その内部構造、設備等をみても、受付あるいはカウンター等の通常管理業務に必要とされる設備もなく、玄関の北側壁面に本件建物全体の火災報知機及びエレベーター緊急連絡装置が設置されている」点を除けば、分譲された他の住宅と同一の構造、設備であって、各装置は多額の費用を要せずして他へ移設することが可能であるとして利用上の独立性を有するとした。

東京地判昭和57年1月27日判時1050号88頁は管理人室が構造上の独立性を有し、「本件管理人室は、独立の出入口を有し、内部構造は住宅として独立に利用しうるものとなっているので、利用上の独立性を有する」と判断した。

東京地判昭和63年11月10日判時1323号92頁は管理人室が構造上の独立性を有し、「本件マンションの区分所有者にとって必要なものではあるが、区分所有者全員にとって不可欠のものとか、管理人室以外の用途に供することが期待され得ないものとはいえず、独立して建物としての用途に供することができるものと認められる」として利用上の独立性を肯定した。

2 本判決の評価

これらの判決のなかで、昭和56年以降の判決には最判昭和56年6月18日民集35巻4号798頁等の判断枠組みの影響がみられる。

しかし、本判決はその最高裁判決の「それ自体として独立の建物としての用途に供することができるような外形を有する」という外形標準説およびこの判断基準に準拠せず、管理機能説に立ったといえる。これは、本件マンションの規模が大きいこと、管理人を常駐させ多岐にわたる管理業務の遂行に当たらせる必要があること、本件管理人室は管理事務室とあわせて一体として利用することが予定されていたことに現れている。

管理人室が共用部分か否かを判断する際には、管理機能説に立って結論を下すのが適切であるので、本判決はその意味で妥当なものである。この意味での利用上の独立性の判断構造が焦点となる。

管理人室の機能面を重視して本判決の結論に賛成している意見が多い（玉田弘毅「分譲マンションの管理人室が専有部分でないとされた事例」法教158号111頁等）。

3 実務指針

管理人室が専有部分であると評価されるためには、構造上の独立性のほかに、利用上の独立性がなければならない。焦点となるのは利用上の独立性の有無で、下級審判例が分かれていた。今後は、利用上の独立性を否定した本判決の管理機能説を考慮して判断する必要がある。

【参考文献】 本文に引用したものを参照。

角田光隆
神奈川大学教授

14 登記されていない規約共用部分の譲渡と背信的悪意者

東京高裁平成21年8月6日判決（判タ1314号211頁）

1 事 実

マンション1階の「洗濯場」および「倉庫」と表示登記されていた専有部分（区分建物）（以下では、「本件建物部分」といい、また、区分建物の登記を「専有部分の登記」という）を競落したAは、本件建物部分を「居宅事務所」および「事務所」と変更登記したうえで、X（Aの実姉）に譲渡した。Xは、管理者Yに対し、本件建物部分を店舗または事務所として専用使用する権利があることの確認等を求めた。原審はXの請求認容。Y控訴。

本件建物部分は、分譲者Bが所有していたが、規約で共用部分とされていた。しかし、登記はB名義の専有部分とされていた。本件マンション各室には洗濯機置場がなかったため本件建物部分の洗濯場には洗濯機が設置され、また、倉庫には22区画に仕切られたトランクルームがあり、それぞれ区分所有者により使用されていた。なお、上記競売における物件明細書および現況調査報告書には、本件建物部分は、区分所有者共用の洗濯場およびロッカールームとして使用されていること、ならびに管理費や修繕積立金の賦課の対象外であること等が記載されていた。

2 判 旨

本判決は、本件建物部分は、規約共用部分であるが、その旨の登記がないので、Yは、Xに対し同建物部分が規約共用部分であることを主張することができない（4条2項ただし書）が、Xは、上記事実等から、以下の判示どおり、同登記がないことを主張するについて正当な利益を有しないとして、Yの控訴を容認した。

「Aは、本件洗濯室及び本件倉庫が本件マンションの区分所有者の共用に供されている現状を認識しながら、あえてこれを低価格となる競売手続により買い受け、本件洗濯室及び倉庫について共用部分である旨の登記がないことを奇貨として、時を移さず登記を「洗濯場」「倉庫」から「居宅事務所」「事務所」に変更するなどしてYによる共用部分の主張を封ずる手立てを講じたものであり、これら一連の事実関係からすると、Aは、Yに対し、規約共用部分について登記がないことを主張することを許されない背信的悪意の第三者というべきである。

Xは、Aの代表者の姉であり、本訴においてもAに従属する訴訟行動をしていることからみても、Aの依頼により、Yの権利主張をより困難にするために、本件洗濯室及び倉庫の移転登記を受けたものであり、Aの背信的悪意を承継した者というべきである。

以上のとおりであるから、……Yは、Xに対し、本件洗濯室及び本件倉庫が規約上の共用部分であることを主張し得るものということはできる。」

3 解 説

1　本判決の分析

(1) 本件の争点は、マンションの規約共用部分についてその旨の登記がなされていない場合に、本件建物部分を競落した者からの譲受人が登記の欠缺を主張するにつき正当な利益を有する第三者といえるか否かにあった。本判決の意義は、規約共用部分の登記に関して、裁判例として初めて「背信的悪意者」の判断がなされたことにある。この点については後に2で検討することとして、それに先立ち、規約共用部分固有の問題について考察しておこう。

(2) これまでの裁判例では、管理人室が法定共用部分か否か争われたものがあるが（最判平成5年2月12日民集47巻2号393頁【本書13事件】）、同判決では、当該管理人室がそれと一体となっていた管理事務所とともに法定共用部分とされ、分譲者の専有部分の登記の抹消登記手続請求が認められた。これに対し、本件は、洗濯場および倉庫である規約共用部分について、その旨の登記がなされずに、分譲者の専有部分の登記がされていた事案である。本件では、当該建物部分について、分譲者と管理組合の間では、共用部分か専有部分か、または専用使用の可否に関する争いはなかったが、その後、分譲者からの買受人（およびその者からの転買人）と管理組合の間で、その点に関する争いとなった。

(3) 区分所有建物は、専有部分と共用部分とからなり、専有部分以外は共用部分とされるが（2条4項）、そのいずれかは、当該建物部分の構造および機能から客観的に決定され規約により定められるものではない（なお、区分所有建物の登記については、1棟の区分所有建物の登記と専有部分（区分建物）の登記のみがなされ、共用部分については規約共用部分を除いて登記はされない）。ただし、特定の専有部分を規約によって共用部分とすることはできる（4条1項）。たとえば、他の専有部分と基本的に同じ構造の101号室を集会室として規約によって共用部分とすることは認められる。このような規約共用部分は、通常は、分譲者が自ら案を策定し購入者たる各区分所有者の同意を得て設定される原始規約（45条2項・3項参照）において定められるものであり、当該建物部分はそれを共用する区分所有者全員の共有である。しかし、時として、分譲者が、管理事務所等の法定共用部分を分譲業者の専有部分として区分所有権を留保してその旨の登記をしたり（前掲判例の事例）、本件のように、一方では規約共用部分としながら、他方では分譲者の専有部分として区分所有権を留保してその旨の登記をすることが見受けられる。このような場合、実際には、当該建物部分が第三者に譲渡ないし競売された段階で、当該建物部分を取得した第三者と管理組合との間で紛争が生ずることが多い（本件も同様）。

(4) それでは、本件のように、分譲者が規約共用部分としながら他方では分譲業者の専有部分として区分所有権を留保（11条2項本文）してその旨の登記をした場合、または、元々は特定の区分所有者の専有部分をその者の承諾のもとに規約共用部分としたが（31条1項参照）、

その所有権は当該区分所有者に留保（11条2項本文）され、専有部分の登記が維持されている場合に、その法律関係はどのようになるのか。本件判決は、Xの本件建物部分の区分所有権の取得までは否定せずに、ただ、背信的悪意者としてXの管理組合に対する当該部分の専用使用を対抗できない（管理組合の側からみれば、規約共用部分であることをXに対抗できる）と判示したものと解されるから、本判決（確定）後においても上の場合と同様な問題が生ずる。

思うに、規約共用部分とされる場合には当然に法定共用部分と同様にそれを共用する区分所有者全員の共有に属することになり、管理組合は、本件Xのような第三者（4条2項後段）に対する場合を除いて、専有部分の登記の抹消を求めることができると解する余地もないわけではない。しかし、元来の専有部分の区分所有者の区分所有権を留保する旨の意思に基づいて、規約の定め（4条2項前段および11条2項本文の規約の定め）があり、そして専有部分の登記がされている場合には、その区分所有権を認めざるを得ないと解されよう（いずれにしても、本件Xの区分所有権については認めざるを得ないと解されよう）。

ただし、後者のように解した場合においても、当該建物部分は、共用部分である以上、管理組合の管理に服することになる（17条、18条、26条等参照）。そして、当該建物部分の区分所有者は、規約共用部分とする規約の設定の際に、別段の約定がない限りは、その規約の定めが廃止されない限り、当該建物部分に対する区分所有者の共用については無償としたものと解される。もっとも、当該建物部分を含む共用部分等全般の管理に要する費用（管理費等）について、当該区分所有者に対しては減免する旨の規約を定めることは妨げられない（19条等参照）。なお、区分所有者が自己の専有部分を規約共用部分とはせずに、管理組合との契約に基づいてこれを区分所有者の共用の目的で貸借して対価を取得することや、当該マンションの用途が許す限りにおいて区分所有者等のためにコインランドリーや貸し倉庫（トランクルーム）等の営業をすることは認められる。

2　本判決の評価

（1）本判決は、Xを背信的悪意者であるという判断をしたが、まず「悪意」の判断をした根拠は、本件建物部分に関して、①共用部分である旨の規約があったこと、②区分所有者共用の洗濯室および倉庫（トランクルーム）として使用されてきたこと、③外見上も、洗濯室および倉庫であり、両者ともトイレの設備や電話線の敷設はなく、加えて洗濯室には引込開閉盤が設置されていたこと、④区分所有者であれば負担すべき管理費および修繕積立金の賦課の対象とされていないこと等について、Xの譲渡人Aが、競売に際し物件明細書等を通じて認識して買い受けた点に求めていると思われる。次に、「背信性」の点については、Aが競落後、時を移さず、管理組合への施設変更届等の提出の措置を講じており、また、Yによる共用部分の主張を封ずる目的で変更登記したことからすると、Aは、競落以前からマンションの規約一般および本件マンションの規約を熟知し、規約共用部分であっても、登記がない限り第三者に対抗できないことについて競落以前から周到に研究したうえで本件建物部分を低価額で買い受けている点に、Aの背信性を認めたものと思われる。そして、Aの代表者の姉であるXも、本訴においてAに従属する訴訟行動をしていることからみても、Aの依頼によりYの権利主張をより困難にするために本件洗濯室および倉庫の移転登記を受けたものであり、Aの背信的悪意を承継した者としている。なお、従来の判例（・通説）によると、背信的悪意者からの転得者Xの背信性は、あくまでXのYに対する関係で評価されるべきものとするのであるから（最判平成8年10月29日民集50巻9号2506頁）、本判決のいう「Aの背信的悪意を承継」という言い方は、この立場とは異なるものである（ただ、本判決は、従来の判例の立場と異なることを意図してこの表現を用いたわけではないと思われる）。

（2）本判決では、その認定事実から「背信的悪意者論」によって妥当な結論が得られたが、今後の同種の紛争では、分譲者が原始規約により共用部分であるとしながら専有部分の登記をしていた場合において、管理組合が後にこれを規約共用部分である旨の登記に変更することは理論および事実上容易でないなかにあって、当該建物部分を取得した第三者が背信的悪意者以外の者（単純悪意者または善意者）であるときを想定すると、本判決で採った「背信的悪意者論」には限界があると思われる。そこで、通行地役権に関する最判平成10年2月13日民集52巻1号65頁が想起され援用されるべきであると考える。これを援用すると、この種の事案にあっては、《規約共用部分が譲渡された場合において、譲渡の時に、右共用部分が区分所有者によって継続的に共用施設として使用されていることがその位置、形状、構造等の物理的状況から客観的に明らかであり、かつ、譲受人がそのことを認識していたか、または認識することが可能であったときは、譲受人は、共用部分である旨の規約が設定されていることを知らなかったとしても、特段の事情がない限り、共用部分である旨の登記の欠缺を主張するについて正当な利益を有する第三者に当たらないと解するのが相当である。》ということになる（背信的悪意者論に関しては後掲③の拙稿参照）。

3　実務指針

本件紛争の元凶は、分譲者Bが、本件建物部分について、一方で、パンフレットで共用施設と表示し、原始規約においても規約共用部分としておきながら、他方で、分譲者が「洗濯場」「倉庫」の表示で専有部分の登記をしていたことにある。この点についての購入時の区分所有者の注意および分譲後の管理組合（管理者）の点検が必要であり、また、登記申請実務において規約が存在するときには規約の提出も義務づけること等が検討されるべきであろう。なお、今後は、専有部分が相続人によって管理組合に贈与されたり、管理組合が競売を通じて専有部分を買い受けることも考えられることから、上記③1(4)の問題についてはさらに検討を要しよう。

【参考文献】　本件の評釈としては、①鎌野邦樹・市民と法66号42頁、②松尾弘・民事判例（日本評論社）1号172頁等がある。背信的悪意者に関しては、③鎌野邦樹「不動産における登記と占有の機能—背信的悪意者論再考：最高裁平成10年2月13日判決・平成18年1月17日判決を契機として—」曹時67巻4号1頁参照。

鎌野邦樹
早稲田大学教授

15 管理組合の役員らに対する誹謗中傷行為の共同利益背反行為該当性

最高裁平成24年1月17日判決（判時2142号26頁、判タ1366号99頁）

1 事実

本件は、神奈川県藤沢市所在の区分所有建物（以下「本件マンション」という）の臨時棟総会の決議により他の区分所有者全員のための訴訟担当として指定された区分所有者Xが、本件マンションの区分所有者Yに対して、法6条1項所定の「区分所有者の共同の利益に反する行為」（以下「共同利益背反行為」という）を繰り返しているとして、法57条に基づき行為の差止めを求める事案である。

Xの主張によると、①Yは、本件マンションの管理組合の役員が修繕積立金を恣意的に運用したなどの記載がある役員らを誹謗中傷する内容の文書を配布し、本件マンション付近の電柱に貼付するなどの行為（名誉毀損文書頒布行為）を繰り返し、また、②本件マンションの防音工事や防水工事を受注した各業者に対し、趣旨不明の文書を送付し、工事の辞退を求める電話をかけるなどその業務を妨害する行為（管理組合の取引先等に対する業務妨害行為）を続け、さらには、③集会室のコピー機の無断使用を注意した役員らに対する暴行、元役員やXを誹謗中傷した文書の投函、役員に対する電話・ファクス・ビラ投函および大声を上げながら玄関を激しく叩く行為（役員らに対する暴行および嫌がらせ行為）を行ってきた（上記①ないし③の行為について、以下「本件各行為」という）。

第1審（横浜地判平成22年2月25日判例集未登載）は、Yの「これらの行為は、騒音、振動、悪臭の発散などのように建物の管理又は使用に関して行っているものではないから、『建物の管理又は使用に関し区分所有者の共同の利益に反する行為』であるとはいえない」として、Xの請求を棄却した。そして、原審（東京高判平成22年7月28日判例集未登載）も同様に、Yの「これらの行為によって被害を受けたとする者それぞれが差止めもしくは損害賠償等の手段を講ずれば足りるものである。一方、これらの行為は、騒音、振動、悪臭の発散などのように建物の管理又は使用に関して行っているものではないから、『建物の管理又は使用に関し区分所有者の共同の利益に反する行為』であるといえない」として、Xの控訴を棄却した。

2 判旨

本判決は、以下のとおり判示して、原審の判断には、法6条1項の解釈を誤った違法があり、Xの請求が法57条の要件を満たしているか否かにつきさらに審理を尽くさせるため、本件を原審に差し戻した。

「法57条に基づく差止め等の請求については、マンション内部の不正を指摘し是正を求める者の言動を多数の名において封じるなど、少数者の言動の自由を必要以上に制約することにならないよう、その要件を満たしているか否かを判断するに当たって慎重な配慮が必要であることはいうまでもないものの、マンションの区分所有者が、業務執行に当たっている管理組合の役員らをひぼう中傷する内容の文書を配布し、マンションの防音工事等を受注した業者の業務を妨害するなどする行為は、それが単なる特定の個人に対するひぼう中傷等の域を超えるもので、それにより管理組合の業務の遂行や運営に支障が生ずるなどしてマンションの正常な管理又は使用が妨害される場合には、法6条1項所定の『区分所有者の共同の利益に反する行為』に当たるとみる余地があるというべきである。」

3 解説

1 本判決の分析

(1) 法6条1項は、「建物の保存に有害な行為その他建物の管理又は使用に関し区分所有者の共同の利益に反する行為」を禁じているが、どのような行為がこれに当たるかについて、1983（昭和58）年の法改正の際の立法担当者は、①建物の不当毀損行為（共用部分の毀損行為、専有部分の毀損行為で建物全体の安定度を弱めるような行為等）、②建物の不当使用行為（共用部分をほしいままに使用すること、建物内への危険物や極端に重量のある物を持ち込むこと等）、③プライバシーの侵害ないしニューサンス（騒音、振動、悪臭あるいは有毒ガスの発散、他人に迷惑を及ぼすような動物の飼育等）、④建物の不当外観行為（ただし、④は上記①または②に含まれうる）に分類できるとする（濱崎・改正335頁、法務省・マンション法271～272頁）。そして、このうち、①および②（④も同様）の類型は、建物の物理的な保全または利用を害する行為であるのに対して、③の類型は、区分所有建物における共同生活上の利益を害する行為であるが、③の行為の影響が「相当範囲の区分所有者の生活利益」に及ぶときは、③の類型も共同利益背反行為に当たるとしている（濱崎・改正336頁）。

本件各行為のうち、管理組合の取引先等に対する業務妨害行為は、明らかに建物の管理に関し区分所有者の共同の利益を害するようなニューサンスに該当する可能性が高いといえるが、名誉毀損文書頒布行為や役員らに対する暴行および嫌がらせ行為（以下「本件誹謗中傷行為等」という）は、特定の区分所有者（主に役員）に対する人格権侵害と捉えることができるので、③の類型のプライバシー侵害やニューサンスのいずれにも当てはまらない行為であるということが一応できる。そのため、本件では、従来の類型に該当しないと思われる本件誹謗中傷行為等（人格権侵害）も、共同利益背反行為に該当しうるのか、また、もし該当しうるとすれば、それはどのような場合であるのかが争点となってくる。

(2) 第1審および原審では、本件各行為は、騒音、振動、悪臭の発散などのように建物の管理または使用に関して行っているものではないから、共同利益背反行為に該当しないとして、共同利益背反行為に該当しうるニューサンスの範囲を限定的に解している。

しかし、ニューサンスが他の区分所有者の生命・身

体・自由の侵害（人格権侵害）にまで及ぶ場合には、人格権侵害に焦点を合わせた法的処理が講じられる必要がある（藤岡康宏ほか『民法Ⅳ－債権各論〔第3版補訂〕』301頁[2009]）。現に、これまでニューサンスないしは建物の不当使用行為として分類されてきた判例のなかにも、他の区分所有者に対する人格権侵害にまで及んでいるケースも存在している。たとえば、暴力団が専有部分を組事務所として使用する行為が、他の区分所有者を暴力団同士の対立抗争に巻き込む危険やその不安をもたらしていること、建物の使用状況や日頃の言動により他の区分所有者に甚大な恐怖感をもたらしていることなどから共同利益背反行為に該当するとして、専有部分の使用停止、競売請求、引渡請求が認められた事例（札幌地判昭和61年2月18日判時1180号3頁、最判昭和62年7月17日判時1243号28頁、名古屋地判昭和62年7月27日判時1251号122頁、京都地判平成4年10月22日判時1455号130頁、東京地判平成10年12月8日判時1668号86頁）や、宗教団体が専有部分を教団施設として使用する行為が、他の区分所有者に心理的障害を与え、耐え難い不安感を与えていることから共同利益背反行為に該当するとして、専有部分の引渡請求が認められた事例（大阪高判平成10年12月17日判時1678号89頁、横浜地判平成12年9月6日判時1737号90頁）がある。これらの事例では、共同利益背反行為に該当するかどうかを判断する際しては、当該行為による物理的障害の有無・程度だけでなく、それによって他の区分所有者が感じる不安感や恐怖感等の心理的障害の有無・程度をも考慮されている点に特色がある。専有部分を暴力団事務所や教団施設として使用する行為が、直ちに他の区分所有者に対する人格権侵害となるわけではないが、これらの事例は心理的障害の程度が高まるにつれて人格権侵害が共同利益背反行為に該当しうることを示すものであるといえる（片桐善衛・判評644号17頁）。さらに、他の区分所有者に対する人格権侵害が共同利益背反行為に該当するとした判例として、マンションの一室を区分所有者から賃借している者が行った各行為（深夜頻繁に酒盛りをし、その際の怒号、奇声、罵声を発して近隣居住者に恐怖感を与えたこと、管理組合の業務執行を妨害するために役員らに暴行・脅迫・恫喝・威嚇等の行為を繰り返し、他の居住者にも同様の行為を繰り返したこと、ガス管や排水管の改修工事に協力しないことなど）を踏まえれば、その者が本件マンションに留まっていると、これらの行為に類似する行為が今後も反復され、それが区分所有者の共同生活に著しい障害となるとして、専有部分の引渡請求が認められた事例（東京地判平成8年5月13日判時1595号77頁）がある。

（3）以上のように、ニューサンスが他の区分所有者に対する人格権侵害（ないしそのおそれ）をもたらすときは、ニューサンスも共同利益背反行為に該当しうるのであり、ニューサンスを騒音、振動、悪臭の発散などに限定する必要はない。しかし、ニューサンスが共同利益背反行為に該当するためには、その行為が、単なる区分所有者間の妨害にとどまらず、立法担当者も述べるように、「相当範囲の区分所有者の生活利益」に影響が及ぶことが必要である。したがって、本件誹謗中傷行為等も、それが単に区分所有者個人に対する人格権侵害にとどまるときは、共同利益背反行為に該当しないことになる。

この点に関し、本件誹謗中傷行為等は、特定の区分所有者（主に役員）に対して向けられた人格権侵害であるといえ、ほとんどの区分所有者の生活利益に侵害行為の影響が及んでいた上記判例とは異なっている。しかし、本判決は、「それが単なる特定の個人に対するひぼう中傷等の域を超えるもので、それにより管理組合の業務の遂行や運営に支障が生ずるなどしてマンションの正常な管理又は使用が妨害される場合」には、共同利益背反行為に当たるとみる余地があるとして、本件誹謗中傷行為等も共同利益背反行為に該当しうることを明らかにした。なお、その後の差戻審（東京高判平成24年3月28日判例集未登載）は、原判決を破棄し、Xの請求を全面的に認容している（大坪和敏「マンションの共同利益に反する行為に当たる場合判決」法セミ697号5頁）。

2 本判決の評価

本判決については、これを妥当な判断とする見解（鎌野邦樹・平成24年度重判71頁）や明示的ではないものの肯定的に評価する見解（円谷峻・ひろば67巻1号69頁、藤巻梓・新判例解説Watch11号83頁、同・民商146巻6号597頁）がある一方で、共同利益背反行為は、区分所有者が「建物の管理又は使用に関して」禁止される行為を定めているのであって、名誉毀損行為は、「建物の管理又は使用に関して」行うものではないとして、第1審および原審を支持する見解（横山美夏「区分所有法59条による所有権の剥奪」吉田克己＝片山直也編『財の多様化と民法学』（694頁[2014]）や共同利益背反行為の広がりを危惧する見解（片桐・前掲19頁、花房博文・マンション学45号80頁）があり、本判決の学説上の評価は分かれている。

確かに、本件誹謗中傷行為等は、一部の区分所有者個人に対する人格権侵害であり、その意味では、「相当範囲の区分所有者の生活利益」にその影響は直接的には及んでいないかもしれない。しかし、Yが管理組合の役員という機関に対して本件誹謗中傷行為等を行うことにより、管理組合の業務の遂行や運営に支障が生ずるに至るとき、やがて「相当範囲の区分所有者の生活利益」にも著しい不利益が及んでいくことは明らかである。本判決は、管理組合の役員という機関に対する本件誹謗中傷行為等によって管理組合の業務が妨害され、その影響が他の区分所有者にも波及して、その結果、区分所有者の共同の利益が害されるに至ることを問題視しているものということができる。この意味において、本件誹謗中傷行為等も共同利益背反行為に該当しうるとする本判決は妥当であるといえる。

3 実務指針

本件訴訟は、法57条の行為の差止請求の適用を求めるものであるが、本来は法59条の競売請求の適用が認められるためのプロセスの一環として提起されたものである（大坪・前掲3頁）。本判決の帰結は、管理組合が本件誹謗中傷行為等を行うような区分所有者を区分所有関係から排除する道を開いたものとみることもできる。

【参照文献】 本文中で引用した文献以外の本件判決に関する評釈として、田口文夫・専修ロージャーナル9号127頁、野口大作・法時87巻10号、伊藤栄寿・判例セレクト2012〔Ⅰ〕21頁、中川敏宏・法セミ701号116頁がある。

大野　武
明治学院大学教授

16 一部共用部分の該当性と管理費の負担割合

東京地裁平成5年3月30日判決（判時1461号72頁）

1 事実

本件マンションは、1階は3戸の店舗用の区分所有建物として分譲され、2階ないし6階はいずれも各階4戸の区分所有建物として分譲されたものであり、1階の3戸は区分所有者の1人であるYが歯科医院等に使用している。本件マンションの各区分所有者が負担すべき管理費の額については、従前はYを除き1㎡あたり月額271円とされ、Yについては月額2万6000円とされていた。その後、定期総会において管理費の改定がなされ、管理費はYを含めた全組合員（区分所有者）につき専有部分と専用使用部分1㎡あたり月額294円とされたことから、Yが負担すべき管理費は月額4万940円となった。

本件マンションの管理組合Xは、Yが定期総会で決定した管理費等の一部を支払わないとして、Yに対し、未払いの管理費等の支払を求めた。

これに対して、Yは、①1階の店舗はいずれも直接公道から出入りすることが予定され、構造上エレベーターを利用することは予定されておらず、エレベーターは2階ないし6階の住居部分の区分所有者が使用する構造になっていること、また、1階の店舗部分と2階ないし6階の住居部分は水道管の配管も異なり、2階以上の住居部分用の配管を1階の店舗が利用することは全くないことから、本件マンションのエレベーターおよび2階ないし6階に通ずる給排水管（本件共用部分）は一部共用部分であり、その部分の管理費をYが負担する必要はない、そして、②本件マンションの管理費は、その50％以上がエレベーター関係および2階以上の水道関係に使用されており、そのため、1階の店舗部分の管理費を面積による額に比して約25％安くして分譲したものであるにもかかわらず、Xが総会で管理費を面積によって算出し、Yの負担する管理費を増額することはYの権利に特別の影響を及ぼすものであるから、Yの承諾がないときは効力を有しないとして、Xの請求を争った。

2 判旨

本判決は、①本件共用部分は一部共用部分ということはできず、また、②集会の決議において、従前、面積に比べて低額であった管理費を専有部分および専用使用部分の面積に応じた金額とする旨の規約の変更（本件規約変更）をしたとしても、区分所有法31条1項後段所定の「一部の区分所有者の権利に特別の影響を及ぼすべきとき」には該当しないとして、以下の判示のとおり、Yの抗弁を排斥して、Xの請求を一部容認した。

①について、「エレベーター並びに給排水設備及びその配管は規約で共用部分と定められており、また、本件建物の構造や右設備の性質等に鑑みても一部共用部分と認めることはできない。確かに、1階の区分所有者であるYが本件建物のエレベーターを使用する程度は2階以上の区分所有者のそれに比較して極めて少ないことが推認されはするが、屋上の利用等のため使用する可能性が全くないとは言えず、また、給排水設備及びその配管についても、1階部分及び2階以上の部分ともに本件建物と一体となった設備であり、その維持や補修に際しては本件建物の共用部分にも影響を及ぼすことなどに鑑みると、いずれも一部共用部分ということはできない」とした。

また、②について、「共用部分につき各区分所有者が受ける利益の程度を管理費の額にすべて反映させることは不可能であり、また、相当であるともいえず、共用部分に対する各区分所有者の利害得失をある程度捨象し、一律に各区分所有者の専有部分及び専用使用部分の面積に応じて管理費を負担することは合理的な方法である」として、「Yには不利益な内容ではあるが、法31条後段に規定する『特別の影響を及ぼすべきときに』には該当しない」とした。

3 解説

1 本判決の分析

(1) 本件の争点は、本件共用部分が全体共用部分となるのか、それとも一部共用部分となるのかという点と、本件共用部分が全体共用部分であることを前提に、本件規約変更が本件共用部分をほとんど使用しない1階の区分所有者の権利に「特別の影響を及ぼすべき」に該当するか否かという点に関わるものである。

(2) まず、本件共用部分が全体共用部分となるのか、それとも一部共用部分となるのかについて検討する。

一部共用部分とは、「一部の区分所有者のみの共用に供されるべきことが明らかな共用部分」をいう（3条後段）。具体的には、立法担当者によれば、1階から3階までが店舗・事務所、4階から10階までが分譲アパートである高層ビルディングにおいて、アパート部分専用の出入口・階段室・エレベーター室・廊下・屋上等が設けられている場合、それらは、いずれもアパート部分の区分所有者のみの共用に供されるべきことが明らかな共用部分として、アパート部分の区分所有者のみの共有に属することになる。これに対して、共同の出入口から廊下・階段室・エレベーター室等を経て屋上に至る部分が障壁・扉等によって構造上区分されていないときは、その出入口を他の区分所有者と共同で使用するかぎりは、屋上に至る廊下・階段室・エレベーター室等の部分についても全体として一個の共用部分を構成し、同一の権利関係に服するものとみるべきであるとする（川島一郎「建物の区分所有等に関する法律の解説」濱崎・改正548〜549頁）。

このように、一部共用部分は、当該共用部分の客観的性質によって定まるものと解されているが（稲本＝鎌野・区分所有法77頁）、一部の区分所有者のみの共用に供されるべきことが必ずしも客観的に明らかでない場合には、どのように解されるべきであろうか。この点に関して、本判決と同旨の裁判例では、法11条1項ただし

書および法3条後段は、「ある共用部分が構造上機能上特に一部区分所有者のみの共用に供されるべきことが明白な場合に限ってこれを一部共用部分とし、それ以外の場合は全体共用部分として扱うことを相当とする」趣旨であると解している（東京高判昭和59年11月29日判時1139号44頁）。また、学説でも同様に、「全部共用部分と一部共用部分を区別する標準は、当該共用部分がその性質または構造上、区分所有者全員の共用に供されるべきものであるかどうかということであって、一部の区分所有者のみの共用に供されるべきことが明らかでない限り、区分所有者全員の共用に供されるべき共用部分とされる」との見解が示されている（玉田弘毅『建物区分所有法の現代的課題』158頁［1981］）。

なお、本件は、規約で本件共用部分を一部共用部分とする定めがなされていない事案であったため、本件建物の構造や本件共用部分の性質等が一部共用部分であるか否かの判断基準とされたが、法は、規約で別段の定めをすることにより、一部共用部分を定めることを妨げていない（11条2項本文）。これに関連する裁判例として、地下4階地上22階の大型駅ビルのうちの2階事務所ラウンジ、これに隣接する7基のエレベーターとエレベーター室およびこれに隣接するエレベーターホールは、管理規約において一部共用部分である事務所共用部分と明記されており、さらに、事務所部分の区分所有者のみの共用に供されるべきことが明らかな共用部分であると認められるので、店舗の区分所有者は当然にはこれを使用する権利を有しないとされた事例がある（東京高判平成14年9月30日判時1806号45頁）。ただし、同判決は、管理者が上記無権利者の使用を積極的に認めたり、その者らの事実上の利用によって事務所区分所有者の使用に障害が生じさせたりしないかぎりは、そのことから直ちに事務所区分所有権や事務所共用部分の持分権が侵害されたことにはならないとしている。

（3）次に、本件規約変更が本件共用部分をほとんど使用しない1階の区分所有者の権利に「特別の影響を及ぼすべき」に該当するか否かについて検討する。

規約の変更は、「区分所有者及び議決権の各4分の3以上の多数による集会の決議によってする」ものとされているが、その規約の変更が「一部の区分所有者の権利に特別の影響を及ぼすべきときは、その承諾を得なければならないと」とされている（31条1項）。そして、「特別の影響」とは、立法担当者によれば、「規約の設定、変更等の必要性及び合理性とこれによって受ける当該一部の区分所有者の不利益とを比較して、区分所有関係の実態に照らし、当該一部の区分所有者が受忍すべき程度を超える不利益を受けると認められる場合をいう」と解されている（濱崎・改正243頁）。この見解によれば、本件規約変更によって、確かに本件共用部分をほとんど使用しない1階の区分所有者は不利益を受けることになるが、当該区分所有者の権利に「特別の影響を及ぼすべきとき」に該当するか否かは、規約の変更の必要性および合理性との比較において判断されることになる。

本判決は、この点に関して、「共用部分につき各区分所有者が受ける利益の程度を管理費の額にすべて反映させることは不可能であり、また、相当であるともいえず、共用部分に対する各区分所有者の利害得失をある程度捨象し、一律に各区分所有者の専有部分及び専用使用部分の面積に応じて管理費を負担することは合理的な方法である」として、本件規約変更は、当該区分所有者の権利に「特別の影響を及ぼすべきとき」に該当しないと判断している。そして、本判決と基本的に同じ考え方に立つ裁判例として、地上8階地下1階のマンションの特別補修費を区分所有者全員に専有面積割合により負担させるとの集会の決議がなされたが、補修工事は建物の直下部分についてしか行われず、地下駐車場の区分所有者は、専有面積割合に応じた利益を享受していないとして、集会の決議に基づく特別補修費の請求は権利の濫用であると主張された事案において、「建物全体の維持保全のための工事については、個々の区分所有者の受益の程度によってその費用の負担を定めることは事実上困難であることなどを考えると……これをもって地下駐車場全体を含めて専有面積割合に応じた費用負担をすべきことを定めた右決議の内容が著しく不公正であるとまではいえない」として、権利の濫用の主張を否定した事例がある。

2 本判決の評価

まず、本判決は、本件共用部分は一部共用部分とはいえないと判示する。上記でも検討したように、一部共用部分というためには、規約で別段の定めがないかぎり、共用部分の客観的性質または構造上、一部の区分所有者のみの共用に供されるべきことが明白であることが厳密に要求されている。本判決はこれらの基準を踏まえて判断されており、妥当であると評価することができる。

次に、本判決は、本件共用部分が全体共用部分であることを前提に、本件規約変更により本件共用部分をほとんど使用しない1階の区分所有者が不利益を受けるとしても、その者の権利に「特別の影響を及ぼすべき」には該当しないと判示する。そもそも共用部分の負担は、規約に別段の定めがないかぎり、各区分所有者の共有持分割合によるとされており（19条）、その共有持分割合は、規約で別段の定めをしないかぎり、専有部分の床面積割合によるとされている（14条1項・4項）。つまり、法は、各区分所有者が専有部分の床面積割合に応じて共用部分全体に対し管理費を負担することを原則としているのであり、本件規約変更はいわば法の原則に戻したものにすぎないということができる。その意味で、本件規約変更が「合理的」なのは当然であり、本判決はその当然のことを判示したものであるということができる。

3 実務指針

本判決は、一部共用部分に該当するか否かの従来の判断基準を具体的な事例において示したものとして参考になるであろう。

また、共用部分に関する管理費の負担割合について、区分所有者ごとの使用状況に応じて規約で差異を設けることも、区分所有者間の実質的な公平性を図るものであると考えられるが、その一方で、その差異を捨象して一律の負担割合とする規約の変更もまた、区分所有者間の公平性を図るものであるということができる。このような規約の変更は、その実質は法の原則に回帰することであるので、それによって一部の区分所有者が不利益を受けるとしても、それは基本的に受忍すべき程度のものであるとみてよい。

【参考文献】 本文に引用したものを参照。

大野　武
明治学院大学教授

17 屋上広告塔に専用使用権を設定した売買契約および管理規約の有効性

東京高裁昭和56年4月21日判決（東高民時報32巻4号89頁）

1 事実

地上13階建ての本件マンションの売主Yは、1、2階の区分所有権を留保し、3階以上の区分所有権を他に売り渡した。その際の売買契約書21条1項には、買主は本件広告塔については共有持分に基づく占有、使用その他の権利を行使しない旨、同条2項には、広告塔については管理規約の定めに従い、売主Yまたはその指定する者に専用利用させることができる旨が明記され、また、管理規約18条には、本件広告塔については区分所有者たるYまたはその指定する者が無償にて専用利用し得るものとする旨が明記されている。そこで、Yは、訴外Aとの間で、15年間の約定で本件広告塔を利用させる旨の契約を締結し、Aをして本件広告塔に広告板を設置させ、これを利用させている。

本件マンションは当初からYが管理者であったが、その後Yが管理者の地位を退任した。そのため、本件マンションの6階以上の全区分所有者によって管理組合Xが結成され、Xは全区分所有者から本件マンションの管理を委託された。

Xは、共用部分である本件広告塔は本来Xが使用管理するものであるから、YがAをして本件広告塔を利用させたことによる利益は、法律上の原因がないものであるとして、Yに対し、本件広告塔使用料相当の不当利得金の支払を求めた。これに対し、Yは、区分所有者全員が上記売買契約書および管理規約に合意していることを理由にXの主張を否認した。そこで、Xはさらに、①Y主張の専用利用権は、Yが本件マンションの管理者であることによって認められたものであり、Yは既に管理者の地位を退任したので、それ以降専用利用権を有しないこと、②買主は、本件広告塔が利用できなくなることを考えないで、Yと合意をしたのであるから、その合意は錯誤により無効であること、③Y主張の合意は、2002年改正前の区分所有法24条および管理規約書14条により本件規約を変更するには区分所有者全員の書面による承諾が必要であるとされていることと相まって、本件広告塔に対する共有持分を永久に制限するものであり、法の理念に反し無効であることを主張した。

原判決（東京地判昭和54年4月10日判時941号59頁）は、Xの主張をいずれも棄却したため、Xはこれを不服として控訴した。

2 判旨

本判決は、原判決と同様、Xの主張をいずれも棄却し、とりわけ上記③の主張については以下のとおり判示して、「Yが本件広告塔の利用によって、たとえ利益を得たとしても、その利得は法律上の原因を有するものというべきである」とした。

「共用部分の中には、廊下や階段のようにその使用が共有者の専有部分の使用に不可欠のものと、建物の壁面とか機械室の屋上部分のようにその使用が共有者の専有部分の使用に必ずしも不可欠といえないものがある。そして専有部分の使用に不可欠な共用部分の使用を禁ずることは建物の区分所有権を認めようとする右法律の立法趣旨に抵触して許されないことは明らかであるけれども、専有部分の使用にさほど支障をきたさない共用部分について、一部共有者の使用を制限することはその共有者の同意がある限りこれを許してさしつかえないものというべきである。従って、このような専有部分の使用にさほど支障を与えない共用部分については、同法第23条、第24条所定の規約によって、一部の共有者の使用を認めないで他の共有者の専用利用を認める規定を設けることも許されるものと解するのが相当である。」

もっとも、「本件広告塔やこれに設けられる広告板が本件マンションの品位・美観を害し、あるいはその維持・使用・管理……に支障を生ずるなどの場合には、管理者たるXにおいて管理規約等に定めるところに従い、広告塔について専用利用権を有するYまたはその指定する者を通じ、ないしは直接に、広告主等に対し、かかる広告の排除・是正を求めることができると解すべきであって、……その故に本件専用利用権の定め自体を無効とすることはできない。」

「以上のとおり、Yの本件広告塔の専用利用権を規定した管理規約は有効であり、これを無効視すべき理由はない。」

3 解説

1 本判決の分析

（1）本件は、旧法が適用される事案であるが、本判決の争点に関わる旧法9条は、現在の区分所有法13条の内容と全く同じである。そこで、以下では、原則として現行法の規定を踏まえて検討することとする。

各共有者は、敷地および共用部分等をその用方に従って使用することができるとされているにもかかわらず（13条、21条）、その一方で、それらの一部について、特定の区分所有者のみが排他的に使用できる専用使用権を設定することも許容されている（標準管理規約2条8号）。専用使用権は、専有部分の売主と買主全員の分譲契約上の合意、規約の定め、あるいは集会の決議によって設定されるが、その設定が管理組合設立後の区分所有者間の私的自治に基づくものであれば特に問題はない。

しかし、専用使用権の設定が専有部分の売主と買主全員の分譲契約上の合意や売主が予め作成した原始規約に対する買主全員の合意によるものであるとき、これまで多くの紛争を生じさせてきた。すなわち、売主が専有部分の分譲契約をすべて完了させると建物や敷地の権利者でなくなるにもかかわらず、このような状況にある者が、後の所有者の建物や敷地の利用関係に重大な影響のある権利（法律関係）を設定し、しかもその設定対価（権利金）を自らが受領することに疑問が呈されてきた（丸山英氣編『改訂版区分所有法』57～58頁〔丸山英氣〕[2007]）。このため、主として駐車場専用使用権の設定

をめぐり、①駐車場専用使用権の設定に関する約定が民法90条の公序良俗に反し無効となるか、②駐車場専用使用権の設定対価は、本来は区分所有者全員の共有である敷地を管理する管理組合が受領すべき対価であり、売主がその分譲に際して受領した対価は法律上の原因がないとして、管理組合は売主に対し民法703条に基づき不当利得返還請求をすることができるか、あるいは③売主は後の区分所有者から駐車場専用使用権の設定を委任されており、売主が受領した設定対価は受任者たる地位に基づいて受領したものであるから、管理組合は売主に対し民法646条1項に基づきその対価の引渡しを請求することができるかが争われてきた（なお、最高裁は、売主と買主全員の認識を重視して、駐車場専用使用権の分譲契約を原則として有効と解している。①の争点については、最判昭和56年1月30日判時996号56頁・判タ437号101頁、②③の争点については、最判平成10年10月22日民集52巻7号1555頁参照）。

本件は、共用部分である本件広告塔に対する専用使用権が専有部分の売主と買主全員の分譲契約上の合意および売主作成の原始規約に対する買主全員の合意によって設定されている点では上記と同様の問題状況にあるが、争点とされている内容は上記とは異なり、共用部分に対する専用使用権の設定が法13条の理念に反するか否かが争点とされている。

（2）法13条は、共用部分の各共有者はその用方に従ってこれを使用しえるものとし、その使用は規約によっても禁止することができないが、合理的な範囲でその使用方法を決定したり（18条1項本文）、規約で定めたりすることは（30条1項）、もとよりさしつかえないと解されている（川島一郎「建物の区分所有等に関する法律の解説」濱崎・改正564頁）。このように、立法担当者も、共用部分に対する使用方法について集会の決議や規約によって自由に定めることができると解していることから、共用部分に対する専用使用権の設定も当然に可能であるといえる。ただし、その定めは「合理的な範囲」に限られるとの趣旨であるので、具体的に共用部分のどの範囲において専用使用権を設定することが許容されるかが問題となる。

2　本判決の評価

（1）共用部分は、法律上当然に共用部分となるもの（法定共用部分）と区分所有者の定める規約により共用部分となるもの（規約共用部分）とがある（4条）。このうち法定共用部分には、数個の専有部分に通ずる廊下、階段室、エレベーター室のように建物の構造上区分所有者の共用に供されるべき建物の部分（同条1項）と、支柱、耐力壁、屋根（屋上）、外壁、基礎工作物など建物全体の基礎的構造部分とがある（法務省・マンション法69～70頁）。

法定共用部分のうち建物の構造上区分所有者の共用に供される建物の部分は、本判決でいう「その使用が共有者の専有部分の使用に不可欠のもの」と同義であるといえる。本判決は、この共用部分について一部共有者の使用を禁ずることは法の趣旨に抵触し許されないと判示するが、仮にこの共用部分について一部共有者の使用が禁じられたとすると、その者は数個の専有部分に通じる廊下、階段室、エレベーター室などの使用ができないことになり、専有部分の使用に重大な支障を与えることになる。このような帰結は、共用部分をその用方に従って使用することができるとする法13条の規定に反するといえるので、このような判示は妥当なものである。

他方、法定共用部分のうち建物全体の基礎的構造部分は、必ずしも区分所有者の共用に供されるものではないので、本判決でいう「その使用が共有者の専有部分の使用に必ずしも不可欠といえないもの」と基本的に同義であるといえる。本判決は、この共用部分について一部共有者の使用を制限することは共有者の同意があるかぎり許されるので、規約で一部の共有者の使用を認めないで他の共有者の専有利用を認める規定を設けることも許されると判示している。しかし、この判示部分は、この共用部分について形式的に共有者全員の同意さえあれば、一部共有者に対する使用制限の定めが許容されることを述べるものでしかない。その意味では、本判決は、一部共有者に対する使用制限の定めが「合理的な範囲」に含まれるか否かを実質的に判断したものではない。

（2）本件の専用使用権は、専有部分の売主と買主全員の分譲契約上の合意および売主作成の原始規約に対する買主全員の合意によって設定されたものであり、このような状況のもとでなされた合意は買主全員が専用使用権の内容を十分に認識してなされたものであるとは限らない。そして、実際にXは、本件規約を変更するには区分所有者全員の書面による合意を必要とするため（旧24条1項）、本件広告塔に対する共有持分は永久に制限されると主張して、本件規約で定められた専用使用権の内容が「合理的な範囲」を逸脱するものであることを問題としている。しかし、本判決は、形式的に共有者全員の合意の有無のみで判断し、専用使用権の内容の合理性の有無を判断しない態度をとっており、そのうえで補足的に、専用使用権の行使に伴って生ずる問題は、管理組合が管理規約等に定めることによって処理すべき団体自治の問題であることを示唆している。

なお、現行法のもとで規約の変更をする場合、旧法とは異なり、区分所有者および議決権の各4分の3以上の多数による集会の決議で足りるとされているが、それが専用使用権の廃止あるいは制限に関わる場合、専用使用権を有する区分所有者の権利に「特別の影響を及ぼすべきとき」に該当し、その者の承諾を得る必要があるか否かが問題となる（31条1項）。駐車場専用使用権に関する最高裁判決を踏まえると、専用使用権の制限はこれに該当しないが、その廃止はこれに該当すると判断される可能性があるため（最判平成10年10月30日民集52巻7号1604頁、最判平成10年11月20日判時1663号102頁・判タ991号121頁参照）、現行法のもとでも同じような問題の状況が存するといえる。

3　実務指針

本判決の問題は、結局は原始規約の有効性の問題に帰着する。本件のような規約の有効性は、専用使用権の目的とされる共用部分の形状・面積・位置関係、専用使用権の使用目的や利用状況、専用使用権者が支払った対価その他の事情を総合的に考慮して、区分所有者間の利害の衡平が図られるか否かによって個別に判断されるほかないであろう。

【参考文献】　本文に引用したものを参照。

大野　武
明治学院大学教授

Ⅲ 共用部分および敷地をめぐる法律関係 §13 共用部分の使用

18 屋上通信アンテナ設置のため管理組合が共用部分を第三者に賃貸するための要件

札幌高裁平成21年2月27日判決（判タ1304号201頁）

1 事実

電気通信事業等を目的とする株式会社Xは、マンション（本件建物）の管理組合Yとの間で、屋上通信アンテナ等（本件設備等）を設置するために本件建物の屋上の一部を賃借する契約（本件契約）を締結した。なお、Yは本件契約を締結する前に、Yの管理規約（本件管理規約）16条2項に従い、共用部分である屋上の一部をXに使用させるための決議を臨時総会において賛成多数で可決させている。

Xは、本件建物の居住者らから本件設備等の設置工事が妨害されたとして、上記賃借権の確認および設置工事の妨害禁止を求めて訴えを提起した。これに対して、Yは、本件設備等の設置は、「専有部分使用者に特別の悪影響を及ぼす場合」と評価されるべきであり、本件管理規約47条7項に基づいて、専有部分の所有者である各組合員各自の承諾を得る必要があること、また、本件契約は期間を10年とする賃貸借契約であり、民法602条の期間を超え、管理権限を逸脱しているから、共有物の処分行為として、特別決議事項に当たるなどと主張してXの請求を争った。

原判決（札幌地判平20年5月30日金判1300号28頁）は、民法602条の期間を超える賃貸借については、民法の原則に基づいて、共有者（区分所有者）の全員一致が必要であり、そのような共有者全員の同意のない本件契約は無効であるとして、Xの請求をいずれも棄却したため、Xはこれを不服として控訴した。

2 判旨

本判決は、①共用部分の賃貸借につき、民法602条の適用は排除され、また、②本件設備等を本件建物の屋上に設置して共用部分をXに使用させるにあたり必要な決議は普通決議で足りるとして、以下の判示のとおり、原判決を取り消し、Xの請求を認容した。

①について、「区分所有法は、区分所有関係が成立している建物の共用部分を対象とする限りにおいては、民法の特別法に当たるから、共用部分の賃貸借につき、民法602条の適用は排除され、同条に定める期間内でなければならないものではない」とした。

また、②について、「区分所有法17条1項は、「共用部分の変更（その形状又は効用の著しい変更を伴わないものを除く。）」が特別決議事項であると定めている。ここにいう「共用部分の変更」は、……「形状又は効用の著しい変更を伴」うものである。したがって、本件管理規約46条3項2号の「敷地及び共用部分の変更」も、区分所有法17条1項と同じく、「形状又は効用の著しい変更を伴」うものであると解され、さらに、本件管理規約においては、「形状又は効用の著しい変更を伴」うものであっても、「改良を目的とし、かつ、著しく多額の費用を要しないもの」については、特別決議事項から除外されていると解すべきである。」そして、「本件設備等を本件建物の屋上に設置する工事によって、共用部分に「形状又は効用の著しい変更」が生ずるとは認められない」ので、「本件設備等を本件建物の屋上に設置して共用部分をXに使用させるに当たり必要な決議は、普通決議」で足りるとした。

3 解説

1 本判決の分析

(1) 本件管理規約16条2項は、「管理組合は、総会の決議を経て、敷地及び共用部分等（駐車場及び専用使用部分を除く。）の一部について、第三者に使用させることができる」と規定しているが、この総会の決議は、たとえば、第三者が共用部分の一部を使用するに際して変更行為を加える場合、区分所有法17条1項によれば、その変更行為が「その形状又は効用の著しい変更」を伴う場合には特別多数決議を要することになるが、そのような変更を伴わない場合には普通決議で足りることになる。本件では、本件設備の設置工事が上記のいずれに該当するのかが争点となる。

ただし、本件では、この争点について判断する前提として、管理組合が共用部分の一部を賃貸借することについて、民法602条の適用があるか否かも争点となっている。民法602条は、「処分につき行為能力の制限を受けた者又は処分の権限を有しない者が賃貸借をする場合には」、建物の賃貸借については3年を超えることができないと規定している。管理組合は、「建物並びにその敷地及び附属施設の管理」を行うための団体（3条）であるので、共用部分や敷地の全部または一部を売却するなどの処分行為をすることはできないと解されている（稲本＝鎌野・区分所有法28頁）。その意味で、管理組合は、民法602条の「処分の権限を有しない者」に該当するといえる。本件では、管理組合が期間を10年とする本件契約を締結しているが、このような本件契約の効力はどのように扱われることになるのかが問題となる。

(2) 原判決は、本件管理規約16条2項の適用は、管理行為に含まれる民法602条の期間を超えない賃借権の設定に限られ、その期間を超える賃借権の設定のような処分行為には適用されないので、民法602条の期間を超える賃貸借については、民法の原則に基づいて、共有者（区分所有者）の全員一致が必要であり、そのような共有者全員の同意のない本件契約は無効であるとする。それに対して、本判決は、区分所有関係が成立している建物の共用部分を対象とする賃貸借については、民法602条の適用は排除され、区分所有法および本件管理規約が適用されるので、本件管理規約16条2項に従って総会の決議の要件を満たしている本件契約は有効であるとする。

しかし、本判決の共用部分の賃貸借について民法602条の適用が排除されるとの解釈には疑問がある。というのも、共用部分の共有関係については、民法の共有に関する規定の適用はなく、法12条により法13条から19

条の規定が適用されるとされていることから（稲本＝鎌野・区分所有法83頁）、民法の共有に関する規定が排除される法的根拠を見出すことはできるが、民法の賃貸借に関する規定が排除されるとする法的根拠を見出すことができないからである。したがって、共用部分の賃貸借について民法602条の適用はあると解するほかない。

そうすると次に、管理組合が共用部分の一部について3年を超える賃貸借をすることが処分行為に該当するかが問題になる。そもそも賃貸借は処分行為ではないが、長期の賃貸借は、財産の利用が長期間制約されることになるので、実際上処分行為に近い効果をもつことになる。そこで、民法は、一定の期間を定めて、それ以内の賃貸借を管理行為とし、それを超える賃貸借を処分行為としたのである（幾代通＝広中俊雄編『新版注釈民法(15)〔増補版〕』174頁〔望月礼二郎＝水本浩〕[1996]、我妻栄『債権各論中巻一』427～428頁[1957]）。このような民法の趣旨を踏まえれば、本件契約も処分行為に該当し、共有者全員の同意のない本件契約は無効であるといえなくもない。

しかし、共有物の賃貸借が処分行為に該当するか否かは、単に賃貸借期間が民法602条に定めた期間を超えるかどうかということのみでなく、共有物の種類、相手方の利用目的・方法、賃料の多寡、返還の難易などの諸事情を総合して判断するのが相当であると考えられる（塩崎勤「共有物の保存・管理をめぐる諸問題」牧山市治＝山口和男『民事判例実務研究第1巻』97頁[1980]）。とりわけ、本件契約の対象物件が、マンションの屋上という共用部分の中でも一般の区分所有者が広く利用するとはいい難い場所であり、契約の目的（携帯電話の基地局の設置）からすれば、その面積もさほど広いものではないこと、上記基地局の設置工事はそれほど大規模なものではなく、撤去やその後の復旧工事もさほど困難ではないこと（東京地方裁判所プラクティス委員会第一小委員会「マンションの管理に関する訴訟をめぐる諸問題（2）」判夕1385号34頁）、本件契約については、対象物件が障壁その他によって他の部分と区画され、独占的排他的支配が可能な構造・規模を有していないことから、借地借家法1条の「建物」に該当しないので、同法の適用もないこと（最判昭和42年6月2日民集21巻6号1433頁）などからすれば、本件契約は、たとえ民法602条の期間を超えるとしても、一律に処分行為に該当すると解すべきではなく、上記の諸事情を総合考慮して管理行為に該当すると解すべきである。また、仮にこのような解釈によらないとしても、少なくとも民法602条に定める期間を超える部分については、その期間内に短縮すると解するのが妥当である（我妻・前掲428頁）。

（3）次に、本件設備等の設置工事が共用部分の「形状又は効用に著しい変更」を伴うものとして特別多数決議を要するか、それともそのような変更を伴わない軽微変更として普通決議で足りるかについて検討する。

本件管理規約46条3項2号は、「敷地及び共用部分等の変更（改良を目的とし、かつ、著しく多額の費用を要しないものを除く。）」には特別多数決議を要すると規定しているが、この規定は、2002年改正前の旧法17条1項と同じ内容であり、改正後も規約の変更がなされないままであった。改正後の法17条1項は、「敷地及び共用部分等の変更（その形状又は効用の著しい変更を伴わないものを除く。）」とされたが、本判決は、改正後の法17条1項の規定を踏まえて、本件管理規約46条3項2号の「敷地及び共用部分の変更」を「形状又は効用の著しい変更を伴う」ものと解し、そして、「形状又は効用の著しい変更を伴わないもの」（軽微変更）についてはいうまでもなく、「形状又は効用の著しい変更を伴う」ものであっても、「改良を目的とし、かつ、著しく多額の費用を要しないもの」についても、特別多数決議を要しないものと解すべきであるとしている。

法務省立法担当者によれば、法17条1項に規定する「形状の変更」とは、その外観や構造を変更することであり、「効用の変更」とは、その機能や用途を変更することであると説明されており、そして、共用部分の変更が「形状又は効用の著しい変更」に当たるかどうかは、変更を加える箇所および範囲、変更の態様および程度等を勘案して判断されることになると説明されている（吉田徹ほか「建物の区分所有等に関する法律の一部改正法の概要（上）」金法1664号70頁、吉田徹編著『一問一答改正マンション法』23～24頁[2003]）。

具体的にどのような変更行為が共用部分の「形状又は効用の著しい変更」に該当するかについては、共用部分であるマンション1階車庫部分の屋上先端のパラペット（手摺壁）部分に横幅約21m、縦幅約96cmの広告用看板を設置することが共用部分の変更に該当するとされた事例（大阪高判昭和62年11月10日判時1277号131頁、判夕670号140頁）や、共用部分であるビルの非常用階段の出入口にコンクリートブロックを設置して非常用階段の一部を倉庫に変更することが共用部分の変更に該当するとされた事例（大阪地判平成元年5月31日判時1351号90頁）がある。これらの事例と比較すると、本件設備等の設置工事が「形状又は効用の著しい変更」に該当しないのは明らかである。

2 本判決の評価

本判決は、共用部分の賃貸借について民法602条の適用は排除されると解するが、その法的根拠を見出すことができない。したがって、同条の適用はあるとしつつも、区分所有関係の諸事情を総合考慮して、本件契約は管理行為に該当すると解することで、本件契約の有効性を認めるべきであったであろう。これに対して、本件設備等の設置工事が共用部分の「形状又は効用に著しい変更を伴わないもの」（軽微変更）として普通決議で足りるとしたことについては、妥当であると評価できる。

3 実務指針

本判決は、共用部分の「形状又は効用の著しい変更を伴わないもの」（軽微変更）の具体例を提示したものとして実務上参考になるであろう。さらに、本判決は、改正前の旧法17条1項に準ずる規約が変更されることなくそのまま残されている場合でも、改正後の法17条1項の規定に即して規約を解釈している点が実務上意義があると思われる。この解釈によれば、特に規約の変更をしなくても、大規模修繕工事を普通決議で決することができることになろう。

【参照文献】本件の評釈として、波床昌則・平成21年度主判解88頁がある。

大野 武
明治学院大学教授

III 共用部分および敷地をめぐる法律関係　§13　共用部分の使用

19 駐車場専用使用権(1)

最高裁平成10年10月22日判決（民集52巻7号1555頁）

1 事実

　Y会社（被告、控訴人、上告人）は、分譲（32戸）時、専有部分とともに、駐車場（25区画）の専用使用権を分譲し、対価として合計2440万円（1区画80万円ないし110万円）を受領した。土地付区分建物売買契約書には、「売買代金は、駐車場の対価としての代金○○円也を含む。」（1条。代金欄には、専用使用権を取得する者については具体的な金額が記載）、「買主は、本件敷地の一部を駐車場として特定の区分所有者に専用使用させることを認諾する。専用使用権を取得する買主は、専用使用に当たり、別に定める費用を支払わなければならない。」（9条。なお、重要事項説明書には、専用使用共益費500円、帰属先管理組合との記載がある）との規定があった。また、規約案にも、特定区分所有者の専用使用権を承認する旨の条項があり、後に規約案は区分所有者全員に承認され規約として成立した。管理組合の管理者X（原告、被控訴人、被上告人）は、本件敷地は、区分所有者全員の共有に属し、駐車場の専用使用権は賃借権類似の使用権にすぎずYは何らの権限なく対価を利得しているとして、Yに対して、主位的に不当利得返還請求権、予備的に委任契約における受任者に対する委任事務処理上の金員引渡請求権に基づき、対価の返還または引渡しを請求した。1審は、予備的請求である委任契約上の金員引渡請求を認容し、原審も1審を正当としてYの控訴を棄却した。これに対してYが上告した。

2 判旨

　破棄自判。「売買契約書、重要事項説明書、管理規約案の記載に照らすと、本件駐車場の専用使用権は、本件マンションの分譲に伴い、Yが特定の区分所有者に分譲したものであるところ、右専用使用権を取得した特定の区分所有者は右駐車場を専用使用し得ることを、右専用使用権を取得しなかった区分所有者は右専用使用を承認すべきことをそれぞれ認識し理解していたことが明らかであり、分譲業者であるYが、購入者の無思慮に乗じて専用使用権分譲代金の名の下に暴利を得たなど、専用使用権の分譲契約が公序良俗に反すると認めるべき事情も存しない。なお、本件のように、マンションの分譲に際し分譲業者が専用使用権を分譲して対価を取得する取引形態は、好ましいものとはいえないが、このことのゆえに右契約の私法上の効力を否定することはできない。」
　「そして、右売買契約書の記載によれば、分譲業者であるYは、営利の目的に基づき、自己の利益のために専用使用権を分譲し、その対価を受領したものであって、専用使用権の分譲を受けた区分所有者もこれと同様の認識を有していたと解されるから、右対価は、売買契約書に基づく専用使用権分譲契約における合意の内容に従ってYに帰属するものというべきである。この点に関し、Yが、区分所有者全員の委任に基づき、その受任者として専用使用権の分譲を行ったと解することは、右専用使用権分譲契約における当事者の意思に反するものであり、前記管理委託契約書の記載も右判断を左右しない。また、具体的な当事者の意思や契約書の文言に関係なく、およそマンションの分譲契約においては分譲業者が専用使用権の分譲を含めて包括的に管理組合ないし区分所有者全員の受任者的地位に立つと解することも、その根拠を欠くものといわなければならない。」なお、遠藤光男裁判官の補足意見がある。

3 解説

1 本判決の分析

　(1)　本件は、駐車場専用使用権に関する4つの平成10年最高裁判決のうちの1つ、ミリオンコーポラス高峰館事件である。駐車場専用使用権とは、区分所有者の共有に属する建物共用部分および敷地について、特定の区分所有者または第三者がこれを排他的に使用できる権限であり、本件では、分譲業者が専用使用権を留保し賃貸する留保方式や管理組合が利用者に賃貸する賃貸方式とは異なり、分譲会社が、駐車場専用使用権を設定し、マンション本体の分譲とともに、特定の購入者に分譲する分譲方式である。分譲方式については、第1に、分譲会社の二重の利益取得可能性と、駐車場取得者と非取得者の利益の不均衡などから、駐車場専用使用権分譲契約の有効性（公序良俗違反、合意の不存在）、第2に、その契約が有効としても、対価の帰属先が問題となった（最判平成10年10月30日判時1663号90頁のシャルム田町事件も同様）。

　(2)　第1点のうち、公序良俗違反について、最高裁は、最判昭和56年1月30日裁判集民132号71頁、判時996号56頁を踏まえ、分譲業者の二重の利益取得を否定し、さらに伝統的な暴利行為論の観点から、分譲会社の行為が無思慮に乗じた暴利行為と認定できる事情もない以上、公序良俗に反しないと判断した（分譲方式は好ましくないが、私法上の効力までは否定できないと判示──これは伝統的な取締法規違反の影響との指摘がある）。また、合意の存在については、原審（福岡高判平成8年4月25日判時1582号44頁）が、内容の不明確性から購入者はその内容を理解していないことを根拠として、合意の不成立・無効を認めたのに対して、最高裁は、売買契約書等から、本件契約は、特定区分所有者が駐車場を専用使用できる権利を取得すること、取得者以外の区分所有者はその専用使用を承認すべきことを内容とし、区分所有者全員がその内容を各自認識理解していたと認定し、購入者全員の合意の存在を認めて有効と判断した。前掲最判昭和56年1月30日の評釈として、専用使用権分譲契約を不存在・無効と解することは、現実的に駐車場を使えないという不便と不満を全共有者で分かち合うことにしかならず、問題の根本的解決にならず混乱をもたらすとの見解（鎌田・後掲52頁）が有力に主張され、以後、多くの判例・学説がこれに賛同したものの、少なくとも、二重の利益を得ていないことを分譲

者に立証させるべきことを主張する説が多かったにもかかわらず、最高裁は、このことには触れずに、有効と判断している。

（3）第2点については、原審が、Yの特定購入者に対する駐車場専用使用許諾行為は、外形的に敷地管理業務の委任業務の範囲に含まれるから、Yが自己のためにする意思で受領したとしても、委任者である区分所有者全員（管理組合）に帰属するとしたのに対して、最高裁は、売買契約書の内容から、Yが営利の目的で自己の利益取得の意思で対価を受領し、特定区分所有者もこれと同様の認識を有していた以上、本件対価は、専用使用権分譲契約の合意に従ってYに帰属すると判断した。すなわち、最高裁は、当時有力に主張され、他の裁判例も同様の判断をしていた、契約を有効としながらも対価を管理組合に帰属させる、分譲業者＝受任者説（大阪高判昭和55年7月9日判時987号53頁、丸山英気・後掲リマークス29頁、山下・後掲47頁など）を全面的に否定したのである。なお、遠藤裁判官は、補足意見として、価格設定が経済的合理性に基づいて行われている限り、分譲会社の二重の利益取得はないとし、専用使用権の譲渡・存続期間・有償化・使用料の増額等に関する紛争の可能性については、別途区分所有法の解釈によって解決すべきとして、多数意見に賛成している。

（4）駐車場専用使用権問題の特徴を整理しておくと、①業界・担当省庁・判例・学説ともに、契約内容が不明確で、分譲者の二重の利得の疑いがあり、好ましくない手法と指摘していること（それゆえにさまざまな行政指導、宅建業法等の改正、契約解釈の工夫なども行われてきた）、②購入者が交渉してその内容を変更できる可能性がない約款のようなものであること（附合性）、③特定区分所有者が、駐車場を専用使用し長期間利益を受ける（特権的性格）のに対して、それ以外の区分所有者は、共有持分を有しながら（それゆえ、駐車場を含む敷地の固定資産税等の負担も負いながら）、駐車場を自ら利用できない不利益を受けること（利益の不均衡）、④屋上広告塔専用使用権などのように一部の区分所有者に利用させても他の区分所有者にほとんど影響がない場合ではなく、戸数に比較して限られた駐車スペースである場合が多く、区分所有者全員に切実に影響のある問題であること（利害関係の広範性）、⑤実質的な団体的合意形成が未だできない分譲時において、分譲業者と購入者の契約書または規約案上で購入者全体の合意が形式的に擬制されていること（相互に不知である者の合意を分譲業者が代行または仲介）、⑥しかも、分譲業者と購入者間の個別のマンションの売買契約の中で、マンション本体の売買と駐車場専用使用権の設定および承諾がワンセットで契約が行われていること（マンション売買契約の中に駐車場専用使用権の分譲特約およびその承諾が付随し埋もれている）、⑦本来共有者の合意で決定すべき共用部分の利用関係を、共有に無関係でかつ管理から離脱する予定の売主と各共有者との間で規律していることである。

2 本判決の評価

本判決に対して、学説は、否定的評価と肯定的評価に分かれている。前者は、本来二重売りの推定が働く場面にもかかわらず、当事者の意思を根拠として専用使用権者の負担額だけ他の区分所有者の価格が軽減されると推定する判例の態度は逆立ちした法的評価とする説（鎌野・後掲132頁）、本判決の結論は、原審など下級審や学説での論議（合意の成立への疑問、分譲者＝受任者説の利点）を肯定的に受け止める立場からは納得しがたいとする説（大野・後掲213頁）などがある。後者は、最高裁の契約条項の解釈は妥当であるとする説（上田・後掲123頁、丸山絵美子・後掲83頁）、最高裁は、分譲業者の不当な利益取得については、公序良俗違反に関する伝統的解釈と具体的な契約条項の解釈によって否定しながら、最判平成10年10月30日民集52巻7号1604頁（シャルマンコーポ博多事件―**本書20事件**）、最判平成10年11月20日判時1663号102頁（高島平マンション事件）によって、区分所有者間の利害関係を調整する途を開いたのは、現実的な解決方法として理解できるとする説（中田・後掲127頁）などがある。しかし、肯定的な学説にあっても、専用使用権者が他の共有者に対する権利を取得することをどう説明すべきかの問題が生じる（上田・後掲123頁）、専用使用の条件変更、存続期間や譲渡の問題など、法律関係が不安定である点から分譲方式にはやはり問題がある（丸山絵美子・後掲85頁）、宅建業者（分譲業者）と買主間の情報格差、買主が相互に未知の集団である定型的構造、分譲方式に対する消極的評価などから、分譲業者に説明義務を課し、義務違反の場合には損害賠償が可能（中田・後掲129頁）など、本判決に全面的に賛成ではなく、やはり多くの問題点を指摘している。なお、最高裁は、現行法の枠内での解釈による解決には限界があり、立法・行政面での適切な措置に委ねたと評する説（原田・後掲61頁、林・後掲49頁）がある。

思うに、最高裁の判旨および補足意見だけでは、二重の利益取得可能性をやはり払拭できない以上、先の特徴②から「約款作成者不利に」の原則が導かれること（松本・後掲87頁）、③の非使用者が利用制限の対価なく長期間不利益を被る点、⑥としてその内容が不透明・不明確である点、さらに、⑤のあくまで合意の犠牲にすぎない点などから、やはり宅建業者かつ事業者である分譲業者には、二重の利益の不存在の立証を含めて、信義則上、高度で十分な説明義務（専用使用権の内容、期間、価格反映の根拠など）が課されてしかるべきであり、説明義務違反の場合には損害賠償請求を認めるべきである。

3 実務指針

本判決で、駐車場専用使用権が有効で、かつ対価は分譲者に帰属するとされたが、補足意見のように、分譲方式は好ましいものではなく、立法の措置が未だなされていない以上、先述のように、個々の区分所有者が、分譲業者に対して、駐車場専用使用権設定特約の説明義務違反として債務不履行等に基づく損害賠償請求を行うしかないように思われる（契約解除までは不可能であろう）。なお、不当利得的構成も再度検討の余地がある。

【参考文献】　上田誠一郎・法教224号122頁、大野秀夫・判評487号31頁、鎌田薫・ジュリ739号49頁、鎌野邦樹・ジュリ1168号126頁、河邊義典・判解民平成10年度814頁、多田利隆・法時65巻11号110頁、中田裕康・法協117巻8号115頁、林圭介・判タ1036号48頁、原田純孝・判タ1002号60頁、松岡久和・リマークス5号65頁、松本恒雄・法セミ487号83頁、丸山英気・法時53巻6号92頁、同・リマークス20号26頁、丸山絵美子・ジュリ1175号82頁、山下知裕・NBL624号41頁。

野口大作
名城大学教授

III 共用部分および敷地をめぐる法律関係　§13 共用部分の使用

20 駐車場専用使用権(2)

最高裁平成10年10月30日判決（民集52巻7号1604頁）

1 事実

　訴外A会社は、分譲（365戸）時、専有部分とともに、先着順で駐車場専用使用権（47区画）をXら（原告、被控訴人、上告人）に分譲した（普通車40万円の対価）。土地付区分建物売買契約書には、「売買代金は、駐車場関係費金〇〇円也を含む。」（2条。専用使用権取得者については金額が記載、それ以外は空欄）、「買主は、敷地のうち専用駐車場については、専用使用権者がその用途に従いこれを使用することを承認する。」（8条2項）、管理規約にも、「駐車場は専用使用権者のみが使用できるものとし、他の組合員は異議を言わない。」（18条1項）と規定されていた（普通車月700円の使用料）。その後、管理組合Y（被告、控訴人、被上告人）は、14区画を増設するとともに、他に10区画を借り上げ、月1万円で組合員に使用させたが、後に相当な差があるとして、通常総会で総議決権の5分の4以上の賛成により、新規約と使用細則を設定した。同細則には、Yは使用者と別に定める駐車場使用契約を締結する（5条）、使用料は理事会が決定する（9条）とあり、Yは、使用料増額（月4000円、2年後6000円）を決議した（増設分は据置）。しかし、買取りに応じた12区画以外の専用使用権者Xらが使用料支払を拒否したので、Yは、滞納分の催告後、駐車場使用契約を解除した。そこで、XらがYに対して、増額使用料支払義務の不存在確認等を訴求した。第1審は、ほぼXらの請求を認容したが、原審は、Xらの大部分の請求を棄却した。Xらは、規約の変更は、法31条1項後段の「特別の影響」に該当するから、Xらの承諾が必要であり、また、Yの解除は権利濫用で無効として、上告した。

2 判旨

　一部破棄差戻し、一部破棄自判、一部上告棄却。最高裁は、第1に、「本件の専用使用権は、区分所有者全員の共有に属するマンション敷地の使用に関する権利であるから、これが分譲された後は、管理組合と組合員たる専用使用権者との関係においては、法の規定の下で、規約及び集会決議による団体的規制に服すべきものであり、管理組合であるYは、法の定める手続要件に従い、規約又は集会決議をもって、専用使用権者の承諾を得ることなく使用料を増額することができる」とした。第2に、「特別の影響を及ぼすとき」とは、「規約の設定、変更等の必要性及び合理性とこれによって一部の区分所有者が受ける不利益とを比較衡量し、当該区分所有関係の実態に照らして、その不利益が区分所有者の受忍すべき限度を超えると認められる場合」であり、「使用料の増額は一般的に専用使用権者に不利益を及ぼすものであるが、増額の必要性及び合理性が認められ、かつ、増額された使用料が当該区分所有関係において社会通念上相当な額であると認められる場合」には、専用使用権者は受忍すべきであり、特別の影響を及ぼすものではないとした。

　また、増額がそのままでは社会通念上相当な額とは認められない場合でも、「その範囲内の一定額をもって社会通念上相当な額と認めることができるときは、特段の事情がない限り、その限度で」特別の影響を及ぼすものではなく、専用使用権者の承諾を得ていなくとも有効なものであると判示した。

　最高裁は、規約の定めに基づく集会決議における細則による増額については、法31条1項後段が類推適用されるとし、本件増額が社会通念上相当かについては、①当初の対価額、その額と本体価格との関係、②当時の近隣の使用料とその推移、③駐車場敷地の価格および公租公課の変動、④使用期間、⑤駐車場の維持・管理費用等を総合的に考慮して判断すべきとした。そして、原審は、増額の社会的相当性、相当でない場合の相当限度額について審理不尽とし（破棄差戻）、解除については、裁判所による増額に関する社会的相当性の最終判断まで、特段の事情がない限り許されないとして、解除の効力を否定した（破棄自判）。なお、専用使用権の自由譲渡・賃貸性の確認請求については棄却している。

3 解説

1 本判決の分析

　(1) 本件は、駐車場専用使用権に関する4つの平成10年最高裁判決の1つ、シャルマンコーポ博多事件である。本件の争点は、第1に、管理組合は、専用使用権者の承諾なくして規約の設定等または集会決議によって、使用料を増額できるか（専用使用権が契約に基づく権利とすれば、契約当事者の専用使用権者の承諾を得ることなく、管理組合が専用使用権の内容である使用料額を一方的に変更できるか）、第2に、増額できるとしても、増額に関する規約設定等または集会決議が、法31条1項後段の「特別の影響を及ぼすとき」に当たるかである。

　(2) 第1点について、1審（福岡地判平成6年7月26日民集52巻7号1629頁）は、専用使用権の法的性質は「賃借権類似の契約に基づく債権的使用権」としながら、「共有物である敷地利用の一形態としての権利」であって、その管理等は管理組合がすべきものであるから、情勢の変化によって、管理組合、区分所有者らにおいて、専用使用権に関する規約部分を改正し、新使用料を定めることはもとより許されるとした。原審（福岡高判平成7年10月27日判時1557号94頁）は、専用使用権は、敷地の共有部分に基礎を置き、「共有物の使用に関する共有者間の合意によって認められる権利」であり、その性質・内容に関する定めが売買契約書中にはなく、旧規約中にしかない以上、その内容、効力等は共有者全員の意思に基づいて成立した旧規約の規定によって定まり、かつ改正により変更できると判示した（なお、共有物の一部独占的使用は、「他の共有者間との間で締結された契約によって設定された債権的使用権とみることもできる」との記述がある）。最高裁は、駐車場専用使用権の性質を明らかにすることなく、専用使用権は、区分

所有者全員の共有に属する敷地の使用に関する権利であるから、分譲後は、法の規定のもとで規約および集会決議による団体的規制に服すべきものであり、管理組合は、法定手続要件に従い、規約または集会決議によって専用使用権者の承諾なくして使用料を増額できると判示した。

（3）第2点については、「特別の影響を及ぼすとき」とは、従来から判例・学説ともに、規約の設定・変更・廃止の必要性および合理性と一部の区分所有者の不利益を比較し、不利益が受忍限度を超える場合として判断基準を定立している。1審は、当初の専用使用権者の対価が高額でかつ区分所有者である限り専用使用できる期待の要保護性、増額が高額で使用権はく奪の意図が見受けられること等から、これに該当すると判断したのに対して、原審は、本件の規約・細則等の変更は、不明確で疑問のある駐車場専用使用権の性質・内容の明確化、駐車場利用および使用料の衡平・適正化ゆえに、該当しないと判断した。最高裁は、使用料増額の規約設定に、増額の必要性および合理性が認められ、かつ増額使用料が当該区分所有関係において社会通念上相当な額（判旨①〜⑤などの諸事情を総合的に考慮して判断）と認められる場合には、相当な範囲内において、「特別の影響を及ぼすとき」に該当しないと判示した。さらに、最高裁は、最判平成10年11月20日判時1663号102頁（高島平マンション事件）において、この判断基準を前提に、駐車場専用使用権の消滅決議については、特別の影響を及ぼすときに当たるとし、有償化決議については、破棄差し戻した。

（4）第1点に関連して、駐車場専用使用権の法的性質については、以前は、物権的利用権説（上井・後掲119頁、丸山英気『区分所有建物の法律問題』160頁［1980］など）が有力に唱えられたが、物権法定主義、公示方法、法22条1項における分離処分の禁止との整合性、権利の強固性から、その支持が少なくなり、近時は、債権的利用権説（大阪高判昭和55年7月9日判時987号53頁、福岡地小倉支判平成6年2月1日判時1521号107頁、本件第1審、多田・後掲113頁など）または共有物の管理に関する合意説（福岡高判平成8年4月25日判時1582号44頁、本件原審、山上・後掲44頁など）が有力である。ただし、この議論は、個々の設定契約、具体的問題（存続期間、譲渡性、変更・消滅の要件等）の検討において判断すべきであり、実益が少ないとの批判がある（中田・後掲125頁）。

2　本判決の評価

学説は、第1点について、最高裁が、共有物管理の合意説の発想に極めて接近（原田・後掲63頁）、または立脚し、分譲時の管理の合意によって特定者の専用使用を認める一方、団体的規制として管理の合意による内容変更を認めて、専用使用権者の既得権との調整を図る解決方法を採ったことは説得力をもつ（花房・後掲195頁）など、肯定的に受け止めている。さらに、鎌野教授は、専用使用権の設定は、形式上は、分譲者と各購入者間の個別順次的合意だが、実質は、専用使用権者と非専用使用権者間の共有敷地使用に関する段階的かつ暫定的合意であり、最終的に、購入者全員の承諾のある規約案に従って成立した原始規約によって確定的合意となると分析している（鎌野・後掲204頁）。第2点については、本判決の結論は柔軟な態度で妥当（丸山・後掲法教125頁）、具体的判断要素は、専ら利害調整要素でかつ広範である

ため、かえって専用使用権の存続を保障しかねず危惧されるとの見解（花房・後掲195頁）がある。

思うに、第1点について、本件分譲契約においては、売買契約書上、分譲者と特定購入者間では、マンション本体の分譲に付随して、駐車場専用使用権（対価に見合う当面の優先的利用権—賃借権類似の債権的利用権とみるべきか—）の分譲（売買または設定）が他の購入者の規約（案）等への承認を条件として行われ、他方、分譲者とその他購入者間では、特定購入者の対価に見合う当面の専用使用（＝特定者が優先的に専用使用し自らは使用できない旨）の承認が形式的に付随して（実質的合意としては疑問）、マンション本体の売買が行われている。また同時に、売買契約書とは別途、購入者（区分所有者）間の敷地共用部分利用（管理）の合意として、分譲者が仲介人となって規約案が順次書面上で合意されていくのである（各自の個別の承認が全員集まれば、敷地共用部分の専用使用の合意となり、かつ駐車場専用使用権分譲特約の条件も成立する）。こう考えると、専用使用権取得者は、対価に見合う当面の期間は専用使用できるが、それ以後は、共用部分の利用に関する合意である以上、団体法理によって変更されることは予定されていたし、かつ専用使用権者は、それを事前承諾していたといえる（なお、分譲業者の説明が問題となる）。第2点については、駐車場専用使用権分譲契約が有効としても、専用使用権を対価に見合う当面の暫定的利用権にすぎないとみるならば、分譲から一定期間が経過し、かつ使用料が低額な場合には、そのままの継続に合理的理由は認められないから、規約等による増額には、区分所有者間の不均衡是正のための使用料適正化という必要性と合理性が容易に認められ、社会通念上相当な金額への増額であれば、専用使用権者の不利益は、受忍限度を超えるものとはいえず、特別の影響を及ぼすときに当たらないといえよう。

3　実務指針

結局、管理組合は、分譲者が売り逃げた、問題の多い駐車場使用権分譲方式のつけを払わされることになるが、先の高島平マンション事件判決により、専用使用権の消滅決議には、使用権者の承諾が必要とされた結果、管理組合は、使用権の買取り、または残存を認めながら、使用料の増額によって他の区分所有者の不満を解消していくほかない。使用料の増額については、最高裁の提示した具体的事情を考慮して金額を算出するしかないが、使用権者の被る不利益を考慮して、一度の急激な値上げは避けた方が無難であろう。

【参考文献】　上井長久・ジュリ711号117頁、鎌野邦樹・判評488号40頁、河邊義典・判解民平成10年度856頁、多田利隆・法時65巻11号110頁、直井義典・法協117巻12号132頁、花房博文・不動産百選194頁、中田裕康・法協117巻8号115頁、原田純孝・判タ1002号62頁、松岡久和・リマークス5号65頁、丸山英気・法時53巻6号86頁・同・法教226号124頁、同・リマークス20号26頁、山上知裕・NBL624号41頁。

野口大作
名城大学教授

III 共用部分および敷地をめぐる法律関係 §16 一部共用部分の管理

21 一部区分所有者による管理にすべきかの判断

東京高裁昭和59年11月29日判決（判時1139号44頁、判タ566号155頁）

1 事 実

　Yは、本件マンションを建築、自ら1階専有部分を店舗に使用し、2階以上を居住用として敷地持分権付でXらに分譲した。1階は、Yの店舗専有部分と、共用部分（玄関ホール、2階に通ずる階段室、エレベーター室、管理人室等）があり、Yの専有部分と共用部分とは、出入口が別々でかつ専有部分から共用部分への通路はなく、かなりの程度分離された構造・位置関係にあり、共用部分は通常2階以上の専有部分の用に供され、管理人は、主として2階以上の専有部分に関する業務を行っていた。他方、Yは、3階に店舗用の上水貯蓄タンク、屋上に広告塔と店舗用クーリングタワー、非常階段に広告看板を各々共用部分に設置し、これらの調整・修理等で屋上・階段・エレベーター等を使用したことがあった。本件マンションは、管理組合がなく、当初Yが管理委託を受けて共用部分の管理をしてきたが、管理費に関する紛争により、Yへの管理委託を終了し、Yを除く全区分所有者が参加する自治会が管理することとなり、集会決議において過半数の賛成によって管理費を値上げした。Xらは、他よりも安価であった1階店舗の管理費を他と同様の金額として、Yに請求したが、Yが管理費の一部を支払わなかったので、その支払を訴求した。これに対して、Yは、エレベーター等はXらの一部共用部分であり、エレベーター関係や管理人に費消される管理費を払う必要はないとして争った。原審は、本件共用部分はXらの一部共用部分であると認定し、それらに関する管理費（管理人人件費等）についてはXらの請求を棄却した。しかし、それ以外の全体共用部分に関する管理費については認容したので、Yが控訴し、Xらも付帯控訴した。

2 判 旨

　Yの控訴棄却、Xらの請求認容。本判決は、旧法4条1項但書（現行法11条1項但書、3条後段）の趣旨は、「元来、各区分所有者ないしその専有部分と共用部分との関係は、位置関係、使用度、必要性等さまざまであるが、これらの関係の濃淡、態様を細かに権利関係に反映させることは困難でもあり、相当でもなく、むしろ、建物全体の保全、全区分所有者の利益の増進、法律関係の複雑化防止等のため、ある共用部分が構造上機能上特に一部区分所有者のみの共用に供されるべきことが明白な場合に限ってこれを一部共用部分とし、それ以外の場合は全体共用部分として扱うことを相当とする」と解され、本件共用部分中、「玄関ホール、階段室、エレベーター室、エレベーター、非常階段、管理人室等は、Yの専有部分とは構造上かなり分離され、同人の使用度も少ないとはいえ、なお右専有部分と完全に分離されたものでもなく、Yの右専有部分の使用に必要不可欠の部分であって、これらを構造上機能上Yを除くXらのみの共用に供されるべきことの明白な共用部分と認めることはできず」、結局、本件共用部分は全体共用部分として、Yは管理費を持分に応じて平等に負担すべきとして行った本件増額は、公序良俗に反しないと判示した。

3 解 説

1 本判決の分析

　(1) 本件の争点は、第1に、Xらが専ら利用し、Yがほとんど利用しない本件共用部分は、全体共用部分かXらの一部共用部分か（一部共用部分であれば、そこから生ずる管理費の負担については、一部共用部分に係る区分所有者のみが持分に応じて負担することになる）、第2に、全体共用部分としても、共有持分（専有部分の床面積割合）に応じた管理費への値上げは、公序良俗違反となるか（管理費について、Yが他の区分所有者Xらと同様に、持分割合で負担すべきか否か）である。

　(2) 第1点について、原審（東京地判昭和58年8月24日判時1109号99頁）は、玄関ホール、階段、エレベーター室、管理人室等の各共用部分は、専らXら2階以上の区分所有者の用に供されているから、Xらの一部共用部分であり、管理人の業務も2階以上の区分所有者に対するものであるから、これらに関する費用は、Xらがすべて負担すべきもので、Yに負担義務はないと判示した。これに対して、本判決は、一部共用部分は、建物全体の保全、全区分所有者の利益の増進、法律関係の複雑化防止等の観点から、構造上機能上特に一部区分所有者のみの共用に供されるべきことが明白な場合にのみ限定的に認めるべきとした。そのうえで、本件共用部分は、①建築当初からYの計画に基づきYの専有部分の用に供すべき付属設備の設置・維持管理のため共用・使用され、Yの専有部分にとっても必要不可欠であること、②Yの専用使用敷地と通じていること、③規約によりYの共有部分として明示されていること、④Yに対する共用の制限がないこと、⑤管理人の職務はYの専有部分の維持管理に係る仕事も含まれることから、全体共用部分と判断し、Yの管理費負担義務を認めた。

　第2点について、本判決は、本件共用部分の「使用の頻度によると管理費を各専有部分の床面積に比例して定めることは必ずしも相当ではなく、将来より合理的な定めがなされるべきであるが、床面積による定めをした前記規約を著しく不公平であり、公序良俗に反して無効であるとまでいうことはできない。」と判示し、区分所有者全体の利益を考慮しながらも、公平性の観点から個別の利益にも配慮して負担割合を定めるべきとしている。

　(3) 本件と同様の裁判例として、東京地判平成5年3月30日判時1461号72頁がある（公序良俗違反は問題とされていない）。原告は、1階の区分所有者が、エレベーターおよび2階から6階に通ずる給排水管は一部共用部分として管理費を負担する必要はなく、管理組合の床面積割合による管理費増額は、法31条1項後段の「特別の影響を及ぼすとき」に該当し、自らの承諾がない以上無効であると争った。裁判所は、一部共用部分の該当性について、確かに1階所有者のエレベーター使用

程度は極めて少ないものの、①屋上の利用等のため使用可能性が全くないとはいえないこと、②給排水設備・配管は別系統であっても、双方建物と一体となった設備でありその維持・補修は建物の共用部分に影響を及ぼすこと、③エレベーターならびに給排水設備およびその配管は規約で共用部分と定められていることを考慮し、本件建物の構造や設備の性質等から鑑みても一部共用部分とは認められないと判示した。また、法31条1項後段については、各区分所有者が受ける利益の程度を管理費にすべて反映させることは不可能かつ相当ではなく、利害得失をある程度捨象し、一律面積に応じた負担とすることは合理的な方法であり、その変更は特別な影響を及ぼすときに該当しないと判示している。

2 本判決の評価

一部共用部分とは、一部の区分所有者のみの共用に供されるべきことが明らかな共用部分であり、それらの区分所有者が当該一部共用部分を管理するときは、全体の共用部分と同様に、管理を行うための団体を構成し、集会を開き、規約を定め、及び管理者を置くことができる（3条）。また、一部共用部分の管理のうち、区分所有者全員の利害に関するものまたは法31条2項の規約に定めがあるもの以外は、これを共用すべき区分所有者のみで行うこと（16条）から、一部共用部分については、区分所有者全体の利害関係に関係せず、全体の規約に定めがない場合には、それを共用する区分所有者団体が当該一部共用部分についての管理の方法を自主的に決めるとともに、一部共用部分から生ずる負担（管理費等）については、条文上明確ではないが、当該一部共用区分所有者が負担することになる（原審）。すなわち、一部共用部分については、一部区分所有者が共有持分を有する（11条1項）とともに、管理の自治が認められている（一部共用部分に関して当該区分所有者の団体が行った決議と区分所有者全員が行った決議が矛盾する場合には、区分所有者全員の利害に関係するもの、または規約による定めがあるものでないかぎり、後者の決議はそのかぎりで無効と解されている）。他方、法務省立法関係者は、管理の実情に照らすと、このような考え方がすべての場合において適当であるとは言い難く、また規約によって区分所有者全員の管理所有とし（11条2項、20条）、管理することができる（16条）から、一部共用部分の管理関係を、管理の実情に合わせて、区分所有者の自主的判断によって適宜に定めることができるような形で、また、特段の必要性がないかぎり、区分所有者全員（の団体）による管理に引き寄せるような形で規定したとしている（濱崎・改正150頁）。したがって、第1点の判断については、全体共用部分の例外として、管理の自治を認めるにふさわしい物理的環境と利用実態の存在が不可欠であろう。

学説は、一部の区分所有者のみの共用に供されるべきことが明らかでないかぎり、区分所有者全員の共用に供されるべきとし、所有関係の細分化よりも法律関係の単純化を妥当とする立場から、構造、位置、使用度、必要性の基準で明確でない場合には、本判決と同様、全体共用部分とすべきであるとの説（丸山・後掲叢書81頁）がある一方で、公平な負担の観点から、マンションの構造をもとに、共用部分の使用状況、管理人の作業内容などを具体的な判断基準としてYに負担義務なしとした原審判断を評価する説（森泉・後掲36頁）がある。

思うに、第1点について、共用部分は、基本的には専有部分以外の部分（2条4項）を、区分所有者全体の共同財産（11条1項）として共有し、区分所有者全員で共同管理する（18条1項）のが、原則であり、条文上も、一部の区分所有者のみが共同使用することが明らかな共用部分とされている（3条後段）ことから、本判決のようにこれを限定的に例外として解する態度には賛成である。その判断基準としては、建物の構造と機能（当該共用部分の位置、他の共用部分との関係、専有部分との関係等）、設備の性質のような形式的基準を基本としながらも、実際に他の区分所有者が当該共用部分を使用している事実があるかどうか、その利用頻度・程度はどうか、また、特に、区分所有者全体の管理の必要性よりは、一部共用部分に関係する区分所有者の共有として、その管理を当該一部区分所有者の自治に任せた方が区分所有者全体からみても妥当であるとの実際の事情があるかなど、実質的基準をも考慮して判断すべきである。第2点について、区分所有法は、各共有者は、規約に定めがない限り、その持分（専有部分の床面積割合）に応じて共用部分の負担に任じるとし（19条、14条1項）、専有部分の位置や共用部分の利用状況等が各々異なる区分所有者に対して、紛争予防にも資する簡易明瞭な基準を採用している以上、例外的に規約によってこれと異なる負担割合を制定するためには、やはり相当な合理的理由が必要となる。現在では、規約の衡平性判断の基準が法30条3項（平成14年改正で追加）で定められており（専有部分若しくは共用部分等の、形状、面積、位置関係、使用目的及び利用状況、支払った対価、その他の事情）、これらの基準に基づき、合理的理由の存在が判断されることになる。本件は、相当な根拠もなく、分譲業者に有利な管理費等の設定がなされていた事案であり、その不均衡是正という観点からすると、増額の必要性・合理性は容易に認められ、負担額は、本来の専有部分の床面積割合に戻ることからも、管理費の増額は、法30条3項に反せず、また、社会通念上相当な額として、増額によるYの不利益も受忍限度を超えるものではなく、法31条1項後段の特別の影響を及ぼすときに当たらないから、本判決は妥当であると考える（なお、東京地判平成23年6月30日判時2128号52頁も参照）。

3 実務指針

一部共用部分か全体共用部分かどうか判然としないものも少なくなく、一部共用部分であっても区分所有者全員の利害に関係するものかどうかの判断が微妙な場合も考えられるため、実務上は、紛争を防止するため、管理組合としては、共用部分の管理について、区分所有者全員で決することを規約によって制定しておけばよいであろう。

【参考文献】 稲本＝鎌野・区分所有法32頁、丸山英気『区分所有法(1)』（叢書民法総合判例研究第11巻）81頁［1987］、同『区分所有建物の法律問題』88頁［1980］、玉田＝米倉・裁判例194頁［奥川貴弥］、玉田弘毅『建物区分所有法の現代的課題』158頁［1981］、同『注解建物区分所有法(1)』177頁［1979］、濱崎・改正150頁以下、森泉章・判評308号33頁。

野口大作
名城大学教授

III 共用部分および敷地をめぐる法律関係 §17 共用部分の変更

22 専有部分の増築と区分所有法17条2項の「特別の影響」

大阪高裁平成4年1月28日判決（判時1428号89頁、判タ784号243頁）

1 事実

　区分所有者Xの居住するA棟（40戸）では、居住者から専有部分の面積が狭いので、増築を求める要求が高まり、管理組合臨時総会において、Xの反対にかかわらず、増築に関する決議が議決権者および議決権の各40分の38（XおよびBの2名は反対）の賛成によってなされた。本決議後、管理組合理事会と反対者XおよびBとの間で協議が行われ、Bは賛成に転じたが、Xは反対の態度を変えなかったため、増築工事にあたっては、Xの専有部分（最上階）の工事は行われず、Xの専有部分に接続する部分については、設計を変更し、他の専有部分の増築に必要な範囲の屋根・柱等（外壁・隣家との隔壁・庇付陸屋根・階下の陸屋根の設置）の共用部分の工事を行うにとどまった。Xは、増築を強制する決議を無効と主張するとともに、法17条2項を根拠に、本工事は共用部分の変更に該当するから、それによって特別の影響を受けるXの承諾のない増築決議は無効であるとして、管理組合の管理者Yに決議の無効確認を訴求したのに対して、Yは本件増築費用のうち共用部分の工事費用の40分の1である194万4125円の支払をXに求めた。原審は、本件工事のXへの影響は受忍限度内であって特別の影響を及ぼすものではないとして、Xの本訴を棄却し、Yの反訴を認容した。これに対して、Xが控訴した。

2 判旨

　原判決取消し、Xの訴却下、Yの反訴請求棄却。本判決は、「区分所有者が自己の専有部分の増築を行うことは、区分所有権に基づく区分所有者の固有の権能であり、専有部分の増築を行うかどうかは、区分所有者の自由な意思に委ねられる。」から、区分所有者の大多数が法17条1項の決議によって全戸の増築を決議しても、「自己の専有部分の増築を望まない区分所有者は、右決議によって専有部分の増築を行う義務を負うものではない」とし、Xに増築を強制できないと判示した。しかし、これまでの経緯（Xとの協議、工事の態様）から、「本件決議は、右増築に必要な共用部分の変更及び敷地利用権の変更のための法17条1項所定の議決の要件を満たすもの」として有効であり、Xの使用への影響も日照・採光・眺望等に若干影響を受けたにとどまり、特別の影響を及ぼすものではないと判示した。他方、Yの反訴請求については、本件工事は、Xを除く賛成者39名の共同事業であるから、専有部分はもちろん、専有部分の増築のために必要となる共用部分の工事費用についても、実施者である39名において負担すべきは当然と判示し、Xの負担を否定し、Yの反訴請求を棄却した。

3 解説

1 本判決の分析

（1）本件の争点は、第1に、1棟の区分所有建物の全専有部分の増築を行うには、区分所有者全員の同意を要するか、増築決議が賛成多数で決議された場合、決議の効力は反対区分所有者に及ぶのか、第2に、専有部分の増築に伴って共用部分の増築・変更が生じる場合に、増築決議とは別に法17条1項の共用部分の変更決議を要するか、第3に、本件は、法17条2項の特別の影響がある場合に当たるのか、第4に、共用部分の増築・変更の費用を反対区分所有者が負担する義務があるかどうかである（さらに本判決の傍論であるが、その共用部分に関して生じる管理費を反対区分所有者に負担させてもよいかについても検討の余地がある）。

（2）第1に、各区分所有者が各専有部分に関して独立の所有権（個人的権利）を有する以上、各専有部分の増築については、本判決の述べるとおり、区分所有者固有の権能として、各区分所有者自身の自由な意思で決定すべき問題であって、集会の多数決議で決めるべき事項に本来属さないはずである。たとえ、全専有部分の増築を集会で決議しても、決議は賛成の区分所有者間の合意にすぎず、反対の区分所有者は、その決議に拘束されないから、増築義務も生ぜず、強制力もないのは当然である。したがって、全専有部分の増築を行うためには、全員の合意が必要である（全員の合意というよりは、各区分所有者の個別の承認同意がすべて必要といってよい）。第2に、本件増築決議は、専有部分の増築に関して審議・決議したのみで、共用部分の変更を意識して決議したものではない。しかし、本判決は、専有部分の増築を目的とする工事では、その専有部分の増築部分を形成する構造物（躯体、界壁、床スラブ等）の構築を通常伴い、共用部分の変更は避けられない（専有部分の増築は共用部分の変更を必然的に伴う）ことから、本件決議において、共用部分の変更に直接触れられていなかったとしても、法17条1項の決議があったとしても差し支えないと判断している（ただし、本判決は、決議以降の管理組合と反対者との協議、設計変更などの経緯をも考慮して判断しているが、決議の有効性の問題である以上、決議後の事情は本来考慮すべきでない）。第3に、専有部分の増築に共用部分の変更が伴い、それが専有部分に特別の影響を与える場合には、法17条2項によって当該区分所有者の承諾が必要となる。特別な影響の判断について、原審（神戸地判平成3年5月9日判時1428号92頁、判タ784号247頁）は、特別の影響を及ぼすときとは、共用部分の変更による区分所有者の利益とこれにより影響を被る特定区分所有者の不利益とを比較衡量し、特定区分所有者の受忍限度を超える場合としたうえで、本件増築は、専有面積の狭小さゆえに、生活上の必要から切実であったことに比して、Xの専有部分の採光等の低下はわずかで、日照はある程度確保され、眺望制限も圧迫感がないとして、受忍限度内と判断した。本判決も同様に、Xの専有部分の採光・日照に若干の影響があるものの居室としての使用に大きな障害が生じていないことを認定し、特別の影響がある場合に該当しないと判断している。

第4に、共用部分に係る増築工事費用については、原審と本判決では結論を異にしている。原審は、Xが40分の1の共有持分権を有する組合員である以上、Yの反訴請求は理由があることは明らかとしているのみで詳しい理由は述べていない。これに対して、本判決は、共用部分の工事は、専有部分の増築のために必要となる工事であって、賛成者39名の共同事業の一部として、専有部分の工事費用とともに、賛成者が当然負担すべきであり、増築費用を全区分所有者の負担とする決議がなされても、反対者の意思に反して負担を求めることはできないとしている。

2 本判決の評価

第1点について、反対者の専有部分を増築できるかについては、本判決のように、区分所有権が独立した住戸と同様に所有権であり、増築する権利は、所有権から派生する個人の権利として絶対であり、反対者の意思に反して反対者の専有部分を勝手に増築することはできない（個人の独立した所有権に団体的拘束は及ばない）。したがって、全専有部分を増築するためには、区分所有者全員の同意を要し、集会で反対者の専有部分を含む増築の決議を賛成多数で行ったとしても、反対者の専有部分に限り決議の効力は及ばないと解するほかない。第2点について、共用部分の変更は、共用部分の形状または効用を確定的に変えることであり、昭和56年改正によって全員合意から集会の特別多数決議に変更された。この集会決議は、個々の変更ごとに格別に行わなければならず、変更の可否を一般的に決議することはできないとされている（稲本＝鎌野・区分所有法111頁）。民法における共有のルール（民法251条の全員同意）を緩和して集会決議とした以上、専有部分の増築に伴って共用部分の増築・変更が生じたとしても、本来専有部分の増築決議とは別の議案として共用部分の変更決議を要すると考えるべきであるが、増築には必然的に共用部分の変更を伴うこと、そのことは図面等によって容易に把握・理解できること、決議の不存在として決議無効を導く実益・必要性はほとんどないこと（特別決議要件を満たしている）から、増築決議に含まれる、または含まれないがその決議不存在は治癒されると考えるべきであろう。第3点について、法17条2項は、多数決原理によって少数者の権利が不当に害されることを防止するための規定であり、本判決は、原審同様、従来からの判例の基準（当該変更行為の必要性・有用性と当該区分所有者の受ける不利益とを比較衡量して、受忍すべき範囲を超える程度の不利益が必要である）に基づいて、おそらく原審と同様に、専有部分の狭小から増築の希望が切実であったことを認定し、これに比し、増築によってXの被る日照・採光・眺望阻害が少ないと判断したのであろう。しかし、やはり、比較衡量の両者の利益と不利益について、具体的に根拠を示して明確に提示すべきであろう（後述参照）。第4点については、学説上見解が分かれている。Xが増築された共用部分に持分権を取得することを考えるとXの費用負担を肯定すべきだった（佐藤・後掲59頁）との見解がある一方で、本判決は、形式論よりも増築権の個人権的性格を尊重したとして評価する見解（青沼・後掲30頁）、共用することのない反対区分所有者にまで増築工事費用を負担させるのは酷であり、本判決は、可能なかぎり、区分所有の共同性、団体性と個別性との調和を図り、費用負担の問題の解決に努力した判決として評

価する見解（森泉＝大野・後掲42頁）、専有部分の増築部分を囲周する共用部分の築造は賛成者にとってのみ有意義であり、反対者にとって何ら意義がない以上、共用部分の変更も賛成者の集会決議事項とされるべき性質であって、反対者は共用部分の変更決議にそもそも拘束されないし、その費用分担義務もないとして本判決に賛成する見解（玉田＝米倉・裁判例158頁）がある。

思うに、第4点について、原審のように考えると、Xは、専有部分の増築（各戸200万円程度）に反対しながら、Xにとって無意味な利用価値のない共用部分の変更費用（約194万円）を強制的に支払わされることになり、これは、いかにもXにとっては酷なように思われる。すなわち、その費用負担がある場合には、第3点の比較衡量における特定の区分所有者の不利益の中に含まれ、Xに特別の影響を及ぼすことになるのではないか（第3点と第4点は、実は密接に関連している）。特に高額な工事費用の負担と管理費の増額がある場合には、反対者の受忍限度を超える可能性が高い。一部の見解のように、変更された共用部分を一部共用部分としてX以外の共有としてXの工事費用負担と管理費を免れさせるのも一考であるが、一部共用部分該当性の判断が微妙である点、たまたま隣に反対者が存在するために、一部共用者の負担が重くなる可能性がある点、一部共用部分としても規約によって全部共用部分と同じ扱いが可能である（11条2項、20条、16条）点を考慮すると、再度検証の必要がある。本判決は、Xに対する共用部分増築工事費の負担を否定し、管理費の負担は、増築工事費の負担とは別個の問題であって、その判断に影響しないとしているが、当該共用部分が他の共用部分と一体となって区分所有者全員の共用に供されるものであるときには、Xを含む区分所有者全員が増築後の専有部分の床面積の割合に応じて負担すると判示している。Xの専有部分の面積はそのままであるから、全体共用部分としても、Xの管理費の増加は、かなり少なく、特別の影響ありといえないかもしれないが、工事費と同様、そもそも負担させること自体に問題があるといってよいのではないか。

3 実務指針

専有部分の増築については、区分所有建物の多くが一部専有部分の増築を規約で禁止していること、また、共有持分の割合変更、敷地利用の変更も伴う可能性があることから、区分所有者全員一致で行うことが望ましく、外観上も財産的維持の観点からも理想である。しかし、費用負担の面など、少数の反対者が登場した場合には、できるかぎり話し合いによって費用負担の軽減および貸付け等によって解決することが必要である。本判決は、反対者が存在しても、増築の決議を行い、反対者の専有部分に配慮した工事を行い、区分所有者全員が賛成でなくても、反対者との交渉、計画の変更によって増築が可能であることを示した例であり、実務上参考となる。

【参考文献】 青沼潔・平成4年度主判解28頁、稲本＝鎌野・区分所有法111頁、内田勝一・判タ809号61頁、佐藤岩夫・判タ801号58頁、玉田＝米倉・裁判例155頁［玉田弘毅］、森泉章＝大野秀夫・判評409号39頁。

野口大作
名城大学教授

23 駐車場の使用細則

那覇地裁平成16年3月25日判決（判タ1160号265頁）

1 事実

本件マンション（21戸）には、1階に附属施設として各区分所有者が共有する駐車場（規約上も共用部分）が存在していたが、12台の駐車区画しかなかったため、本件マンションの建設分譲会社かつ当初の管理者Aは、各戸の分譲販売の際、各購入者との間で、売買契約の容認事項として、管理者と駐車場賃貸借契約を締結した者が本件駐車場を有料で専用使用できる旨約定するとともに、重要事項としても説明したうえ、順次希望者との間で駐車場契約を締結した（ただし、管理規約には、その使用方法等を含めた駐車場の管理運営に関する具体的な規定は存在しなかった）。その結果、区画が満車となった後は、区分所有建物の購入者は、駐車場契約を締結できず、他の駐車場を利用せざるを得ない状況であったので、区分所有者Xらが、管理組合Yに対して、ローテーション方式等の駐車場使用細則の制定などを求めたが（訴訟提起まで行ったが敗訴）、かえって、Yは、総会において、従前の体制を維持・存続する本件駐車場使用細則を駐車場利用者12名（出席者19名）の賛成多数によって決議した。そこで、Xらは、本件駐車場使用細則が、法31条1項に定める規約にあたり、その承認が特別決議（区分所有者および議決権の各4分の3以上）によってなされていないとして、当該決議の無効確認の訴えを提起した。

2 判旨

請求認容。本判決は、本件駐車場は、法17条および18条の共用部分、かつ法30条1項の附属施設に該当するが、その使用、管理に関する事項が集会決議事項か規約事項かについては、「当該事項が同法18条に定める「管理」に関する事項であれば、規約によるまでもなく当然に集会の決議で決することができると共に、任意に規約により決めることもできるのに対し、当該事項が同条の「管理」の範囲を超える場合には、もはや集会の決議で決めることは許されず、専ら規約により定める必要がある」とし、本件細則が、規約に当たるかについても、「その規定事項が同法18条にいう「管理」の範囲内にあるか、これを超えるのかという観点から決するべきであり、さらに、その点を判断する際には、単に形式的に、その規定文言のみに基づき判断するのではなく、その規定が設けられた経緯、趣旨をも踏まえて、その規定の意味合いを実質的に勘案して判断する必要があるべきというべきであって、例えば、その規定内容が、共用部分としての性質に反し、あるいはその性質を変更するような使用態様を規定するもの、すなわち、原告の主張するとおり、特定の区分所有者に半永続的な専用使用権を与えるようなものであれば、当該規定内容は、「管理」の範囲を超え、「規約」事項に当たるといわなければならない。」とした。

裁判所は、本件細則について、文言上は駐車場契約に定めのない事項について補完し、駐車場の管理運営の円滑な実施を目的とする旨規定しているものの、趣旨自体は、「むしろ、本件駐車場の使用者をどのように決め、どのように利用させるかという使用者、使用方法に関する定めを設けることを主眼としていたと推認され」、本件細則は、「先着順で駐車場契約をした特定の区分所有者らにより専用使用されてきた実態を容認し、今後も、……優先的な使用態勢を維持継続することを意図して制定されたものと認められ、実質的に、特定の区分所有者に本件駐車場の特定の区画の優先使用を認める規定内容となっていると評価することができる」から、そのような態勢を認めることは、「共用部分たる駐車場としての性質に反することは明らか」であり、法18条の「管理」を超えるものとして、30条1項、31条1項の「規約」により定めるのが相当とし、特別多数決議によらない本件総会決議の効力を無効としてXらの請求を認容した。

3 解説

1 本判決の分析

(1) 本件の主な争点は、本件駐車場使用細則の制定が、集会の特別決議を必要とする、共用部分の変更または規約の制定に当たるか否かである。本判決は、本件駐車場が、法17条、18条の「共用部分」および法30条1項の規約事項の「附属施設」に該当し、本件細則が、駐車場の使用・管理に関する事項であり、法18条の「管理」に該当すれば、集会の普通決議事項、「管理」の範囲を超える場合には、集会の普通決議での決定は許されず、専ら規約（集会の特別決議を要する）による必要があるとした。また、その判断には形式的判断（規定の文言等）のみならず、実質的判断（規定制定の経緯、趣旨、その内容が共用部分としての性質に反するものか、その性質を変更するような使用態様か、半永続的な専用使用権を与えるようなものか）を行う必要があるとしている。裁判所は、本件細則は、先着順で駐車場契約を締結した特定区分所有者の専用使用の実体を容認し、今後もその優先的使用態勢を維持存続する内容であるから、半永続的な専用使用権の付与かはさておき、共用部分である駐車場の性質に反するのは明らかであり、管理の範囲を超えるとして、普通決議の効力を否定した。

(2) 本判決は、本件使用細則が規約にあたるかの問題を、法18条における「管理」の範囲内にあるか、これを超えるのかという判断に集約しており、法17条の変更または法18条の管理の該当性判断と法30条、31条における規約の該当性判断を関連付けて一律に論じている。Xは、従来の規約には区分所有者間で本件駐車場をどのように使用するかについて一切規定がない一方で、本件使用細則は、名称は「細則」であるが、その内容は、区分所有者の本質に関わる重要事項（現在の駐車場使用者に対して半永久的な専用使用権を付与するもの）を定めているから、その実質は「規約」であるとして特別決議が必要と主張し、法31条の「規約の設定、変更

の該当性をストレートに追及しているのに対して、本判決は、直接的にこれに答えず、共用部分の変更該当性と規約該当性の判断を合わせて判断している。しかし、両者は、条文が別々であり、その趣旨も異なる以上、区別してその該当性判断を行うべきである（浦和地判平成5年11月19日判時1495号120頁参照）。

2 本判決の評価

まず、本件使用細則の制定によって、共用部分の変更がもたらされたかについてである。共用部分の変更とは、共用部分の形状または効用の著しい（確定的な）変更であり、形状とは、建物の外観や構造、効用とは、建物の機能・用途であり、著しい変更かどうかは、その箇所、範囲、態様、程度によって決定される。敷地も法21条によって準用されるから同様である。本件は、駐車場の外観・構造や機能・用途を変更したのではなく、現状の使用状況、使用者を追認したにすぎない。あえて変更したのは、空きが生じた場合の抽選による使用者決定を追加した程度である。したがって、駐車場の新設のように、共用部分の変更とは言い難く、法17条の適用はないと考えられる。前掲浦和地判平成5年11月19日も、事案は少し異なるが、2年ごとの抽選制の導入は、使用期間を2年として更新制度をなくした賃貸借契約の内容の改定であるから、共用部分の効用を著しく変えるものでなく、共用部分の利用に関する行為といえても、「共用部分の変更」には当たらないとしている。しかし、本判決は、本件細則は、実質的な特定の区分所有者への半永続的な専用使用権の維持・継続の容認であり、共用部分である駐車場としての性質に反するものであるから、法18条の「管理」を超えるものとしながらも、法17条の「共用部分の変更」に関する該当性を判断することなく、ストレートに規約制定事項として、集会の特別決議を要するとしているが、論理が飛躍しており、妥当でない。

次に、本件使用細則の制定が単なる細則の制定ではなく、規約としての制定にあたるかについてである。マンション標準管理規約18条は、対象物件の使用については、別に使用細則を定めるものとして、規約とは別に使用細則の制定を予定しており、実際にも種々の使用細則（専用庭使用細則、自転車置場使用細則など）が存在している。たとえば、ペット飼育について、ペット飼育の容認か禁止かについては、規約で定め、容認の場合に、飼育の仕方やエレベーターの乗り方などは、使用細則で決めるなどである。使用細則は、広く規約以外の定めとされているが、通常は、手続等具体的事項について定めるために用いられる。すなわち、規約において、基本的事項や抽象的事項を定め、「詳細については使用細則に定める」との委任規定を設けたうえで、使用細則で細かい具体的事項を規定するのが一般的である（ただし、規約に基づかない定めも存在する）。その際、使用細則の議決要件についても規約で定めた方がよいが、規約に別段の定めがない場合には、普通決議とされている。本件規約には、本件駐車場が共用部分であり（7条）、各区分所有者の共有持分により区分所有者の全員の共有に属する（8条）こと、駐車場契約を締結した区分所有者または占有者が有料で使用でき、収益は管理費に充当する（34条）ことのみ定められており、使用細則への委任規定はない。本件駐車場契約には、賃貸として賃料1ヵ月1万円で期間は1年、協議による更新、解除事由等が定められていたが、本件使用細則には、管理運営の円滑化を目的とすること（1条）とし、現に居住する区分所有者で駐車場契約を締結した者が使用できること（2条）、合意または債務不履行による解約の場合には公募し多数の場合は抽選で決定すること（4条）、契約違反および滞納時の解約に関する規定（5条）、他の有料駐車場利用の区分所有者への補助（6条）、細則施行前の契約は従前の例によるとの経過措置（附則1項）が規定されている。

本判決は、本件駐車場使用細則は、従前の専用使用実態の容認と維持存続の目的を有し、特定区分所有者による特定区画の優先的な使用態勢を認める規定内容であるから、共用部分たる駐車場としての性質に反するとし、全体として規約事項を定めたものと判断している。

思うに、規約と使用細則との区別はなかなか困難であるが、少なくとも本件の使用細則は、区分所有者の権利に関わる共用部分の持分（14条4項）のような絶対的規約事項でないことはもちろん、利用資格に関する制限や剥奪でもない以上、私的自治尊重の観点からも、規約ではなく、文字どおり使用細則にすぎないと考えるべきである。本件駐車場は、規約上全体共用部分とされていても、物理的に台数が限定されている以上、いずれか特定の区分所有者に使用を認めざるをえないのであるから、使用者決定方法の正当性はさておき、優先的使用自体を認めることはやむをえない。ただし、使用細則であって規約ではないとしても、規約に準じて法30条3項または法31条1項後段を準用または類推適用して、特に細則の附則1項を、区分所有者の利害の衡平に反する場合に当たるとして無効とするか、または一部の区分所有者に特別の影響を及ぼす場合として承諾を要すると解する余地はないだろうか。けだし、本件では、他の駐車場を賃借している区分所有者からの抽選ローテーション方式等の使用細則の提案に対して、管理組合が応じないばかりか、かえって本件使用細則を決議したことは、信義則に反する行為と評価できるのであり、また、他の駐車場を賃借している区分所有者への補助が極めて少額（敷金および車庫証明費用のみ）かつ賃料の差が著しく大きいのであれば、衡平性を欠く可能性があるからである。

なお、専有部分である店舗の営業時間を総会決議によって定めるとした使用細則について、規約に該当しないとした、東京高判平成15年12月4日判時1860号66頁がある。

3 実務指針

駐車場の使用者決定方法について、本件のような紛争を防ぐためには、やはり分譲当時に抽選方式で決定すべきであろう。ただし、使用者決定後、既得権としてその使用を当該使用者に長年継続させることが衡平かどうかは、検討の余地がある。衡平の観点から、数年に一回は、状況に応じて、再度抽選を行う、またはローテーション形式で順次入れ替えるなどの方策が行われるのが望ましいのではないか（なお、標準管理規約15条関係コメント⑦を参照されたい）。

【参考文献】 稲本＝鎌野・区分所有法106、198頁、稲本＝鎌野・管理規約60、68頁、鎌野邦樹・千葉法学19巻1号161頁。

野口大作
名城大学教授

24 マンションの雑排水管は専有部分か、共用部分か

東京地裁平成3年11月29日判決（判時1431号138頁）

1 事実

昭和49年に建築されたマンション（48世帯）の管理組合であるXの総会では、同マンション内の各部屋に敷設されている雑排水管の老朽化に伴う取替工事を行うこととし、その工事代金については、1戸あたり20万円をXの資産である管理費から支出し、20万円を超える部分については各区分所有者がXに支払う旨を決議した。

本件工事対象となった配管は区分所有者の建物の排水を本管に流す枝管であり、各区分所有者の建物の床下に配管されているところ、老朽化により漏水事故が本件工事以前に4、5回発生し、その根本的な原因は鉄管部分の腐食にあることが認められ、放置すれば、水漏れ事故が頻発する状況にあった。マンションの雑排水管の平均耐用年数は15年位であるところ、本件雑排水管は敷設後17年を経過している。

Xの組合員であり、本件マンションの区分所有者であるYは本件工事に協力せず、また工事費用の支払を拒絶していた（Xは、本件工事の施工にかかる決議を行った総会には白紙委任状を提出し、工事費用の負担にかかる決議を行った総会は欠席した）ため、XはYの所有区分を除く他の区分に敷設された排水管についてのみ工事を行った。Yは自己の住戸部分に敷設された排水管を年1、2回専門業者に清掃をしてもらう等の方法により現在まで水漏れを起こしていないが、Yの各雑排水管が古いままであるので、十分な洗浄を行うことができず、Yの各部屋の階下の区分所有者は、水漏れの不安を払拭できないでいる。

こうした状況でXは、①YがY所有の各部屋について雑排水管取替工事に協力義務があることの確認、②施工業者によるY所有各部屋への入室および雑排水管取替工事の妨害禁止、③Yが施工費用を管理費から支出することに同意し、自己負担金を支払う義務を有することの確認、④管理組合決議に基づく債務の不履行による弁護士費用等の損害の賠償を求めて提訴した。裁判では、本件雑排水管が共用部分であるか否か、および本件工事および工事費用の負担方法に関する総会決議の有効性が問題となった。

2 判旨

債務不履行に基づく損害賠償額の一部を除くほか、請求認容。

（1）本件雑排水管が共用部分に属するか否か　「本件雑排水管は、専有部分である各部屋の中に存するという見方もできるが、部屋の目に見える場所に取り付けられ、かつ、区分所有者の好みで器具の選択等の余地のある給水管とは異なり、共用部分と見られる床下と階下の天井との間に敷設されており、特に区分所有者の好みで維持管理を行う対象となる性質のものではなく、雑排水を機械的にスムーズに流すことにのみ意味があるに過ぎず、少なくとも維持管理の面からは、むしろ、「本件マンション全体への附属物」というべきであり、法2条4項から除外される専有部分に属する建物の附属物とはいえず、法2条4項の専有部分に属しない附属物に該当すると解するのが合理的である。……したがって、本件雑排水管取替工事については、法18条1項の「共用部分の管理」として集会の決議で行うことができるというべきである。」

（2）総会決議の適否について　本件工事に関する2回の総会開催の事実、議題の事前告知等招集手続、決議内容および不参加者への説明会の開催の経緯等を認定したうえで決議は適法であるとした。

3 解説

1 本判決の分析

（1）本判決は、専有部分の床下（下階の天井裏）に敷設された雑排水管（以下、本件雑排水管という）の交換工事の実施およびその費用負担の割合の決定にあたり、管理組合がこれらを共用部分の管理に関する事項として、集会の決議で行ったことの適否が争われた事案であり、①本件雑排水管が共用部分であるか否か、②本件交換工事の実施が管理に関する事項に当たるか、これとの関連で、本件工事にかかる費用の負担方法の決定についても集会決議によって行うことができるかが問題となった。

（2）区分所有法2条は、区分所有権の目的たる建物部分を専有部分とし、専有部分以外の建物部分、専有部分に属しない建物の付属物および、規約により定められた建物部分および付属建物（規約共用部分）を共用部分と定める。建物の附属物とは、電気の配線・ガス・水道の配管、冷暖房設備・消化設備・昇降機等、建物に附属し、効用上その建物と不可分の関係にあるものをいう。マンションの配管設備は、建物の付属物として建物の構成要素となるところ、これが専有部分に属しない建物の付属物と評価される場合に共用部分となる。では、マンションの専有部分の床下、階下の天井裏に設置された雑排水管（枝管）は専有部分に属する付属物か、属しない付属物か。本判決は、本件雑排水管を専有部分に属しない建物の付属物であるとして共用部分としたが、その判断においては、①床下と天井の間に敷設されており、維持管理について各区分所有者の意向が考慮するものではないこと、②本件雑排水管は本管に接続し、雑排水をスムーズに流すことのみ意味があること、③パンフレット類の表示および規約の内容（「給排水衛生設備」および本件排水管が組み込まれている床下の「床スラブ」が共用部分とされている点）、および④本件雑排水管の管理体制（その清掃は従来からXの管理のもとに行い、その清掃費用もXの組合費から支出してきたこと）の各要素を考慮している。本件雑排水管の設置場所、構造、機能、規約、管理の実態等を踏まえ、区分所有者による直接管理の可能性が考えられないこと、本管との一体的な維持管理の必要性があることを理由に、本件雑排水管を専有

部分に属しない建物付属物とした。

（3）本件と同種の、マンションの排水管（枝管）の性質が問題となった上級審判例としては、最判平成12年3月21日判時1715号20頁、判タ1038号179頁がある。区分所有者の1人が、同人の所有の専有部分の床下（階下の天井裏）を通っている排水管で生じた水漏れ事故について修理費用を支出したことについて、マンション管理組合を被告として、当該排水管部分が共用部分に当たることの確認および修理費用の求償を求めたものであるが、最高裁は、当該排水管が①各専有部分の汚水は枝管を通じて本管（縦管）に流される構造となっていること、および②各専有部分の床下のコンクリートスラブと、階下の天井裏の間に設置されており、当該排水管の点検修理を行うためには階下居室に立ち入る必要があって、当該専有部分からは行うことができないことを認定のうえで、排水管が特定の区分所有者の専用に供されているとしても、その所在する場所から見て当該区分所有者の支配管理下に服しているとはいえず、建物全体の排水との関連から見て、排水本管と一体的な管理が必要であると認められる場合には、当該排水管部分が、専有部分に属さない建物の付属物として共用部分に当たるとした原審（東京高判平成9年5月15日判時1616号70頁）の判断に違法はないとしている。

（4）給排水管の帰属に関する学説としては、これまで、①主管（本管）を共用部分とし、各専有部分に配置される枝管は専有部分とする見解（川島一郎「建物の区分所有等に関する法律の解説（上）」曹時14巻6号27頁）や、②排水管については、その性質および管理の観点から全体を共用部分とする見解、③通常の床下配管等については規約に定めのない限り原則として共用部分であるが、規約により専有部分とすることも共用部分とすることも可能とする見解がある。各専有部分の排水のために設置された枝管については、その設置場所（専有部分に密接して配置されている）、およびその効用（使用の利益は専ら当該専有部分の区分所有者に帰する）に照らし、各区分所有者が排他的な利益享受を享受する部分として専有部分に属する付属設備とみる余地があり、①の見解はこの視点に立つものといえる。他方で、区分所有法2条4項が専有部分に「属しない」付属物を共用部分としている趣旨は、当該付属物が、専有部分と異なり、原則として区分所有者の自由な支配に委ねられておらず、効用上その建物と不可分の関係にあるという性質から団体的な拘束下に置かれていることを反映したものと解する余地もある。このような視点からすれば、マンションに敷設された給排水管、配線、ガス管等の付属物等は、区分建物の機能の維持管理のため、その設置、管理は、一般的には区分所有者の自由な支配に服さず、管理組合の団体的拘束下に置かれるものであり、原則として専有部分に属しない付属物として、共用部分とされることになる。この立場からは、当該配管の設置場所は当該配管の性質を直接決する要素ではなく、区分所有者による直接支配が可能か否か、あるいは直接支配が想定されているかどうかの判断要素にとどまるものといえる。本判決は、後者の視点に立ちつつ、本件雑排水管は専有部分の排水を本管に流すことのみに意味があるとし、本管との一体的管理の必要性の観点から、専有部分に属さない付属設備と判断した。区分所有建物の管理にあって、配管設備の適切な維持管理が重要な課題である点を考慮すれば、この結論は妥当なものと考えられる。

2 本判決の評価

前掲最判平成12年3月21日が、いわゆる漏水事故に関連して、原因となった排水管の管理、特に修理費用を管理組合が負担すべきかどうかが問われた事案であり、マンションの雑排水管が誰のものであるかが直接問われたものではないこと、また判示においても争点となった排水管の設置場所および構造をのみ判断理由として原審判断を是認し、最高裁判決自体のその射程距離は明確でないこと、に鑑みると、本判決は、専有部分に床下に設置された配管の工事の実施に関して、工事に反対する被告が工事の実施対象である当該排水管が区分所有者の単独所有に服することを主張して争ったものであり、この点で、同種の問題に関するリーディングケースと評価できる。

3 実務指針

なお、本件雑排水管が共用部分であるか否かと、その取替工事をいかなる手続により決定し、いかなる負担割合で実施するかは別問題である。この点、現行マンション標準管理規約は、専有部分である設備のうち共用部分と構造上一体となった部分の管理を共用部分の管理と一体として行う必要があるときは、管理組合が行うことができる旨を定めており（標準管理規約21条2項、平成9年追加）、配管取替工事は小規模変更であるから（17条）普通決議で足りるものと解される（また、費用負担ついて、前記規約コメントは、専有部分に接し、効用上その建物と不可分の関係にあるとする枝管の取替工事費用については、各戸がその実費に応じて負担するものとしている。本件では別に管理費（修繕積立金）を1戸あたり20万円ずつの割合で取り崩すことを決定しており、同管理規約28条1項の列挙事由（一定年数の経過ごとに行う計画的な修繕（1号）その他敷地および共用部分等の管理に関し、区分所有者全体の利益のために特別に必要となる管理（5号））に該当することが必要となる（なお、本件は標準管理規約改正以前の事案であり、同種規約の存在については不明である）。

【参考文献】 本件の評釈としては、山田誠一・判評413号33頁がある。また、前掲最判平成12年3月21日に関する評釈として、鎌野邦樹・リマークス23号30頁、河内宏・判評505号11頁、玉越義雄・平成12年度主判解56頁、戎正晴・不動産百選188頁がある。

舟橋 哲
立正大学教授

Ⅲ 共用部分および敷地をめぐる法律関係 §18 共用部分の管理

25 区分所有法18条1項但書の「保存行為」の意義

東京地裁平成4年7月29日判決（判タ801号236頁）

1 事実

　Aマンションの区分所有者らで構成する権利能力なき社団である管理組合は、平成2年4月、総会決議に基づきマンションの改修工事を行うことになり、その工事を建築会社に請け負わせた。同工事の代金は1億7300万円であり、契約では工事完成時に一括払いするものと定められていたが、管理組合理事長Yは、契約に反して、工事完成前に修繕積立金から同金額を取り崩して建築会社にこれを支払った。管理組合員であるXは、Aマンション管理組合において修繕積立金が短期国債等により運用されていたところ、Yが契約に反して組合資金を工事完了前に支払ったがため、運用によって得られたはずの利益191万円余が失われたとし、Yに対して不法行為に基づく損害賠償請求を、民法252条ただし書および区分所有法18条1項ただし書に規定する保存行為として、単独で提起した。これに対し、Yは、債権の取立ては保存行為ではなく処分行為であるから、権利能力のない団体の構成員に総有的に帰属する上団体の名で取得された損害賠償請求権であっても、その代表者のみが団体の名において訴求すべきものであるとして争った。

2 判旨

　請求棄却「建物の各区分所有者は、区分所有建物の共用部分の保存行為をすることができるとされているが、右にいう共用部分の保存行為とは、建物の共用部分そのものの現状を維持することをいうと解すべきであるから、区分所有建物の共用部分の改修工事の費用の支払に関し、区分所有建物の管理組合の元理事長がした不法行為に基づいて、建物の共用部分の補修のために積み立てられた組合資産に生じた損害であっても、その賠償を訴求することは、右にいう共用部分の保存行為に当たらないことが明らかである。また、権利能力のない団体の資産について損害を生じた場合、その損害に関する賠償請求権は右団体の全構成員に総有的に帰属するにすぎないから、支払を受ければ直ちに団体に引渡し組合の損害を填補する目的であったとしても、右団体の各構成員が単独で右損害の賠償を請求することはできないというべきである。」

3 解説

1 本判決の分析

　(1) 本件は、マンションの区分所有者として管理組合の組合員である原告が、管理組合の元の理事長である被告に対し、被告が理事長として組合資金である修繕積立金を違法に支出し組合に損害を与えたと主張して、組合に引き渡す目的で不法行為に基づく損害賠償金の支払を請求した事案である。管理組合の資産に生じた損害の賠償を、区分所有者個人が区分所有法18条1項ただし書にいう保存行為として求めることができるかが争点となった。

　(2) 区分所有法18条1項は、共用部分の管理に関する事項のうち、保存行為については、規約の別段の定めなき限り各区分所有者が単独で行うことができる旨を定めている。区分所有者の共有財産（11条1項）である共用部分の管理は原則として集会決議によって決せられるべきところ（18条1項本文）、その滅失、毀損を防止し現状の維持を図る目的でなされる行為であって、かつ緊急を要するか、または修繕積立金の取り崩し等を伴わない比較的軽度の行為（点検や破損箇所の応急小修繕等）については、集会における承諾が当然予想されることから、各区分所有が単独でなしうるものとする趣旨である。

　(3) このような共用部分の劣化や破損への物理的かつ応急、軽微な対応措置のほかに保存行為となりうるものはあるか。この点、裁判例には、共用部分の適正な使用状態を回復することを保存行為として認めるものがみられる。たとえば、マンションの区分所有者が外壁に設置した看板につき、他の区分所有者が規約違反として撤去を請求したケース（大阪高判昭和62年11月10日判時1277号131頁、判タ670号140頁）や、敷地の一部を区分所有者が駐車場として独占使用し附属施設である門扉を管理している場合に、他の区分所有者が、敷地の通行および門の利用を妨害する行為の禁止を請求したケース（東京地判昭和63年5月26日判時1303号87頁）などにおいて、各区分所有者が共用部分共有持分に基づき、保存行為として共用部分に存する妨害の排除を求めることが認められている。一方で、共用部分であるベランダに物置等構築物を設置した区分所有者らに対して他の区分所有者がその撤去を求めて訴訟を提起したケースにおいて、区分所有法18条1項ただし書は集会における承諾が当然予想され、あるいは、承諾が得られなくとも影響が少ないような比較的軽度の維持に限って、集会の決議をとるまでもないとの理由で、各区分所有者が行うことができる趣旨であるから、訴訟を提起することは、保存行為に該当しないとした裁判例もある（東京地判平成19年10月26日判例集未登載）。

　(4) では、本事案のように、共用部分自体ではなく、共用部分の維持管理に必要な管理費、修繕積立金等の管理組合の資産の維持を図り、その損失について填補を求める行為は保存行為となりうるか。この点、本判決以前のものとしては、福岡地判平成元年1月17日NBL427号24頁があり、各区分所有者が、保存行為として滞納管理費の支払を求める訴えを起こすことを認めている。もっとも、この事案は管理体制が崩壊した自主管理型マンションにおいて、管理費を滞納している被告自身によって当該マンションの区分所有権の買収工作（いわゆる地上げ行為）が進められるなかで生じ、「かかる事実に照らせば」各区分所有者はその固有の権限に基づき共用部分の保存行為として管理費の徴収をなしうるとされた裁判例である。共用部分の保存行為というよりは保存行為の形式を借りて応急的なマンション管理体制の回復

を意図したもので、その法律構成についても議論の余地があり、先例としての価値には制約があるというべきである。本件はこうしたなか、管理組合の資産である、修繕積立金の損失に係る損害賠償請求は保存行為には該当しないことを明確にした先例として評価しうる。

(5) 本判決における原告の主張とそれに対する判決の法理を整理しておこう。原告は①権利能力のなき社団の権利義務は、構成員全員に総有的ないし合有的に帰属するから、その財産の管理については、共有物の保存行為を各共有者が単独で行うことができる旨規定する民法252条ただし書を類推適用すべきこと、②本件は、工事が共用部分の保存行為に関連した生じたものであり、かつ共有部分の保存を目的として積み立てられた修繕維持積立金の支払に関する損害の賠償を求めるものであるから「組合に生じた損害を填補する目的でする限り」において、各区分所有者は、区分所有法18条1項ただし書にいう保存行為として単独で損害賠償を請求できるものと解すべきと主張した。本判決は①の点について、権利能力のない団体の資産に損害が生じた場合、その損害に関する賠償請求権は右団体の全構成員に総有的に帰属するにすぎず、損害賠償請求権について各共有者の持分を観念することはできないから、民法252条の類推適用は失当であることを示し、②の点について「共用部分の保存行為とは、建物の共用部分そのものの現状を維持することをいうと解すべき」とし、支払を受ければ直ちに団体に引き渡して組合の損害を填補する目的であるとしても、組合資産に生じた損害の填補を訴求することは、共用部分の保存行為に当たらないとしている。

2 本判決の評価

(1) 区分所有法は、共用部分の共有については、区分所有法の規定により規律するものとして、民法の共有規定の適用を排除している(12条)。区分所有建物における共用部分の共有が、永続的な居住のため維持存続を前提としてなされる点に鑑み、その規律については、民法の一般的共有とは異なる特別の団体的拘束下に置くことを意図したものであるから、共用部分の保存行為にあって依拠すべき法条は区分所有法18条1項ただし書であり、原告の主張するような民法252条の類推適用の余地はない。この点、本判決が1(5)①の点に関し、252条の類推適用を失当としたことは正鵠を得ている。

(2) 一方で、本判決はその理由として、損害賠償請求権が管理組合に総有的に帰属するという点に求めており疑問が残る。損害賠償請求権が管理組合に総有的に帰属するか、合有的に帰属するかということが、その行使を各区分所有者が単独で行うことができるかどうかという結論と直接に結びつくものではないからである。共同所有の形態に関しては、一般に、合有は共有持分の行使が団体的な拘束に服する共有の一種であり、総有とは共有持分すら観念できない団体的拘束の強い共同所有形態であって、持分に基づく権利の行使もありえないと説明されることがある。ここから、合有にあって各共有者は各自の共有持分に基づいて目的物の現状を維持する行為を行うことができるとの説明が導かれ、本事案における原告の主張および判決も、この理解の延長上にある。しかし、共有、合有、総有の概念は、現実社会にある多様な共同所有形態を一応分類して理解するための概念にとどまり、これらの概念自体が共同所有の内容を規律するものではない。本件で問題になっている修繕積立金の原資は各区分所有者の拠出金であり、その負担割合は規約あるいは専有部分面積割合に基づくことが定められているのであって(19条、14条)、たとえば、仮に区分所有関係が終了しその時点において残余財産があれば、その財産は特段の定めがない限り負担割合に基づいて配分がなされることになる。管理組合の資産について各区分所有者の潜在的な持分を観念することは不可能でなく、資産の帰属形態が総有であるか、合有であるかが、各区分所有者による当該資産の保存行為を認めうるかどうかの結論を直接に左右するものではない。権利がマンション管理組合に総有的に帰属するという説明は、当該権利が原則として団体的な意思決定のもとで行使されるという基本的な枠組みに言及したにとどまり、問題の本質はその例外となりうる保存行為を、どの範囲で、どのような理由のもとに認めるかにある。

(3) 本判決は、この点について上記1(5)②にみたように、共用部分そのものの維持管理を直接の目的としない行為については法18条1項ただし書の埒外であるとして保存行為の対象を共用部分自体に限定しつつ、他方で「支払を受ければ直ちに団体に引き渡し組合の損害を填補する目的であったとしても」と原告が管理組合に代わり損害賠償請求を行うことについて、消極的ながら理解を示した。前掲福岡地判平成元年1月17日のように、マンションが管理機能を喪失する場合を意識しつつも、法18条1項ただし書の保存行為については、物としての共用部分の維持管理に関して、管理組合の意思決定を経なくとも足りるような場合に限定する趣旨と理解できる。

3 実務指針

区分所有法18条2項は、共用部分の管理については保存行為を含めて規約で別段の定めを置くことを認め、これを受けたマンション標準管理規約21条では、共用部分の管理を管理組合が一元的に行うことを原則として認めている。各区分所有者が、保存行為として各別に共用部分に関する各種の問題が生じうることを回避しようとするこれら規範に鑑みれば、保存行為として区分所有者の権限に委ねる範囲は自ずと限られるものと考える。判例の整理、精査によるところになるが、当面示しうる一般的な基準としては、①当該行為を直ちに実施しなければ、共用部分の破損をきたし、使用に重大な支障をきたすかどうか(緊急性)、②当該行為によって、直ちに共用部分の維持、適切な使用状態が確保されるか(必要性)、③当該行為に係る費用が軽微で、たとえば、その行為を行う区分所有者の共用部分に関する負担の枠内に収まる程度であるか(軽微性)等の諸要素が挙げられるように思われる。

【参考文献】 本判決の評釈として、片桐善衛・NBL427号27頁がある。

舟橋 哲
立正大学教授

26 共有者による地役権設定登記手続請求と当事者適格

最高裁平成7年7月18日判決（民集49巻7号2684頁）

1 事実

本判決は、京都市内の分譲マンションA（10階建83戸）の分譲業者Y株式会社（本訴被告、控訴人、被上告人）とその購入者の一部であるX₁ら（本訴原告、被控訴人、上告人）との間の紛争に関するものである。A建物から公道に通じる12m幅の通路敷地の一部（約半分の6m幅の部分）が、分譲後もY社名義のままとなっており、Y社はこの部分（本件土地…承役地）で駐車場を経営してAの居住者に賃貸し、料金をマンション共益費とともに徴収していた。本件要役地は、本件土地に接するAの敷地全部で、承役地と一体となり公道に接続している（後掲文献⑧の図面参照）。

Y社は分譲開始から約9年後に本件土地を第三者Bに売却しようとし、Bが建築確認申請をしたため、X₁らはY社を相手方として本件土地につき処分禁止仮処分の申立てを行った。裁判所は、これを認め仮処分命令を出した。その後、当事者間で本件土地買取を協議したが売却額が折り合わず、分譲から約十年後の昭和59年に本訴提起に至った。

本訴で、原告X₁らは、主位的に本件土地につき各持分の移転登記手続を求め、（控訴審での訴えの追加的変更により）予備的に本件要役地持分につき本件土地を承役地とし通路や子供の遊び場としての使用を内容とする地役権設定登記手続を求めた。これに対し、被告Y社はX₁らを反訴被告として、本件承役地明渡しと昭和58年11月1日以降の賃料相当額損害金の支払を求めた（本件反訴）。

本件の主な争点は、①本件土地も分譲されたか、②本件土地にAの敷地を要役地とする地役権が設定されたかであった。第1審（京都地判昭和62年9月25日民集49巻7号2688頁参照）は、争点①につきX₁らは本件土地の所有権を取得していないが、争点②につき黙示の合意により本件土地を承役地とする地役権設定契約の成立を認め、本訴・反訴ともに棄却した。双方控訴。

控訴審（大阪高判平成2年6月26日判タ736号183頁）は争点①につき売却されていない、争点②につき通行地役権の設定ありと判断した。しかし、共有持分権に基づく地役権設定登記手続請求訴訟は固有必要的共同訴訟であるとして、各控訴をいずれも棄却した。

2 判旨

予備的請求に関する部分を破棄、この部分について原審に差戻し。その余の上告につき棄却。

「要役地の共有持分のために地役権を設定することはできないが、上告人らの予備的請求は、その原因として主張するところに照らせば、右のような不可能な権利の設定登記手続を求めているのではなく、上告人らがその共有持分権に基づいて、共有者全員のため本件要役地のために地役権設定登記手続を求めるものと解すべきである。

そして、要役地が数人の共有に属する場合、各共有者は、単独で共有者全員のため共有物の保存行為として、要役地のために地役権設定登記手続を求める訴えを提起することができるというべきであって、右訴えは固有必要的共同訴訟には当たらない。」

3 解説

1 本判決の分析

（1）本判決は、用益物権の準共有に係る比較的先例の少ない分野の判例である。地役権設定登記手続請求訴訟は、共有物（要役地）の保存行為に当たることを理由に固有必要的共同訴訟に当たらないとした。

（2）本判決では、要役地が共有となっている場合に、①共有者が行う地役権設定登記請求が保存行為に当たるか、②この地役権設定登記手続を求める訴訟が固有必要的共同訴訟であるかを判断した。本判決については、保存行為の意義や、地役権の黙示的設定が認められるための要件など検討すべき点は多いが、紙幅の都合上、以下では上記②を中心とする。

（3）Aの区分所有者数は全部で100名弱とみられるところ、原告の数は計82名（控訴審判決時には81名、上告人となったのは57名［本件である平3（オ）1684号事件］。Yは81名全員に対して上告［平3（オ）1683号事件］）であった。Y社は本件建物のうち売れ残った数戸の区分所有者であったため、Y社は要益地の共有持分権者でもあった。区分所有者の一部は原告にも被告にもならなかったため、訴訟係属中、区分所有者全員が揃って本件訴訟の当事者となることはなかった。したがって、共有者による地役権設定登記手続請求を固有必要的共同訴訟（旧民訴62条、現40条）とする高裁判断によれば、原告の当事者適格を充足しないため訴え却下となる。しかし判旨のとおり、最高裁は本件を固有必要的共同訴訟でないと判断し、地役権の範囲を審理するため原審に差し戻した（差戻審で和解成立、文献⑪参照）。

（4）本判決の実質的な理由付けとしては、①設定登記が地役権に対抗要件を付して権利の存続を確実にする行為であること、②登記簿上、地役権の登記では承役地および要役地の乙区欄に地役権の目的と対応する要役地（承役地）等が記載されるだけで地役権者は表示されず、地役権に係る権利者および義務者は甲区欄の所有名義人の表示により公示されるため、共有者の一部による地役権設定登記請求訴訟の提起を認めてもこの一部の者が地役権を単独で有するような外観を与えるおそれがないことが挙げられる。そのほか③地役権の準共有者が各自の持分のみを対象に地役権設定登記を受けることはできないこと、④共有者の一部が地役権を時効取得することにより地役権が発生した場合（民284条1項）に他の要役地共有者の協力がなければ地役権設定登記ができないのは問題であることなども考慮要素であるが、とくに重要なのは上記②であるとされる（本件調査官解説、後掲文献①⑧⑩）。

(5) すでに最高裁は、共有権に基づく共有権確認および所有権移転登記手続請求訴訟を固有必要的共同訴訟であるとしていた（最判昭和46年10月7日民集25巻7号885頁）。これは共有者の一部の者による所有権移転登記を行った場合、申請人以外の各共有者の持分の真正をいかにして担保するかといった問題があり、共有者の一部の名義で登記すると真実に合致しない登記となるという事情があるためと考えられ、本判例の地役権設定登記の場合とは状況が異なる。本件原審の判断は、このような状況の違いを考慮せずこの最判昭和46年の影響を受けたものと考えられている。また、最判昭和46年の事案の特殊性から、その判例としての一般的価値を過大に評価すべきではないという見方もある（文献⑧802頁・808頁）。なお、原審が共有持分のために地役権を設定できないとした部分自体は問題ないとしても、X_1らの主張から原審の予備的請求部分が共有者全員のため本件要役地のために地役権設定登記手続を求めるものと解することはできたはずであり、求釈明（民訴149条）による訴え変更の余地もあったように思われる。

(6) 本判決は、共同所有関係訴訟における当事者適格について判例に新たな一事例を加えたものであるが、共有者による地役権設定登記手続請求訴訟における区分所有者の団体（管理組合）や管理者の当事者適格には言及していない。

2 本判決の評価

(1) 本判決の結論は、本件の具体的処理として妥当なものと評価できる。本件の判例評釈でも結論に反対するものは見当たらない。しかし、理由付けにつき、本件のような区分所有建物の敷地である要役地を通常の共有地と同じ扱いをしている点で異論がみられる。保存行為や不可分債権という構成から訴訟共同を不要とし、個別訴訟を認めて区分所有者の権利行使を容易にするという意味でそれなりの妥当性を有するという評価もあるが、それは本判決の実質的理由付けが必ずしも説得的でないことの裏返しでもあろう（文献⑤143頁、③219頁、⑦65頁参照）。調査官解説からは要役地がマンション敷地で共有者数が多数に上るという事情が顧慮されていることがうかがわれ、その意味では共同所有関係訴訟の当事者適格判断基準として伝統的な管理処分権説のみに拠ったものではなく訴訟政策説的な配慮も感じられる。しかし、（判旨にそのような表現はないため）共有関係が区分所有権によるという特殊性を直接考慮すべきとの批判が考えられる（本件要役地の共有関係が区分所有建物の敷地に係る共有であるため通常の共有地と異なる考慮が必要であることを示唆するものとして文献④⑤⑪）。

(2) 個別訴訟の判決効の範囲は訴訟当事者間限りの相対的なものである。しかし、要役地の共有者の一部が不適切な訴訟遂行で敗訴した場合、地役権設定登記ができないという不利益は他の共有者にも及ぶ。本件のような訴えを個別訴訟ないし通常共同訴訟として認めるということは、理論上、矛盾判決、相手方当事者の複数訴訟への応訴の負担、訴訟不経済などが生じるおそれがあり問題なしとはいいきれない。そうであるからといって、原審のように固有必要的共同訴訟と構成してしまうと、マンションでは区分所有者側から救済を求める途を絶ってしまうこととなる。共有者すなわち区分所有者全員が原告とならなければならないとしてしまうことの不都合さは明らかである（確認訴訟では、提訴に同調しない者を被告に加えて提訴する方法もある〔最判平成20年7月17日民集62巻7号1994頁参照〕が、地役権の登記で共有者を一々表示しないといっても据わりの悪さは否めない）。本件のような総戸数100戸未満の物件でも全員が原告となるのが困難なことは珍しくない。総戸数数百〜千超という大規模物件では最初から不可能を強いるに等しく、法的手段を通じた問題解決を途絶してしまう。

(3) 他方、一部の共有者で提訴可とした場合の問題点を回避するには、他の共有者が訴訟手続に関与する機会をできるだけ保障することが重要である。その訴訟形態を類似必要的共同訴訟（民訴40条参照）や訴訟告知（民訴53条）を契機に共同訴訟的補助参加と理解することも考えられる。しかし、本件のようにマンション敷地隣接地の地役権をめぐる紛争では、本来は区分所有者の団体（管理組合）や管理者を原告とする方法が望ましい（ちなみに、最判平成26年2月27日民集68巻2号192頁は、非法人社団の代表者名義で提訴することが認められる場合でも、当該社団自身が原告となって訴訟を追行することを認める実益がないとはいえないとしている）。

(4) もっとも、本件では被告Y社も区分所有者の地位を有しており、かつAの管理業務を行う立場にあり、管理者や管理組合が原告として有効適切に訴訟行為を行うことは困難だった。その意味で、個別事件の適正妥当な解決をめざす裁判所としては共有者の全員が揃わずとも原告適格を満たすと判断したと考えられ、それを越えて他の当事者適格の構成を考える必要はなかったのであるから、現実的な妥当な判断であったと評価できよう。

3 実務指針

本判決により、共有者が共有地のための地役権設定登記手続請求訴訟を一部の区分所有者のみで提起できることが明らかとなった。しかし、上記のような視点に鑑みれば、共有者のうちの一部が訴訟遂行した結果、他の共有者の意に反する結果がもたらされるおそれもある。したがって、提訴しようとする共有者は、提訴前に予め管理組合を通じて他の区分所有者に通知したり、提訴後は原告から他の共有者に訴訟告知を行ったりすることが求められよう。

なお、承役地が共有である場合の地役権設定登記手続請求や、要役地共有の場合に共有者に対して行う地役権設定登記抹消登記手続請求訴訟は、本判決の射程外であり、今後の判例形成を待たなければならない。

【参考文献】 本判決の評釈として①野山宏・ジュリ1081号77頁、②最高裁新判例解説・法時68巻1号93頁、③園尾隆司・平成7年度主判解218頁④宇野聡・法教186号72頁、⑤吉野正三郎・リマークス13号140頁、⑥西澤宗英・法学研究（慶應義塾大）69巻10号185頁、⑦上原敏夫・NBL616号63頁、⑧野山宏『最高裁判所判例解説民事篇平成7年度』782頁、⑨水元宏典・法協115巻1号131頁、⑩野山宏・ジュリ増刊最高裁時の判例Ⅲ私法編(2)78頁、⑪全国マン研・判例の解説86頁〔中村仁〕。控訴審判決の評釈として⑫石塚章夫・平成2年度主判解32頁。共同所有と訴訟の関係に関する文献として⑬「特集 共同所有・集団の権利の構造と訴訟」法時85巻9号とくに49頁以下〔堀野出〕。

小田敬美
愛媛大学教授

Ⅲ 共用部分および敷地をめぐる法律関係 §19 共用部分の負担及び利益収取

27 排水槽についての費用負担義務

東京地裁平成24年1月30日判決（判時2187号46頁）

1 事実

昭和47年、本件マンションが位置する本件土地は、Aが所有し、Xが土地の一部を賃借して銭湯を経営していたところ、本件土地にマンションを建築するという計画が出て、A、X、およびデベロッパーBの3者間において、本件土地と建物との等価交換に関し、契約が締結された。

昭和49年8月10日、本件マンション（鉄骨鉄筋コンクリート造陸屋根地下1階付10階建の建物）が完成し、Xは、地下1階付2階建居宅・店舗・駐車場の区分所有者となった。ところで、本件マンションの地下1階の下部（地下2階）には、共用部分である汚雑排水槽（以下「本件汚水槽」という）が設置されている。本件汚水槽は、X所有の専有部分のうちの地下1階（飲食店）の汚水を貯めるものである。本件汚水槽は、X所有の専有部分のうちの地下1階部分から出入りしなければ、管理をすることができない。

本件マンションの管理規約20条は、「建物の敷地及び共用部分等の管理については、管理組合がその責任と負担においてこれを行うものとする。ただし、バルコニー等の管理のうち、通常の使用に伴うものについては、専用使用権を有するものがその責任と負担においてこれを行わなければならない。」旨を定めていた。Xは、平成11年から平成20年まで、本件汚水槽の清掃費、修理費等の管理費用を支払った。そこで、本件汚水槽の管理費用は、本件マンションの管理組合であるYが負担すべきものであるとして、Yに対し、不当利得返還を求めた。

これに対し、Yは、次のように主張した。本件汚水槽は、もともとXがその所有する地下1階でのサウナ営業を考えて、そのための設備として自らの意思によって設置したものであって、マンション全体の構造上必要な設備として設置されたものではない。本件汚水槽は、実際、地下1階のためにのみ使用されている。マンションを建築するにあたり取り交わされた土地所有者A、デベロッパーB、およびXの3者間の等価交換の際の合意により、Xは、本件汚水槽に管理に係る費用を全額負担すべきである。また、管理規約20条ただし書は、専用使用権者が通常使用に伴う費用を負担すべきことを定めているため、Xが管理費用を負担すべきである。

2 判旨

Xの請求棄却。「本件汚水槽については、……マンション建築時の建物全体の所有者との間で、分譲前に専用使用権が設定されたものであって、管理規約に基づいて専用使用権が設定されたものではない。したがって、管理規約には専用使用権が明示されていないけれども、Xが専らその専有部分の便益のために使用する専用使用権が設定された専用使用部分であるに変わりがないのであるから、規約20条1項〔ママ〕ただし書の解釈適用上は、規約により設定された……専用使用部分と同じく、本件汚水槽も、規約20条ただし書にいう専用使用部分に含まれるものと解して、これを適用するのが相当である。」

Xが支出した管理費用のうち清掃費は、「規約20条ただし書に基づき専用使用権を有する者が負担すべき通常の使用に伴う管理のための負担であることは、その使途の性質上明らかである。」

修理費について、「修理工事の内容からみて、長年使用していることに伴う経年劣化に対する対策をとり汚水槽の通常の機能を維持するために必要になった修理工事であると認められる。したがって、これらの修理工事も、その使用をしてきた者すなわち専用使用権を有する者が、規約20条ただし書に基づき負担すべき通常の使用に伴う管理であると認められる。他の地上階の居住者は汚水管使用に個別の負担がないことは、前記のとおり地上階の汚水管は共同利用されているからにすぎず、通常の使用に伴う管理の負担を限定する理由にはならない。」

「以上によれば、Xが支出した本件汚水槽の管理費用は、いずれも本件汚水槽の専用使用権を有するXが、規約20条ただし書に基づき負担すべき専用使用部分の通常の使用に伴う管理の負担である。したがって、本件汚水槽が共用部分であって、管理組合ないしマンションの共用部分の共有者が、Xによる本件汚水槽の管理費用の支出により利益を受けたとしても、その利益を受けることについては、規約20条ただし書という法律上の原因がある。管理組合であるYが、Xによる本件汚水槽の管理費用の支出によって法律上原因なく利益を受けたとはいえない。Yがこれを不当利得として返還する義務はない。」

3 解説

1 本判決の分析

(1) 本判決の意義　本判決の意義は、第1に、本件汚水槽（およびそれが設置される部分）について、規約に定めがないにもかかわらず、専用使用権の成立を認めた点にある。第2に、規約に定めのない専用使用権が設定された専用使用部分について、他の専用使用部分と同様に扱うべきことを明らかにした点にある。すなわち、専用使用権者が専用使用部分について通常生じる費用を負担しなければならないとする旨の規約の定めは、規約に定められていない専用使用権を有する者にも適用されるとされた。

(2) 規約に定めのない専用使用権　本判決は、規約に定めがなくとも専用使用権が成立することを認めた事例判決である。まず専用使用権とは何かを確認しておこう。区分所有者は、専有部分（区分所有権の目的たる建物部分）を排他的に使用できるが、共用部分（専有部分以外の建物部分等）や敷地を排他的に使用することはできないのが原則である。しかし、建物の共用部分や敷地に専用使用権が設定されると、区分所有者（または第三者）は、設定部分を排他的に使用することができること

となる。専用使用権は、共用部分であれば、屋上、ベランダ、バルコニーなどに、敷地であれば駐車場、庭などに設定されることが多い。

かつては、専用使用権を設定することができるのか、すなわち専用使用権設定契約の有効性が争われていた。たとえば、分譲業者がマンション購入者との間で締結した駐車場専用使用権設定契約について、公序良俗に違反するとして紛争になったところ、最判昭和56年1月30日判時996号56頁は、公序良俗に反しないとした。また、分譲業者が、マンションの売買契約の一内容として、専用使用権を設定する原始規約を用意していた場合、分譲業者が専用使用権を分譲し対価を得ることについて、有効な合意が成立したとはいえないのではないかとして、紛争が生じた。これについて、最判平成10年10月22日民集52巻7号1555頁は、購入者の無思慮に乗じて専用使用権分譲代金の名のもとに暴利を得たなど公序良俗に反すると認めるべき事情がないかぎり、契約は有効であると判示した。

専用使用権の設定は、共用部分または敷地の所有者と、特定の区分所有者（または第三者）との合意によってなされる。多くの場合、規約によって専用使用権は設定される。規約に定めがなされれば、特定承継人に対しても効力を生じる（46条）。また、集会決議によることも可能であるとする裁判例（浦和地判平成5年11月19日判時1495号120頁）や学説（稲本＝鎌野・区分所有法87頁）もある。

本判決は、建築時（建物完成前）に、マンションの所有者となるAらの間で、Xに専用使用権を設定する合意が成立したことを認めている。

（3）専用使用部分の通常の費用負担　本件マンション規約20条は、国土交通省が定める「マンション標準管理規約（単棟型）」21条と同様である。その本文は、管理組合が、敷地・共用部分等の管理を行うことを定める。共用部分は共有であり、共有者たる区分所有者全員（管理組合）が、その責任を負うのは当然であろう。また同条ただし書は、バルコニー等の管理のうち、通常の使用に伴うものについては、専用使用権者の責任・負担により行うべきことを定める。本来的には、共用部分は、管理組合が管理をすべきではある。しかし、専用使用権が設定されている部分は、専用使用権者が日常的に使用・収益をしていることから、日常的な（通常の使用に伴う）管理についても専用使用権者が負うべきである。専用使用権者が負うべき、通常の使用に伴う管理として、バルコニーの清掃や窓ガラスが割れた時の入替え等があげられる。

本件汚水槽（およびそれが設置される部分）が専用使用部分であれば、その通常の使用に伴う管理は、専用使用権者であるXの責任・費用の負担により行われるべきことになる。本判決は、本件汚水槽の清掃費、修繕費等について、通常の使用に伴うものと判示している。たしかに、清掃費が通常の使用に伴うものであることは明白である。しかし、修繕費については、通常の使用に伴うものといえるのか疑問がある。

2　本判決の評価

（1）専用使用権の設定方法　専用使用権の設定は、規約によってなされることが多い。もちろん、本判決の示すように、マンション建築時の合意により設定することも可能である。区分所有関係の成立前であっても、合意はできる。問題は、合意・規約以外の方法による専用使用権の設定が認められるか、ということである。前述したように、一部の裁判例・学説は、集会決議によっても専用使用権を設定できるとする。しかし、一般的にこのように説示することには問題があるように思われる。

規約の設定と集会決議は、いずれも管理のためになされるものである。しかし、前者の要件は区分所有者および議決権の各4分の3以上の賛成であるのに対し（31条1項）、後者の要件は各過半数でよい（39条1項）。それにもかかわらず、前者と後者の規律できる範囲が同じだとすると、前者の存在意味が失われることになる。問われなければならないのは、専用使用権の設定が、通常の管理として後者によってすることができるかということにある。たしかに、共用部分の使用収益については、共用部分の管理といえるので、集会決議によって行うことも許されるように思える。しかし、専用使用権といっても、その内容は多種多様である。設定方法、内容、対価、存続期間、譲渡性、解約条件等さまざまであり、あたかも物権類似のものもあれば、そうでないものもある。物権類似の内容であるものについては、狭義の管理（18条）を超えるものであり、変更（17条）の決議ないし規約（30条）によって設定すべきである。

（2）専用使用部分の費用負担　本判決は、Xのみが本件汚水槽を使用していることから、修繕費についてもXの負担とすべきだとの価値判断が働いていると思われる。おそらく、本判決の結論そのものに異論はほとんどないものと思われる。問題は、その理論構成にある。

本判決は、本件汚水槽の修繕費について、通常の使用に伴う管理と認めている。しかし、経年劣化対策の修繕費は、通常の使用に伴うものとはとてもいえない。たとえば、外壁やバルコニーの手すりが経年劣化により修繕が必要となった場合、計画修繕として管理組合が行うべきものである。本判決のように、共用部分の修繕費を、専用使用部分の通常の使用に伴う管理と解すると、通常の使用に伴う管理でないものはほとんど存在せず、管理組合の行うべき管理は著しく狭くなるであろう。

上述のような無理のある解釈が行われた原因は、本件汚水槽が共用部分と認定されたことにある。たしかに、本件汚水槽が設置されている部分は共用部分であろう。しかし、本件汚水槽そのものは共用部分とすべきではない。あくまで、本件汚水槽はXの所有物であると理解すべきである。Xの専用使用部分に、Xの所有物である本件汚水槽が設置されているにすぎない。このように解すれば、本件汚水槽に関するすべての費用を、所有者であるXが負担するのは当然である。

3　実務指針

本判決は、規約外の専用使用権の存在を認めている。実務上、同様の専用使用権が存在する場合がありうるため、注意が必要である。また、専用使用権が存在する場合、標準管理規約21条により、バルコニーの清掃等、通常の使用に伴う管理は、専用使用権者が負担する。それを超える修繕等については、あくまで管理組合が行うべきものである。本判決の理解は、かなり特殊なものであり、一般化できない点に注意が必要である。

【参考文献】　なし。

伊藤栄寿
上智大学准教授

Ⅲ 共用部分および敷地をめぐる法律関係 §19 共用部分の負担及び利益収取

28 共用部分への負担

大阪地裁昭和57年10月22日判決（判時1068号85頁、判タ487号106頁）

1 事実

　Xは、本件マンションの管理組合である。Yは本件マンション（建物）を建築し、各建物部分を分譲した会社である。本件マンションは、総戸数66戸であり、そのうち分譲開始時点でYが売却できたのは約30戸弱であった。その後も分譲は思わしくなく、未売建物部分が多く残ったが、その未売建物部分の所有者は分譲業者のYであった。

　当初、管理規約に基づき、Yが管理者となった。Yは、各区分所有者と別途管理委託契約を締結したうえで、管理を行っていた。その後、管理規約に基づき、区分所有者の設立した管理組合Xが、Yから管理を引き継いだ。そこで、Xは、未売建物部分についてはいずれもYの所有であるから、Yには管理費および積立金を負担すべき義務があるとして、その支払を請求した。

　これに対し、Yは次のように主張した。前提として、Xは権利能力なき社団ではないため、当事者能力を欠く。管理費等の支払について、Yに義務は存在しない。区分所有法は、分譲マンションの未売建物部分の所有者である分譲業者には適用されず、14条（現19条）の適用もないからである。また、管理費支払義務は、管理者と買主の入居者との間の管理委託契約に基づいて発生するところ、このような契約は締結されていないからである。したがって、Yとしては、分譲業者が買主と同様に負担すべき固定資産税等の公租公課および積立金の範囲内において支払義務を認めるのみである。

2 判旨

　Xの請求認容。(1) 管理組合は権利能力なき社団か　「Xは区分所有法23条〔現30条〕に基づき定められた本件管理規約28条により建物の共用部分及びその敷地の維持管理及び環境の安全性・快適性を確保することを目的として本件建物の区分所有者によって結成されたこと、右管理規約によれば本件建物の区分所有者は全員が区分所有権を取得すると同時に当然に管理組合の組合員となり区分所有者全員で集会が構成され、定期集会、臨時集会が招集されること、区分所有者は共有持分に応じた議決権を有し集会の議事は集会の2分の1以上の議決権を有する区分所有者の出席の下にその議決権の過半数で決すること等が定められていること、Xの代表者理事長にはAが就任し……Yから本件建物の管理業務を引き継いでおり、Yも右実態を承認していたこと、以上の事実が認められ、右認定に反する証拠はない。してみれば、Xは、団体としての組織を持ち、代表者の定め、各区分所有者の意思決定機関である集会の運営等団体としての主要な点は確定しており、かつ現実に管理業務を行っているものであるから、権利能力なき社団として、当事者能力を有する（民訴法46条〔現民訴29条〕）ものと解するのが相当である。

　なお、本件管理規約には管理組合の代表者の選任方法等の規程を欠くが、前記AがXの構成員である各区分所有者の総意の下に理事長なる名称の下にその代表業務に従事している実態を否定することはできないから、右規約上の文言の欠落は前記認定を左右するものではない。」

　(2) 分譲業者の管理費支払責任　「区分所有法1条によれば、「一むねの建物に構造上区分された数個の部分で独立して住居・店舗・事務所又は倉庫その他建物としての用途に供することができるものがあるときは、その各部分は、この法律の定めるところにより、それぞれ所有権の目的とすることができる。」旨規定し、右のごとき区分設定された建物については当然に区分所有法の適用があり、共用部分の共有関係及びその管理関係は不可避的に発生するものであると解される。本件建物は正に同法所定の対象建物の要件を備えていることは明らかであり、かつYは分譲業者であるが、販売開始の時点で本件建物の区分所有権者であることに変わりはなく、これを販売完了の時点まで別異に取り扱うべき法文上の根拠はない。もし、Y主張の解釈をとると、販売完了時点が売買物件により一定せず、分譲業者が自らその一部を取得する場合との区別が明らかではなく、時には完売できない場合も起こり得ることが予想され、その間もし区分所有法が適用されないとすれば、他の区分所有者に対する関係又は区分所有者相互間の法的規整は不明確、困難となり法律関係が不安定となるおそれがあり、同法の趣旨を著しく逸脱するものであって、Yの前記主張は到底採用することができない。

　とすれば、規約に別段の定めのない限り共用部分はすべて各区分所有者全員の共有に属し、各共有者は、その持分に応じて、共用部分の負担に任ずる（同法4条1、2項〔現11条1項・2項〕、14条〔現19条〕）というべきである。

　そして、前記認定のとおり本件管理規約には右区分所有法にいう別段の定めもないばかりか、区分所有者の管理費、積立金支払義務を規定しているのであるから、未売建物部分の所有者であるYも右支払義務を負うものというべきである。」

　「管理組合の組合員たる資格は区分所有権の一つの属性であり、区分建物についての共用関係及び管理関係の発生は前判示のとおり不可避のものであり、区分建物を含む一棟の建物全体につき統一のある画一的な管理関係の処理が要請されるのであり、それゆえそれに要する費用は、別段の特約をしない限り区分所有者相互でその共有持分に応じて負担する義務を負うというべきである。したがって管理規約や個々の管理委託契約それ自体が管理費支払義務発生原因と考える必要はないのである。」

3 解説

1 本判決の分析

　(1) 本判決の意義　本判決には、2つの意義がある。1つは、管理組合が権利能力なき社団であり、当事者能

力を有することを初めて示したことである。もう1つは、マンションの未売建物部分を所有する分譲業者に、管理費支払義務が存在することを明らかにしたことである。

(2) **管理組合の法的性質** マンション管理組合はいかなる法的性質を有しているのか。現行の区分所有法3条は、区分所有者全員が団体を構成するとしている（なお、本判決当時、3条に相当する規定は存在していなかった）。マンションの管理組合は、この3条の団体であると理解されている。しかし、この団体（管理組合）の法的性質について、明確な定めは置かれていない。本判決は、管理組合が権利能力なき社団として、当事者能力を有することを初めて示した裁判例である。

権利能力なき社団の要件は、最判昭和39年10月15日民集18巻8号1671頁によって示されている。すなわち、「団体としての組織をそなえ、そこには多数決の原則が行なわれ、構成員の変更にもかかわらず団体そのものが存続し、しかしてその組織によって代表の方法、総会の運営、財産の管理その他団体としての主要な点が確定しているものでなければならない」とされる。民訴法29条は、法人でない社団であっても代表者または管理者の定めがあるものは、その名において訴え、または訴えられることができるとし、当事者能力を認める。管理組合が、代表者の定めのある権利能力なき社団といえるのであれば、当事者能力が認められることになる。

本判決は、管理組合Xが団体としての組織をもち、代表者の定め、各区分所有者の意思決定機関である集会の運営等団体としての主要な点が確定していること、かつ現実に管理業務を行っていることから、権利能力なき社団であることとして、当事者能力を有することを認めた。

(3) **分譲業者への区分所有法の適用** 本件訴訟において、Yは、分譲業者が管理費用を負担する義務はないと主張した。区分所有法が、分譲建物の販売完了後から適用されるべきものとの前提に立つからである。その根拠として、次の3点が挙げられている。①区分所有法は、区分所有者相互間の所有ないし管理のあり方を規定するものであるところ、区分所有者と分譲業者とは立場が全く異なるため、分譲業者に適用されない。②管理費は、「商品管理」のためではなく、「居住」のためのものであるところ、分譲業者は居住していないことから管理の受益者とはいえないため、管理費用を負担する必要はない。③本件管理規約には、建物の引渡しを受けたときからその利用の有無にかかわらず管理費を支払うべき旨定められているところ、Yは引渡しを受けていない。

これに対して、本判決は、分譲業者が区分所有者である以上、管理費支払義務を負うのは当然であるとする。区分所有関係が成立した建物について、区分所有法の適用があるのは当然である。分譲業者であるという理由だけで、管理費用の負担義務を否定することはできない。

2 本判決の評価

(1) **管理組合の法的性質** マンション管理組合（管理組合法人となっているものを除く）が、基本的に権利能力なき社団であり、当事者能力を有することについて、特に異論はないと考えられる。本判決の判断は、理論的にも、事案の結論としても妥当であり、先例として一定の評価を与えることができる。もちろん、区分所有建物の規模が小さいなどの理由で、代表者（管理者）が定められていない、規約が作られていないなどの場合、管理組合が権利能力なき社団といえないことがある。このと

き、管理組合は民法上の組合等とされることになろう（稲本＝鎌野・区分所有法29頁）。

(2) **区分所有関係の成立** 区分所有法が適用されるのは、区分所有関係が成立した時である。分譲業者も区分所有者である以上、管理費支払義務を負うのは当然である。本判決の論理構成および結論に異論はない。それでは、具体的に区分所有関係が発生する、すなわち、区分所有権が成立するのはいつか。法律上、この点は明確にされていない。また、本判決も、結論に直接関わる問題ではないため、この点について論じていない。

まず、区分所有の登記がなされれば、区分所有関係が成立すると考えられる。しかしながら、登記は、区分所有権の成立要件ではない。登記は対抗要件（民177条）にすぎないからである。区分所有権の成立は、基本的に、建物所有者の区分所有の意思によると考えられる（民176条参照）。たとえば、構造上区分された数個の部分で独立して住居等の用途に供することができる建物が存在しても、ただちに区分所有権が成立するわけではない。1人がこの建物全体を所有しており、各部分について独立して所有する意思がなければ、区分所有権を認める必要性がないからである。本件のように、分譲業者が、各建物部分（の区分所有権）を販売する旨の広告をするなどして、区分所有の意思が客観的に明確になれば、区分所有権の成立が認められる（稲本＝鎌野・区分所有法14頁など）。なお、建物が単独所有である場合を例にとったが、建物が共有であったとしても、単独所有と変わりはない。すなわち、区分所有権の成否は、建物共有者の区分所有の意思による。

区分所有権が成立すれば、さまざまな効果が生じる。本判決が示すように、共用部分の共有・管理関係が生じ（11条以下）、管理費用の負担義務が区分所有者に発生する（19条）。また、区分所有者の団体（管理組合）が当然に成立する（3条）。

3 実務指針

多くのマンション管理組合は、権利能力なき社団であり、当事者能力を有する。しかしながら、管理組合であれば常に権利能力なき社団であり、当事者能力を有するわけではない点には注意が必要である。また、管理組合は、マンションの権利義務関係すべてに関与できるわけではない。あくまで、法律または規約・集会で定められた管理の範囲内での活動が許容されるにすぎない。

また、区分所有関係が成立している場合に、管理組合が、未売却部分を所有する分譲業者に対して、管理費等を請求することができるのは当然である。むしろ、管理組合は、分譲業者にも管理費等を請求しなければならない。

【参考文献】 本件の評釈として、原田純孝・判タ507号93頁、玉田＝米倉・裁判例217頁〔丹野達〕がある。

伊藤栄寿
上智大学准教授

29 管理費等の消滅時効

最高裁平成16年4月23日判決（民集58巻4号959頁）

1 事実

　X（被控訴人、被上告人）は、Aマンションの管理組合（法3条に基づく、区分所有者全員を構成員とする団体）である。Y（控訴人、上告人）は、平成10年3月31日、BからAマンションの506号室の区分所有権を買い受け、同年5月1日、その旨の所有権移転登記手続を了した。

　ところで、Bは、平成4年1月分から平成10年4月分までの管理費および特別修繕費（以下、併せて「管理費等」という）を滞納しており、その合計額は173万9920円である（以下、この管理費等を「本件管理費等」という）。Xは、本件管理費等の支払義務はYに承継されたとして（8条）、平成12年12月4日、Yに対し、本件管理費等の支払を求めた。

　Yは、本件の管理費等の債権は民法169条所定の債権に該当し、同条所定の5年間の短期消滅時効により消滅する旨主張して、本件管理費等のうち支払期限から5年を経過した平成7年12月分までのもの（合計104万200円）につき消滅時効を援用した。

　第1審、原審のいずれも、次のような理由で、Xの請求を認容した。本件管理費等は、原則的には毎月一定額を支払う形になってはいるものの、共用部分の管理の必要に応じて、総会の決議によりその額が決定され、毎年要する経費の変化に応じて年単位でその増額、減額等がされることが予定されているものであって、その年額が毎年一定となるものではない。したがって、Xが区分所有者に対して管理費等の納入を求めることができる権利は、基本権たる定期金債権の性質を有するものではなく、本件の管理費等の債権についても、基本権たる定期金債権から発生する支分権としての性質を有するものとはいえず、民法169条所定の定期給付債権には該当しないから、同条所定の短期消滅時効の適用はないと解すべきである。

　そこで、Y上告。

2 判旨

　一部上告棄却、一部破棄自判。「本件の管理費等の債権は、前記のとおり、管理規約の規定に基づいて、区分所有者に対して発生するものであり、その具体的な額は総会の決議によって確定し、月ごとに所定の方法で支払われるものである。このような本件の管理費等の債権は、基本権たる定期金債権から派生する支分権として、民法169条所定の債権に当たるものというべきである。その具体的な額が共用部分等の管理に要する費用の増減に伴い、総会の決議により増減することがあるとしても、そのことは、上記の結論を左右するものではない。

　そうすると、本件管理費等のうち平成4年1月分から平成7年12月分までのもの（合計104万0200円）については、消滅時効が完成していることになるから、Xの請求は、上記時効完成分を除いた69万9720円及びこれに対する支払督促の送達の日の翌日である平成12年12月13日から支払済みまで年5分の割合による遅延損害金の支払を求める限度で認容すべきである。」

　なお、福田博裁判官の補足意見がある。

3 解説

1 本判決の分析

　(1) 本判決の意義　本判決の争点は、マンション管理組合の有する管理費等の債権が、一般の債権と同様に10年の消滅時効（民167条）にかかるのか、それとも、定期給付債権として5年の消滅時効（民169条）にかかるのかということにあった。本判決の意義は、マンションの管理費等の債権が定期給付金債権に当たるとし、時効期間を5年間とする短期消滅時効に服することを明確に認めた点にある。

　(2) 民法169条の位置づけ　民法は債権の消滅時効期間を、原則として10年としている（民167条）。しかし、この原則には例外があり、さまざまな短期消滅時効が定められている（民168条～174条の2）。本判決で争点となった民法169条は、定期給付債権、すなわち、「年又はこれより短い時期によって定めた金銭その他の物の給付を目的とする債権」が、5年間の消滅時効にかかるとする。それでは、この定期給付債権に何が当たるのであろうか。判例および通説は、基本権たる定期金債権から発生する支分権であって、かつ、その支分権の発生に要する期間が1年以下であるものを、定期給付債権と解している。具体例としては、利息・賃料・小作料・扶養料などが挙げられている。他方、単に分割払いの特約が付されるにすぎない債権は、定期給付債権に該当しないものとされている。なお、定期給付債権を発生させるのは、基本権たる定期金債権である。逆に言えば、定期金債権とは、定期に一定の金銭等の債権（定期給付債権）を発生させる、包括的な債権である（民168条参照）。

　民法169条の短期消滅時効はなぜ認められるのか。民法の立法担当者は、次の3点を挙げている。支分権は①弁済されないと支障が生じるため、債権者は速やかに請求をし、弁済されるのが通常であること、②多額でないことが多く受取証の保存が忘れられ弁済の証明が困難となりうること、③長年支払の請求がされないと、債務者が突然多額の請求をされ困窮することである（梅謙次郎『訂正増補　民法要義　巻之一　総則編』428頁以下［1911］、同『日本民法証拠編講義　復刻版』412頁［2002］）。

　(3) 従来の判例・学説　マンションの管理費等の債権に、民法169条が適用されるかという問題については、本判決以前に、すでに最判平成5年9月10日が判断を下している。しかし、この判決は、マンション管理費債権が民法169条の定期給付債権に当たるとした原審判決を維持し、上告を棄却するのみであり、かつ、判例集に未登載であった。そのため、その後の下級審においても、民法169条の適用を認めるもの（東京高判平成14年6月12日判例集未登載）と認めないもの（東京地判平成

9年8月29日判タ985号188頁、本判決の第1審であるさいたま地越谷支判平成13年6月14日金判1196号23頁、本判決の原審である東京高判平成13年10月31日判時1777号46頁）とに判断が分かれており、学説上も対立が存在していた。

民法169条の適用を認めない見解は、管理費等の債権が、毎年、通常総会の決議によりその額が決定されるのが通常であることから、定期給付債権ではないとする。すなわち、総会決議により、その都度、管理費等が発生するものと理解する。その理由は、各区分所有者は、総会での決定後、管理費等の負担額を知ることになるからである。また、管理費等は、賃料、扶養料、給料等とは異なり、その弁済がない場合に債権者に深刻な支障が直ちに生じるということにはならず、ある種の公共的な負担金に近い性質があるとされる。さらに、証拠保全が困難とはいえないこと、管理組合が害され滞納者が不当に利することから、短期消滅時効を認める必要性に乏しいといわれる。

他方、民法169条の適用を認める見解は、管理費等の債権は、管理規約の規定に基づき、管理組合が区分所有者に対して有する基本権たる定期金債権から発生する支分権（定期給付債権）に他ならないとする。管理費等の具体的金額は、総会の決議によって確定し、月ごとに支払われるものであるが、このことが、基本権たる定期金債権（および支分権たる定期給付債権）の成立を否定することにはならない。

2 本判決の評価

(1) 本判決の妥当性　本判決は、民法169条の適用を認める見解を採用した。理論的視点からみた場合、本判決に対して異論の余地は少ないであろう。他方、民法169条適用否定説の理論的根拠はほとんどなかったといえる（後掲①②）。唯一の根拠は、管理費等の債権額が、毎年、総会決議により決定するということにあった。しかし、本判決がいうように、金額の増減が基本権たる定期金債権の性質を否定することにはならない。また、毎年の総会決議により、管理費等の債権ないしその取立権限が成立すると解するのは困難であろう（後掲⑩⑪）。理論的には、次のように解される。本件マンションの最初（設立時）の総会で定められた規約において、毎年の管理費等の支払が規定されている（なお、管理費等の額を定める本件マンション規約47条は、マンション標準管理規約（単棟型）48条と同様である）。この規約により、基本権たる定期金債権の成立が認められる。そして、規約に基づき、毎年の総会で、定期給付債権たる管理費等の具体的な金額が定められる（後掲⑥⑨）。

本判決の結論は、一定の支持を集めている（後掲①②③⑤⑥⑨）。しかしながら、本判決に対しては、2つの実質的観点からの批判がある。そのため、実質的観点からの検討をしておく必要があろう。

(2) マンション管理の特殊性？　本判決に対しては、マンション管理（管理費等）の特殊性を考慮していないという批判がある（後掲④）。第1審、原審は、まさに、このような特殊性を考慮したといえよう。また、管理費と特別修繕費（修繕積立金）にはかなりの性質の違いがある（後掲④）。管理費には169条の適用を認めるのはよいとしても、修繕積立金には特別な考慮が必要とも考えられる。このことを、福田博裁判官は補足意見で述べている。「修繕積立金は、区分所有建物の資産価値を維持保全するためのものであり、究極的には個々の区分所有者の利益に還元されるのであり、また、区分所有関係を維持していくために必要不可欠の負担ということもできる。修繕積立金のこのような性質にかんがみると、短期消滅時効の適用により、不誠実な一部の滞納者がその納付義務を容易に免れる結果とならないようにするための適切な方策が、立法措置を含め十分に検討されるべきものと考える。」

結局のところ、修繕積立金の特殊性、とりわけ、区分所有関係維持の必要性が述べられるにすぎない。補足意見は、そのために、立法措置の検討を促していると考えられる。しかしながら、時効管理をしていなかった管理組合を保護する必要性は乏しいであろう。管理組合は、適正な管理を行わなければならない。管理組合が、訴訟をためらい、面倒なことを先延ばししていること（後掲③）に問題の原因があろう。

(3) 民法169条の正当性　本判決への批判として、民法169条を形式論理的に解しているということも挙げうるであろう。民法169条を狭く解すべきとする見解が有力である（川島武宜編『注釈民法(5)』337頁〔平井宜雄〕[1967]）。第1審、原審も同様の前提に立っていると考えられる。その理由は、前述した民法169条の立法趣旨は、民法典制定時には妥当しえたとしても、現在には妥当しえないと考えられることにある。適用を認めた判例には古いものが多く、否定例も多いと指摘される（後掲④）。しかし、本件に民法169条を適用しないとすると、適用場面が不明確となる（後掲⑩⑪参照）。いかなる場面に適用を認め、いかなる場面に適用を認めないのか、その判断基準をどうすべきか、という問題が生じることになる。民法169条の適用を認めるべきでないとする理由が存在するのであれば、法改正により解決すべき問題であろう。

3 実務指針

本判決は、「本件の管理費等」について判断しているため、事例判決である。しかし、本判決が掲げる判断要素は、一般的なマンション管理規約に基本的に妥当する内容といえるため、その射程は多くの管理組合に及ぶといえる。そのため、マンション管理組合としては、管理費等の滞納について、5年間の消滅時効を前提に、時効管理をする必要がある。管理組合は、未払管理費等について、5年間を経過する前に催告し、支払がないときには訴訟を提起しなければならない。なお、本件のように、管理費等の滞納者から、区分所有権の特定承継を受けた者がいる場合、管理組合は滞納者だけでなく、特定承継人にも未払管理費等を請求できる（8条）。管理組合の理事等は、適切な時効管理をしなければ、責任を負担することにもなりかねない点に注意が必要である。

【参考文献】本件の評釈・解説として、①原田剛・法セミ596号112頁、②加藤新太郎・NBL798号69頁、③丸山英気・民商131巻4=5号695頁、④小野秀誠・金判1214号68頁、⑤寺川永・銀法646号80頁、⑥鎌野邦樹・ひろば58巻5号73頁、⑦金山直樹・判評557号12頁、⑧金山直樹・平成16年度重判1291号66頁、⑨鎌野邦樹・リマークス31号22頁、⑩宮坂昌利・曹時58巻11号142頁、⑪同・最高裁判所判例解説民事篇平成16年度273頁等がある。

伊藤栄寿
上智大学准教授

III 共用部分および敷地をめぐる法律関係 §19 共用部分の負担及び利益収取

30 管理組合法人の劣化抑制・壁面塗装工事と事務管理

東京地裁平成16年11月25日判決（判時1892号39頁）

1 事実

Xは、A（以下、本件マンションという）の管理組合法人である。Yは、本件マンションの地下1階駐車場（以下、本件駐車場という）の区分所有者である。

Xは、共用部分である本件駐車場の躯体部分のコンクリートの劣化を抑制するため、平成14年5月21日の集会（以下、本件集会という）の決議を得て、同年10月30日に鉄筋の露出箇所に対するA工法によるコンクリート劣化抑制工事（以下、本件工事という）をB株式会社（以下、Bという）に発注して、同年12月24日までに完成させ、平成15年2月7日までに増加工事代金を含む498万7500円を支払った。

この過程において、Xの理事会は本件集会で本件工事費用の20％をYに負担してもらう提案をするために議案書を送付したほか、Yの代理人に対し書簡を送付し、本件集会で本件工事について協議する予定であること、本件工事費の20％をYに負担してもらうことを集会に諮る予定であることを知らせていた。

Yの求めに応じて、Xは、壁面塗装工事の項目を含む見積書をYに送付した。Yは本件集会に出席しなかったが、Yが推薦する業者がXによる本件工事の事前説明会や見積合わせに参加し、Xとの間で工事内容に関する質疑の機会を得て、見積書を提出した。

XはYの代理人に対し本件工事費用の負担について協議を求める書面を送付したが、Yが協議に応じなかった。XはYとの間でその合意ができずにBに本件工事を発注し、本件工事を実施した。Xが本件工事を行うため本件駐車場の契約車両を移動させる時に、YはXに契約者の連絡先を通知して、本件工事の実施に協力した。

そこで、XはYとの間で事務管理の成立を主張し、Yが負担すべき93万4500円の有益費用の償還請求等を行った。XはYに対し予備的に不当利得返還請求を行った。

2 判旨

本判決は事務管理の成立について、Yのための事務になるのか否かにつき次のように判断した。

「壁面塗装工事の実施は、Xが管理する共用部分である躯体部分のコンクリートの劣化を抑制するというXの事務の一面を有するとともに、Yが所有する本件駐車場の壁面を塗装し、これを改修、美化するという一面をも有し、その限りにおいて、Xは、Yのための事務を行ったものということができる。」とした。

また、本人のために不利なことまたは本人の意思に反することが初めから明らかであったか否かにつき次のように判断した。

「〔1〕Yは、本件集会の前に、Xが本件駐車場壁面の塗装工事を含む本件駐車場躯体部分のコンクリート劣化抑制工事の実施を計画していることを知っており、Yは、本件集会に出席し反対表明することは容易であったにもかかわらず、自らその機会を放棄しているとみざるを得ないこと、〔2〕その後もXから協議の機会を設けることを求められながら、壁面塗装工事を含む本件工事を行うこと自体に反対するような対応はしていないこと、〔3〕かえって、Yが推薦する業者も、Xが実施した事前説明会に参加し、見積書を提出している上、Y自身も、本件工事の実施に当たっては、駐車車両の移動に協力するなどして、これに協力していることが認められるのであって、これらの事実に加え、Yは、その本人尋問において、Xと費用負担について協議をするつもりがあったと供述していることをも考慮すると、壁面塗装工事を行うことが、Yの意思に反することが初めから明らかであったと認めるには足りないものというほかはない。」とした。

このように事務管理の成立を認めBが提出した見積書の塗装工事費用の見積金額の約20％に相当する56万円をもって、上記有益費の額と認めるのが相当であるとした。この金額は、予備的な請求である不当利得返還請求においても56万円を超えるものではないとした。

また、利息の請求については、民法702条が同法650条1項を準用していないことから利息請求を認めることはできないとしたが、遅延損害金の支払請求を認容した。

3 解説

1 本判決の分析

（1）本判決では、管理組合法人が管理する共用部分の駐車場躯体部分の本件工事の一環として行った駐車場の壁面塗装工事の費用をYに負担させられるのか否かが問われた。

（2）区分所有法には、直接これに関する規定がない。しかし、共用部分については、法19条が「各共有者は、規約に別段の定めがない限りその持分に応じて、共用部分の負担に任じ」と規定する。

マンション標準管理規約（単棟型）は、21条1項で敷地および共用部分等の管理について定め、21条2項で「専有部分である設備のうち共用部分と構造上一体となった部分の管理を共用部分の管理と一体として行う必要があるときは、管理組合がこれを行うことができる。」とする。この文言は、本件の管理規約と同じである。

マンション標準管理規約（単棟型）21条1項の敷地および共用部分等の管理費用について、区分所有法19条に基づき、区分所有者は管理費・修繕積立金を管理組合に納入する義務がある。

マンション標準管理規約（単棟型）21条2項の場合の費用負担については、そのコメントの中で、2項の対象となる設備として配管・配線等が挙げられて、「配管の清掃等に要する費用については、第27条3号の「共用設備の保守維持費」として管理費を充当することが可能であるが、配管の取替え等に要する費用のうち専有部分に係るものについては、各区分所有者が実費に応じて負担すべきものである。」とする。

したがって、本件の場合を配管の取替え等に類推して区分所有者が実費負担をすると解釈できる余地があるが、しかし本件の事例に直接的に言及していない。

それ故、明確なルールがないために、本判決はこの場合を事務管理によって解決しようとしたのである。本来は、この場合の費用負担のルールをマンション標準管理規約（単棟型）の中に規定すべきではないかと思う。

(3) 事務管理の要件は、他人のために事務の管理を始めること、義務なくして（権限なくして）管理すること、本人のために不利なことまたは本人の意思に反することが明らかでないことである（我妻栄『債権各論下巻一』900頁以下［1972］等）。

他人のために事務の管理を始めることは、事務の管理を始めることと他人のために管理することに分けられる。この点は、本判決における壁面塗装工事の実施がYの所有する本件駐車場の壁面を塗装し改修美化することで、Yのための事務を行ったことに現れている。さらに、本判決は、壁面塗装工事の実施がXの管理する共用部分の躯体部分のコンクリートの劣化を抑制するというXの事務でもあるといっている。これは、自分の利益を図る意思である。この場合でも他人ための管理の要件を満たすことは、学説・判例の立場である。本判決は、この立場を踏襲している。

判例として、大判大正8年6月26日民録25輯1154頁は、「共有者協議ノ結果各自ノ負担ニ帰スヘキ費用ノ全部ヲ其内共有者ノ一人ニ於テ支払ヲ為スハ自己ノ事務ヲ処理スルト同時ニ他ノ共有者ノ負担部分ニ付テハ即チ義務ナクシテ他人ノ為メニ事務ヲ管理シタルモノニ外ナラサルニヨリ原審カ本件被上告人ノ費用支払ノ行為ヲ以テ事務管理トナシタルハ至当ナリ」とする。

義務または権限なくして管理することについて、本判決は言及していない。しかし、本判決は、壁面塗装工事の実施を義務なく行ったと判断したのである。ただし、壁面塗装工事の実施が本件集会の決議に基づいて行われたことや、マンション標準管理規約（単棟型）21条2項と同じ管理規約との関連において義務または権限があると評価できるのではないかという課題が残っている。

本人のために不利なことまたは本人の意思に反することが明らかでないことについて、本判決は詳細に判断している。この要件は学説・判例で確認されている。

たとえば、大判昭和8年4月24日民集12巻1008頁は、「事務管理カ本人ノ意思ニ反シ或ハ本人ノ為メニ不利ナルコト明ナルヤ否ヤハ事務ノ管理ヲ為シタル当時ノ事情ニ依リテ之ヲ決スヘク」とする。

(4) Yが負担する有益費用の額について、本判決は「壁面塗装工事は、本件駐車場躯体部分のコンクリートの劣化抑制の効果を有するものであり、これが専ら本件駐車場の壁面の改修、美化を目的として実施されたものではないことは既に説示したところであって、上記壁面塗装工事費用の全額が、XがYのために支出した有益費とみることはできない」とし、「Xが、壁面塗装工事を含まないB工法によって本件駐車場躯体部分のコンクリート劣化抑制工事を行った場合には、壁面塗装工事に代わり、コンクリート劣化抑制の効果のみを有する亜硝酸リチュウム水溶液塗布工事が必要となること、Xが本件工事の監理を依頼した改修設計の積算によれば、A工法とB工法との工事費用の差額は約130万円であって、上記金額は、上記積算に係る壁面塗装工事費用の約41パーセントにとどまることが認められ、これらの事実に照らすと、壁面塗装工事に要した費用の半額がYの負担する有益費用の額に当たると認めるには足りない。」として、壁面塗装工事費用の全額または半額の支払請求を認めなかった。

結局、本判決はA工法とB工法との差額が「コンクリートの劣化の抑制効果を高める意味をも有するものであって、すべてが上記有益費用に当たると認めることはできず、その50パーセントが上記有益費用に当たると認めるのが相当である。」とした。

したがって、本判決は、壁面塗装工事費用の約41％の半分である約20％（56万円）をYが負担する有益費用と判断した。

有益費用は客観的に管理時を基準として費用が現存していなくても全額請求できるとする（川井健『民法概論4債権各論〔補訂版〕』359頁［2010］）。償還請求時の利益を基準とした不当利得とは異なるとする。

本判決は他人のための事務であると同時に、自己のための事務の場合における有益費用を算定したものと位置づけることができるが、しかし壁面塗装工事費用の約41％の半分とした算定根拠が明瞭であるとはいえない。このことは、本判決が指摘する「Yの損失の下にXが利得した壁面の塗装による利益のうち、現存する利益の額に限られるのであって、その金額が、上記56万円を超えるものではない」と述べている不当利得法理への接近からも判断できる。

(5) 本判決は利息請求を否定し、1月31日までに有益費用を支払うことを内容証明郵便により催告しているので、その翌日である2月1日から支払済みまでの民法所定の年5分の割合による遅延損害金の支払を認めている。本判決は「民法702条が同法650条1項を準用していないことからすると、上記利息請求を認めることはできない。」ことを理由とする。

従来の判例（大判明治41年6月15日民録14輯723頁）もそうであった。しかし、有益費の完全償還の趣旨から肯定する学説がある（我妻・前掲919頁、三宅正男編『新版注釈民法(18)』294頁［1991］）。

2　本判決の評価

本件の場合は管理規約に明確なルールを定めるべきであるが、これがない場合は事務管理法理で解決した本判決を肯定するしかない。しかし、有益費の算定根拠が不明瞭であることや、完全償還の趣旨から利息請求を認めていないことは問題点である。

なお、Xが善管注意義務を果たしたか否か考慮して請求額の減額処理で解決したとする意見（円谷峻・リマークス33号61頁）や本件駐車場の壁面は当該塗料を含めて共用部分であるとする意見（清水恵介・判評565号26頁）があることを指摘しておく。

3　実務指針

紛争の予防のために、マンションの管理規約のなかに、駐車場壁面の塗装工事を含む駐車場躯体部分のコンクリート劣化抑制工事の場合など想定されるあらゆる場合を規定して、費用負担のルールを定めておくことが望ましい。

【参考文献】　本文に引用したものを参照。

角田光隆
神奈川大学教授

31 マンションの共用部分について生じた不当利得の返還請求権の行使権者

最高裁平成27年9月18日判決（民集69巻6号1711頁）

1 事実

複合用途型マンションの区分所有者Yは、携帯電話会社Aとの間で自己の専有部分ならびに共用部分である塔屋および外壁等をAの携帯電話基地局とする目的で賃貸する旨の契約を締結し、そのための配管等が共用部分に設置された。これに対し、区分所有者Xは、Yに対し法19条を根拠に、Yが得た賃料のうちXの共用部分共有持分相当額につき不当利得を理由に返還を求めた。本件マンションの規約では、バルコニーについては、それに接する専有部分の区分所有者が無償で専用することができ（9条1項）、塔屋、外壁については、事務所・店舗所有の区分所有者が事務所・店舗用の冷却器、袖看板等の設置のため無償で使用することができ（9条2項）、また、これら以外の「共用部分の修理、保守、管理……は、管理者において行な（う）」（12条1項）との定めがあった。第1審（横浜地判平成24年1月30日）は、本件賃貸借に係る上記設備については、本件規約9条2項に基づき無償使用が許されることからXの主張は失当であるとしたが、原審（東京高判平成24年12月13日）は、①本件設備はYが賃料収入を得る目的のものであって同項でいう事務所等使用の区分所有者が通常必要とする付随的設備とは異なるとしてXの不当利得返還請求を認めたが、②ただ、法26条2項の規定などから個々の区分所有者の権利行使は団体的規制に服するとしてXの請求を棄却した。X上告。

2 判旨

最高裁は、原審の結論を是認してXの上告棄却。ただ、原審の前記①は踏襲したが、請求棄却の理由付けに係る②に関しては次のように異なる判断をした（引用中の ⓐⓑⓒは筆者）。「ⓐ共用部分を第三者に賃貸することは共用部分の管理に関する事項に当たるところ、（Xの）上記請求権は、共用部分の第三者に対する賃貸による収益を得ることができなかったという区分所有者の損失を回復するためのものであるから、共用部分の管理と密接に関連するものであるといえる。そうすると、ⓑ区分所有者の団体は、区分所有者の団体のみが上記請求権を行使することができる旨を集会で決議し、又は規約で定めることができるものと解される。そして、上記の集会の決議又は規約の定めがある場合には、各区分所有者は、上記請求権を行使することができないものと解するのが相当である。ⓒそして、……区分所有者の団体の執行機関である管理者が共用部分の管理を行い、共用部分の使用をさせることができる旨の集会の決議又は規約の定めがある場合には、上記の集会の決議又は規約の定めは、区分所有者の団体のみが上記請求権を行使することができる旨を含むものと解される。」最高裁は、本件管理規約にはこのような定めがあるからXは不当利得返還請求権を行使することができない、と判示した。

3 解説

1 本判決の分析

（1）本事件の論点　本件の論点は、マンションの特定の共用部分について規約により特定の区分所有者に対し専用使用が認められている場合において、①専用使用として認められる事項の範囲、②当該区分所有者が①に違反して賃貸し賃料を取得したときに、他の区分所有者は不当利得返還請求権を行使できるか、③同請求権の行使は団体的制約を受けるか、④団体的制約が認められるとしたときの法的根拠は何か、であり、本判決は、これらの点について最高裁として初めての判断をした。

第1審は、①について、本件設備は規約で定める専用使用に含まれるとし、②以下を問題としなかった。これに対し、第2審および最高裁は、第1審の判断を否定したうえで、前記②および③について肯定的に解した。ただ、④について、原審は、その条文上の根拠を法26条2項等に求めたが、最高裁は、別の論理を展開した。本判決について、筆者は、【参考文献】①、②で評釈をしているので、以下ではそれらで述べたことについては最低限述べるにとどめる。

（2）共用部分の団体的管理　この点を検討するにあたり、以下では、そもそも区分所有建物における共用部分の使用・収益について、どのように団体的に管理がなされ、他方、各区分所有者はその共有持分権に基づいてどのような請求ができるかを中心に考察する。共用部分（および区分所有者の共有の敷地）の使用・収益に係る管理については、規約の定めまたは集会決議を通じて団体的に決定され（3条）、その決定は管理者によって執行される（26条）。共用部分等の通常の管理（17条、18条、21条）についてだけでなく、特定の共用部分等を有償または無償で、特定の区分所有者に専用使用させるかどうか、また第三者に使用させるかどうかについても同様である（以上の点については、最高裁の立場も、前記ⓐの部分に照らすと同一であると思われる）。そして、有償とした場合の収益の帰属（例えば敷地内の駐車場の使用料収入）についても同様に団体的に決定されるが、通常はその支払につき、管理者が区分所有者の全員を代理してこれを請求して受領し、別段の規約の定めや集会決議がない限り、当該収益は管理組合に団体的に帰属する（標準管理規約29条参照。なお、東京地判平成3年5月29日判時1406号33頁は管理組合に合有的に帰属するという）。

（3）共用部分についての不法占有・不当利得　団体的決定に基づく共用部分の適法・適正な使用・収益（以下「適正占有」という）に対し、法令または団体の決定に反するような使用・収益についてはどのように考えるべきか。この場合については、第三者が何らの権原もなく占有する場合（法令違反の場合で、以下「不法占有」という）と、共有持分権者たる区分所有者または専用使用権を有する区分所有者から借受けをした第三者が（事

前ないし事後の）団体的規制に違反して共用部分等を占有する場合（以下「不正占有」という）とに分けられる。これらの各場合に、管理者または各区分所有者は、それぞれが独立して当該使用の停止を請求することができるか、また当該使用に伴う利得・収益の返還を請求することができるか。以下で検討しよう。

（ア）不法占有の場合　不法占有の場合においては、管理者は、共用部分等を保存する権限（26条1項）に基づき使用の停止を請求でき、他方、各区分所有者は、共有持分権の侵害（民198条参照）、または保存行為（18条1項）を理由にして使用の停止を請求でき、それぞれが独立して請求することができると解される。すなわち、各請求権を行使するにあたり改めて団体の決定を経る必要はない。そして、不法占有により得られた利得の返還やこれによる損害の賠償の請求についても、基本的に同様であり、管理者は、法26条2項に基づき「区分所有者を代理」して請求および受領でき、他方、各区分所有者は、《本人として》自己の共有持分に応じた不当利得の返還（民703条）または共有持分権の侵害による損害の賠償（民709条）を請求することができると解される。ただし、団体的決定（規約の定めまたは集会の決議）をもって各区分所有者の以上の各請求権の行使または金銭の受領を制限した場合には、各区分所有者は、その権利行使につき制約を受け、他方、団体的決定の前に特定の区分所有者が以上の各請求権を行使していた場合には、管理者の請求は、その限りで制約を受けよう。

（イ）不正占有の場合　不正占有に対する請求は、当該占有が共有持分権を基礎とする区分所有者または専用使用を認められた区分所有者から当該占有の移転を受けた者に対するものであるので、（ア）の不法占有の場合とは異なり、《適正占有とする旨の（事前の）団体的決定》に対応しうる《不正占有として措置する旨の事後的な団体的決定》に基づくものと考えられる（当該占有につきその性質や程度等から団体として許容し、また、そのうえで使用料を徴収する旨の決定もありうる）。したがって、不正占有に対しては、共用部分の用方違反（13条）等に係る共同利益背反行為（57条1項）として集会において団体的決定をし、同決定に基づき管理者等が法の定める手続（57条2項～4項）に従って当該不正占有の停止を請求すべきであり、各区分所有者が独立して共有持分権に基づき、または保存行為を理由として、同請求をすることはできないと解する。なお、規約において、当該不正占有を具体的に禁止し、当該不正占有に対して管理者が同請求をする権限が認められると解される場合には、管理者は同権限の行使として同請求をすることができよう。その懈怠があるときには、各区分所有者は、管理者に対しその履行（および損害があるときにはその賠償）を求めることができよう。

それでは、不正占有により得られた利得の返還や損害の賠償の請求についてはどうか。これらの金銭債権は性質上可分債権であること、また、法26条2項は、各区分所有者は《本人として》自己の共有持分に応じた損害賠償金および不当利得による返還金を請求することができると解されうることとの関係が問題となる。思うに、当該不正占有が共同利益背反行為か否かについては最終的には客観的に判断されるものの、その停止等の請求は団体的に決定される（57条）ところ、不正占有に対する各区分所有者の支分権たる上記金銭請求権は、基本権たる当該占有が共同利益背反行為であるとの団体的決定を基礎とするものである。したがって、各区分所有者の支分権たる上記金銭債権は、（ア）の不法占有の場合とは異なり、当該占有を不正占有とする団体的決定を基礎として初めて成立する。法26条2項の規定に関しては、不法占有の場合は当然に各区分所有者に上記金銭請求権が発生するが、不正占有の場合の上記金銭請求権については上のように解するべきである（なお、同項の保険金額の請求については、共用部分の管理に関する事項とみなされている損害保険契約（18条4項）に基づくことから、結果的には不法占有の場合の上記金銭請求権と同様となろう）。ただし、共同利益背反行為に当たる旨の不正占有であるとの団体的決定（57条）が先行してなされた場合には、それ以降は、管理者等による団体的請求と各区分所有者による個別請求とが併存するが、別段の規約の定めや集会決議がある場合にはそれに従うものと解される。法19条に定める各区分所有者の共用部分から生ずる利益の収取権の行使についても以上で述べたことを基礎に考えるべきであろう。

2　本判決の評価

以上の前提に立つと、本件は「不正占有」に伴う不当利得の返還請求に関する事案であり、理論上、第1に本件占有に対し「適正占有」ではなく「不正占有」（共同利益背反行為）として措置する旨の団体的決定が問題とされ、第2に同決定に基づく返還金の請求に関する団体的決定が問題とされる。最高裁は、このような前提には立ってはいないが、前述のように共用部分等の管理としての占有のあり方に関するⓐの部分は上記の私見と共通の認識であると思われる。ただ、上の第2決定に関して、ⓑの部分は当然のことを判示したもので妥当な判断であると思われるが、しかし、ⓒの部分に関して、なぜ共用部分等の管理を管理者の権限とする旨の一般的な団体的決定のみによって当然に不正占有に伴う不当利得による返還金の行使が区分所有者の団体（管理組合）ないし管理者に限定されるのかについては、不可解であり筆者の理解を超える（【参考文献】①、②参照）。

3　実務指針

本判決は、管理者が実際に本件請求権を行使しない場合の措置などにつき実務上混乱をもたらすことが懸念されるが（この点につき【参考文献】②参照）、ただ、本判決の立場でも、管理組合としては、本件のような紛争が生じないように共用部分等の使用ないし占有のあり方に関して規約において明確に定めておき、また、現実に問題が生じた場合には直ちにその具体的措置につき集会決議を通じて団体的に対応することが求められよう。

【参考文献】　本件の評釈としては、①鎌野邦樹「新・判例解説Watch」Web版（民法（財産法）No. 104、2016年1月15日掲載）＝同雑誌版「速報判例解説」Vol. 18、71頁、②鎌野邦樹・判評693号167頁、③鎌野邦樹・マンション学54号84頁、④伊藤栄寿・民商152巻1号62頁、⑤笠井修・金判1504号8頁等がある。

鎌野邦樹
早稲田大学教授

32 敷地付属施設の管理

神戸地裁昭和 54 年 11 月 9 日決定（判時 974 号 112 頁）

1 事実

　債務者 Y（兵庫県住宅供給公社）は、私鉄駅付近の丘陵地に全 26 棟、総戸数 790 戸の共同住宅団地の建設を計画した。Y の理事会は、昭和 51 年 3 月、その計画を第 1 期 240 戸、第 2 期 220 戸、第 3 期 110 戸、計 570 戸と決定し県知事の承認を受け工事に着手し昭和 53 年 3 月末日までに完成した。その間、パンフレット等で入居者を募集し、昭和 54 年 2 月までに債権者 X らを含む456 戸の分譲入居が終わった。この時点で X らは本件共有敷地に関して各 790 分の 1 合計 790 分の 456 の持分を有しているが、Y はその余の 790 分の 334 の持分を有している。他方、Y は、昭和 52 年 3 月の理事会において、第 4 期工事分 4 棟 100 戸の建設計画を決定し、県知事の承認を受けたうえで公表し同年 5 月 1 日および 2 日付新聞に掲載した。さらに、Y は、53 年 3 月の理事会において第 5 期工事分 4 棟 120 戸を建設する旨を決定し県知事の承認を得たうえで公表し同年 4 月 27 日付新聞に掲載した。第 4 期の 100 戸の建築については既に着工済みであった。

　問題となったのは、第 1 期から第 3 期の建物の占有部分の面積が 68・66 ㎡ほかバルコニーが約 10 ㎡であるのに、第 4 期、第 5 期合計 8 棟については、専有部分の面積が 80・62 ないし 83・40 ㎡であった。また、住宅のタイプも、旧タイプは 4DK であるのに、新タイプは 4LDK となり、工法も、旧タイプはプレハブ工法（PC 工法）であるのに、新タイプは生コンクリート造工法（RC 工法）であることであった。

　X らは、自分達の第 1 期から第 3 期までの分譲と内容の異なる Y の建築・分譲計画に、違和感と不快感を抱き、自分達と同形式の計画に変更するように交渉してきたが、話し合いがまとまらず、第 4 期、第 5 期工事の続行禁止の仮処分申請をしたのが本件である。その法的根拠として、①本件団地の敷地は、X らの共有物であり、その敷地に当初予定したものより大きな建物を建設することは、予定した部分より拡大膨張した敷地の部分の「管理行為」に当たる。敷地について規約に明確な規定がないときは、区分所有法ないし民法に従うことになるが、ⓐ区分所有法 13 条（旧法）によれば共用敷地の管理に関する事項は共有者の持分の過半数（790 戸のうち 396 戸以上）の同意が必要であるし、ⓑ民法 252 条によれば、共有者の持分の過半数の同意が必要である。しかし、本件では共有者の持分の過半数の者が反対している。②本件団地規約 4 条と一体をなす「物件目録」によれば、本件団地の一戸当たりの専有部分の面積は 68・66 ㎡と明記されており、これと異なる占有面積の住宅を建設するためには総組合員の 4 分の 3 以上の合意を必要とする規約改正の手続を経なければできない（本件規約 28 条）。③X らは、そうした同意手続なくして共有持分権を侵害され、所有権に基づく妨害予防請求権ないし Y の共同の利益に反する行為（旧法 5 条）に基づき差止請求権が発生すると主張した。

2 決定要旨

　裁判所は以下のような理由で、債権者 X らの仮処分申請を却下した。

　（1）本件敷地が X らを含む団地住宅購入者および Y の共有物であり、本件第 4 期、5 期の工事が本件敷地の管理に当たる処分であることは、工事の内容規模に照らして明らかであるとしつつ、「しかしながら、本件団地は Y により公社法に基づく公益事業の一環として建設分譲され」、上建設分譲は、数年がかりで遂行され、その募集・分譲は順次なされるものであり、「経済事情並びに住宅に対する社会的要求の変動等に伴い、当初計画を変更、調整する必要が生ずることも予想されること」、X らと Y との間に交わされた本件団地分譲契約証書等には、本件団地が 26 棟 790 戸で構成される旨の記載はあるが「790 戸全てが同一タイプの住宅である旨の記載はないこと」、さらに、本件のような区分所有の対象となる団地住宅の分譲の際には、敷地の管理は専ら管理組合によってなされ、住宅購入者の関心は専ら住宅ならびに付属施設等居住環境に集中し、住棟建設予定地とされている他のロット内の管理使用についての関心は薄いと考えられ、現に、Y による 4 期、5 期の工事計画の内容が昭和 53 年 4 月の新聞掲載後も、既存タイプの分譲契約を締結した者も少なくないこと等の諸点を総合考慮すれば、「本件団地の共用部分の利用関係に殆ど影響を及ぼさない範囲において、住宅規模、構造を Y が右事業計画遂行のために決定、変更し、それに必要な本件敷地の利用権限を Y に留保することが、X らを含む住宅購入者と Y 間の分譲契約において合意（暗黙）されていたものと認めるのが相当である」とする。

　（2）そして、本件の 4 期、5 期工事によって建築される建物は、事実上 X らによって利用されることのない既存の「ロット」上に建築されるものであること等を考慮すれば、その計画変更は、X らと Y との分譲契約において、「Y に留保されている本件敷地の利用権限の範囲内のものと認めるのが相当である」とした。

　なお、共用部分に関する区分所有法（旧法）9 条および 13 条は、団地の共有土地については同旧法 36 条は準用されていないので、一般法である民法の共有の規定（252 条）が適用されるが、本件では上記のとおりの制約がある。

　（3）区分所有者の敷地についての権利が前記(1)、(2)と「同様の制約を免れない」から、区分所有法 5 条 1 項（旧法）に基づく差止請求が発生する根拠もない。

　（4）規約中の物件目録の記載は「本件団地の専有部分及び共有部分の特定、表示に関連してその時点における一戸当たりの面積という事実を記載したものにすぎず」将来における右面積と異なる住宅建設を禁止する趣旨ではないとする。

　（5）本件 4、5 期工事は、X らに対し、実質的利益の

全くない過剰な共有持分を取得させ、代金相当分、公租公課を負担させるなど不公平なものである旨の各主張は、Yの清算ないし損害賠償義務が生じるか否かはともかく、それら自体が「差止請求権の発生原因たりえない」とする。

3 解説

1 本決定の分析

(1) 本決定が前提とする旧区分所有法（1962（昭37）年法）では、建物の敷地または共用部分以外の付属施設が区分所有者の共有に属する場合の特別の規定はなかった。もっとも、規約でその管理を集会の決議により決するものと定めることは可能であった（旧法23条）。しかし、規約にそのような定めがないときには、区分所有者の共有に属する敷地等の管理については民法の共有の規定が適用された。現在では（1982（昭58）年改正法）、区分所有者は全員で建物ならびに敷地および付属施設の管理を行うための団体を構成するものと規定し（3条）、敷地または共用部分以外の付属施設（これらに関する権利も含む）が区分所有者の共有に属する場合には、共用部分の変更・管理・負担等の規定（17条〜19条）が準用される（21条）。その結果、敷地の管理等は区分所有者の「集会」（総会）の団体的意思決定による（39条1項）。また、現行法では、本件のような区分所有法上の「団地」（一団地内に数棟の建物があり、その団地内の土地または付属施設（またはこれらに関する地上権、賃借権等の権利）が一団地内の数棟の建物の所有者（区分所有建物にあっては区分所有者）の共有に属する場合）にも、団地内の区分所有者の共有に属する敷地や付属施設については、区分所有者全員で構成する「団体」による管理を定め（65条）、共用部分の管理に関する規定（17条〜19条）が準用されている。

(2) 本件のような大規模団地では、一定の計画に基づいて比較的長期にわたって建設、分譲が継続する。そのような過渡期において、土地・建物の分譲者と既購入者との敷地の権利関係はどうなるのかが問題となる。本判決は、旧区分所有法のもと、民法の共有関係があることを認めた。他方で、その共有関係には、分譲者と購入者との間で締結された分譲契約関係による債権的な制約があるという。その制約の根拠と内容は<u>「本件団地の共用部分の利用関係に殆ど影響を及ぼさない範囲において、住宅規模、構造をYが右事業計画遂行のために決定、変更し、それに必要な本件敷地の利用権限をYに留保することがXらを含む住宅購入者とY間の分譲契約において合意（暗黙）されていた」</u>（下線は筆者）とする。そして、本件4期、5期工事の敷地利用の膨張変更は、XらとYとの分譲契約において、「Yに留保されている本件敷地の利用権限の範囲内」だとするのである。民法252条をそのまま適用すると、Yの敷地利用の変更は、共有物の利用に関わる「管理行為」であるから、共有持分価格に従いその過半数で決することになり（同条本文）、その過半数をもつXらの同意がない以上、そのような変更はできないはずである。それを上記のような「暗黙の合意」を根拠に、Yには一定の変更を許容しXらの持分権には一定の制約を認めたといえる。

2 本決定の評価

(1) 本決定は、本件のような団地分譲計画の遂行過程での計画変更の可能性を考慮し、かつ、その変更内容に制約を加えて既得権者の利益にも配慮した「巧妙な理論構成」と評価される（丸山英気・判評265号30頁）。ただし、そのような「暗黙の合意」を擬制できるのか、第三者が出現したときも対抗できるための妥当な規律が可能なのか、既に指摘があるところである（丸山・前掲同頁）。

(2) このような過渡期の共有状態を規律するルールをどのように構成するかは大きな問題である。丸山教授は、敷地の共有といっても分譲業者側に開発権が物権的に基本的に留保されており、過渡期中に分譲を受けた共有者といえどもその基本権にふれることはできず微調整修正権があるにすぎないとの構成の可否について物権法定主義との関係での検討を示唆されている（丸山・前掲31頁）。現行の区分所有法では、本件のような問題も、上記1の(1)で述べたような団体の規律の問題となるが、やはり過渡期の共有状態に基づき、形式的な共有持分を反映した多数決で決することでよいのかについては同様に問題となる。

(3) そもそも、マンション分譲開発者の所有権に基づく開発の自由・裁量というものをどこまで認めるべきなのか、購入者が多数にわたりかつ分譲後の建物・敷地の維持管理のため規約に基づく団体的規律を継続せざるをえないことなど、公共性の観点からのその自由の制約をどこまで課すのか、強行法的な側面を考慮した立法等も考察を要する問題といえよう。本件では、さらに、分譲者の公的性格から、公正な住宅環境提供の責務という観点も考慮する必要がある。それは、一般の分譲業者と比して、開発の裁量を広める場合と購入者や公共の利益のためにより制約されるべき場合とを区別する分析も必要だと思われる。私法と公法が交錯する問題といえよう（同様な視点が問題となる売れ残りマンションの値引きに関する公社の責任が問題となった大阪判平成19年4月13日がある（西島良尚・リマークス38号50頁以下））。本件で公正な住宅政策の事業計画であるべきことから、事前の説明や広報のあり方に照らして、購入者Xらの信頼や期待が裏切られていないかという点も無視できない問題である。本判決も、差止請求は否定しても、上記判旨(5)の箇所で「清算ないし損害賠償」の可能性を示唆している（ただし、具体的損害額の立証の困難性については丸山・前掲32頁を参照）。

(4) なお、規約の面積表示の意味についても問題であるが、紙幅の都合で省略する（規約の成立時期との関係について検討されている丸山・前掲31頁を参照）。

3 実務指針

分譲過渡期における分譲者側の計画変更に関する一定の裁量と制約について、分譲者側も購入者側も十分に意識すべきである。特に分譲者側は、購入者の期待に配慮した十分な説明はもちろん、原始規約の定め方にも配慮して、トラブル防止に努めるべきである。

【参考文献】 本文中に引用のものを参照されたい。

西島良尚
流通経済大学教授・弁護士

III 共用部分および敷地をめぐる法律関係 §22 分離処分の禁止、§23 分離処分の無効の主張の制限、§24 民法第255条の適用除外

33 共有者が相続人なくして死亡した場合の共有持分の帰属

最高裁平成元年11月24日判決（民集43巻10号1220頁）

1 事実

土地所有者Aが死亡し、当該土地を同人の妻BとAの兄弟姉妹（代襲相続人を含む）28名が共同相続し、Bの共有持分3分の2（22680分の15120）と登記されていた。Bは昭和57年7月に死亡し、相続人がいなかったため、$X_1 X_2$ら夫妻（原告・被控訴人・上告人）は、Bの特別縁故者として大阪家裁岸和田支部へ相続財産分与の申立をし、同支部は、昭和61年4月28日、本件土地のBの持分の各2分の1をX_1らに分与する旨の審判をした。妻X_2とBとは遠い親戚関係であったが、X_1らは事実上の養子としてA・B夫妻の面倒をみてきたという。

X_1らは、同年7月、大阪法務局佐野出張所登記官Yに対し、上記審判を原因とする本件土地のBの持分の全部移転登記手続を申請した。これに対し、Yは、同年8月、不動産登記法49条2号に基づき本件が登記すべきものではないとの理由でこれを却下する旨の決定をした（以下「本件却下処分」という）。そこで、X_1らは、大阪法務局長に対する審査請求手続を経て、本件却下処分の取消しを求めたのが本訴訟である。

Yは、共有不動産の共有者の一人が相続人なくして死亡した場合には、共有持分については民法255条が適用され、法律上当然に他の共有者に帰属するので、共有持分は民法958条の3による特別縁故者への遺産分与の対象とはならないから、本件却下処分は適法であると主張した。登記先例は早くからこの民法255条が同法958条の3の規定に優先するという説（255条優先説）に立ち（昭和37年8月22日民事甲第2359号法務省民事局長通達）、本件却下処分もこれに従ったものとみられる。

これに対し、第1審大阪地裁は、登記先例とは逆の立場で民法958条の3の規定が同法255条に優先する説（958条の3優先説）をとりX_1らの請求を認容したが（大阪地判昭和62年7月28日判タ653号92頁）、原審大阪高裁は、登記先例と同じく255条優先説に立ち、第1審判決を取り消してX_1らの請求を棄却した（大阪高判昭和62年12月22日判タ660号87頁）。これに対し、X_1らが上告したのが本件である。

2 判旨

「共有者の一人が死亡し、相続人不存在が確定し、相続債権者や受遺者に対する清算手続が終了したときは、その共有持分は、他の相続財産とともに、法958条の3の規定に基づく特別縁故者に対する財産分与の対象となり、右財産分与がされず、当該共有持分が承継すべき者のないまま相続財産として残存することが確定したときにはじめて、法255条により他の共有者に帰属することになると解すべきである。」なお、香川裁判官の反対意見がある。

3 解説

1 本判決の分析

（1）人が相続人なくして死亡した場合、その人の財産は誰に帰属するのか。民法の基本的枠組みは次のとおりである。死亡した者の相続財産は相続財産法人に帰属し（民951条）、そこから、まず相続債権者に対する弁済をし、次に受遺者に対する弁済に充てられる（民957条2項により、929条、931条、935条の準用）。そうした清算手続の後、なお残存財産があれば、その全部または一部を被相続人と特別の縁故があった者（特別縁故者）の請求により、家庭裁判所がそれらの者に与えることができる（民958条の3）。特別縁故者にも与えられなかった相続財産は、国庫に帰属することになる（民959条）。

他方、民法は、共有者の一人が「死亡して相続人がないときは、その持分は他の共有者に帰属する」と定める（民255条）。

共有持分を有する者が、相続人なくして死亡したとき、958条の3と255条のいずれが優先的に適用されるのかが問題となる。2通りの考え方がある。255条優先説によると、共有持分については、常に、他の共有者に帰属することになり、特別縁故者への財産分与の問題は生じないことになる。958条の3優先説によると、共有持分が特別縁故者へ分与されれば他の共有者への帰属の問題は生じず、特別縁故者へ分与されなければ他の共有者に帰属することになる。

（2）本件最高裁判決は、958条の3優先説を採用したのであるが、それまでの下級審の裁判例は分かれていた。255条優先説にたつもの（福島家会津若松支審昭和53年3月28日家月31巻3号95頁、名古屋高金沢支決昭和49年11月30日家月27巻10号51頁ほか）と、958条の3優先説に立つもの（名古屋高判昭和59年9月26日家月37巻5号56頁、広島高岡山支決昭和53年8月3日家月31巻6号26頁ほか）とがあった（詳しいリストは、上田豊三・ジュリ950号103頁、前田達明・判タ546号18頁以下参照）。数の上では2分していたといってよいが、新しいものほど958条の3優先説が多い状況であった。

（3）学説も2つに分かれていた。255条優先説に立つもの（我妻栄＝唄孝一『判例コンメンタール相続法』237頁[1966]、久貫忠彦『判例特別縁故者法』291頁[1977]、香川保一編『不動産登記実務総覧』170頁[1980]ほか）、958条の3優先説に立つもの（川島武宜＝川井健編『新版注釈民法(7)』465頁[川井健][2007]、沼辺愛一＝大津千明・ジュリ501号134頁、吉野衡『注釈不動産登記法総論〔新版〕上』602頁[1982]、広中俊雄『物権法下』425頁[1981]、前田・前掲24頁、有地亨・家族法制例百選〔第4版〕146頁など）がある。本判決が出るころには後者が多数説であったといえよう。

2 本判決の評価

（1）本件の原審大阪高裁判決は255条優先説を採用し

た。その理由を整理すると以下のとおりである（上田豊三・判解民平成元年度430頁以下参照）。①民法255条は「相続人がないときは」と定め文理上「特別縁故者」は含まれない。②民法958条の3は、民法の一部改正（昭和37年法40号）によって新設された規定であるが、既存の255条の従来の解釈を変更する合理的理由があるとは即断できない。かえって新設法条により、既存の法条の従来の解釈が不相当ないし不合理になる場合には一般に立法者において既存法条の改正等の手当てがなされるがそれがない。③958条の3は、相続人のいない死亡者の合理的意思をそんたくし遺言制度を補充し、直ちに国庫に帰属する不条理を排除する趣旨を含むが、他の共有者が255条によって享受する法的利益を、同じく不条理なものとして特別縁故者の法的利益に劣後させようとする趣旨まで含むとは直ちに解しがたい。④共有持分を国庫に帰属する（民959条）とすれば、共有関係を徒に複雑にし国の財産管理上の手数も生じるので、255条の立法趣旨はこれを避けることにあるにすぎないと解する余地もある。これによると他の共有者の利益はさほど重視すべきものではないことになる。しかし、共有物はいつでも分割できるものであるから、255条の立法趣旨をそのように考え共有者の利益を軽視することは相当ではない。⑤958条の3優先説をとると、相続人のいない共有者が、自己の死亡後は共有持分を他の共有者に帰属させたいと思う時は、遺贈または死因贈与など格別の措置を必要とし、これは法の規定により当然に生じる効果を求める被相続人の予期に反し、かつ、不測の負担を課すことになる。

（2）これに対して、958条の3優先説を採用する本最高裁判決の理由は以下のとおりである。①民法958条の3の新設改正前は、951条から958条の一連の手続規定をふまえ、改正前959条1項の規定が「前条の期間内に相続人である権利を主張する者がないときは、相続財産は国庫に帰属する。」と規定し、相続人が存在せず債権者等の一切の清算終了後、なお相続財産がこれを承継する者のないまま残存することが確定した場合に上財産が国庫に帰属することを定めていた。②他方、既存の255条の規定は、共有持分についても相続人不存在による国庫帰属の取扱いを貫くと、国の財産管理上の手数がかかるなど不便であり、そうすべき実益もないので、その場合他の共有者に帰属したほうがよいという考慮から国庫帰属の例外として設けられたものであり、255条にいう「相続人ナクシテ死亡シタルトキ」とは、上記の国庫帰属にいたる時期と同じことになると解される。③これに対して、特別縁故者への分与の途を開き、その存否を問わず国庫に帰属する不条理を避け、被相続人の合理的意思の探求による遺贈制度等の補充の趣旨から民法958条の3の新設改正がなされ、それにより旧959条1項の規定が現行959条として「前条の規定〔新設953条の3：筆者注〕によって処分されなかった相続財産は、国庫に帰属する。」と改められ、その結果、国庫帰属の時期が特別縁故者に対する財産分与の手続の終了後とされ、旧959条1項の特別規定である255条による共有持分の他の共有者への帰属の時期も特別縁故者への財産分与手続の終了後とされることとなった。④255条優先説をとると、共有持分のみが特別縁故者への分与の対象ではないことになるが、その他の相続財産と区別すべき合理的理由はない。また、共有持分を換価して相続債権者等に弁済した後になお残存する現金があった場合、それは特別縁故者への分与の対象になるが、255条優先説をとると、そのことと不均衡が生じてしまう。さらに、被相続人の療養看護に努めた内縁の妻や事実上の養子などの特別縁故者にたまたま遺言等がなされなかったときに、常に共有者を優先することとするのは、特別縁故者制度の趣旨が損なわれる。⑤共有持分も特別縁故者への分与がなかった場合にはじめて他の共有者に帰属すると解することで、特別縁故者の保護や被相続人の意思をくみ取ることもでき、家庭裁判所による共有者への帰属との衡量も可能となり具体的妥当性を図れる。

（3）上記(2)の④および⑤が利益衡量上の重要な理由である（山田誠一・家族法判例百選〔第7版〕115頁、同・民法判例百選Ⅲ 113頁）。それとともに最高裁が重視したのが①～③で示した、改正前の関係条文から共有持分の他の共有者への帰属時期は国庫帰属の時期と同列であるが、958条の3新設とそれを受けた現行959条の文言をふまえると、特別縁故者への財産分与制度はそれよりも前段階の手続として設けられたものであるとの理解である。いずれにしても、本判決は、これ以後の相続実務、登記実務の前提となった。

3 実務指針

本判決をふまえて、マンションの敷地に関する指針を述べておく。区分所有法は、専有部分の敷地利用権が区分所有の共有または準共有の関係にある場合、敷地利用権に関しては民法255条を適用除外としている（24条）。敷地利用権は通常区分所有者の共有に属するが（21条）、これに255条が適用されると、専有部分と敷地利用権の一体性（分離処分禁止の原則）に反することになるからである。単独の区分所有者が相続人なくして死亡した場合には、専有部分と敷地利用権は、家庭裁判所の審判により一体的に特別縁故者に分与されるか、その分与がなされなかったときには、ともに国庫に帰属する（稲本＝鎌野・区分所有法144頁）。敷地利用権が他の区分所有者との共有であっても、専有部分が特別縁故者に分与されない場合、敷地利用権の持分のみ他の共有者に帰属することはない。

他方、専有部分自体が共有である場合はどうか。専有部分の共有者の一人が相続人なくして死亡した場合に、その特別縁故者への分与がない場合には、専有部分の持分とともにそれと一体の敷地利用権の持分割合も、ともに専有部分の他の共有者に帰属することになろう。この場合は、区分所有法24条による民法255条適用除外が想定する、敷地利用権のみが他の敷地利用権共有者へ分離帰属する場合ではないからである。

【参考文献】 本文中に引用のもののほか、辻正美・リマークス2号27頁、右近健男・判評377号55頁、前田達明・民商102巻5号608頁、牧山市治・金法1251号17頁、佐藤義彦・ジュリ957号87頁、有地亨・家族法判例百選〔第5版〕144頁、國府剛・家族法判例百選〔第6版〕108頁を参照。

西島良尚
流通経済大学教授・弁護士

34 棟割式区分所有建物と土地の占有権原

東京地裁平成25年8月22日判決（判時2217号52頁）

1 事実

被告Y_1は、区分所有建物である連棟式建物（以下「本件連棟式建物A」という）の北端の建物専有部分（旧Y邸）および同部分の存する土地の所有者であった。本件連棟式建物Aの敷地（本件敷地）は、2筆の土地であったが、当時の所有者である開発分譲業者Cらは、a区役所に昭和52年6月8日頃建築確認計画を提出し、同年10月建築確認を受け、昭和53年2月頃までに本件連棟式建物Aを完成させた。Cらは、その建物完成前後である昭和52年7月頃から53年2月頃までに、敷地であった2筆の土地を、各専有部分の存する底地ごとに計13筆に分筆し、各専有部分とともにY_1やX_1ら（ないしその前主）に分譲売却した。ただし、Y_1とCらが売買契約を締結したのは、Cが建築計画提出前の昭和52年5月2日頃であり分筆前のことである。

Y_1は、平成7年4月頃から平成8年1月頃まで、その連棟式建物から被告Y_1所有の旧Y邸を切り離して解体し、その土地上に、元の連棟式建物とは分離独立した新たな建物（新Y邸）を新築する工事を施工させ（以下一連の工事を「本件工事」という）、完成後同建物をY_1・Y_2・Y_3家族が共有し居住していた。

それに対し、連棟式建物Aの各建物専有部分および同部分の存する土地の所有者ないし共有者であるX_1～X_{17}は、各自所有の専有部分の底地である各土地所有権のほかに、当該連棟式建物全体が敷地としている土地全体に各専有部分の持分割合に基づいた地上権を有すると主張した。X_1らは、Y_1に対し、切離し前の連棟式建物AにおけるY_1所有の旧Y邸のY_1所有の底地についても上記地上権が存在するとし、その地上権の確認およびその設定登記手続を求めた。それとともに、被告Y_1らに対し、区分所有法6条および57条、または上記地上権に基づき、被告Y_1らが所有する上記新築建物の収去、および被告Y_1所有土地の明渡しと、本件工事はX_1らの所有の建物部分にも損傷を与えた不法行為でありこれに基づく損害賠償請求を求めたのが、本訴請求事件である。なお、被告Y_1らの、原告らに対する、棄却された反訴請求は省略する。

2 判旨

本件敷地の分譲の経過に照らして、「本件のように、Cらが、本件敷地全体を本件連棟式建物Aの区分所有者らの共有として登記するという予定で、共用部分たる基礎・土台部分及び躯体部分が本件敷地全体にまたがって設置されている本件連棟式建物Aを建築したが、分譲過程において、予定を変更して分筆の形式をとった場合には、Cは、各区分所有者が取得することになる本件敷地の部分に他の区分所有者のための占有権原を設定し、その後分譲を受けた各区分所有者は、Cから、分譲された専有部分の存する分筆後の土地の所有権と共に、他の区分所有者が取得する土地の部分の占有権原を承継したものと認めるのが相当である」とした。

この占有権原である土地利用権については、地上権または賃借権の可能性を認めたが、地上権設定登記がされていないことからしても、「Cが、本件敷地について、各区分所有者に物権である地上権を設定したことを裏付けるに足りる証拠はない」とし、「賃借権と解するのが相当」（土地の相互の賃貸で、賃料の相殺により実際上の賃料の授受はない賃貸借類似の無名契約も示唆している）とした。

さらに、「本件工事による旧Y邸の切り離し及び新Y邸が本件土地上に存することは、本件連棟式建物Aの共用部分を失わせ、本件連棟式建物Aを違法建築物とするとともに、将来の本件連棟式建物Aの建て替えの際の敷地を減少させるものであって、区分所有者の共同の利益に反する行為に当たるというべきである」とし、区分所有法6条1項にいう「共同の利益に反する行為」に該当するとした。かつ、原告X_1らが被る不利益は「被告Y_1による区分所有法の定める団体的法規制を無視した背信性が極めて高い行為によって一方的に作り出されたものであり、それを原告らに甘受させることは相当ではない」とし、「原告らは、区分所有法6条及び57条に基づき、現に新Y邸を所有し、区分所有者である被告Y_1並びに新Y邸の占有者である被告Y_2及びY_3に対し、新Y邸を収去することを求めることができる」とした。

他方、「被告らが本件土地を占有すること自体によって原告らの利益が侵害されるものではない」「本件土地の明渡しまで求めることはできない」とした。

そして、本件工事により「本件連棟式建物Aの屋上の防水、外壁及び内装材に損傷を与え、雨漏りを生じさせるなどした」ことを認め、Y_1に対し、X_1らの各損害に応じた賠償請求を認めた。

3 解説

1 本判決の分析

(1) 本件の「連棟式」建物は、「縦割式」あるいは「棟割式」ともいわれるタイプの区分所有建物であり、棟割長屋とかタウンハウスと呼ばれる。各専有部分が縦割になっているので、その直接の各底地を分筆すれば、各底地の所有権等の利用権が各専有部分のための、完全に独立した利用権であるような誤解を生むこともある。しかし、各専有部分は1棟の建物全体から完全に独立しているものではない。本判決も指摘しているとおり、連棟式建物は、全体が隙間なく接続されており基礎・土台部分および躯体部分は、専有部分以外の建物の部分として法律上当然に共用部分に当たる（法定共用部分：1条、2条4項、4条1項）。そしてそれら法定共用部分は、敷地全体にまたがって設置されているのであり、各区分所有者は、上記共用部分の持分を有することにより、他の区分所有者の土地を占有し利用せざるをえないものである。

(2) このような、区分所有建物の敷地が数筆に分かれ、区分所有者が、それぞれ、この敷地のうちの一筆または数筆の土地について、単独で、所有権や地上権、賃借権などを有する形態の「敷地利用権」（2条6項）は「分有形式」といわれ、通常の「敷地利用権」の形態と区別される（法務省・マンション法122頁以下）。通常は、区分所有者が、敷地を共有し、あるいは敷地の地上権や賃借権などを準共有する形態である。連棟式建物に分有形式がみられるが、まれに階層式の区分所有建物の敷地にもみられる。通常の区分所有者が共有ないし準共有する形式の「敷地利用権」と分有形式のそれとの違いは、前者は、専有部分と敷地利用権の分離処分が原則的に禁止されるが（「一体性の原則」22条1項本文）、後者の分有形式の場合は、分離処分が可能である（法務省・マンション法124頁、稲本＝鎌野・区分所有法130頁参照）。このように、分有形式の「敷地利用権」は、分離処分は可能でありその限度では独立しているが、同時に、連棟式建物全体の躯体等、区分所有者の共有部分である建物部分のために、各区分所有者が分有する各敷地の相互の利用権による拘束を受けているものといえる。本判決は、各専有部分の敷地の分有が特に所有権の場合に、予めの明確な合意や規約による定めがないときに、建物共用部分のための敷地の相互利用権を認めその法的根拠や法的性質を示したことになる。

2 **本判決の評価**

(1) 本判決の示した解決指針は、このようなトラブルの事後的解決としては、基本的には妥当なものといえ、今後の実務の指針となるといえる。しかし、このような問題のよりよい解決のために、若干掘下げて、本判決を批判的に検討してみることが必要であろう。

(2) そもそも本件のような分有状況がなぜ起こったのか。本件で裁判所が認定した事実は以下のとおりである。Y_1 は、分譲業者Cらと建築計画提出前に既に分譲売買契約を締結しているが、その際、Cは Y_1 に対し本件土地（分筆前）に建築する建物を連棟式建物として接続して建築すれば建築コストが低減するなどと説明している。当初は、本件敷地全体を本件連棟式建物Aの区分所有者らの共有として登記することが予定されていたが、その後、他の本件連棟式建物Aの購入希望者において、住宅ローン借入れのための土地を共有するのではなく分筆して単独所有とすることを希望したため、本件敷地は各専有部分の所在する土地ごとに分筆されたというのである。このような状況を許してしまうこと自体、建物建築確認制度等わが国の不動産立法政策の問題として根本的な議論が必要だと思われる。ただ、現状をふまえた事後的な手当ての問題としては、このような行為について、どのような法的評価が必要かつ可能かという観点から、区分所有者相互の利用権の根拠や性質を考察すべきことになると考える。

(3) 立法担当者は、このような分有形式の場合の「敷地利用権」をどのように理解するのかについての文脈で「各区分所有者は、単に各筆について単独の所有権等を有するだけでなく、その敷地全体を一棟の区分所有建物の敷地として利用し合うという明示又は黙示の合意があるはずであり、この合意に基づく権利こそが敷地利用権であると解する余地もあろう」としている（濱崎・改正104頁。このように、明示・黙示の合意による共同賃借権を「敷地利用権」とみることを示唆するものとして青山正明・金法1045号17頁がある）。ただし、続けて「しかし、この場合にも、一般的には、このような権利が土地の所有権等から独立した権利として存在するものとは観念されないのが普通であり、そうである限りは、各筆の所有権等自体が敷地利用権であり、右合意の存在は、敷地利用権の完全性の問題として把えるべきものと解するのが相当である。」と指摘する（濱崎・改正104頁）。この立法担当者の見解は、分有形式の所有権等は「敷地利用権」であり、専有部分との分離処分の禁止原則の適用はないものとする論理を前提とするが、他方で、建物共用部分の分有される所有権等の「敷地利用権」たる所有権等が建物共用部分の維持・存続のために敷地全体を利用し合う明示・黙示の合意による相互利用権の存在を否定してはいない（この点は、本判決でも指摘がある（判時2217号61頁第2段目「オ」の箇所を参照））。

(4) 本判決も示すとおり、一棟の建物の躯体等の共用部分の敷地全体の相互利用権（占有権原）およびその承継を各区分所有者に認めるべきである。そして、そのような事後的救済のための法的根拠としては、本判決も基本的には採用した、このような区分所有建物の分譲行為のもつ客観的な法的意味を重視した、「黙示の合意」や「合理的意思解釈」などの解釈技術に求めざるをえないであろう（なお、借地上の縦割式ビルについて、共用部分が土地の全面にわたって存在することから、相互に一種の転借権を設定したことになると判示した裁判例がある（名古屋高金沢支判昭和56年3月30日判時1027号74頁））。

(5) ただし、その結果導かれる利用権が、本判決が述べるように、「賃借権」にとどまり物権としての「地上権」までは無理だという理解については若干疑問である。区分所有法が体現する、区分所有建物の維持・存続のための秩序の枠組みについての強行法的性格を重視することで、そういう前提で当事者は行動しているはずであるという観点をより強調することにより、行為の「合理的解釈」からは、地上権設定の認定及び設定登記請求の認容も無理なことではないように思われる（本件審理の過程で提出された小野秀誠教授の意見書では、区分所有建物を存続させるためには、排他的に他人の土地を利用する権利である地上権が設定されたものと解すべき旨の記載があるとのことである）。この点は今後も検討が必要であろう。

3 **実務指針**

連棟式建物が区分所有建物であり、仮に各専有部分の各敷地が分筆されていても基礎や躯体などの共用部分のために相互の利用権が不可欠に存在することを意識することが重要である。分譲時に、その利用権については少なくとも規約で明確にし、地上権の設定であれば登記を設定することが望ましい。

【参考文献】 本文中に引用したもののほか、川島一郎・不動産研究3巻4号365頁、丸山＝折田143頁〔合田英昭〕、中村京・不動産鑑定2003年2月38頁、伊藤栄寿・判評671号7頁などを参照。

西島良尚
流通経済大学教授・弁護士

35 管理者の解任請求

東京地裁平成2年10月26日判決（判時1393号102頁、判タ764号184頁）

1 事実

Yが建築し分譲した本件マンションについて、分譲時に、YとX₁らを含む買受人全員との間で、共有部分の管理に関する本件管理規約が合意された。本件管理規約により、Yを管理者として管理業務が委託されたほか、管理費等の支払いが定められた。Yは本件マンションの未分譲部分の区分所有者でもある。また、X₂は、X₁らを含む本件マンションの区分所有者の有志が参加する団体である。

X₁らは、Yが未分譲部分の区分所有者として管理費等の支払義務があるにもかかわらず管理費等を支払っていないこと、廊下・排水管等の定期清掃をほとんど行わない等管理業務を懈怠していること、杜撰な決算報告をしたこと、X₂の加入者に対しX₂からの脱退を勧誘していること等から、X₁らとYの間では信頼関係が破壊されているとして、法25条2項に基づき、管理者Yの解任を求めた。また、X₂は、Yに対して管理人室の明渡し等を求めた。それに対して、Yは、本件管理規約上、管理費等の支払義務は専有部分の引渡しの時から発生すると定められているから、Yにはその支払義務はない。また、分譲マンションでは、完全に売却されるまではその未分譲部分について分譲業者である区分所有者からは管理費等を徴収しない旨の商慣習があるとして、管理費等の不払いは解任事由とならない等と主張した。

2 判旨

本判決は、「区分所有者は、複数の区分所有権関係の発生した時期、すなわち区分所有建物の譲渡により区分所有権が発生し、区分所有権の登記等により区分所有建物であることが客観的に認識される状態になった時から、法令、規約、区分所有者の団体の集会で定めるところに従い、共有部分の管理費等を支払う義務を負うと解すべきである。右の時期に至ったならば、分譲業者であっても、未分譲の区分所有権利を所有する以上、共有部分の管理費等を支払わねばならないのは当然である」としたうえで、「区分所有原告ら〔X₁ら〕に当初から被告〔Y〕の管理体制に対する不満があったうえに、管理者としての義務である業務及び収支状況報告の遅れ、不備並びに説明の遅延といった対応の杜撰さに加え、管理費等を徴収する義務のある管理者であり、かつその徴収を受けるべき義務者としての区分所有者である被告が、理由もなくその支払義務がないと独断した態度が区分所有原告らの不信を一層募らせたものといえる。しかも原告組合〔X₂〕に加入している者も約70パーセントもおり、他方被告の新規加入者に対する前記のような脱退の勧誘行為をも考えると、管理者である被告と区分所有原告らを含む多くの区分所有者との信頼関係はもはや無いと評価すべきである」として、X₁らからのYに対する解任請求を認めた。

しかし、X₂は区分所有者の有志で結成された団体にすぎず、法3条1項の管理を行うための団体とはいえないから、被告が管理者から解任されたとしても、その後当然にX₂が本件マンションの管理者となるものではなく、Yに対し本件管理室等の明渡し等を求める権利もないとして、X₂からYに対する管理人室の明渡請求は棄却された。

3 解説

1 本判決の分析

(1) 本判決は、管理者である分譲業者が未分譲部分の区分所有者として管理費等の支払いをしなかったこと、定期清掃等を行わない等管理業務に懈怠があること、杜撰な決算報告をしたこと、区分所有者が結成した団体からの脱退を勧誘したこと等により、区分所有者との間の信頼関係は破壊されたとして、法25条2項に基づく管理者の解任請求を認めたものである。管理者の解任は、法25条1項により、総会の普通決議でなすことができるほか、同条2項により、管理者に不正な行為その他その職務を行うに適しない事情があるときは、各区分所有者が裁判所に解任請求することによってもできる。では、本件の管理者Yには解任に値する「不正な行為その他その職務を行うに適しない事情」があったのか。

(2) まず問題となったのは、分譲業者であり未分譲部分の区分所有者でもあるYに管理費等の支払義務があったかという点である。本件では、未分譲住戸についての管理費は毎月約70万円であり、Yは2年以上にわたってこれを支払っていないとして、2500万円を超える額を請求されている。

この点、法19条は、各共有者は規約に別段の定めがないかぎりその持分に応じて共用部分に関する負担を負うと定めている。法19条からすれば、たとえ分譲業者であっても、未分譲部分の区分所有者であり共用部分の共有者であるから、管理費支払いの義務が生じると考えられる。本判決も、区分所有者は「複数の区分所有権関係の発生した時期」から管理費等を支払う義務を負うと述べる。本判決と同様の判決としては、大阪地判昭和57年10月22日判時1068号85頁・判タ487号106頁がある（分譲業者である未分譲部分の区分所有者が管理費のうちの一部しか支払わなかった事例）。

(3) Yに管理費等の支払義務があったのであれば、Yはその支払いをしておらず、解任請求が認められる事情として考慮される。しかし、それだけでは解任請求をするには不十分で、その他の事情も合わせた総合的な考慮により最終的な解任請求の可否は決まる。管理者の「不正な行為」とは、管理者が故意に管理者としての善管注意義務（28条）に違反して区分所有者に損害を与える行為をいう。その他の「その職務を行うに適しない事情」については、職務の適正な遂行に直接または間接に影響を及ぼす事態が存在し、それが重大なものである必要がある。いずれも具体的事情に則して個別に判断する

しかない。本判決は、(1)で述べたような事情から、管理者YとX_1ら区分所有者を含む多くの区分所有者との信頼関係はないとして、管理者に対する解任請求を認めた事例であり、具体的にどのような事情があれば解任請求が認められるのかを明らかにした一事例として意義を有する。本件と同様に、分譲業者でもある管理者の解任請求が認められた事例として、東京地判昭和53年1月26日判時911号138頁・判タ369号261頁がある（旧法17条2項による解任請求）。反対に、管理者の解任請求が認められなかった事例として、大阪地判昭和61年7月18日判時1222号90頁・判タ622号206頁がある。

(4) 本件では、さらに、区分所有者の有志で結成された団体であるX_2は被告に対し本件管理人室等の明渡し等を求める権利を有するかも問題とされた。X_2はマンション名を付した「管理組合」との名称を有するが、区分所有者の有志で結成された団体であり区分所有者の約70%が加入しているにすぎない。したがって、法3条1項の管理を行うための「区分所有者の団体」ではなく、Yの解任が認められたとしても、その役割を引き継ぐことはできず、管理人室等の自らへの明渡しを求めることはできないとされた。

2　本判決の評価

(1) 未分譲部分に関する分譲業者の管理費支払義務に関して問題となるのは、まずは管理費支払義務の発生時期はいつかということである。この点、本判決は「複数の区分所有権関係の発生した時期、すなわち区分所有建物の譲渡により区分所有権が発生し、区分所有権の登記等により区分所有建物であることが客観的に認識される状態になった時」であるとする。この点について、特に問題はない（区分所有関係の成立時期に関する検討は、原田純孝・判タ507号93頁〔前掲大阪地判昭和57年10月22日の評釈〕参照）。

(2) 問題となるのは、分譲業者が作成した原始管理規約に、分譲業者の管理費支払義務を免除する旨の記載があり、分譲に際して購入者に対しても売買契約書、重要事項説明書により説明がなされていた場合である。本件では、Yから、本件管理規約において区分所有者がその専有部分の引渡しを受けた月から管理費等の支払義務を生じる旨が定められていたとの主張がなされている。この主張について、本判決は、同規約の定めは管理費の徴収の便宜上のものであること、Yは未分譲部分を所有し占有し未分譲部分販売のために共有のエレベーターや廊下等を使用している点を指摘し、Yの管理費支払義務を認めている。反対に、裁判例の中には、管理規約中の管理費等支払免除条項の存在により、分譲業者の管理費支払義務の存在を否定するものもある（大阪地判昭和62年12月25日・熊本地判平成3年2月18日・いずれも判例集未登載のため全国マン研・判例の解説272頁以下を参照）。これらの裁判例では、分譲業者からの専用使用料を管理費に充当してもなお不足があれば分譲業者が管理費を負担すること、区分所有者から徴収分で不足した分を分譲業者が負担すること等が管理規約に規定されており、他の区分所有者はこの規約の存在を承認していたとして、規約は法19条に反せず有効であるとされた。

管理費の支払義務が発生する根拠は、管理規約や集会の決議ではなく、区分所有者の共有となる共用部分の存在そのものによると考えられる。共用部分の維持管理に必要な負担は、たとえ分譲業者であるとしても、区分所有者である限り負うと考えるべきである。たしかに、法19条によれば、たとえば各共有者の負担割合をその共有持分と異なる割合で定める等、規約に別段の定めをなすことも可能であるが、専有部分が法人所有か個人所有かで管理費負担に1.6倍の差を設けていた規約につき合理的な限度を超えた差別的なものであるとして無効とした裁判例がある（東京地判平成2年7月24日判時1382号83頁・判タ754号217頁）。分譲業者であるという理由でのみ特定の区分所有者の管理費等の支払義務を免除する管理規約は無効と解すべきであろう。

(3) 本判決では、Yが未分譲部分の区分所有者として管理費等の支払義務があるにもかかわらず管理費等を支払っていないことに加えて、廊下・排水管等の定期清掃をほとんど行わない等管理業務を懈怠していること、杜撰な決算報告をしたこと、X_2の加入者に対しX_2からの脱退を勧誘していること等から、法25条2項により管理者Yに対する解任請求を認めた。本件と同様に、分譲業者でもある管理者の解任請求が認められた事例として前掲東京地判昭和53年1月26日があるが、同判決では、管理者が年ごとに管理業務を怠り、エレベーターロープ等の補修を拒否したことのほか、管理費の収支明細の報告拒否、さらに管理者が敷地の賃貸人でもあったことから管理費の内容自体も不明確である点等を指摘して、職務を行うのに適さない事情があるとして解任請求を認めた。管理者は、区分所有法上、共用部分等につき、その滅失や毀損を防ぎ現状維持を図る保存行為を行う義務を負うほか（26条1項）、毎年1回一定時期にその事務を報告すべき義務を負う（43条）。さらに、管理者は、区分所有者との間では民法の委任契約の規定に従い義務を負うことから（28条）、善良なる管理者としての注意義務を負うのは当然（民644条）、委任契約上の報告義務も負うと考えられる。本件および前掲東京地判昭和53年1月26日は、これらの義務にも違反しており、当然に解任請求が認められる事例であった。反対に、管理者の解任請求が認められなかった前掲大阪地判昭和61年7月18日では、人件費が高額である点が問題となったが、その計算方法等に問題はないとされ、不正な行為その他職務を行うに適さない事情は存在しないとされた。

3　実務指針

マンションの未分譲部分について、分譲業者は区分所有者と管理費等の支払いを拒否することはできず、原始管理規約に分譲業者の管理費支払義務を免除する旨の規約を置いたとしてもそれは無効と解すべきである。管理費支払いを引渡月からとするという規約があったとしても、それは通常の購入者について便宜上そのような規定を置いているだけで、分譲業者が管理費を支払わなくてよい根拠とはならない。未分譲部分が多い場合等には、管理費が不足することも考えられ、共用部分の適切で良好な維持管理のためにも、分譲業者を含む区分所有者全員の管理費負担が必要である。そして、分譲業者が管理者でもある場合には、管理費不払いは法25条2項の解任請求が認められる事情ともなる。

【参考文献】　本文中で示したもの。

吉井啓子
明治大学教授

36 集会の決議の実行

神戸地裁平成7年10月4日判決（判時1569号89頁）

1 事実

Xらは本件建物の区分所有者であり、Yは本件建物の区分所有者全員をもって構成される管理組合の理事長である。管理組合の定期総会において、見積もりを作成したうえで本件建物受水槽の改修工事が可決されたが、Yは管理者としての義務に違反して定期総会に基づく業務を何ら執行せず改修工事が行われないままであった。そのため受水槽の腐食が進み、再度同工事費の見積もりをとるとその額が増加したとして、Xらは、Yには管理者としての注意義務に反した債務不履行があったとして、Yに対して管理組合に工事費の差額を支払うよう請求した。

これに対して、本案前の主張として、Yは、管理組合の意思を問うことなく管理組合に損害金を支払えとの権利発生根拠が不明であると主張した。Xらは、債権者として、管理組合に対し民法423条により代位して、あるいは、取締役が会社に対して責任を負っている場合の個々の株主が会社に代わって取締役の責任を追及する代表訴訟（旧商267条・現会社847条）を類推して、その責めを問えると反論した。

2 判旨

本判決は、管理組合の理事長は総会決議によって定められた業務等の執行をなすものであるから、その任務に背きこれを故意または過失によって履行せず、管理組合に損害を与えるようなことがあったときは、管理組合に対して債務不履行に基づく損害賠償の責めを負うべきことになり、管理組合（ないし区分所有者全員）が原告となって理事長に対して損害賠償を求める訴訟を提起することはできるとしながら、管理組合の構成員各自が同様の訴訟を提起することができるかについては、「建物の区分所有等に関する法律上、管理組合の構成員各自がその理事長に対する責任を問うことを認める旨の商法267条のような規定は存しないし、管理組合の構成員各自が民法423条により代位するという原告の構成もその要件を欠くというべきである。そして、建物の区分所有等に関する法律（6条、57条）は、共同利益違反行為の是正を求めるような団体的性格を有する権利については他の区分所有者の全員または管理組合法人が有するものとし、これを訴訟により行使するか否かは、集会の決議によらなければならないとするように、区分所有者の共同の利益を守るためには区分所有者全員が共同で行使すべきものとしているところ、本件のように理事長の業務執行にあたっての落ち度を追及するような訴訟においても団体的性格を有する権利の行使というべきであるから右の法理が適用されるべきであり……本件建物の区分所有者らがその全体の利益を図るために訴訟を追行するには、区分所有者ら全員が訴訟当事者になるか、その中から訴訟追行権を付与された当事者を選定する等すべきことになるところ、そのような手続きを何ら踏んでいない原告らには本件訴訟を追行する権限はない」と述べ、原告ら（Xら）には本件訴訟の原告となる権限がないとして本件訴えを却下した。

3 解説

1 本判決の分析

(1) 本判決の事案は、管理者である理事長が、定期総会で議決された受水槽の改修工事を実行しなかったことにより受水槽の腐食が進み、当初の工事費見積もりよりもその後の見積もりが高額となったため、区分所有者が理事長に対してその差額を債務不履行による損害賠償として支払うよう請求したものである。

(2) 「理事会方式」を採用するマンション標準管理規約によれば、組合員の中から選任された理事および監事により理事会が構成され、その中から互選で選ばれた者が理事長となる（標準管理規約35条）。理事長は、区分所有法に定める管理者とされ（標準管理規約38条2項）、管理者としての各種業務を担当することになる（標準管理規約40条1項）。管理者は、共用部分ならびに21条に規定する場合における当該建物の敷地および附属施設を保存し、集会の決議を実行し、規約で定めた行為を実行する権利を有し義務を負う（26条1項）。管理者が集会の決議を実行せず、区分所有者からの求めにも応じなかった場合は、集会での解任決議または裁判所への解任請求によって管理者を解任することができる（25条）。

管理者と管理組合員である区分所有者との関係は、委任または代理の法的性格を有するとされる。区分所有法も、両者の関係を委任に類するものとして、管理者の権利義務に関しては民法における委任の規定を準用する（28条）。したがって、管理者の善管注意義務の不履行があり損害が発生すれば、区分所有者（管理組合）は管理者に損害賠償責任を問うことができる。

本件では、受水槽の改修工事に関する集会の決議があったにもかかわらず、管理者Yがこれを実行しておらず、義務の不履行があったことに間違いはない。最終的には当初の見積もり額で改修工事が完成していることから損害はないとの反論がYからなされたが、本判決は、見積もりは1割以上余裕をもって作成することが常であるから、改修工事を当初の見積もりどおり行っていれば見積もり額より少ない工事費ですんだはずであるとして損害はあったとした。

(3) 本判決は、理事長が総会の決議を実行しないことにより生じた損害賠償請求権は団体的な性格を有するものであり、区分所有者全員またはその中から特別に訴訟追行権を付与された者が原告となって訴訟を提起すべきものであるから、区分所有者であるXらは原告となりえないとした。本判決は、管理組合に対する管理者の損害賠償責任を追及する訴訟において、区分所有者の当事者適格の有無を検討し、共同の利益に反する義務違反者に対する差止め訴訟等と同様、区分所有者全員またはその中から特別に訴訟追行権を付与された者（管理組合法

人の場合は法人）でなければ当事者適格を有しないと判断したものである。

（4）本判決は、共同の利益に反する義務違反者に対する差止訴訟等との類似性に言及している。法6条および57条は、「共同の利益」に反する行為を禁止し、これに反する行為をした者または反する行為をするおそれがある者に対して行為の停止等の請求をなしうるとする。このような請求は、義務に違反した区分所有者以外の区分所有者全員またはその中から特別に訴訟追行権を付与された者（管理組合法人の場合は法人）により団体的に行われるべきもので、集会の決議によらなければならない。本判決は、理事長の業務執行にあたっての落ち度を追及するような訴訟も団体的性格を有する権利の行使というべきであるから、区分所有者の一部では原告適格を欠くと判断したものである。

区分所有法における共同の利益違反行為の排除に関する原告適格に関する裁判例として、東京高判平成2年5月28日判時1354号100頁、東京地判平成3年3月8日判時1402号55頁、東京地判平成6年2月14日判時1515号91頁があるが、本判決とは異なり管理者の原告適格が問題となった。最後の東京地判平成6年2月14日では、区分所有者のうちの1人が行った工事により建物の耐震力が減殺されたとして管理者がその区分所有者に修復工事を求めたものである。同判決では、管理者の請求は、共用部分の保存行為に当たるが、法26条ではなく法57条により訴えを提起すべきで、集会の決議がなければ管理者には原告適格がないとされた。

2 本判決の評価

（1）損害賠償債権は金銭債権であり、複数の債権者がいれば当然分割されると考えられるが、管理者の集会決議の不履行から生じた損害賠償請求権は区分所有者全員に総有的に（管理組合法人であれば法人に）帰属するものと考えられる。このことから、本判決は、理事長である管理者が総会の決議を実行しないことにより生じた損害賠償請求権は団体的な性格を有するもので、共同利益違反行為の是正を求める権利（6条、57条）と同様の性質を有するとする。しかし、法6条および法57条では、共同利益違反行為があった場合に、区分所有者の全員または管理組合法人のみが請求権者となりうるのかという点が問題となっている。区分所有者のうちの1人が義務違反行為をして共用部分を毀損しているのに対して、管理者が法57条に基づきその差止請求を集会で提案しなかったり、提案したが集会で否決されたりした場合、区分所有者のうちの1人ないしは複数人で義務違反者に対して差止請求や損害賠償請求をなしうるのか。損害賠償請求ができるとして、賠償金は誰のものか。

（2）この点について、立法担当者は、法6条および法57条による請求は、それぞれの規定に従い区分所有者の全員または管理組合法人しかなしえないとする。しかし、集会決議で義務違反者に対する訴えの提起が否決されると義務違反行為の是正ができなくなるため、区分所有者1人でもできるとする見解もある。

だが、このような見解は両条の文言に反するし、「共同の利益」という文言からは区分所有者全員で行使することが両条の趣旨として適当であろう。もっとも、区分所有者が自らの共用部分に対する共用持分に基づき物権的請求権を行使して、共同利益違反行為に当たる行為を排除することまで否定されるものではないし（大阪高判昭和62年11月10日判時1277号131頁・判タ670号140頁等）、不法行為に基づく損害賠償も可能である（福岡地判昭和62年5月19日判タ651号221頁等）。

受水槽という共用部分に対する改修工事であれば、保存行為として区分所有者のうちの1人で行いうる（19条）。しかし、本判決で問題となったのは、集会で決議された改修工事を行わなかったことで生じた管理者に対する損害賠償請求権の行使であり、これを保存行為と解して区分所有者が一人でできるとすることには無理があるだろう（東京地判平成4年7月29日判タ801号236頁参照）。

本件の集会決議は、共用部分である受水槽の改修工事が対象となっており、その決議が実行されずに生じた損害は共用部分についてのものである。損害賠償が得られれば、それは共用部分の維持管理に充てられるのであり、区分所有者全員（管理組合）のものとなるべきものである。本判決が用いる団体的な性格という表現については、このような意味でも理解できるだろう。

3 実務指針

本判決は、区分所有法上、管理組合の構成員各自がその理事長（管理者）に対する責任を問うことを認める旨の旧商法267条のような規定は存しないことを指摘している。同規定や各社員が役員に責任を問えるとする一般法人法278条等を同様の事例に類推するということも困難であろう。

さらに、本判決は、民法423条により代位するという原告の構成はその要件を欠くという。原告が何を被保全債権と考え何を被代位債権と考えたかは不明である。代位の対象は区分所有者全員が有する管理者に対する損害賠償債権と考えられるだろうが、被保全債権とすべき債権がどのような権利で各区分所有者と誰の間に存在していると考えたのであろうか。いずれにせよ本判決のいうように、民法423条による構成は困難であろう。

管理組合の理事長が管理組合に損害を与えたことによる損害賠償請求訴訟については、区分所有者が個別に請求することはできないため、管理組合が原告として理事長に請求することになる。

【参考文献】　丸山英気「区分所有者の権利義務」丸山＝折田478頁。

吉井啓子
明治大学教授

Ⅳ 管理者 §26 権限

37 不当利得返還請求

東京地裁平成9年7月25日判決（判タ970号276頁）

1 事 実

　Xは本件建物の区分所有者等から構成される本件管理組合の理事長であり、Yは本件建物の分譲業者で本件建物の区分所有者の1人でもある。Yは、本件建物の1階部分をAおよびBに賃貸しており、Aは賃貸物件に面した敷地部分1を駐車場として使用し、Bは賃貸物件の出入口に面した敷地部分2をYから駐車場として賃借している。敷地部分1および2は、本件建物の区分所有者全員の共有物であるが、分譲時に作成された第1規約では敷地部分1に斜線が付され、1階部分の非分譲部分の所有者であるYが専用使用権を有することが定められていた。その後、本件マンションの管理組合が成立し、第1規約を改正して、Yの専用使用権の規定が全部削除され、共用部分についての専用使用権はバルコニー、玄関扉、窓枠、窓ガラスに限って認められることが明記された。また、第1規約の改正によって、管理組合から、Yに対して専用使用権の解約の意思表示がされた。
　Xが、第1規約のうちXの敷地部分1をYの専用使用権の対象とした部分は公序良俗に反する、敷地部分2についてはそもそも専用使用権の設定行為がなかったと主張し、マンションの共有部分である敷地部分につきYが設定した専用使用権が存在しないとして、その不存在確認とその部分からの賃料収入の不当利得返還請求をした（本訴）。それに対して、Yは、敷地部分1および2について専用使用権の存在確認を求めた（反訴）。

2 判 旨

　本判決は、Yが敷地部分1および敷地部分2に専用使用権を有するか否かについて、敷地部分1については、第1規約のうちXの敷地部分1をYの専用使用権の対象とした部分は公序良俗に反するとのXの主張を排し、「購入者は、賃貸物件1が非分譲で被告〔Y〕に所有権が留保され、敷地部分1にその専用使用権が設定されていることを知ってマンションを購入しているのであるから、被告がその利益を取得したり、他の区分所有者が敷地部分1の公租公課を負担することがあってもこれをもって公序良俗に違反するものとは認めることができ」ず、改正された規約において「敷地部分1が被告の専用使用部分とされずに共用部分とされ、被告がこれに対して異議を述べたこと、敷地部分1が被告が所有する賃借物件1の店舗出入口として利用されていることは前記認定のとおりであり、敷地部分1についての被告の専用使用権を消滅させることは区分所有法31条1項の一部の区分所有者の権利に特別の影響を及ぼすべきときに該当すると解される」として規約改正の効力を否定した。敷地部分2については、Yが各購入者との間で専用使用権を設定する約束をしておらず、第1規約においても専用使用権を有していないということについてはYも認めていることから、Yの専用使用権は存在しないとしてYの得た賃料収入を不当利得と認定し、Xの請求とYの反訴請求をそれぞれ一部認容した。

3 解 説

1 本判決の分析

　(1) 本判決では、マンションの分譲業者が、マンション1階の一部を賃貸物件として所有するとともに敷地の一部について原始規約により専用使用権を有していたが、その後成立した管理組合が分譲業者の承諾を得ないまま、専用使用権を認めない旨の管理規約改正を行った点が問題となった。問題となった敷地部分は2ヵ所であったが、敷地部分1については分譲業者の専用使用権を認めない旨の規約改正が無効とされ、敷地部分2については分譲業者の専用使用権の設定が認められず同部分を賃貸して得た賃料収入が不当利得とされその返還請求が認められた。
　(2) 法31条1項は、管理規約の変更が一部の区分所有者の権利に「特別の影響」を及ぼすとされる場合、その承諾を要すると規定する。承諾を必要とするにもかかわらず、承諾を得ずになされた規約の変更は効力を生じない。本件では、管理組合が総会で、分譲業者Yの承諾を得ないまま専用使用権を認めない旨の管理規約改正を行ったことが問題となった。
　では、管理規約の改正が一部の区分所有者の権利に「特別の影響」を及ぼすとされるのはいかなる場合か。「一部の区分所有者」の権利に影響を与えなければならないので、影響が区分所有者全体に及ぶ変更の場合には承諾を要しない。この点に関しては、東京高判平成6年8月4日判タ855号301頁で、動物飼育を制限する旨の規約改正は、マンション等の集合住宅においては、構造上その生活形態が相互に及ぼす影響が極めて重大であって、他の入居者の生活の平穏を保障する見地から、管理規約等により自己の生活にある程度の制約を強いられてもやむを得ないところであり、一部の区分所有者の権利に特別の影響を及ぼすものではないとされた。その他にも、管理規約の改正が一部の区分所有者に特別の影響を与えないとされた裁判例として、東京地判昭和63年11月28日判タ702号255頁、福岡地小倉支判平成6年4月5日判タ878号203頁がある。本件の場合は、分譲業者であり区分所有者でもあるYのみの専用使用権を消滅させる旨の改正であるから、まさに「一部の区分所有者」に影響を与えるもので、その承諾が必要となる。
　(3) さらに、管理者であるXは、敷地部分1および2について賃料収入を不当利得として、Yに返還請求を求めたが、敷地部分2についてのみYの専用使用権の設定が認められず同部分を賃貸して得た賃料収入が管理組合に対する不当利得とされた。では、このような不当利得について管理者は区分所有者を代理して返還を求めることができるのか。
　東京高判平成2年5月28日判時1354号100頁では、管理者の訴訟追行権は共用部分での管理行為の範囲内で認められるとの前提のもと、管理人室を担保に供した管

理会社に対する不法行為に基づく損害賠償請求について、管理者の原告適格を認めなかった。当該管理人室を共用部分でないとしつつ、仮に共用部分であるとしても共用部分の管理行為は、存続・回復を前提とするものでなければならず、不法行為に基づく損害賠償債権は分割債権であるから区分所有者の共同財産ではなく、損害賠償請求権の行使は共用部分の回復行為ではないとして、当該訴えは管理者としての義務に関せず管理者は原告適格を有しないとされた。同様に、札幌地判平成11年1月27日判タ1054号267頁も、マンション建設業者らが屋上防水層工事を竣工図どおりに行わなかったことが不法行為に当たるとしても、その損害賠償請求権は各区分所有者に帰属するとして、管理者の原告適格を否定した。

しかし、2002年改正により、共用部分等について生じた損害賠償金および不当利得による返還金の請求および受領については、管理者が区分所有者を代理することとなった（26条2項）。2002年改正までも、共用部分を対象として締結された損害保険契約に基づく損害保険金の請求や受領、共用部分の不法占拠者等に対する妨害排除については、管理者に代理権および訴訟追行権が付与されていたが、2002年改正で管理者の権限がさらに拡充された。したがって、本件でも、管理組合理事長で管理者であるXは、Yの得た賃料収入を不当利得として返還請求することについての代理権と訴訟追行権を有すると考えられる。

2 本判決の評価

（1）本件においてYの専用使用権を認めないとの管理規約改正は、Yに「特別の影響」（31条1項）を与える点について異論はないだろう。「特別の影響」というためには、規約の変更の必要性および合理性とこれによって当該区分所有者が受ける不利益を比較して、当該区分所有者が受忍すべき限度を超える不利益を受ける場合であるとされる。福岡高判平成8年5月30日判タ938号135頁では、飲食業目的の建物使用を禁じる管理規約を無効であるとして区分所有者が争った事例について、当該規約は無効ではないとの判断を下した。同判決において、「特別の影響」は、当該規約の設定・変更の必要性ないしこれにより他の区分所有者の受ける利益と当該区分所有者の受ける不利益とを比較考量して、後者の不利益が当該区分所有者にとって受忍すべき限度を超えているかどうかから判断すべきとされた。そして、問題となった建物について、長年会社事務所として使用されてきたこと、建物は飲食業としての使用を禁止されるものの、店舗一般の使用まで禁止されるものではないこと、飲食業の営業に伴う共用部分の変更工事等による住環境の悪化は避け難いこと等を指摘し、それらと専有部分で飲食業の営業を企図した区分所有者の投下資本の回収等の経済的損失を比較したうえで、規約条項が一部の区分所有者に「特別の影響」を及ぼすものではないと判断したものである。本件で、Xは、敷地部分1はその位置関係・形状からして区分所有者各人に利用が許されるべきもので他の区分所有者に通行等の面で不便や不利益を与えることや、分譲時において専用使用権をYに取得させるについて対価関係が存在していなかったことをあげ、第1規約は公序良俗に反して無効であったとの主張も行っているが、判決ではこれらの主張は受け入れられず、さらに購入者はYの専用使用権が設定されていることを知りながらマンションを購入している点が指摘され第1規約は有効であると判断された。そして、同部分についてのYの専用使用権を消滅させるような管理規約改正は「特別の影響」を与えるとされた。

（2）本件は、各区分所有者に帰属する不法行為に基づく損害賠償債権とは異なり、共用部分の無権限賃貸による賃料を不当利得として返還請求するものである。先述したように、2002年改正により、このような場合でも、管理者が不当利得金の返還請求および受領に関して、区分所有者を代理し訴訟を追行することができることとなった。改正の理由に関する立法者の説明は、以下のとおりである（金法1664号70頁）。

2002年改正前は、共用部分等について生じた場合の損害賠償金の請求および受領については、損害賠償金債権が可分債権であったことから、各区分所有者に分割的に帰属すると考えられ、管理者の権限には含まれないと解されてきた。したがって、管理者が区分所有者を代理して権利を行使すること、自ら訴訟を追行することはできないとされてきた。しかし、このように考えると、各区分所有者に帰属する損害賠償債権が少額にとどまることが多いこと、損害賠償金は共用部分等の修繕に用いる場合が少なくないこと等から、管理者が一元的に区分所有者を代理して損害賠償金を請求し受領した方が建物の適正な管理に資すると考えられる。

このような立法者による説明では言及されていないものの、共用部分等について本件のように不当に占有し利用する者がある場合の不当利得による返還金の請求と受領についても同様に考えられる。管理者については、規約または集会の決議によりその職務に関して区分所有者のために訴訟を追行しうることが法26条4項により認められており（任意的訴訟担当）、損害賠償金および不当利得による返還金の請求の原告となることもが可能である。

3 実務指針

区分所有者の共有に属する敷地について、分譲業者が当事者となって専用使用権を設定し、その利用の対価を取得することがかつては多くみられた（特に駐車場）。しかし、紛争が多発したため、1979年および1980年の旧建設省通達（昭和54年12月15日建設省計動発第116号、同建設省住指発第257号、昭和55年12月1日建設省計動発第105号）により、分譲時に分譲業者・仲介業者は専用使用権の設定および内容につき売買契約書・重要事項説明書で十分説明しさらには管理規約で明確に規定すること、専用使用権の設定・利用から生じる収益については区分所有者の共有財産に帰属させることが指導された。区分所有者の共有財産たる敷地の一部について専用使用権が規約等で設定されていないにもかかわらずそれを占有し使用収益する者に対する管理組合の不当利得返還請求は、法26条2項から当然に管理者がこれをなしうる。

【参考文献】 本文中で示したもののほか、2002年改正の趣旨を含めた詳細な検討については、植木哲「管理組合と第三者との間の債権債務関係」丸山＝折田514頁。

吉井啓子
明治大学教授

Ⅳ 管理者 §26 権限

38 管理組合の原告適格

最高裁平成23年2月15日判決（判時2110号40頁、判タ1345号129頁）

1 事実

Xは、本件マンションの区分所有者全員で構成される本件マンションの管理組合であって、権利能力のない社団である。Y_1〜Y_3は本件マンションの1室を所有する区分所有者である。Xの管理規約には以下のような定めがある。

ア 区分所有者は、本人またはその専有部分の占有者が共用部分に看板の設置をするときまたは共用部分に改造、造作等の変更工事（以下「改造工事等」という。）を行おうとするときは、理事会に申請しなければならない（14条1項）。

イ 理事会は、アの改造工事等を承認しようとするときは、総会の承認決議を得なければならない（14条2項）。

ウ アの改造工事等が総会で承認されたときは、当該区分所有者は、上告人〔X〕に承諾料を支払い（14条3項）、当該改造工事等が1階出入口を変更する工事である場合には、そのほか、上告人に出入口使用料を支払う（同条4項）。

エ 区分所有者が上告人の承諾を得ることなく共用部分に改造工事等を行ったときは、当該区分所有者は、上告人に違約金を支払い、自らの費用で速やかに原状に復帰しなければならない（66条2項）。

オ 区分所有者等がこの規約に違反したときまたは共用部分等において不法行為を行ったときは、理事長は、理事会の決議を経て、原状回復のための必要な措置等の請求に関し、管理組合を代表して、訴訟その他法的措置を追行することができる（67条3項1号）。

カ オの訴えを提起する場合、理事長は、請求の相手方に対し、違約金としての弁護士費用等を請求することができる（67条4項）。

Xは、Y_1らが本件マンションの1階出入口を含む共用部分につき、Xの承諾を得ることなく改造工事等を行ったなどと主張して、Y_1に対して改造工事等によって設置された工作物の撤去を請求し、予備的に規約ウに基づく承諾料および1階出入口使用料の支払いを請求した。Y_1〜Y_3に対しては、規約エに基づく違約金またはこれと同額の不法行為に基づく損害賠償および規約カに基づく弁護士費用相当額の違約金またはこれと同額の不法行為に基づく損害賠償を請求した。さらに、Y_1が共用部分に看板等を設置するための使用契約終了後も権限なく使用を継続しているとして、使用契約終了後の看板等の設置に係る使用料相当損害金の請求をした。

第1審（東京地判平成20年6月24日判例集未登載）は、Xの当事者適格を問題とすることなく、Xの請求のうち看板等の設置に係る使用料相当損害金を一部認容したが、その他の請求は棄却した。原審（東京高判平成20年12月10日判例集未登載）は、本件マンションの共用部分は区分所有者の共有に属するものであるから、本件各請求は区分所有者においてすべきものであり、管理組合に訴訟担当を認める規定は存在せず、また任意的訴訟担当を認める合理的必要性もないとして、Xの原告適格を否定し、Xの請求を一部認容した第1審判決を取り消して、本件訴えをいずれも却下した。これに対して、共用部分に関する妨害排除請求さらには損害賠償請求について権利能力なき社団である管理組合に当事者適格を認める判例・裁判例が蓄積されていること、実際にも管理組合が共用部分・敷地の管理について果たす機能は増大していること等を理由に管理組合に当事者適格を認めないことは妥当性を欠くとしてXが上告。

2 判旨

「給付の訴えにおいては、自らがその給付を請求する権利を有すると主張する者に原告適格があるというべきである。本件各請求は、上告人が、被上告人らに対し、上告人自らが本件各請求に係る工作物の撤去又は金員の支払を求める権利を有すると主張して、その給付を求めるものであり、上告人が、本件各請求に係る訴えについて、原告適格を有することは明らかである」として、原判決を破棄し、本件各請求の全てにつき、上告人の代表者が本件訴訟を追行する権限を有するか否か審理を尽くさせるため、本件を原審に差し戻した。

3 解説

1 本判決の分析

（1）本件マンションの管理組合Xは法人登記を経ておらず法人格を有していなかったが、Y_1〜Y_3らに対し、彼らが共用部分についてXに無断でなした工事等について、管理規約に基づいて工作物の撤去や違約金またはそれと同額の不法行為に基づく損害賠償等の請求を行った。本判決の原審は、共用部分は区分所有者の共有であることから、このような請求は区分所有者全員で行わなければならないのであり、管理組合に訴訟担当を認める規定は存在せず、任意的訴訟担当を認める合理性もないとした。これに対して、本判決は、権利能力なき社団であるマンションの管理組合に、区分所有者との間で生じた共用部分をめぐる紛争において、給付の訴えの原告適格を認めた点に意義がある。なお、原審では、当事者が誰かという点に若干の混乱があったようであるが（Xかそれともその管理者か、判時2110号の囲みコメントのほか後掲④⑦評釈参照）、本判決ではあくまでも管理組合Xの当事者適格を問題としている。

（2）通説によれば、給付の訴えにおいては、訴訟物であるところの給付請求権を自らが有すると主張する者に原告適格があるとされ、原告によりその義務を負うとされる者に被告適格がある。判例も同様に解しており、被告適格に関しては、最判昭和61年7月10日判時1213号83頁が「給付の訴えにおいては、その訴えを提起する者が給付義務者であると主張している者に被告適格があり、その者が当該給付義務を負担するかどうかは本案請求の当否にかかわる事柄である」ことを明らかにしていた。同判決は、マンション管理組合の被告適格が問題

76

となったものであり、本判決では同様の考え方がマンション管理組合の原告適格について示されたものである。本判決は、給付の訴えの原告適格につき当然とされる考えを述べたものであるが、これが権利能力のない社団にも適用される基準であるとされた点に意義がある。

（3）権利能力なき社団は、民訴法29条により当事者能力を付与されているが、その場合でもあくまでも権利義務の帰属先は社団構成員であり、社団ではない。判例では、権利能力なき社団の当事者適格は、権利主体である社団構成員の訴訟担当者として肯定されている（最判平成6年5月31日民集48巻4号1065頁）。学説には、本来権利義務が帰属しない権利能力のない社団に当事者能力を認めた個別訴訟の限りにおいて例外的に権利主体性が肯定されると考えるもの（権利主体構成）、権利能力なき社団は個別事件に関する限りで社団への給付を求める旨の請求が許容されると考えるもの（固有適格構成）もあるが、判例同様の訴訟担当構成が有力とされる。

ところで、マンションの場合、たとえ管理組合が管理組合法人であったとしても、区分所有者の共用部分に対する権利は、管理組合法人には帰属せず区分所有者各人に帰属する。そうすると、法人格の有無にかかわらず、共用部分に関する権利について、管理組合には管理処分権はなく、管理組合による法定訴訟担当を認めることはできない。管理組合は任意的訴訟担当として区分所有者のために訴訟を担当することになる。そうであるならば、管理組合への訴訟追行権の付与が必要となるが、本件では、それを基礎づける区分所有者の管理組合への授権に当たる事情は存在しない点が問題となる。

（4）管理組合の訴訟追行権は、管理者のそれとは混同されてはならない。管理組合を代理する管理者は、共用部分ならびに法21条に規定する場合における当該建物の敷地および付属施設を保存し、集会の決議を実行し、規約で定めた行為を実行する権利を有し、義務を負う（26条1項）。共用部分等について生じた損害賠償金および不当利得による返還金の請求および受領については、管理者が区分所有者を代理することになる（26条2項）。管理者は、規約または集会の決議によりその職務に関して区分所有者のために訴訟を追行しうる（26条4項）。管理者の訴訟追行権に関する裁判例としては、東京地判昭和54年4月23日判時938号68頁・判タ389号108頁、大阪地判平成20年11月28日判時2036号93頁・判タ1297号296頁がある。

2 本判決の評価

（1）本判例の結論自体については、後掲の判例評釈でも異論はみられず、当然のものと評価されている。Xは自らへの給付を求めており、判例・通説によれば給付訴訟の原告適格を有する。しかし、本件では、規約6条で区分所有者の規約違反または共用部分への不法行為があった場合「理事長は、理事会の決議を経て、原状回復のための必要な措置等の請求に関し、管理組合を代表して、訴訟その他法的措置を追行することができる」と定めるのみで、管理組合自身に任意的訴訟担当のための訴訟追行権の付与がなされている事情は読み取れない点が問題となる。この点について、最判平成13年3月22日金法1617号39頁は、マンションの管理組合法人が、管理規約等に基づき区分所有者の1人に対し、管理費等の支払いを請求した事案で、組合設立前の区分所有者に対する債権は各区分所有者に帰属するものであって、管理組合法人が各債権の行使につき訴訟追行権を有しているものとは認められないとした。同判決と同様に考えれば、本判決においても管理組合の任意的訴訟担当が否定されそうである。

（2）では、本判決で、管理組合Xの原告適格が肯定されたことはどのように考えればよいのか。権利能力なき社団について訴訟担当構成をとるならば、管理組合への訴訟追行権の付与が必要となるが、本件では、それを基礎づける区分所有者の管理組合への授権に当たる事情は存在しないため、Xの主張自体失当ということになってしまう。これに対して、Xではなく区分所有者全員への給付を求める形に請求の趣旨を変更しなればならないとすると、権利能力なき社団に給付の訴えの原告適格を認めた本判決の企図を失わせる結果となる。

本判決の意義については、さまざまな見解が存在している。一般的には、権利能力なき社団に当事者能力を肯定することを通じて、訴訟上は社団に権利が帰属するのと同様の扱いをすることが企図されていることが多いが、本件でも、権利自体は区分所有者全員に総有的に帰属するとされつつ、その総体として権利能力のない社団が措定され原告適格が肯定されたと考えることができるとするものがある（後掲③評釈）。さらに進んで、上述の固有適格構成を採用したとみる可能性（後掲⑨評釈）、権利主体構成の復興を企図した可能性（後掲⑥評釈）も指摘されている。

（3）本判決は、管理組合Xの理事長が本件訴訟を追行する権限を有するか否か審理を尽くす必要があるとして、本件を原審に差し戻している。原告をXの理事長に変更することも考えられるが、本判決はXが原告適格を有していることを前提としているので、これは理事長にXを代表して訴訟を追行する権限があるかの確認を求めているものと考えられる。

3 実務指針

権利能力のない管理組合に給付の訴えにつき原告適格があることには異論はないとしても、その代表者である理事長に訴訟追行権が明確に付与されている必要がある。本件マンションの管理規約には、区分所有者等に規約違反があった場合や共用部分等につき不法行為を行ったときは、理事長は、理事会の決議を経て、原状回復のための必要な措置等の請求に関して管理組合を代表して訴訟追行することができる旨の条項があるが、本件のように請求の内容が多岐にわたる場合には、それらすべてにつき、規約や集会の決議により理事長に対して訴訟追行権が付与されたのかがはっきりしない場合がある。管理組合としては、請求の内容を精査し、理事長に適切に訴訟追行権が付与されているかを確認する必要がある。

【参考文献】　升田純「マンション紛争と当事者適格」ジュリ1110号102頁。本判決の評釈としては、①椙村寛道・NBL961号71頁、②上田竹志・法セミ682号132頁、③堀野出・速報判例解説9号137頁、④堤龍弥・民商145巻2号237頁、⑤安達栄司・法の支配164号69頁、⑥八田卓也・リマークス44号122頁、⑦河野憲一郎・平成23年度重判125頁、⑧工藤敏隆・法学研究85巻5号49頁、⑨名津井吉裕・判例セレクト2011-2号28頁がある。

吉井啓子
明治大学教授

39 管理者の報告義務

東京地裁平成 4 年 5 月 22 日判決（判時 1448 号 137 頁）

1 事実

Xらは、本件マンション（以下、「本件建物」という）の区分所有者である。本件建物では、区分所有者全員で管理組合を構成し、区分所有法3条に従って、管理者として「理事長」を置いている。Yは、昭和63年4月17日から平成2年6月2日まで理事長の地位にあった者である。

昭和60年1月、本件建物の東側に再開発ビルを建築する計画が発表された。そこで、同年5月に開催された総会で、本件マンションの一部の区分所有者有志から成る「再開発特別委員会」を管理組合の正式集団と認めたうえで、再開発組合との交渉や合意、事後処理等（以下、「本件事務」という）を当該委員会に取り扱わせる旨の決議をした。それに基づき、当時の理事長は、本件事務の処理を再開発特別委員会に委託し、当該特別委員会は、本件事務の処理を行った。

そこで、Xらは、法28条が準用する民法645条の委任終了後の報告義務の定めに基づき、Yを相手に、当該特別委員会によって本件マンション管理組合と再開発組合との間で交わしたとされるマンション建設に伴う補償事項等を記載した合意文書の閲覧・写しの交付および書面による報告をXら各自に行うよう請求した。

2 判旨

本判決は、以下の判示どおり、管理者である理事長が個々の区分所有者の請求に対して直接報告する義務を負うものではないとし、Xらの請求を棄却した。

「区分所有法25条は、規約に別段の定めがない限り集会の普通決議により管理者を選任する旨を定めているところ、本件においても、管理者である理事長は、右25条及び管理規約の規定により、区分所有者の過半数が出席した総会で議決権（一住戸一店舗につき一議決権）の過半数により選任された理事数名の中から、互選によって選出されたにすぎず、個々の区分所有者から直接管理者となることを委任されたものではないから、右理事長が個々の区分所有者の受任者であるとみることはできない。また、区分所有法43条は、管理者の取扱う事務の報告義務につき、『管理者は、集会において、毎年一回一定の時期に、その事務に関する報告をしなければならない。』と規定し、更に同法34条1項2項は、管理者に集会を招集する権限を付与するとともに、少なくとも毎年一回集会を招集する義務を定めている。したがって、区分所有法は、管理者の取扱う事務についての報告は、右の集会においてされることを予定しているというべきである。そして、管理者が右の報告を怠るときは、区分所有者の5分の1以上で議決権の5分の1以上の要件を備えた者が管理者に対し集会を招集するよう請求する権利を持ち、それでも集会が招集されないときは、右請求をした区分所有者が集会を招集することができるとされているから（区分所有法34条3、4項）、管理者が集会の招集を怠ることで報告義務を回避する場合が仮にあったとしても、区分所有者が集会で報告を受けるための方途は講ぜられているということができる。」したがって、「管理者である理事長と個々の区分所有者との間に個別の委任契約が認められない本件においては、管理者である理事長がその取扱う事務につき個々の区分所有者の請求に対し、区分所有法28条、民法645条により直接報告をする義務を負担すべきものとはいえない。」

3 解説

1 本判決の分析

（1）本件では、マンションの管理者である理事長が、個々の区分所有者の請求に対して、直接その取り扱う事務に関する報告義務を負うのか否かが争われた。本判決の意義は、裁判例としてはじめて、個々の区分所有者の請求に対する直接の報告義務はないとし、管理者の報告義務の有無、方法等を明らかにしたことにある。

（2）法28条は、管理者の権利義務は、区分所有法の直接の規定および規約によって定めることができるが、そのほかの権利義務については、民法等の委任に関する規定に従うとする。したがって、管理者は、区分所有者の求めに応じ、いつでも委任事務処理の状況を報告し、委任終了後は遅滞なくその顛末を報告する義務を負わなければならない。しかし、管理者が負うところの報告の具体的な報告方法（時期・場所、頻度）やその内容については、必ずしも明らかとされてこなかった経緯がある。そのようななか、本件の原告らは、管理者である理事長に対し、具体的な報告方法として、文書による個別対応の報告を要求したのである。その可否を検討するにあたっては、区分所有者と管理者たる理事長との法的関係性を明らかとし、そのうえで、管理者たる理事長が行うべき具体的な報告義務の中身を考察する必要がある。

（3）まず、「管理者」とはいかなる者か。法3条は、「区分所有者は、全員で、建物並びにその敷地及び附属施設の管理を行うための団体を構成し、この法律の定めるところにより、集会を開き、規約を定め、及び管理者を置くことができる。」と規定している。当然のことながら、共用部分等の管理を行うのは、区分所有者全員である。しかしながら、管理業務のすべてを区分所有者全員で常に共同して実行することは、現実的ではない。そこで、法3条は、一定範囲の管理業務につき、特定の者に対し業務執行の権限を付与することを認めた。その管理を行うために選任された者が、「管理者」である。管理者の資格については、特に法的制限はない。管理者の選任および解任については、法25条に基づき、区分所有者は、原則として集会の決議（普通決議〔39条〕）で行うことができる。つまり、管理者を選任するもしないも、区分所有者らの裁量に任されているのである。なお、集会の決議等によって選任された管理者は、当然に管理者となるわけではない（28条、民643条以下）。選任された者が管理者となる旨を承諾することではじめて管理者となると解されている。その承諾によって区分所有者

らと管理者との間で区分所有建物の管理に関する一種の委任または準委任の関係が成立したことになる。

(4) 次に、本件マンションでは、「理事長」が置かれているが、これはどのような者なのか。

本件と同様、わが国の多くの分譲マンションでは、区分所有者全員で管理組合を組織し、標準管理規約（単棟型）を参考に、管理組合の総会（集会）にて、組合員の中から数名の理事を選任し（標準管理規約35条1項4号）、その選任された理事で理事会を構成する（標準管理規約40条）のが一般的である。そして、その理事会における理事の互選により、管理組合の「理事長」が選任される（標準管理規約35条）。理事長は、管理組合の代表者であり、区分所有法に定める管理者とされる（標準管理規約38条2項）。したがって、理事長は、法25条以下の「管理者」の規定の適用を受け、民法上の委任の規定に従うことになる（28条）。

(5) では、区分所有者と管理者たる理事長との関係は、どのように把握すべきか。理事長は、通常、理事の互選によって選ばれ、区分所有法でいう「管理者」となる。したがって、理事長は、区分所有者が集会の決議で直接選任したわけではないため、個々の区分所有者の受任者とみることはできない。

(6) このように、管理者たる理事長には、民法上の委任規定が適用されることになるので、本件で争点となった報告義務等を負う。この報告の実施方法については、法43条が、「管理者は、集会において、毎年1回一定の時期に、その事務に関する報告をしなければならない。」と規定する。なお、法34条1項・2項によって、管理者には、集会を毎年少なくとも一回は招集する義務も課されている。一方、民法645条では、委任者の求めに応じて、いつでも事務処理状況を報告し、職務終了後は顛末報告をする義務があるとする。

そこで、法43条と民法645条の関係性が問題となる。この点につき、法務省立法担当者は、「民法645条の規定の準用を妨げないものと解すべき」（川島一郎「建物区分所有法等に関する法律の解説（下）」曹時14巻8号1242頁）とする。しかし、「管理者は個々の区分所有者の受任者ではありませんから、管理者の事務処理の状況の報告を求める集会の招集請求（新法34条3項）などに基づき招集された集会において報告すれば足りるでしょう」（法務省・マンション法162頁）と述べている。同様の趣旨として「管理者については民法645条の規定が準用されてしかるべきだが、区分所有者が管理者に対して職務処理状況報告または顛末報告を求める場合に、それらの報告を43条に定める集会以外で求めるときは、そのための集会（34条3項）を招集して求めるべき（稲本＝鎌野・区分所有法171頁）」との見解もある。

(7) そのほか報告義務に関していえば、報告については特に形式はないこと、報告内容は、「委任事務処理状況の経過・顛末を明らかにできれば足りる」と解されている。また、報告の程度については、「民事の委任においても、特別な信義則と善管注意義務の要求する範囲において、ある程度積極的な報告義務を認めるべき」とされる（幾代通＝広中俊雄編『新版注釈民法(16)』237〜239頁［1989］）。なお、報告義務に関連する裁判例としては、これまで報告義務の内容や程度等を争ったものは存在する。たとえば、医師の診療記録閲覧請求について、「本人に対し、診断の結果、治療の方法、その結果等について説明・報告をしなければならない」が、診療録の記載内容のすべてを告知する義務」までは必要ないとした事案（東京高判昭和61年8月28日判時1208号85頁）や、預金解約後の取引経過開示義務内容につき、「委任契約や準委任契約においても、契約終了後は、受任者に、遅滞なくその経過及び結果を報告すべき義務があるにとどまり、委任者が、引き続き、いつでも過去の委任事務の処理の状況の報告を求められるわけではない」とした事案（東京高判平成23年8月3日金法1935号118頁）等がある。

2　本判決の評価

本判決では、争点を判断するにあたり、まず、区分所有者と管理者たる理事長との委任関係について言及し、個々の区分所有者と管理者たる理事長との間には、個別の委任関係はないとした。その理由としては、理事長は、理事の中から互選によって選出されたにすぎず、個々の区分所有者から直接管理者となることを委任されたものではないことを挙げている。つまり、管理者である理事長は、区分所有者の団体である管理組合の受任者であり、委任関係は、管理組合と管理者である理事長との間で成立したと解したのである。この点については、従来の議論を踏まえても異論はないだろう。そのように解するならば、管理者が取り扱う事務の報告は、個々の区分所有者に直接報告するのではなく、区分所有者の集会において、報告すれば足りるとした裁判所の判断は、当然のことといえる。さらに、裁判所は、管理者に報告懈怠があっても、区分所有者らには、法34条3項・4項に基づき、集会で報告を受けるための方途は講ぜられているので、区分所有者らの個別報告請求に応じる必要性はないとしたが、従来の議論と照らし合わせてみても妥当な判断といえる。したがって、管理者が個々の区分所有者に報告義務を負うものではないとした裁判所の判断は、全体を通じて妥当なものと評価でき、管理者の報告義務の内容を具体的に示した点は、同種事案の参考となる。

3　実務指針

本判決が出たことにより、本来の管理業務に支障をきたすほどの特定の組合員からの執拗な問い合わせや苦情につき、管理者たる理事長は個別に直接回答する必要がないことが明らかとなった。さまざまな人が暮らすマンションでは、ときに意見の対立が起こり、クレーム対応に理事長らが頭を悩ますこともある。本判決は、そのような者への対応という実務上の観点からも興味深い事案といえる。ただし、紛争防止という観点でいえば、各区分所有者に対する理事会運営のみえる化を推進し、各区分所有者の求めがあれば、これまでの経緯や現状といった情報を容易に知ることのできるような環境づくりに対し配慮することは、やはり重要であることは間違いない。本件でも、隣地のマンション建設に伴う補償内容について不透明な点があったことの不満から裁判に至っていることからすると、積極的な情報開示、透明性の確保は、現実的には理事長の一業務といえるのではないか。

【参考文献】 本判決の評釈・紹介として、平野克明・判評416号44頁、升田・要約235〜236頁がある。

矢田尚子
日本大学准教授

40 管理者の金銭等の引渡義務

東京地裁平成22年6月21日判決（判タ1341号104頁）

1 事実

Xは、本件マンションの区分所有者全員によって構成される管理組合である。Y_1は、マンション竣工当初から平成19年3月23日までの間、本件マンションの専有部分の80％を超える専有部分を区分所有するとともに、管理者の地位にあった株式会社であったが、既に解散し、清算結了の登記がなされている。Y_2は、Y_1の100％親会社であってY_1と同時期に解散したA株式会社の100％親会社である。

Y_1は、本件マンションの竣工時より本件マンションの管理を行い、各区分所有者から管理費を徴収してきたが、平成19年3月23日、B社に区分所有権を譲渡した。その際、B社は、Y_1から管理者の地位は引き継いだが、本件管理費の残余金は引き継がなかった。その後、B社は、区分所有権をC社に譲渡し管理者を辞任した。

そこで、Xは、Y_1に対し、区分所有法28条、民法646条に基づき、当該残余金の引渡しを求めるとともに、Y_2に対しては、当該残余金の故意の隠蔽、誠実な調査・検討義務の懈怠を理由に、主位的に不法行為に基づく損害賠償請求を、予備的に不当利得返還請求をした。

これに対し、Y_1らは、そもそもY_1は、清算結了によりすでに法人格が消滅しているので、Y_1には当事者能力はなく訴えを却下すべきであり、また、Y_1は、他の区分所有者から支払われた本件管理費を自己の財産と区別せず管理してきたので、本件管理費の残余金は存在していないと主張した。

2 判旨

本判決は、次のとおり、Y_1の当事者能力を肯定したうえでY_1の残余金引渡義務を認め、Xが推計計算した残余金の一部の支払を命じた。その一方で、Y_2に対する請求は理由がないとしてすべて棄却した。

(1)「株式会社において清算結了の登記がされたとしても、現実に清算事務が結了していない場合には、清算の目的の範囲内で当該会社の法人格はなお存続し、当事者能力を有するものと解すべきである。」「本件管理費の残余金が存在する場合、その引継ぎがされるまでは、Y_1の清算事務は結了しないというべきである。そして、清算事務が現実に結了したか否かの判断の前提となる権利又は法律関係を訴訟物とする訴訟が係属するときは、その訴訟における当該会社の当事者能力を認めるべきである。」

(2)「(1)区分所有法上の管理者は、区分所有者に対し、その職務上受け取った金銭を引き渡す義務を負うのであり（区分所有法28条・民法646条1項）、当該管理者が辞任した場合、区分所有者又は後任者に対し、区分所有者から徴収した管理費等の残余金を引き渡すべき義務を負うと解すべきである。」「Y_1は、本件管理費の残余金が存在するのであれば、本件マンションの区分所有者全員により構成されるXに対し、当該残余金を引き渡す義務を負うというべきである。」

(3)「Y_1は、同社が本件マンションの管理に掛かる費用を原則としてすべて負担し、他の区分所有者にはその費用の一部のみをY_1に対し支払ってもらうとの考えを前提とし、他の区分所有者から支払われた本件管理費を自己の財産と区別して管理していなかった。よって、本件管理費の残余金は存在しないと主張する。」「しかしながら、管理者は区分所有者から徴収した管理費を自己の財産と区別して管理するのが原則であるというべきところ、旧規約には、Y_1が上記運用をすることを許容する旨の規定はなく、また、他の区分所有者が、Y_1による上記運用を認識、認容していたことをうかがわせる事情はない。したがって、他の区分所有者がY_1による上記運用を許容していたということはできないから、Y_1は、原則どおり、同社を含む各区分所有者から本件管理費を徴収し、自己の財産と区別して管理すべきであったといえる。」よって、Y_1は、「上記運用を理由に本件管理費の残余金の支払を拒むことはできない」。

3 解説

1 本判決の分析

(1) 本件は、マンション管理組合が、前任のマンション管理者に対して本件マンションの区分所有者から徴収した管理費の残余金の引渡請求をし、当該請求が認められた事案である。本判決の意義は、管理者による管理に関し、裁判例としてはじめて、管理者辞任後の管理費の残余金も引渡義務の対象になることを明らかにし、さらに、管理費の残余金の認定にあたり、管理組合が行った推計計算を基本的に採用したことにある。本件では、上記残余金の有無およびその金額等が争点となった。なお、その判断に先立ち、本件では、清算結了の登記がされた被告たる株式会社に当事者能力があるのか否かも問題とされた。そこで、以下では、当事者能力について触れた後、管理者の権利義務についてみていくことにする。

(2) 本件で問題となった当事者能力とは、民事訴訟の当事者になることのできる一般的資格のことをいう。この当事者能力については、民事訴訟法28条前段により、原則として民法その他の法令に従うとされていることから、基本的には、民法上の権利能力者であれば、訴訟法上の当事者となれる資格もあるということになる。したがって、会社の法人格は「清算の結了」をもって消滅すると解されているので、それに伴い、当事者能力も喪失することになる。ただし、この「清算の結了」の解釈をめぐっては、清算結了の登記では足りないとされ、清算結了の登記がされても、現実に清算事務が結了していない場合には、清算目的の範囲内で当該会社の法人格はなお存続し、当事者能力を有すると解するのが判例・通説の一致した立場である（最判昭和44年1月30日裁判集民94号121頁、新堂幸司＝小島武司編『注釈民事訴訟法(1)』417頁〔高見進〕[1991]、秋山幹男ほか『民事訴訟法コンメンタールI〔第2版追補版〕』292頁[2014]）。

(3) 本件では、上記当事者能力を認めたうえで、管理者の義務の1つとして、管理者の辞任に伴う管理費等の残余金引渡義務の有無が問われている。そこで、まず、確認しておくべきことは、管理者とはいかなる者であり、管理者の権利義務には何があるのかということである。

そもそも、マンションの共用部分等の管理を行うのは、区分所有者全員である。しかし、多数の者が暮らすマンションにおいて、区分所有者全員で管理行為を行うのは、現実的とはいえない。そこで、法3条は、一定範囲の管理行為について特定の者に、当該権限を与えることを認め、その管理を委託されたものを「管理者」と呼んでいる。なお、法3条では、「管理者を置くことができる」と規定し、管理者を置くことはあくまでも任意である。管理者の選任については、法25条1項に基づき、原則として集会の決議によって行い、管理者となる者が自らこれを承諾することによりその地位に就く。したがって、管理者と区分所有者との関係は、委任または準委任に関する関係と捉えられている。

管理者の具体的業務としては、共用部分等の保存（26条1項）のほか、集会の決議や規約で定めた行為の実施（同条1項）、集会の招集（34条2項）、規約および集会議事録の保管および閲覧（33条、42条5項、45条4項、事務報告（43条）等がある。これら業務を実施するうえで必要となる管理者の主要な職務上の権限として、代理権や訴訟追行権等が与えられている。それと同時に、管理者には、区分所有者に対する義務もある。すなわち、法28条に基づき、民法等の委任に関する規定が準用され、管理者には、善管注意義務（民644条）をはじめ、報告義務（民645条）、そして、本件で問題となった金銭等の受取物引渡義務（民646条）がある。

(4) では、民法616条の金銭等の受取物引渡義務とはいかなる義務なのか。この義務も、民法644条の善管注意義務に由来する義務である。管理者が業務を処理するにあたり、委任者または第三者から受け取った金銭等は、当該管理業務のために使用され、業務上不必要となれば、実質的には委任者に帰属するものである以上、その物を返還、引き渡さなければならない。さらに、受任者が途中で辞任して後任者ができた場合も、原則として、第三者または委任者から受け取っている物は委任者に引き渡すべきとされる。ただし、委任者の承諾があるか、適法にその物を後任者へ引き継いだときは、委任者への義務は消滅するとされる（大判大正9年10月15日民録26輯1512頁）。このことは、受任者が管理者であっても同様と考えてよいだろう。なお、受任者が委任者の引き渡すべき金銭を自己の名で預金している場合、預金債権を委任者に譲渡すれば引渡しとなり、また、委任者はその譲渡請求ができるとした判例がある（大判大正7年10月21日民録24輯2018頁）。さらに、類似事案として、管理組合であるXが、訴外Aを元管理組合の理事長（管理者）であったと主張し、管理費等として受領した金銭から管理費用等を差し引いた額の返還を訴外Aの相続人であるYらに対して求めたものがある（東京地判平成25年3月12日判例集未登載）。しかし、本判決とは異なり、訴外Aが当該管理組合の理事長という事実は認められなかったため、区分所有者との間には委任関係はないとされた。ただし、訴外Aが理事長（管理者）ではなかったとしても、当該マンションの区分所有者との間で管理のための組合契約が締結され、訴外Aがその業務執行者に選任され、その後当該組合の全財産がXに引き継がれた経緯があることから、民法671条が準用する民法646条1項に基づき受取物返還義務を認める形にはなった。

2 本判決の評価

本件においては、まず、当事者能力が問題となった。この点については、上記で確認したとおり、管理費の残余金の引継ぎ義務が未了である以上、清算事務は未了であり、会社の法人格は消滅していないとして当事者能力を有すると解した裁判所の判断には特に異論はないと思われる。次に、本件の最大の争点である残余金の有無に関してであるが、この点についても、法28条に基づき、民法646条1項が準用されることから、受任者である管理者は、その職務上受け取った金銭を職務終了後は直ちに引き渡す義務がある。したがって、管理費等の残余金があり、なおかつ、後任の管理者にその引継ぎがなされたという事実が認められない以上、Y_1がXに対し、残余金の引渡義務を負うとした裁判所の判断は妥当なものと評価できる。なお、Y_1は、徴収した管理費をY_1の財産と分別せずに管理することが本件マンションでは許容されてきたと主張したが、かような運用を許容するような規約もないことから、原則どおり、Y_1は自己の財産と分別管理すべきであったとし、残余金の支払拒否を裁判所は認めなかった。このようなY_1の主張が否定されたのは当然のことといえよう。そのうえで、本件では、当該残余金の具体的な金額が問題となった。この金額については、立証すべきはXであることから、Xは、部分的な証拠に基づき、推計計算を行った。これにつき、裁判所は、「全体管理費」等の基本的な計算結果については合理性を認めたものの、管理諸経費等については、合理的とは言い難いとの判断を示した。ただし、それが一部にとどまっていたことから、請求を棄却することなく、裁判所が自らその部分を改めて計算し直し、それを示すことで、残余金を認容した。管理組合が行った管理費等の残余金の推計計算を採用し、具体的な計算過程を裁判上で示した点は、実務においても、同種事案を取り扱ううえで参考になる。そして、裁判所の判断は、全体を通じて妥当なものと評価してよいだろう。

3 実務指針

本件も、③1(4)にて紹介した裁判例も、管理費等の残余金の引渡しをめぐり争いとなった事案であるが、両事案ともに当初の管理方法などが明瞭に取り決められずに、管理が何年にもわたり継続し、その後の管理費等の引き継ぎの際に、当時のずさんな管理が明るみとなり、紛争へと発展している。その点を踏まえて、紛争を防止するために管理組合がやるべきことは、まずは、管理費の取り扱いの現状とこれまでの経緯を正しく把握すること、そのうえで管理方法等に問題が発覚した場合には、早急にその体制を見直すと同時に、日頃から管理者等が行う管理に係る収支、残余金の金額等に不明瞭な点がないかなどの調査を怠らないことであろう。管理者に任せきりにせず、普段からマンション住人も管理状況に関心をもち、チェック体制の充実を図ることが肝要である。

【参考文献】 本判決の紹介として、升田・要約257〜258頁がある。

矢田尚子
日本大学准教授

41 区分所有者の設備撤去の責任

最高裁昭和61年7月10日判決（判時1213号83頁、判タ623号77頁）

1 事実

X（原告、控訴人、上告人）は、区分所有建物である本件ビルの2階店舗1室（本件部屋）を所有する区分所有者である。Y_1（被告、被控訴人、被上告人）は本件ビルの管理組合、Y_2（被告、被控訴人、被上告人）は本件ビルの保存改修工事統一協議会会長代理、Y_3（被告、被控訴人、被上告人）は、本件ビルの2階改装委員長である。

昭和54年4月頃、屋内通路に面した本件ビルの躯体の一部をなす2階の壁面全体の改修工事がなされ、本件部屋の外側の壁面に、出窓風の飾り物（本件設備）2個が鉄板および鉄格子をもって恒久的に固定された。

そこで、Xは、Yらを相手に、本件設備が設置されたことにより、Xの本件部屋の所有権が侵害されたとして、その所有権に基づく本件設備の撤去等を求めた。

第1審（東京地判昭和56年4月28日金商757号15頁）は、Yらの被告適格を肯定したうえで、本案審理を行い、Xの請求を棄却した。これに対し、原審（東京高判昭和58年2月28日判時1075号121頁）は、Yらの被告適格を否定して原判決を取り消し、Xの訴えを却下した。その理由としては、「所有権その他の物権に基づいてその妨害排除のために特定の物件の撤去を求めるには、その物件について処分権を有する者に対して行うべきである」のに、処分権限を有する者以外の者を被告とした訴えは当事者適格を誤った不適法なものとなるからである。これにつき、本件設備は、本件ビルの共用部分たる壁に附合し、その所有権は、本件ビルの区分所有者全員に帰属している。したがって、Yらには、その共用部分の変更に相当する本件設備の撤去をなしうる権限はない以上、Yらには被告適格はないと判断された。Xは、この原審のYらに被告適格なしとした判断に法令違背の違法等があるとして上告した。

2 判旨

本判決は、次のように説示して、Yらの被告適格を認めたが、不利益変更禁止の原則により、原判決の結論を維持して上告棄却にとどめた。

「原審は、本件部屋に対する所有権に基づく本件設備の撤去請求について、Yらには本件設備を撤去する権限がないから被告適格を欠く不適法な訴えであるとしてこれを却下したが、給付の訴えにおいては、その訴えを提起する者が給付義務者であると主張している者に被告適格があり、その者が当該給付義務を負担するかどうかは本案請求の当否にかかわる事柄であると解すべきであるから、Xの右訴えは、適法なものというべきであり、したがつてこれを却下した原判決は違法である。」しかしながら、「原審は、右訴えを却下するにあたり、Yらが右義務を負う前提として本件設備に対する処分権限を有するか否かについて当事者に主張立証を尽くさせ、審理を遂げているというべきであるから、このような場合においては、当審としては、右請求について原判決を破棄し、事件を原審裁判所に差し戻す必要はなく、その請求の当否について直ちに判断をすることが許されるものと解するのが相当である。」そして、原審の適法に確定した事実によれば、Yらに本件設備を撤去すべき義務がないことは明らかであるので請求を棄却すべきであるが、不利益変更禁止の原則により、原判決の結論を維持して上告を棄却するにとどめる。

3 解説

1 本判決の分析

（1）本件では、所有権に基づく設備撤去請求において、処分権限なき者を被告とした訴えが、被告適格を欠いた不適法な訴えとして却下されるべきか否かが争われた。言い換えれば、給付の訴えにおける被告適格は、原告により給付義務者と主張された者にあり、当該設備撤去の処分権限が被告にあるか否かは、本案当否の問題と捉えて処理すべきかどうかが争点となった。本判決の意義は、原告が給付義務者であると主張している者に常に被告適格があることを認め、さらにその者が当該給付義務を負担するか否かは、被告適格の問題とは異なる本案請求の当否に関わる問題であることを明言した点にある。

（2）まず、本件では、給付の訴えが提起されているが、給付の訴えとは、原告が被告に対して、一定の作為または不作為を求める権利主張を内容とする訴えをいう。この主張が認められ、一定の行為を命じる給付判決が出されると、原則として強制執行が可能となる。訴えを提起するには、一定の法定要件（訴訟要件）を備えなければならない。この要件を満たすと、請求の当否が審理され、当該請求に理由があれば認容判決が、逆に理由がなければ請求棄却の判決が下される。一方、要件を充足しないときは、訴えは不適法となり、訴えの内容まで審理はされず、却下となる。この訴訟要件、すなわち、本案判決がなされるための要件の1つに、「当事者適格を有すること」がある。当事者適格とは、訴訟物である特定の権利または法律関係について当事者として訴訟追行して本案判決を求めることのできる資格をいい、訴訟追行権と呼ばれることも多い。要は、ある紛争を有効・適切に解決するのにふさわしい者が当事者となっているかを問うているのである。なお、当事者を原告と被告とに分け、原告適格、被告適格と呼ぶこともある。

（3）それでは、給付の訴えにおいての被告適格は、いかなる場合に認められるのだろうか。この点につき、判例および学説は、基本的には原告が給付義務者と主張する者に被告適格があると解してよいとする立場でほぼ一致している。問題となるのは、例外を認めるのか否か、すなわち、原告が給付義務者であると主張する者が、実体法上、給付義務者たりえないことが明らかな場合に被告適格を否定し、訴えを却下することが認められるのかということである。これにつき、通説は、かような例外なく、当事者適格を認めるべきとの立場をとる。すなわ

ち、「給付の訴えでは、原告は自己の給付請求権を主張し、その義務者を被告と名指せばよい」だけであり、したがって、「当事者適格は、本案と同一問題に帰する」（兼子一『民事訴訟法体系〔増訂版〕』159頁［1965］等）とする。これに対し、「主張された法律関係自体において、およそ給付請求権ないし給付義務者たりえないことの明らかな者は、当事者適格を有しない。主張自体からみて当該訴訟物たる給付請求権の主体となりえない者の訴、または主張自体からみてその請求権に対応する義務者となりえない者を相手方とする訴について判断してみても、なんらその請求にかかる紛争を解決したことにはならない」として、例外的にではあるが当事者適格を否定する余地を認める立場もある（兼子一ほか『条解民事訴訟法』113頁［1986］）。また、従来の判例においても、本件の控訴審判決のほか、当事者適格を否定した裁判例が存在する。たとえば、岡山大学長を被告として、道路の通行妨害の排除・予防を請求した事案につき、請求すべき相手方は本来、国である以上、道路管理にあたっているにすぎない学長に対する被告適格を否定するしかないとして、訴えを却下した事案（岡山地判昭和47年9月27日訟月18巻11号1724頁）等がある。したがって、被告が、その請求権に対応する義務者となりえない者であるがために、当事者適格を否定した裁判例もこれまで存在してきたことを考慮するならば、本事案においても、給付義務者たりえないことが明らかで、訴え自体に意味がないと審理することなしに明確に判断ができるものなのか否かについては検討しておくべきだろう。

(3) そこで、確認すべきは、物権的請求権の相手方は誰なのか、という点である。明文の規定はないものの、民法上、物権的請求権という権利行使が認められている。すなわち、物権的請求権とは、所有権を典型とする物権の円満な支配状態が妨害され、または妨害されるおそれがあるときに、これを原状に復する事実的・現実的権利であり、物権の直接的、排他的な支配を実現するために当然認められる権利である。この物権的請求権には、物権的返還請求権、物権的妨害排除請求権、物権的妨害予防請求権の3種類があるが、このうち、本件では、物権的妨害排除請求権が問題となった。物権的妨害排除請求権の相手方については、通説・判例は、現実にその行為によって妨害状態を生じている者もしくは、その妨害状態を除去しうべき地位にある者と解している（舟橋諄一＝徳本鎮編『新版注釈民法(6)〔補訂版〕』201頁［2009］）。①最判昭和35年6月17日民集14巻8号1396頁、②最判昭和47年12月7日民集26巻10号1829頁等）。ただし、自らの意思に基づいて建物の所有権取得登記を経由した者については、その建物をたとえ他に譲渡したとしても、引き続き登記名義を保有する限り、建物収去・土地明渡し義務を負うとし、一部の例外を認めている（③最判平成6年2月8日民集48巻2号373頁）。なお、上記3つの判例は、いずれも名義上の所有者にすぎない者に対して、建物の収去義務を請求できるか否かが争われ、基本的には建物の処分権限のない者には収去義務は認められないとし、①判例は上告棄却、②判例は破棄差戻しをし、そして、一部例外を認めた③判例では破棄自判との判断を行った。ということは、物権的請求権をめぐる判例の立場は、たとえ当該物件について処分権限を有しない者であっても、一応は被告適格を肯定し、そのうえで、本案当否の問題として請求権の存否等につき判示するという処理を認めているといえそうである（福永有利＝町村泰貴「判批」民商96巻6号94頁）。つまり、上記の判例・通説がいうところの物権的妨害排除請求権の相手方の見解に対する趣旨は、あくまでも実体法上における義務者が誰なのかについて述べたにすぎないといえる。

2 本判決の評価

本件の原審では、所有権に基づく設備撤去を求めるには、その設備について処分権を有する者に対して行うべきとした。その理由は、仮に他の者を給付の訴えの被告として設備の撤去請求をして勝訴の確定判決を得たところで、真の所有者等から第三者異議の訴えが出されると、執行が不可能になり、結局のところは撤去の目的を果たせないことにある。それゆえ、原審は、処分権限を有する者以外の者を被告とした訴えは、被告適格を誤った訴えとした。つまり、原審は、被告適格の有無についての判断の根拠として執行の可否も問題にしている。しかし、執行の可否の問題の前提ともなる撤去権能の有無、すなわち、被告が当該撤去義務を負担するか否かの判断は、本案請求の当否にまつわる問題であり、実体法上の問題である。言い換えれば、物権的妨害排除請求権が現に所有権の円満支配を妨害されているときに生じる権利である以上、被告が現にその妨害状態を作り出しているか否かは、実体判断に踏み込まざるをえないのである。その点を考慮すると、通説がいうように、被告適格の問題は、本案と同一問題に帰することになる。少なくとも、審理を尽くさずに、処分権限なき者か否かの判断することは容易なことではない。したがって、最高裁の判断は、極めて合理的かつ妥当な判断と評価してよいだろう。なお、給付の訴えにおける原告適格についても、自らがその給付を請求する権利を有すると主張する者に原告適格を認めている（最判平成23年2月15日裁判集民236号45頁）。

3 実務指針

本判決は、結果的に原判決の結論を維持したことから、管理組合および管理者には、基本的には本件設備を撤去する義務はないことが認められたこととなる。この結果、仮に本件設備等の撤去請求が認められても、共用部分の設備については、全区分所有者が共有部分の持分割合で所有権を持つ以上、（原告を除く）ビルの区分所有者全員を相手に訴えざるをえなくなり、煩瑣な事態を招くことになる。しかしながら、本件の設備撤去業務は、管理組合および管理者の業務範囲である共用部分における保守・管理の枠を超え、共用部分の変更に相当するものと捉えられる。さらに、規約等において管理組合および管理者に撤去権限が一任されているわけでもない以上、やむを得ないと判断せざるをえない。なお、本件設備を管理者が独断で設置していたような場合は、別の問題である。

【参考文献】 本件の評釈としては、本文で挙げたもの以外にも、福永政彦・昭和62年度主判解262頁、小林秀之・法セミ394号114頁がある。被告適格に関しては、後藤勇「給付訴訟の被告適格」判タ637号7頁、福永有利「給付訴訟における当事者適格」新堂幸司ほか編『中野貞一郎先生古稀祝賀判例民事訴訟法の理論(上)』217頁［1995］がある。撤去義務に関連した評釈として、石田喜久夫・民商69巻4号143頁がある。

矢田尚子
日本大学准教授

42 規約に違反した用途外利用行為

東京高裁平成 23 年 11 月 24 日判決（判タ 1375 号 215 頁）

1 事実

本件マンションは、昭和 44 年に建築されたもので、東京都世田谷区上野毛に所在する。昭和 44 年当時の規約には居住目的以外の使用を禁止するいわゆる住居専用規定は存在しなかった。その後、昭和 58 年 5 月、住居専用規定が設けられた（店舗部分である 1 階は除く）。昭和 58 年 12 月に Y は妻と共有の形で本件マンション 5 階部分を購入し当初は住居として利用していたが、昭和 60 年 7 月頃から税理士事務所として使用している（なお、昭和 63 年に Y は妻より買い受け自己単独所有とした）。本件マンション管理組合法人である X は Y の税理士事務所としての利用が規約中の住居専用規定（規約 12 条 1 項「区分所有者は、その専有部分を専ら住宅として使用するものとし、他の用途に供してはならない。ただし、1 階専有部分の一部に限り店舗として使用することができる」）に反するので、区分所有法 6 条所定の共同利益背反行為に該当すると主張し、税理士事務所としての使用（＝用途外利用行為）を止めるよう求めて訴えを提起した。原審（東京地判平成 23 年 3 月 31 日判タ 1375 号 219 頁）は、本件マンションの 2 階以上にある専有部分につき少なくとも平成 6 年 11 月まで皮膚科医院・歯科医院として使用したり、本件マンション 1 階にあるスーパーマーケットの従業員更衣室として使用したり（202 号室）、カラオケ教室が営まれていたり（208 号室）、本件マンションの一室が株式会社の本店として登記し事務所として使用していたり（306 号室）、個人の住居としての表示なのか疑わしく、住居として利用されているのか不明であるところがあったり（501 号室、711 号室）、絵画教室が営まれている（509 号室）等の事実を認定し、住居専用規定が厳格に守られていないことを理由に当該用途外利用行為は共同利益背反行為に該当しないとし、X の請求を棄却した。X 控訴。本判決では、原判決を取り消し Y に対して区分所有法 6 条、57 条に基づき税理士事務所としての使用禁止が命ぜられた。

2 判旨

原判決取消し（202 号室に関して更衣室としての使用をやめるよう管理組合とスーパーとの間で協議中であるほかは、他の部屋に関してすべて居住の事実があるとの事実認定がなされたうえで、以下のような判断が下された）

「Y は、X が住居以外に使用している区分所有者に対して使用の停止を求めたことはなかったし、住居専用規定を設けた後も多くの居室が住居以外の目的で使用されており、住居専用規定は制定当時から空文として扱われてきたもので、規範性がないと主張する。

しかし、前記認定事実によれば、昭和 58 年に住居専用規定が設けられた当時、本件マンションの 2 階以上の階において、皮膚科医院及び歯科医院として使用されていた区分所有建物が各 1 戸あったが、いずれも遅くとも平成 6 年ころまでに業務を廃止し、住居として使用されるに至っていることが認められる。住居専用規定が設けられて以降、X は、新たに本件マンションの区分所有権を取得した者に対し、本件管理規約の写しを交付してその周知を図り、住居専用規定に反すると考えられる使用方法がある場合には、住居専用規定に反する使用方法とならないよう努め、Y が税理士事務所としての使用を継続して、住居専用規定の効力を争っているのを除き、順次住居専用規定に沿った使用方法になるよう使用方法が変化してきていることが認められる。

上記の認定事実に照らせば、住居専用規定が Y 主張のように規範性を欠如しているものとは認めがたい。」

「Y は、本件建物部分を税理士事務所として使用していることが区分所有法 57 条にいう「区分所有者の共同の利益に反する行為」に当たるとはいえないと主張する。

しかし、住居専用規定は、本件マンションの 2 階以上において、住居としての環境を確保するための規定であり、2 階以上の専有部分を税理士事務所として営業のために使用することは共同の利益に反するものと認められる」

3 解説

1 本判決の分析

本件の争点は、規約で住居専用と定められているにもかかわらず、住居以外の用途で利用すること（＝用途外利用行為）が規約違反になり、ひいては区分所有法 6 条所定の共同利益背反行為に該当するのか否かという点にある。当該行為が共同利益背反行為に該当することになれば、法 57 条所定の差止請求を行使することができるので、共同利益背反行為の解釈は理論上・実務上極めて重要である。かねてより共同利益背反行為に関しては、議論が積み重ねられてきたところであるが、共同利益背反行為に該当するのか否かについては「当該行為の必要性の程度、これによって他の区分所有者が被る不利益の態様、程度等の諸事情を比較考量して決すべきもの」（東京高判昭和 53 年 2 月 27 日金法 875 号 31 頁）という一般的基準が提示されている。かかる一般的基準をふまえ、さらに当該行為の類型化が志向され、①不当使用、②不当毀損、③ニューサンスの三類型で検討していくことでほぼ争いがない（土居俊平＝月岡利男「共同の利益に反する行為と差止・使用禁止・競売の請求」124 頁関西大学法学研究所研究叢書 28 冊『マンションの法と管理』所収）。本件で問題となっている、規約に住居専用規定があるにもかかわらず住居以外の用途で利用する行為（＝用途外利用行為）は、上記③のニューサンスに該当する余地があろう。

そもそも用途外利用行為は、標準管理規約においても本件規約と同様に禁止されているが、規約で用途外利用行為が禁止されていたとしてもそのすべてが共同利益背反行為に該当すると断言できない。規約の趣旨・目的を十分にふまえたうえで合理的に判断すべきであろう。例

えば、自己の住戸で、小規模の華道・茶道・書道教室や学習塾を開く場合などにおいて、それが当該マンションの平穏さや良好な住環境を害しないかぎりにおいては許容される余地もあろう（稲本＝鎌野・管理規約53頁［鎌野邦樹］）。裁判例によれば、用途外利用行為が共同利益背反行為に該当し法57条所定の差止請求をなしうるのか否かについては判断が分かれている。肯定例としては、看護婦等および患者の幼児の保育室として利用する行為につき判断した横浜地判平成6年9月9日判タ859号199頁、託児所としての利用につき判断した東京地判平成18年3月30日判時1949号55頁がある。他方、否定例としてはカイロプラクティック治療院としての利用につき判断した東京地判平成17年6月23日判タ1205号207頁がある。これらの3つの裁判例から以下のことを導くことができる。すなわち、すべて用途外利用行為は共同利益背反行為に該当し差止請求をなしうると判断されている。もっとも、前掲東京地判平成17年6月23日はこのような判断をふまえたうえで差止請求に関しては否定的に解している。同判決では、規約に住居専用規定がある限りカイロプラクティック治療院としての利用は、共同利益背反行為に該当し、法57条所定の差止請求を肯定しうるとしつつも、原告である管理組合が、「住戸部分を事務所として使用している大多数の用途違反を長期間放置し、かつ、現在に至るも何らの警告も発しないでおきながら、他方で、事務所と治療院とは使用態様が多少異なるとはいえ、特に合理的な理由もなく、しかも、多数の用途違反を行っている区分所有者である組合員の賛成により、被告……に対して、治療院としての使用の禁止を求める原告の行為は、クリーン・ハンズの原則に反し、権利の濫用」に当たるとした。つまり、用途外利用行為は共同利益背反行為に該当し差止請求をなしうるのが原則であるとしつつ、具体的な利用形態に着目し、たとえ規約中に住居専用規定があったとしても他の区分所有者が遵守していないような現状にあり、かつ、そのような現状を改善もせずただ黙認するような者が差止請求をなすことはクリーン・ハンズの原則に反し、権利の濫用に当たることから例外的に許されないとしたのである。以上から、用途外利用行為の法的評価にあっては、当該マンションにおいてどの程度、規約中の住居専用規定が遵守されているのか、また、遵守されるような努力がなされているのかという点が重要であることが理解できよう。

2 本判決の評価

本判決にあっては、結論的には用途外利用行為は共同利益背反行為に該当し法57条所定の差止請求をなしうるとしたものであって、前述した一連の裁判例の判断と基本的には同一のものであると評価できる。本件の特徴は、原審段階では法57条所定の差止請求を否定しつつも、本判決では肯定されたという点にある。このように原審・本判決で正反対の判断が下されたのは、法的判断の前提となる認定事実が異なっているからである。原審では、規約中の住居専用規定に違反する住戸が少なからず存在していることを前提としたうえで、用途外利用行為が共同利益背反行為に該当しないとする。他方、本判決では、202号室の利用につき協議中である点を除けばすべて居住の実態があり、原審が認定したような用途外利用行為はないとし、「順次住居専用規定に沿った使用方法になるよう使用方法が変化してきている」と指摘し、

居住目的ではなく税理士事務所として利用するような用途外利用行為は、共同利益背反行為になり法57条に基づく差止請求をなしうるものとする。このように法的評価の前提となる認定事実が異なっているのであれば、異なる結論が生じたのも無理からぬところであり、認定事実に基づくかぎり本判決の判断は正当といえよう。ただ、用途外利用行為があるものの規約中の住居専用規定が遵守されていないのであれば、法6条所定の共同利益背反行為に該当しないという原審の解釈は議論があろう。私見としては、前掲東京地判平成17年6月23日のように、用途外利用行為は共同利益背反行為に該当するものとし（そのことは法57条差止請求を肯定することにもなる）、住居専用規定を遵守していない住戸が少なからず存在するような極めて例外的な場合にかぎり、差止請求を行使することがクリーンハンズの原則に反し権利濫用になるとした方がすっきりした解釈であろうと思われる。また、用途外利用行為が許容されるのは極めて限られたレアケースであるとすることが規約中に住居専用規定を設けた住民の意思にも合致することであろう。

3 実務指針

実務的には、規約中に住居専用規定のあるマンションであって、住民の大半が専ら住居として利用しているような場合にあっては、用途外利用行為は法的に許されることはなく、当該行為は共同利益背反行為に該当し法57条所定の差止請求を行使することが可能であると理解すべきであろう。例外が認められるのは、少なからぬ住民が住居専用規定を遵守していないような場合、すなわち、住居専用規定がありながらも住居以外の用途（たとえば、事務所として使用）で利用している場合であり、例外が適用されるケースは決して多くはないとみてよい。このような極めて限られた例外的な場合にかぎり、用途外利用行為がなされていても差止請求を行使できないというだけのことである。

なお、本判決の議論とは若干外れるが、住居以外の目的で利用する場合（例・店舗）に関しては規約の下位規範である使用規則等で事前の届出や理事長の承認を求める場合も少なくない（同旨：稲本＝鎌野・管理規約431頁）。最近では、複合用途型マンションで心療内科クリニックとして利用されることを不承認としたことが不法行為を構成するという判断が出ている（東京地判平成21年9月15日判タ1319号172頁、同判決の評釈として全国マン研・判例の解説237頁［時枝和正］がある）。

【参考文献】 本文中に引用したものを参照されたい。

土居俊平
熊本県立大学准教授

43 法人が負担すべき管理費等を高額にする規約等の有効性

東京地裁平成2年7月24日判決（判時1382号83頁、判タ754号217頁、金判867号39頁）

1 事実

Xは東京都文京区本郷に所在するマンションの管理組合であり、Yは同マンションの一室を所有する会社（＝法人）であり、かつ、同管理組合の構成員である。本件マンションの規約13条によれば、管理費等について法人と個人で差を設けることができること、および具体的な金額や法人と個人との差及び割合については集会決議による、とされていた。昭和60年の設立総会において管理費等の負担額は坪当たり個人1690円、法人2912円（法人が個人の約1.72倍を負担）と決議された。平成元年5月において管理費等の一部である修繕積立金を値上げすることとし、管理費等の負担額は坪当たり個人1920円、法人3170円（法人が個人の約1.65倍を負担）と決議された。Yはこのように法人が個人よりも負担額が多いことに納得せず、管理費等につき個人相当の金額しか支払わなかった。そこで、XはYに対して差額の支払ならびに管理費等の金額確認を求めて訴えを提起したものである。

2 判旨

請求棄却「区分所有法19条は、持分に応じて管理費を徴収することの例外を規約で定めることを認めており、管理費等の徴収額につき所有名義により法人組合員と個人組合員とで差異を設けること自体が直ちに同法に反するとまではいえない。」

「しかし、管理組合は全員加入である上、規約あるいは決議も、各区分所有者の専有部分の床面積の割合による多数決によって決定されるのであるから、管理費等につき少数者に不利な定めが設けられる虞がある。区分所有法も、直接管理費等について定めたものではないが、少数者の保護を図るために、規約の設定、変更等につき一定の制限を設けている（同法31条1項後段）。その趣旨は、区分所有者による建物等の自主的な管理を認めつつ、それが一部の者に特に不利益な結果になることを防止しようとした点にあると考えられる。さらに、区分所有法19条の趣旨や、元来建物の利用は持分に応じてなされていること等も考えると、同法は、管理費等の額につき法人組合員と個人組合員とで差異を設けることについては、その該当者の承諾を得ているなど特段の事情のない限り、その差異が合理的限度を超え、一部の区分所有者に対して特に不利益な結果をもたらすことまでは認容していないと考えるべきである。また、区分所有法を離れて考えてみても、かかる全員加入の非営利的な団体において、多数決で定められた負担金に差異を設ける規約、決議等は、目的又はその差別の方法が不合理であって、一部の者に特に不利益な結果をもたらすときは、私的な団体自治の範囲を超え、原則として民法90条の規定する公の秩序に反するものというべきである。」

「かかる見地から本件を検討するに、本件では所有名義が法人か個人かという区別によって管理費等の徴収額に、修繕積立金の増額前で約1.72対1、修繕積立金の増額後で約1.65対1の差異が設けられており、このような差異が設けられた理由について、原告は、負担能力の差を挙げるほかあまり合理的な説明を加えていない。」

「しかも、いずれにせよ、負担力に応じるというのであれば、私的団体における差別目的としての合理性もさほど高くはない上、よりきめ細かな区分が必要なはずであり、名義上の個人と法人といった区分方法程度では、手段として不適切といわざるを得ない。したがって、このような区分方法では、前記のような大きな差異を課することは、不合理というべきである。」

「また、管理費等のうち修繕積立金以外については、持分に応じた負担以外の考え方としては、より直接的に、各区分所有者が建物の共有部分等を使用する程度又はこれによる収益の程度に応じて、それぞれが負担するという理念もあり得よう。しかし、法人であるが故に必ずしも常に個人よりも共有部分等を多く使用しているとまでいうことはできない。使用程度あるいはこれによる収益の程度は、その業種、業態によって大きく異なる上、……組合員の中には個人の所有名義であるが、営業用に当該建物を利用している者もいることが認められる。実質的な利用状態を無視して、単に所有名義のみによって管理費等の徴収額に差異を設けることは、その手段において著しく不合理といわざるを得ない。したがって、前記の格差は、このような合理性の乏しい手段によるものとしては、不当に大き過ぎ、法人組合員に特に不利益な結果をもたらすものとして、是認できない。」

「このように検討してみると、平成元年5月28日の定時総会によりその差異が縮小し始めたことを考慮してもなお、現在程度の差異があり、かつ、被告が法人組合員であるが、当該建物を居住用に利用しているにすぎない者であり、この差異を承認しておらず、原告内部及び原告と被告間で、より合理的な管理費等の定め方等につき、十分な協議、検討が尽くされていない……本件では、本件組合規約及び金額の決議は、管理費等の徴収について、法人組合員につき差別的取扱いを定めた限度で、区分所有法の趣旨及び民法90条の規定に違反し、無効というべきである。」

3 解説

1 本判決の分析

本件の争点は、法人所有の場合、個人所有の約1.6倍の管理費等負担を求める規約およびこれに基づく集会決議が法的に有効であるのか否かにある。すなわち、区分所有者の属性により管理費等負担につき別異の取り扱いをなすことが法的に許容されるのか否かが問われている。本判決は、規約の衡平性を求める区分所有法30条3項の新設前（平成14年改正前）の段階で規約の衡平性について正面から判断がなされていること、かつ、当該規約は民法90条に違反し無効であると判断されていることに大きな特徴がある。以下においては、規約の衡平性

についてのこれまでの議論を概観する。

規約とは、区分所有者の団体たる管理組合の根本規範である。そして、区分所有法は、区分所有者相互の事項について広く規約で定めることを認め、管理組合の私的自治を認めている（規約自治の原則）。しかしながら、規約は無制限に何でも規定できるのではなく一定の限界がある。強行法規に反する規約の規定や法が規約で別段の定めができないとしていることについて法と異なった定めをしているときは無効となる（青山正明編『注解不動産法5　区分所有法』166頁[西村捷三][1997]）。例えば、外国人への専有部分の賃貸を制限するような（規約の）規定は公序良俗（民90条）に反し無効であると考えられてきた（玉田弘毅『建物区分所有法の現代的課題』210頁[1981]、鎌野邦樹「区分所有法改正とマンションの管理」都市住宅学38号31頁）。また、管理費等の負担に関しても強行法規に反するような規約、すなわち、民法90条に反するような規約であれば当該規約が無効になることがありうる。

それでは、本件で問題となっている管理費等の負担に関してどのように定められるべきものなのであろうか。法は、共用部分の管理費等は原則として持分に応じて負担すべきであり、例外的に規約で別段の定めをなすことができるとする（19条）。管理費等の負担基準につき争いとなった以下のような事例がある。たとえば、①東京地判昭和58年5月30日判時1094号57頁は、店舗・住居・別館という3つのエリアからなる複合用途型マンションにおいて専有部分の床面積の割合に応じて管理費等を負担する旨の決議がなされた場合、店舗エリアの管理費等が他のエリアよりも高額であり、かつ、管理費等の設定に当たり利用状況を考慮に入れていないような集会決議（本件マンションには規約が存在しない）であってもこのことから直ちに決議内容が著しく不公正・不平等であるとはいえず決議は有効であるとする（控訴審判決である②東京高判昭和62年5月27日東高民時報38巻4-6号33頁でも同様の判断が維持されている）。また、③東京地判昭和58年8月24日判時1109号99頁は、これまでの管理方法を改め共用部分の管理費等は専有部分の面積に応じて負担するとした集会決議がなされたところ、裁判所は使用頻度を勘案したうえで1階部分を店舗として使用する区分所有者に対して全体共用部分について管理費等支払を肯定したものの、一部共用部分の管理費等の支払を否定した。④東京高判昭和59年11月29日判時1139号44頁は、③の控訴審判決であるが、使用頻度を勘案することなく専有部分の床面積に比例して管理費等を定めた本件規約は著しく不公平で公序良俗に反して無効であるとまではいえないと判断し、③判決で一部共用部分とされた部分についての管理費等支払を肯定した。いずれの事例も法の定める原則である持分割合に応じて負担額を定めたところ一部の区分所有者が使用形態・頻度等に比して高額の管理費等を負担させられていることが争いとなったが、③を除き持分割合に応じた負担割合を定めるとの手法が裁判所により支持されている。このようにこれまで裁判所はどちらかというと実質的公平よりも形式的公平を重視し、法の定める原則的形態である持分割合に応じた形で管理費等を定めている限り許容していたことが窺える。

本件では、上記①～④のように法の定める原則的形態に基づく管理費等の定め方であるが故に一部の区分所有者が不利益を受けることとなり争いになった事例とは異なり、そもそもの管理費等の定め方が法の定める原則的形態とは異なる。原則的形態とは異なる形態がどの程度許容されるのかが本件のポイントとなる。

2　本判決の評価

本判決は、冒頭において持分に応じた管理費等の徴収が原則であるものの条文上例外が認められていることから、個人所有と法人所有で管理費等に差異を設けることを一律に否定していない。しかし、その差異は合理的なものでなければならないことを強調し、負担能力を根拠とするだけでは不十分とし、結論的には本件規約は無効であるとの判断を示している。本判決は差異があることを肯定しつつも合理的であるのか否かという点について厳格に判断している。規約の衡平性を強く求めているともいえよう。このように厳格に判断したうえで規約を無効にするとの結論を導いている点に関しては、規約自体の有効性を肯定したうえで例外的な取り扱いをすべきであると主張する見解もある（内田・後掲86頁、大野・後掲31頁）。傾聴に値する見解であるが規約の有効性を肯定しつつ例外的な取り扱いをする根拠は示しにくい。本判決の方が筋が通っているといえよう。なお、本判決の考え方は、後年の諸判決にも影響を及ぼしているといえる。たとえば、東京地判平成14年6月24日判時1809号98頁では、持分割合とは異なる管理費等が定められた点が問題となったが、本判決の一般論を踏襲したうえで具体的なあてはめの場面において（敷地使用料と管理費等支払が対価関係となっているため）特に不公平はなく公序良俗に反しないと判断された。また、東京地判平成23年6月30日判時2128号52頁では、原始規約において一部の区分所有者のみ管理費等が著しく低い金額とされていたため区分所有者間の不公平を是正すべく規約を変更するための総会決議が有効であると判断された。規約の衡平性を強く求める本判決の立場からすれば当然の帰結であるといえよう。

3　実務指針

本判決では本件規約（およびこれに基づく集会決議）が民法90条に反し無効であると判断された。その後、平成14年区分所有法改正により規約の衡平性が求められることとなり（30条3項）、規約の衡平性を判断する場合の考慮要素が条文上示された。そもそも、規約の衡平性を求める区分所有法30条3項は規約の客観的な適正さを確保するために、民法90条の趣旨を建物の区分所有関係においてより具体的にパラフレイズした一般条項的性格の規定である。そのため、民法90条のみに依拠していた頃よりもより容易に、かつ、一層広い範囲において規約の衡平性が求められることになろう（丸山英気編『改訂版　区分所有法』230頁[原田純孝][2007]）。換言すれば、規約の衡平性につき現段階においては本判決よりも厳格に判断し、結論的に規約が無効であると判断される余地が拡大したと考えられる。実務において、現段階においては規約の衡平性について本判決当時よりもより慎重な取り扱いが求められることになろう。

【参考文献】　本件の主要な評釈としては、内田勝一・判タ765号79頁、大野秀夫・判評447号29頁、玉田＝米倉・裁判例192頁[枝松忠助]、升田・要約188頁等がある。

土居俊平
熊本県立大学准教授

V 規約 §30 規約事項

44 管理費等滞納者が支払う「違約金としての弁護士費用」の意義

東京高裁平成26年4月16日判決（判時2226号26頁、判タ1417号107頁、金判1445号58頁）

1 事実

　Xは東京都千代田区三番町所在のマンションの区分所有者全員により構成された管理組合であり、Yは本件マンションの区分所有者である。Xは、Yに対し、本件マンション管理規約に基づき未払管理費等（修繕積立金含む）・遅延損害金・弁護士費用（実費相当額）の支払を求めて訴えを提起した。弁護士費用に関して本件マンションの管理規約には、「区分所有者が管理組合に支払うべき費用を所定の期日までに支払わないときは、管理組合は当該区分所有者に対し、違約金としての弁護士費用を加算して請求することができる」と規定されていた（なお、本規約は国土交通省が作成したマンション標準管理規約60条2項に準拠するものである）。原審（東京地判平成25年10月25日判時2226号29頁）では、未払管理費等については請求を認容したが、弁護士費用に関しては、実費相当額ではなく裁判所が相当と認める額に限定して認容した。これに対して、Yはこれを不服として控訴しXは訴訟中に更に増大した未払管理費ならびにそれに伴う遅延損害金等を加えて付帯控訴した。

2 判旨

　控訴棄却「国土交通省の作成にかかるマンション標準管理規約……は、管理費等の徴収について、組合員が期日までに納付すべき金額を納付しない場合に、管理組合が、未払金額について、「違約金としての弁護士費用」を加算して、その組合員に請求することができると定めているところ、本件管理規約もこれに依拠するものである。そして、違約金とは、一般に契約を締結する場合において、契約に違反したときに、債務者が一定の金員を債権者に支払う旨を約束し、それにより支払われるものである。債務不履行に基づく損害賠償請求をする際の弁護士費用については、その性質上、相手方に請求できないと解されるから、管理組合が区分所有者に対し、滞納管理費等を訴訟上請求し、それが認められた場合であっても、管理組合にとって、所要の弁護士費用や手続費用が持ち出しになってしまう事態が生じ得る。しかし、それは区分所有者は当然に負担すべき管理費等の支払義務を怠っているのに対し、管理組合は、その当然の義務の履行を求めているにすぎないことを考えると、衡平の観点からは問題である。そこで、本件管理規約36条3項により、本件のような場合について、弁護士費用を違約金として請求することができるように定めているのである。このような定めは合理的なものであり、違約金の性格は違約罰（制裁金）と解するのが相当である。したがって、違約金としての弁護士費用は、上記の趣旨からして、管理組合が弁護士に支払義務を負う一切の費用と解される（その趣旨を一義的に明確にするためには、管理規約の文言も「違約金としての弁護士費用」を「管理組合が負担することになる一切の弁護士費用（違約金）」と定めるのが望ましいといえよう。）。」

3 解説

1 本判決の分析

　(1) 本件では、マンションの管理費等を滞納した者が負担すべき弁護士費用は、実費相当額なのか裁判所が定めた額なのか、という点が争点である。本判決は、原審の判断（裁判所が定めた額）を覆し、実費相当額であると判断した。本件において直接的に問題となるのは弁護士費用につき定められているマンション管理規約「違約金としての弁護士費用」の解釈である。ただ、本件で問題となっている弁護士費用は、訴訟費用の大半を占めるものであり、かつ、弁護士費用を誰がどの程度負担すべきなのかという問題は訴訟提起・追行をなすうえで極めて重要である。そこで、本解説では弁護士費用の負担についてどう考えていくべきなのかという根本的な議論について概観したうえで、本件のマンション管理費等滞納事案における弁護士費用負担の問題、即ち、マンション管理規約「違約金としての弁護士費用」の解釈につき触れていくこととしたい。

　(2) そもそも、民事訴訟法61条は「訴訟費用は、敗訴の当事者の負担とする」と規定している。もっとも、ここにいう「訴訟費用」には弁護士費用を含まない（民事訴訟費用法2条10号、もっとも弁護士費用を訴訟費用に含めるべきであるとの見解はかねてより有力に唱えられている、詳細は高橋宏志ほか「民訴費用・弁護士報酬をめぐって（座談会）」ジュリ1112号4頁以下参照）。それでは、弁護士費用は誰が負担することになっているのであろうか。この点、わが国では弁護士強制主義がとられておらず、弁護士に対する訴訟委任は当事者の自由な選択に委ねられていることを理由として、弁護士費用に関しては訴訟当事者が全額負担し、相手方当事者に請求することはできないのが原則であると理解されている（松本博之＝上野泰男『民事訴訟法〔第7版〕』873頁[2012]ほか多数）。判例においても、債務不履行訴訟においては原則どおり相手方当事者への請求は否定的に解されている。たとえば、金銭債務不履行にかかる損害賠償において、民法419条により法律に別段の定めがある場合を除き、約定または法定の利率に基づく一定額を支払うことになるが、その際、債権者はその損害を証明する必要がない。その反面として一定額以上の損害が発生したことを立証したとしても弁護士費用をはじめとする取立費用を求めることはできない（最判昭和48年10月11日判時723号44頁）。他方、不法行為訴訟においては、加害者たる相手方当事者への請求は例外的に肯定されている。すなわち、現在の訴訟はますます専門化され技術化された訴訟追行を当事者に要求する以上、一般人が単独にて十分な訴訟活動を展開することはほとんど不可能に近いため、一般人は弁護士に委任するにあらざれば、十分な訴訟活動をなし得ないことを理由に、例外的に弁護士費用の請求が肯定されている（最判昭和44年2月27日民集23巻2号441頁）。もっとも、事案の難易、

請求額、認容された額その他諸般の事情を斟酌して相当と認められる額の範囲内のものであること、および不法行為と相当因果関係に立つ損害である必要がある（前掲最判昭和44年2月27日）。このように、判例の基本的な立場としては、債務不履行訴訟では弁護士費用の請求は不可能、不法行為訴訟では弁護士費用の請求は可能であるとみてよい。ただ、債務不履行訴訟の一類型である安全配慮義務違反が争われた事案にあって弁護士費用の請求を認めてよいという新たな判断が出ている（最判平成24年2月24日判時2144号89頁）。結局のところ、弁護士費用の負担は、西島教授が説くように社会正義の実現のために誰が負担するのが公正かという問題といえ、諸般の事情を考慮した衡平の観点から、実質的に決定すべきなのであろう（西島・後掲25頁）。

（3）それでは、本件のようなマンション管理費等滞納訴訟における弁護士費用につきどのように考えていくべきであろうか。管理費等滞納訴訟は、一面において管理費等が金銭であり管理費等の滞納はまさに金銭債務の不履行であることから債務不履行訴訟であるともいえるし、他面において管理費等滞納行為が区分所有法6条にいう共同利益背反行為に該当し区分所有法上の制裁措置（差止・使用禁止・競売の請求）を課される可能性があるという点からすれば不法行為に近い行為態様であり、不法行為訴訟に近い側面があるともいえる。このようにマンション管理費等滞納訴訟は両側面を有する点に若干の難しさがあるが、誰が弁護士費用を負担するのかについては、①本件マンションでは管理規約（標準管理規約準拠）において管理組合は管理費等滞納行為者に対して弁護士費用を加算して請求することができるという旨の規定があること、②滞納者が負担しないのであれば最終的に遅滞なく管理費等の支払を行っている他の区分所有者が負担するというおよそ納得し難いことになることから、弁護士費用については滞納者が負担すべきであるとの結論に問題なかろう。問題は、滞納者が弁護士費用を負担するとしてもどの程度の金額を負担させるべきなのであろうか。この点については、裁判所においても実費相当額とする判断（東京地判平成18年5月17日判例集未登載）と裁判所の認定する相当額とする判断（東京地判平成19年7月31日判例集未登載）に分かれていた。また、本件においても原審は裁判所の認定する相当額としたのに対し、本判決は実費相当額であると判断した。本判決は初の高裁レベルの判断であり注目される。

2 本判決の評価

本判決では、管理費等滞納訴訟における弁護士費用に関して支払義務を負うのは滞納者であり、かつ、弁護士費用の中身は実費相当額であるとの結論が示された。この結論は、本件マンション管理規約「管理組合は当該区分所有者に対し、違約金としての弁護士費用を加算して請求することができる」の解釈から導かれたものである。つまり、管理費等滞納訴訟において滞納者に対して管理費等の支払という当然の義務の履行を求めているにもかかわらず弁護士費用が管理組合の持ち出しになることが衡平の観点から問題であるとし、規約中の「違約金」とは、違約罰（制裁金）であり、「違約金としての弁護士費用」とは、管理組合が弁護士に支払義務を負う一切の費用、すなわち、実費相当額であると解されたのである。学説においても、弁護士費用については滞納者に負担させるべきであると考えられてきた。その根拠としては規約に損害賠償金ではなく違約金として請求するものであることを明記している点が指摘されている（稲本＝鎌野・管理規約212頁）。また、弁護士費用の中身が実費相当額であることについては、標準管理規約を作成した国土交通省サイド自身が弁護士費用の発生がもともとは管理費等を支払わない側の理由によることを指摘している（国交省・管理規約225頁）ことから、弁護士費用については実費相当額を負担させしめることが妥当であることを示唆している。このように本判決は、これまで指摘されていた内容を受けた形で判断されたものであり、かつ、内容的にも妥当である。本件で問題となった規約は標準管理規約に準拠したものであり、標準管理規約を用いているマンションが少なからず存在することから本判決は実務的に大きな影響を与えることになろう。

なお、実務家サイドからどんな弁護士に頼んでも（それが暴利行為等にでも該当しないかぎり）実費を請求することは不都合ではないかとの疑問が提示されている。（石毛・後掲120頁；石毛弁護士はこのような疑問に対し、こうとでもしなければ毅然として管理費等の請求はできないとされる）。原則としては、弁護士費用については滞納者に対して実費相当分の請求をなしうるとしても、例外を認める余地があるのか否かについては今後の検討課題であろう。

3 実務指針

国土交通省が実施したマンション総合調査（平成25年度実施、平成26年4月公表）によれば、管理費等の滞納が発生しているマンションの割合は37.0%とのことであり、少なからずのマンション管理組合が管理費等滞納問題に苦悩している。このような現状において、本判決が管理費等滞納訴訟において弁護士費用の実費相当分を滞納者に請求できると判断したことは、弁護士費用の負担を考えて泣き寝入りするのではなく積極的に滞納分を回収する後押しになったといえよう。ただ、本判決で示されたのはあくまで滞納者に弁護士費用の実費相当額を請求できるというだけなので、確実に滞納管理費等に加えて弁護士費用（実費相当額）まで回収可能なのかは、個別のケースにより異なり、滞納管理費等はもとより弁護士費用の回収などおよそ不可能であるケースもあろう。そのような滞納管理費等の回収さえ困難な場合における実務的対応としては、滞納額をこれ以上増大させないために競売請求（59条）を講ずることを視野に入れざるをえないであろう。

【参考文献】 本件の主要な評釈としては、西島良尚・リマークス51号22頁、竹田智志・明治学院大学法律科学研究所年報31号117頁、竹田智志・マンション学51号51頁、椙村寛道・NBL1038号89頁、石毛和夫・銀行法務21 784号120頁等がある。

土居俊平
熊本県立大学准教授

45 不在区分所有者に対し住民活動協力金支払を求める規約の有効性

最高裁平成22年1月26日判決（判時2069号15頁、判タ1317号137頁）

1 事実

本件マンションであるAは、昭和44～46年に大阪市住宅供給公社が建築・分譲した4棟からなる総戸数868戸のマンションであり、大阪市北区中津に所在する。本件マンションでは、管理組合の役員の資格を、区分所有者又はその一定の親族で、かつ、居住者に限定していた。時間の経過とともに空室や賃貸物件が増加し、平成16年頃には多数の不在区分所有者（約170～180戸）が存在し、居住区分所有者の中には管理組合の運営の負担が偏っていることに不満をもつ者が現れた。そこで、本件マンションAの管理組合であるXは、平成16年3月の総会で不在組合員に対して管理費（8500円）・修繕積立金（9000円）のほかに協力金（5000円）の支払を求める旨、規約を変更した。不在区分所有者（約180戸）の多数はその支払に応じたが、一部に支払に応じない者（Y・全7名）がいたため、Xは順次支払を求める訴えを提起した。これらの訴訟における第1審判決では判断が分かれた。原審の段階で裁判所から和解提案がなされた。それに基づき、Xは平成19年3月の総会で、住民活動協力金（協力金から名称変更）の額を遡及的に月額2500円とする規約変更を行った。同時に管理組合役員に報酬・必要経費を支給する旨の規約変更も行った。上記7名のうち、2名は訴訟上の和解をした。上述の和解に応じなかった者（5名）がいたため訴訟は継続された。原審は不在区分所有者に住民活動協力金を負担させる合理的根拠がないため本件規約変更を無効と判断し、Xの請求を棄却した。X上告。

2 判旨

原判決破棄「法66条が準用する法31条1項後段の「規約の設定、変更又は廃止が一部の団地建物所有者の権利に特別の影響を及ぼすべきとき」とは、規約の設定、変更等の必要性及び合理性とこれによって一部の団地建物所有者が受ける不利益とを比較衡量し、当該団地建物所有関係の実態に照らして、その不利益が一部の団地建物所有者の受忍すべき限度を超えると認められる場合をいう（最高裁平成8年（オ）第258号同10年10月30日第二小法廷判決・民集52巻7号1604頁参照）。

前記事実関係によれば、本件マンションは、規模が大きく、その保守管理や良好な住環境の維持には上告人及びその業務を分掌する各種団体の活動やそれに対する組合員の協力が必要不可欠であるにもかかわらず、本件マンションでは、不在組合員が増加し、総戸数868戸中約170戸ないし180戸が不在組合員の所有する専有部分となり、それらの不在組合員は、上告人の選挙規程上、その役員になることができず、役員になる義務を免れているだけでなく、実際にも、上告人の活動について日常的な労務の提供をするなどの貢献をしない一方で、居住組合員だけが、上告人の役員に就任し、上記の各種団体の活動に参加するなどの貢献をして、不在組合員を含む組合員全員のために本件マンションの保守管理に努め、良好な住環境の維持を図っており、不在組合員は、その利益のみを享受している状況にあったということができる。

いわゆるマンションの管理組合を運営するに当たって必要となる業務及びその費用は、本来、その構成員である組合員全員が平等にこれを負担すべきものであって、上記のような状況の下で、上告人が、その業務を分担することが一般的に困難な不在組合員に対し、本件規約変更により一定の金銭的負担を求め、本件マンションにおいて生じている不在組合員と居住組合員との間の上記の不公平を是正しようとしたことには、その必要性と合理性が認められないものではないというべきである。……

そして、本件規約変更により不在組合員が受ける不利益は、月額2500円の住民活動協力金の支払義務の負担であるところ、住民活動協力金は、全組合員から一律に徴収されている組合費と共に上告人の一般会計に組み入れられており、組合費と住民活動協力金とを合計した不在組合員の金銭的負担は、居住組合員が負担する組合費が月額1万7500円であるのに対し、その約15%増しの月額2万円にすぎない。

上記のような本件規約変更の必要性及び合理性と不在組合員が受ける不利益の程度を比較衡量し、加えて、上記不利益を受ける多数の不在組合員のうち、現在、住民活動協力金の趣旨に反対してその支払を拒んでいるのは、不在組合員が所有する専有部分約180戸のうち12戸を所有する5名の不在組合員にすぎないことも考慮すれば、本件規約変更は、住民活動協力金の額も含め、不在組合員において受忍すべき限度を超えるとまではいうことができず、本件規約変更は、法66条、31条1項後段にいう「一部の団地建物所有者の権利に特別の影響を及ぼすべきとき」に該当しないというべきである。」

3 解説

1 本判決の分析

本件の争点は、不在区分所有者に対して協力金支払を求める規約変更が有効なのかという点にある。法的には、かような規約変更が区分所有法31条1項「特別の影響」を及ぼす事項に該当するのかという問題である。

昭和58年改正により多数決での規約変更を可能とし、かつ、少数者を保護すべく一部の区分所有者に対して「特別の影響」（31条1項）を及ぼす際にはその者の承諾を要件とした。では、「特別の影響」とは何か。この点、立法担当者は、「特別の影響」とは、規約の設定、変更等の必要性および合理性とこれによって受ける当該一部の区分所有者の不利益とを比較して、区分所有関係の実態に照らし、当該一部の区分所有者が受忍すべき程度を超える不利益を受けると認められる場合をいうものと解すべきである（濱崎・改正243頁）との判断基準を示した。その後、学説はこの判断基準に賛同し（稲本＝鎌野・区分所有法201頁、水本ほか・基本法コンメン

69頁［原田純孝］など）、下級審裁判例も立法担当者と同様の判断基準を採用したものもある（吉田・後掲160～162頁参照）。その後、最判平成10年10月30日民集52巻7号1604頁は、「特別の影響」につき前述の立法担当者と同様の判断基準を示した。当該基準は、当該区分所有関係の実態に基づき判断すべきことを強調したもの（河邊義典・判解民平成10年（下）875頁）であり、かつ、受忍限度論に立脚した基準である。本判決は、法31条1項「特別の影響」に関する最高裁判決の1つであり、前掲最判平成10年10月30日の延長線上に位置づけられる。

本件の特徴は、不在区分所有者に対してのみ金銭的負担を求める旨の規約変更の有効性が争われ、肯定的判断を下した点にある。これまで、不在区分所有者に対して金銭的負担を求める旨の規約の有効性（もしくは集会決議の有効性）が争われた事例はいくつか存在する。たとえば、福岡地判平成11年9月30日判例集未登載は、役員手当ての財源として管理料名目で居住者1000円、不在者3000円を負担させる集会決議の効力につき、不在者が管理組合役員になれないこと、役員であるのか否かを問わず全区分所有者に負担を求めていること、金額的には2000円の差にすぎないことから、有効であると判断した。同様に福岡地判平成20年12月11日判例集未登載およびその控訴審である福岡高判平成21年7月16日判例集未登載では、不在者に特別管理費を課す規約変更につき、居住区分所有者のみが管理組合役員に就任し住環境の維持・向上に努めている一方で、不在区分所有者は事実上タダ乗りしている面があり、両者の不公平を解消するべく特別管理費を徴収することには合理的理由があり、「特別の影響」（31条1項）を与えるものではないと判断した（上記の判決につき、全国マン研・判例の解説299～300頁［中村広明］』参照）。本判決はこのような下級審裁判例からすれば想定内のものである。

2 本判決の評価

本判決は、前掲最判平成10年10月30日が提示した判断基準たる受忍限度論に基づき不在区分所有者に対してのみ金銭的負担を負わせる旨の規約変更を有効と解した。本判決への学説上の評価は2つに大別される。肯定的評価をなす論者（鎌野・後掲21頁、舟橋・後掲116～117頁、吉田・後掲167頁）が存在する一方で、否定的評価または若干の懸念を表明する論者（松岡・後掲12頁、伊藤・後掲491頁、大野・後掲327～328頁）が存在する。前者からすれば、規約変更は区分所有者の自律性に委ねるべきであることから、肯定的評価になるのであろう。後者からは、①規約変更の合理性・必要性があるのか疑わしい（伊藤・後掲489頁）、②不在区分所有者は管理組合役員になりたくともなれない（大野・後掲327頁）、③不在区分所有者が受ける不利益の判断基準が曖昧でいくらの負担であれば許容されるのか不明である（伊藤・後掲490頁）、④金銭負担を拒絶しているのが5名に過ぎず圧倒的多数は了解しているという判断は、法31条1項が少数者保護規定であることを忘却している（松岡・後掲13頁、伊藤・後掲490頁）との批判・懸念が示されている。もっとも、①に関しては、本件マンションにあっては5年間転売が禁止された自己居住用として分譲されたという経緯があり、居住する区分所有者が原則的形態であり、不在の区分所有者は例外的形態・想定外の住まい方であり、不在区分所有者が生ずることで全区分所有者が自主管理に当たるという当初の前提が崩れた以上、現状を改善するべく規約の変更をなす必要性・合理性があるのではなかろうか。②に関しては、役員は管理の現状を肌に感じることができるとともに、一般住民の声に耳を傾けることができる立場にあることが望ましい（国交省・管理規約147頁）ことや、居住しない者がマンション管理にあたると往々にして無責任な管理になりがちであり、不在区分所有者が規約上、管理組合役員になれないとするのも一定の根拠がある。③に関しては、本件のような規約を設定すること自体を否定するものではなかろう。④に関しては正当な批判であろう。この点を理由とするのは適切ではない。

さらに、より視野を広げて考察すると以下のようなことも浮かび上がってくる。すなわち、本判決の特殊性は、本件被告が法31条で想定したような一方的に権利・利益が侵害されている者ではなく、管理タダ乗りという形で他の居住区分所有者の権利・利益を侵害しているという側面があり、全面的な保護・救済を考えねばならない事例とはかなり様相を異にするという点にあろう。本件被告は、協力金支払を拒絶している段階にあっては自らの権利・利益が奪われている側面（＝協力金支払を求められている）と他の区分所有者の権利・利益を奪っている側面（＝管理タダ乗り）という両側面を有する。前者を強調すると本判決に否定的になろうし、後者を強調すると本判決に肯定的になろう。ただ、本件マンションは（業者任せではなく）自主管理の徹底した、管理の行き届いたマンションであることや、本来的には別物である管理組合業務と自治会業務が一体化していること等、本件マンション特有の部分もある。そのため、判決の先例的意義は認めつつも、その射程は一般論に拡大すべきではなかろう（舟橋・後掲117頁）。

3 実務指針

本判決以降、同様の負担金を導入しようとする管理組合が相次いでいるとの指摘がある（全国マン研・判例の解説300頁）。もっとも、あらゆるマンションにおいて本件と同様の規約が有効になるとは言い切れない点に注意すべきである。不在区分所有者の割合が相当程度（全戸数の2割以上）存在しているという背景のもと、協力金支払を求める合理的必要性があり、かつ、負担金の金額が許容されうる水準であることが必須である。個々のマンションの経緯・特質を無視し負担金の導入に前のめりになることは、実務的には好ましくなかろう。

【参照文献】　鎌野邦樹・リマークス42号18頁、花房博文・マンション管理センター通信2010年7月号18頁、松岡久和「マンション管理と非居住者」ジュリ1402号5頁、舟橋哲・マンション学36号112頁、大野武・明治学院大学法律科学研究所年報27号319頁、伊藤栄寿・民商142巻4=5号485頁、吉田邦彦・判評628号12頁、青地博之・法律のひろば63巻10号57頁ほか多数の評釈がある。

土居俊平
熊本県立大学准教授

46 店舗の使用制限を内容とする規約変更の有効性

東京地裁昭和63年11月28日判決（判タ702号255頁、金判820号35頁）

1 事実

Xは、東京都品川区荏原に所在するaハイツ（11階建て、1階が店舗部分、2階以上が住居部分）の1階・103号室（店舗部分）を所有する区分所有者であり、自らが経営してまたは第三者に賃貸して、昼間は喫茶店・夜間は深夜営業のスナックとして同室を使用していた。本マンション管理組合であるY1は、昭和60年10月19日の総会において、店舗区分所有者の業種制限、営業方法、店舗内装工事に関する制限を盛り込んだ規約変更の決議を行った（規約16条～18条）。昭和61年4月、Xはラーメン店の営業を予定する訴外Aに103号室を賃貸しAが同年5月初旬ころ改装工事を開始した。これに対して、Y1およびY2（＝Y1からマンション管理を委託されている者）は、AおよびXに対して本件店舗においてラーメン店を営業することはできない旨を申し入れ、改装工事を中止するよう要求し、結局Aはラーメン店の営業を断念し同年6月に改装工事を中止した。さらに、Y1は同年6月の理事会において、Aの本件マンション1階でのラーメン店営業を承認しない旨決定し、臨時総会においても同様の決議をした。

そこで、Xは以下のように主張した。すなわち、①当該規約変更は区分所有権への重大な制限となり営業活動の死活を制する、つまり、一部の区分所有者たる店舗部分の区分所有者の権利に特別の影響を及ぼすため、その者の承諾が必要であるにもかかわらず本件ではXの承諾がないので本件規約変更は無効である、②Y1は①の規約変更のために招集された総会の招集通知を怠り、Xは当該総会に出席できなかったため総会でなされた決議（規約変更）は無効である、③Y1・Y2がラーメン店営業を認めないという不法行為により、Aへの損害賠償金350万円、得べかりし賃料収入250万円、改装工事を中止したために発生した店舗修復費58万円の合計658万円の損害を被った、と主張した。本判決は①②③の請求を全て棄却した。なお、本解説では①を中心に検討する。

規約16条（業種の制限）
1 店舗区分所有者は次の各号に該当する業種について営業することはできない。
一 aハイツの住環境を著しく阻害する風俗営業等
二 著しく臭気を発生する業種又はおびただしい煙を発生する業種（中華料理店、焼肉店、炉端焼店、焼鳥屋等）
三 前項1号および第2号に抵触する恐れのある業種を営業しようとする場合は、事前に第36条に定める理事長と打合せ、承認を得ること。

2 判旨

請求棄却「次に、原告は、本件条項は原告の権利に特別の影響を及ぼすものであるにもかかわらず、原告の承諾を得なかったので無効であると主張するので、この点について検討する。

一般に、建物の区分所有者は、建物の保存に有害な行為その他建物の管理又は使用に関して区分所有者の共同の利益に反する行為をしてはならない（建物の区分所有等に関する法律6条1項）義務を負っており、このような一般的な制約を規約において具体的に規定したとしても、それが右の一般的制約の範囲である以上、これをもって一部の区分所有者の権利に特別の影響を与えたものということはできない。

そこで、本件規約16条について検討するに、同条1項は「店舗区分所有者は次の各号に該当する業種について営業することができない。一 aハイツの住環境を著しく阻害する風俗営業等 二 著しく臭気を発生する業種又はおびただしい煙を発生する業種（中華料理店、焼肉店、炉端焼店、焼鳥屋等）」と規定し、同条2項は、右禁止条項に抵触するおそれのある業種を営業しようとする場合は、事前に理事長と打ち合わせ、その承諾を得るように規定しているが、……によれば、本件建物は1階が店舗部分、2階以上が住居部分の鉄骨鉄筋コンクリート造11階建の建物であり多数の区分所有者が共同生活を営んでいることが認められ、右事実にかんがみると、たとえ、1階部分が店舗部分であるとはいえ、1階部分において本件建物の住環境を著しく阻害する風俗営業、あるいは著しい臭気又はおびただしい煙を発生する業種の営業を行うことは、他の区分所有者の快適な生活を阻害し、平隠な住環境を損なうものであるから、これが本件建物の区分所有者の共同の利益に反することは明らかである。

したがって、本件建物の店舗部分において右のような営業をすることを禁止することには合理性があり、それは本件建物の区分所有者が一般的に負っている制約の範囲内のものというべきである。」

3 解説

1 本判決の分析

本件の争点は、店舗・住居が複合するマンションにおいて店舗部分の区分所有者に対する店舗の使用制限を内容とする規約変更は一部の区分所有者の権利に対して特別の影響を及ぼすものか否かという点にある。

そもそも、昭和37年区分所有法制定当時にあっては、規約は契約であり全員の同意のない限り変更不可能であった（旧法24条1項）。昭和58年改正により「区分所有者及び議決権」の4分の3以上の多数決により規約変更が可能としたが、同時に少数者の権利保護のため「一部の区分所有者の権利に特別の影響を及ぼすとき」（31条1項）にはその者の承諾が必要であるとした。では、ここにいう「特別の影響」とは何か。昭和58年改正の立法担当者は、「特別の影響」とは、規約の設定、変更等の必要性及び合理性とこれによって受ける当該一部の区分所有者の不利益とを比較して、区分所有関係の実態に照らし、当該一部の区分所有者が受任すべき程度を超

える不利益を受けると認められる場合をいうものと解すべきであるとする（濱崎・改正243頁）。いわゆる受忍限度論と称される基準が提示された。その後、立法担当者とほぼ同様の見解が最高裁で示された。すなわち、最判平成10年10月30日民集52巻7号1604頁では、「特別の影響」につき「規約の設定、変更等の必要性及び合理性とこれによって一部の区分所有者が受ける不利益とを比較衡量し、当該区分所有関係の実態に照らして、その不利益が区分所有者の受忍すべき限度を越えると認められる場合をいう」と判示され、最判平成22年1月26日判時2069号15頁においては前掲最判平成10年10月30日が踏襲される。かくして「特別の影響」の解釈につき判例理論が確立された。

このように法31条1項「特別の影響」の内容が上記のようなものであるとして、「特別の影響」が問題となる具体的事案は多方面にわたる（例：駐車場使用権、ペット飼育など）。それでは、その一類型である専有部分への使用制限を内容とする規約変更が「特別の影響」（31条1項）に該当するのであろうか。本判決を除けば以下の裁判例がある。①福岡地小倉支判平成6年4月5日判タ878号203頁においては、専有部分における飲食店としての利用を禁止する規約変更につき、当該建物が元々事務所として利用されていたことおよび（本件マンションが住居・店舗の複合型マンションであることから）飲食店としての利用により住環境の悪化は避け難いことを理由に、本件規約は有効であると判断された。②最決平成9年3月27日判時1610号72頁においては、専有部分における住宅以外の店舗・事務所等の利用を禁ずる規約変更の効力につき、元々住居ではなく屋内駐車場であった101号室を店舗に改造し現在の区分所有者に売却されているという特殊性を考慮し、規約変更の効力は現区分所有者には及ばないと判断された。③東京高判平成13年9月6日判例集未登載（判決文の詳細は、佐々木・後掲60頁参照）においては、駅前の商業地域にある店舗・住居の複合型マンションでこれまで24時以降の営業を禁止していたのを22時以降の営業を禁止する旨の規約変更は、物件価値の低下につながることを理由に、本件規約は無効であると判断された。④東京高判平成21年9月24日判時2061号31頁においては、リゾートマンションで各専有部分を不定期に保養施設として使用する範囲を超えて定住を禁止する旨の規約変更は、区分所有権の本質的内容への制約であることを理由に、無効であると判断された。⑤東京地決平成25年10月24日判例集未登載（決定文の詳細は、佐々木・後掲57頁参照）においては、専有部分につきシェアハウスとして利用することを禁止する規約変更につき、シェアハウスとしての利用が必ずしもトラブル増加につながるものではないことを理由に無効であると判断されている。これら①～⑤を全体的に考察すると ⓐ判決文において「特別の影響」に関する、立法担当者もしくは前掲最判平成10年10月30日が示した基準である受忍限度論を明示的に用いる裁判例は少ない（①、④の原審などに限られる）こと、ⓑ当該規約変更がもたらす影響について厳格に判断がなされていること、の2つの要素を導くことができる。これらの裁判例の流れをふまえると、本判決は、受忍限度論を用いていないことからⓐの要素については共通するものがあるも、規約変更の合理性を強調するだけで規約変更がもたらす影響につき厳格な判断がなされ

ているとは言い難いことからⓑの要素はない。かくして、本判決は、これら一連の裁判例の流れに位置づけることはできない。

2　本判決の評価

本判決は、「特別の影響」につき立法担当者ならびに前掲最判平成10年10月30日が示した受忍限度論に依拠せず、法6条所定の区分所有者が一般的に負っている制約の範囲内か否かによって判断している。そのため、本判決では「特別の影響」の内容が明らかになっておらず、どのように判断するのかが曖昧で問題があると指摘されている（伊藤・後掲182～183頁）。的確な指摘である。さらに言えば、法6条所定の共同利益背反行為についての理解と、法31条にいう「特別の影響」の理解とを殊更に混同したうえで判断がなされている本判決は、異質なものを混同している点、大いに問題がある。なぜ、受忍限度論によらず上記のような判断がなされたのかは疑問である。本判決が、前掲最判平成10年10月30日が下される前になされた判決であるとしても同種の規約の有効性に関する事案である前掲福岡地小倉支判平成6年4月5日では、受忍限度論に依拠している。もっとも、本判決が受忍限度論を採用しないにしても、業種の制限につき定めた規約16条がラーメン店営業を考えているものに対してどのような影響を与えるのか、また、当該規約の法的有効性についてより実質的な判断がなされているのであればそれは一つの判断手法であり尊重せねばならないが、本判決では特に実質的な判断を下すことなく、ラーメン店営業は「区分所有者の快適な生活を阻害し、平穏な住環境を損なうものである」とするのみで結論先行の感が否めない。

3　実務指針

本判決は、マンション専有部分の使用制限を内容とする規約が法31条1項「特別の影響」に該当するのか否かについて判断されたはじめての公表裁判例であるため、注目された。しかしながら、その後、法31条1項「特別の影響」につき判断された前掲最判平成10年10月30日が登場したことや、同種の専有部分の使用制限を内容とする規約変更の有効性が争われた裁判例が一定程度集積した現在にあっては、もはや過去の説得力に乏しい裁判例にすぎない。したがって、本判決から直接的に何らかの実務的な教示・示唆を得ることはないであろう。

専有部分の使用制限を内容とする規約変更は区分所有権を制限することになりかねないことから、その後の裁判例において厳格に判断されている。したがって、かような規約変更をなす際には、不利益を受ける区分所有者への十分な配慮がなされないかぎり、法的紛争になると管理組合側が敗訴する危険が多分にある。この点は留意しておかねばならない。

【参考文献】野口恵三・NBL431号52頁、玉田＝米倉・裁判例144、238頁、升田・要約186頁、全国マン研・判例の解説195頁、伊藤栄寿「専有部分の継続使用を禁止するマンション規約設定の効力」愛知学院大学法学研究52巻1=2号180頁、佐々木好一・マンション学51号57頁など

土居俊平
熊本県立大学准教授

47 ペット飼育

最高裁平成10年3月26日判決（判例集未登載）

1 事実

本件マンションの管理組合Xでは、昭和58年6月の管理組合設立総会で承認された規約により、小鳥および魚類以外の動物を飼育することを禁止していた。しかし、違反者がいたことから、昭和61年6月の総会で、当時犬猫を飼育中の組合員により構成されるペットクラブを設立させ、ペットクラブの自主管理のもとで、当時飼育中の犬猫一代に限りその飼育を認めることを決議し、同年7月ペットクラブが結成された。同年8月に犬を飼育していた者1名の追加加入が認められたが、その後ペットクラブへの新規加入を認めた例はなかった。組合員Yは、昭和58年7月末より本件マンションに入居していたところ、平成4年8月から自宅内で小型犬を飼育し始めた。そこで、XはYに対し当該犬の飼育を中止するよう申し入れたが、Yは同年10月に犬の飼育を続ける旨を回答し、その後もYは飼育を続けた。そこでXは平成6年5月の総会において本訴提起の決議をし、Yに対し、本件規約違反を理由に犬の飼育中止と、あわせて不法行為を理由に弁護士費用相当額の損害賠償を請求した。

第1審は、マンションはその建物の構造上、「各人の生活形態が相互に重大な影響を及ぼす可能性」があるので、区分所有者は、「区分所有の性質上、自己の生活に関して内在的な制約を受けざるを得ない」。そして、動物の飼育は、他の居住者に対して、鳴き声による騒音、咬傷事故等の有形の危険だけでなく、動物の存在自体が不快感を生じさせ無形の影響を及ぼす恐れのある行為である。また、飼主の生活領域内での飼育であるだけに飼主の良識と判断にゆだねざるを得ず、規範意識等に欠ける者がペットを飼育する可能性を否定できない。さらに具体的な実害が発生した場合に限り規制するとしたのでは、無形の影響を十分に対処できないし、実害発生の場合にはそれが繰り返されることを防止することも容易でない。したがって、一定の動物の飼育を一律に禁ずることにも合理性が認められ、このような動物の飼育を共同の利益に反する行為として禁止することは、区分所有法の許容するところであると判示し、本件規約を有効とし、犬を飼育することは、それ自体で本件規約に違反する行為であるとした。そして、Yが犬の飼育が本件規定に違反する行為であることを知りながら、Xらの再三にわたる飼育中止の要請を拒否して、本件犬の飼育を継続した結果、Xは本件訴訟を提起せざるを得なくなったものであるから、不法行為を構成するとした。

これに対しYが控訴した。控訴審判決（東京高判平成9年7月31日判例集未登載）は、第1審判決の理由を維持し、控訴を棄却した。

2 判旨

上告棄却「所論の点に関する原審の認定判断は、原判決挙示の証拠関係に照らし、正当として是認することができ、その過程に所論の違法はない。」

3 解説

1 本判決の分析

(1) 本件は、動物の飼育禁止の規約の効力に関する初めての最高裁判決である。ところで、日本国内において、ペットの数（犬および猫を併せて約2000万頭）は、子どもの数（15歳未満の子どもの数1633万人）よりも多いことが指摘されている（一般社団法人ペットフード協会調べによる2014年全国犬猫飼育実態調査、平成26年国勢調査による人口統計より）。この状況は、マンションの居住スタイルにも影響を与えており、平成25年度に国土交通省の行ったマンション総合調査によると、管理規約または使用細則でペット飼育を禁止しているマンションは全体の47.4％、種類・サイズ・共用部分での通行形態等を限定し認めているマンションは42.5％となっている。これを完成年次で比べると、平成22年以降に建てられたマンションでは、全体の93.8％がペット飼育を認めており、ペット飼育を禁止しているマンションはわずか2.1％である。このように、近年では、ペット飼育を認めるマンションが多数派となっている。本判決は、平成6年に訴訟が提起されているが、その当時は、65.1％のマンションがペット飼育を禁止しており、制限付きでペット飼育を認めているマンションが23.6％にすぎなかった時期の判例であることを考慮する必要がある。

(2) 本判決において、法30条1項に基づき、管理組合設立の総会においてペットの飼育禁止を管理規約で定め、それを区分所有者全員に義務付けることができると判断された。同時に、具体的な実害の有無を問わず、規約に違反してペットを飼育することは、法6条1項に定める共同の利益に反する行為であるとした。管理規約でペット飼育の禁止を定めることのできる根拠について、「規約自治の原則に基づき管理規約が当該マンション内に妥当するコミュニティルール（ハウスルール）を設定するものであるところ」（浦川道太郎「区分所有マンションとペット飼育」『丸山英氣先生古稀記念論文集—マンション学の構築と都市法の新展開』130頁［2009］）にあるとされる。

2 本判決の評価

(1) ペット飼育禁止を規約の変更により定める場合、区分所有者および議決権の各4分の3以上の特別多数決議によらなければならない（31条1項）。すでに、ペットを飼育する者がいる場合、法31条1項ただし書の適用の有無を検討する必要がある。そして、この変更が一部の区分所有者の権利に特別の影響を及ぼすべきときはその承諾を得なければならないと定められている。「一部の区分所有者の権利」に「特別の影響」を及ぼす場合とは、一般に、特定の区分所有者の専有部分に日照被害をもたらすような共用部分の変更をするときを指し（青山正明編『注解不動産法(5)区分所有法』192頁［西村捷三］［1997］）、ペット飼育を禁止する変更のように、その影響が区分所有者全体に一律に及ぶときはこれに当

たらないと解している（青山・前掲191頁、稲本＝鎌野・区分所有法200頁など）。これに対して、現にペットを飼育している者にとっては、その変更はまさに一部の区分所有者に影響を及ぼすべきときと解すべきであり、これを適用除外としたのでは、法31条1項後段における少数区分所有者の権利保護の仕組みが無意味となりかねないとする批判（田高寛貴・ジュリ1402号29頁）があるが、正当と思われる。次に、「特別の影響」とは、その規制が「合理的なものである場合」には、「特別の影響」から除外されると説明され、その具体的判断は、規約の設定・変更等の必要性及び合理性と、これにより受ける当該区分所有者の不利益とを比較衡量して、当該区分所有者が受忍すべき限度を超える不利益を受けると認められるときが、「特別の影響」のある場合と判断される（濱崎・改正243頁）。この点についても、受忍限度の範囲にあれば制限が許容されるとみるのではなく、原則として区分所有権に制限を加えることは許されないと解すべきであり、例外的に、当該区分所有者の承諾なく制限を加えられるとすれば、それに見合うだけの具体的かつ明確な権利利益の侵害が他の区分所有者において存する場合に限定されると解すべきであるとの指摘（田高・前掲30頁、本田俊雄「マンションの生活紛争」丸山＝折田372頁）があるが、妥当であろう。本件は、ペット飼育について原始規約によりその禁止を定めた事案であるが、下級審裁判例では、ペット飼育禁止への規約変更について争われた例が多くみられ（東京高判平成6年8月4日判時1509号71頁など）、いずれも有効と判断されているが、問題であろう（田高・前掲32頁）。

（2）上記のように規約の変更により、ペット飼育禁止を定める場合には、既にペットを飼育している区分所有者への影響を考慮しなければならないであろう。それでは、本件のように、原始規約によりペット飼育禁止を定める場合には、影響を考慮しなければならない区分所有者は存在しないので、問題はないのであろうか。新築の分譲マンションを購入し、区分所有者となる場合には、購入時にはまだ管理規約は効力を有していない。この場合、一般的には分譲マンションの販売業者が管理規約案を作成し、購入者に対して個別に同管理規約案を示しその同意を得て、最終的に全区分所有者からの同意を得ることで、管理規約の成立を図っている（45条2項・3項）。このように、区分所有者全員の書面等による合意をもって特別多数議決に基づく集会の決議に代えて成立した管理規約は原始規約と呼ばれるが、その中に既にペット飼育禁止の規定が定められており、その解釈をめぐり紛争が生じる例が多いことが指摘されてきた（浦川・前掲133頁）。その理由として、①マンション購入時には、その購入契約の内容に気を取られ、管理規約案については十分に考慮せず購入しがちであること、②分譲業者の作成する原始規約案の中のペット飼育禁止条項の内容が不明確である場合が多いこと、③原始規約の中に明確なペット飼育禁止条項があっても、既にペットを飼育している購入希望者に対して、分譲業者が購入を促すために、その条項について小型犬や猫などは禁止条項の対象に入らないといった不正確な情報を提示することなどが指摘されている（浦川・前掲134頁）。本件のYについては、上記①から③の理由は当てはまらないようであり、原始規約の適用は有効であろう。③の分譲業者の不適切な説明について、下級審において不法行為に基づく損害賠償請求を認めた事例がある（東京地判平成13年10月9日判例集未登載、大分地判平成17年5月30日判タ1233号267頁）。

（3）ペット飼育禁止を上記の問題を踏まえて規約で有効に定めた場合は、ペット飼育は例外なしに禁じられるのであろうか。この点につき他の区分所有者の生活環境に全く影響を与えないような小鳥・観賞用魚類は、管理規約によっても禁止できないと解される（浦川・前掲132頁）。また、公序良俗に反する規約は法30条3項により定めることはできないため、区分所有者の生活維持に不可欠な動物飼育まで禁止することはできないと解される（田高・前掲30頁、浦川・前掲132頁）。すなわち、身体障碍者補助犬法に規定する身体障碍者補助犬（盲導犬等）をはじめ、精神科や高齢者ケア等の領域で医師の指導のもとに動物介在療法に基づき利用される犬・猫等の小動物の飼育も、禁止の範囲から除外される（浦川・前掲132頁）。この点につきペット飼育禁止規約のあるマンションにおいて盲導犬等は除外するとの定めのあったところ、病気療養のためにペットを飼育していたとしても、同ペットが盲導犬と同様の訓練を受けていないならば盲導犬等に準ずるものと解することはできないことを理由にその飼育差止めを認めた事例（東京地判平成19年1月30日判例集未登載）があるが、医師の指導により飼育していたことから、盲導犬と同様に扱うべきであろう。

3　実務指針

本判決が出されて以降、下級審においても同判決を踏襲し、ペット飼育禁止規約が定められているマンションにおいては、規約に反してペットを飼育した者に対して、管理組合からの飼育禁止の訴えが認められている（東京地判平成18年2月22日判例集未登載、東京地判平成19年10月4日判例集未登載、東京地判平成22年5月13日判時2082号74頁、東京地判平成23年12月16日判例集未登載など）。このうち、東京地判平成22年5月13日の事案は、マンションの専用庭等に段ボール箱等を用意して野良猫に餌やりを行ったものであり、裁判所は当該状態を飼育の程度に達していると判断したうえで、餌やり行為の差止めの訴えを認めている。

その一方で、現在では、ペット飼育を認めたうえでその管理を規約で定めるマンションが多数を占めるようになってきた。ペット飼育を認めるマンションにおいては、その飼育自体は認められているため、その規約に違反した区分所有者への対処を考えなければならないであろう。下級審において、中・小型犬および猫1頭のみの飼育を認めるマンションで、複数等の犬を飼育している区分所有者に対しその頭数を超える飼育の差止めの訴えが認められている（東京地判平成15年6月10日判例集未登載）。裁判例はないようであるが、ペットの飼育に関連する共用部分での迷惑行為についても、その行為の差止めを求めることになろう。

【参考文献】 本判決の評釈として、升田純「マンションにおけるペットの飼育」マンション管理センター通信1998年6月号6頁以下、篠原みち子・不動産百選196頁以下がある。

小西飛鳥
平成国際大学教授

48 規約の閲覧

東京高裁平成14年8月28日判決（判時1812号91頁）

1 事実

Xは、昭和63年12月売買により本件マンション507号の共有持分を取得し、同マンションの区分所有者となった。本件マンションの管理規約61条には、「理事長は、会計帳簿、什器備品台帳、組合員名簿及びその他の帳票類を作成して保管し、組合員又は利害関係人の理由を付した書面による請求があったときは、これを閲覧させなければならない。この場合において、閲覧につき相当の日時、場所等を指定することができる」と定めている。Xは、平成12年3月より同規約61条に基づき書面をもって会計帳簿等の閲覧請求をしたが、Yはこれに応じなかった。さらに、Xは、平成12年8月20日到達の内容証明郵便をもって、会計帳簿、什器備品台帳、組合員名簿及びその他の帳票類の閲覧を請求した。その理由について、①決算書に記載されていないYの銀行預金口座が多数存在し、その処理が不明である点、②役員活動費（業務管理費）について、総会では小口現金扱いのような説明をしているが、小口現金としての正しい会計処理が行われていない疑いがある点、③常時居住者から徴収した管理費の取り扱いが不明である点、④決算書中、月別の支出合計に不一致があるなど不適切な会計処理の疑いがある点などを挙げている。この閲覧請求についても、Yは応じなかった。

これに対し、Xは、平成12年12月12日までのYの会計帳簿、什器備品台帳、組合員名簿およびその他の帳票類の閲覧を求めて訴えを提起した。なお、Xは、平成12年12月12日に本件マンションの共有部分を譲渡している。Yは、Xが本件マンションの区分所有者たる地位を喪失している以上、組合員としてYの会計帳簿等の閲覧請求をすることはできないし、管理規約61条の利害関係人にも当たらないと主張した。

第1審（新潟地長岡支判平成14年3月19日）は、Xの訴えを認めた。これに対して、Yが控訴した。

2 判旨

原判決中のY敗訴部分を取り消し、その敗訴部分に係るXの請求を棄却。

組合員資格を喪失したXが、Yに対し、管理規約61条に基づき、Yの会計帳簿等の閲覧および謄写の請求ができるか否かについて、「Xが平成12年12月12日に本件マンションの区分所有権を譲渡してその区分所有者でなくなったのであり、管理規約29条によれば、同日をもって本件マンションの組合員資格を喪失したことは明らかである」として、「同日後においては、その請求の前提となる要件の一つを欠くに至ったものであって、失当というべきである」。

「ところで、Xは、会計帳簿等の閲覧及び謄写請求の根拠として、被控訴人が管理規約61条の利害関係人に当たると主張するので、これについて検討する。」管理規約61条にいう利害関係人とは、「本件マンションの管理及びYの会計の経理について本件マンションの区分所有者たる組合員に準ずる管理規約上の地位を現に有する者であって、その地位に基づき管理組合に対して会計帳簿等の閲覧を請求する法律上の利害関係があると認められる者（例えば、区分所有者からその専有部分の貸与を受け、管理組合にその旨の届出があった者又はその同居人、管理組合との間で組合管理部分について貸与、管理受託その他の契約関係を有する者等でその地位と当該閲覧請求との間に法律上の関連性が認められる者が想定される。）をいい、単にその閲覧につき事実上の利害関係を有するにすぎない者を含まないと解するのが相当である。」Xが組合員であった当時にYの役員による管理費等の使い込みなどの不正行為を理由に、当該役員に対して債務不履行または不法行為に基づく損害賠償責任を追及するとしても、「そもそも組合員が納付した管理費、修繕積立金等に関する管理処分権は管理組合に帰属するのであり（管理規約57条4項が、「組合員は、納付した管理費等及び使用料について、その返還請求又は分割請求をすることができない」旨定めているのも、この趣旨によるものであると解される。）、不正行為があったとされる役員に対する損害賠償請求をするにしても、その被害者すなわちその賠償請求主体は、個々の組合員ではなく、あくまで管理組合であるから、Xが被害者として直接当該役員に対し債務不履行又は不法行為に基づく損害賠償を請求できる実体法上の権利を有しているとは認められない。」

3 解説

1 本判決の分析

本件は、マンションの管理規約中に定める会計帳簿等の閲覧請求について、区分所有権を譲渡した者は利害関係を有しないことを理由に認められなかった事案である。ここでは、管理組合が保管すべき書類および利害関係者の範囲について検討する。まず、管理組合の保管する書類として、会計帳簿等がある。多くの管理組合では、1年を会計期間とする会計年度を定め、管理者である理事長が、毎会計年度当初に事業計画案および収支予算案を総会に提出・説明し、当該年度の事業計画と収支予算について総会の承認を得る。次に総会で承認された事業計画と収支予算に基づき、当該会計年度終了までの間、事業計画で定められた業務を適時、適切に執行していく。そして会計年度終了後は、すみやかに事業報告書および収支決算案を作成し、監事による監査を経た後、理事長はそれを総会に提出・報告し、総会の承認を得ることをもって一会計年度の業務が終了する（稲本＝鎌野・管理規約183頁）。マンションの長期にわたる維持・管理を行うにあたって必要となる資金は、区分所有者からの管理費、修繕積立金および各種使用料等の収入に限られる。そのため、これらの資金をマンションの維持・管理のために効率的に使用することが必要となるが、その執行状況を数値で正確に把握することができるのは会計をおい

てほかにはなく、非常に重要である（稲本＝鎌野・管理規約185頁）。会計帳簿および什器備品台帳の保管および区分所有者や利害関係者への閲覧は、「マンションの管理の適正化に関する指針」の二の4でいう「管理組合の管理者等は、必要な帳票類を作成してこれを保管するとともに、マンションの区分所有者等の請求があった時は、これを速やかに開示することにより、経理の透明性を確保する必要がある」と同義であるとされる（稲本＝鎌野・管理規約234頁）。ここにいう利害関係者は、管理規約の閲覧で認められる利害関係者の範囲とは異なるとの判断を本判決は行った。

2 本判決の評価

(1) 管理組合による規約および関連書類の保管について、本件で争われた関連書類の問題に入る前に、規約原本についても触れておく。規約原本は管理者がその原本を保管しなければならず、また利害関係人の請求があったときは閲覧に供しなければならない（33条）。また、集会の議事録も同様に管理者が保管しなければならず、利害関係人の請求があったときは、閲覧に供しなければならない（42条）。法33条に定める利害関係人とは、区分所有者、専有部分の占有者（46条2項参照）、区分所有権を取得しまたは専有部分を賃借しようとする者（46条1項・2項参照）、区分所有者の団体または管理組合法人に対し債権を有し、またはその設定を受けようとする者（専有部分と敷地利用権の一体性に関する規約について利害関係がある）等が含まれる（稲本＝鎌野・区分所有法211頁）。

管理者は、正当な理由がある場合には、その閲覧を拒むことができるが、その「正当な理由」とは、区分所有者等にあらかじめ示されている管理者の管理業務の日時以外における請求、無用の重複請求等の閲覧権の濫用と認められる請求などがこれに該当する（稲本＝鎌野・区分所有法211頁）。規約が電磁的記録の場合、規約の保管者は、紙面に印刷されたものか、ディスプレイ等出力装置の映像画面に表示されたものを、その保管場所において閲覧することができる（稲本＝鎌野・区分所有法212頁）。

このように規約原本については、現に利害関係のある者だけではなく、区分所有権を取得しようと思っている者も含まれることになる。これは規約にマンションの管理に関する重要な事項が定められており、これからマンションを購入しようとする者にとりその情報を得ることが必要不可欠であることから閲覧が認められて当然と思われる。結局、規約については、事実上誰にでも請求が認められることになる。

(2) 規約とは異なり会計に関しては、当該組合に自己の財産を出捐した者に限るとの本判決の判断は妥当であると思われる。さらに、利害関係者はその時点における組合構成員であるとの判断も肯定されるべきである。

管理組合と同様に、権利能力のない社団であるPTAや宗教団体について、その構成員の閲覧請求権が認められるか否かについて下級審の判断は分かれているが（詳しくは、【本書49事件】参照）、仮に規約に定めがなかった場合でも、その財産の適切な行使を考慮すると、認めるべきであろう（田山輝明・判評509号35頁以下）。特に、マンションの組合員は、PTAや宗教団体の組合員とは異なり、区分所有権を取得した場合には自動的に組合員になり、財産の出捐を余儀なくされるからである（3条）。

(3) 次に本件でも閲覧を請求された組合員名簿について検討する。管理組合が組合員名簿を作成する目的は、組合員（区分所有権者）を確認するためである。組合員を確認できないと、管理費等の負担者や総会における議決権者を特定できず、管理組合の円滑な運営に大きな支障が生じることとなる。管理組合が組合員名簿を作成しようとするときに、組合員の中には個人のプライバシーを理由に個人情報を管理組合に提供する義務はないと主張する者もいる。しかし、このような主張を認めると、完全な名簿が作成できず、円滑な管理組合の運営ができなくなることや、マンションを取得するにあたり、共有財産である共用部分等の適正な管理のため、必要な範囲の個人情報については、共有者として管理組合に提供することを承諾して入居したものと考えられるため、このような主張を認める必要はない（稲本＝鎌野・管理規約236頁）。他方、居住者名簿に同居者の勤務先や進学先、生年月日まで記載されている例も見受けられるが（稲本＝鎌野・管理規約236頁）、そこまでの詳細な情報は不要であると思われる。災害時用として、高齢者および乳幼児の生年月日および日中マンションに不在となる者の勤務先の電話番号等を記載しておけば十分であろう。

また、管理組合が扱う組合員名簿に記載される情報は、その情報量から個人情報保護法上の「個人情報取扱事業者」となることはほとんどないと解されているが、管理組合の保有している組合員の個人情報が不当に漏洩して、組合員が損害を受けたときには、損害賠償の責任を問われることもありうる（稲本＝鎌野・管理規約235～236頁）。組合員の一人が、管理組合の運営に関する意見表明をしたいとの申出のもと、各別の同意をするか否かを問い合わせたうえで、閲覧に同意した組合員については、管理組合は規約に定める閲覧請求をした組合員に対し組合員名簿を閲覧させなければならないとした下級審がある（東京地判平成21年3月23日判例集未登載）。当該事案の規約でも、組合員名簿の閲覧について理由を付して請求することが可能とされているが、東京地裁で争われた目的があったとしても、法務局での登記簿の閲覧により組合員の住戸番号、氏名および住所を知ることは可能であり、あえて組合員名簿の閲覧を認める必要はないように思われる。

2 実務指針

管理組合の保管する書類については、一律に閲覧できる者が決まるのではなく、その書類の性質によって利害関係者の範囲が異なると解される。本判決の規約では、「理由を付した書面」を付して請求すると定められているが、書類ごとに閲覧請求権者の範囲を明確にしたほうがよいように思われる。会計帳簿類については、区分所有者に限定されるであろう。組合員名簿については、本人の同意がないかぎり、原則としてその閲覧請求は認められないと解すべきではないだろうか。

【参考文献】 本事案の解説として、山本昌平「マンションの管理規約上の「利害関係人」の範囲」馬橋隆紀『共有関係における紛争事例解説集』232頁〔2005〕がある。

小西飛鳥
平成国際大学教授

49 閲覧・謄写請求

東京高裁平成23年9月15日判決（判タ1375号223頁）

1 事実

本件マンションの区分所有者であるX（原告・被控訴人）らは、本件マンションの管理組合法人Y（被告・控訴人）に対し、平成18年度ないし平成20年度のYの総勘定元帳、現金出納帳、預金通帳およびそれらを裏付ける領収証、請求書等の一切の会計関係書類（本件文書）の閲覧および謄写を求めた。本件マンションの管理組合規約（本件規約）においては、理事長が会計帳簿等を作成・保管し、組合員または利害関係人の閲覧請求があったときはこれを閲覧させなければならず、理事長は、この場合、閲覧につき相当の日時、場所等を指定することができる旨が規定されていたが、謄写請求については何らの規定も設けられていなかった。

Xは、①本件規約に謄写請求権についての規定がないのは、制定当時コピー機が広汎に普及しておらず、謄写が容易な環境ではなかったためであり、謄写請求権を否定する趣旨ではない。しかし、現在は集会室に管理組合のコピー機が存在しており、謄写が容易な環境にあるため、本件では謄写請求も認められるべきである。②謄写によって閲覧の意義をより高めることになるのであるから、謄写請求権まで認めることが当事者の合理的意思に適うものである。③閲覧しか認めないとなると、必然的に長時間の閲覧が必要となり、閲覧させる側の負担も大きいものとなるが、謄写が認められれば、閲覧者が要する時間は非常に短くなり、閲覧をさせる側の利益にもなる、などと主張した。

これに対し、Yは、①団体の構成員に会計関係書類の閲覧謄写を認めるか否かは、当該団体の規約によって自主的に決められるべきものであり、本件規約に閲覧請求のみが規定され、謄写請求について規定がないのは、管理組合において、プライバシー侵害や事務処理上の便宜等を考慮したからである。②謄写が認められれば、請求者は、管理組合の財産の使用の監督・是正という目的とは関係のない個人情報も保持し得ることとなり、閲覧のみを認める場合と比べてさらにプライバシー侵害の程度は大きくなる、などと反論した。

原審（東京地判平成23年3月3日）は、閲覧請求についてはXの請求を認容し、謄写請求については、閲覧請求の趣旨に鑑み、閲覧に加えて謄写も求めることができるとし、謄写の場所を本件文書の備え付け場所と限定したうえで認容（それ以外の場所については棄却）した。そこで、Yが敗訴部分を不服として控訴した。

2 判旨

一部控訴棄却、一部破棄自判「Xらは、本件規約上謄写を認める規定はないが、閲覧が許される場合には謄写も許されるべきであると主張する。しかし、謄写をするに当たっては、謄写作業を要し、謄写に伴う費用の負担が生じるといった点で閲覧とは異なる問題が生じるのであるから、閲覧が許される場合に当然に謄写も許されるということはできないのであり、謄写請求権が認められるか否かは、当該規約が謄写請求権を認めているか否かによるものと解される。本件規約第70条においては、「理事長は、会計帳簿、什器備品台帳、組合員名簿及びその他の帳簿類を作成・保管する。組合員又は利害関係人の閲覧請求については、第57条3項の定めを準用する。」とし、第57条3項において、「理事長は議事録を保管し、組合員又は利害関係人の理由を付した書面による請求があったときは、議事録を閲覧させなければならない。この場合、閲覧につき相当の日時、場所等を指定することができる。」と定められていることは当事者間に争いがないところ、このように本件規約で閲覧請求権について明文で定めている一方で、謄写請求権について何らの規定がないことからすると、本件規約においては、謄写請求権を認めないこととしたものと認められる。」

「Xらは、閲覧のみしか認めないとなると必然的に長時間の閲覧が必要となり、場合によっては2回、3回の閲覧が必要となるのに対し、謄写が認められれば、閲覧者が閲覧に要する時間は非常に短くなり、謄写を認めることは閲覧をさせるYの利益にもなるから、謄写請求権が認められるべきであると主張する。しかし、Yは、組合員からの閲覧請求に対して社会通念上相当と認められる時間閲覧をさせることで足り、1回の閲覧請求で不相当に長時間の閲覧が認められるものではないから、閲覧の時間を短縮するために謄写請求権を認めるべきとの主張は理由がない。」

3 解説

1 本判決の分析

（1）区分所有法においては、区分所有者や利害関係人への閲覧が義務付けられているのは、管理規約と総会の議事録のみで（33条、42条5項）、管理組合の保管する他の書類（会計帳簿や組合員名簿等の帳票類）の閲覧および謄写について何ら規定が置かれていない。したがって、会計帳簿等の帳票類については、総会議事録に帳票類が引用されている場合や、帳票類が総会議事録と一体となっている場合を除いて、区分所有者や利害関係人から帳票類についての閲覧・謄写請求があっても、区分所有法上は、管理組合にはこれに応じる義務はない。

他方で、規約において、帳票類の閲覧・謄写に関する規定が置かれている場合には、原則としてこれに従うことになるが（標準管理規約64条を参照）、規約に規定がない場合に、区分所有者の帳票類の閲覧・謄写請求を認めるべきかが問題となる。本件においては、特に、規約中に会計帳簿の閲覧に関する規定が置かれているものの、謄写に関する規定がない場合に、謄写についても当然に認められるかが争点となり、原判決はこれを肯定したが、本判決は否定した。

なお、会社法は、一定割合以上の株式を有する株主に会計帳簿等の閲覧・謄写請求権を認め（会社433条1項）、一般社団法人及び一般財団法人に関する法律は、一定割

合以上の議決権を有する社員等に会計帳簿の閲覧・謄写請求権を認めている（一般法人121条、199条）。

以下、マンション管理組合における組合員による閲覧・謄写請求の問題の検討に先立ち、権利能力なき社団一般において、同様の問題につきいかなる議論がなされているかを一瞥しておきたい（本件の管理組合は法人格を取得しているが、問題状況は変わらない）。

（2）権利能力なき社団の保管する書類の閲覧・謄写請求については裁判例が少なからず存在する。肯定裁判例としては、①寺の檀信徒の檀信徒会に対する会計帳簿の閲覧・謄写請求に関する東京高判平成6年3月23日判時1507号133頁、②小学校のPTA会員のPTAに対する会計帳簿等の閲覧請求に関する名古屋地判平成11年1月18日判タ1026号286頁、③交通事故遺児の会に対する会計帳簿の閲覧・謄写請求に関する東京地判平成11年4月26日判時1691号82頁、否定裁判例としては、④①の原審である浦和地判平成5年6月25日判タ842号199頁、⑤②の控訴審である名古屋高判平成11年9月30日判タ1060号178頁、⑥権利能力なき社団であるマンション管理組合連絡協議会（マンション管理組合とは異なる団体である）に対する構成員の会計関係書類の閲覧・謄写請求に関する東京高判平成12年11月30日判時1737号38頁等がある。

肯定・否定裁判例のいずれにおいても、会計帳簿等の閲覧・謄写請求の可否が当該社団の自治に委ねられているという点においては共通する。そのうえで、当該社団の規約の解釈として、当該社団規約において閲覧・謄写請求権について明文の規定がないことを肯定・否定のいずれの趣旨と捉えるか、さらに、肯定の趣旨と捉えたとして、閲覧・謄写請求権を総会の審議決定権に内在する権利としてどこまで認めるかによって結論が異なる（判例の分析は男澤聡子・平成12年度主判解25頁を参照）。

なお、①ないし⑥では、閲覧請求と謄写請求とは区別して論じられておらず、謄写請求固有の問題点は請求されていない。

（3）マンションの管理組合の保管する会計帳簿等の閲覧・謄写請求に関する先例は少ないが、下級審裁判例は主としてこれを肯定している。⑦東京地判平成21年3月23日判例集未登載は、区分所有者の管理組合法人に対する会計帳簿等の閲覧・謄写請求について、閲覧請求を認めた上で、謄写機械が発達している今日においては、条理上、謄写も許されるとした。また、近時、⑧大阪高判平成28年12月9日裁判所HPは、区分所有者の管理組合に対する議事録および会計帳簿等の閲覧・写真撮影請求について、管理組合と組合員との間の法律関係が準委任の実質を有すること、マンション管理適正化指針が管理組合の運営の透明化を求めていること、および一般法人法が法人の社員に対する広範な情報開示義務を定めていることに鑑みて、管理組合と組合員との間の法律関係には、これを排除すべき特段の理由のないかぎり、民法645条の規定が類推適用されるとしたうえで、規約に明文の定めがない場合であっても、少なくとも、閲覧を求めた組合員が閲覧対象文書の写真撮影を行うことに特段の支障がないときは、管理組合は、同条に基づく報告義務の履行として、写真撮影を許容する義務を負うとの判断を示している。

2 本判決の評価

（1）これに対して、本判決は、Xの閲覧請求は認めたが謄写請求を否定した。その理由として本判決が挙げるのは、本件管理規約が閲覧請求については規定しているものの、謄写請求については明文で認めていないという点である。これは、1(2)に掲げた、権利能力なき社団の保管する書類の閲覧・謄写請求に関する否定裁判例における立場と共通する。

（2）まず、閲覧請求についてみれば、上述の通り、区分所有法上、区分所有者には、総会議事録および規約について閲覧請求権が認められているが、その他の会計帳簿、財産目録、区分所有者名簿等については区分所有法上の閲覧請求権が認められているわけではない。しかし、マンションの管理組合において、個々の組合員と管理組合の理事長との法律関係は委任ないし準委任であると解され（稲本＝鎌野・区分所有法170頁）、両者の関係については民法等の委任に関する規定が適用される（28条）から、受任者である管理組合の理事長は、委任の本旨に従い、善良な管理者の注意をもって委任事務を処理する義務を負い（民644条）、委任者の請求があるときは、いつでも委任事務の処理の状況を報告する義務を負う（民645条）。したがって、管理組合においては、組合員から閲覧請求があれば、総会議事録のみならず、会計帳簿、財産目録、区分所有者名簿その他区分所有建物の管理に関する一切の書類についてこれに応じる契約上の義務があると解される。ただし、管理組合が多数の組合員を擁する場合においては、閲覧請求権が安易に行使されると管理組合に多大な事務負担を課すこととなるから、管理規約において組合員からの閲覧請求について一定の制限（時間や場所等）をなすことも、それが合理的な範囲内であれば認められる。

他方で、謄写請求については、本判決の指摘するように、謄写作業や謄写費用といった単なる閲覧の場合とは別の問題が生じる。したがって、謄写請求については、これを閲覧請求とは別個に扱い、規約に規定がない限りは謄写については認めないとする判断もあり得よう。ただ、管理組合の経済的基盤は区分所有者（組合員）の出損する管理費等であり、区分所有者は、管理者（ないし理事会）による会計の適正な執行について重大な利害関係を有することから、規約に閲覧請求とともに謄写請求を認める旨の定めをすることが望ましい。

3 実務指針

標準管理規約64条は、「理事長は、会計帳簿、什器備品台帳、組合員名簿及びその他の帳票類を作成して保管し、組合員又は利害関係人の理由を付した書面による請求があったときは、これらを閲覧させなければならない。この場合において、閲覧につき、相当の日時、場所等を指定することができる。」と規定する。管理組合の保管する書類に関しては、トラブルを防止するため、規約において、上記の事項のほか各書類の保管期間や謄写請求の可否につき明示するとともに、予め規約に基づく細則等において、閲覧等の可能日時・場所、閲覧等の手続、閲覧等の費用、閲覧等が認められない場合等について規定を設けておくことが望まれる。

【参考文献】　本文中に掲げたもののほか、本件評釈として、南部あゆみ・マンション学45号100頁。

小西飛鳥　　　藤巻　梓
平成国際大学教授　　静岡大学准教授

50 管理者による集会の招集

東京地裁平成13年2月20日判決（判タ1136号181頁）

1 事実

本件は、甲マンション管理組合 X_1（全49戸、組合員数25の複合用途型マンションで、住戸部は1住戸1議決権、店舗部分は1店舗1議決権とする旨の同マンション管理規約42条が規定されていた）の組合員である X_2 が、X_1 の平成5年5月22日の定期総会（以下、「平成5年総会」という）において、当時の X_1 の管理者Aから、X_2 が経営している会社に対して滞納管理費請求訴訟を提起されたことに不満をもち、代理人と称して、区分所有者数を大幅に上回る数の X_2 が経営する会社の関係者を同総会に出席させ、その威力を背景に、X_1 の顧問弁護士Bの議事への関与を妨害し、審議を著しく混乱させたうえ、X_2 自身を理事に選任する決議を成立させ、理事の互選で理事長となった。

その後、X_2 はBとの顧問契約を解除し、新理事とともに経営会社の滞納問題を和解させた。また、平成6年5月31日の定期総会（以下、「平成6年総会」という）を招集、開催し、開催通知に記載のなかった非組合員への役員資格の拡大を図る規約変更決議を、総会に無資格者も参加させた多数決で成立させ、X_2 の利害関係人等を理事に選任させた。さらに審議すらせずに監事を廃止して公認会計士による会計監査への規約変更も行った。

このような X_2 等の行動に対して、Y_1 を代表請求者として、$Y_1 \sim Y_7$ 等が、改めて役員選任についての臨時総会の招集を求めたが、X_2 が応じないので、これらの者で平成7年4月4日の臨時総会（以下、「平成7年臨時総会」という）を招集、開催し、Y_1 が管理者、$Y_2 \sim Y_{13}$ が新理事に選任された。その後、Y_1 は、平成7年6月16日の定期総会（以下、「平成7年定期総会」という）を招集、開催し、平成7年度運営計画と収支予算案等に加えて臨時総会での新役員の再選任決議がなされた。

そこで、X_2 が招集していない平成7年臨時総会は手続に瑕疵があり、$Y_1 \sim Y_{13}$ を理事に選任する決議、および平成7年定期総会決議は無効であるとして、X_1、X_2 を共同原告として本件訴えを提起したところ、本件マンションの組合員であるZが、原告等および被告等の各理事または理事長選任決議がいずれも不存在または無効であること等の確認を求めて、原告等および被告等を被参加人とする独立当事者参加した事案である。

なお、原告等は、原告 X_2 が区分所有権を喪失し、組合員資格および理事資格を喪失したことを理由として、原告 X_1 が平成12年6月8日、原告 X_2 が同年同月12日、本件訴えの取下書を提出し、以後の口頭弁論期日には出頭してないが、この訴えの取下げは参加人の不同意により、訴えの取下げの効果は生じていない。

以上のように、本件当事者関係および主張は多岐に渡り複雑に交錯するが、主要な争点は次のようになる。
(1) 参加人の請求として、平成5年総会は、出席資格および議決権行使の資格のない者が意図的混乱を図って討論や議決に参加したもので、同総会における理事選任決議等は不存在または無効である。
(2) 参加人の請求として、平成6年総会は、平成5年総会の無効な決議を前提に選任された X_2 が招集し、役員資格者に組合員が委任した非組合員を加えることなどを内容とする規約変更決議に際し、「区分所有法」の定める手続がなされていないことなどから、同総会における規約変更決議等は不存在または無効である。
(3) 原告の請求として、平成7年臨時総会は、合法的資格を有する理事長が適式に招集しておらず、参加人の請求として、平成6年総会の不存在または無効の規約変更決議を前提として組合員でない者（Yらの一部）を理事に選任した決議等は不存在または無効である。
(4) 原告、参加人の請求として、平成7年の定期総会は、不存在または無効である理事選任決議を前提に理事長に選任された者により招集され重大な手続違反があり、同総会での決議は不存在または無効である。
(5) 参加人の請求として、現管理者は、平成5年総会招集当時の管理者Aであることを確認する。
(6) 参加人の請求として、原告 X_2 に X_1 の管理者の法的地位がなく、C弁護士およびD弁護士は、それを立証できないことを知っていたのであるから、民事訴訟法69条および70条を類推して、原告ら訴訟代理人であったC弁護士およびD弁護士に負担させるべきである。

2 判旨

本件裁判所は前記各争点に次のように判示した。
(1) 平成5年総会は、「右の状況においてなされた平成5年総会における理事選任決議には、その審議及び議決の手続に著しい瑕疵があるということができ、同決議は無効である」「したがって、理事の互選により選任された理事長選任決議も無効である」「また、……平成5年度業務案及び予算案は、全く決議が行われておらず、共用部分の変更は議案としても提出されていないことが認められるから、いずれの決議も存在しない。」
(2) 平成6年総会での規約変更決議は、「平成6年総会は、招集権限のない者によって招集された総会であり、区分所有法所定の事項等をあらかじめ通知せず、特別多決議の要件も満たさない規約変更決議を行うなど瑕疵が著しいから、平成6年総会において行われた各決議はいずれも不存在であると認めるのが相当である。」
(3) 平成7年臨時総会は、総会当時に、管理組合が管理者を欠いた状態にあったとし、「管理者がないときは、区分所有法34条5項が、区分所有者の5分の1以上で議決権の5分の1以上を有する者は、集会を招集することができる旨定めている。」とし、「原告管理組合は、組合員25名、議決権総数49議決権であって」「右招集通知は、少なくとも7組合員、11議決権によるものであることが認められるから、区分所有者の5分の1以上で議決権の5分の1以上の組合員によってなされた有効な総会招集であると認められる。」と総会の有効性を認めたが、理事選任決議は、不存在である平成6年総会の規

約変更決議を前提として組合員以外の者を理事に選任しており、著しい瑕疵があり、全体として無効であるとした。

(4) 平成7年定期総会は、「平成7年臨時総会における理事長選任決議は無効であるから、Y_1 が理事長として招集した平成7年定期総会は、無権限者によって招集されたものであり、」「平成7年臨時総会について判断したのと同様に、理事選任決議にも著しい瑕疵がある。」「そうすると、平成7年定期総会においてなされた決議は、いずれも不存在というべきであり、同日の理事会における理事長及び副理事長の選任決議も不存在である」と、(3)と同趣旨の判断をした。

(5) 平成5年総会当時の理事長Aは、平成7年1月10日に既に区分所有権をEに譲渡して当然に役員を退任しており、理事長としての職務権限を有する者が不在の状態にあるとした。

(6) 弁護士費用の負担については、「民事訴訟法70条は、訴えを提起した代理人の代理権欠缺について、本人又は法定代理人が原因を与えていない場合に限って適用され、授権のない法定代理人の訴訟委任に基づく無権限の訴訟代理人の訴え提起の場合には、訴訟代理人ではなく法定代理人に費用を負担させるべきであると解される」ことから認められるもので、「原告 X_2 が原告 X_1 の無権代表者であったことを理由として、原告管理組合 X_1 の訴訟代理人である弁護士C及び弁護士Dに対して訴訟費用を負担させるのは相当ではない」と判示した。

3 解説

1 本判決の分析

本件は、マンション住民の追い出しを目的とする管理独占を企てる著しく手続の公正さを欠いた決議による理事独占を目論む特殊な事件である。なお、本件参加人自身が原告となって別訴訟も提起されている（東京地判平成3年10月7日判タ778号201頁）。

(1) 総会不存在・決議不存在・決議無効の確認の訴え
本件では、当事者がさまざまな確認の訴えを主張しているが、その適否を検討する際にこれらの訴えの違いを理解しておく必要がある。まず決議不存在確認の訴えとは、決議された外観があるが、形式的にも決議されていない場合や、決議されたと法的に評価できない場合には、その決議に利害関係を有する者は、管理組合に決議の不存在を確認する訴えを請求するもので、期間制限はなく対世効が認められる。他方、決議無効確認の訴えとは、決議内容に法令違反がある場合に、その決議に利害関係を有する者は権利組合に決議の無効を確認する訴えを請求するもので、期間制限はなく対世効が認められるものである。さらに、総会不存在確認の訴えとは、過去の総会が開催されなかったことの確認を求めるものであるが、いずれも、過去の総会に関する確認の訴えのため、確認の利益が必要とされ、確認判決をもって法律関係の存否を確定することが、現在の法律関係に関する法律上の紛争を解決し、必要かつ適切である場合に限り認められるとされている。

(2) 無効な役員選任決議の是正方法　本件のように、管理者の選任決議が無効とされた場合、その後の集会は、招集権限のない者により開催された集会となり、たとえ適正な審議がなされたとしても、無効な決議を前提とする限り、以降も手続的瑕疵に基づき有効とはなりえない、との論旨が注目される。このように解しても、通常は、無効な選任決議前の管理者が、なお管理者たる地位を有するので、その者による招集が可能であるが、本件のように、その者が転出等でその地位を失った場合には、管理者・代表者が不在の状況が生じることとなる。

平成7年の臨時総会の有効性についての判断において、このような場合、（当該規約の変更の有効性が訴訟によって確定されない間にとりえる手段として）、直接的に区分所有法所定の手続保障がなされた招集手続に基づけば、すなわち5分の1以上の区分所有者等による臨時集会の招集によって、適正な役員選出や適正な規約変更が可能であるとする点、本判決が示している点も注目される。

2 本判決の評価

総会決議の有効性が争われる事由は多種多様で、紛争数も多く、判断基準も争点によって異なる（紙面の都合上、詳細は【本書51事件】を参照されたい）が、本判決の特徴は、まず、①手続の公正性の判断基準に、総会における当事者の威圧的言動等も考慮して総合判断している点である。次に、②参加人は、再三平成5年総会決議の無効または不存在の確認請求に加えて、平成5年総会自体の無効または不存在の確認を求めているが、前述のように、過去の事実についての確認の利益は、判決をもって法律関係の存否を確定することが、当該法律関係に関する現在の法律上の紛争を解決するのに必要かつ適切である場合にのみ認めらことから、総会自体の無効または不存在を確定する必要性を認められることはできないとして確認の利益が否定された点である。なお、管理組合の総会における役員選任決議の無効確認の訴えについては、その後の管理組合の総会で同一役員の信任決議が有効になされたときでも確認の利益を欠くとする、大阪地判昭和61年6月19日判時1234号116頁がある。ところで、③無効決議によって選任された理事および管理者は法的には権限がないが、当該管理組合にあっては、同決議によって適正に選任されたかのような管理者、理事、改正無効な規約がなお現存し続けるため、訴訟において実態関係が確定させておかなければ、無効な決議の連鎖が生じ、これらを是正するには、前述の方法に基づく集会を開催するとともに、訴訟において決議不存在・決議無効の確認の訴えによって紛争を終結させることが重要な対応と考えられる。

3 実務指針

本件は、区分所有者を退散させる目的で、著しく手続保障を欠いた理事会運営がなされた特殊事例であったが、投資型マンションのように多数の不在組合員を抱えるマンション管理や、老朽化マンションの今後についての管理組合内部での対立が生じた場合にあっても、招集通知の不到達問題や本件のように手続保障を欠いた管理者選任決議をめぐる問題が起きる可能性はあり、同時に正当な管理者が転出した場合には、本件同様に管理者不在状態になり、無効な理事と無効な規約だけが存在して、それを是正するにも集会招集すらできない状態に陥ることになる。このような場合には、本判決で平成7年臨時総会について示された解釈により正当な管理者を選任する解決が示された点は、同事態に陥った管理組合にとって一つの解決の方向といえるであろう。

【参考文献】　特になし。

花房博文
創価大学教授

Ⅵ 集会 §35 招集の通知、§36 招集手続の省略

51 招集通知の欠如

東京地裁平成 19 年 2 月 1 日判決（判タ 1257 号 321 頁）

1 事実

1　本件は、複合用途型マンションの管理組合 X（組合員数 42 名、地位不存在確認請求事件本訴原告、反訴被告）の理事長に Y_2（総会決議等無効確認反訴原告、本訴被告）が選任されていたところ、Y_2 は既に本件マンションの区分所有者ではなく、よって理事の被選任資格がないとして、X の当時の副理事長 A を代表者とした組合員等 23 名が、区分所有法 34 条 3 項および本件マンション管理規約に基づいて、Y_2 の理事長および理事の解任を議案とする臨時総会の招集を Y_2 に請求した。

しかし Y_2 は、同条 4 項、同規約所定の期間内に招集通知を発しなかったので、A 等は、同条同項に基づいて、Y_2 の理事長および理事の解任と新理事 3 名の選任を議案とする臨時総会を招集、開催し、出席者 4 名と委任状・議決権行使書による書面議決権行使者 26 名全員の賛成により同議案を可決した。

一方、Y_2 は、①本件臨時総会の招集通知は Y_2 の勤務する会社 Y_1（Y_2 は、同社の従業員として X 組合の理事の被選任資格があると主張する）に送達されておらず、A 等による総会招集手続には瑕疵がある、②同議案は、まだ欠員となっていない役員 2 名の選任を議事事項として扱った瑕疵がある、③委任状等 26 通のうち、少なくとも 13 通は本件臨時総会開催要求への賛同として収集したものを流用したものであるから同決議は無効である、として、その無効確認（および同決議により選任された役員による X の理事 A を理事長とする等の役員選任決議の無効確認を求めたものである。なお、本件の本訴、反訴の争点は、A 等が招集した集会決議の有効性以外にも、X と、Y_2 が元代表者であった Y_1 会社との管理委託契約およびその解除のの有効性等についても争われているが、本稿では、Y_2 が反訴として主張する、A 等の招集による、X の臨時総会招集手続的瑕疵に基づく決議無効に関する争点に限定して解説する。

2 判旨

X による Y_1 との管理委託契約の解除は、もっぱら X の役員資格をめぐる紛争が関連してなされたものとの理由から、X に対する不払管理委託費等支払請求が一部認容された以外は、本訴、反訴のいずれも請求が棄却された。そして、本件、X の決議の有効性について、まず、①招集通知が Y_1 に未送達であった点に関して、本件臨時総会の招集通知が Y_2 の関係会社（区分所有者）に送付されなかったことをもって、決議の無効事由となるほどの重大な瑕疵があったとはいえないとし、「そもそも、本件臨時総会は、Y_2 が臨時総会招集請求を受けながら、法及び本件規約の所定の期間内に招集通知を発送しなかったために開催されることになったものであり、同期間内に通知を発送して総会を開催して真実を説明することが可能であったものである」「実際に Y_2 の反論書面が配布されていながら、区分所有者 23 名が本件臨時総会の開催に賛同し、同総会で、議決権総数 49 のうち、議決権 33 の一致により決議がされたのであるから、Y_2 が本件臨時総会に先立って事実を説明することができなかったことが区分所有者の意思決定に重大な影響を及ぼしたものとは認められない」とした。

②未欠員者の選任を議案とした点については、既に、「両名の辞任の意思は明らかで、これを対外的にも書面にして明らかにしている」点を考慮し、2 名の役員を欠員と扱い新役員を選任したことをもって決議の無効事由となるほどの瑕疵があったとは認められないとした。

③委任状の流用について、提出者等は、「委任状等の撤回を申し入れたことは認められず（弁論の全趣旨）」、「事後的にも、委任状等の有効性に関して問題化した事実も認められないのであるから、委任状等が委任者の意思に反して無効であるとは認められない」とした。

3 解説

1　本判決の分析

本判決では、集会招集および決議事項について、①明らかに手続的瑕疵が認められる場合であっても、それだけでは、決議が無効となるものではないとする。そして、このような手続的瑕疵があることが、②当該瑕疵が決議の結果に影響を与えたような重要な瑕疵であるかどうかを、弁論の全趣旨に照らして総合判断している点、③②とも関連するが、手続的瑕疵を含んだ決議の結果が、他の区分所有者に特別の影響を与えたか否か、その場合には、特別の影響を受ける区分所有者の承諾の有無等も判断基準に組み込まれることになろう。

以上のように、①の判断を前提に、②、③に続く明確な判断基準に従っている点が注目されるところであるが、とりわけ②の総合判断についての具体的な基準は、判例の集積を参考にせざるを得ないであろう。

2　本判決の評価

集会の招集についての手続的瑕疵による決議の有効性に関しては、無効、有効と本判決以外の判例の結論も異なるので、以下にそれらの判断基準を検討する。

（1）無効とされた事例

（ア）東京地判昭和 62 年 4 月 10 日判時 1266 号 49 頁

本件は、被告 Y はハイツの管理組合で、原告 X 等は同ハイツの区分所有者等である。Y が、臨時総会で、旧管理規約を廃止して新規約を設定する旨の決議をしたので、X らが、①臨時総会での定足数を欠いていたこと、②右臨時総会に先立ち、旧規約の廃止および新規約の設定を議題とする旨の通知はなく、議案の要領の通知のなかったこと、③新規約に（一部の部屋を除き住居専用とすること、議決権の基準の変更、借家人による議決権の代理行使の排除、個人賠償責任保険を含む多種の保険への加入等多額の費用負担を強いる等の）X 等の権利に特別の影響を及ぼす規定が設けられたこと等を理由に右決議の無効確認を求めた事案である。裁判所は、①を排斥したが、②、③についてはその事実を認め、法が管理に

つき集会中心主義をとり、重要な事項はすべて集会の決議によって定めることとしていることに鑑みれば、招集手続の瑕疵は軽微とはいえないと、X等の請求を認容した。

（イ） 東京高判平成 7 年 12 月 18 日判タ 929 号 199 頁（本件原審は、後掲東京地判平成 6 年 11 月 24 日判タ 929 号 208 頁で結論が異なる） 本件は、区分所有者 X が、同マンションの管理組合法人 Y が行った議決権に関する管理組合・規則の改正の決議について、招集手続の瑕疵を理由に右決議の無効確認等を求めたものである。高裁判断は、右総会招集通知について、右瑕疵は、組合員の適切な議決権行使を事実上困難ならしめるものというべきであって、これをもって軽微な瑕疵ということはできないとし、「規約 44 条（議決権）の改正は、従来、最小区分所有単位を 1 票とし、その所有する専有面積比割合により議決権の票数を算定していたものを、所有戸数、所有専有面積のいかんにかかわらずすべて 1 組合員 1 票にするというもので、組合員の議決権の内容を大幅に変更し、複数の票数を有していた組合員に極めて大きな不利益を課すことになる制度改革であり、重大な議決権内容の変更を伴う規約改正が行われることを事前に通知しておれば、本件の場合、右決議は可決されなかったことが明らかであるから、右決議については、重大な手続違反があり、これを無効と解するのが相当である」として原判決を取り消し本訴請求を認容した。

（ウ） 東京地判平成 13 年 2 月 20 日判タ 1136 号 181 頁 【本書 50 事件】 無効な決議によって選任された管理者の招集により開催された以降の集会決議の効力に関するもので、【本書 50 事件】の解説を参考にされたい。

(2) 無効とされなかった事例

（ア） 東京地判昭和 63 年 11 月 28 日判タ 702 号 255 頁 本件ハイツの専有部分を店舗として使用していた区分所有者 X（原告）が、本件ハイツの管理組合 Y（被告）が招集、開催した集会での、店舗区分所有者の業種制限し、営業方法や店舗内装工事を制限する旨の規約変更決議に関して、①右集会招集通知が届かなかった手続の瑕疵と、②同規約変更は X の権利に特別の影響を及ぼすものであり、X の承諾を得ていない等を根拠に、右規約変更条項の無効確認等を求めたものである。裁判所は、①の点を認めたが、「総会召集の手続に瑕疵があったとしても、それによって当然総会の決議が無効となるものではなく、右瑕疵が重大な瑕疵である場合に限り無効になるものと解される」、本件においては議決権数 60 人中 57 人の一致で決議された等の理由から、決議の無効原因となるような重大な瑕疵とはいえないとした。

また、重大な瑕疵に該当するか否かについては、②の判断との関係において、同ハイツ管理規約条項を検討し、本件規約 16 条 1 項は「1 階部分において本件建物の住環境を著しく阻害する風俗営業、あるいは著しい臭気又はおびただしい煙を発生する業種の営業を行うことは、他の区分所有者の快適な生活を阻害し、平穏な住環境を損なうものであるから、これが本件建物の区分所有者の共同の利益に反することは明らかである。」「したがって、本件建物の店舗部分において右のような営業をすることを禁止することには合理性があり、それは本件建物の区分所有者が一般的に負っている制約の範囲内のものというべきである。」とした。本件規約 17 条については、「区分所有者が当然配慮すべき事柄であるから、右条項が原告の権利に特別の影響を及ぼすものでない」ことは明らかで、「右条項が原告の本来の権利に特別の影響を及ぼすものではないことは明らかである」とし、本件規約 18 条の制限も「いずれも建物の区分所有者の共同の利益のため各区分所有者において当然配慮すべき事柄であると考えられるので、右各条項が原告の権利に特別の影響を及ぼすものということはできない。」とした。

（イ） 東京地判平成 6 年 11 月 24 日判タ 929 号 208 頁（控訴審は前掲東京高判平成 7 年 12 月 18 日） 本件事案は、前記 2(1)(イ)を参照。

本件裁判所は、右総会の招集通知書には、法 35 条 3 項に規定する「議案の要領」が記載されているとは認められず、招集通知に瑕疵があるというべきであるが、基本的には軽微な瑕疵であって、法的安定性を犠牲にしてまで常に決議の無効事由になると解するのは相当ではなく、本件の場合、右招集通知の瑕疵が決議に重大な影響を及ぼすべき特段の事情があったものとは認められないから、右招集通知の瑕疵は、右決議の無効事由とはならないと X の請求を棄却した。

（ウ） 東京地判平成 7 年 10 月 5 日判タ 912 号 251 頁

本件は、区分所有者で前理事長であった X が、理事長在任当時に、後に選任された理事長の専横を防ぐ必要性を顧慮して、同マンションの「居住・利用に関する規則」に「総会への提案権は理事会にある」との追加規定を設け、理事長の議題提案権を排除したので、新理事長の提案に基づき開かれた本件総会決議には手続的瑕疵があるとして決議の無効確認を求めたもので、追加細則の効力とともに理事長の集会招集権限と、理事長によって招集された決議の効力が争点となった。本件裁判所は、区分所有法および本件管理規約の規定の趣旨を検討し、理事長（管理者）が招集予定の総会に対して自らの職務遂行上必要な案件処理のために議題提案権を有することは明らかであるから、X 主張のように理事長から右権能を剥奪し得るにしても、そのために必要とされるべき正式な規約変更手続は一切採られていないこと、また、マンション利用細則の性質や追加された規定自体も総会で正式な採決が採られていないことなどからすれば、右追加規定によっては理事長から議題提案権を奪うというような重要な管理規約の内容変更の効力を認めることはできないとし、理事会が開催できないような状況のもとでは、理事長が本件決議のような内容の議題を理事会の承認決議なしに提案したとしても、それをもって、本件決議を無効とするだけの重大な手続的瑕疵があったとすることはできないと判断した。

3 実務指針

以上のように、結論だけをみれば当否が分かれている判例ではあるが、総会招集に関して手続的瑕疵があっても直ちに総会決議が無効となるものではなく、解説 1 で示したような、一定の判断ルールに従った検討により「重大な瑕疵」に該当する場合にのみ、当該決議が無効とされるものである。その際、その決議内容が「共同の利益を図るものであったか否か」、「他の区分所有者に特別の影響を与えるものであったか否か」等が、総合判断の主要な要素として取り込まれている点は、今後の判断基準でも同様と思われる。

【参考文献】 特になし。

花房博文
創価大学教授

52 議題の欠如

東京地裁昭和62年4月10日判決（判時1266号49頁、判タ661号180頁）

1 事実

X_1、X_2は、8階建ての集合住宅（以下、本件マンションという）の6階にある1室を共有する区分所有者である。昭和58年12月下旬から昭和59年1月28日までの間に、本件マンションの表玄関入口に、本件マンションの1、2階各1室を除く専有部分の営業目的の使用を許さない趣旨の掲示板が設置された。さらに、昭和59年3月18日に本件マンションの管理組合Yによって臨時総会が開催され、旧規約を廃止したうえで1、2階の各1室を除くその他の室を住居専用とする旨の内容を含む新規約が決議された。このため、X_1らは、管理組合Yに対して、この決議が定足数を欠いていたこと、議題の通知がなかったこと、議案の要領の通知もなかったことを理由に、掲示板の撤去と決議の無効確認を求めて提訴した。

2 判旨

（1）掲示板の撤去請求について　Yから、本件マンションでは分譲の当初から1、2階各1室を除く専有部分の用途を住宅のみに制限する合意が成立しており、この合意に基づき昭和58年12月4日の総会決議によって掲示板を設置した旨の抗弁がなされたが、裁判所は、このような合意があったとは認められないとして、撤去請求を認容した。

（2）決議の無効確認請求について　定足数については、委任状提出者を含めれば定足数を満たしていると認められるとして、瑕疵を認めなかった。

次に、臨時総会の招集に際して、旧規約の廃止および新規約の設定を議題とすることについて予め通知がなく議題の要領の通知もなかった事実を認定したうえで、以下のように無効を認めた。

「本件臨時総会の召集手続の瑕疵は、区分所有関係の基礎となるべき規約の廃止、設定という集会で決議すべき事項の中では最も重要な部類に属する議題に関するものであること、旧規約と新規約とを対照すると、新規約は、単に法に不適合の部分を改めるに留まらず、建物の用法に関して一章を置き、詳細な規定（その中には、本件ハイツを101号及び201号以外住居専用とする旨の規定もある。）を設けたこと……、被告が区分所有者を代理して各種保険（その中には個人賠償責任保険も含まれている。）を締結し、保険金を受領し、これを修復費用に充当することを後者が承認する旨の規定を置いたこと……、旧規約では認めていた借家人を代理人とする議決権行使を排除していること……など本件ハイツの管理に関し改正された法に適合させるため不可欠とはいえない事項についても規定を新設していることが認められること……、法は区分所有建物の管理につき集会中心主義をとり、重要な事項はすべて集会の決議によって定めることとし、とりわけ規約の設定、変更、廃止については区分所有者及び議決権の4分の3以上の多数の決議によることとする（法31条1項）とともに、あらかじめ通知することなく規約の設定、変更又は廃止を決議することは規約をもってしても定めることができないとしていること（法37条2項）、集会において決議すべき事項については、区分所有者全員の書面による合意があったときに限り、集会の決議があったものとみなされること（法45条1項）としていることに鑑みれば、前記召集手続の瑕疵は決して軽微なものとはいえ」ない。

「以上によれば、本件臨時総会の召集手続には本件決議に関する限り瑕疵があるから、これに基づいてなされた本件決議は無効というべきであり、したがってまた、本件決議によって設定された新規約は集会の決議によって設定されたものということはできないから無効といわざるをえない。」

3 解説

1　本判決の分析

区分所有者の集会は、法34条以下の規定に従って招集・決議がなされることが必要であるとされているところ、本件では、臨時総会の招集に際して、旧規約の廃止および新規約の設定という議題の通知がなされなかったために、決議の有効性が問題となった。

法35条1項によると、集会の招集の通知は、会日より少なくとも1週間前に、会議の目的たる事項を示して、各区分所有者に発しなければならない。また、同条5項によると、会議の目的が規約の設定・変更・廃止などの重要事項である場合には、その議案の要領をも通知しなければならない。

会議の目的たる事項、すなわち集会の議題を事前に通知しなければならないとされたのは、事前の通知によって、各区分所有者は、当該事項について十分に検討したうえで集会に臨むことができ、また、自己と反対の意見を有する者に対して説得することが容易になる。逆に、事前の通知がない場合には、議題について集会で十分に検討することができないまま決議を行うことになって望ましくない、また、集会に出席しなかった者にとっては、当該事項について何ら通知されないまま、その者を除外して決議がなされることとなり、不合理な結果を招くことになるからであるとされている（稲本＝鎌野・区分所有法224頁）。この期間は規約によって伸張または削減することができ（35条1項ただし書）、マンション標準管理規約は、少なくとも2週間前までに通知を発しなければならないとして期間を伸張する一方、緊急を要する場合には、理事長は、理事会の承認を得て5日間を下回らない範囲において、その期間を短縮することができるとしている（標準管理規約43条1項・9項）。また、建替決議を会議の目的とする集会を招集するときは、集会の招集の通知は、集会の会日より少なくとも2月前に発しなければならないとされている（62条4項、69条4項、70条4項）。

法37条1項は、集会においては、法35条の規定によ

り予め通知をした事項についてのみ、決議をすることができるとしている。上記のような趣旨に鑑みて、十分な討議が確保できた状態でなされた決議にしか効力を認めないこととしたのである。もっとも、たとえば、一部の区分所有者に議題の通知がなされなかった場合であっても、区分所有者の全員が十分に討議して決議内容に異論がなかったような場合にまで、集会決議を無効とするのは明らかに行き過ぎであろう。招集の手続を定めた趣旨はあくまで実体の伴う集会の開催を確保するためにすぎない。このため、招集手続に瑕疵があったとしても、それによって決議が当然に無効になるわけではなく、その瑕疵が軽微なものであるときは決議は有効であると解されている。決議がなされたことの法的安定性を守る必要があるからである（このように手続上の瑕疵を理由とする無効の主張を制限する考え方は、区分所有者の集会に特有のものではない。たとえば株主総会の招集手続または決議の方法に瑕疵があることを理由に決議取消しの訴えがなされた場合、裁判所は、その違反する事実が重大でなく、かつ、決議に影響を及ぼさないものであると認めるときは、請求を棄却することができるとされている。会社831条2項）。

集会の招集の通知における議題の欠如を問題にした裁判例は、これまでのところ本件以外には見当たらない。より広く招集手続上の瑕疵をめぐっては、総会招集権限のない者によって招集された総会の決議を不存在であるとしたもの（東京地判平成13年2月20日判タ1136号181頁【本書50事件】）、特定の区分所有者に招集通知が送付されないまま開催された臨時総会決議を、決議の無効事由となるほど重大な瑕疵があったとはいえないとして有効としたもの（東京地判昭和63年11月28日判タ702号255頁、東京地判平成19年2月1日判タ1257号321頁【本書51事件】）、規約改正のための集会招集において議案の通知はなされたが議案の要領を示さなかった場合について、重大な手続違反を理由に決議が無効とされたもの（東京高判平成7年12月18日判タ929号199頁【本書53事件】）がある。

2　本判決の評価

本件では、管理組合Yから、新規約の無効確認請求は権利濫用に当たるとする抗弁がなされた。つまり、臨時総会では出席者全員が決議に賛成し、臨時総会後全組合員に新規約の成文を送付したところX_1ら以外に異議を申し立てた者がないから、改めて総会を招集しても結論が変わらないこと、およびすでに新規約制定から1年以上を経過し新規約が本件マンションにおける共同生活のルールとして機能していることを指摘したのである。しかしながら、裁判所は、これらの点に加えて区分所有法の昭和58年改正に伴い旧規約を改める必要性があったことも認めながらも、本件における招集手続の瑕疵はけっして軽微なものとはいえず、これらの事情があるからといって本件決議の無効を主張することができなくなるものと解することはできないとし、臨時総会決議の無効ひいては新規約の無効を認めた。

裁判所は、その理由として、第1に議題とその内容の重要性を挙げている。すなわち、まず旧規約の廃止と新規約の設定は、集会で決議すべき事項の中では最も重要な部類に属する議題であるとする。次に、新規約にみられる変更点が、単に法改正に伴い法に不適合な部分を改めるにとどまらず、建物の用法について詳細に定めたり借家人の議決権代理行使を廃止するなど、マンションの管理の仕方を実質的に変更する内容が含まれていることを指摘する。第2に、区分所有建物の管理について集会中心主義をとっている区分所有法の仕組みから議題欠如の重大性を評価している。そのなかでは、特に規約について、その設定、変更、廃止には区分所有者および議決権の4分の3以上の特別多数決議が必要であり（31条1項）、あらかじめ通知することなくかかる決議をすることが規約を以てしても定めることができず（37条2項）、集会を開催しない場合は区分所有者全員の書面による合意があったときにかぎり集会決議があったものとみなされる（45条1項）旨を指摘する。

このような本判決の判断は、妥当なものであると評することができよう。瑕疵の重大性を評価する際には、なによりも議題の内容が重要である。本件では、議題が旧規約の廃止と新規約の設定であった。旧規約を廃止して新規約を設定することは、区分所有建物の管理に関わる根本規則の変更に当たる。このような重要事項を決議するにあたっては、区分所有者に事前にその旨を周知し、十分な議論を経たうえで決議することが必須と考えられる。もっとも、法改正に伴う法に不適合となった部分の修正に留まる規約変更ならば、迅速に実現することが区分所有者全員の利益にかなうのであるから、招集手続の瑕疵をもって決議無効とする必要はないであろう。しかしながら、本件の変更は、法に不適合な部分の修正に留まらず、実質的に管理の仕方を変更する内容が含まれていた。このような変更は各区分所有者の利用に大きな影響を及ぼすものであるから、事前に議題の通知がなされないまま集会が開催されたときは、かかる招集手続の瑕疵は見過ごすことのできない問題となる。本判決が議題の欠如した通知という瑕疵を軽微なものではないとした判断には、こうした見方が示されているといえよう。

3　実務指針

本件は、X_1らの所有する専有部分の借主が鍼灸治療の営業を始めたため、急遽臨時総会が開かれ、新規約を設定したという経緯があるようである。過去にも、専有部分の借主が商売を始めてエレベーターの利用に影響をきたした事件、別の専有部分について託児所の開設が計画された事件などがあり、本件マンションでは住居以外の目的での利用をめぐる紛争がたびたび起きていた。マンションの分譲・利用の経緯等に基づく用途制限の合意の存在を管理組合は主張したわけであるが、かかる主張が裁判で認められるかどうかは難しい。やはり、規約で用途を明記しておくことが必要となる。標準管理規約は、〔単棟型〕12条で用途を住宅のみに限定する旨を、〔複合用途型〕12条1項で住戸部分の用途を住宅のみに限定し、2項で店舗部分の用途を店舗のみに限定する旨を定めている。原始規約で用途が定められていない区分所有建物については、紛争が生じる前に規約を変更しておいた方がよいと考えられる。

【参考文献】　稲本＝鎌野・区分所有法225頁、鎌野＝山野目・120頁、全国マン研・判例の解説192頁。

岡田康夫
東北学院大学准教授

53 議案の要領の欠如

東京高裁平成7年12月18日判決（判タ929号199頁）

1 事実

原告Xは、朝日九段マンション（以下、「本件マンション」とする）の区分所有者である。Xは従来、本件マンションの理事長であったところ、昭和63年7月3日の臨時総会において不信任決議が可決されて理事長の職を失い、代わりにAが理事長となった。その後平成元年2月19日に定時総会が、平成2年3月4日に総会がなされたところ、Xが、管理組合法人Yを相手に、これらの総会についての無効確認と自己の理事長たる地位の確認を求めて提訴した。Xの主張は多岐にわたるが、このうち、平成元年の定時総会に関する招集手続の瑕疵のみを取り上げる。

平成元年の定時総会の招集通知（以下、「本件通知」という）には、第5号議案として「規約・規則の改正の件（保険条項、近隣関連事項、総会条項、議決権条項、理事会条項）」との記載がなされており、総会では規約の変更が議決権数657票のところ委任状による議決権を含む506票の賛成によって決議された（以下、「本件決議」という）。Xは、規約を改正する場合は集会の招集通知に議案の要領を記載することを要するところ（35条5項）、かかる内容では議案の要領の記載があるとは認められないから通知には不備があると主張した。これに対し、Yは、かかる記載で議案の要領を欠くとはいえないこと、たとえ招集手続に瑕疵があったとしても軽微な瑕疵にとどまるから、説明が十分なされて決議されている以上はその瑕疵が治癒されたと解すべきであると反論した。

原審（東京地判平成6年11月24日判タ929号208頁）は、議案の具体的内容が記載されているとはとてもいえないから本件通知には議案の要領の記載があるとは認められないとして、招集手続上の瑕疵を認めた。しかし、かかる通知の趣旨が議事の充実と書面投票をする組合員の便宜を図る点にあり、議決権行使の保障という観点からみて不可欠なものではないことからすれば、通知の欠缺は基本的には軽微な瑕疵と考えるべきであり、法的安定性を犠牲にしてまで常に決議の無効事由になると解するのは相当ではなく、決議に重大な影響を及ぼすべき特段の事情が認められる場合を除いては無効事由とならないものと解すべきであるとして、決議を有効とした。このため、Xが控訴した。

2 判旨

原判決を取り消して、Xの請求を一部認容した。「総会の招集通知においては、通常は、その目的たる事項（議題）を示せば足りるが、規約の改正等一定の重要事項を決議するには、そのほかに議案の要領をも通知すべきこととされているところ（区分所有法35条5項）、右の趣旨は、区分所有者の権利に重要な影響を及ぼす事項を決議する場合には、区分所有者が予め十分な検討をした上で総会に臨むことができるようにするほか、総会に出席しない組合員も書面によって議決権を行使することができるようにし、もって議事の充実を図ろうとしたことにあると解される。右のような法の趣旨に照らせば、右議案の要領は、事前に賛否の検討が可能な程度に議案の具体的内容を明らかにしたものであることを要するものというべきである。

これを本件についてみるに、本件総会……の招集通知には、……「規約・規則の改正の件（保険条項、近隣関連事項、総会条項、議決権条項、理事会条項）」と記載されているにすぎないところ……、右をもって議案の内容を事前に把握し賛否を検討することが可能な程度の具体性のある記載があるとは到底いうことができない。

そうすると、本件決議……の決議事項については、議案の要領の通知に欠けるから、その決議には区分所有法35条5項所定の総会招集手続に違背した瑕疵があるといわざるを得ない。そして、右議案の要領の通知を欠くという招集手続の瑕疵がある場合の決議の効力について検討するに、法が議案の要領を通知することとした趣旨は前示のとおりであるから、議案の要領の通知の欠缺は、組合員の適切な議決権行使を実質上困難ならしめるものというべきであって、これをもって軽微な瑕疵ということはできない。とりわけ、本件決議……のうちの規約44条（議決権）の改正は、従来、最小区分所有単位を1票とし、その所有する専有面積比割合により議決権の票数を算定していたものを、所有戸数、所有専有面積のいかんにかかわらずすべて1組合員1票にするというもので、組合員の議決権の内容を大幅に変更し、複数の票数を有していた組合員に極めて大きな不利益を課すことになる制度改革であるから、事前に各組合員に右改正案の具体的内容を周知徹底させて議決権を行使する機会を与えるように特に配慮することが必要である。しかし、本件においては、区分所有者は右通知において議決権条項の改正が審議され、決議されることは認識できたものの、その具体的内容を把握できなかったため、右のような重大な議決権内容の変更を伴う規約改正が行われることを事前に知ることができなかったものであり、その結果、58票を有していたB、24票を有していたC、2票を有していたDにおいては、その議案の重要性を認識することなくYに対し、A理事長に一任する旨の委任状を提出したこと、しかし、右決議後まもなく右内容を控訴人から知らされて初めて決議内容の重大性を知って驚き、事前に知っていれば理事長に一任する旨の委任状を提出することはなかったとして、Xを通じてYに対し、委任を取り消す旨申し出ていたこと……が認められる。そして……右各組合員らが一任の委任状を提出せず、これらの議決権数が賛成票に算入されなければ、議決権数657票の4分の3である493以上の賛成票を集めることはできず、右決議は可決されなかったことが明らかである。

以上の事実を勘案すれば、本件決議……については、重大な手続違反があり、これを無効と解するのが相当で

ある。」

3 解 説

1 本判決の分析

区分所有法35条5項は、集会の招集通知をする場合において、議題が管理規約の改正などの一定の重要事項である場合には、その議案の要領をも通知しなければならないと規定する。本件では、招集通知に議案の要領が記載されていなかったと認定されており、このような招集手続上の瑕疵が存在する場合の決議の有効性が問題となった。

区分所有法は、マンションの管理に関する重要な事項は集会決議によって決定するとし、区分所有者の共同決定に基づく管理の仕組みを提供している。そして集会を開催するにあたっては、法34条以下に定める手続に従って招集しなければならない。

法35条5項が重要事項について議案の要領の通知を要するとするのは、重要な決議事項については各区分所有者が予めその内容を知り、十分な検討をすることが望ましいからであると説明されている（稲本＝鎌野・区分所有法221頁）。議案の要領の通知を要する重要事項は、①軽微なものを除く共用部分の変更（17条1項）、②規約の設定・変更・廃止（31条1項）、③建物の大規模一部滅失の場合における復旧（61条5項）、④建替え決議（62条1項）、⑤団地内の区分所有建物につき団地の規約を定めることについての各棟の承認（68条1項）および⑥団地内の建物の建替え承認決議に係る一括付議（69条7項）が列挙されている。さらに、別の条文によって⑦団地内の建物の建替え承認決議（69条1項）、⑧団地内の建物の一括建替え決議（70条1項）についても議案の要領の通知が必要であるとされている（69条4項、70条4項）。これらはいずれも特別決議事項に当たる。

議案とは、決議内容についての原案のことであり、要領とは、その内容を要約したもののことである。議事の充実を図ろうとするその趣旨からすると、議案の要領は、区分所有者が当該議案に対して事前にその賛否を検討することが可能な程度に具体的に記載されている必要があると考えられる。

それでは、議案の要領を記載していない通知によって招集され決議がなされた場合、かかる手続上の瑕疵のある決議の効力はどうなるのであろうか。集会においては予め通知した事項についてのみ決議をすることができると定められており（37条1項）、議題が記載されていない通知によって招集した臨時総会における新規約制定の決議を、瑕疵の程度は軽微とはいえないとして無効とした裁判例が存在する（東京地判昭和62年4月10日判時1266号49頁【本書52事件】）。議案の要領の欠如も同様の招集手続上の瑕疵に当たるため、その瑕疵が軽微なものにとどまるときは決議は有効であるが、瑕疵が重大なものであるときは決議は無効となると解されることになる。

2 本判決の評価

本件では、議案の要領の記載の欠如という招集手続上の瑕疵の重大性について、原審と判断が分かれた。原審は、法35条5項の趣旨を、区分所有者の権利義務に重大な影響のある特に重要な事項について、議案の具体的な内容も通知させることとして、議決権者らに予め議案の内容を検討できるようにして議事を充実させるとともに、集会に出席しない区分所有者も書面によって議決権を行使することができるようにする点にあると解したうえで、議案の要領の通知は議決権行使の保障という観点からみて不可欠なものではないことからすれば基本的には軽微な瑕疵と考えるべきとした。集会決議がなされたことによる法的安定性を守ることの方がより重要であるという判断に基づく。

これに対し本判決は、法35条5項の趣旨についてはほぼ同じことを述べながらも、法の趣旨に照して、議案の要領の通知の欠缺は組合員の議決権行使を実質上困難ならしめるものというべきであって、これをもって軽微な瑕疵ということはできないとしている。それでは、いずれの考え方が妥当なのであろうか。

本件決議では、「(保険条項、近隣関連事項、総会条項、議決権条項、理事会条項)」という記載の招集通知に基づいて開催された総会で、従来、最小区分所有単位を1票とし、その所有する占有面積比割合により議決権の票数を算定していたものを、所有戸数、所有専有面積のいかんにかかわらずすべて1組合員1票にするという改正がなされている。これによって、従来複数の票数を有していた組合員にきわめて大きな不利益が生じることは明らかであるところ、招集通知からかかる重大な地位の変更の可能性を予測することは困難である。重要な決議事項について予めその内容を知り、十分な検討を行う機会が奪われた状態にあった区分所有者に対し、決議内容に従うことを求めるのは、正当化できないのではないだろうか。本判決の説明には、非常に説得力がある。法35条5項が特に重要な事項に限定して議案の要領の通知を要するとした趣旨に鑑みると、議案の要領の欠如した通知という瑕疵は、他の招集手続上の瑕疵と比べても重大な瑕疵に当たると解すべきなのではないだろうか。

3 実務指針

総会の決議の有効性をめぐる紛争を防止するためには、適切な招集手続に基づく開催が不可欠である。重要な事項の決議を行うにあたっては、議案の要領を送付する際になるべく具体的に原案の内容を記載すべきこととなろう。特に、書面または電磁的方法によって議決権を行使する区分所有者が決議内容を検討する機会を失わないようにするためにも、議案の要領は十分具体性をもった記載にするべきであると考えられる。

【参考文献】 稲本＝鎌野・区分所有法221頁、鎌野＝山野目120頁、全国マン研・判例の解説184頁。

岡田康夫
東北学院大学准教授

54 頭数と議決権（人数の数え方）

神戸地裁平成13年1月31日判決（判時1757号123頁）

1 事実

本件マンションは、昭和43年にA社によって建築され、神戸市住宅供給公社が分譲した鉄骨鉄筋コンクリート造陸屋根14階建の建物である。1階から3階までは神戸市が区分所有し、水道局事務所等として使用してきたものであり、4階以上の部分は住戸として区分所有され、総住戸数は90戸である。

本件マンションは、平成7年1月17日に発生した阪神・淡路大震災により被害を受けて損傷し、その復興が課題となり、平成9年9月14日に、Y（管理組合）の臨時総会が開催された。同総会では、神戸市を含む区分所有者による投票がなされ、その際、議決権は、神戸市が1と各住戸が1ずつの合計91とされた。投票の内訳は、本人出席43、代理人出席19、議決権行使書27、棄権2であり、建物の区分所有等に関する法律62条1項に基づく建替決議が賛成多数（賛成73票、反対16票）で可決された。

ところで、Yの規約では、区分所有法38条にいう「別段の定め」として、「組合員は、その所有する住戸一戸につき各一個の議決権を有する。」と定めており、本件建替決議の際も、議決権は、各住戸がそれぞれ1票として扱われた。そのため、本件マンションにおいて3戸の住戸を所有するBは合計3票の議決権を有するものとして、また、同様に2戸の住戸を所有するCは合計2票の議決権を有するものとして扱われ、BCのいずれも賛成票を投じた。本件決議に反対した区分所有者であるXらは、複数の区分所有権を有する区分所有者は、複数名でなく、1名として算定すべきであり、そうした場合には、本件決議は「区分所有者の5分の4以上の多数」を満たしていないとして、本件建替決議の無効を主張した。

2 判旨

Xの請求認容「（一）区分所有者の人数の数え方について、まず、一つの専有部分を数人で共有する場合、区分所有法40条の規定の趣旨に照らし、右共有者数人で1人と計算すべきものと解される。

また、1人の区分所有者が複数の専有部分を所有している場合も、区分所有者としての定数は全部で1人と計算するのが相当である。なぜなら、区分所有法が、建替え決議（62条1項）に限らず、その他の特別決議（31条1項、61条5項）、普通決議（39条1項）について、決議の成立要件として、議決権の5分の4若しくは4分の3以上の多数又は過半数と併せて、区分所有者の5分の4以上若しくは4分の3以上の多数または過半数を必要としているのは、建物の区分所有関係における意思決定には、財産権としての面から各区分所有者の有する区分所有権の大きさ、すなわち持分（専有部分の床面積の割合）による多数の意見を反映させなければならない（これは議決権によって反映される。38条、14条）と同時に、一つの管理共同体としての面からその構成員である区分所有者の数による多数の意見も反映させなければならないとの考慮に基づくものと考えられるからである。

（二）次に、議案の採決に当たり誰を区分所有法62条1項等にいう「区分所有者」として扱うか（具体的には、管理組合が誰に、集会招集通知を発し、議決権の行使をさせるか）を決する基準として、登記簿上の記載によるのか、それとも実質的な権利関係によるのかであるが、仮に実質的な権利関係で決するとすると、実質的な権利関係は第三者が容易に知りえないことがあるため、管理組合に過度の負担を強いる可能性がある上、採決後に、採決に参加した特定の者が実は真実の区分所有者ではなかったと主張すること（本件がまさにそうである。）が許され、ときに採決の結果（議案が可決されたにしろ、否決されたにしろ）が覆されることになり、法的安定性が損なわれるおそれが大きい。したがって、誰が右62条1項等にいう「区分所有者」であるかを決する基準としては、画一的で明確性のある登記簿上の記載によるとするのが相当というべきである。

この点、Yらは、区分所有法62条1項の「区分所有者の5分の4以上の多数」にいう「区分所有者」について、例外として、ある区分所有者が登記簿上複数の専有部分を有している場合であっても、当該複数の専有部分のうちの一部を、真実あるいは実質的に他の者（実質的区分所有者）が所有し、かつ、登記簿上の区分所有者の議決権の行使について実質的区分所有者もこれに同意・了承しているときは、区分所有者の定数の計算において、登記簿上の区分所有者一名だけでなく、実質的区分所有者の数も定数に入れるべきであると主張するが、右主張は、要するに、登記簿上の記載ではなく、実質的な権利関係によって決すべきである旨の主張に帰するから、右に説示したところにより、採用することができない。」

3 解説

1 本判決の分析

（1）本件事件の主たる争点は、本件建替決議が建物区分所有法62条の「区分所有者の5分の4以上の多数」要件を満たしているか否かである。同条は、区分所有建物の建替決議について、区分所有者および議決権の5分の4以上の特別多数決を必要としている。現行法が決議要件のすべてを通じて、多数決の基準として、区分所有者の頭数と議決権の割合の双方を併用していることの理由として、法務省の立案担当者によれば、「区分所有関係は、建物、敷地等の共同所有関係であるとともに、一の共同生活関係であり、前者の観点からは、区分所有関係における持分の大きさ（これは議決権の大きさに反映される。）が決議に反映されるべきであり、後者の観点からは、各区分所有権がそれぞれ同じ大きさの議事参加権を有するものとするのが相当である、というにあると思われる」と説明される（濱崎・改正157頁）。

二重の議決要件のうち議決権については、法38条が、規約に別段の定めがないかぎり、法14条に定める割合、

すなわち各区分所有者の共有部分の持分割合によると規定する。各区分所有者の議決権割合は、規約によって、各区分所有者の持分とは異なる割合を定めることができる。たとえば、「1住戸1議決権とする」旨の定めを置くことが考えられ、実際にこのような規約を有する管理組合も少なくない。

他方で、区分所有者の人数の数え方については、区分所有法は何ら規定を置いていない。この点について、昭和58年の改正当時における立案担当者は、区分所有者の人数の計算については、1人で複数の専有部分を所有していても、1人は1人とするものとされており、一の専有部分を複数の者が共有している場合も、複数人合わせて1人とすると説明する（濱崎・改正157頁、法務省・マンション法228頁等）。また、昭和37年の建物区分所有法制時における旧31条1項（現39条）の解釈としても同様の理解が示されていたところである（川島一郎「建物の区分所有等に関する法律の解説」濱崎・改正590頁）。

（2）上記（1）で示した一般論については異論が見当たらないことを前提として、本件におけるYの主張をみると、法62条1項における「区分所有者」については、通常、複数の専有部分を所有する区分所有者も定数1として計算されるが、例外として、ある区分所有者が登記簿上複数の専有部分を有している場合であっても、当該複数の専有部分のうち一部を、真実あるいは実質的に他の者（実質的区分所有者）が所有し、かつ、登記簿上の区分所有者の議決権の行使において、実質的区分所有者がこれを同意・了承しているときは、区分所有者の定数の計算において、登記簿上の区分所有者1名だけではなく、実質的区分所有者の数も定数に入れるべきだとする。そうすることにより、定数が実体ないし真実の権利関係を反映し、区分所有者全体の意思が決議の成否に忠実に反映されるものであるとの主張である。

そこで、本件においてYが主張するように、上記（1）の一般論について例外を認めるか、また認めるとすればどのような場合かが問題となる。

2 本判決の評価

（1）本判決はまず、区分所有者の人数の数え方として、1つの専有部分を数人で共有する場合には、共有者数人で1人と計算すべきであり、また、1人の区分所有者が複数の専有部分を所有している場合も、全部で1人として計算するのが相当であるとして、区分所有者の定数の計算の仕方についての一般論を述べる。

（2）次に、本判決は、そもそも、議決の採決にあたり、誰を区分所有法62条1項の「区分所有者」として扱うかを決する基準として、登記簿上の記載によるのか、それとも実質的な権利関係によるのかとの問題提起を行ったうえで、これについては「画一的で明確性のある登記簿上の記載による」べきであるとした。

この問題について実際に想定されるケースは次のようなものである（森田宏樹・判評521号6頁の分析が詳細である）。第1に、売買や相続により区分所有権等に関する権利変動が生じたが、それが登記簿上に反映されていない場合である。このとき、第三者である管理組合は権利変動を容易には知りえないから、実質的な権利関係によるとすれば、真実の所有者の探索という過度な負担を管理組合に課すことになる。また、決議の成立後に、議決権の行使が真実の権利関係に適合しないとして決議無効の主張がされることは法的安定性を害することにもなるから、登記簿上の記載によることが相当であろう（玉田弘毅「分譲マンションの管理・修繕・建替えの法律と実態」『現代法律実務の諸問題（上）〔昭和62年版〕』455頁も参照）。

第2に、不実の登記がなされたために、区分所有権等に関する実体法上の権利関係が登記簿上の記載と合致していない場合である。このとき、管理組合が登記簿上の記載と異なる実体法上の権利関係を確認しえたのであれば、真の所有者を区分所有者と認定してその者に議決権行使を認めてもよいかが問題となりうる。

上記のいずれの場合においても、登記簿上の記載とは異なる区分所有者の存在が明らかであれば、その者に議決権行使を認めるべきであろう（稲本＝鎌野・区分所有法232頁）。しかし、管理組合が登記簿上の記載とは異なる区分所有者の存在を認識しつつも、本判決にいう「画一的で明確性のある登記簿上の記載」によって判断をした場合に、これを理由として決議の瑕疵を主張しうるのかはなお議論の余地がある。

（3）他方で、本判決がYの主張を「実質的な権利関係によって決すべきである旨の主張に帰する」と捉え、上記（2）の理論を展開したことについては疑問が呈されている（森田・前掲10頁以下）。森田教授の指摘によれば、判旨をみるかぎり、本件では上記（2）のいずれの場合にも該当しないし、判旨のいう「実質的区分所有者」「実質的な権利関係」の意味内容を法的に説明するのは困難である。むしろ、本件においては、登記簿に反映されていない実体法上の権利変動の有無を先ず釈明し、それが認定できない場合には、Yらが主張する「真実かつ実質的な区分所有者」とは、法的なフィルターを通して理解すれば、どのような法律論に翻訳しうるのかを吟味すべきであったとする。

確かに、本判決において示された区分所有者の定数の数え方に関する一般論は、それ自体は異論のないものであり、結論自体も妥当であると考えるが、本件の事案の処理としては、異なるアプローチの仕方もありえよう。

3 実務の指針

法62条の解釈については、判旨（一）で示された一般論が本判決以前からすでに定着していたが、本件管理組合がこれと異なる運用をした理由は明らかではない。ただ、判旨は、本件建替決議が行われた集会においては、議決権の5分の4以上の多数要件と区分所有者の5分の4以上の多数要件が区別して認識されていなかったことが窺われると指摘しており、その混乱が紛争の原因の1つであったといえよう。本件は建替決議の成否が問題となっており、そのような重大な決議の際には、管理組合において、区分所有者および議決権の算定をきわめて慎重に行うことが求められる。大規模なマンションでは、予め「総会議決権集計表」を会場内に貼り出し、委任状や議決権行使書による議決件数の集計結果に当日の会場出席者の議決数を加算して、出席者の議決権総数を明示しているところもあるようであり、参考になる（佐原専二「判例等からみる総会の適切な運営」マンション管理センター通信2015年3月号5頁を参照）。

【参考文献】 本文中に掲げたもの。

藤巻 梓
静岡大学准教授

55 白紙委任状

横浜地裁平成3年12月12日判決（判時1420号108頁、判タ775号226頁）

1 事実

Xは本件マンションの管理組合の理事長であり、本件マンションの規約において、理事長は区分所有法に定める管理者とされている。本件管理組合は、昭和61年2月23日に開催された本件管理組合の臨時総会（以下「本件臨時総会」という）において、旧規約を改正して、犬、猫、小鳥等のペット・動物類の飼育を禁止する規定を新設した。Yは本件マンションの区分所有者であり、本件管理組合の組合員であるが、昭和60年3月に本件マンションに入居した当初から、犬（中型のイングリッシュ・ビーグル）を居室内で飼育し続けていた。本件管理組合は、平成元年4月の臨時総会において、Xによる本件訴訟の提起・追行を認める旨の決議をした。

Yは、抗弁として、本件臨時総会においては、議決権行使の委任状として、受任者のみならず委任事項までが全部白紙委任されている委任状が用いられているところ、このような委任状は法律上無効とみるべきである、そうすると、議決権総数26票のうち、実際に本件臨時総会に出席して規約改正に賛成した者は9名にすぎず、残り13名は白紙委任状によって議決権の行使をしているから、本件臨時総会の決議は、本件マンションの旧規約において規約の変更に必要とされていた議決権総数の4分の3以上（委任状および書面による議決権行使を含む）の多数という議決要件に違反しており無効である等と主張した。

なお、本判決の後Yはこれを不服として控訴したが、2審（東京高判平成6年8月4日高民集47巻2号141頁）も控訴を棄却している。

2 判旨

Xの請求認容。本判決は、臨時総会に至るまでの約1年間弱の間に、本件管理組合とYは、本件犬の飼育をめぐって鋭く対立していたところ、本件臨時総会の開催に先立って各区分所有権者に対し、臨時総会開催の通知として「ご欠席の方は、必ず委任状を出欠票に併せてご提出下さい。」との記載がある書面が配布されたが、右書面には総会出欠票とともに委任状が添付されており、右委任状には表題に続いて「私は、昭和61年2月23日（日）開催の臨時総会における議決権の行使を総会議長、または、（　）氏に委任いたします。」という文言ならびに日付、部屋番号および氏名を記載する欄が存するがそれ以外の記載はないこと、右書面には議案の要領として「管理規約の改正について」という記載があり、改正後の新規約の案（動物の全面的飼育禁止条項を含む。）が右書面とともに配布されていること、本件臨時総会に際し、委任状により議決権を行使した者は13名であったことを認めたうえで、以下のように判断した。

「ところで、区分所有法上、議決権行使の方法については、区分所有権者が集会に出席して直接行使する方法のほか、書面投票または代理人による議決権行使の方法が認められているが（39条2項）、法は書面投票と議決権の代理行使との間に特段の優劣を設けておらず、代理行使の方法についても具体的な定めを置いていないから、委任状により議決権を代理人に行使させることが法の趣旨に反するとは考えられず、しかも、前記認定の事実によれば、本件臨時総会に当たって提出された13通の委任状は議案の要領およびその内容を事前の通知によって認識した各区分所有権者が、総会議長を代理人に選任すると従前の経緯から新規約改正に賛成の議決権行使が予測でき……、総会議長以外の者を代理人に選任して議決権を行使することも許容されるという前提のもとに、予め配布された用紙を利用して提出したものであると認められるから、受任者および委任事項とも白紙であるとはいえず、右各委任状についてYの主張するような瑕疵はな」い。

3 解説

1 本判決の分析

（1）問題の所在　本件事案の主たる争点は、ペット飼育を全面的に禁止する規約の効力の有無であるが、この点については【本書47事件】を参照されたい。本論では、白紙委任状の取扱いをめぐる問題を中心に検討する。

建物区分所有法39条2項は、「議決権は、書面で、又は代理人によって行使することができる」と定めている。本来、集会における議決権の行使は、区分所有権者が集会に出席してなされるのが理想であるが、出席できない場合には、書面または代理人による行使が認められている。これは、区分所有権者の権利であり、規約で制限することはできない。実際に、多くの管理組合においては、集会の開催通知と同時に、出席通知状・委任状・議決権行使書面が各区分所有者に送付されている。

書面による議決権の行使は、区分所有権者が集会に出席しないで、集会の開催前に各議案に賛否を記載した書面（いわゆる「議決権行使書」）を集会の招集者に提出することである。これに対して、代理人による議決権の行使とは、区分所有権者本人から代理権を授与された代理人が集会に出席して議決権を行使する場合である。

ところで、委任状による議決権行使の場合に、代理人の資格については、民法または区分所有法において特別な制限があるわけではない。他の区分所有者、区分所有者の同居人、区分所有者の所有する専有部分の賃借人、あるいは当該マンションに無関係の第三者であってもかまわない（ただし、規約により代理人の範囲に制限を付すことは許される）。そこで、実際に、受任者欄の記載のない委任状（白紙委任状）が交付された場合の取扱いが問題となる。

（2）マンションの管理組合の総会については、本判決以前に白紙委任状の取扱いが争点となった裁判例は見当たらない。参照すべきものとして、社団法人の総会における白紙委任状の取扱いについて、これを有効とした下

級審裁判例として東京地判昭和39年5月15日判時377号71頁がある。同事案では、社団法人日本公認会計士協会総会における会費の引上げを内容とする議案の採決について、会員から、同協会の定款に、委任状により議決権を行使するときは、委任状に「議題ごとにその賛否を表明しなければならない」と定められているにもかかわらず、議題ごとに賛否を表明しない白紙委任状を賛成として議決数に加えたことについて、決議の無効確認の訴えがなされた。これについて、裁判所は、定款に上記のような文言の規定がある場合でも、当該社団法人内部において白紙委任は無効として出席者数ないし議決数に算入しないとか、または棄権とみなす等の慣行が確立している等の特別の事情のないかぎり、有効に白紙委任することができ、委任を受けた代理人が自由に賛否を表明することができるものとした。

（3）区分所有者の集会における白紙委任状の取扱いをめぐり、学説の立場には幅がみられる。否定的な見解として、たとえば、玉田教授は、受任者のみならず委任事項まで全部白紙委任とみられる委任状を有効視することについては強い疑問を抱かざるをえないとして、受任者を総会議長とすることは差し支えないが、委任事項については、その総会に提出される議案ごとに賛成・反対の別とか、意見があれば、それを記載できるようにすべきであり、そうでないかぎり、白紙委任状は法律上無効とみるべきであるとする（玉田弘毅編『マンションの法律1〔第4版〕』225頁［1991］）。これに対し、高層住宅法研究会編著『マンション管理組合総会運営ハンドブック〔改訂新版〕』170頁［2005］では、受任者の氏名も、委任内容も記載のない白紙委任状であっても、これを無効のものと考える必要はなく、議決権行使について、提出を受けた管理者等に「受任者の選択、賛否の意見等」についてすべて任すという趣旨に解して差し支えないとしたうえで、念のため時間の余裕があれば、本人に問合わせ、明確にしたうえで処理すべきであるとされる。実際には、白紙委任状を議長一任とみなす取扱いをしている管理組合が多いと思われる（稲本＝鎌野・管理規約149頁）。

2 本判決の評価

（1）本判決は、本件臨時総会の開催にあたって提出された白紙委任状について、区分所有者は、事前に議案の要領およびその内容を認識したうえで、総会議長が代理人に選任されれば、従前の経緯から規約改正に賛成の議決権行使がなされることが予測できるところ、総会議長以外の者を代理人に選任して議決権を行使することも許されるという前提のもとに、予め配布された用紙を利用して提出したものであるから、受任者および委任事項とも白紙であるとはいえないとして、委任状を有効としたもので、妥当な判断といえよう。

この点については、総会議長は総会の開催時にその都度選出されるのが普通であって、それまでは不特定である以上、受任者を総会議長とする委任状は受任者が白紙であるのと同じであるとする指摘もある（玉田・前掲225頁）。しかし、総会が開かれれば議長は定まるのであるから、総会議長が予め特定されていないとの理由で無効とする必要もなかろう。

なお、総会議長は、規約に別段の定めがある場合および別段の決議をした場合を除いて、管理者または総会を招集した区分所有者から選任することになる（41条）。標準管理規約42条5項では、管理組合の理事長が議長となると定めているが、管理組合の理事長は区分所有法上の管理者に当たる。したがって、本判決も指摘するように、理事長により総会が招集された場合には、区分所有者は、誰が総会の議長に選任され、予め通知された議案に対して賛否のいずれの意思表示を行うかについてある程度予測ができるものといえるから、全くの白紙委任というわけではない。

（2）総会における決議の方法については、法律上特段の制限があるわけではなく、総会運営者である議長の裁量に委ねられる範囲が広い。東京地判平成23年7月6日（判例集未登載・佐原専二「判例等からみる総会の適切な運営」マンション管理センター通信2015年3月号4頁）は、総会の運営において、議長が、総会に実際に出席した組合員13名のうち9名の挙手数をカウントしたものの、委任状数と議決権行使書による賛成者の人数を明示しないまま、議案の可決を宣言したことから、決議の効力が争われた事案である。判決は、管理組合法人の総会における決議の方法については、規約に別段の定めがないかぎり、議案の賛否について判定できる方法であれば、いかなる方法によるかは総会の円滑な運営の職責を有する議長の合理的な裁量に委ねられているとした。

（3）白紙委任状と同様に議論となりうるのは、賛否の記載のない議決権行使書が提出された場合の取扱いである。この点について、平成23年7月の標準管理規約の改訂の際には、中間試案において、賛否の記載のない議決権行使書は、賛否のいずれかの意思表示がなされていると考えること（たとえば一律に賛成票として取り扱うこと）はできないが、出席組合員として取り扱うことは可能である旨のコメントを付すことも検討された。しかし、株式会社の株主総会においては、賛否の記載のない議決権行使書を賛成票として取り扱うことが認められており、また、中間試案における取扱いにより生じうる不都合が指摘され、結果として当該コメントは削除された（稲本＝鎌野・管理規約147頁以下参照）。

3 実務指針

以上のように、代理人の氏名が記載されていない白紙委任状については、これを有効と解することになろうが、その効力をめぐり紛争の原因となりうる。そこで、標準管理規約46条のコメント⑥では、そのような紛争を防止するために、「例えば、委任状の様式等において、委任状を用いる場合には誰を代理人とするかについて主体的に決定することが必要であること、適当な代理人がいない場合には代理人欄を空欄とせず議決権行使書によって自ら賛否の意思表示をすることが必要であること等について記載しておくこと」を推奨していることに留意すべきである。

実務においては白紙委任状ないし賛否の記載のない議決権行使書が少なからず用いられているようであるが、大規模修繕や建替えに関する決議等、特に重大な内容の決議については、白紙委任状ないし賛否の記載のない議決権行使書が提出されたとしても、管理組合には区分所有者の意思を確認するよう努めることが求められよう。

【参考文献】 本文中に掲げたもの。

藤巻　梓
静岡大学准教授

Ⅵ 集会 §45 書面又は電磁的方法による決議

56 原始規約の設定手続

東京地裁八王子支部平成5年2月10日判決（判タ815号198頁）

1 事案の概要

Yは、本件マンションの建設、分譲を行ったA建設会社との昭和61年1月17日付けの等価交換契約により、本件マンションの地下1階の倉庫、事務室、休憩室および一階店舗部分の区分所有権を取得した。Aは、マンション分譲に際しては予め作成したマンション管理規約、使用細則を取得者に示して説明し、その承諾をとっており、本件マンションの分譲に際しても、管理規約および使用細則を取得者に示して説明し、承諾を得たが、Yは、一般取得者なみに管理費、補修積立金を負担し、支払うことを拒否していたので、Aは、Yについては、管理規約を説明したり、承諾を求めたりすることはなかった。本件マンションは、昭和60年8月頃に分譲がなされて、Yを含む全区分所有者で管理組合が組織され、Yを除く区分所有者は、昭和61年2月15日以来、本件規約に従い、管理費および補修積立金を本件マンション管理組合Xに支払ってきた。

Xは、Yに対し、主位的に、本件規約に基づき、昭和61年2月15日から毎月末日限り、月額金7万7000円の割合による本件マンションの管理費、補修積立金およびこれに対する約定利率（年12%）による遅延損害金の支払を、予備的に不当利得ないし平成4年11月の臨時総会において本件マンションの管理規約を昭和61年1月末日に遡及させることを可決したことに基づき、同額の支払（遅延損害金の割合は年5%とする）を求めた。

これに対し、Yは、上記管理規約は適法に成立したものではないこと、仮に成立が認められたとしても、Yの専有部分は他の区分所有者の専有部分と構造上、機能上、判然と区別され、他の区分所有者の共有する共用部分をYは利用できないから、Yに管理費等の支払義務はない等と主張した。

2 判旨

Xの請求認容「マンションの管理規約は分譲業者が公正証書で設定することができるものであり（建物の区分所有等に関する法律第32条）、分譲後に区分所有者の集会で規約を設定する場合（同法第31条第1項）でも、集会は召〔原文ママ〕集手続を省略して開くことができる位のものであること（同法第36条）及び本件マンションではYだけが管理費、補修積立金支払いについての唯一の反対者で、ほかの区分所有者全員は昭和61年2月15日の第一期以来、規約規定の管理意、補修積立金を負担、支払い、これを前提として予算が計上され、執行されてきたという前記認定事実を総合すると、管理費、補修積立金に関する本件管理規約は本件マンションの管理が開始された前後に、Yを除く各区分所有者全員が暗に異議なく、承認した結果、本件マンションの管理規約として区分所有者全員に対して規範的効力を有することとなったものとみるのが相当である。

本件マンションにおける共用部分中にはたしかにYが使用せずにすむものもあるが（例えばエレベーター・しかし本件マンションのような8階建マンションには、マンション全体の資産価値を維持、向上するためにはエレベーターの設置は不可欠であり、その使用の有無や使用の頻度が管理費額を支配するとすると、管理費の決定は不可能となる）、全体的にみれば、これらの共用部分はYを含む本件マンション区分所有者全員の共用部分であり、共有の資産として、全体の管理に服するとする方が望ましく、Yも共用者、共有者の一人として本件管理規約の定めるによる管理費、補修積立金を支払うべきである。」

3 解説

1 本判決の分析

(1) 原始規約の設定　区分所有法によれば、管理規約の設定は、①区分所有者および議決権の4分の3以上の多数による集会の決議（31条）による場合のほか、②一定の規約事項につき最初に専有部分の全部を有する者が公正証書により行う方法（32条）がある。そして、集会の決議については、区分所有者全員の承諾があるときは、集会を開催せずに書面または電磁的方法により、普通決議または特別多数決議を行うことが認められ（45条1項）、また、区分所有者全員の書面または電磁的方法による合意があったときは、書面または電磁的方法による決議があったものとみなされる（同条2項）。

一般に、分譲マンションの原始規約の設定においては、分譲業者が規約案を用意し、分譲の際に各購入者にこれを提示して、書面による同意を取り付け、全区分所有者の同意書面が得られた時に全員の書面による合意によって規約を成立させる（45条2項）、という運用が行われている。このような運用が規約の設定方法のあり方として理想的であるかどうかはともかくとして、原始規約の設定に関する限り、実務的には是認せざるをえないものとされている（同条3項、濱崎・改正42頁）。本件は、この区分所有者の合意による決議の拘束力が争点となった事案である。

(2) 書面合意による決議　区分所有法45条2項は、区分所有法制定時の旧34条1項の条文をそのまま引き継いだものである。その性質は強行規定であり、規約によってその要件を緩和することは認められない。

ところで、昭和58年の区分所有法改正の際には、書面合意による決議について、全員合意という要件は厳格に過ぎるとの意見があり、その要件を緩和することも検討された。すなわち、書面合意による決議要件を緩和するためには、議案が区分所有者に周知され、反対者が反対意見を表明して賛成者を説得する機会が与えられる必要がある。このため、その手続として、全員に予め議案の内容を通知し、その後一定の期間内に賛否の回答をすべきものとし、その期間内に所定の多数者がその議案に賛成する旨の書面による回答をしたときに、集会の決議があったものとみなす、というような制度である。しか

し、このような制度をとることにより原始規約の設定について次のような問題が生じうる。つまり、原始規約の設定については上記運用が行われているところ、上記のような制度のもとでは、書面合意によって規約を設定するには、必ず、予め区分所有者全員に規約案を示し、所定の期間内に書面回答を求める手続を踏まなければならないから、上記運用が認められないこととなってしまう。そのほか、議決権の書面行使（39条2項）の制度と重複することや、集会決議に代わる合意が有効に成立したことの証明が困難であるといった問題も指摘され、結局、書面合意による決議要件の緩和は見送られたという経緯がある（濱崎・改正42頁以下参照）。

2 本判決の評価

(1) 本件においては、マンションの管理の開始時に、原始規約の設定につき、Yの書面による承諾がなされず、また、Yが参加した集会決議も行われていない。それにもかかわらず本判決が規約の規範的効力を認めた理由は明らかではない。このような判断がなされた背景には、Yにつき管理規約に基づく管理費の支払義務を肯定しようとする意図があったと思われるが、その理論構成には問題がある。

上述のように、管理規約の設定方法としては、集会を開催しなくても、①区分所有者全員の承諾がある場合における、書面または電磁的方法による多数決議（45条1項）、②区分所有者全員の書面または電磁的方法による合意（45条2項）による設定がありうる。しかし、原始規約の設定について従来の実務慣行による方法がとられたものの、一部の区分所有者が同意せず、②の要件を満たさないときには、集会を開催して集会の決議で規約を成立させるほかないはずである。

本判決は、Yの合意がないにもかかわらず規約の規範的効力を認める根拠として、①マンションの管理規約は分譲業者が公正証書で設定することができるものであること（32条）、②分譲後に区分所有者の集会で規約を設定する場合でも、集会は招集手続を省略して開くことができるくらいのものであること、さらに、③マンションの管理が開始された昭和61年2月以来、Y以外の区分所有者らが管理規約について「暗に異議なく」承諾していたことを挙げる。しかし、①については、法32条によって設定することができるのは、規約共用部分を定める規約および専有部分と敷地利用権の一体性に関する規約に限られるのであるし、また、②についても、招集手続を省略することができるのは、それについて全区分所有者の同意が得られている場合に限られるのであるから、いずれもYの承諾なくして規約の有効な成立を認める論拠となりえない。さらに、③についても、Yの承諾がない以上、規約の成立要件を充たしたとはいえない。以上を考慮すれば、本判決のとる理論には無理があるといわざるをえない。

他方で、判示は、平成4年11月1日には、Yを含む本件マンション区分所有者の臨時総会が開催され、4分の3以上の法定多数で、管理規約の昭和61年1月末発効を異議なく承認して、その効力を確認する決議をなしたことを認めている。本件において規約の規範的効力を承認しようとするのであれば、その根拠は、むしろ当該決議の成立に見出されるべきであったとの指摘もある（稲本＝鎌野・区分所有法255頁参照。水本ほか・基本法コンメン75頁［原田純孝］は別の法律構成の可能性を指摘する）。そのように考えた場合には、当該決議による規約の効力の確認（Yからすれば規約の設定）はYにとり不利益変更ではあるが、法31条1項の「一部の区分所有者の権利に特別の影響を及ぼす」場合には当たらないから、Yの同意は不要であり、当該決議の成立の時点を本件規約の効力発生時と考えることになろう。

(2) 管理費負担の合理性　本件において、Yは、管理費の支払を拒んだ理由として、管理費の負担が合理的でないことを挙げており、この点も論点となっている。すなわち、本件マンションの構造として、Yの専有部分である1階店舗は他の区文所有者の専有部分とは構造上、機能上、判然と区別され、他の区分所有者の共有する共用部分はYが利用できないものであるから、Yには他の区分所有者の共有する共用部分の管理費等を全額支払う義務はないとの主張である。この点について、集会において決議された管理費額の決定の拘束力が、マンションの構造、区分所有者の使用状況および管理人の作業内容等から、区分所有者の一部に及ばないとされた事例（東京地判昭和58年8月24日判時1109号99頁）、これを覆し、玄関ホール、階段室、エレベーター、非常階段、管理人室等は、当該区分所有者の専有部分とは構造上かなり分離され、同人の使用度も少ないとはいえ、なお専有部分と完全に分離されたものでもなく、当該区分所有者の専有部分の使用に不可欠の部分であり、一部共用部分には当たらないとした事例（東京高判昭和59年11月29日判タ566号155頁【本書21事件】）が参考になる。本判示も、上記東京高判と同様に、Yの専有部分が他の専有部分から完全に分離、独立しているとは到底いえないとして、Yの管理費支払義務を認めたものであり、この点は妥当な判断と思われるが、一部共用部分としての認定およびその管理の仕方に関する一般的な問題は残る。

3 実務指針

等価交換方式によるマンションの分譲においては、分譲業者と敷地の元地主との間で、専用使用権の設定や専有部分の取得、管理費等について元地主に有利な内容の合意がなされることがあり、分譲業者と区分所有者、各区分所有者相互間での紛争に至るケースも少なくない。原始規約に定められた元地主に不当に有利な条項については、平成14年改正法により新設された法30条3項による制限を受けることになるため、従来指摘されてきた問題の多くはこれにより対処されうる。

他方で、そのような合意が規約によらず分譲業者と一部の区分所有者間の債権的合意としてなされている場合もある（本件においても、Y側から、Aとの間で管理費を免除する旨の合意があったとの主張がなされたが、判示はこの主張を認めなかった）。この場合でも、区分所有関係が成立した以上は、共有に属する敷地や建物等の管理については規約や集会決議による団体的規制に服するものと解するべきであろうが、いずれにしても、団体的規制の形成については法の定める手続要件に従うことが求められる。

【参考文献】　本文中に掲げたもの。

藤巻　梓
静岡大学准教授

57 特定承継人への効力

最高裁平成9年3月27日判決（判時1610号72頁、判タ947号204頁）

1 事実

本件マンションは昭和54年8月に居住専用マンションとして建築され、2階以上の階層が居住用に分譲された。1階部分は、コンクリートの壁と柱からなり、コンクリート壁で北側と南側の2区画に仕切られていた。当該2区画は、一般への売出しの対象から除外され、本件マンションの敷地の所有者であったAが、いわゆる等価交換方式により専有部分としてこれを取得した。当該2区画のうち北側の区画（101号室）は、北側道路に面する屋内駐車場として設計・建築され、登記されたものであり、Aは、本件マンションの分譲業者との間で、同室を屋内駐車場として使用し、他の区分所有者の承諾なしに駐車場以外の用途に変更しない旨の契約を締結していた。なお、分譲の際の宣伝では、同室は区分所有者用の駐車場とされ、Aは同室を駐車場として本件マンションの区分所有者に賃貸していた。

本件マンションの原始規約（旧規約）では、建物使用の制限として、区分所有者は、その専有部分を居住目的以外の飲食店等に使用してはならず、また、これらの営業を行う第三者に転売または賃貸してはならない旨の規定があったが、旧規約およびこれに基づく使用細則には、101号室の用途を駐車場に限定する旨の規定はなかった。

昭和55年3月、Aが死亡し、101号室はBに遺贈された。昭和58年、Bは、101号室を店舗用に改造し、同年6月、その専有部分の表示を「駐車場」から「店舗」に変更する登記をした。そして、改造した同室を店舗兼事務所としてCに賃貸し、Cは、ブティックとして使用した。その後、101号室は、Bから第三者に譲渡され、昭和61年6月、Cの賃借権を承継してブティック経営を行っていた系列会社のDがその所有権を取得した。

昭和61年10月、本件マンションの管理組合が設立され、昭和62年2月に開催された臨時総会において本件マンションの管理規約の改定が議決された。この改定の結果、新規約では、専有部分を専ら住宅として使用するものとし、店舗、事務所、倉庫等受託以外の用途に供してはならないものとされた。

昭和62年3月、Dは、101号室をEに売却した。この通知を受けたYは、管理受託会社を介して、Eに対し、上記規約の規定により、101号室を住宅以外の用途に供することは認められない旨を通告した。Eは知り合いの不動産業者であるX（原告・控訴人）に対し、上記事情を伝え、Xは、場合によっては訴訟に持ち込むことも覚悟のうえで、昭和63年3月に時価相場よりもかなり低い価格でこれを買い取った。

Xは、101号室の用途については、旧規約により「飲食店等」に使用することができないこと以外には何ら制限はなく、これを住宅としての使用のみに制限した新規約は無効であると主張したのに対し、Yは、101号室は、旧規約当時から駐車場としてしか使用することができなかったものであると主張した。

なお、本件マンションの建設にあたっては、容積率との関係で101号室は駐車場としてしか建築することができなかったが、平成元年に容積率が変更され、101号室を駐車場以外の用途に利用することが可能となった。

第1審（東京地判平成2年5月31日判タ748号159頁）は、Xの請求を棄却したため、Xが控訴。原審（東京高判平成3年9月26日判タ780号194頁）は、原始規約における用途制限は、居住目的以外に使用することをすべて禁止したものと解することはできず、また、101号室を駐車場以外の用途に変更しない旨の権利内容の制限は、本件マンションの販売業者とAの債権契約によって設定されたものというほかないが、101号室の成り立ち等にかんがみれば、その制限は対物的なものと解すべきであり、区分所有法46条1項の規定の趣旨を類推して、特定承継人であるXにも効力が及ぶと述べて、Xの本訴請求を棄却した。Xが上告。

2 判旨

破棄差戻し「旧規約制定当時、昭和58年法律第51号による改正前の建物区分所有法が施行されていたが、同法は、建物の使用に関する区分所有者相互間の事項については、これを規約で定めることができるものとし（23条）、かつ、規約は区分所有者の特定承継人に対してもその効力を生ずる旨を定めていた（25条）。その趣旨は、区分所有建物の特殊性にかんがみ、区分所有権を取得しようとする者は、規約を点検することによって、自己が権利を得ようとする物件について存在する各種の制限を知り得ることを前提としたものである。したがって、特定承継人をも拘束し得る制限条項を設けるためには、すべて画一的に規約（現行法の下においては、規約又は集会決議）によってこれを明記しておくことが求められるのであって、元所有者又は前所有者がした債権契約に基づく権利制限の合意を安易に規約上定められた制限条項と同視することは許されない。また、原判決は、住居としてのみ使用し得ることを定めた新規約12条が101号室にも適用されるとするが、「住戸部分を取得した区分所有者」につき規定した同条が同室に適用されるものか否かは規定上必ずしも明確でなく、仮にその適用があるとしても、同条の規定は、「一部の区分所有者の権利に特別の影響を及ぼすべきとき」に当たるから、当時の同室の所有者であるDの承諾を得なければならないところ（建物区分所有法31条1項後段）、Dは、規約の改正に当たり白紙委任状を提出しているとはいうものの、これによってDの個別的承諾を得たものとは認められず、いずれにせよ、同室の区分所有権を前所有者であるEから売買により取得したにすぎないXは、原判決の説示する諸事情を考慮しても、右制限に拘束されることはないものというべきである」。

3 解説

1 本判決の分析

(1) 規約および集会決議の効力が区分所有者を拘束するのは当然である。集会は、区分所有者の団体（3条）の最高の意思決定機関であり、建物等の管理に関する重要な事項は、すべて、原則として集会の決議で決することとされている。そして、集会決議は多数決でなされ、これに反対した者であっても決議に従わなければならない。

(2) さらに、法46条1項により、規約および集会の決議は、特定承継人に対してもその効力を生じ、同条2項により、賃借人等の専有部分の占有者にも、一定の範囲で規約および集会決議の効力が及ぶものとされている。これは、合意による取決めが、その合意の当事者（相続人等の包括承継人を含む）のみを拘束するのが原則であるところ、その例外を作り出すものである。

かかる例外が認められる根拠は、区分所有関係の特殊性に見出される。すなわち、区分所有関係においては、暫定的な権利状態とされる通常の共有の場合と異なり、区分所有者相互に、建物等の管理、使用、さらにはその所有関係の基礎的編成にも関わる事項について継続的な協力・協同関係が成立しており、区分所有者は、必然的にこの一種の共同体的関係に入ることになるから、区分所有者間の取決めについて広い範囲の効力を付与する必要がある（川島武宜編『注釈民法(7)』389頁［川島一郎］［1968］、水本ほか・基本コンメン87頁以下［原田純孝］参照）。

他方で、規約または集会決議によらなくても、区分所有者を法的に拘束する合意をなすことは可能である。ただし、それは契約による必要があり、各区分所有者の個別の同意・承諾を要する。それでは、規約および集会の決議では明らかにされていない制限があるとき、それについて特定承継人が義務を負うべき場合があるのか、あるとすればいかなる根拠によるのかが問題となる。本件は、区分所有権の分譲の際に、分譲業者と区分所有権を取得した者との間の専有部分の用途制限に係る合意が、当該区分所有者の特定承継人をも拘束するかが主たる争点となった事案である。

2 本判決の評価

(1) 本判決は、101号室の用途制限にかかる合意は、これを「安易に規約上定められた制限条項と同視することは許されない」としたうえで、同室の区分所有権を前所有者であるEから売買により取得したにすぎないXは、原判決の説示する諸事情を考慮しても、右制限に拘束されることはないと判示した。要するに、当初の区分所有者と分譲者との間で債権的合意があったとしても、それが規約に規定されていない限り、その効力を特定承継人に及ぼすことはできないという理論構成であり、それ自体は明瞭である。しかし、本件事案において101号室の用途制限の効力を認めないという結論自体については、Xが本件事案の経緯を知っている不動産業者であり、管理組合からも警告を受けつつ、時価を下回る価格で本件部分を取得しているという事実に照らし、その具体的妥当性を疑問視する見解もある（丸山英気・リマークス17号10頁）。

(2) 本判決に先立ち、原審は、101号室の区分所有権は、その成り立ち等を考慮すれば、屋内駐車場としての使用に制限されるという「原始的権利制限」を受けていたとみるべきであり、そのことは客観的にも明らかであったから、上記権利制限は、法31条1項の場合に準じて、法46条1項の類推適用により、特定承継人に対しても効力を有する「対物的な制限」と解すべきであるとする。

さらに、原審は、旧規約の解釈について、規定中には101号室の用途を駐車場に限定する旨を定めた明文の規定は見当たらないが、諸事情に照らせば、101号室が駐車場であることは当然のことと認識されていたために、当然のこととして、旧規約または使用細則に同室の用途に関する特別の規定が置かれなかったと考えることもできるから、特別の規定がないからといって、規約上、その区分所有権の内容が他の専有部分の区分所有権と同一に定められていたということはできないと述べる。要するに原審は、規約について、その制限の文言を形式的に解釈するだけではなく、諸事情を考慮して実質的に解釈すべきとの立場を示しているものと思われる。

原審の判断に対しては、本判決が出される前において、このような類推適用が許される事項と場合についてはおのずから一定の限界があるものとしつつ、原審の「理論構成は、規約等の文言が当該区分所有建物の個別的な諸事情を必ずしも的確に考慮しないで設定されていたような場合に生じうる紛争を解決するための一つの法律構成として、かなり重要な意味をもつことになるのではないか」として、その意義を積極的に捉える見解があった（水本ほか・基本コンメン87頁以下［原田純孝］を参照）。

(3) 規約の意義について本判決の説示するところは、一般論としては異論がないが、具体的事案の処理としては、規約に明示されていない制限があった場合にも、特定承継人の認識（可能性）の有無により当該制限の効力を判断する方向性が検討されるべきであろう。そうすることにより、当該建物や居住関係の実態に適合した解決方法を見出すことができると思われる。

3 実務指針

分譲当初の区分所有建物の使用形態が、後に区分所有権を譲り受けた者によって変更された場合において、当初の形態を維持するためには、規約による用途制限が意味をもつ。しかし、規約にそのような用途制限に関する規定が存在しない場合には、（少なくとも原則としては）特定承継人に対して当該制限を主張することはできない。この場合には、規約の変更の手続を経る必要があり、規約の変更により特別な影響を受ける者の承諾が必要となる（31条1項）。したがって、原始規約の設定において、当該建物の良好な使用のために必要な制限がある場合には、爾後の制限の厳格化が困難であることを前提に、それを慎重に定めておくことが求められる。

さらに、本判決によれば、規約の変更について特別の影響を受ける区分所有者が集会の開催にあたり白紙委任状を提出したことだけでは上記の承諾があったものは認められず、個別に当該区分所有者の承諾を得ることが必要とされる。この点は、従来の裁判例や学説において議論がなされてこなかったものであるが、本判決を踏まえ、規約の変更を議案とする集会の開催に際して留意が必要である。

【参考文献】 本文中に掲げたもの。

藤巻　梓
静岡大学准教授

58 管理組合法人の法人化前の団体の原告適格

最高裁平成13年3月22日判決（金法1617号39頁）

1 事案

本件判決は、東京都内の分譲マンションA（昭和58年竣工75戸）の管理組合法人X（平成5年10月17日設立。本件訴訟の第1審原告、上告人）が、Aの区分所有者の一人であるY（被告、被上告人）に対し、マンション管理費等（管理費のほか修繕積立金・専用使用料・水道料金等を含む）の未納分についてその支払を請求した事案である（本件訴訟については、事実審に係る判決が未公刊であるため、訴訟経過に関する以下の記述は、上記の金法コメント記事による）。

Yによる管理費等の未払いはXの法人化前から生じていたところ、Xは、その設立後の未払管理費等だけでなく、設立前の未払分も含めて本件訴訟でYにその支払を求めた。そのため、管理組合法人設立前の期間にかかる管理費等の支払請求につき、Xが当事者適格を有するか否かが問題となった。

第1審裁判所は、X設立前の未払管理費等について、「各共有者は、規約に別段の定めがない限りその持分に応じて、共用部分の負担に任じ、共用部分から生ずる利益を収取する」と定める区分所有法19条に基づき、各区分所有者はそれぞれ、Yに対し、自己の負担部分を超えてYのために立て替えた金額分につき、その支払を請求できるというべきであるところ、Xに各区分所有者の承認のもとにこれに代わって訴訟担当をすることを認める合理的理由があると認められること、また、これを認めても、民事訴訟法ないし信託法上の制限を回避、潜脱することにはならないと考えられることからすれば、Xは、この立替分の支払請求訴訟につき、区分所有者から当然に任意的訴訟信託〔任意的訴訟担当の意〕を受けたものとして、自己の名で、Yに対する各立替分の支払請求についての訴訟を追行することが許されると解すべきであるとして、Xの当事者適格を認め、本案につき一部認容判決を行った。

原審（東京高裁）は、第1審とは異なり次の通り判示し、X設立前における未払管理費等の請求に関する訴えを却下した。すなわち、本件訴訟におけるXの請求は、共用部分の管理費等に要する費用を負担した区分所有者がその費用を負担していないYに対して自己の負担部分を超えて負担した部分につき求償権を取得したと主張して被告Yにその支払を求めるものであるところ、本件求償権は各区分所有者に帰属するものであって、X設立前の管理組合に帰属するものではないから、当然に旧組合が本件求償権について訴訟追行権を有するものでない。さらに、旧組合の平成5年6月27日開催の定期総会において、理事会の決議事項を定めた旧規約53条の5号の次に6号として、「管理者がその職務に関し、区分所有者のために、原告または被告となること」との規定を加える旨の決議がなされたが、同決議は、理事会の決議事項に上記規定事項を付け加えたものであって、管理者に訴訟追行権を付与することを内容とするものでな

く、また、旧規約中には旧組合を管理者とする旨の規定はなく、集会の議決等により旧組合が管理者に選任された事実も認められない。さらに、法26条4項所定の集会の決議は、事件ごとにすべきものと解されるところ、上記定期総会における決議は、本件求償権についてされたとはいえない。したがって、上記定期総会の決議をもって、本件求償権につき旧組合に訴訟追行権を付与したものと認めることはできない。その他一件記録を検討しても、本件求償権について旧組合またはXが訴訟追行権を有するものと認めることはできないから、本件求償権に基づく訴えは、不適法である、と結論づけた。

これに対し、Xは、原判決が法26条4項による原告適格も、任意的訴訟担当としての原告適格もいずれも否定したのは、判決に影響を及ぼすことが明らかな法令違反または判例違反であると主張して上告した。

2 判旨

上告棄却。マンションの区分所有者が修繕積立金、専用使用料、水道料金等を支払わなかったため他の区分所有者らがこれを立替払した場合において、この立替払による求償債権及びこれに対する遅延損害金債権は各区分所有者に帰属するものであって、マンションの管理組合法人が、上記各債権の行使につき訴訟追行権を有し、または訴訟追行権を付与されたものとは認められず、同管理組合法人が上記各債権の支払を求める訴えは不適法として却下すべきものとした原審の判断は、正当として是認することができる。

3 解説

1 本判決の分析

（1）本件訴訟においては、原告Xが当事者適格を有するか否かを判断するため管理組合法人であるXを訴訟担当者とする任意的訴訟担当が成立しているのか否かが問題となっている。本件における訴訟上の請求（訴訟物）は、Y以外の区分所有者らによるYに対する求償権ないし不当利得返還請求権である。この不当利得返還請求権の行使は、本来、各区分所有者が個別にYに対してなすべきものであるところ、最高裁は、各区分所有者がその行使権限をX法人化前の管理組合に適切に授権したとはいえないとする原審の判断を本判決において是認し、Xには当事者適格がないと判断した。

（2）任意的訴訟担当について、判例（最大判昭和45年11月11日民集24巻12号1854頁）は、①民事訴訟法54条（弁護士代理の原則）および信託法10条（旧11条、訴訟信託の禁止）を潜脱するおそれがなく、かつ、②これを認める合理的な理由がある場合に、民法上の組合の業務執行組合員による任意的訴訟担当を許容している。この最判昭和45年は、民法上の組合において、組合規約に基づき、自己の名で組合財産を管理し、対外的業務を執行し、訴訟追行権限を与えられた業務執行組合員は、組合財産に関する訴訟につき、組合員から任意的

訴訟信託を受けたものであり、自己の名で訴訟を追行することが許されるとした。

（3）上述のように、本件原審は、①X法人化前の管理組合定期総会でなされた規約改正が管理者に訴訟追行権を付与したものではないこと、②法人化前の管理組合を管理者とする規定もなく管理組合に訴訟追行権を付与した事実も認められないこと、③本件について授権するために法26条4項による決議が行われたとは認められないことから、法人化前の管理組合に対する訴訟追行権の付与を認めなかった。つまり、訴訟物にかかる権利者から管理組合に訴訟追行権を付与された事実が認められないため、最判昭和45年の要件下での任意的訴訟担当の成立も認めず、Xの原告適格を否定したと解される。

2 本判決の評価

（1）本事案では、管理費等という継続的反復的に生じる債権債務関係が訴求債権となっており、かつその債権発生期間中に、管理費等の納付を求める立場にある管理組合が非法人社団から法人に変化したという事情がある。

（2）区分所有法上、区分所有者は全員で「区分所有者の団体」（3条）を構成する（その意味で、この団体は当然に法人となるわけではないが任意団体ではない）。法は、管理組合設立を求めていないが、ほとんどのマンションで管理組合が設けられており、管理組合が区分所有者の団体として機能している。そして、この団体は、法47条の要件を満たすことにより「管理組合法人」となることができる。法人化しても、法人化前の区分所有者の団体＝管理組合において行った集会の決議、規約および管理者の職務の範囲内の行為はその効力を維持することから（47条5項）、法人化前の管理組合と法人化後の管理組合法人との間には原則として同一性があると解されている。本判決は、法人化前の管理組合に訴訟追行権の付与がないという原審の事実認定を前提としているため、旧管理組合と法人化後のXとの間に同一性があっても、Xの原告適格が認められないという結論は変わらない。

（3）このような結論には、以下のような問題がある。本判決によれば、本件不当利得返還請求権が可分債権であるため管理組合自体が原告となって訴訟上の請求を行うことはできない。そこで、①Y以外の各区分所有者が自ら原告となりYを被告として不当利得返還請求訴訟を提起する方法、②共同の利益を有する複数の区分所有者のなかから一人または複数名の選定当事者（民訴30条）を選び選定当事者訴訟を行う方法、または③マンションの管理者を選任し（3条、25条）、管理者を訴訟担当者として訴訟を行う方法（26条4項）のいずれかをとらなければならない。しかし、実際上、管理費等の請求の主体は管理組合であり、これが不当利得返還請求権に転じたからといって個々の区分所有者に滞納者Yを相手方として請求させると、債権回収の実効性が大きく損なわれる。また、マンションのような固定化したコミュニティにおいてその共益費用を区分所有者個人の名義で請求させる方法は、その後の管理組合の運営に支障となるおそれがあり、適切とはいえない。

（4）本判決に対し、学説では、管理組合とその立場を承継したXの任意的訴訟担当を認める立場が有力である（川嶋・後掲①107頁は、本件事例が前掲最判昭和45年の要件も満たすと評価しており、堀野・後掲②117頁も「任意的訴訟担当の諸理論のいずれに拠ったとしても、担当者の地位に関する要件……は充足されようから、Xの訴えは許容されるべきである」とする）。第1審判決が控訴審判決に引用された限りでしか公刊されていないため必ずしも事実関係が明らかでないが、第1審裁判所と同様に解し当事者適格を認める余地は十分あろう。

（5）当事者適格の存在は訴訟要件であって職権調査事項である。当事者適格は、訴訟物たる権利義務ないし法律関係の主体に認められるのが原則であり本案の主張立証と密接に関連するため、その有無を判断するための資料収集は本案の審理と並行してなされることが多い。本件で事実審裁判所が授権に疑問を持つならば、当事者に対し釈明を求め追加的な判断資料の提出を求めることが望まれる（民訴149条）。このことは、訴訟判決で初めて訴訟要件の欠缺を知ることとなる場合に較べ、当事者により判決を受容しやすくするだけでなく、マンション管理の過程で訴訟提起に必要な手続（本件の場合「授権」はその1つ）の履践を促進する効果もある。本件でも、裁判所からの求釈明があれば、XないしY以外の区分所有者は、事実審の口頭弁論終結時までに改めて集会を開き、本件につきY以外の区分所有者から管理組合に授権があったことを明らかにすることができよう（もっとも、どの程度の求釈明が許容されるのかは検討を要する）。明示的な授権が困難な何らかの事情があったのか否か、公刊された判決文からは明らかでない。

（6）なお、実体法面での本判決への批判として、滞納区分所有者に対する管理費等の請求主体は、全区分所有者から代理権を与えられた管理組合法人であると迂遠な構成をとるよりも、管理費等の内容によって団体財産の維持管理費でもあるものを明確にし、権利能力なき社団としての管理組合や管理組合法人が、直接的に請求主体であるとするほうが妥当である旨の指摘がある（花房・後掲③23頁）。

3 実務指針

当事者適格を含め訴訟要件の多くは、事実審の口頭弁論終結時までにその具備が認められればよい。その意味で、本件原告は訴訟係属中に集会（管理組合総会）を招集し、訴訟追行権の授権を内容とする決議を行うことで、当事者適格の欠缺を治癒する余地がある。

ところで、本件最高裁判決後の平成14年に法26条2項後段が改正され、「共用部分等について生じた損害賠償金及び不当利得による返還金の請求及び受領についても」管理者は区分所有者を代理することとなった。この改正により、本件で問題となった授権の有無については立法的に解決され、管理者（典型例として管理組合理事長）は法26条4項により、そして管理組合法人については法47条8項により、訴訟担当が認められる（稲本＝鎌野・区分所有法153頁、163頁以下参照）。

【参考文献】 本判決の評釈等として、①川嶋四郎・法セミ574号107頁、②堀野出・リマークス25号114頁、③花房博文・マンション管理センター通信2015年1月号20頁、④同・創価ロージャーナル8号193頁。

小田敬美
愛媛大学教授

Ⅶ 管理組合法人 §49の3 理事の代理行為の委任

59 代表権の制限

最高裁平成2年11月26日判決（民集44巻8号1137頁）

1 事実

Xは、本件区分所有建物の一の専有部分を所有する区分所有者である。Yは、同建物において区分所有権を有する区分所有者ら全員をもって構成する管理組合法人である。

Yが設定した管理組合法人の規約によると、Yに7名以上10名以内の理事を置き、理事は、理事会を構成し、理事会の定めるところに従い、Yの業務を担当するとされた。

また、同規約は、理事会の権限につき、①収支決算書および事業報告書、収支予算案および事業計画案ならびにその他総会に提出する議案、②規約の改廃、③使用細則の制定または改廃、④修繕積立金および借入金に関する事項、⑤規約に基づく区分所有者に対する勧告または指示その他の事項について決議すると定めている。

Yは、昭和63年11月28日、その総会において、「理事に事故があり、理事会に出席できないときは、その配偶者又は一親等の親族に限り、これを代理出席させることができる」とする規定を規約に新設する決議（これからあと「本件総会決議」という）をした。

そこで、Xが、Yに対し、本件総会決議が無効であることの確認を請求して提起した訴訟が、本件である。

同日当時、区分所有法49条7項が管理組合法人の理事について当時の民法55条を準用しており、同条によると、理事は、定款または総会の決議によって禁止されないときに限り、法人の特定の行為を委任することができると定めていた。Xの請求は、本件総会決議が、理事の代理出席を認めることにより特定の行為の委任であることを越えて包括的な委任を許容するものであるから、法令に違反し、無効である、とする見解を前提とするものである。

原審は、Xの請求を棄却した。X上告。

2 判旨

上告棄却。最高裁判所は、「『理事に事故があり、理事会に出席できないときは、その配偶者又は一親等の親族に限り、これを代理出席させることができる。』と規定する規約の条項（以下「本件条項」という。）は……準用される民法55条に違反するものではなく、他に本件条項を違法とすべき理由はないと解するのが相当である。／すなわち、法人の理事は法人の事務全般にわたり法人を代表（代理）するものであるが、すべての事務を自ら執行しなければならないとすると、それは必ずしも容易ではないとともに、他方、法人の代理を包括的に他人に委任することを許した場合には、当該理事を選任した法人と理事との信任関係を害することから、民法55条の規定は、定款、寄附行為又は総会の決議によって禁止されないときに限り、理事が法人の特定の行為の代理のみを他人に委任することを認めて、包括的な委任を禁止したものであって、複数の理事を定め、理事会を設けた場合の右理事会における出席及び議決権の行使について直接規定するものではない。したがって、理事会における出席及び議決権の行使の代理を許容する定款又は寄附行為が、同条の規定から直ちに違法となるものではない。／……法人の意思決定のための内部的会議体における出席及び議決権の行使が代理に親しむかどうかについては、当該法人において当該会議体が設置された趣旨、当該会議体に委任された事務の内容に照らして、その代理が法人の理事に対する委任の本旨に背馳するものでないかどうかによって決すべきものである。／……管理組合の事務は集会の決議によることが原則とされ、区分所有権の内容に影響を及ぼす事項は規約又は集会決議によって定めるべき事項とされ、規約で理事又はその他の役員に委任し得る事項は限定されており（〔区分所有法〕52条1項）、複数の理事が存する場合には過半数によって決する旨の民法52条2項の規定が準用されている。しかし、複数の理事を置くか否か、代表権のない理事を置くか否か（〔区分所有法〕49条4項）、複数の理事を置いた場合の意思決定を理事会によって行うか否か、更には、理事会を設けた場合の出席の要否及び議決権の行使の方法について、法は、これを自治的規範である規約に委ねているものと解するのが相当である。すなわち、規約において、代表権を有する理事を定め、その事務の執行を補佐、監督するために代表権のない理事を定め、これらの者による理事会を設けることも、理事会における出席及び議決権の行使について代理の可否、その要件及び被選任者の範囲を定めることも、可能というべきである。／……本件条項は、理事会への出席のみならず、理事会での議決権の行使の代理を許すことを定めたものと解されるが、理事に事故がある場合に限定して、被選任者の範囲を理事の配偶者又は親等の親族に限って、当該理事の選任に基づいて、理事会への代理出席を認めるものであるから、この条項が管理組合の理事への信任関係を害するものということはできない」。

3 解説

1 本判決の分析

（1）管理組合法人のガバナンス　本件区分所有建物の区分所有者の団体は、区分所有法47条1項の管理組合法人のYである。同項は、区分所有者の団体（3条参照）が、「区分所有者及び議決権の各4分の3以上の多数による集会の決議で法人となる旨並びにその名称及び事務所を定め、かつ、その主たる事務所の所在地において登記をすることによって法人となる」と定める。Yは、この規定を根拠として設立された。管理組合法人には、必ず理事を置かなければならない（49条1項）。理事は、複数の者が置かれることがありうる。その場合において、規約において異なる定めがされていないときは、「管理組合法人の事務は、理事の過半数で決する」（同条2項）。法律が定めているのは、ここまでである。複数の理事が

「過半数で決する」ことを適切に行うためには、実際上、理事らが会同して、討論をし、そのうえで採決をする機会が設けられる必要があり、さらに、そのような機会は、常設の機関として認識されるものであることが、実際の法人運営の便宜に適う。そこで、多くの管理組合法人は、"理事会"という機関を設けることを規約で定めている。法人のなかには、理事会が法律上も必置の機関とされるものがある（公益法人5条14号ハ、また、一般法人16条1項、60条2項参照）。管理組合法人の理事会は、これとは異なり法定の必置機関ではないけれども、実際上ほとんどの管理組合法人において規約上の機関として設置され、同法人の管理運営（ガバナンス）において重要な役割を果たしている。

（2）理事会における議決権の行使　その理事会の運営については、上記の49条2項が「過半数で決する」と定めていることに留意しなければならない。また、同項において、規約で別段の定めをすることが許されており、たとえば特に規約で定める事項については3分の2の賛成を要すると定めることなどが考えられる。これとは別に注意をしなければならない法律の規定として、49条の3があり、「理事は、規約又は集会の決議によって禁止されていないときに限り、特定の行為の代理を他人に委任することができる」と定める。この規定が、本件の理解において重要な意義をもつ。同条は、2006年の改正により設けられた。それまでは、民法に同じ趣旨の規定があり、その旧規定55条が「理事ハ定款、寄附行為又ハ総会ノ決議ニ依リテ禁止セラレサルトキニ限リ特定ノ行為ノ代理ヲ他人ニ委任スルコトヲ得」と定めていて、これが管理組合法人に適用されると解されていた。

（3）区分所有法49条の3の意義　民法の旧規定55条の意義、したがって、ひいては区分所有法49条の3がもつ意義について、解釈の可能性として、法人の代表者による代表権行使という対外的に法律行為をする局面にのみ適用されるものであるか、それとも法人の内部的な業務執行においても働く規律であるか、という問題の考察が求められる。法文の文理上は、いずれの解釈も成り立つ余地がある。しかし、旧規定55条が、代表権の制約を定める旧規定54条に続けて排列されていることや、およそ法人の業務執行一般について旧規定55条のような制約を設けることが実際的であるか疑問があることなどを考えると、旧規定55条は、対外的な代表権行使という局面に限って適用される規定であると考えられる。本件判決も、同旨である。

（4）理事の代理出席が許容される場合の考え方　もっとも、これも本件判決が説くとおり、たとえ民法の旧規定55条、したがって今日においては区分所有法49条の3による制約を受けないとしても、理事の代理出席ということが無制限に認められてよいか、は別に問われなければならない。理事会なるものが必置の機関でないことを強調すると、その運営の方法は、あげて管理組合法人の自治に委ねられるという考え方もあるかもしれない。けれども、管理組合法人は、区分所有者が、区分所有者であることを契機として構成員になるものであって、区分所有者の団体として重要な決定をするものであることを想起すると、その運営について、すべてが自治に委ねられると言い切ることにも、躊躇がある。本件判決も説くとおり、理事会の権限や理事会を設置した趣旨に鑑み相当であると考えられる代理出席の規律が定められている場合において、その規約の規律に適合する代理出席を得てされた理事会の議決は効力を否定されないと考えられる。

2　本判決の評価

本件事例についてみると、一方において、代理出席によることができる場合に限定があって、理事に事故がある場合に限るとされている。また、本件区分所有建物は、その専有部分の多くが居住の用に供されており、居住者の生活関係に立脚した利害関心を反映した団体運営をすることには合理性が認められる。その見地から代理出席をすることができる者の人的範囲の要件を検討するならば、理事と近しい親族関係にある者とする絞りがされており、これらの点から推して、本件事例の代理出席の規律を適法であるとすることは、ありうる評価であると考えられる。

3　実務指針

本件は、2006年の改正がされる前の事件であるから、民法の旧規定55条の適用関係を問題としているが、区分所有法49条の3も、まったく同じ内容の規定であるから、本件判決は、同条の解釈理解においても意義を有する。

なお、マンション標準管理規約（単棟型）53条のコメントは、理事に事故があり、理事会に出席できない場合は、その配偶者または一親等の親族に限り、代理出席を認める旨を規約に定めることができるとしており、本件事例と同様の規約の定めがありうることを述べている。

もっとも、一般論として、区分所有者の団体が区分所有建物の管理に関する重要な事項を決定し、これに区分所有者らが従わなければならないという重大な契機が背景にあることを重視するならば、区分所有者の団体として機能する管理組合法人の運営は適切公平にされなければならない。したがって、必ずしも居住用でない用途が主たるものである区分所有建物について、理事の配偶者などが代理出席して議決権を行使することを許容するような規約の定めがあるとして、それに合理性を肯認してよいかは、なお検討されなければならない。いずれにしても、代理出席というものを無造作に認めてはならず、慎重に扱われなければならない問題である。

【参考文献】　内田貴・法協108巻9号151頁。

山野目章夫
早稲田大学教授

Ⅶ　管理組合法人　§49の4　仮理事

60　組合の仮理事長の選任申立てが認められたケース

大阪地裁昭和63年2月24日決定（判時1293号124頁、判タ679号181頁）

1　事実

Aは、本件区分所有建物の区分所有者らが構成する管理組合である。管理組合法人にはなっておらず、権利能力のない社団であるとみられる。B・Cは、本件区分所有建物に属する専有部分についてそれぞれ区分所有権を有し、また、Dは、本件区分所有建物の専有部分を賃借する者である。Eは株式会社であり、FはEの代表取締役であり、Gは建物の管理業務を事業とする株式会社であり、また、Hは弁護士である。

昭和62年5月当時、Iは、本件区分所有建物に属する専有部分について区分所有権を有し、また、Aの理事長を務めていた。また、同月当時、Jは、Aの副理事長であり、また、Kは、Aの理事であった。

昭和62年初めころまで、本件区分所有建物の専有部分を使用する者らの電気・水道・ガスの供給は、それらを供給する事業者らとAとが一括して契約し、Aの金融機関口座からの引落しにより定期に料金を支払ってきた。また、A・Gは、管理委託料を定めてそれをAがGに支払い、Gは、Aのために上記の公共料金の支払の事務を含む本件区分所有建物の管理に係る業務を行う旨の契約を締結し、この契約に基づき、Gは、この業務を実施してきた。

昭和62年から同63年に、本件区分所有建物に属する専有部分の過半数をFが取得し、その頃から、本件区分所有建物には、Eか管理する物件であることを告げる多数の看板が置かれた。Fは、Aへの管理費の支払をせず、Aの会計状況が悪化して金融機関口座の残高が不足することとなって、上記公共料金の支払に困難が生じている。また、Gは、管理委託料をAが支払わなくなったことから、上記管理委託契約を解除し、本件区分所有建物の管理業務をしないこととなった。これらのことから、本件区分所有建物は、全体として、その維持管理が困難である状況に立ち至っている。

Aは、昭和62年5月31日、定時総会を開催し、その席上、I・J・Kは、それぞれ理事長・副理事長・理事を辞任し、その他の役員も全員が辞任した。

そこで、B・C・Dは、民法56条（当時）の類推解釈に基づき仮理事の選任を裁判所に請求することができるとする法律上の意見を前提として、Aの仮理事長を選任する仮処分を申請した。これが本件である。

2　決定要旨

本件裁判所は、これを認容し、Aの仮理事長として、Hを仮に選任する旨の仮処分命令を発した。

3　解説

1　実務指針——地上げ屋による"乗っ取り"という問題

もしそのマンションが突然、かなりの数の専有部分が何者かに取得され、そうすることを通じ、その者が区分所有建物の管理に混乱をもたらし、ひいては、ほしいままに建物の全体を意図のとおりにしようと企む、ということが起こったとしたら、どうするか。2に紹介するように、一般論としては、さまざまの対処が考えられる。もっとも、それらの対処を常に用いることができるとは限らない。本件事例においてとらざるをえなかった手段の背景は、3　本決定の評価で明らかにするとおりである。

2　本決定の分析

（1）区分所有者の団体の多様性　区分所有法3条は、区分所有者が全員で「建物並びにその敷地及び附属施設の管理を行うための団体」を構成するとする（"3条団体"というニックネームでよばれることもある）。この団体は、法律上当然に存在するものであり、また、すべての区分所有者が法律上当然に構成員となる。とはいえ、これは、観念上の概念整理であり、この団体が現実に活動するためには、実際上、より具体的な形態を工夫することが期待される。それには、さまざまのものがあり、同法47条1項に基づき、管理組合法人を設立して登記をする、ということが最も重装備の構えである。しかし、いつも区分所有者らが同法人を設立するとは限らない。登記がされず、学問上の概念整理として「権利能力のない社団」とよばれるものであることも、よくみられる。ひらたくいうと、任意団体という言葉がわかりやすいかもしれない。本件は、管理組合法人ではなく、区分所有者らが、権利能力のない社団である管理組合を設立している事案である。

（2）管理に要する費用の請求　区分所有者らは、規約や集会決議の定めるところにより共用部分・敷地・附属施設の管理を行うための費用を負担しなければならない。実際上"管理費"とか"共益費"とよばれるものが、これに当たる。進んで区分所有者らがこれを支払う場合は、それでよい。支払がなければ管理者が請求する（26条1項）。法文は「管理者」が権利を行使するとするが、実際の感覚では管理組合が請求する。いずれにしても、この請求に応じない区分所有者がいる場合は、訴訟を提起して請求することができるほか、先取特権（7条1項）を行使し、裁判所に申し立てて、その区分所有者の有する専有部分を競売にすることができる。もっとも、この競売をする裁判所が、競売をしても管理者に配当する売得金が得られる見込みがないと判断する場合には、競売の手続が取り消されることがある（民執63条参照）。

（3）共同利益背反行為の可能性　もっとも、これとは別に、区分所有建物の管理運営を阻害することを画策する者の有する専有部分を競売して、その所有者を交替させる方策がないものではない。

「建物の保存に有害な行為その他建物の管理又は使用に関し区分所有者の共同の利益に反する行為」は、区分所有者がしてはならない行為であるとされる（6条1項）。かなりの数の専有部分を取得することにより、区分所有建物の管理に混乱をもたらし、ひいては、ほしいままに

建物の全体を意図のとおりにしようとするねらいで区分所有者らの共同の利益を害する行為は、まさにこれに当たる。そして、区分所有者が区分所有法「6条第1項に規定する行為をした場合又はその行為をするおそれがある場合には、他の区分所有者の全員又は管理組合法人は、区分所有者の共同の利益のため、その行為を停止し、その行為の結果を除去し、又はその行為を予防するため必要な措置を執ることを請求することができる」（57条1項）。このような措置を請求しても事態が打開されない場合は、最終的に、区分所有法「57条第1項に規定する場合において、第6条第1項に規定する行為による区分所有者の共同生活上の障害が著しく、他の方法によってはその障害を除去して共用部分の利用の確保その他の区分所有者の共同生活の維持を図ることが困難であるときは、他の区分所有者の全員又は管理組合法人は、集会の決議に基づき、訴えをもって、当該行為に係る区分所有者の区分所有権及び敷地利用権の競売を請求することができる」とされる（59条1項）。この集会の決議は、区分所有者および議決権の4分の3以上の特別多数によりするものとされる（同条2項による58条2項の準用）。そして、訴えを提起して競売を命ずる判決が確定する場合は、その日から6月以内に競売を申し立てることになる（59条3項参照）。この競売は、民事執行法195条に基づく形式競売という手続により行われる。

（4）管理者や理事の解任請求　この訴えの提起の場面も含め、区分所有建物の管理運営を妨害することを画策する者に対し提起する訴訟を遂行することが実際に想定される者は、いわゆる管理組合の場合は管理者であり（57条3項、59条2項）、また、管理組合法人の場合は理事である（47条8項、49条参照）。これらの管理者や理事が事態を打開するために適切な行動をしない場合には、管理者や理事の解任を請求することもできる。すなわち、「区分所有者は、規約に別段の定めがない限り集会の決議によって、管理者を選任し、又は解任することができる」し（25条1項）、また、「管理者に不正な行為その他その職務を行うに適しない事情があるときは、各区分所有者は、その解任を裁判所に請求すること」もできる（同条2項）。管理組合法人の理事についても、同様である（49条8項）。

3　本決定の評価

乗っ取りへの対処は、このように種々のものが考えられる。しかし、いずれも実際上は、管理者ないし理事が存在し、それらの者が適切に行動してこそ初めて実効的な対処をすることが期待される。理事の全員が離任した本件は、その点で深刻である。また、そのことが、仮理事の選任請求という手段に訴えざるをえなかった背景にほかならない。

注意をしなければならない法律の規定として、区分所有法49条の4があり、その1項は、「理事が欠けた場合において、事務が遅滞することにより損害を生ずるおそれがあるときは、裁判所は、利害関係人又は検察官の請求により、仮理事を選任しなければならない」と定め、また同条2項は、この選任の裁判の管轄について、「仮理事の選任に関する事件は、管理組合法人の主たる事務所の所在地を管轄する地方裁判所の管轄に属する」と定める。この規定が、本件の理解において重要な意義をもつ。同条は、2006年の改正により設けられた（一般法人整備法38条、234条）。それまでは、民法に同じ趣旨の規定があり、その旧規定56条が「理事ノ欠ケタル場合ニ於テ遅滞ノ為メ損害ヲ生スル虞アルトキハ裁判所ハ利害関係人又ハ検察官ノ請求ニ因リ仮理事ヲ選任ス」が定めていて、これが管理組合法人に適用されると解されていた。本件は、この改正がされる前の事件であるから、この上記56条の適用関係を問題としているが、区分所有法49条の4も、まったく同じ内容の規定であるから、本件判決は、同条の解釈理解においても意義を有する。

【参考文献】　野口恵三・NBL421号60頁。

山野目章夫
早稲田大学教授

61 義務違反行為の停止(1)

東京地裁立川支部平成22年5月13日判決（判時2082号74頁）

1 事実

本件タウンハウス（以下、「本件建物」という）は、2棟の2階建ての区分所有建物で構成され、各々に5個の専有部分がある。また、各専有部分の南側には各戸が専用使用できる庭がある。本件建物の管理組合X_1の規約によれば、「他の居住者に迷惑を及ぼすおそれのある動物を飼育すること」および「他の組合員及び占有者に迷惑を及ぼし、不快の念を抱かせ、もしくは危害を及ぼすおそれのある行為をすること」は禁止されている。

Yは、本件建物の専有部分を所有して居住し、その屋内で猫を1匹飼育している。また、平成5年頃から、本件建物の敷地（以下、「本件土地」という）で猫への餌やりを始めた。Yは、専用庭や玄関前に猫のために段ボール箱を置き、現時点で4匹の猫がその付近にいる。また、Yの餌やりにより、一時は本件土地に18匹の猫が現れ、糞をする、ゴミ集積所でゴミ袋を荒らす、駐車場の自動車に傷をつけるなどの被害を生じさせた。平成20年、X_1は、Yの猫への餌やり行為につき、①法6条1項違反および規約違反を理由として、法57条1項またはX_1管理組合規約に基づくその差止めおよび、②不法行為に基づき本訴にかかる弁護士費用の賠償を求めた。同時に、本件建物専有部分の所有者であるX_2らは、Yに対し、③人格権侵害を理由とする餌やり行為の差止めおよび、④不法行為を理由とする慰謝料および弁護士費用の賠償を求めた。

2 判旨

本判決は、X_1の請求のうち、①については、Yの餌やり行為が法6条1項に反するかどうかは判断せず、もっぱらX_1管理組合の規約違反を認め、「本件土地及びY専有部分内において、猫に餌を与えてはならない」と判示した。判旨は、まず、「他の居住者に迷惑を及ぼすおそれのある」動物を飼育しないことを定める本件動物飼育禁止条項は、「小鳥や金魚の飼育を許す趣旨は含んでいるとしても、小型犬や猫の飼育を許す趣旨を含むものとは認められ」ず、Yによる猫1匹の屋内飼育は同条項に違反すると判断した。また、「屋外での4匹の猫への餌やりは、段ボール箱等の提供を伴って住みかを提供する飼育の域に達しており、（中略）それらの猫は個人X_2らに対し様々な被害を及ぼしているから、動物飼育禁止条項に違反する」、「以前の屋外での猫への餌やりのうち、飼育の程度に達していないものへの餌やりは、迷惑行為禁止条項に違反する」とした。また、②につき、Yの不法行為を理由とする弁護士費用の一部の賠償請求を認めた。

次に、X_2らの請求のうち、③について、本判決は、YによるX₂らの人格権侵害を認め、本件土地における猫の餌やりを禁止した。判旨は、Yが管理組合総会のほとんどを欠席したこと、Yが餌やりの工夫をし、猫のトイレを設置するなどしたことにより、X_2らの被害は以前より減少したものの、猫の糞による被害の防止や餌やりの始末などは不十分であってX_2らへの被害が続いていることなどを挙げ、Yの行為は、受忍限度を超え、X_2らの人格権を侵害しているとした。また、④につき、屋内飼育の猫を除く猫に対するYの餌やり行為は受忍限度を超える違法なものであり、故意過失に欠けるところもないとして、賠償請求を認めた。

3 解説

1 本判決の分析

本判決は、区分所有者による猫の飼育および餌やりの禁止を、管理組合の請求については管理組合規約違反を理由として、また、区分所有者による請求については人格権侵害を理由として認めたものである。以下、順に検討しよう。

(1) 区分所有者は、共用部分や建物の敷地についての管理または使用に関する事項のほか、専有部分についても、区分所有者相互間でその管理または使用を調整するために必要な事項を規約で定めることができる（30条1項。法務省・マンション法179頁参照）。当該規約は、専有部分の管理または使用に関する制限の内容および制限の方法・程度が合理的である限り有効である（仙波英躬「営業の制限」塩崎勤編『裁判実務大系第19巻区分所有関係訴訟法』307頁［1992］参照）。規約が拘束力を有するために制限の合理性が必要であることは、管理組合の規約が区分所有者の特別多数決により決せられ（31条1項）少数者もその意に反して規約に拘束されることのほか、専有部分は居住者の生活や営業の本拠であることが多いことによっても正当化される。

規約違反行為があったとき、管理組合はその停止を裁判上請求することができる（法務省・マンション法296頁）。本件と同様、ペットの飼育を禁止する規約条項の違反が問題となった裁判例として、東京地判平成8年7月5日判時1585号43頁、東京地判平成10年1月29日判タ984号177頁がある（いずれも、犬猫の飼育を禁止する規約に反して、犬が飼育されていた事案につき、飼育禁止を求める請求を認容した）。

また、規約により、違反行為に対する違約金支払などの制裁措置が定められているときは、管理組合は違反者にその請求をすることができる。ただし、違反行為に対する制裁として、区分所有者に専有部分の使用禁止や強制売却を規約により定めても効力はない。そのような規約の効力を認めることは、法58条ないし60条が、極めて厳格な要件のもとにこれらの措置を許容する法の趣旨に反するからである（法務省・マンション法297頁）。

(2) 他方、規約の有無にかかわらず、当該行為が「建物の管理又は使用に関し区分所有者の共同の利益に反する」（6条1項）場合、管理組合は、区分所有者に対し当該行為の停止等を求めることができる（57条）ほか、法58条ないし60条の要件を満たすときは、それぞれ、専有部分の使用停止（58条）や、場合によっては区分

所有権の競売請求（59条）をすることができる。

「共同の利益に反する」行為には、区分所有建物の使用に際して生じるニューサンスも含まれる。したがって、本件における猫への餌やり行為も、法6条1項により禁止された行為に当たるかどうかが問題となりうる。裁判例によれば、その判断は、「当該行為の必要性の程度、これによって他の区分所有者が被る不利益の態様、程度等の諸事情を比較考量して」決せられる（東京高判昭和53年2月27日下民集31巻5～8号658頁）。本件と類似する事案につき6条1項違反を認めた裁判例として、東京地判平成7年11月21日判タ912号188頁がある。当該事案では、マンションの専有部分を使用貸借により占有する者が、ベランダおよび室内で野鳩の餌付けを行い、その結果100羽以上の野鳩が飛来したため、当該専有部分の上下左右の専有部分に汚損、悪臭、繁殖期の騒音などが生じた。同判決は、法6条1項違反を認め、法60条1項による使用貸借の解除および専有部分の管理組合への引渡請求を認容している。

本件でも、管理組合が規約違反および法6条1項の違反を主張していたが、本判決は、法6条1項に関する判断を行わず、Yの餌やり行為が規約で禁止された動物の飼育および迷惑行為等に当たるとして、規約違反による餌やりの禁止を命じた。その際、判決は、「他の居住者に迷惑を及ぼすおそれのある」動物の飼育を禁止する本件規約条項につき、猫は一般的にそれに該当すると判断している。

（3）次に、区分所有者個人による請求についてみよう。本判決は、人格権侵害を理由とする本件土地における猫の餌やりの差止めにつき、Yの行為は受忍限度を超えているとして、請求を認容した。

騒音や悪臭などにより平穏な生活が妨害される場合、人格権に基づき侵害行為の差止めが認められる（東京高判昭和62年7月15日訴月34巻11号2115頁（横田基地騒音公害訴訟控訴審判決））。裁判例によれば、人格権に基づく差止めが認められるためには侵害が受忍限度を超えていることが必要である。近隣で生じる生活被害に関する受忍限度の判断についての裁判例として、たとえば、札幌地判平成3年5月10日判時1403号94頁は、隣接地で営業されるカラオケボックスの騒音につき、環境基準を超える騒音、当該施設の公共性が強くないこと、睡眠の妨害などを理由に、午前0時以降の営業には受忍限度を超える違法性があるとして、営業の差止請求を認容した。また、東京地判平成23年7月29日（2011 WLJPCA07298002）は、隣地で飼育する複数の猫の糞尿による悪臭につき、公法上の「基準を超える悪臭が発生している場合には特段の事情がない限り、同悪臭は受忍限度を超えている」と判示して飼育の差止請求を認めた。これに対し、本判決は、環境基準などを用いることなく、X_2らに対する被害の存在のほか、Yが管理組合総会のほとんどを欠席してX_2らとの話し合いをしなかったことを、受忍限度を超える人格権侵害を認める際の考慮要素としている。

2 本判決の評価

本件紛争の中心は、Yの餌やり行為により、X_2ら他の区分所有者が継続的に猫の糞などの被害に遭っていることにある。以下では、餌やり行為の差止めを中心に、検討を行いたい。

（1）まず、規約違反を理由とする管理組合の請求について。規約違反があったとされたYの行為のうち、本判決により迷惑条項違反に当たるとされたのは、「以前の」餌やり行為である。したがって、差止めとの関係で問題となっているのは、動物飼育禁止条項であり、屋外の4匹および、屋内の1匹の猫を対象とする。このうち、他の居住者に被害を生じさせている屋外の4匹については、飼育の程度に達しているとして、本件動物飼育禁止条項違反を認めて餌やりの禁止を認めた判旨は正当といえる。これに対し、屋内の1匹については、なお検討の必要があるように思われる。というのも、専有部分の使用方法の制限は、区分所有者相互間における専有部分の管理および使用の調整の観点からみて合理的である必要があるところ、猫の飼育が一般的に禁止の対象に含まれるとしても、専有部分から出ることがなく、騒音を出すこともない特定の猫については、当該規約の趣旨に違反しないと解しうるからである。この点に関連して、本判決は、愛護動物に関する区分所有者間の利益の調整について、次のように述べる。「最近の分譲マンションには、規約で犬や猫の飼育を認めるものと認めないものが存在しており、犬や猫を飼いたい人は飼育を認めるマンションを選び、犬や猫が苦手な人やアレルギーのある人は飼育を認めないマンションを選んで居住することによって、居住者の愛護動物を飼う権利と愛護動物を避けて生活する権利との調整がされている。」しかし、このような考え方は、居住に際して人々が有する多様な利益の調整について、人々が分離して居住することによる解決につながりうる。コミュニティー形成の観点からみてそのような解決が適切かどうかは疑問であり、本判決が規約の解釈にあたりこのような方向性を示唆したことには異論の余地がある。

（2）次に、区分所有者個人の人格権侵害について。本判決が、Yの行為が現時点においてX_2らの人格権を侵害すると判断するにあたって、何をどのように考慮したのかは明確でない。しかし、区分所有建物は建物の構造上生活妨害が生じやすい反面、音や振動、騒音を完全に遮断することは困難であるから、何を基準としてどのような場合に差止めを認めるかは、重要な問題である。この点、本件のような餌やり行為については、公法上の基準に依拠する前掲東京地判平成23年7月29日が参考となろう。同判決は区分所有建物が問題となった事案ではないが、公法上の基準を手がかりとしつつ、区分所有建物に特有の要素があればそれを考慮に入れることが検討されてよいのではないか。

3 実務指針

本件のような紛争を回避するには、他の居住者に被害を及ぼさないよう、規約に飼育できる動物の種類や大きさ、数を特定して具体的に定め、飼育の方法や被害が生じた場合の責任等を明確にすることが必要である。また、規約の制定およびその周知にあたっては、各区分所有者が、区分所有建物の性質ならびに動物の飼育に関する規約を遵守することの必要性および重要性を十分理解できるようにすることが求められる（福田正「動物の飼育」塩崎編・前掲273頁）。

【参考文献】 本文中に掲げたもの。

横山美夏
京都大学教授

62 義務違反行為の停止(2)

東京地裁平成17年6月23日判決（判タ1205号207頁）

1 事実

　Y_1は、Aが平成4年以来所有し事務所として賃貸していた、都心の幹線道路に面する本件マンションの住戸部分である本件居室を相続により取得した。本件マンションの管理規約12条によれば、住戸部分は専ら住戸として使用しなければならない。Y_1は、本件居室を事務所として他に賃貸していたが、平成13年10月、Y_2に本件居室を治療院として使用する目的で賃貸した。同治療院は、完全予約制で、平日午前9時から午後7時まで（土曜は午後1時まで）営業し、施術者はY_2のみである。
　本件マンションの1階は店舗、2階から4階は事務所である。5階から9階までは事務所部分と住戸部分が並存するが、両者の間に仕切りはなくエレベーターも共通である。これらの階の住戸部分29戸のうち現に住戸として使用されているのは2戸であり、24戸は事務所として使用されている（2戸は用途不明）。
　平成15年10月、本件マンションの管理組合Xは、定期総会決議に基づき、Y_2および、本件マンションの事務所部分で治療院を営むB、住戸部分で治療院を営むCに対し、居室を治療院として使用することの中止を求めた。Y_2およびBが要請に応じなかったため（Cは、同年12月に居室から退去）、Xは、Y_1およびY_2に対し、法57条1項および4項に基づき、各居室を治療院として使用することの禁止を求める本件訴えを提起した（Bに対しても別訴が提起されている）。本件訴訟では、①住戸部分を治療院として使用することは管理規約12条に違反するか、②本件居室を治療院として使用することが、「建物管理又は使用に関し区分所有者の共同の利益に反する行為」（57条1項、6条1項）に当たるか、③Xが他のテナントの用途違反を長期間にわたって放置しながら、Y_2らのみに対して居室の使用禁止を求めることが権利の濫用に当たるか、が争われた。

2 判旨

　判決は、まず、①につき、治療院として使用することは「住戸使用」に当たらないと判示した。すなわち、「住戸使用」には、生活の本拠というに相応しい平穏さが求められるところ、本件「治療院の使用態様は、その規模、予想される出入りの人数、営業時間、周囲の環境等を考慮すると、事業・営業等に関する事務を取り扱うところである『事務所』としての使用態様よりも、居住者の生活の平穏を損なう恐れが高いものといわざるを得ず、到底住戸使用ということはできない。」また、本件規約における用途制限は、「全く有名無実化・形骸化しているとまでいうことはできない。」次に、②につき、Y_2による本件居室の使用態様は、「共同の利益に反する行為」に当たるとした。その理由につき、判決は、事務所としての使用より居住者の生活の平穏を損なうおそれが高いことおよび、Y_2がXに無断で本件マンションに面する道路上に看板を設置して警察などから警告を受けた事実を挙げ、「完全予約制であるといっても、他の住戸部分の区分所有者からみれば、治療院に来訪するのは不特定多数の患者であり、住戸部分に不特定多数の患者が常に出入りしている状況は、良好な住環境であるとは言い難く、住戸部分の区分所有者の共同の利益に反することは明らかである」とする。
　本判決は、そのうえで、③につき、次のように述べて、Xの請求を棄却した。「Xが、住戸部分を事務所として使用している大多数の用途違反を長期間放置し、かつ、現在に至るも何らの警告も発しないでおきながら、他方で、事務所と治療院とは使用態様が多少異なるとはいえ、特に合理的な理由もなく、しかも、多数の用途違反を行っている区分所有者である組合員の賛成により、Y_2及びBに対して、治療院としての使用の禁止を求めるXの行為は、クリーン・ハンズの原則に反し、権利の濫用といわざるを得ない。」

3 解説

1 本判決の分析

　(1) 区分所有建物は、その構造上、各人による専有部分の使用態様が他の区分所有者に重大な影響を及ぼしうる関係にある（東京地判平成8年7月5日判時1585号43頁参照）。このことから、管理組合は、区分所有者相互間で専有部分の管理または使用を調整するために必要な事項を規約で定めることができる（30条1項。法務省・マンション法179頁参照）。法30条1項の趣旨に従い専有部分の使用方法を制限する規約は、制限の程度・方法に合理性がある限り有効である（仙波英躬「営業の制限」塩崎勤編『裁判実務大系第19巻区分所有関係訴訟法』307頁［1992］参照）。
　また、規約の有無に関わらず、区分所有者は、「建物の保存に有害な行為その他建物の管理又は使用に関し区分所有者の共同の利益に反する行為をしてはならない」（6条1項）。同項は賃借人など専有部分の占有者に準用され（同条3項）、義務違反行為がされた場合、管理組合は、集会の決議に基づき、当該行為の停止を請求する訴訟を提起することができる（57条1項・2項）。
　本判決は、専ら住戸として使用すべき旨規約で定められた専有部分が治療院として使用された事案に関わる。もっとも、本件マンションでは、同一階に事務所部分と住戸部分が仕切りもなく並存しており、廊下およびエレベーターを居住者と事務所利用者が共用することが当初から予定されている。そのため、本件では、生活の平穏を維持するという目的との関係で、管理規約により住戸部分を事務所して使用することを禁止することに、そもそも実効性、正当性があったのかが問題となりうる。実際、このことは、本件マンションにおいて、ほとんどの住戸部分が規約に反して事務所として利用されていた事実にも現れている。
　(2) 本判決は、以上の事実関係を前提に、まず、①治療院としての使用が本件管理規約に違反するかどうかに

つき、治療院としての使用は、事務所の場合と比較して、不特定多数の患者の来訪という点において生活の平穏を損なうおそれが大きいことを理由に、規約違反を肯定した。本判決が、事務所との比較により本件治療院につき勿論解釈により結論を導いたことについては、勿論解釈自体の正当性に加え、事務所であっても、業種や営業時間、使用する戸数などによりその使用態様は多様でありうるにもかかわらず、抽象的な「事務所」と本件治療院とを比較している点で疑問が残る。

次に、②につき、法6条1項に違反する行為に当たるかどうかは、裁判例により、「当該行為の必要性の程度、これによって他の区分所有者が被る不利益の態様、程度等の諸事情を比較考量して決すべき」（東京高判昭和53年2月27日下民集31巻5~8号658頁）とされている。また、共同の利益に反しない行為であっても規約により禁止することはできるから、専有部分の管理または使用を調整するために必要な事項に関する規約に違反しても、それが直ちに共同の利益に反する行為となるわけではない。裁判例をみると、法6条1項、57条1項に基づき、管理組合規約に反して住居以外の態様により専有部分を使用することが禁止された決定として、東京地決平成4年1月30日判時1415号113頁がある。同決定は、カラオケスタジオの営業は規約で禁止された風俗営業に当たるとし、かつ、不特定多数の者が出入り可能な店舗の営業が深夜にわたって行われることは、従前の居住環境の変化、風紀および治安状態の悪化をもたらし、睡眠・休息を妨げて平穏な生活を阻害するとして、深夜時間帯の営業を禁止した。また、東京地判平成18年3月30日判時1949号55頁は、住居専用規定に反し、専有部分において年中無休で1日平均20人程度の乳幼児を預かる託児所を経営していた事例につき、騒音、振動、廊下の汚れ、これらに関する住民からの多数の苦情、災害時の危険性などを理由に、法6条1項違反を肯定し、法57条1項に基づき託児所としての使用を禁止する判決を下している。これに対し、東京地判平成23年3月31日判タ1375号219頁は、住居専用規定に反して専有部分が税理士事務所として使用されていた事案につき、当該事務所には4名が出入りするほか各顧客が月1回訪れる程度であること、日常的に騒音等の多大な被害が生じている様子はないとして、規約違反も法6条1項違反も否定した。もっとも、同判決の控訴審判決である東京高判平成23年11月24日判タ1375号215頁は、本件住居専用規定は住居としての環境を確保するための規定であるとし、規約に反し税理士事務所として使用することは共同の利益に反すると判示し、法57条1項に基づき税理士事務所としての使用を禁止している。

本判決の事案では、住戸部分のほとんどが事務所として使用されていることから、法6条1項違反の有無を判断するにあたり、保護すべき住環境の存在それ自体が問題となりうる。しかし、住戸として使用している専有部分が存在する以上、住戸部分の良好な住環境の保持は区分所有者の共同の利益に当たると解される。とはいえ、本件マンションの立地および、住民から本件治療院あるいは規約に反する態様で使用されている他の居室について苦情が出された事実の存在が窺われないことからすれば、本件治療院としての使用が、区分所有者の共同の利益に反する行為といえるかはなお議論の余地がある。また、本判決では、本件治療院として使用することが、事務所としての使用態様よりも居住者の生活の利益を損なうおそれが高いことを、法6条1項違反を肯定する理由として挙げているが、そのことは、判旨において、事務所として利用することが、法6条1項に違反しないことを意味するものではない。

（3）しかし、本判決は、結局、XのY₁らに対する請求は、③クリーン・ハンズの原則に反し、権利の濫用であるとしてこれを棄却した。同様のことは、前掲東京地判平成18年3月30日の事案でも主張されているが、同判決では否定されている。本件で権利濫用が肯定されたのは、本件マンションにおいて多数の用途違反が存在し、管理組合がその状態を現在にいたるまで長期間にわたって放置していたこと、また、本件請求が、現に自ら用途違反をしている多数の組合員の賛成により決議されたという事情に基づくものと考えられる。また、本判決が本件請求を権利濫用（民1条3項参照）とした点については、クリーン・ハンズの原則に依拠するのであれば、むしろ信義則違反（民1条2項）とするのが適切であったと解される。

2 本判決の評価

権利濫用を理由に請求を棄却した本判決の論理によれば、本件において、治療院としての使用態様が法6条1項に違反するかを判断する必要はなかった。にもかかわらず、本判決が両者について判断し、とくに、治療院としての使用が法6条1項の「共同の利益に反する行為」であると認めたことは、本件紛争の具体的解決としても異論の余地があろう。本件では、Xの権利濫用を肯定するにとどめ、それにより、管理組合が、本件マンションを住戸として使用する区分所有者の権利に留意しつつ、使用実態に適合しない規約を変更する方向で解決を図ることを促すのが解決として現実的かつ適切だったのではないか。本判決により、治療院としての使用が法6条1項により禁止されると判断されたことが、区分所有者が自ら妥協点を求めて規約の運用および変更につき協議を進めることを阻害する可能性が懸念される。

3 実務指針

本件は、当初から住戸部分を住戸専用とする規約の合理性が疑わしい事案であり、実際にも、規約の規範性が失われていたところ、Y₂らが、住戸部分を「事務所」ではなく、治療院として使用したことから、管理組合によりその使用態様が問題視されたものと推測される。このような事案においては、許容される使用態様と禁止される使用態様を具体的かつ明確に示して、居住目的以外の使用態様を一定の限度で許容する方向で規約を変更することが考えられる。しかし、（本判決はこれを否定したが）住戸部分に関する規約がすでに有名無実化している場合に、一定の業態の事務所に限って使用を認める規約の変更は、許容されない事態の事務所として現に住戸部分を使用している区分所有者との関係で実質的にみて法31条1項後段の「一部の区分所有者の権利に特別の影響を及ぼすべきとき」となることが起こりうる。そのような場合、規約の変更に際して、不利益を受ける区分所有者の承諾を得ることが必要となる。

【参考文献】 本文中に掲載したもの。

横山美夏
京都大学教授

63 義務違反行為の結果の除去

東京高裁平成7年2月28日判決（判時1529号73頁）

1 事実

　A社が建築した区分所有建物（甲マンション）の1階には、西側が甲マンション建物最西端の外壁、東側が103号室の位置する甲マンション建物の西側外壁、上部が203号室の床下部分にそれぞれ囲まれているが、北側と南側には遮断するものが何もなく、外部からは北側と南側の両側より自由に出入り可能な、いわゆる吹き抜けの状態の空間（本件1階吹き抜け部分）が存在している。昭和51年、甲マンションの区分所有者らは、法17条、27条（現25条、34条）に基づき、甲マンション自治会を設立し、甲マンション自治会規約を定め、管理者として自治会会長を選任し、同規約8条において、本件1階吹き抜け部分は自治会が管理する共用部分であり、全区分所有者に使用権がある旨を確認した。区分所有者らはその頃から、各自の自転車置場あるいはマンション南側から北側への通路として本件1階吹き抜け部分を使用するようになり、この状態はYらの下記行為が行われるまで続いていた。

　昭和52年12月にA社から甲マンション103号室および敷地の共有持分権を買い受けたY_1は、昭和63年になり、103号室は他の号室と比べて占有面積が狭いことから本件1階吹き抜け部分に増築する権利があると主張し、甲マンション自治会がこれを拒絶すると、本件1階吹き抜け部分のうち、通り抜けができた南側と北側に木製の外壁や戸を設置するなどして、通り抜け不可能な状態を作出した。その後、本件訴訟の係属中に、Y_2がY_1から103号室を買い受け、Y_3がY_2から103号室を賃借したが、Yらは、甲マンション自治会の抗議にもかかわらず、本件1階吹き抜け部分につき、木製の戸をアルミ枠製のガラス戸に交換して施錠する、造作・内装工事をして同部分の地上に基礎ブロックを設置するなどして、他の区分所有者の占有を排除し、同部分を独占的に占有している。

　甲マンション自治会会長（管理者）Xは、Yらの行為が区分所有者の共同の利益に反する行為に当たるとして、法57条に基づき、Y_2・Y_3に対し、設置物を撤去して本件1階吹き抜け部分を明け渡すことを請求した。これに対し、Yらは、本件1階吹き抜け部分は共用部分ではなく、区分所有権の目的となる建物部分であり、A社から有効に譲り受けているなどと反論した。

2 判旨

　本件1階吹き抜け部分は、それ自体が独立の建物としての用途に供することができる外形を有するものではなく、利用上も独立していない部分であること、実際にも、本件1階吹き抜け部分は自転車を置くなどして区分所有者全員の共用に供せられるべき部分として利用されており、Yらが占有するまでその状態が続いていたこと、Yらが設置した設置物の状態などの事実から、「このような設置物をもって所有権の対象となる独立した建物といえないことはもとより、103号室に構造上附合した、したがって103号室と運命を共にするといった意味で同室の構成物となったものとみることもできない」と述べて、本件1階吹き抜け部分が共用部分に当たるとした。

　そのうえで、Xの請求には理由があるとした。「103号室の現区分建物所有者であるY_2及び占有者であるY_3は甲マンションの共用部分である本件1階吹き抜け部分をほしいままに使用・占有して、甲マンションの使用に関し区分建物所有者の共同の利益に反する行為をしているものということができるから、法57条により、区分建物所有者らに対し、Y_2は本件1階吹き抜け部分に設置したベニヤ・タル木製外壁を撤去する義務があり、また、Y_2及びY_3は右外壁の出入口部分に取り付けたアルミ製ガラス戸及びその下部に設置した基礎ブロック並びに本件1階吹き抜け部分内にある一切の物品を撤去して、同部分を明け渡す義務があ（る）」。

3 解説

1 本判決の分析

　(1) 争点　本件では、本件1階吹き抜け部分が甲マンションの共用部分に当たるか、および、共用部分に当たることを前提として、Yらが各種の物を設置して本件1階吹き抜け部分を占有していることが「建物の保存に有害な行為その他建物の管理又は使用に関し区分所有者の共同の利益に反する行為」（6条1項。以下「共同利益背反行為」という）に当たり、法57条1項に基づく「その行為の結果を除去……するため必要な措置を執ることを請求することができる」かが争われた。

　本判決は、判例・学説に従い、これらの争点につき肯定の結論を示したものである。

　なお、本件では、XのYらに対する撤去費用相当額の損害賠償請求の可否も争われたが、本判決は、Yらに対して撤去が命じられれば、Yらが任意に撤去しない場合の代替執行に要する撤去費用はYらの負担となることから、「撤去費用相当額は未だ損害として発生していないものといわざるを得ない」として、この請求を否定した（詳しくは判決文を参照されたい）。

　(2) 共用部分に当たるか　「構造上区分所有者の全員又はその一部の共用に供されるべき建物の部分」（4条1項）は、各区分所有者の意思と無関係に、法律上当然に共用部分として扱われる（以下「法定共用部分」という）。法定共用部分に当たるかは、その位置・構造だけでなく利用上の観点も加味して判断されるところ（稲本＝鎌野・区分所有法33頁等）、本件のような吹き抜け部分（いわゆるピロティと呼ばれる空間）は、上記の観点に照らし、一般に法定共用部分に当たると解されている（東京地判昭和51年5月13日判時840号84頁、東京地判平成3年2月26日判タ768号155頁等、法務省・マンション法72頁等）。

　(3) 共同利益背反行為に当たるか　区分所有者（あるいは区分所有者以外の専有部分の占有者）の行為が共

同利益背反行為に当たるかについて、裁判例は、「当該行為の必要性の程度、これによって他の区分所有者が被る不利益の態様、程度等の諸事情を比較考量して決すべきものである」との一般的基準を示している（東京高判昭和53年2月27日金法875号31頁）。学説もこの基準を支持したうえで、いくつかの具体的な類型に分けて、共同利益背反行為該当性の有無を検討している（稲本＝鎌野・区分所有法47頁以下、水本ほか・基本法コンメン21頁以下〔大西泰博〕等）。

本件のYらのように共用部分を独占的に使用する行為は、区分所有者の共同の利益に反する態様で共用部分を使用する行為（共用部分の不当使用行為）に分類されている。そこで、共用部分の不当使用行為において、設置物等の撤去請求を認容した裁判例が特にどのような事情を考慮しているかをみると、①バルコニーに部屋を設置することが、規約に違反するにとどまらず、バルコニーの存立に危険を及ぼすおそれがあり、バルコニーの避難路としての効用も損なうこと（最判昭和50年4月10日裁判集民114号469頁）、②外壁に換気装置を設置することで壁面強度が弱くなり、ひいては建物全体の安全性を弱めるおそれがある反面、そのような行為をする必要があるとはいえないこと（前掲東京高判昭和53年2月27日）、③区分所有者が独自の判断で、容易に除去しえない構造物を外壁等に設置し継続して使用することが、共用部分の用法に従った使用とはいえず共用部分の変更に該当すること（横浜地川崎支判昭和59年6月27日判タ530号272頁）、④看板の設置により外壁に大幅な改装を加えていること、壁面の損傷の危険があること、専有部分の経済的価値にも影響を与えることなどから、外壁部分の物的性状を著しく変える点で共用部分の変更に該当すること（大阪高判昭和62年11月10日判時1277号131頁）、⑤ルーフテラス部分にサンルームを設置することが構造上、同部分が非常時に果たす避難場所・避難通路としての役割を阻害する点で、規約で設置が禁止された構築物に該当し、ルーフテラスの用方に従った利用に違反すること（京都地判昭和63年6月16日判時1295号110頁）、⑥壁柱に貫通孔を開けて配管配線を通し、ガス湯沸かし器バランス釜を設置することが、共用部分の変更に当たり、建物に有害となるおそれがあること（東京地判平成3年3月8日判時1402号55頁）、⑦衛星放送受信用の共同パラボラアンテナが屋上に設置されたことにより、パラボラアンテナを個別にバルコニーの手すり・外壁に取り付けることが通常の用方とはいえなくなったこと（東京地判平成3年12月26日判タ789号179頁）、⑧バルコニーにコンクリートおよび大理石等を設置したために、バルコニーに耐久性ないし安全性の問題が生じていることが、規約に違反し、共用部分の変更に当たるとともに、区分所有者の共同の利益にも反していること（東京地判平成18年8月31日判タ1256号342頁）、⑨バルコニーに増築したことが、階下の部屋に漏水を生じさせていることに加えて、規約で設置が禁止された構築物に当たること（東京地判平成21年1月29日判タ1334号213頁）、などが挙げられている。

これらの裁判例では、不当使用行為によって他の区分所有者が被る不利益がどのような態様・程度のものであるかが具体的に検討されており、その際には、ⓐ不当使用されている共用部分の用方に従った使用（13条）が何であるか、当該不当使用がその用方を逸脱している——共用部分の変更に当たる——か、ⓑ不当使用行為が建物自体の安全性に影響を及ぼすか、ⓒ不当使用行為が規約違反に当たるか、などの要素が重視されているといえよう。

（4）行為の結果の除去　区分所有者の共同利益背反行為が認定されると、他の区分所有者の全員または管理組合法人は、その行為の停止、または、その行為の結果を除去するために必要な措置を執ることを請求することができる。行為の結果の除去とは、侵害物を撤去したり原状回復のための措置を講ずることによって侵害状況を取り除くことであり（稲本＝鎌野・区分所有法327頁）、本判決でもこれが認められた。

2　本判決の評価

本判決は、本件1階吹き抜け部分が共用部分に当たるかを判断するに際して、1（2）で述べた判断枠組みに従っている。すなわち、本件1階吹き抜け部分が当初から吹き抜けの状態であり、区分所有者の共用に供されることが予定されていたと判示して、利用上の観点も加味しつつ、本件1階吹き抜け部分の位置・構造に基づいて、同部分が共用部分に当たると判断している。そのうえで、Yらの設置物によって遮断された部分が構造上・利用上の独立性を有していないと判示して、区分所有権の目的になるとのYらの主張を排斥している。この点の判断には特に異論は見当たらないであろう。

さらに、共同利益背反行為に当たるかについても、本判決は、1（3）で述べた判断基準と判断要素に依拠している。Yらの行為によって他の区分所有者が被る不利益について、他の区分所有者が本件1階吹き抜け部分を自転車置場や通路として使用できなくなったことに加えて、Yらの行為が本件1階吹き抜け部分の用方に従った使用を逸脱し、規約にも違反していることなどを指摘したうえで、Yらの行為を共同利益背反行為に当たると判断しているからである。そして、これらの事実によれば、（建物自体の安全性には影響がないものの）他の区分所有者が被る不利益の態様・程度は重大であるといわざるをえず、共同利益背反行為に当たるとした本判決の結論は妥当である。

3　実務指針

本判決は、判例・学説において確立した判断基準と判断要素に基づき、共用部分該当性を判断したうえで、区分所有者による共用部分の不当使用行為が共同利益背反行為に当たり、その行為の結果を除去する請求が認められるとした。共用部分の不当使用行為に対して法57条1項に基づく結果除去請求がなされた場合の典型的な判断の仕方を明らかにしたといえ、同種の事案においても参考になると考えられる。

【参考文献】　本文中に掲げたもの。

秋山靖浩
早稲田大学教授

64 訴訟の提起

東京地裁平成6年2月14日判決（判時1515号91頁、判タ856号219頁）

1 事実

Y_1は、区分所有建物である本件ビルの336号室の区分所有者Y_2から同室を賃借してサウナ風呂を営業していたところ、本件ビル407号室（区分所有者Y_3）から336号室に温水を送るために、3階天井部分と4階床下部分とで囲まれる空間に給湯管を設置する配管工事を行った。

本件ビル管理組合の理事長Xは、本件ビル規約40条に基づき、管理者となり、管理者としての職務に関する訴訟の原告または被告になると定められていた。Xは、上記配管工事により、本件ビルの共用部分（2条4項）である3階天井裏部分のコンクリート壁（以下「本件壁」という）が破損したこと、そして、本件壁の修復行為が保存行為に当たることを理由に、法26条および本件ビル規約40条に基づき、Yらに対して本件壁の修復等を請求する訴訟を提起した。Yらは、本件のような訴えは法57条に該当する場合にのみ提起しうることから、Xは原告適格を有しないなどと反論した。

2 判旨

本件壁の修復が保存行為に当たるとしつつ、以下の理由から、原告適格を欠くとしてXの請求を却下した。

「共用部分について通常予想されるような保存行為は、これに対する区分所有者相互間の利害の対立がほとんどないから、区分所有者がその有する共用持分に基づいて個人として行うことができる」ところ、管理者が区分所有者に代わって共用部分の保存行為をすることができれば便利であるから、法26条は、管理者にその権限を認め、かつ、規約また集会の決議による授権があることを条件として管理者に訴訟追行権限を認めている。

他方で、共用部分の保存行為のなかには、「その保存に利害の強い区分所有者と弱い区分所有者とに分かれる場合」もあり、これは「通常予想されない保存行為」に当たる。このような場合に、「利害の弱い区分所有者に保存行為及びそのための訴訟行為をする権限を認めるのは、保存の内容が充分でなくなるおそれがあるので適当でないし、反対に利害の強い区分所有者だけにその保存行為及びそのための訴訟行為をする権限を認めるのは、利害が弱いとはいえ他の区分所有者の利益の保護が図られないので、これも適当でない」から、通常予想されない保存行為は「区分所有者全員でのみすることができるとするのが適当である」。そこで、法は、この点について、区分所有者が共同利益背反行為（6条1項）をした場合に、他の区分所有者の全員がその行為の結果の除去等を請求する訴訟を提起するには、集会の決議を要する（57条2項）とし、また、管理者（または集会において指定された区分所有者）は、集会の決議により、他の区分所有者全員のために訴訟を提起することができるとした（57条3項）。その際、法57条3項において「規約による〔管理者への〕包括的な授権が許されないのは、当該保存行為が通常予想されないものであり、それが生じた時点で区分所有者に判断させる必要があり、包括的な授権になじまないからである」。

本件壁の修復の請求は、その性質上、通常予想されない保存行為の請求に該当する。したがって、法26条および本件ビル規約40条に基づくXの請求は許されない。

3 解説

1 本判決の分析

（1）管理者は、規約による授権を受けていれば、集会の決議によらなくても、共用部分の保存行為に関して訴訟を追行することができる（26条4項）。これによると、毀損された共用部分の修復が保存行為に当たるかぎり、管理者は、以上の規律に基づいて、共用部分を毀損した区分所有者に対し、その修復を請求する訴訟を提起することができそうである。

ところが、法57条によれば、区分所有者が区分所有者の共同の利益に反する行為（以下「共同利益背反行為」という）をした場合には、他の区分所有者の全員がその停止や結果除去の請求をすることができるところ（1項）、仮に区分所有者のした共用部分の毀損行為が共同利益背反行為に当たるならば、管理者がこれらの請求に関して訴訟を提起するには、集会の決議を経なければならない（3項）。

そこで、区分所有者が共用部分の毀損行為をした場合において、管理者がその修復を請求する訴訟を提起するときに、法26条4項と法57条3項のいずれが適用されるかが問題となる。この点について、本判決は、本件の事案に法57条3項を適用し、管理者Xが区分所有者Yらに対して本件壁の修復を請求する訴訟を提起するには、規約による授権では足りず、集会の決議が必要であるとしたものである（なお、本件で毀損行為をしているのは専有部分の占有者であるが、本件の争点では区分所有者と占有者は同様に扱われることから〔6条3項・57条4項参照〕、以下では区分所有者で統一する）。

（2）立法担当者は、法26条4項と法57条3項がそれぞれ一定の要件のもとで管理者に訴訟追行権を与えた趣旨について、おおむね次のように説明している（濱崎・改正70頁以下、219頁以下、334頁以下）。

一方で、本件のように共用部分が毀損された場合であれば、各区分所有者は、共用部分につき共有持分権を有することから（11条1項）、毀損状態を生じさせている者に対し、共有持分権に基づく妨害排除請求等の訴訟を提起することが可能である。その際、区分所有者全員を代表する立場にある者が全員のために訴訟追行することができるとした方が便宜であり、しかも、個別に集会の決議を経なければ訴訟追行ができないというのでは著しく不便であることから、法26条4項は、共用部分の保存行為等をはじめとする管理者の権限行為に関しては、規約による事前の包括的授権に基づき、区分所有者のために訴訟を追行する権利を管理者に与えることができる

とした。

他方で、法57条3項が、管理者が共同利益背反行為の停止や結果除去の請求に関して他の区分所有者全員のために訴訟を提起するには、規約による事前の包括的授権では足りず、集会の決議による授権が必要であると定めた理由は、次の点にあるという。①この場面では、区分所有者全員の共同の利益が保護されるべき利益となっていることから、法57条1項に基づく共同利益背反行為の停止や結果除去の請求権は、区分所有者全員に団体的に帰属する。したがって、そのような権利を行使するかどうか、また、その権利行使に関する訴訟の追行を管理者（または管理者以外の区分所有者）に委ねるかどうかは、団体的な意思決定――すなわち集会の決議――によるべきである。②区分所有者の共同利益背反行為という事態の重要性と判断の困難性とに鑑みると、規約による事前の包括的授権に基づいて管理者が随時に訴訟を提起しうるとするのは適当でなく、事案ごとに個別的な集会の決議を要求するべきである。

（3）本判決も、上記（2）の立法担当者の説明に依拠していると解される。管理者に訴訟追行権を付与する趣旨が法26条4項と法57条3項では異なっている点、および、法57条3項が管理者の訴訟追行につき規約による事前の包括的授権を許さない理由につき、「当該保存行為が通常予想されないもの」である（判旨の別の箇所では「事柄が重大である」とも述べている）がゆえに、「それが生じた時点で区分所有者に判断させる必要があり、包括的な授権になじまない」と判示している点は、いずれも立法担当者の説明に沿ったものだからである。

そのうえで、本判決は、共用部分の保存行為を「通常予想されるような保存行為」と「通常予想されない保存行為」に区分し、前者について管理者に訴訟追行権を付与するには法26条4項の規律に、後者については法57条3項の規律にそれぞれ服するという判断枠組みを提示している。共用部分の保存行為をこのように区分する解釈は、立法担当者の説明には見当たらず、本判決独自のものであると解される。

2　本判決の評価

（1）共用部分の毀損行為がなされた場合に、これが本判決のいう「通常予想されない保存行為」に当たると、管理者が訴訟提起をするには集会の決議による授権が必要だとされることは、共用部分の毀損行為に迅速に対処しえないという点で、確かに不便ではある。

しかし、立法担当者（およびこれに依拠する本判決）が述べているように、共用部分の毀損行為が区分所有者全員の共同の利益に関わっている場合には、その事態が重大であり判断も困難である――区分所有者間で利害の程度に違いがあるために激しい対立も予想される――ことを踏まえると、規約による事前の包括的授権のみによって管理者の訴訟提起を正当化するのはやはり難しいと考えられる。むしろ、当該事態の発生を踏まえて開催される集会において、管理者による訴訟提起の可否につき、区分所有者に熟慮する機会を提供し、その具体的な判断を求めるのが妥当であると解される。

加えて、本判決は言及していないが、「保存行為」（18条1項ただし書）とは、各区分所有者が集会の決議なしで単独でなしうることから、緊急を要する維持行為または比較的軽度の維持行為に限定され、このことは管理者のなしうる保存行為（26条1項）にも当てはまると解されている（稲本＝鎌野・区分所有法154頁参照）。この点からも、共用部分の保存行為に関して、管理者が規約による事前の包括的授権のみで訴訟追行しうる場面（26条4項）は、狭く解することが要請されよう。

以上によれば、本判決が、法26条4項の適用範囲を絞り、本件の事態を法57条3項の適用に委ねたことは、解釈の方向性として妥当であったと考えられる。

（2）本判決は、共用部分の保存行為を「通常予想されるような保存行為」と「通常予想されない保存行為」とに区分し、後者を法57条の規律に服させたうえで、本件壁の修復請求は性質上、「通常予想されない保存行為」に当たるから、管理者による訴訟提起には集会の決議を要するとした。

しかし、具体的にどのような性質に着目して「通常予想されない」と判断したかは、判決文からは明らかでない。おそらくは、ⓐ本件壁の毀損行為が区分所有者全員の共同の利益に関わること（上記1（2）の立法担当者が挙げる理由①）、および、ⓑ本件壁の毀損行為が事態として重大であり、しかも、区分所有者間の利害にも違いがみられることから、その判断には困難性を伴うこと（同理由②）を考慮したうえで、管理者による訴訟提起を認めるには、集会の決議（57条3項）という形で区分所有者の意思を慎重に確認するのが妥当であると判断したものと解される。

そうすると、結局は以上のように判断すれば結論を導けるのであるから、ここに「通常予想されるような保存行為」・「通常予想されない保存行為」という概念ないし区分を介在させる必要性は乏しい。すなわち、管理者が共用部分の修復を請求する訴訟を提起しようとする場合に、上記ⓐおよびⓑのような事情が存するときには、共同利益背反行為の結果除去等の請求を規律する法57条3項に服し、集会による決議を経なければならないのに対し、このような事情が存しないときには、その修復請求が法28条1項に基づく管理者の権限行為に該当する限り、規約による事前の包括的授権で足りる（26条4項）と解すればよく、「通常予想されるような保存行為」・「通常予想されない保存行為」という概念ないし区分を用いる必要はなかろう。

3　実務指針

本判決によれば、管理者が、規約による事前の包括的授権に基づいて、毀損された共用部分の修復を請求する訴訟を提起することができる場面（26条4項）は限定されている。むしろ、その毀損行為が区分所有者の共同の利益に関わり、その事態の重大性と判断の困難性が認められるといった事情（上記2（2））がある場合には、法57条3項に基づき、集会の決議を経なければ管理者による訴訟の提起が許されないと判断される可能性が高い。管理者の提起した訴訟が集会決議の不存在を理由に却下されるリスク――本件ではまさにこのリスクが現実化した――を考慮するならば、上記の事情が少しでもみられる事案においては、集会の決議によって管理者に訴訟追行権を付与する対応が望ましいといえよう。

【参考文献】　本文中に掲げたもの。

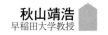

秋山靖浩
早稲田大学教授

65 暴力団事務所の使用禁止

福岡地裁昭和62年5月19日判決（判タ651号221頁）

1 事実

　Xは、本件マンションの管理組合である。Yは、本件マンションの402号室を専有部分とする区分所有者であるが、暴力団の組長を名乗って活動している。Yは、402号室への入居に際し、舶来小物・事務機器の販売を業としていることおよび402号室はY夫婦の居住用として使用する旨を告げていた。しかし、その後Yは、402号室を暴力団組事務所として使用し、数々の規約違反を繰り返すようになった。具体的には、本件マンション構内の浄化工事の際に、構成員がドリルの音がうるさいと怒鳴り、暴力行為を行ったこと、Yが駐車禁止区域に大型自動車を長時間駐車させて住民の出入りを妨げたこと、構成員が窃盗事件を起こしたこと、Yが当時勃発していた抗争に積極的に関与していたことから、住民が巻き込まれる危険性が高まったこと、等である。
　そこで、Xは臨時総会を開催し、Yの行為が共同の利益に反するとして、専有部分の使用禁止を請求することを決議した。また、XはYの行為を除去するために多大な作業と出費を余儀なくされたとして、損害賠償を請求した。

2 判旨

　本判決では、Yらにより「本件マンション住民の生命・身体の安全は重大な危殆に瀕し、他の区分所有者らの生活に多大な支障を来した」として、Yの各行為は「社会通念上明らかに第三者に迷惑を与えると判断される行為をなすこと」を禁じた管理規約に違反すると判断された。そして、区分所有者の共同の利益に反する行為の態様や程度から、3年間の使用禁止を認めた。さらに、Xが「理事会の頻繁な開催及び総会招集、さらには仮処分申請、本件訴訟の提起など、その規約違反行為を除去するため多大な作業と出費を余儀なくされてきた」こと、「本件は、暴力団に対しその組事務所の撤去を求めるという特殊な事案であり、かつ暴力団による報復等の危険も予想されることから、Xは本件の処理を緊急かつ確実に行うために本件代理人弁護士らにその処理を依頼し、福岡県弁護士会報酬規定により報酬契約を締結するとともに着手金や訴訟実費等を支払った」こと、Xの構成各組合員はYの各行為によって打合せや諸会議の開催等多大な迷惑を被っており、「これは単に個人としての迷惑というより、Xの構成組合員として蒙ったものというべきであり、Xの蒙った損害は重大である」ことから、不法行為に基づく300万円の損害賠償が認められた。

3 解説

1 本判決の分析

　(1) 区分所有者の共同の利益に反する行為（6条1項）により、他の区分所有者が迷惑を被った場合、被害者は自己の共用部分の共有持分権や人格権に基づいて、差止請求や損害賠償、違約金の請求等をすることができる。これらは各区分所有者の個別的な請求権として、当然に認められる。しかし、区分所有建物は敷地や共用部分を共有し、また継続的な共同生活関係を営む場である。このような特殊性から、共同関係を維持するための積極的な措置が必要となる。そこで、義務違反者に対する集団的な請求として、集会の決議を要件として、差止請求（57条）・使用禁止請求（58条）・競売請求（59条）・占有者に対する引渡請求（60条）が規定されている。
　本件は、法58条の使用禁止および不法行為に基づく損害賠償が請求された事案である。使用禁止請求が認められるためには、①区分所有者が法6条1項に規定する行為をした場合、またはその行為をするおそれがある場合であること、②当該行為による区分所有者の共同生活上の障害が著しいこと、③法57条1項に規定する請求（差止請求）によってはその障害を除去して共用部分の利用の確保その他の区分所有者の共同生活の維持を図ることが困難であること、が要件となる。すなわち、法58条が適用されるには、差止請求では共同生活の困難が解決できないほどの、共同の利益に反する行為でなければならないのである。そしてその制裁として、義務違反者の区分所有権は維持されるものの、一定の期間自ら使用することができなくなる。ただし、所有することが問題なのではなく、本人が「使用すること」が共同の利益を害する原因であるため、他人に譲渡・賃貸することは許される。
　(2) それでは、本件のように専有部分を暴力団事務所として使用することは、共同の利益に反する行為といえるか。区分所有関係は、建物の共用部分を共有し共同管理するという建物保存の側面と、共同生活を営むという生活上の利害調整の側面をあわせ持つ。そのため、共同の利益についても、この2つの側面における秩序維持を目的にしている。法6条1項における共同利益背反行為の類型としては、①不当毀損行為、②不当使用行為、③ニューサンス（生活妨害）、等が挙げられる。①は外壁に穴をあける等、建物全体の安全性を弱める行為である。②は、共用部分に私物を設置したり、専有部分を本来想定されていない用途で使用する場合であり、③は騒音・振動・悪臭等の生活上の迷惑行為を意味する。本件のように、暴力行為や迷惑行為を繰り返していたような場合であれば、共同の利益に反する行為と認定することに異論はないであろう。
　(3) 次に、以上の行為があった場合に、法57条ないし法59条のいずれが適用されるかが問題となる。実のところ、法58条が適用された事例は極めて少ない。立法担当者は、一度ガス爆発事故を発生させ、再度そのおそれが強い場合や、専有部分を売春行為、とばくの開帳など犯罪行為や著しい公序良俗違反の行為に使用している場合等を挙げており、その中に「暴力団構成員が専有部分をその事務所として使用し、他の区分所有者に恐怖を与える等の顕著な振舞いがある場合」も含まれている（後掲・①文献）。総じて継続的に迷惑行為を繰り返す場

合を想定していたようだが、現在のところ、法58条に関する判例の集積は不十分だといえよう。

いずれの措置が妥当であるかは、当該行為の悪質性や、他の区分所有者の被害程度等を総合的に勘案し、訴えの目的を達成するために必要な手段は何かという視点で判断することになる。たとえば、違法増改築であれば増改築部分を撤去・原状回復させること、不適切な使用（託児所や居酒屋の営業、ペットの飼育等）であればその使用を止めさせることが請求の目的であるため、差止請求となる。共同生活上の障害が著しく、他の方法（差止請求や使用禁止）ではその障害を除去し、共同生活を維持することが困難である場合には、競売請求が適用される。使用禁止請求が建物からの一時的な排除（使用することへの制限）であるのに対し、競売請求は永久的な排除であり、他人の所有権を剥奪するものである。そのため、両者間には大きな差がある。

法58条の使用禁止請求は、「相当の期間」に限られる。立法者の見解によると、具体的な期間は「共同生活の円満な維持継続を図るためにはどの程度の期間区分所有者による専有部分の使用を禁止するのが相当であるかを考慮して、原告の請求の範囲内で裁判所が判断して」定めることになるが、使用禁止は区分所有権を残しながら一時的に当該区分所有者を排除するものであるため、「あまり長期にわたる使用禁止は、かえって区分所有権の競売より過大な苦痛を区分所有者に与える」結果になり、不適当となる（後掲・②文献）。その場合は競売請求の方がふさわしいと解されている。

（4）それでは、暴力団事務所としての利用については、いかなる措置をとるべきか。本件では使用禁止が請求されたが、必要な措置の内容は具体的な状況をもとに判断されるため、差止請求と競売請求、いずれも裁判例が存在している（後掲・③）。

平成4年に暴力団対策法が施行され、各方面で暴力団排除の動きが進んだ結果、構成員の数は減少に転じ、平成13年以降は抗争事件も漸減している。しかし、暴力団にとって事務所は拠点として不可欠である。そのため、身元を隠してマンション等の区分所有建物を購入するといった問題が後を絶たない。区分所有建物が選ばれる理由としては、密室性が高く、住民同士の人間関係が希薄な場合が多いこと、また、コンクリート造の堅固な建物が、抗争の際の防御に適していること等が挙げられる。

一方で、暴力団事務所の存在により、他の住民はさまざまな害悪を受ける。反社会的な組織が身近に存在し、暴力団員の風体の者たちが出入りすることにより、心理的な恐怖や不安感を覚える。また具体的な危険として、構成員らの迷惑行為の直接的な被害者になることが考えられる。加えて、暴力団間の抗争の際には攻撃目標になりやすい。抗争では銃器の発砲を伴うこともあり、誤って標的にされる危険性もある。さらに間接的な影響としては、退去者が増加したり、専有部分の売却が困難になることから、建物管理に支障を来たしたり、資産価値が下落することも想定される。

暴力団事務所は、存在するだけでも近隣住民に不安を与える。しかし、抽象的な不安感だけで共同の利益に反するといえるかは疑問である。構成員の迷惑行為や抗争事件等、具体的に危険が顕在化した場合には、当然に制裁措置をとることができるが、問題は、危険の可能性はあるものの未だ顕在化していない場合である。過去の事例では、暴力団事務所としての使用が、住民の共同生活や生命・身体に対して具体的な危険を招く可能性が高い場合には、たとえ当該建物内での迷惑行為が現実に発生していなくても、共同の利益に反すると判断されている。例えば福岡地判平成24年2月9日LEX/DB25444324では、県内で暴力団関連の発砲事件や爆発物事件が多発していること、近隣マンションで暴力団構成員に対する殺人事件が発生していることが、日常生活への具体的な支障と判断され、競売請求が認められた。東京地判平成25年1月23日判タ1408号375頁でも、都内での暴力団関連事件の多発や、当該専有部分に対して警察による捜索が2度行われていることが、共同の利益に反すると指摘されている（もっともこの事件では、口頭弁論終結時までに組事務所としての使用が止められており、再び事務所として利用される具体的可能性があるとはいえないとして、住民らの訴えを棄却している）。

つまり、単なる抽象的・心理的な不安感のみでは不十分で、裁判時において、他の区分所有者の人身に対して現実的・具体的な危険が差し迫った状況であることを要するのである。その際、関係者の言動だけでなく、近隣地域内の状況（暴力団に関する事件の有無）も考慮し、総合的に判断されている。

2　本判決の評価

本件では、Yは構成員数人を専有部分に同居させ、さまざまな迷惑行為を繰り返した。マンション構内の浄化工事の際に4階ベランダからライターを投下したこと（暴力行為）、Yが駐車禁止区域に大型自動車を長時間駐車させて住民の出入りや荷物の運搬に障害を生じさせたこと（駐車トラブル）、構成員が玄関に駐車中の他人の自動車から手さげカバンを盗んだこと（窃盗事件）等である。さらに、当時県内では暴力団同士の抗争事件が多発しており、Yは積極的に関与していた。そのため、402号室は敵対勢力の襲撃目標になっており、Yは抗争に備えて、鉄板・砂袋・寝具等を運び込ませていた。警察も警戒しており、警察官を本件マンションに配備したり、殺人未遂の容疑で402号室の捜索も行っている。

以上の点は、他の住民に現実的・具体的な危険が差し迫っていると判断するのに十分だといえる。本件では3年間の使用禁止が相当とされたが、近年の裁判傾向を鑑みると、具体的に事件を起こしていること、地域内で抗争事件が多発していること等から、競売請求でも認められたであろうと思われる。

3　実務指針

本件マンションでは、管理規約で「社会通念上明らかに第三者に迷惑を与えると判断される行為をなすこと」を禁じており、本件各行為がこれに該当すると判断されたが、より直接的に規約内で反社会的勢力の排除に関する規定を設けておくことも可能である。現在、暴力団に関する項目を標準管理規約に盛り込むことが検討されている。

【参考文献】①法務省・マンション法307頁、②法務省・マンション法311～312頁、③57条では東京地判平成10年12月8日判時1668号86頁。59条では札幌地判昭和61年2月18日判時1180号3頁、名古屋地判昭和62年7月27日判時1251号122頁、京都地判平成4年10月22日判時1455号130頁など。

南部あゆみ
平成国際大学准教授

66 管理費等の滞納と専有部分の使用禁止請求

大阪高裁平成14年5月16日判決（判タ1109号253頁）

1 事実

1棟のテナントビルであるS建物の区分所有者である被告Y（原審・被告、控訴人）に対し、区分所有法25条の管理者であると主張するX（原審・原告、被控訴人）が、Yの管理費等の滞納（平成3年9月から13年2月末までに1348万5561円）が区分所有者の共同の利益に反する行為であるとしてYの専有部分の使用禁止を求める（第1事件）とともに、滞納管理費等の支払を求めた（第2事件）ものの、Yは原判決中のY敗訴部分の取消しと取消部分に係るXの請求の棄却、全面的訴訟費用の負担を求め控訴した。

Xは、第1事件における使用禁止を求める請求については、法人であるXは管理者ではないとして、その原告適格を争い、また、法58条による使用禁止については、物理的な保全義務違反に適用されるべきもので管理費等の滞納はそれに当たらないとして争う。

2 判旨

「Yの管理費等の滞納は、平成3年9月分から始まったもので、平成13年2月末日時点での滞納額は1348万5561円となっており、期間及び金額の双方において著しいものがあることからすると、6条1項の『区分所有者の共同の利益に反する行為』に当たるということができる。

次に、管理費等の滞納と57条の差止請求との関係については、……積極的な加害行為があるわけではないので、……『必要な措置』は管理費等の支払を求めるというのが想定される程度であるが、そのこと自体は特別の規定を待つまでもなく当然のことであって、管理費等の滞納につき57条の差止請求を認める実益がない。これに対し、59条の競売請求については、これを認める実益があり、その要件を満たす場合には59条に基づく競売請求をすることができる。すなわち、管理費等の滞納については、区分所有法7条による先取特権が認められており、先取特権の実行により、あるいは債務名義を取得して、管理費等を滞納している区分所有者が有する他の財産に強制執行をすることにより、滞納管理費等の回収を図ることができるが、これらの方法では効果がない場合には、59条による競売も考えられ、競売による買受人は未払の管理費等の支払義務を承継するので（同法8条）、59条による競売は、管理費等の滞納解消に資する方法であるといえる……。

では、本件で問題となっている58条による専有部分の使用禁止請求について、……同条の規定は、共同の利益に反する行為をする区分所有者に対し、相当の期間、専有部分の使用を禁止するというものであるが、専有部分の使用を禁止することにより、当該区分所有者が滞納管理費等を支払うようになるという関係にあるわけではなく、他方、その区分所有者は管理費等の滞納という形で共同の利益に反する行為をしているにすぎないのであるから、専有部分の使用を禁止しても、他の区分所有者に何らかの利益がもたらされるというわけでもない。……管理費等の滞納と専有部分の使用禁止とは関連性がないことは明らかであって、管理費等を滞納する区分所有者に対し専有部分の使用禁止を認めることはできないと解するのが相当である。被控訴人Xは、専有部分の使用禁止によって、滞納管理費等の支払いが促進される教育的効果がある旨主張するが、そのような効果があるのかは定かではなく、あるとしても事実上の効果に止まる……。

また、……区分所有法57条ないし59条は、段階的な手続を規定したものであり、専有部分で騒音等を発散させる、あるいは専有部分を暴力団事務所として使用しているなど、積極的に区分所有者の共同の利益に反する行為がされている場合は、59条の競売請求の要件を満たすときには、当然に57条及び58条による各請求も認められるという関係にあるが、本件のような管理費等の滞納については、共同の利益に反する行為の態様が上記の事例とは異なるのであるから、59条による競売請求が認められることから直ちに58条による専有部分の使用禁止も認められるという関係にはない。……Xの専有部分の使用禁止を求める請求は、理由がない。」

3 解説

1 本判決の分析

原審における争点は、Xの原告適格等について、Yの共同利益違反行為（58条）および管理費等債務の不履行の3点であった。まずは各争点についての判断であるが、原告適格等について、本件総会は、適法な手続を経て、Yに対し区分所有法58条の専有部分の使用禁止を求める訴えを提起すること、および、Yに対し、管理費等（管理費、修繕積立金〈修繕費〉、分担金〈電気料金分担金〉および電気料金）の滞納分の支払を求めることが決議されたものと認められる（ただし、Xが第2事件において請求するエレベータ分担金については、決議された事実は認められない）。また、Xの共同利益違反行為（58条）については、区分所有者の共同の利益に反する行為につき、区分所有法58条1項は、同法6条1項に規定する行為につき、一定の要件のもとで専有部分の使用禁止請求の訴えを提起することができる旨規定するが、同法6条1項は、「建物の保存に有害な行為その他建物の管理又は使用に関し区分所有者の共同の利益に反する行為」と規定するのみで、これを物理的な保全義務に限定するものとは必ずしも解されない。しかるところ、管理費等の滞納の場合であっても、その程度が著しい場合には、当該建物の保存に支障を来し、管理または使用に障害が生じることも十分想定されるものである。そして、管理費等債務の不履行について（不適法とされたエレベータ分担金を除く部分について）は、Xは、平成13年2月末日において、Yが負担する債務は、合計金1348万5516円になると主張するが、Yはこれを明確

に争わないので、同事実を自白したものとみなす（なお、弁済期についても自白したものとみなされるから、平成13年2月末日から遅延損害金が発生する）。内訳は①管理費941万6942円（含消費税35万432円）、②修繕費94万653円（含消費税3万4983円）、③電気料金分担金105万7705円、④電気料金218万3572円、合計1359万8872円から11万3311円（平成12年3月1日X支払分）を差し引いた額とし、平成13年2月末日から支払済みに至るまで民法所定年5分の割合による遅延損害金の支払義務を負うとした。

思うに、法58条はこれまでに、専有部分の暴力団事務所としての使用、新興宗教の教団施設としての使用を禁止する場面で登場し、請求が認められているケースはあるが、管理費等の滞納によって認容されるケースは皆無である。が、法58条の使用禁止が、滞納管理費等の弁済に対する心理的な圧力となり、また、当該区分所有者が使用禁止を命じられた場合も、第三者への譲渡あるいは第三者への賃貸は可能だから、それによる収益から弁済することもでき、あるいは、譲渡を受けた第三者への債務承継による回収も期待できるとの判断は、滞納管理費等の回収という点で、非常に積極的な判断であると解される。

2 本判決の評価

Xの原告適格等についておよび管理費等債務の不履行については原審の判断を引用するが、区分所有法58条に基づく専有部分の使用禁止請求については、各区分所有者は、専有部分についてそれぞれ所有権を有し、形式上はこれを独占的に支配する権能を有している。専有部分といえども物理的には1棟の建物の一部分にすぎず、1棟の建物を良好な状態に維持することが必要であり、区分所有者全員の有する共同の利益に反する行為をすることは、たとえ専有部分に対する区分所有者の権利の範囲内の行為と認められるものであっても許されず、このことは建物の区分所有の性質上当然のことであるが、区分所有法は、区分所有者が、「建物の保存に有害な行為その他建物の管理又は使用に関し区分所有者の共同の利益に反する行為」をすることを禁止し（6条1項）、ここに規定する行為をした場合またはその行為をするおそれがある場合は、その行為を停止し、その行為の結果を除去し、またはその行為を予防するため必要な措置を執ることを請求することができる（57条1項）。法6条1項に規定する行為により区分所有者の共同生活上の障害が著しく、法57条1項に規定する請求によってはその障害を除去し共用部分の利用の確保その他の区分所有者の共同生活の維持を図ることが困難であるときは、相当の期間、当該区分所有者による専有部分の使用の禁止を請求することができる（58条1項）。さらに、法6条1項に規定する行為により、区分所有者の共同生活上の障害が著しく、他の方法によってはその障害を除去し共用部分の利用の確保その他の区分所有者の共同生活の維持を図ることが困難であるときは、当該区分所有者の区分所有権および敷地利用権の競売を請求することができる（59条1項）。

このように、共同の利益に反する行為をする区分所有者に対しては、区分所有法57条による行為の差止請求、法58条による専有部分の使用禁止請求、法59条による区分所有権の競売請求をすることが認められている。これらの関係は、一般的には、法57条による差止請求によっては共同生活の維持を図るのが困難な場合に法58条による専有部分の使用禁止請求が認められ、差止請求はもとより、使用禁止請求を考慮に入れてもなお共同生活の維持を図るために他に方法がないといえる場合に、法59条による競売請求が認められるというものである。たとえば、専有部分で騒音、悪臭を発散させるなど他の区分所有者に迷惑を及ぼす営業活動をしている場合、暴力団構成員が専有部分をその事務所として使用し、他の区分所有者に対し恐怖を与える等の行動をとっている場合等を考えると、区分所有法57条により、騒音、悪臭を発散させる営業行為の差止請求、あるいは暴力団事務所としての使用の差止請求が功を奏さないときに、法58条による相当期間の専有部分の使用禁止請求が認められ、さらに、それが功を奏さないときに法59条による区分所有権等の競売により、その区分所有者を区分所有関係から終局的に排除することが認められるというものである。なお、裁判上の請求をするにあたり、必ずしも手続的な段階を踏む必要はなく、その要件を満たす限り、直ちに法58条または法59条の請求をすることもできると解されるとしたうえで、管理費等の滞納という形で共同の利益に反する行為をしているにすぎないのだから、専有部分の使用を禁止しても、他の区分所有者に何らかの利益がもたらされるというわけでもなく管理費等の滞納と専有部分の使用禁止とは関連性がないことは明らかだから管理費等を滞納する区分所有者に対し専有部分の使用禁止を認めることはできないと解するのが相当だと解する。

3 実務指針

もはや管理費等の滞納は、相当のマンションの抱える厄介な問題として浮上してきているし、その増加の傾向が示されつつあると思われる。すると、区分所有者の団体にとっては、法58条をも含めて対処できる地裁判決を選択肢に加えることが歓迎されようが、その先にある区分所有権の剥奪という観点からすると、法59条への一本化も考慮せざるをえない。現行上、このようなケースで法58条を全く考慮すべきではないとは言い切れないが、若干の混乱は予測される。むしろ訴外だが、たとえば、「将来の給付の訴えは、あらかじめその請求をして給付判決を得ておく必要のある場合に限り認められるところ、……被告の管理費等の支払義務は継続的に月々確実に発生するものであること、本件マンションは戸数10戸の比較的小規模なマンションであり、被告一人の管理費等の滞納によっても、原告はその運営や財政に重大な支障を来すおそれが強いこと、将来分をも含めて、被告の管理費等支払拒絶の意思は相当に強く、将来分の管理費についても被告の即時の履行が期待できない状況にあることなどが認められ」る場合、将来発生する管理費の支払を認める事例（東京地判平成10年4月14日判時1664号72頁）もある。

【参考文献】 本件を含む評釈としては、①土居俊平＝月岡利男「共同の利益に反する行為と差止・使用禁止・競売の請求」関西大学法学研究所 研究叢書第28冊『マンションの法と管理』150頁［2004］、②横浜弁護士会編『マンション・団地の法律実務』189頁［2014］、③稲本＝鎌野・区分所有法50頁等がある。

竹田智志
明治学院大学兼任講師

67 暴力団事務所の競売請求

京都地裁平成4年10月22日判決（判時1455号130頁、判タ805号196頁）

1 事実

　X₁は本件マンションの区分所有者全員をもって構成する管理組合であり、X₂・X₃は本件マンションの区分所有者である。暴力団組長であるY₁およびY₁が社員である有限会社Y₂は、本件マンションの111号室を賃借し、占有している。111号室は以前Y₃が区分所有しており、現在はY₄が区分所有者である（Y₃・Y₄はY₁の親族）。Yらは、111号室を違法改装して暴力団事務所として使用し始め、さまざまな迷惑行為を行うようになった。違法改築工事（無断で111号室用の専用出入口を設ける、111号室に地下室を作る）・通路を占拠し他の住民の通行を妨害する・構成員の暴言や威迫行為・管理費等の不払い・駐車場の違法駐車等、居住者は多大な迷惑を被り、恐怖心を抱くようになった。

　そこでXらは、Yらの2度にわたる違法改装、111号室を暴力団事務所としたこと、本件マンションで発生させた事件や強迫的な言動によって他のマンション住民に甚大な恐怖感を与えたこと等が、区分所有法の義務違反者に対する制裁規定に該当するとして、Y₁・Y₂に対しては賃貸借契約の解除および専有部分からの退去・引渡しを（60条）、Y₄に対しては専有部分の競売を（59条）、さらにYら全員に対して改造部分の原状回復を（57条）、それぞれ請求した。

　これに対してYらは、111号室の改装は本件マンションの売主による同意を得ており、また111号室を暴力団事務所として使用したことはない等と反論している。

2 判旨

　Yらの反論をすべて否認。「Y₁による2回にわたる違法な改造行為、配下の組員らの事務所としての使用、駐車場やマンション内の111号室前通路の使用についての日頃の言動、その他マンション内外における粗暴な言動など一連の行為は、他の区分所有者らに恐怖感を与えてその平穏を著しく害し、本件マンションの評価を低下させたものであり、その管理、使用に関して区分所有者共同の利益に違反する行為であり、これによる他の区分所有者らの共同生活上の障害は著しい程度に至っている」ものだとして、Xらの請求を認めた。さらに、Yらの行為がXらの共同生活上の利益を著しく損なうものであることから、不法行為責任を認め、Xらの請求する弁護士費用200万円の支払を認めた。

3 解説

1 本判決の分析

　(1) マンション等の区分所有建物は、共用部分を共有するという建物構造上の関係を有すると同時に、共同生活の場という側面を併せもつ。そのため区分所有者および占有者は、建物の保存に有害な行為その他建物の管理又は使用に関し区分所有者の共同の利益に反する行為をしてはならないと定められている（6条1項・3項）。この規定に違反した場合、他の区分所有者は、差止請求（57条）、使用禁止請求（58条）、競売請求（59条）、占有者に対する引渡請求（60条）を団体的に行使することができる。これは共同生活関係の維持を図ることが目的であるため、被害を受けた人物の個人的な請求ではなく、集会の決議を要する団体的な請求という点が特徴である。

　本件では、賃貸借契約を解除し、居住者である組長らを退去させるだけでなく、所有者であるY₄に対する競売請求も認められた。競売請求は、共同の利益を保護するという目的のために、利用の制限にとどまらず、区分所有者の財産権の剥奪までも請求するものである。そのため法59条により、①区分所有者が共同の利益に反する行為をしたことまたはその行為をするおそれがあること、②当該行為によって、区分所有者の共同生活上の障害が著しいこと、③他の方法によってはその障害を除去して共用部分の利用の確保その他の区分所有者の共同生活の維持を図ることが困難であること、という要件が課されている。③の「他の方法」とは、差止請求や使用禁止請求のほか、民事法上とることができる措置を指すものと解されている（後掲・①文献）。つまり、法59条は当該人物が区分所有者でなくなることでしか解決できない場合を想定しているのであり、他の方法では解決できない場合の最終的な手段として位置付けられているのである。ただし、他の方法を請求しても相手が従わないことが明らかである等の特別の事情がある場合には、他の方法を経ずに競売請求をすることも認められる。

　(2) 競売請求が区分所有法に盛り込まれた当初から、暴力団事務所としての使用は、具体例として想定されていた。暴力団として活動するには事務所の存在が不可欠であるが、区分所有建物は密室性が高く、住民同士の人間関係が希薄なことから、反社会的な行為をするにも都合がよい。また、コンクリート造の堅固な建物が、抗争の際の防御に適していることから、事務所の設置場所として好まれたのである。一方で、他の居住者にとっては身近に暴力団関係者が出入りするだけでも恐怖を覚える。構成員らが暴言・暴行等の威迫行為を行うこともありうるし、暴力団間の抗争の際には事務所は標的となり、それに巻き込まれるおそれすらある。直接居住していなくても、暴力団の存在により借り手がつかなくなる、売却が困難になる、融資を断られる等により、資産価値が下落するという形で損害を被る。

　しかし、単に暴力団関係者が居住しているだけでは、共同の利益に反するとはいえない。他の居住者に著しく恐怖や迷惑を及ぼすような具体的な言動がなければ、財産権の剥奪という競売請求までは認められない。それでは、法59条の適用について、どの程度の迷惑行為があれば、具体的な危険が差し迫った状況といえるのか。同種の事件として、札幌地判昭和61年2月18日判時1180号3頁と名古屋地判昭和62年7月27日判時1251号122頁を検討する。

（3）札幌地判昭和61年2月18日判時1180号3頁は、暴力団事務所の使用による競売請求が初めて認められた事例である。①専有部分を暴力団事務所として使用し、関係者を頻繁に出入りさせていたこと、②居住者に対する構成員らの威迫的な行為、③会合のために関係者が周囲で違法駐車をしたこと、④対立組織がマンションにおしかけ抗争事件に発展したこと、⑤その後警察官が6日間にわたり警戒にあたったこと、等の経緯から、居住者らはいつまた抗争が生ずるかもしれないという恐怖感にかられるようになった。転居する者も続出し、マンションの経済的価値も買受当時の半分以下となった。以上の事情が認められ、使用禁止等の他の方法によっては共同生活の回復・維持を図ることが困難だとされた。また、被告は専有部分を第三者に賃貸することを検討中だと主張したが、被告の任意の対応にまかせていては、問題解決の期待は困難であるとして、競売請求が認容された。

名古屋地判昭和62年7月27日判時1251号122頁は、本件と同じように、区分所有権の名義は組長以外であるものの、専有部分の実質的な管理、処分権は暴力団組長が把握している。この事件では、マンションおよびその付近において、3度にわたり拳銃による襲撃を受けたことから、他の区分所有者らはまた同様の事件が発生し、巻き込まれるのではないかと不安に怯えるようになった。また、専有部分の売却が困難になる等、経済的損失も被った。そこで、暴力団組長が実質的な管理、処分権を保有する限り、今後も同様の事件が発生する危険があることは否定できないとして、競売請求が認められた。

（4）上記2件は、実際に抗争事件が起こっている。そのような場合は、危険が現実化していると断言できる。しかし、実際に抗争に至っていなくても、その準備をしたり、警察が捜査に入る等、抗争に至る蓋然性が高く他の居住者に不安を抱かせる具体的な事情があれば、危険は差し迫っているといえるであろう。また、関係者による暴言・暴行等の迷惑行為は、一般人に対しては多大な恐怖感を与えるものである。こうした言動を繰り返すことも、危険の顕在化と判断されている。

さらに、上記2件では、現在の危険だけではなく、将来も同様の事態が起こりうるかという点が重視されている。特に競売請求は、当該専有部分の使用を制限するだけではなく、権利自体を剥奪するものである。そのため、現在の迷惑行為を止めさせるための差止請求や、一定期間建物から排除する使用禁止の段階では問題が解決できない事情、すなわち将来にわたり永久に当該区分所有者を排除するだけの事由が必要となる。暴力団関係者が区分所有権を有することで、その後再び事務所として利用する可能性がうかがえる事情が存するのであれば、競売請求以外の手段はないと判断することは妥当であろう（東京地判平成25年1月23日判タ1408号375頁では、口頭弁論終結時までに専有部分が空室となっていること、売却に向けた具体的行動がなされていることから、再び事務所として利用される具体的可能性がないとして、競売請求が棄却されている）。

その他の検討事項として、周辺事情および経済的損失について考察する。まず、危険性の判断について、周辺事情を考慮すべきか。福岡地判平成24年2月9日LEX/DB25444324では、専有部分が暴力団事務所として使用され、暴力団員風の人物が出入りしていたが、住民との間に具体的な紛争は生じていない。それでも、暴力団事務所としての利用が、区分所有者の生活上の利益を含む建物の管理・使用全般にわたる共同の利益に反する行為であり、これによる区分所有者の共同生活上の障害が著しい程度に至っていると認められた。その背景には、福岡県では暴力団が県民に多大な脅威を与えてきたという事情があり、暴力団排除条例が制定されたこと、暴力団同士の抗争が続き、発砲事件や爆発事件が多発し、一般市民が巻き込まれた殺人事件もあること、近隣マンションで構成員に対する殺人事件が起こったこと等がある。暴力団事務所を設置することが、直接的に共同の利益に反することにつながるとはいえないが、当時の福岡県の状況を鑑みると、事務所の存在が具体的な危険を招くと判断されたのもやむをえないだけの事情がある。上記のような背景事情が存する場合には、他の住民らの生命・身体に危害が及ぶ現実的な可能性があると判断することも可能であろう。

次に、経済的損失を判断事由に加えることは妥当か。この点については、暴力団事務所の存在と他の区分所有権の価値下落との間に、どれだけの因果関係があるのか不明であるため、慎重を要する。一方で、関係者の迷惑行為により、具体的な支障が生じていることの顕著な表れと判断することもできる。思うに、価値の下落のみで共同の利益に反すると判断することは不適当であるが、他の住民の被害の度合いを測るための補助的な要因として、考慮に加えることには妥当性があると考えられる。

2 本判決の評価

本件では、2度にわたり専有部分を違法改装したり、通路を不当に占拠するだけでなく、関係者の暴言や威迫行為等、かなり悪質な迷惑行為が継続して行われてきた。建物の維持を阻害するばかりか、共同生活の維持にも支障を来している。そのため、他の事案と比較しても、十分に競売請求が認められるケースといえる。

3 実務指針

本件では、当該専有部分の違法改装が行われた後、暴力団事務所としての使用禁止等を求める仮処分の申請がなされたが、仮処分の執行後にも行動は改まらなかったという経緯がある。早期に事務所を追放し、住民の安全を確保するという点では、仮処分を積極的に用いるべきであるが、悪質なケースでは終局的な解決にならないのも事実である。ただし本件では、仮処分後の行動が判決に影響を与えており、区分所有者であるY_4の対応に任せていては問題を解決できないと判断された根拠の1つに挙げられている。

同じく、救済の迅速性という面で、仮執行を検討する必要もある。本件では認められなかったが、名古屋地判昭和62年7月27日判時1251号122頁では認められた。一般的に、実体法上の形成判決は仮執行が困難であるといわれているが、暴力団関連施設の場合、住民の生命・身体の安全がかかっている。そのためには判決が確定する前であっても措置を講じる必要があると思われる。

【参考文献】 ①濱崎・改正359～360頁。

南部あゆみ
平成国際大学准教授

68 電気供給契約の切替え

横浜地裁平成22年11月29日判決（判タ1379号132頁）

1 事実

　X₁は本件団地の管理組合であり、Yは本件団地の4号棟所在の物件を所有する区分所有者である。X₂は、4号棟の総会決議において、Yに対する訴訟追行者として指定された者である。本件団地では、従来は各戸が東京電力と個別に電気使用について契約してきたが、A社が高圧受電設備を設置して一括受電し、そこから各戸に電気を供給するというシステムに切り替える案が提案された。この場合、高圧受電や電気供給のための設備や配線を設置する工事（本件工事）が必要になるため、平成21年5月の定期総会で議題にあげられ、特別決議によって可決された。しかしYは、A社が各戸と電気供給契約を締結するための申込書の提出を拒否し、そのためX₁はA社との間で高圧一括受電方式による電気供給契約を締結することができなくなった。そこでXらは、Yの行為が法6条1項所定の「区分所有者の共同の利益に反する行為」に該当するとして、法59条1項に基づく競売の請求をするとともに、Yの行為はX₁に対する不法行為に当たるとして損害賠償を請求した。

2 判旨

　競売請求については、①利便性・電気料金の低減という点で本件工事には合理性があること、②Yの反対により本件工事が進まないこと、③Yの反対理由に合理性がないこと、④Yは事前説明会や定期総会では反対の意思を表明せず、訴訟過程においても裁判官の説得に耳を貸さず、建設的な議論を通じて問題解決に取り組むという姿勢がみられないこと、⑤過去にもYは修繕工事等で協力を拒否し、裁判にまで発展し、和解において「マンションが運命共同体であることにかんがみ、今後、本件団地の区分所有者の共同の利益の増進及び良好な住環境の確保のために、管理規約、総会決議その他の関係法規を遵守し、相互に協力することを約する」旨の約束をしたにもかかわらず、その後も態度が改まらなかったことを理由に、法59条1項所定の要件をすべて満たしているとして、Xらの主張を認めた。

　不法行為についても、Yが本件工事に反対する理由には正当性がないことから、Yの行為は、X₁の業務をあえて妨害する違法なものといわざるを得ないとして、約150万円の損害賠償を認めた。

3 解説

1 本判決の分析

　（1）区分所有者は、専有部分について区分所有権を有するとともに、敷地および共用部分については共有持分権を有している。共用部分にはエレベーター等の施設や、基礎・壁・支柱・屋根といった躯体部分も含まれる。そのため、区分所有者間の関係を構築することは、同じ建物を利用し共同生活を営むという生活上の一体性と建物構造上の一体性、両側面から重要なものとなる。

　快適な生活環境を保護し、建物の資産価値を維持するためには、建物の適切な管理が不可欠である。戸建ての場合は、法令の制限内においてその所有者の自由に任せられているが、区分所有建物の場合は共用部分が存するため、共同管理となる。日々の清掃や小規模修繕、大規模修繕から建替えまで、何をどの程度まで行うかについて、区分所有者全体の意思決定に基づいて進められることになる。そこには、建物構造上の一体性という性格が色濃く反映されているのである。

　区分所有法3条は、区分所有者は管理を行うための団体を構成し、集会を開き、規約を定め、および管理者を置くことができると定めている。区分所有者は団体の構成員となり、集会の決議や規約といった団体の意思に従い、また団体の管理活動に協力しなければならない。集会とは、区分所有者によって構成される団体の最高意思決定機関であり、建物の管理に関する事項は集会の決議によって決められる。規約とは、建物等の管理や使用についてのルールであり、集会の決議によって定めることができる。これらの方法により、共同管理が実現されている。

　上記の団体の意思に反し、他の区分所有者の利益を害した者に対しては、制裁措置が科される。法6条では、区分所有者および占有者は、建物の保存に有害な行為その他建物の管理又は使用に関し区分所有者の共同の利益に反する行為をしてはならないと規定されている（1項・3項）。そして、違反行為に対して他の区分所有者は、個人的および団体的な請求をすることができる。個人的な請求としては、被害を被った区分所有者が、自己の共用部分の共有持分権や人格権に基づいて、行為の差止めや損害賠償を請求することができる。団体的な請求としては、他の区分所有者全員または管理組合法人が、差止請求（57条）、使用禁止請求（58条）、競売請求（59条）、占有者に対する引渡請求（60条）を行使することができる。これらは、建物や共同生活を維持するための請求であるため、団体としての意思形成が必要であり、集会の決議という手続的な要件が課されている。

　（2）法6条規定の共同の利益に反する行為には、建物の不当毀損行為、占有部分や共用部分における不当使用行為、いわゆるニューサンス（生活妨害）、管理費の不払い等が含まれる。

　本件の場合、Yが総会決議に従わず、本件工事に協力しないことが共同の利益に反する行為と判断された。集会の決議は多数決で行われ、建物管理についても全員合意というのは困難である。しかし、反対者であっても決議に従う義務があり、決議の効力は区分所有者の特定承継人にも及ぶ（46条）。もっとも、決議に従わないことが直ちに法6条違反になるとは断定できない。共同の利益に反するか否かは「当該行為の必要性の程度、これによって他の区分所有者が被る不利益の態様、程度等の諸事情を比較考量して決すべきもの」（東京高判昭和53年2月27日下民集31巻5-8号658頁）である。決議に従

わない理由の合理性や他の区分所有者の不利益等、さまざまな点を勘案しなければならない。決議の前提として、議論の過程で利害を調整し、構成員が互いに歩み寄る努力をすることが求められているといえよう。

また、制裁の内容や程度は正当なものでなければならない。東京地判平成17年6月23日判タ1205号207頁では、住居使用の居室を治療院として使用することが管理規約違反であるとして、使用禁止請求がなされたが、治療院としての使用自体は共同の利益に反する行為と認められたものの、事務所として使用している多数の用途違反者について長期間放置しながら、その用途違反者も含めた組合員の賛成により当該区分所有者のみを使用禁止とするのは、権利濫用に該当すると判断された。

(3) 本件では、法59条の競売請求がなされた。競売請求は区分所有者の財産権を剥奪するもので、重大な効果を及ぼす。そのため法59条では、①区分所有者が共同の利益に反する行為をしたことまたはその行為をするおそれがあること、②当該行為によって、区分所有者の共同生活上の障害が著しいこと、③他の方法によってはその障害を除去して共用部分の利用の確保その他の区分所有者の共同生活の維持を図ることが困難であること、という実体的な要件とともに、集会における4分の3以上の決議という手続的な要件が定められている。

競売請求は、共同管理を維持するためには当該区分所有者を終局的に排除するより他に方法がないという場合に限定されており、最後の手段としての位置づけとなる。そのため、他に解決方法がある場合は、そちらを優先すべきであり、競売は認められない。上記要件③の「他の方法」は、差止請求や使用禁止請求のほか民事法上とることができる措置を意味し、先取特権の実行（7条）や強制執行、和解による解決の可能性も含まれる（後掲・①文献）。強制執行については一般的な規定に基づき、金銭債務は直接強制（民414条1項）、引渡債務は直接強制と間接強制（民執172条）、代替性のある作為債務（建物の原状回復等）は代替執行（民414条2項・3項、民執171条）、代替性のない債務（不作為債務等）は間接強制がそれぞれ可能である。ただし、強制執行をしても実効性がない等の事情がある場合には、他の方法を経ずに競売請求を申し立てることも認められる。

何をもって「他の方法」と判断するかは、請求原因や諸般の事情により決する。たとえば管理費の不払いであれば、まずは先取特権の実行や強制執行の申立てによって、債権の満足を図るべきである。それらを経ないまま直接競売請求をすることは許されない。しかし、法7条の先取特権は抵当権に劣後するため、滞納者の責任財産が不十分で他に抵当権者がいるような場合、また税金を滞納している場合には、強制執行の成果はない。一方で、滞納期間が長引けば長引くほど滞納額は膨らみ、他の区分所有者の負担は増加し、最終的に管理業務に支障が生じる。そのため、強制執行が不奏功に終わった場合だけではなく、強制執行の申立てをしても回収できない可能性が極めて高い等の事情がある場合には、「他の方法」はないと判断してよいだろう。

なお、無剰余取消しの規定（民執63条2項）が法59条にも適用されるか否かについては、争いがある。東京高判平成16年5月20日判タ1210号170頁では適用が否定された（原審では肯定）。無剰余取消しは、差押債権者に配当される剰余がないにもかかわらず無益な競売がなされることを防ぐ趣旨であるが、法59条に基づく競売請求は「当該区分所有者から区分所有権を剥奪することを目的とし、競売の申立人に対する配当を全く予定していないものであるから」である。法59条は、共同生活上の障害が著しい場合に、当該区分所有者を排除することによって共同の利益を維持するものであるから、配当の有無は問題にならないのである。

2 本判決の評価

本件では、Yが本件工事に協力しないことによって、他の区分所有者が新しい電気供給契約を締結できないという事態に陥った。集会で決議された事項に対し、合理的な目的もなしにYが反対することで決議が実行できないのであるから、Yの行為は共同の利益に反するものといえる。ただし、本件では強制執行手続はなされていない。本件のように決議に従わせることが目的であれば、間接強制を申し立てることが可能である。そのため、目的を達するための他の手段が残されていると解することもできる。そもそも法59条は、公共の利益以外の趣旨で他者の財産権を剥奪するものであり、きわめて慎重に取り扱わなければならない。集団の利益という目的は、時に恣意的に使われかねず、過剰な制裁となる危険性も含まれているからである。決して、決議に反対する者を安易に排除する趣旨ではないのである。

しかし本件の場合、X側の（本件工事の）目的が正当である一方、Yの主張には全く合理性がない。また、Y一人の行為のために、本件工事が進まないという事情がある。さらに判決理由では、過去の3度にわたるトラブルが指摘された。テレビ端子の交換工事では、Yが協力を拒んだため、Yの部屋の端子のみ交換ができなかったが、全体の通信には支障は生じなかった。雑排水管改修および浴室防水工事にもYは反対し、部屋への立入りを拒否した。そこでXらは訴訟を提起し、和解により決議への協力を確認している。しかしその後の塗装工事（各戸の玄関扉の内外を含む）・サッシ周りのシーリング工事の際も、Yは部屋への立入りを拒否したため、Y所有の範囲においては、結局外側から対応できる部分しか工事を行うことができなかった。

以上のように、Yは管理組合の正当な管理行為に対し、何度も合理的な理由なく反対し、建物管理を妨害してきたものである。そして、これまでの経緯や裁判所の説得に全く耳を貸さないというYの態度から、今後も同様の事態が続く可能性は大いに予想される。本件ではこのような特殊事情を考慮し、強制執行手続がなされなかったとしても、もはや「他の方法」は存在しないと判断されたものと考えられる。

3 実務指針

本件では、Yに共同管理に協力する意欲がないことをさまざまな事情から根拠づけ、Yを区分所有者団体から排除するより他に手段がないとした。法59条の適用は抑制的であるべきだが、建物管理や共同生活維持のためには、最終的に妨害要因を取り除く手段も残しておく必要があり、具体的な事実から慎重に見極めなければならない。本判決はその1つの指針を示したものであり、判断手法としても参考になる。

【参考文献】 ①濱崎・改正360～361頁。

南部あゆみ
平成国際大学准教授

Ⅷ 義務違反者に対する措置 §59 区分所有権の競売の請求

69 管理費等の滞納と区分所有法59条1項の競売請求

東京地裁平成17年5月13日判決（判タ1218号311頁）

1 事実

Xは、Oマンションの区分所有者であり、区分所有法3条に基づいて構成された管理組合の組合員であり、同組合の理事長・管理者である。Yは、平成12年3月以降、本件Oマンションの専有部分P号室の区分所有権と敷地権を有するが、平成12年10月から15年7月までの計34ヵ月分の管理費等合計額117万7420円を支払っていない。なお、Oマンションの区分所有者は管理組合に対し、管理費、修繕積立金、専用庭使用料、専用駐車場使用料といった管理費等を、Oマンション管理規約により支払うこととされている。

本件管理組合は、平成12年11月頃から15年7月頃までの約3年間、Yに対し管理会社を通し再三、管理費等の請求を繰り返したが、Yは管理費等を支払うことができない事情や支払を拒絶する理由を示すことなく未払管理費等を支払う気配をみせなかった。そのため管理組合は平成15年8月5日、未払管理費等の支払を求め訴えを提起（東京地判平成15年(ワ)17967号マンション管理費等請求事件）したところ、同訴訟につきYは請求原因事実を認め、平成15年10月20日、同組合の請求を全部認容する判決が言い渡されたものの、判決後もYは未払管理費等を一切支払わなかったため、Xらは平成15年11月以降、話合いの場を求めて週一の頻度で電話あるいは訪問するも、ほとんどの場合対応しなかった。

そこで、管理組合はYに対する競売請求を諮る集会決議前の平成16年7月16日、弁明書の提出を求めたところ、Yは病気で倒れ収入がなくなり管理費等を支払うことができなくなった旨の弁明を行い、今後は支払うつもりであること、未払い分につき分割で支払っていくといった内容の文書を提出したが、具体的には支払につき「払う払う」と言うのみで具体的支払方法を提示するまでには至らなかった。

管理組合は平成16年8月6日、東京地判平成15年(ワ)17967号マンション管理費等請求事件の勝訴判決を債務名義とし、Yの預金債権の差押えを申し立てたところ、YはX代理人に電話し脅迫的言動を行い、生活費を返せ、ふざけるなとした文書をファクシミリで送信した。管理組合は同年9月7日、先の申立てによって得た債権差押命令に基づいて第三債務者より30万9195円を取り立て翌日再度預金債権の差押えを申し立てたが残高がなかったため、強制執行は不奏功に終わった。Yの未払管理費等の支払状況は、本件訴訟提起までで不払い期間の合計が50ヵ月分に及ぶ。

そこで、Xは、Yの管理費等の不払いは、「区分所有者の共同の利益に反する行為」（59条1項、57条1項、6条1項）に該当し、これにより、「区分所有者の共同生活上の障害が著しく、他の方法によってはその障害を除去して共用部分の利用の確保その他の区分所有者の共同生活の維持を図ることが困難」（59条1項）な状態が生じていることは明らかであるとして、同条項に基づく競売を請求するに至った。

ただ、OマンションP号室の時価は約1800万円であるところ、既に、第1順位で債権額3070万円の抵当権設定登記、第2順位で債権額120万円の抵当権設定登記、第3順位で条件付賃借権設定仮登記（金銭消費貸借の債務不履行を条件とする）、第4順位で債権額1000万円の抵当権設定仮登記がある。本件管理組合が区分所有法7条による先取特権または前記判決に基づいて本件マンションP号室およびその敷地権の競売、強制競売を申し立てたとしても、無剰余による取消しとなる可能性が高い。

なお、Yは、本件訴訟において、裁判所に対し、本件第1回口頭弁論期日の前日の午前10時過ぎに、風邪のため同期日に出席できないが、1日ないし2日のうちに未払管理費等の全額を振り込むつもりであるとも読めるファクシミリ文書を送信し、同期日に出席しなかったが、平成17年2月28日に、本件管理組合に対して、1ヵ月分の管理費等（駐車場使用料を除く）相当額である1万4630円を振り込んだにとどまる。

2 判旨

「Yの管理費等の不払は、『区分所有者の共同の利益に反する行為』（区分所有法59条1項、57条1項、6条1項）に該当し、これにより、『区分所有者の共同生活上の障害が著しく、他の方法によってはその障害を除去して共用部分の利用の確保その他の区分所有者の共同生活の維持を図ることが困難』（同法59条1項）な状態が生じていることは明らかといえ」、「Yは、適式の呼出しを受けながら、本件口頭弁論期日に出頭せず、答弁書その他の準備書面も提出しない。したがって、請求原因事実を明らかに争わないものとして、これを自白したものとみなす。……本件訴訟における区分所有法59条1項に規定する要件の有無について検討を加える。……Yは、本件マンションの管理運営のために区分所有者が共同して負担しなければならない管理費等を前記のとおり長期にわたり滞納し続けており、その未払管理費等は多額にのぼるのであって、Yのこのような行為は、『建物の管理に関し区分所有者の共同の利益に反する行為』（区分所有法59条1項、57条1項、6条1項）に該当すると認められる。また、……未払管理費等についてのYの対応や……応訴態度に照らせば、Yからの任意の支払がされる見込みはなく、今後ともYの管理費等の不払額は増大する一方であると推認できるところ、……本件管理組合は採り得る手段のほとんどすべてを講じている上、仮に区分所有法7条による先取特権又は前記……判決に基づいて、OマンションP号室及びその敷地権の競売を申し立てたとしても、Yの未払管理費等を回収することは困難であるというほかないから、Yの……行為により「区分所有者の共同生活上の障害が著しく、他の方法によってはその障害を除去して共用部分の利用の確保その他の区分所有者の共同生活の維持を図ることが困難

（区分所有法59条1項）な状態が生じていると認めることができる。そうすると、本件訴訟においては、区分所有法59条1項に規定する要件をみたすものと認めることが相当である。以上によればXのYに対する本件請求は理由があるから、これを認容する。」

なお、本件訴訟の提起に関する集会の特別決議（59条1項・2項、58条2項）につき、本件管理組合は、総議決権保有者数が64名、総区分所有者数は63名であるところ、このうち56名が、平成16年7月31日開催の集会に出席し（出席者14名、委任状による出席者42名）、出席者が全員一致して本件訴訟の提起を決議した。

3 解説

1 本判決の分析

近時、管理費等滞納を巡るトラブル事例は著しい増加の傾向を示しているが、本件もその1つである。法59条における競売請求に関する裁判例は、例えば区分所有者が、管理費、修繕積立金等を滞納し、管理組合が、その滞納分につき東京簡裁に支払督促の申立てをし、仮執行宣言付支払督促を得たが、その後も滞納が続けられた。それを受けて、当該管理組合は、集会の決議により競売請求をすることを決議し、法59条所定の競売を請求。裁判所は、管理費等の滞納が共同利益背反行為に該当するとは認めたものの、競売請求が認められるためには、競売以外の方法によっては債権の回収の途がないことが明らかである場合に限るとしたうえで、競売以外の途が明らかであるとはいえないとし請求を棄却した（東京地判平成18年6月27日判時1961号65頁）。その他、管理費等は、その維持管理のために必要となるものであり、その負担は、区分所有者の最低限の義務であるといったことを指摘する（東京地判平成19年11月14日判タ1288号286頁）、区分所有者から徴収した管理費によって区分所有建物の維持・管理等に要する費用を賄うのだから、この不払いは共同利益背反行為に当たるとした（東京地判平成22年11月17日判時2107号127頁）等がある。法59条1項の競売請求にあたってその実体的要件は、①区分所有者が法6条1項に規定する行為をしたこと、またはその行為をするおそれがあること、②当該行為による区分所有者の共同生活上の障害が著しいこと、③他の方法によっては、その障害を除去して共用部分の利用の確保その他の区分所有者の共同生活の維持を図ることが困難であることが求められている。

先に示した判例を含め、マンション等の共同住宅において、区分所有者の共有に属する共用部分を維持管理していくために、所定の管理費や修繕積立金等を区分所有者負担することは当然であり、これは区分所有者の最低限の義務であるといって過言ではない。あるいは区分所有建物は、区分所有者から徴収した管理費によって、その共用部分の維持、管理等に要する費用を賄うのだから、管理費の不払い自体、区分所有者の共同生活上の障害となり共同利益背反行為であるとした事例等が多数を占めるなか、反対に管理費等の滞納者が滞納管理費を一括して支払うことを申し出たことを受けて、「他の方法」がないとは認められないとした事例もある。

さて、本件では、Yが、マンションの管理運営のために区分所有者が共同で負担しなければならない管理費等を長期にわたって滞納し続けていること、かつ、それが多額に上ることを踏まえ、Yのこのような行為が共同の利益に反する行為に該当するとし、未払い管理費等につきYの対応、応訴態度から任意に支払われる可能性は低く、むしろ今後も、Yの滞納管理費等の額は増大する一方であることが推認できるところ、区分所有者の団体は取りうる手段のほとんどすべてを講じ、仮に法7条による先取特権または判決に基づき区分所有建物と敷地利用権の競売を申し立てたとしても、滞納管理費等を回収することは困難だとして、Yの行為によって他の区分所有者の共同生活上の障害が著しく、他の方法によっては、その障害を除去して共用部分の利用の確保その他の区分所有者の共同生活の維持を図ることは困難な状況であるとした。そして、Yの不誠実な対応の詳細を認定し任意の支払の見込みのないことを認めたうえで、競売等の実効性のないことをあらかじめ認めている。なお、被告である滞納者の対応・応訴態度といった主観的側面を重視しすぎるあまり、判断枠組みにおいて客観的側面と主観的側面とを総合的に判断する手法の広がりを危惧する学説もある（土居・後掲46頁）。

2 本判決の評価

滞納管理費の回収方法として焦点を絞って考察を行うと、法6条の共同利益背反行為に該当するとして、法59条に基づいて滞納区分所有者の区分所有権、敷地利用権を競売請求するとすれば、法59条の競売請求が、将来の管理費滞納の拡大を防止しようとするために区分所有者の交代を求めるものである以上、滞納管理費の回収を目的としない形式的競売の性質を有するとされる。すると、競売代金は競売費用を控除し滞納区分所有者に交付されることになり、滞納管理費の回収にあたっては、区分所有者の団体が一般債権者として債務名義を取得し、民事執行法に基づき滞納区分所有者の財産を差し押えて強制執行による回収を行うか、法7条の先取特権として当該区分所有権、備付動産を競売して回収することをあらかじめ踏まえておかなければならないが、換価のための競売を申し立てても先順位の担保権があれば、無剰余取消決定がなされることになる。

3 実務指針

昭和40年代までに大量供給された大規模団地型マンションでは、法59条による競売請求はむしろ、滞納管理費の回収というよりは、滞納区分所有者の区分所有権の剥奪が目的だとする。これは滞納者が多数存在する、または激増する予測傾向であれば、当然通用することではない。滞納管理費の回収にあって、法58条の使用禁止を認め、回収のためのバリエーションを揃える、もしくは構築するべきだとする指摘（横山・後掲711頁）、区分所有権の剥奪という状況を伴う以上、法59条の徹底を図るべきとした指摘がある（宮崎・後掲221頁）。

【参考文献】　当判例の解説としては、横浜弁護士会『マンション・団地の法律実務』193～194頁〔2014〕、立法論として濱崎・改正359頁。学説として横山美夏「区分所有法59条による所有権の剥奪」吉田克己編『財の多様化と民法学』702頁〔2014〕、土居俊平「管理費等滞納行為を理由とする区分所有法59条所定の競売請求の可否（否定）」関西大学大学院法学ジャーナル82号46、47頁、評釈として宮崎謙・平成18年度主判解220頁。

竹田智志
明治学院大学兼任講師

VIII　義務違反者に対する措置　§59　区分所有権の競売の請求

70 区分所有権の競売請求訴訟の口頭弁論終結後の承継人に対する競売申立て

最高裁平成23年10月11日決定（判タ1361号128頁、判時2136号36頁、金法1939号100頁）

1 事実

　本件マンションの管理組合法人は、区分所有者であるAに対し、滞納管理費等請求の訴えを提起して認容判決を受け、ついでAの区分所有建物（以下、「本件建物」という）から生じる賃料債権を差し押さえたが、不奏功に終わった。

　そこで、管理組合法人は、その副理事長であるXを原告とし、Aを被告として、法59条1項に基づく競売請求の訴え（以下、「本件訴訟」という）を提起し、その認容判決を得た。

　しかし、本件訴訟の判決の言渡し後その確定前に、Aは本件建物の共有持分の5分の4をYに譲渡してこれを登記した。このYは、Aの弟を代表者、Aを取締役として、本件訴訟の提起後に設立された会社であった。

　そこで、Xは、AおよびYに対し、本件訴訟の判決に基づいて本件建物の競売を申し立てた。原々審（執行裁判所）は、Aの持分については競売手続開始したが、Yの持分については申立てを却下した。

　この却下決定に対し、Xが抗告を申し立てたところ原審はこれを棄却したので、Xはこれを不服として、特別抗告および許可抗告を申し立てた。

2 決定要旨

　本決定は、法59条1項の競売請求の訴えの制度趣旨から、法6条に定められた区分所有者の義務に反して共同利益背反行為をなす者としての属性を確定判決等によって確認されたわけではない承継人に対しては判決の効力が拡張されないとし、Xの抗告を棄却した。

　「建物の区分所有等に関する法律59条1項の競売の請求は、特定の区分所有者が、区分所有者の共同の利益に反する行為をし、又はその行為をするおそれがあることを原因として認められるものであるから、同項に基づく訴訟の口頭弁論終結後に被告であった区分所有者がその区分所有権及び敷地利用権を譲渡した場合に、その譲受人に対し同訴訟の判決に基づいて競売を申し立てることはできないと解すべきである。」

3 解説

1　本決定の分析

　（1）本件におけるYは、XのAに対する競売請求の訴えの事実審の最終口頭弁論終結後に、訴訟の目的物たる区分所有権等を被告から譲り受けた者である。民事訴訟理論においては、かかる者を口頭弁論終結後の承継人と呼び、判決の効力の拡張を受ける者としている（民訴115条1項3号）。本件では、法59条1項の競売請求の訴えについても判決の効力が口頭弁論終結後の承継人に拡張され、さらにそれに基づいて競売を申し立てることができるかどうかという点が争われた。

　競売請求の訴えは、義務違反者という属性を有する特定の区分所有者に対して競売という制裁を科す制度であるから、その属性を確認されていない特定承継人に対して競売許可の効果が及ばないのは当然である。その趣旨から、判決の効力の承継人への拡張を否定したのが本件最高裁決定である。

　競売請求の訴えの制度は、1983年の法改正によって導入されたものであるが、その改正法の立案担当者は、当時すでに本決定と同趣旨の見解を示しており（法務省・マンション法320頁）、これは現在でも通説である。

　（2）法59条1項の競売請求の訴えは、共同利益背反行為をなす区分所有建物の権利者から強制的にその権利を剥奪する制度である。認容判決によって競売申立権が新たに生じるという点で、形成の訴えに属する。これは、ある特定の当事者間における訴訟手続上の法律関係の発生・変更を目的とするので、その判決の効力は原則としてその当事者間においてのみ生じる。

　また、この競売申立権に基づく競売は、実体法上の請求権の満足を目的とするものではないので、いわゆる形式競売である。その実行方法は、担保権の実行としての競売の例によるとされている（民執195）。

　なお、本件は、Xが多額の管理費等を滞納していたという事例であるが、これを他の方法をもってしても障害を除去できない共同利益背反行為とみなして競売請求の訴えを許す点については、【本書69事件】に詳しい（稲本＝鎌野・区分所有法343頁）。

　（3）ところで、本件最高裁決定は、原審の判断を全面的に支持して結論を述べただけであり、詳細な理論的検討が展開されたわけではない。そこで、この決定の法律論的側面を理解するためには、やはり原審たる抗告審（東京高決平成23年1月7日判タ1363号203頁、金法1939号103頁）の判断を検討する必要があろう。

　まず、原審における第1の論点は、文書による共有持分権の承継の証明によって譲受人に対する競売申立てが可能かどうかという点である。

　原審において、Xは、不動産担保権の実行においては登記事項証明書等により現在の所有者を証明して、その者に申立てをすればよいとされているのであるから、本件においても、共有持分権の承継を登記事項証明書により証明すれば、本件判決に基づいて共有持分権の承継人に対して競売の申立てをすることができると主張した。

　しかし、原審は、担保権の実行において競売申立時の所有者に対して競売の申立てをすべきこととされているのは対抗力を有する担保権の追及効に根拠が求められると指摘したうえで、法59条1項の競売申立権は義務違反者を排除するために認められるものであるから、区分所有権等が第三者に譲渡されたとしても、その者に競売申立権を行使することはできないとした。

　原審における第2の論点は、共有持分権の仮装譲渡があった場合、譲受人は民訴法115条1項3号にいう口頭弁論終結後の承継人といえるか、という点である。

　この点につき、Xは、Aは競売を妨害するために会社を設立して権利をYに仮装譲渡したのであり、Aが

実質的支配を続けているので、Yは口頭弁論終結後の承継人としてAに対する判決の効力を受けると主張した。

このXの主張を受け、原審は、Yは競売申立てを妨害するために設立された法人である可能性が高いことは認め、共有持分権の承継は仮装譲渡の疑いがあり、本件のような場合には法人格の濫用が認められるとした。しかし、その場合であっても、形式競売は法定の公文書が提出されたときにかぎり開始されるのであるから（民執181条1項・3項）、法人格の濫用がうかがわれる事情だけでは足りず、その事実を認定した確定判決等の公文書がないならば本件競売申立てはやはり不適法であるし、またそれゆえ民訴法115条1項3号の口頭弁論終結後の承継人に当たるとはいえないとした。

（4）この2つの論点に対する結論に共通するのは、譲受人Yに対して競売を開始するためには、Yの共同利益背反行為が確認されなければならないという認識である。

競売請求の訴えは、マンション等から義務違反者という特定の属性の者を排除すべくその者をターゲットとして競売申立権を生じさせるものであり、そもそも承継という概念に馴染まない。また、権利者から強制的に権利を剥奪する制度であるから、その実行には高度の慎重さが要求され、それゆえ厳格な事実認定を前提とする訴訟手続を要求している。そもそも、本件のような譲受人は法8条により債務を引き受けるのであるから、管理組合法人は譲受人に請求すればよいだけであり、それが拒絶されたときにはじめて譲受人の共同利益背反行為が独立に生じるといえる。そして、本件のYに対して競売を申し立てるためには、Yの共同利益背反行為を理由とする競売請求の訴えを別途提起しなければならないのである。

2　本決定の評価

（1）一般に、訴訟の対象となっている権利が事実審の口頭弁論終結前に譲渡されたときは、係争物の譲渡を原因とする訴訟承継（民訴50条、51条）を申立て、譲受人を新たに当事者に加えることができる。しかし、権利の譲渡が事実審の口頭弁論終結後に行われたときはこれができないので、民事訴訟法は、この場合の承継人に対して確定判決の効力を拡張することにしている（民訴115条1項3号）。

もっとも、民訴法115条が拡張する判決の効力は既判力のみであり、執行力や形成力にはかかわりのない問題である。また、いわゆる法人格否認の法理（最判昭和44年2月27日民集23巻2号511頁）は、紛争処理に必要となる限りにおいて法人とその背後にいる者を同一視する理論であるが、訴訟当事者間の手続法上の関係には明確性や安定性が重視されるため、法人格の濫用を理由として既判力や執行力の範囲を訴訟当事者以外の者に拡張することは許されない（最判昭和53年9月14日裁判集民125号57頁）。原審の判断およびそれを是認する本件最高裁決定は、この理論に沿うものであり、結論は正しいというべきである。

（2）一方、明らかに競売妨害を目的する権利譲渡に対しては、何らかの対抗策がなければならない。競売請求の訴えが提起されるたびに、義務違反者が形式的に権利を転々と譲渡させて競売を妨害しつつ、事実上は区分所有建物を支配し続けることが可能となれば、競売請求の訴えの制度の意義自体が著しく低下するからである。

この場合、譲受人は法8条により債務を当然に引き受ける立場にあることから義務違反者たる属性を有する可能性を示唆しつつ、譲受人と譲渡人が別人格であると主張することが信義則に反する場合には例外的処理が要求されるとする見解がある（下村眞美・平成24年度重判132頁）。また、競売請求の訴えは集会の決議に基づくものであり、この効力は特定承継人に及ぶ（46条1項）ことから、その結果として競売請求の訴えの判決効が譲受人に当然及ぶとする見解もある（藤井俊二・判評643号10頁）。しかし、いずれの見解も、譲受人が譲渡人とは別行動をとる可能性を考慮に入れていない点が問題である。本件では、Xの弟がYの法人代表者となっており、この者の判断と行動でYについては義務違反の状態が解消するかもしれないからである。この場合、譲渡人に対する競売申立権の効力が譲受人に当然及ぶとしたうえで、譲受人は執行異議によって争うほかないとするのは酷である。まして、譲受人が集会決議の効力を当然に受けるからといって、それは他人の訴訟の口頭弁論の結果を譲受人が当然に受け入れなければならない理由にはならないだろう。やはり、競売請求の訴えは厳格な訴訟手続における事実認定を前提とする制度なのであるから、譲受人に対して競売を申し立てるためには、譲受人の共同利益背反行為を訴訟手続において認定するプロセスは省略できないというべきである。

ではどうすればよいかというと、そもそも本件のような権利の譲渡自体がなければこのような問題は生じないわけであるから、競売請求の訴えに先立って、処分禁止の仮処分（民保23条1項）をすればよいと思われる。この点につき、学説は、義務違反者の競売受忍義務が登記にかかるものでない以上、仮処分の被保全権利として適格性を欠くとしてこれを否定する見解（越山和広「新・判例解説Watch vol.11 民事訴訟法No.2」127頁）と、競売請求の訴えの目的達成を阻害するような権利譲渡を制限する必要性からこれを肯定する見解（下村・前掲132頁）とが対立している。確かに、民事保全法は、特定の不動産の譲渡を制限する仮処分について被保全権利を登記請求権としているが（民保53）、登記請求権しか被保全権利とすることができないと厳格に限定する趣旨とも読み取れないので、肯定説を支持したい。

3　実務指針

本件の問題の根源は、競売請求の訴えが提起された場合に、被告となった区分所有者が、その競売を妨害する目的で区分所有建物の権利関係を変更しようと試みた点にある。競売請求の訴えの制度的意義を維持するためには、このような試みに対する裁判所による大胆な対処を求める声は少なくないところ、本件決定は厳しい結論を示したといえる。しかし、上に述べたとおり、処分禁止の仮処分により原告の側からこの試みに対処する方法はあると思われるので、むしろ民事保全実務の柔軟な運用を期待したい。

【参考文献】　本件の評釈として、本文中に挙げたもののほか、以下のものがある。高見進・民商146巻6号579頁、宗宮英俊他・NBL977号82頁、川嶋四郎・法セミ697号132頁、内山衛次・リマークス46号130頁

中村壽宏
神奈川大学教授

71 剰余を生じる見込みがない競売請求の訴えに係る競売

東京高裁平成16年5月20日決定（判タ1210号170頁）

1 事実

本件の抗告人Xは、マンションの管理組合法人の理事長であり、相手方Y_1およびY_2は当該マンションに区分所有建物（以下、「本件建物」という）を有する区分所有者、Y_3およびY_4は本件建物に抵当権を設定した担保権者、Y_5は本件建物を滞納処分により差し押さえた滞納処分庁たる地方自治体である。

Xは、Y_1およびY_2に対して、法59条1項に基づく競売請求の訴え（以下、「本件訴訟」という）を提起し、認容判決が確定した。ついで、Xは、その確定判決を債務名義とし、Y_1およびY_2を相手方として本件建物に対する競売を申し立て、競売開始決定（原審）を得た。

しかし、原審は、本件建物の最低売却価額によってXの債権に優先する債権（手続費用およびY_3～Y_5の債権）の合計見込額を弁済したときに剰余が生じる見込みがないとし、本件建物に対する競売の手続を取り消す旨のいわゆる無剰余取消決定（原決定）をした。

これに対し、Xは、この競売は法59条に基づくものであり、これに民執法63条の剰余主義の規定は適用されないと主張し、執行抗告を申し立てた。

2 決定要旨

本決定は、法59条に基づく競売請求の訴えは区分所有者から区分所有権を剥奪することを目的とし、配当を全く予定していないのであるから余剰を生じるかどうかを問題とする余地はないとして、原決定を取り消した。

「（区分所有法）59条の規定の趣旨からすれば、同条に基づく競売は、当該区分所有者の区分所有権を売却することによって当該区分所有者から区分所有権を剥奪することを目的とし、競売の申立人に対する配当を全く予定していないものであるから、同条に基づく競売においては、そもそも、配当を受けるべき差押債権者が存在せず、競売の申立人に配当されるべき余剰を生ずるかどうかを問題とする余地はないものというべきである。……

そうであるとすると、民事執行法63条の規定の趣旨を踏まえても、なお、上記のような区分所有法59条の規定の趣旨にかんがみると、同条に基づく競売については、民事執行法63条1項の剰余を生ずる見込みがない場合であっても、競売手続を実施することができ、その場合も、競売手続の円滑な実施及びその後の売却不動産（建物の区分所有権）をめぐる権利関係の簡明化ないし安定化、ひいては買受人の地位の安定化の観点から、同法59条1項（いわゆる消除主義）が適用され、当該建物の区分所有権の上に存する担保権が売却によって消滅するものと解するのが相当である。」

3 解説

1 本決定の分析

（1）法59条1項の競売請求の訴えにおいて請求が認容されるときは「競売を許可する」旨の判決が言い渡されるが、この競売手続はいわゆる形式競売（民執195）であり、その方法は担保権の実行としての競売の例による。しかし、この形式競売に際して剰余主義をとるべきか、さらに消除主義と引受主義のいずれをとるかについて、民事執行法上に明確な規定がない。

（2）剰余主義とは、強制競売において、手続費用や差押債権者に優先する債権への弁済の結果、差押債権者に対する配当が行われない見込みであるときは、原則として執行裁判所は強制競売の手続を取り消さなければならないとする考え方である（民執63条）。

そもそも、担保権者は、担保不動産の価値の推移を見ながら、適切なタイミングでの担保権実行を企図できる。しかし、不適切な時期に強制競売が行われると、担保権者はその意思に反して不十分な債権回収しかできないことになる。それゆえ、このような無益な強制競売を制限して、担保権者を保護する必要が生じるのである。

（3）次に、担保権の消除主義であるが、これは、不動産上に設定されている担保権は、競売の売却益から弁済を受けることにより、原則として消滅するという考え方である（民執59条1項）。反対に、これを消滅させずに買受人に負担させる考え方を「引受主義」という。

消除主義の採用により、買受人は担保権の負担のない「きれいな」不動産を取得でき、また不動産価値が高まるので債権回収に期待がもてる。担保権者にとっては、予定外の時期に担保権実行を強いられることになるが、同時に剰余主義が働くので、消除主義をとっても担保権者にとって不当な取り扱いとはならない。

（4）本件決定は、競売請求の訴えの認容判決に基づく競売においては剰余主義がとられず、また担保権者との関係においては消除主義がとられるとした。

その理由として、剰余主義との関係については、競売請求の訴えは義務違反者の区分所有権の剥奪を目的としており、配当は全く予定されていないと指摘し、配当を受けるべき差押債権者が存在しないならば余剰を生じるかどうかを問題とする余地はないと結論づけた。また、競売請求の訴えの厳格な要件を満たして認容判決が得られた以上、区分所有権の剥奪を競売によって実現する必要性があるとしている。ただし、最低売却価額で手続費用を弁済することすらできない場合にはその不足分は競売の申立人が負担すべきであるとし、その限りで剰余主義が適用される。

さらに、本件決定は、競売手続の円滑な実施、区分所有権をめぐる権利関係の簡明化ないし安定化、買受人の地位の安定化などの観点から、本件の競売には消除主義が適用されると判断した。

結局、競売請求の訴えに係る競売においては、担保権者は不本意な時期に不十分な弁済しか受けることができないことになり、その保護はきわめて薄くなる。この点について、本件決定は、そもそも区分所有権は競売請求を受ける可能性を内在した権利であるとし、その可能性を帯びた財産権の上に担保権を設定した以上、本件のよ

うな事態が生じたとしても不測の不利益を与えるものではなく、また不当な結果ともいえないとしている。

2 本決定の評価

（1）競売手続における売却条件の決定において剰余主義をとるべきか否か、売却に際して消除主義と引受主義のいずれをとるべきかという点は、実のところ政策上の判断に過ぎない。通常の強制競売については明文規定があるが、形式競売にはそれがないため、ここでいかなる原則をとるべきか学説上の争いがある。

引受主義をとるべきとする見解は、形式競売の目的は換価のみで達成できるという点を強調し、特に配当を必要としないので、買受人に負担を引き受けさせてよいとする（浦野雄幸『条解民事執行法』894頁[1985]、石渡哲「留置権による競売の売却条件と換価金の処遇」『民事紛争をめぐる法的諸問題―白川和雄先生古稀記念』463頁[1999]）。これに対し、消除主義をとるべきとする見解は、形式競売を不動産執行と同様に考え、担保権等を消除したうえで配当を実施すべきとする（奈良次郎「共有物分割訴訟の金銭代価分割請求と競売手続実行を巡る若干の問題（下）」判タ997号67頁、園尾隆司「留置権による競売および形式的競売の売却手続」金法1221号8頁、上田正俊「形式的競売手続における売却条件と配当」『現代裁判法大系<15>』429頁[2000]）。

これらに対し、形式競売と一口に言ってもそれを要求する実体法上の各規定ないし制度ごとにその性質は異なるという観点から、具体的な競売の目的により判断が異なるとする見解もある。この見解によれば、財産の価値的変換（本件のような権利関係の強制的な変更もここに含まれる）を目的とする純換価型競売と財産を金銭化したうえでの債権者への弁済を目的とする清算型とがあると分析し、前者には引受主義、後者には消除主義が適用されるとする（いわゆる二分説：中野貞一郎『民事執行法〔増補新訂第6版〕』776頁[2010]、福永有利『民事執行法・民事保全法〔第2版〕』236頁[2011]）。

（2）そもそも、民執195条は、形式競売について担保権の実行としての「競売の例による」とだけ規定する。これは、形式競売にはさまざまな状況下におけるさまざまな目的のものがあり、それらを達成するためにいかなる方法・売却条件が適切であるかについて、結果として差異が生じても差し支えないという趣旨である（本田晃「形式競売と交付要求・配当要求」『新・裁判実務大系<12>』417頁[2001]：鈴木忠一＝三ケ月章編『注解民事執行法（5）』354頁[近藤崇晴][1985]）。

そして、本件決定は、競売請求の訴えの制度目的を「共同利益背反行為をする区分所有者から権利を剥奪すること」に求め、換価すなわち権利関係の変更（もっと直裁的にいえば義務違反者の追放）が実現すればよいので配当の可能性は度外視でき、担保権者の保護の要求については内在的リスクの問題とした。

また、競売請求の訴えは、権利者の意思に反してその権利関係を強制的に変更するといういささか乱暴な性質のものであり、それゆえその可否の判断を厳格な事実認定を前提とする訴訟手続に委ねた。しかも、義務違反者に対する措置としては、他の方法によっては障害の除去が困難である場合に許される最後の手段と位置づけられている。そうであるならば、この競売はその実現が最大限に求められるものといってよく、すくなくとも手続費用が確保される限り、剰余を生じないからといってこれを無益と断じるべきではないだろう。

（3）ところで本件決定は、本来的にリスクを内在する財産権を担保目的物に選んだ点に、担保権者の自己責任を認める。しかし、その意思に反した時期に競売が行われることはリスクの結果として是認せざるを得ないとしても、その競売に際して担保権者の債権回収の要求は可能な限り図られるべきである。

この点につき、形式競売の差押登記について処分禁止効を認めず、また先着手優先主義をとらないこととして、形式競売を追う形での担保権実行を認めるという考え方がある（浦野・前掲895頁、中野・前掲776頁）。確かに、処分禁止効を認めなくても、そもそも区分所有者が替わるのであれば義務違反者の追放という目的は達せられるし、その債務も新しい権利者に承継されるので（8条）、問題はないように思える。しかし、せっかく競売請求の訴えに係る競売が進行しているのに、これを停止して担保権実行手続を改めて開始することを認めると、迅速に義務違反者を追放してマンションの管理運営を一刻も早く正常化したいという要求はかなえられない。また、配当の結果によっては買受人は8条の責任を負うので、そもそも買受人が現れるかはなはだ疑わしい。したがって、あくまでも競売請求の訴えに係る競売のみを行い、何らかの方法で担保権者へのなしうるかぎりの弁済をするべきである。本件決定も、そもそも担保権者の処遇についてはそのような後処理を前提としていたと思われる（実務上の感覚としてこれを認めるものとして、浦野雄幸ほか「研究会　民事執行実務の諸問題(10)」判タ537号47頁の大石発言・松田発言）。

（5）ところで、本決定の後、裁判による共有物の分割（民258条2項）に関する事案について、消除主義を前提として剰余主義をとるとする判例が現れたが（最決平成24年2月7日裁時1549号3頁、金商1393号30頁、判タ1379号104頁、判時2163号3頁、金法1959号97頁）、補足意見において、競売請求の訴えについてはなお剰余主義の準用を排してよいと指摘された。それゆえ、この決定によっても本件決定の意義は否定されていない。

3 実務指針

本件決定は、形式競売における売却条件に関してさまざまな議論があるなか、区分所有法の競売請求の訴えの位置づけを明確にしたものと評価できる。ただし、競売の結果得られた換価金をどのように処理するべきか、つまり本件のようなケースにおいて申立人は換価金から滞納管理費等を受領できるのか、いったん申立人に換価金が交付されたあと相殺して元々の区分所有者に返却するのか、それに際して担保権者に対する配当ないし事実上の金銭の交付がいかにして行われるのか、という点がなお整理すべき点として残されている。実務上は、裁判所の判断によってうまく処理されているように窺われるが、やはり今後きちんとした理論的検討は試みられるべきであろう。

【参考文献】　本件の評釈として、本文中に挙げたもののほか、以下のものがある。小沢征行・金法1791号4頁。

中村壽宏
神奈川大学教授

72 暴力団事務所

最高裁昭和62年7月17日判決（判時1243号28頁、判タ644号97頁）

1 事実

Xは住居専用マンションの管理組合の管理者であり、Y_1は同マンション中の一室の区分所有者、Y_2は暴力団組長であってその部屋の賃借人である。Y_2は、部屋を使用するにあたって、ゴミ処理や駐車場利用のルールに反する行為をしていただけではなく、自らの護衛を組員に命じ、マンションのほかの住民との間でトラブルを起こすなどしていた。そこで、Xは、管理組合の集会決議を経たうえで、Y_1とY_2に対して、法60条1項に基づいて、Y_1Y_2間の賃貸借契約の解除とその部屋の引渡しを求めた。これに対して、Yらは、集会決議にあたって区分所有者であるY_1に弁明の機会が与えられていないとして同決議が違法であると主張し、さらに、Y_2によるトラブル行為について否定した。

1審（横浜地判昭和61年1月29日判時1178号53頁）は、「本件決議は、区分所有者の全員が本件専有部分の占有者であるY_2に対する制裁措置としてY_2の占有している本件専有部分の引渡しを裁判上請求することを内容としていることが明らかであるから、本件専有部分の区分所有者であるY_1に対して弁明の機会が与えられなかったとしても、それによって本件決議の効力に何らの消長をきたすものではない」とし、さらに、「Y_2は、……家族と離れて本件専有部分に入居以来、Y_2の身辺を警護するとともに身のまわりの世話をする2、3名の組員らと一緒に生活をしているが、組員らは区分所有者との円満な共同生活関係を維持するということには全く無関心であるのみならず、その中にはややもすれば違法精神に欠ける者さえもおり、これらの者の勝手な振る舞いによって本件建物の区分所有者の円満な共同生活が阻害され、同区分所有者にとってはY_2は極めて無気味で、しかも迷惑な占有者であり、更に、……対立抗争が激化するに伴い、Y_2の身辺を警護する組員の人数が増えるに従ってそれらの者の傍若無人な行動は右区分所有者の恐怖感さえも深めることになり、Y_2との共同生活の継続が耐え難い状況になった」としてY_2の違法行為も認定して、Xの請求を認めた。

また、原審（東京高判昭和61年11月17日判時1213号31頁）も、「法60条1項2項は、『区分所有者以外の専有部分の占有者』……が『建物の保存に有害な行為その他建物の管理又は使用に関し区分所有者の共同の利益に反する行為』……をした場合に、その占有者を排除するための手続要件を定めた規定であり、法60条2項は、法6条1項に違反する占有者（排除対象者）に対し、違反行為あるいは排除装置について弁明の機会を与えたものと解すべきである。……したがって、同項の弁明の機会は違反者たる占有者に与えれば足り、違反行為者でもなく、排除の対象者でもない区分所有者に弁明の機会を与える必要はない」とし、「一部の新聞や週刊誌に……抗争につき終結の動きのあることが報道されていることが認められるが、右報道によっても、右抗争の終結が完全なる和睦を意味するものではないことが認められ、……抗争終結の動きが報道されているさなかに依然として……対立抗争事件が発生していることが認められる。そして、Y_2は、……暴力団……組長であり、Y_2の身辺において今後暴力的抗争事件が発生する危険性が全くないということはできず、……Y_2が本件専有部分に出入りするときには依然として数名の組員が護衛していること……、警察もY_2の周辺については特別警戒を行い、本件建物に対する巡回パトロールを頻繁に行っていること、本件建物の居住者はY_2の周辺の異様な雰囲気に不快感と怯えを抱いていることが認められる」としてY_2の違法行為も認めて、1審の判断を維持した。そこで、Yらは上告した。

2 判旨

上告棄却。「区分所有者の全員又は管理組合法人が……、占有者が占有する専有部分の使用又は収益を目的とする契約の解除及びその専有部分の引渡しを請求する訴えを提起する前提として、集会の決議をするには、……あらかじめ当該占有者に対して弁明する機会を与えれば足り、……区分所有者に対して弁明する機会を与えることを要しない。……Y_2は、……建物の使用に関し……区分所有者の共同の利益に反する行為をしたものであり、かつ将来もこれをするおそれがあって、右行為による区分所有者の共同生活上の障害が著しく、他の方法によってはその障害を除去して共用部分の利用の確保その他の区分所有者の共同生活の維持を図ることが困難であるときに該当する」。

3 解説

1 本判決の分析

（1）区分所有者は、区分所有者の共同の利益に反する行為（共同利益背反行為）をしてはならない（6条1項）。このことは、区分所有者だけではなく、賃借人などの占有者にもあてはまる（6条3項）。そして、占有者の行為によって区分所有者の共同生活上の障害が著しく、その行為の停止を求めてもその障害を除去することができず、共用部分の利用の確保や区分所有者の共同生活の維持を図ることができない場合には、区分所有者の全員または管理組合法人は、集会の決議に基づき、賃貸借契約の解除と賃貸物件である専有部分の引渡しを求めることができる（60条1項）。ただし、この決議に先だって、占有者には弁明の機会が与えられる必要がある（58条3項、60条2項）。

本件においてとくに問題となるのは、弁明の機会が与えられるべき対象として、賃貸人である区分所有者も含まれるかという手続的要件と、暴力団組長がマンションの一室を賃借し、暴力団の抗争に起因するさまざまなトラブルが生じていることが、法60条1項の要件を満たすかという実体的要件である。

（2）まず、手続的要件について、本判決は、弁明の機

会は占有者に対してのみ与えられればよく、区分所有者に対して与えられる必要はないと判示した（稲本＝鎌野・区分所有法351頁）。法60条1項に基づく、賃貸借契約の解除と専有部分の引渡しを求める訴えが認容されることによって、直接の不利益を受けるのは占有者に限定される。区分所有者が自らの区分所有権を失うわけではない（山川一陽・日本53巻1号194頁）。たしかに、区分所有者からすれば、賃貸借契約が解除されることによって、この賃借人から賃料を得る地位を失うことにはなるが、このことは、新たな賃借人を探すことによって回復されるべきであろうし、かつ、それでたりる。

また、区分所有者は、自らの権利に基づいて集会の決議に参加することができるのであるから、管理組合から積極的な通知がなされていないからといって、区分所有者の弁明の機会が実際に奪われているわけではない。したがって、本判決の見解は納得できるものといえる（片桐春一・昭和62年度主判解49頁、丸山英気・民商99巻1号129頁）。

そして、この占有者に対する弁明の機会は、広くとらえられるべきである。すなわち、具体的に賃貸借契約の解除と専有部分の引渡しが議案となる決議がなされるために集会に参加すべきといった詳細な情報提供まで、占有者に行う必要はない。あくまで、管理組合から占有者に対して与えられたすべての情報から、法60条1項の請求が問題となっていることがわかればよい。

（3）次に、実体的要件はどうか。たしかに、暴力団関係者がマンション内の一室を使用しているという状況は、一般的には恐怖感をあおるものであり、ほかの区分所有者からすれば、立退きを求めたいところであろう。しかし、暴力団関係者の居住の利益を度外視するわけにはいかない。このため、暴力団関係者であることのみをもって、この占有者が法60条1項に反する行為をしていることにはならないと解される。

そこで重要となる要件は、Y_2が暴力団組長であることによって、具体的にどのような不利益がほかの区分所有者に認められ、区分所有者共同の利益が侵害されているのかということである。つまり、占有者によって引き起こされた具体的な事実が問題とされる。一般に、共同利益背反行為は、客観的な行為態様として、不当損傷行為、不当使用行為、共同生活上の不当行為の3つに分けられる（鎌野・案内180頁以下）。また、それぞれの態様にとって、軽度の共同利益背反行為、中程度の共同利益背反行為、重度の共同利益背反行為があるとされる（鎌野・案内178頁以下）。行為の停止請求（57条4項）は軽度の、専有部分の使用禁止請求（58条1項、ただし占有者に対しては認められない）は中程度の、区分所有権の競売請求（59条1項、ただし占有者の共同利益背反行為の場合には認められない）や賃貸借契約の解除請求と専有部分の引渡請求（60条1項）は重度の共同利益背反行為への対応方法といえる。

2　本判決の評価

（1）賃貸借契約の解除と専有部分の引渡しを求める請求権の行使は、占有者を排除するという点できわめて強い効果を有する。このため、まずもって、共同利益背反行為の停止（57条4項）を求めるのが前提である（60条1項）。法60条1項がいう「他の方法」とは、この停止請求や民事上の請求のことを指す（鎌野＝山野目176頁［折田泰宏］）。占有者が共同利益背反行為をしている場合には、区分所有者が共同利益背反行為をしている場合と異なり、専有部分の使用禁止請求（法58条1項）と区分所有権の競売請求（59条1項）は認められていない。使用禁止請求が認められない理由は、賃借人である占有者の使用を禁止したにもかかわらず、占有者が賃料支払義務を負担し続けることが妥当でないことにある（稲本＝鎌野・区分所有法335頁）。また、区分所有権の競売請求が認められない理由は、ここでは占有者のみを排除すればたり、区分所有者をも排除する必要がないと考えられるからである（稲本＝鎌野・区分所有法348頁）。

（2）実体的要件に関して、本件では、Y_2が暴力団組長であり、暴力団抗争の中心的人物であったことから、関係者である暴力団組員がマンション内に多数出入りしていた。そして、これら組員がマンションの駐車場の利用方法に違反したり、Y_2の身辺警護のために、ほかの区分所有者やマンション利用者の身体チェックを行ったりしたことが認められた。直接の賃借人であるY_2以外の暴力団組員がマンションに出入りしたことから、ほかの区分所有者の静穏な生活環境が著しく害されたといえる。マンションのほかの区分所有者あるいは占有者からすれば、Y_2の存在から派生しているこれら事実により、暴力団抗争が身辺にいつふりかかってくるか不安であろう。これらの点を総合的に考慮すると、Y_2の行為は共同生活上の不当行為であって、かつ、重度の共同利益背反行為であると認められ、法60条1項の適用事例とされたと評価することができる。

3　実務指針

（1）本判決に関連する裁判例のなかで、暴力団がからんだ事案として、福岡地判昭和62年7月14日判タ646号141頁、京都地判平成4年10月22日判時1455号130頁などがある。実際にも、法60条1項に基づく請求がなされた事例は、暴力団が占有者であることが多かった。しかし、近時の裁判例には、かならずしも暴力団が関係する事案にとどまらず、占有者である宗教団体による行為が共同利益背反行為とされた事例（横浜地判平成12年9月6日判時1737号90頁）もある。

（2）この判決により、法60条1項所定の要件を満たした場合には、弁明の機会は占有者に対してのみ与えられればたり、しかも、具体的に賃貸借契約の解除と専有部分の引渡しが問題となっているとまで占有者に伝える必要はないことになった。この取り扱いは、区分所有者と占有者の人的性質を問わず、かつ、両者の法的関係をとうことなく、一律に妥当すると考えられる。しかし、同項の実体的要件を満たしているかについては、占有者が暴力団組員であるといった占有者の抽象的属性だけではなく、具体的な事実を挙げなければならない。この点が、今後も実務において留意されるべきことになろう。

【参考文献】　本文中に掲げたもの。

73 複合用途型マンションでの用途区分違反使用

東京地裁八王子支部平成5年7月9日判決（判時1480号86頁、判夕848号201頁）

1 事実

　Xは本件マンションの管理組合の管理者であり、Y_1はその一室の区分所有者、Y_2はその部屋をY_1から借り受けて占有している賃借人である。本件マンションは店舗併用住宅であって、1階が店舗、2階より上階が住居として区画されていた。そして、このマンションの管理規約には、「区分所有者は、その専有部分を専ら住戸は住戸として又は店舗は店舗として使用するものとし、他の用途に供してはならない」との定めがあった。

　Y_2は、このマンションの2階にある部屋を賃借し、事務所として使用していた。そこで、Xは、Yによる部屋の使用状況は上記規約に違反しており、ほかの区分所有者の共同生活を維持することが困難になっているとして、法60条1項に基づいて、管理組合の集会の決議を経て、Y_1Y_2間の賃貸借契約を解除し、Y_2に対してこの部屋の引渡しを求めた。

　これに対して、Yらは、Y_2が事務所として部屋を使用していたとしても、マンション全体の共同生活上の障害が著しいとはいえないとして、請求の棄却を求めた。

2 判旨

　請求認容。「Y_2が本件専有部分を賃借するようになった……ころ、Y_1ないしY_2から、管理組合に対し、本件専有部分を事務所あるいは事務所兼居住として使用する旨の届出があった形跡はない。……Y_2は、各種機械の取扱説明書、各種サービスマニュアル、パーツリストの企画、原稿作成、図面作成及び技術翻訳等を業務内容とする会社であるが、本件専有部分……を賃借した……ころから、実際には、ここにコピー機、ワープロ2、3台、デスクトップパブリッシング、パソコン等の機器及び製図用具等を設置し、電話回線を1本から3本に増設して、事務所として使用している。Y_2は、……共用部分である廊下に業務上使用するダンボール箱や台車を放置していたこともある。……管理組合は、Y_1に対し、話合いによる解決を求めて連絡し、Y_1は、Aに対してY_2と本件専有部分の明渡について交渉するよう委託するなど、解決の態度を示したが、Y_2が拒否し、解決には至らなかった。……住居専用部分と店舗専用部分からなる複合住宅において、……管理規約及び使用細則の定める右専用部分の区画に従って利用することは、居住者の良好な環境を維持する上で基本的で重要な事柄であり、区分所有者である居住者の共同生活上の利益を維持・管理するために不可欠な要件であると認められる。……本件建物は1階……を店舗専用部分、2階ないし7階……を住居専用部分と明確に区画している複合用途のマンションであるが、このようなマンションにおいては、当初から、右の明確な区画の維持によって良好な居住環境を確保することが予定されている。その2階の住居専用部分……がY_2の事務所として使用されること自体により、周囲の居住環境に変化をもたらすことは否定できない。更に、Y_2の管理規約違反を放置すると、住居専用部分と店舗専用部分との区画が曖昧になり、やがては居住環境に著しい変化をもたらす可能性が高いばかりでなく、管理規約の通用性・実効性、管理規約に対する信頼を損なう、ひろく、他の規約違反を誘発する可能性さえある。……事務所使用は、建物の管理又は使用に関し区分所有者の共同の利益に反する行為……で、それによる区分所有者の共同生活上の障害が著しく、他の方法によってその障害を除去して区分所有者の共同生活の維持を図ることが困難であるとき……に当たる」として、Xの請求を認容した。

3 解説

1 本判決の分析

　(1) 区分所有者の全員または管理組合法人は、占有者による共同利益背反行為（6条1項・3項）があり、このため区分所有者の共同生活が著しく滞っている場合において、共同利益背反行為の停止（57条4項）を求めても区分所有者の共同生活の維持を図ることができないときは、占有者が関係している契約の解除と専有部分の引渡しを求めることができる（60条1項）。

　法60条1項に基づく請求権が発生する要件は、共同利益背反行為のために区分所有者の共同生活上の障害が著しいこと、および、他の方法（57条4項による共同利益背反行為の停止請求等）によってはその障害を除去して共用部分の利用確保などの区分所有者の共同生活の維持を図ることが困難であることの、2つである（稲本＝鎌野・区分所有法348頁）。

　したがって、まずは占有者に対して共同利益背反行為の停止を求めるのが、法60条1項に基づく賃貸借契約の解除および専有部分の引渡請求の前提となる。もっとも、同行為の停止を求めても占有者がこれに応じるつもりがないことが明白である場合などには、停止請求を具体的に行う必要はない。

　なお、共同利益背反行為は、軽度、中程度、重度に分けることができると解されている。軽度の行為は行為の停止請求（57条1項・4項）、中程度の行為は使用禁止請求（58条1項）、重度の行為は区分所有権の競売請求（59条1項）あるいは解除請求と引渡請求（60条1項）に対応する（鎌野・案内178頁以下）。したがって、重度の共同利益背反行為がなければ、賃貸借契約の解除と専有部分の引渡請求（60条1項）は認められない。

　(2) 本件においては、マンションの利用方法に関して、店舗部分と住居部分を明確に区画したうえでこの区画に応じた利用をするよう、管理規約に定められていた。この規約に反して、住居部分を事務所として使用していた行為が共同利益背反行為とされるか、そして、上述した法60条1項の要件に該当するかが問題となる。

　法60条1項の引渡請求が問題となった事案としては、占有者が暴力団関係者であるものが多くみられた（福岡地判昭和62年7月14日判夕646号141頁、最判昭和

62年7月17日判時1243号28頁、京都地判平成4年10月22日判時1455号130頁など)。とりわけ、共同利益背反行為の客観的態様は、不当損傷行為、不当使用行為、共同生活上の不当行為の3つに分けられるところ(鎌野・案内180頁以下)、暴力団がからんだ事案は、共同生活上の不当行為が問題となる事案といえる。というのは、暴力団関係者といえども、その居住の利益はまずもって保護されるべきであるから、暴力団事務所としての使用それ自体が共同利益背反行為にただちに該当するとはいえないからである。このため、占有者である暴力団関係者が、具体的にどのような行為をしているかが問題とされる。

(3) これに対して、本件をみると、暴力団事務所と比較して、その業務上の事務所としての利用態様自体は、一般に十分認められる余地のある内容を有していた。そこで、管理規約違反との関係で、住居専有部分の事務所としての利用それ自体が不当使用行為としての共同利益背反行為であることをもって、法60条1項の要件を満たすかが問題とされたのである。

判旨によると、まず、管理規約に定められた用法に従った利用は居住者の良好な環境を維持するにあたって重要な事柄であることが認められ、居住者の共同生活上の利益を維持管理するために必須の要件であるとされている。また、判旨は、ここで管理規約違反を放置しておくと、マンション内の店舗部分と住居部分の境界が曖昧となり、近い将来の居住環境に大きな変化が生じる可能性が高く、さらには、ほかの管理規約違反をも誘発する危険性があると指摘する(鎌野・案内207頁以下)。これらが、法60条1項の1つめの要件を満たす。

くわえて、Y_2は、管理組合から用法違反の指摘を再三にわたって受けていたにもかかわらず、これを拒絶し続けていた。この点が、共同利益背反行為の停止によっては共同生活の維持を図ることがもはや困難であることという、法60条1項の2つめの要件に該当するといえよう。

2 本判決の評価

(1) ただし、本件におけるような管理規約が定められていたとしても、事務所としての利用がただちに共同利益背反行為となって法60条1項の要件にあてはまるとは評価できない。事務所利用にもさまざまな形態がありうるからである。この事案においては、電話回線が増設され、業務用の段ボール箱や台車が共用部分の廊下に放置されるなど、住居利用とはおよそかけ離れるような態様が、Y_2の利用にあたってみられた。これらの具体的な事実が総合的に考慮された結果、Xの請求が認められたと考えられる。

そもそも、管理規約が定められ、その規約に反する行為がなされたからといって、共同利益背反行為と直接に結びつくわけではない。たとえば、居住者は定期的に持ちまわりで共用部分の掃除を行わなければならないとする管理規約があった場合に、居住者がこれに反して掃除を行わなかったとしても、このことから共同利益背反行為が直接に導かれるわけではない。共同利益背反行為は、軽度の態様から重度の態様まで区分されるところ、たんなる形式的な管理規約違反があるにすぎない場合には、軽度の共同利益背反行為すら構成しないこともあるといえる。もちろん、管理規約違反行為も問題であるから、この場合には、管理規約違反行為それ自体を直接の根拠

として、行為の停止あるいは是正を図ればよい(57条1項・4項の準用)。また、このような管理規約違反行為が反復継続したとするならば、管理規約違反行為自体ではなく、そのような行為が繰り返しなされているということが共同利益背反行為に当たるとして、法60条1項の要件を満たすと考えることもできる(鎌野=山野目167頁[折田泰宏])。

(2) 専有部分の事務所としての利用は、その利用方法が一般に是認されるものであれば、共同利益背反行為とはならない性質のものといえる。なぜなら、この場合、利用の影響がその専有部分のみにとどまっており、区分所有者共同の利益に影響を与えていないと解されるからである。しかし、本件におけるマンションが、店舗部分と住居部分を明確に分けた構造になっており、居住者もこのことを前提としてこのマンションを利用していた。これにもかかわらず、Y_2が住居部分を事務所として利用し、かつ、その利用の態様がマンション内の住居部分における平穏な環境を乱すほどのものであった。さらには、Y_2が事務所利用をやめないことがすでに明らかな状況ともなっていた。これらのことから、Y_2の管理規約違反行為がいわゆる重度の共同利益背反行為と認定され、法60条1項に基づく賃貸借契約の解除請求と専有部分の引渡請求が認められたと解される。したがって、管理規約違反行為が共同利益背反行為を直接に構成するわけではないことに注意を要する。あくまで、管理規約違反行為は、共同利益背反行為につながる一要素にすぎない。

3 実務指針

(1) 本事案のように、法60条1項の適用事例は、暴力団がからんだ事案以外にも広がりをみせている(鎌野=山野目177頁[折田泰宏])。たとえば、占有者が鳩の餌付けをしていた事例(東京地判平成7年11月21日判時1571号88頁)、占有者による数多くの問題行為が共同利益背反行為とされた事例(東京地判平成8年5月13日判時1595号77頁)、占有者である宗教団体の行為が問題とされた事例(京都地判平成10年2月13日判時1161号115頁、大阪高判平成10年12月17日判時1678号89頁)などがある。

(2) 本判決により、一般的には法60条1項の要件に該当しないと思われる行為であっても、管理規約に反する行為であることを前提に、法60条1項の要件を満たす場合があることが明らかとなった。実務においては、管理規約違反行為を適示するとともに、これを足がかりとして重度の共同利益背反行為が導かれる点につき、慎重に理論構成を行う必要がある。これら事実を適示するとともに、とりわけ、管理規約違反行為あるいはこれにともなう共同利益背反行為の停止請求によっては、区分所有者の共同利益を維持することがもはや不可能であることを示すのが、事案に応じてより重要となろう。

【参考文献】 本文中に掲げたもの。

大場浩之
早稲田大学教授

Ⅷ 義務違反者に対する措置 §60 占有者に対する引渡し請求

74 教団施設としてのマンションの専有部分の使用と賃貸借契約の解除および専有部分の引渡請求

横浜地裁平成12年9月6日判決（判時1737号90頁、判タ1105号246頁）

1 事実

本件は、建物（以下「本件建物」という）等の管理および共同生活の維持等を目的として設立された管理組合（以下「本件管理組合」という）の総会で、訴訟の提起をする区分所有者として指定されたXが、建物専有部分（以下「本件専有部分」という）の区分所有者であるAから本件専有部分の使用を許された株式会社Y₁、これをY₁から賃借して占有している株式会社Y₂、さらにY₂からこれを賃借して占有している株式会社Y₃に対し、Y₂およびY₃が本件専有部分をオウム真理教横浜支部道場として使用していることによって、区分所有者に生活上の著しい障害を与えていることを理由に、60条1項に基づき、Y₁とY₂の間およびY₂とY₃の間の本件専有部分に関する各賃貸借契約を解除することを求め、さらに、Y₂およびY₃に対し、本件専有部分の引渡しを求めた事案である。

2 判旨

本判決は、まず、Y₂およびY₃による使用状況、使用細則の規定、Y₂入居後の迷惑行為、引渡請求に関する本件決議等、本件決議後の状況、オウム真理教の本質、ならびに、本件建物および本件専有部分の状況について事実認定をした。上記のうち、迷惑行為としては、不特定多数の信者の出入り、深夜や早朝までに及ぶこともあった騒音、共用部分への荷物の設置等が、明らかに教団施設としてのものである使用によって生じていたことが認定されている。そして、背反行為の有無については、60条の「趣旨及び条文の体裁からすると、共同利益背反行為に該当するかどうかを判断するに際しては、当該行為による物理的障害の有無・程度のみを考慮すれば足りるのではなく、それによって他の区分所有者が感じる不安感や恐怖感等の心理的障害の有無・程度をも併せ考慮すべきである」としたうえで、Y₂およびY₃は、本件決議時に共同利益背反行為を行っており、それは、本件口頭弁論終結時まで継続していたと判断した。また、個々の行為またはオウム信者の修行道場としての使用につき差止め等を請求したとしても、教団施設としての使用から生じる基本的な障害を除去することができないこと、教団施設としての使用の差止めを請求することは、オウム教団が本件専有部分を使用できなくなるという意味で本件引渡請求をするのと変わりがないこと、オウム教団が、占有名義をY₂およびY₃という別法人にしたうえで実質的に教団施設として使用しているように、再び占有名義を変更して差止請求を形式的に免れようとすることも十分考えられることから、本件引渡請求以外の方法によって障害を除去することは困難であるとして、Y₂およびY₃による権利濫用の主張を採用せず、Xの主張を認容した。

3 解説

1 本判決の分析

（1）区分所有法では、区分所有者の共同の利益に反する行為が行われた場合の措置として、停止等（57条）、使用禁止（58条）、区分所有権の競売（59条）および占有者に対する引渡し（60条）の請求が定められている。

これらの請求の対象となるのは共同利益背反行為であり、保護される利益の範囲には、財産管理的観点からの共同の利益だけではなく、共同生活の観点からの共同の利益も含まれる。そして、このような利益に対する背反行為の類型としては、①建物の不当毀損行為、②建物等の不当使用行為、③プライバシーの侵害ないしニューサンス、④建物等の不当外観変更行為、⑤共同生活上の不協力行為などが挙げられる（塩崎勤・民事法情報243号63頁参照）。

（2）本件のように、区分所有者以外の占有者が義務違反者である場合にとることができる手段は、当該行為の停止等の請求（57条4項）と当該専有部分の引渡しの請求（60条）のみである。これらのうち、共同利益背反行為をし、またはこれをするおそれがある占有者に対する引渡請求が認められるためには、①共同利益背反行為（6条3項において準用する同条1項に定める行為）による共同生活上の障害が著しく、②他の方法によってはその障害を除去して共用部分の共同生活の維持を図ることが困難であることが必要である。

（3）具体的にどのような場合に上記要件が満たされるのかについて判例をみると、最高裁は、賃借人である暴力団組長が組員を伴ってマンションに出入りするため、他の入居者が恐怖感、不快感を覚え、さらに暴力団間の対立抗争に巻き込まれるおそれがあって身体、生命の危険にさらされているなどの事情のもとでは、占有者に対する引渡請求の実体的要件が満たされていると判示している（最判昭和62年7月17日判時1243号28頁、判タ644号97頁）。また、引渡請求が認められた下級審判決としては、上記最高裁判決と同旨の京都地判平成4年10月22日判時1455号130頁、判タ805号196頁や福岡地判昭和62年7月14日判タ646号141頁および本判決と同旨の大阪高判平成10年12月17日判時1678号89頁とその原審である京都地判平成10年2月13日判時1661号115頁のほか、複合集合住宅の居住用占有部分における会社事務所としての使用を目的とする賃貸借契約に関する東京地八王子支判平成5年7月9日判時1480号86頁、判タ848号201頁、使用貸借に基づき専有部分に居住する者による野鳩の餌付けおよび飼育に関する東京地判平成7年11月21日判時1571号88頁、判タ912号188頁、騒音・振動等の隣人に対する迷惑行為に関する東京地判平成17年9月13日判時1937号112頁、判タ1213号163頁【本書75事件】や、賃借人が共用部分を資材置き場に使用したり、深夜自宅で酒盛りをして大声を出したり、他の居住者に暴力を振るう等した

行為に関する東京地判平成8年5月13日判時1595号77頁、判タ953号287頁等がある。

2 本判決の評価

(1) 占有者に対する引渡請求に関する規定の目的は、その趣旨から明らかであるように、区分所有者の共同利益の保護である。もっとも、占有者に対する契約解除および専有部分の引渡しの実現は、占有者を共同生活から排除することになるから、区分所有者の多数の横暴や村八分というような事態を惹起することのないよう慎重な対応が望まれるところである（詳細については、原田純孝「建物区分所有法に基づく『暴力団追い出し訴訟』」判タ613号70頁以下を参照）。このことを保障するために、上述した実体的要件に加えて、引渡請求は訴えをもってしか行使できず（60条1項）、そのためには4分の3以上の特別決議が要求され、予め行為者に弁明の機会を与えなければならない（60条2項によって準用されている58条2項・3項）という手続的要件も設けられている。このことから、訴えが提起され、占有者の排除を認める判決が言い渡される場面としては、例外的な場合が想定されていることがわかるが、上記に紹介した公刊されている裁判例をみると、法60条に基づく引渡請求を認容したものがある程度の数に上っており、関連する区分所有関係につき一定の動向を示しているものと思われる。

(2) 本判決の特徴としては、本件における行為が共同利益背反行為に該当する否かを判断するに際して、当該行為による物理的障害の有無・程度のみならず、それによって他の区分所有者が感じる不安感や恐怖感等の心理的障害の有無・程度をも併せ考慮している点が挙げられる。このことは、上記1(3)に紹介した暴力団に対して引渡しを命じた判決にも共通しており、個人による共同利益背反行為の場合とは異なる、宗教団体・暴力団等の「組織性」という性質をも理由とするものであると思われる（判タ1105号247頁の匿名コメント参照）。

(3) 本判決のさらなる特徴としては、共同利益背反行為の有無について判断する際に、引渡しを求めて提訴することに関する決議の時のみならず、口頭弁論終結時についても検討をしている点が指摘できる。つまり、本判決は、実体的要件は、総会決議時だけでなく、口頭弁論終結時にも具備されていなければならないとする見解に基づいているのである。前掲東京地判平成8年5月13日も、この点につき、「区分所有法60条1項の規定によれば、この実体的要件が、議決がされるための要件であると同時に、訴えをもってした請求が認容されるための要件としても規定されている」と判示している。第三者が、賃貸人の意思に反する場合であっても賃借人である占有者を専有部分から排除できるという同条の効果に照らすと、実体的要件の充足を厳格に審査するこの見解は妥当なものであると思われる。

(4) Y_1およびY_2は、Xによる訴訟提起が権利の濫用に当たると主張し、その根拠としては、実質的な弁明の機会が与えられなかったことや、実質的に考えると、本件決議が一部の者の意思によって行われたものであることなどを挙げている。このような主張からも明らかなように、法60条の手続的要件についてはいくつかの問題が生じうるが、ここでは、それとの関連で2つの指摘をしておきたい。第1は、占有者に弁明の機会を与えることが法によって求められており、また、占有者の弁明によって決議の内容が変わる可能性が否定できない以上、これに関する手続的保障は厳格に守られるべきだということである。第2は、第1の点に関連するものであるが、その反面、区分所有者たちは法律の専門家ではないことが多く、手続的要件の充足について過度の厳格さを求めるのが適切ではない場合もあるということである。このバランスの確保は、最終的には、訴えを審理する裁判所に委ねられることになろう（このような考察については、大野秀夫「総合判例研究・マンション法(19)」判評461号6頁以下を参照）。

3 実務指針

区分所有者としては、本件におけるような権利濫用の主張等を未然に防止するためにも、手続面については、占有者に十分な弁明の機会を提供するとともに、集会の日時、場所、議題、背反行為の内容等に関しても、詳細かつ確実な方法で通知することが望ましい。また、決議については、可能な限り多くの区分所有者が積極的に参加することが、その正当性を補強する要素になるといえよう。これに対し、引渡請求権等の相手方である占有者は、弁明の機会を利用しなかったことなどが自己にとって不利な要素の1つとして考慮されうるため、積極的に弁明を行うことが望ましい。

本件では、管理組合は、本件建物の生活環境を維持するために使用細則を定めており、そこには、管理者の事前承諾事項や禁止事項についての規定もおかれている。規約等にこのような定めをおいた場合であっても、引渡請求をするためには当該行為が共同利益背反行為であることなどを証明する必要があるが、規約等に、禁止行為に関する具体的な定めがあれば、訴訟における主張立証が容易となる（寺尾洋「競売の請求」塩崎勤『裁判実務大系　第19巻　区分所有関係訴訟法』461頁〔1992〕）。

なお、同種事案では、共同利益背反行為の存在自体が争われることが多いため、その存否に関する証拠を早期から確保しておくことは、訴訟の場のみならず、訴訟外での紛争解決にも役立つものとなろう。

【参考文献】 本文に挙げた文献のほか、本判決の評釈としては、森宗一「判批」多比羅誠編著『事例でみる借地借家の契約解除437頁〔2004〕がある。また、共同利益背反行為を理由とする引渡請求については、稲本＝鎌野・区分所有法347頁以下、濱崎・改正363頁以下、法務省・マンション法322頁以下も参照されたい。

カライスコス　アントニオス
京都大学准教授

Ⅷ 義務違反者に対する措置　§60　占有者に対する引渡し請求

75 騒音・振動等の迷惑行為とマンションの引渡請求・競売申立請求等

東京地裁平成17年9月13日判決（判時1937号112頁、判タ1213号163頁）

1 事実

本件は、マンション（以下「本件マンション」という）の管理組合の理事長であり、管理者であるXが、区分所有者の一人であるY_1およびその専有部分（以下「本件専有部分」という）をY_1から使用貸借して居住している、Y_1の子であるY_2に対し、騒音・振動を発生させたり、他の居住者の悪口を叫ぶ等したY_2の異常な行動等が区分所有者の共同の利益に反する行為に当たると主張して、法60条1項に基づき、Y_1とY_2との間の上記使用貸借契約の解除および本件専有部分の引渡しを請求し、併せて、法59条1項に基づきY_1の区分所有権および敷地権の競売を請求した事案である。

2 判旨

本判決は、本件専有部分で発生している騒音の測定結果、本件マンションの居住者の被害状況、Y_2による本件専有部分内の補修点検作業の拒絶、ならびにX、本件マンションの居住者および管理会社担当者とYらとの交渉経緯によれば、Y_2による行為は本件マンションの区分所有者の共同の利益に反するものであり、その行為による区分所有者の共同生活上の障害が著しく、引渡し以外の方法によってはその障害を除去して共同生活の維持を図ることが困難であるとして、Y_2による引渡しと、その前提となる使用貸借契約の解除を認めた。

また、競売請求については、Y_2および本件マンションの現状について把握しようとするY_1の意思や能力の欠如、Y_2の言い分のみを真実と主張し裁判所による引渡しを命ずる判決に対しても従わないことを表明するような態度、Y_2の経済力や今後のその生活をめぐる家族の意識等からすると、引渡請求のみを認容した場合には、Y_1がY_2を再度本件専有部分に居住させ本件訴訟全体が水泡に帰することとなるため、「本件競売請求は、Y_1の区分所有権を強制的に奪うという重大な結果を招くものであり、その要件を満たしているか否かについては慎重に判断すべきものではある」ものの、以上のような事情からすれば、Y_1が本件専有部分等を所有し続けることは必然的に本件マンションの共同の利益に反することになり、共同生活上の障害が著しく、他の方法によっては共用部分の維持を図ることが困難であるとしてこれを認めた。

3 解説

1 本判決の分析

（1）区分所有法では、区分所有者の共同の利益に反する行為が行われた場合の措置として、停止等（57条）、使用禁止（58条）、区分所有権の競売（59条）および占有者に対する引渡し（60条）の請求が定められている。

これらの請求の対象となるのは共同利益背反行為であり、保護される利益の範囲には、財産管理的観点からの共同の利益だけではなく、共同生活的観点からの共同の利益も含まれる。そして、このような利益に対する背反行為の類型としては、①建物の不当毀損行為、②建物等の不当使用行為、③プライバシーの侵害ないしニューサンス、④建物等の不当外観変更行為、⑤共同生活上の不協力行為などが挙げられる（塩崎勤・民事法情報243号63頁参照）。

（2）区分所有者以外の占有者が義務違反者である場合にとることができる手段は、当該行為の停止等の請求（57条4項）と当該専有部分の引渡しの請求（60条）のみである。これらのうち、共同利益背反行為をし、またはこれをするおそれがある占有者に対する引渡請求が認められるためには、①共同利益背反行為（6条3項において準用する同条1項に定める行為）による共同生活上の障害が著しく、②他の方法によってはその障害を除去して共用部分の共同生活の維持を図ることが困難であることが必要である。

（3）具体的にどのような場合に上記要件が満たされるのかについて判例をみると、最高裁は、賃借人である暴力団組長が組員を伴ってマンションに出入りするため、他の入居者が恐怖感、不快感を覚え、さらに暴力団間の対立抗争に巻き込まれるおそれがあって身体、生命の危険にさらされているなどの事情のもとでは、占有者に対する引渡請求の実体的要件が満たされていると判示している（最判昭和62年7月17日判時1243号28頁、判タ644号97頁）。また、引渡請求が認められた下級審判決としては、上記最高裁判決と同旨の京都地判平成4年10月22日判時1455号130頁、判タ805号196頁や福岡地判昭和62年7月14日判タ646号141頁のほか、複合集合住宅の居住用占有部分における会社事務所としての使用を目的とする賃貸借契約に関する東京地八王子支判平成5年7月9日判時1480号86頁、判タ848号201頁、賃貸借契約に基づく専有部分の教団施設としての使用に関する横浜地判平成12年9月6日判時1737号90頁、判タ1105号246頁【本書74事件】、大阪高判平成10年12月17日判時1678号89頁とその原審である京都地判平成10年2月13日判時1661号115頁、使用貸借に基づき専有部分に居住する者による野鳩の餌付けおよび飼育に関する東京地判平成7年11月21日判時1571号88頁、判タ912号188頁等がある。

また、本件とほぼ同種の事案としては、賃借人が共用部分を資材置き場に使用したり、深夜自宅で酒盛りをして大声を出したり、他の居住者に暴力を振るう等した行為に関する東京地判平成8年5月13日判時1595号77頁、判タ953号287頁等がある。

（4）区分所有者が義務違反者である場合にとることができる手段は、当該行為の停止等の請求（57条）、専有部分の使用禁止の請求（58条）、区分所有権および敷地利用権の競売の請求（59条）である。これらのうち、共同利益背反行為をし、またはこれをするおそれがある区分所有者に対する競売請求が認められるためには、①共同利益背反行為（6条1項に定める行為）による共生

活上の障害が著しく、②他の方法によってはその障害を除去して共用部分の共同生活の維持を図ることが困難であることが必要である。

（5）具体的にどのような場合に上記要件が満たされるのかについて、競売請求が認められた裁判例をみると、暴力団事務所としての使用に関する前掲京都地判平成4年10月22日、名古屋地判昭和62年7月27日判時1251号122頁、判タ647号166頁および札幌地判昭和61年2月18日判タ582号94頁、区分所有者が管理組合の総会決議に反対して電気供給契約の切換えに応じないため、総会決議が実行できなくなった事案に関する横浜地判平成22年11月29日判タ1379号132頁、マンションの管理費等を滞納した区分所有者に関する東京地判平成22年11月17日判時2107号127頁、東京地判平成19年11月14日判タ1288号286頁および東京地判平成17年5月13日判タ1218号311頁等がある。

2 本判決の評価

（1）共同利益背反行為に含まれるニューサンスやプライバシー侵害については、「共同の利益」を害するものでなければならないことから相当範囲の区分所有者の生活利益に及ぶことが必要であるとされてきたところ（濱崎・改正336頁）、本判決および前掲東京地判平成8年5月13日は、これが肯定される具体例を示すものとして実務上参考になる。

（2）占有者に対する引渡請求に関する規定の目的は、その趣旨から明らかであるように、区分所有者の共同利益の保護である。もっとも、占有者に対する契約解除および専有部分の引渡しの実現は、占有者を共同生活から排除することになるから、区分所有者の多数の横暴や村八分というような事態を惹起することのないよう慎重な対応が望まれるところである（詳細については、原田純孝「建物区分所有法に基づく「暴力団追い出し訴訟」」判タ613号70頁以下を参照）。このことを保障するために、上述した実体的要件に加えて、引渡請求は訴えをもってしか行使できず（60条1項）、そのためには4分の3以上の特別決議が要求され、あらかじめ行為者に弁明の機会を与えなければならない（60条2項によって準用されている58条2項・3項）という手続的要件も設けられている。このことから、訴えが提起され、占有者の排除を認める判決が言い渡される場面としては、例外的な場合が想定されていることが分かるが、上記に紹介した公刊されている裁判例をみると、法60条に基づく引渡請求を認容したものがある程度の数に上っており、関連する区分所有関係につき一定の動向を示しているものと思われる。

（3）競売請求については、上記と同様に、実体的要件のほかに手続的要件が設けられているが（59条1項、59条2項によって準用されている58条2項・3項）、引渡請求と比較した場合、区分所有者の所有権の強制的な剥奪というさらに重大な結果をもたらすものであることから、より慎重な対応の求められる最終的手段であることがわかる。そして、どのような場合に競売請求が認められるかは裁判例の集積によって明らかにされるところ、本判決は、一事例を加えたものである。

通常、このような手段を行使することが適切であると想定される典型的な場面は、区分所有者が暴力団である場合その他、区分所有者の属性が問題となるものであろう。そのような事案では、競売以外の措置によって障害を除去することができない場合が多いからである。また、上記1(5)で紹介した裁判例からも明らかなように、ほかにも、マンションの管理費が滞納され、滞納をしている区分所有者の経済状況等に照らして他の方法が功を奏しえない場合にも、競売請求が認容されている。

これらの場合とは異なり、本判決および前掲横浜地判平成22年11月29日では、問題となっているのは被告である区分所有者自身の行為・態度であり、通常であれば、他の方法によって対応できそうな事案のようにみえる。しかし、いずれの場合にも、被告が協力的な姿勢や問題解決に向けた意欲を示さないことなどから、競売請求が認容されている。そのため、いずれの判決も特殊性のある事案に関する事例判断であり、その射程も限定されたものであると思われる。このことは、本件とほぼ同種の事案ではあるが、区分所有者と占有者との間の親子関係等といった特殊な事情のある本件とは異なり、そのような関係にない区分所有者（貸主）と占有者（借主）との間の賃貸借契約について判断した前掲東京地判平成8年5月13日では、引渡請求を通じて解決がされていることによっても示されている。

なお、本件には上述したような特殊性があるものの、今後、核家族化が進むなかで、同様の紛争が生じる可能性も否めず、そのような観点からも示唆に富む判決であるといえよう。

3 実務指針

上述したように、引渡請求・競売請求のいずれの場合にも、実体的要件のみならず手続要件をも充足することが前提となる。そのため、共同利益背反行為に対して請求権を行使する区分所有者は、当然に、実体面だけでなく、手続面にも配慮をする必要がある。これに対し、請求権の相手方は、弁明の機会を利用しなかったことなどが自己にとって不利な要素の1つとして考慮されうるため、積極的に弁明を行うことが望ましい。また、同種事案では、共同利益背反行為の存在自体が争われることが多いため、その存否に関する証拠を早期から確保しておくことは、訴訟上のみならず、訴訟外での紛争解決にも役立つものとなる。

なお、本件におけるような行為について、規約等でこれを禁止する旨を定めても、引渡請求や競売請求をするためには当該行為が共同利益背反行為であることなどを証明する必要があるが、禁止行為に関する具体的な定めが規約等にあれば、訴訟における主張立証が容易となることにも留意すべきであろう（寺尾洋「競売の請求」塩崎勤『裁判実務大系 第19巻 区分所有関係訴訟法』461頁［1992］）。

【参考文献】 本文に挙げた文献のほか、共同利益背反行為を理由とする引渡請求・競売請求については、稲本＝鎌野・区分所有法340頁以下、法務省・マンション法270頁以下も参照されたい。

カライスコス アントニオス
京都大学准教授

IX　復旧および建替え　§61　建物の一部が滅失した場合の復旧等

76　建物買取時の時価

大阪高裁平成14年6月21日判決（判時1812号101頁）

1　事実

　本件マンションは、昭和47年新築の住戸数63戸の建物であったが、阪神淡路大震災によって本件マンションの2分の1を超える部分が滅失し、平成8年2月17日、本件マンションの区分所有者の集会において、区分所有法61条5項所定の復旧決議が行われ、4分の3以上の多数で決議が成立した。このため、平成8年5月16日、本件決議に反対したX等（13戸）が本件決議に賛成したY（不動産会社であり本件マンション販売会社）に対して、区分所有法61条7項に基づいて、自己の区分所有建物、敷地に関する権利の買取りを請求した。

　本件における争点は多岐にわたるが、主要な争点は、①上記買取請求による所有権移転の時期、②区分所有法61条所定の時価の算定方法、③②の時価を算定するにあたり考慮すべき復旧工事費用（復旧工事の範囲）についてである。

　これらの争点について、Xは、①について、買取請求権は形成権であるから、請求権の行使により区分所有権は相手方に移転する、②について、買取請求権行使時に建物が被災しない状態で存在した場合の価格から被災した建物を被災しなかった状態に復旧するための復旧工事費用（復旧工事によっても回復しきれない減価要因を含む）等を控除する（直接法）、したがって、③について、考慮される復旧工事費とは被災前の状態に復旧しかつ安全を確保するのに最低限の工事に対応する費用のみを指す、と主張した。

　これに対して、Yは、①については、時価の算定基準時は買取請求権行使時であるが、買取請求を行う区分所有建物に担保権が設定されている場合には代金の支払が担保権の抹消と同時履行の関係になる、②について、買取請求時点で中古マンションの売買市場で商品とするのにふさわしい水準の復旧工事が終了しているものと仮定して、その場合の専有部分の買取請求時点における価格を想定し、これから、そのような復旧するのに要する復旧費用等の被災による減価を控除して算定する（間接法）、したがって、③について、時価の算定において考慮される復旧工事費とは市場性のある建物に再生させるための工事費である、と主張した。

　第1審（大阪地判平成10年8月25日判時1668号112頁）は、①について、区分所有法61条7号所定の買取請求権は形成権であるから、上記買取請求が行われた場合における時価を算定する基準時は、買取請求権が行使された時である、②について、時価とは、一部滅失した状態での時価であり、本件のように地震によって建物が損壊したような場合には、買取請求時において被災しなかったものとした場合の価格から復旧工事費等の被災による減価を控除して算定すべきであり、したがって、③について、被災前の状態に復旧しかつ安全性を確保するのに必要最小限の工事に対応する費用のみを指すものであり、具体的には、控除すべき復旧工事費は、機能向上を目的とする工事は含まれず、使用部材等の更新は復旧工事に必要且つ相当なものである範囲で含まれることを明らかにした。

　これに対し、Yは、第1審判決を不服として買取価格の減額を求め、Xらも附帯控訴して買取価格の増額を求めた。

2　判旨

　①について、「法61条7項に基づく買取請求権の法的性質は形成権と解するのが相当であるから、その意思表示により直ちに当事者間に売買が成立した効果が発生する。」としたうえで、「抵当権が設定されている専有部分（及び敷地共有部分）についても、買取請求がされたときは、その意思表示により直ちに売買の効果が発生すると解するのが相当であるが、その場合、買取請求の相手方は、民法577条により、滌除の手続きが終わるまで買取代金の支払を拒む旨の抗弁を主張することができる」と判示した。

　②および③については、「買取請求権は、前記のような意味の形成権であるところ、買取請求がされる時は、大規模に損壊（一部滅失）した状態ではあるが、復旧工事を加えて存続すべき建物が現存するのであるから……、「時価」は、損壊した状態のままの、前記評価基準時における建物及び敷地に関する権利の価格をいうと解するのが相当である。」と判示し、さらに、直接法および間接法について、前者については、「損壊しているが既存のマンションの買取請求による売買であることに比較的なじみやすく、かつ、間接法と比較する限りでは、復旧後の建物の状態、したがってまた復旧工事の内容を比較的想定しやすく、その意味である程度客観的に検討できるとも考えられるから、評価手法の一つとして重視」することができ、そして、復旧工事における設備器具等の更新についても「更新により結果的に生じる増加価値を取上げ、現実に必要な復旧工事費用からこの増加価値分を控除した残額をもって復旧工事費用とするような計算を行う必要はない」また、「復旧工事費用にとどまらず、復旧工事によってもなお回復し得ない事情の有無及びその程度をも考慮すべきである」、一方、後者については、公平の見地からは、機能向上を含む復旧工事費用の増加分は、復旧工事後の建物の価値の増加分に見合うものとして均衡性および相当性がある場合に限り全額を減額することが可能であるが、その均衡性の立証は実際上相当困難、と評価した。そのうえで、個別具体的な争点について鑑定等により時価を算定し、Yの控訴およびXらの附帯控訴に基づき第1審判決を変更した。

3　解説

1　本判決の分析

　(1)　本判決は、マンションの復旧決議に反対する区分所有者が買取請求をした事案について、買取請求に係る区分所有建物等の時価を算定した初めての高裁段階の裁

判例である。

(2) 地震などで部分的に損壊したマンションについては、区分所有者は、区分所有権と敷地利用権を売却等により処分しないかぎりは、そのままにするか、復旧するか、あるいは、建替えをするかの選択を迫られることとなる。この問題については、区分所有法61条が復旧について、法62条が建替えについて定めている。復旧について定めている法61条によると、まず、マンションの損壊の程度が2分の1以上の大規模滅失であるか、あるいは、2分の1未満の小規模滅失であるかにより、復旧の要件を分けている。本件の場合には、前者の大規模滅失に該当するが、本条によると、大規模滅失の場合には、集会において、区分所有者および議決権の各4分の3以上の多数で、滅失した共用部分の復旧する旨の決議をすることが可能であり(5項)さらに、決議の日から2週間を経過したときは、決議に賛成した区分所有者以外の区分所有者は、決議賛成者の全部または一部に対し、建物およびその敷地に関する権利を時価で買い取ることを請求することが可能となっている(7項前段)。当該規定は、復旧を希望しない区分所有者が、区分所有者の団体の意思形成に参画する権利を放棄する代わりに復旧事業に要する費用を清算して爾後の負担を免れることを可能とするものであるが、時価の内容については全く言及していない。このため、本件では、復旧の具体的な内容および時価を算定するにあたり控除すべき復旧工事費の範囲が争われることとなった。

2 本判例の評価

(1) 本判決は、まず、①について、買取請求権の性質は形成権であるため買取請求により直ちに当事者間に売買が成立するという理解から、区分所有権の移転時期および時価算定基準時は買取請求権行使時であり、このことは抵当権が設定されている場合も同様であることを明らかにした。買取請求権の性質は形成権であることについては異論はないが、区分所有権の移転時期については、有力説では、たとえば、区分所有権特有の事情を重視したうえで、買取請求により成立した売買契約に基づく法律関係が引渡しの提供など一定の段階に達した時点とする見解が示されていた。しかし、本判決は、このような有力説の見解を退けて、一般的な所有権移転時期の理解に基づいて判断した。

(2) さらに、②について、本判決の本条7項の時価とは、「一部滅失した状態での時価」であるという理解については、従来の学説においてもほとんど異論は見られない。しかし、大規模一部滅失した状態の建物は、一般的に取引事例が皆無で、廃屋と化した建物には現況市場価格は存在せず、著しく低廉となってしまうため、復旧により回復される潜在的価値を評価する必要があると解されていた。このような必要性を踏まえて、第1審は、Xの主張と同様、時価の算定方法を買取請求時において被災しなかったものとした場合の価格から復旧工事費等の被災による減価を控除するものと解し、③の復旧工事費の内容についても、被災前の状態に復旧しかつ安全性を確保するのに必要最小限の工事に対応する費用のみを指すもので、機能向上を目的とする工事(共用玄関電気錠および集合インターホン設置工事等)は含まれず、使用部材等の更新は復旧工事に必要かつ相当なものである範囲で含まれると解した。一方、本判決では、②区分所有法61条所定の時価の算定方法については第1審ほど明確に述べてはいないものの、鑑定の方法としては直接法を基本としており、③については、直接法に依拠しながらも、たとえば、復旧工事で必要となる設備の更新のための費用についても必ずしも一部のみを考慮要素と解する必要はなく、また、復旧工事によっても回復しえない事情を減価要素として挙げている。これは、買い取った複数の物件を中古マンションとして売却を行うこととなるY側の事情に配慮した内容となっているものといえよう。

(3) 一方、学説は、②と③について、必ずしも判例と同様の見解を示しておらず、買取請求時において当該建物を復旧した場合に想定される売却価格(市場価格)を時価とするべきであり、このような時価の計算としては、「その時に復旧がなされたことを想定してその場合の想定評価額(市場価格)」から「復旧工事費」を控除したもの」と主張したり、あるいは、建物を被災前の完全に同一の状態に復旧することは現実には不可能であるため、「被災前の状態に復旧する」必要はなく、復旧工事の内容についても、本判決や第1審のように、被災前の建物への復旧に向けた工事内容に限定する必然性はなく、復旧決議の内容如何により、被災前以上の価値が得られる復旧工事を選択したり、被災前の価格までは回復しない復旧工事を選択することができるのであり、「一部滅失の状態での建物等の価格」とは、厳密には、「一部滅失した状態での建物について復旧決議がなされた場合の建物等の価格」と解する立場も存在する。これらの学説の立場の根底には、被災前の建物に復旧したとしても、被災前の市場価格では売却が困難になるという理解が存在するといえよう。この点については、本判決においても、③において考慮されているところである。しかし、学説の意図するところは、算定にあたっての考慮要素としてではなく、算定方法に反映させることにより、買取請求を受けた区分所有者に損失が生じないようにする点にある。もっとも、本判決後、2002年の区分所有法の改正により、法61条について、再買取請求権(7項後段)や買取指定者制度(8項)が創設され、特定の賛成区分所有者が不意打ち的に買取請求による負担を負う場面が少なくなってきている。

3 実務指針

上述のように、現行区分所有法61条においては、買取指定者制度(8項)が設けられており、復旧決議後、2週間以内に決議賛成者がその全員の合意により買取指定者を指定し、その者から通知を受けた区分所有者は、買取指定者のみに買取請求を行うこととなる。したがって、集会の招集者の側では、復旧決議に際して予め買取請求者を予定しておくことが望ましい。また、反対区分所有者から買取請求を受けた場合であっても、本条7項後段により、2ヶ月以内であれば、他の決議賛成者に対して14条に定める割合で再買取を請求することができる。

【参考文献】 荒木新五「建物復旧の場合における建物等買取価格」塩崎勤=澤野順彦編『新・裁判実務大系 不動産鑑定訴訟法Ⅱ』282頁以下[2002]。鎌野邦樹「区分所有法61条7項の買取請求権の「時価」について」千法14巻1号43頁以下。山野目章夫「区分所有権の買取請求」法時68巻7号16頁以下。稲本=鎌野・区分所有法374頁。

上河内千香子
駿河台大学教授

IX 復旧および建替え §62 建替え決議、§63 区分所有権等の売渡し請求等、§64 建替えに関する合意

77 建物の老朽化と建替え

大阪高裁平成12年9月28日判決（判時1753号65頁、判タ1073号216頁—新千里桜ヶ丘事件）

1 事実

本件団地は、1967年に国内初の大規模住宅団地といわれる「千里ニュータウン」の一画において、12棟（全272戸）からなる団地のマンションとして竣工した。本件団地の建物は、4階建ての共同住宅であるが、当時の住宅水準を反映して、エレベーターはなく、配管の取替えが困難で、電気容量も少なく、洗濯機置場もない狭隘な建物であった。その後、1986年に各区分所有者に対するアンケート調査で住宅の狭隘さより建替えに積極的な姿勢が示されたため、翌年の1987年、区分所有者によって建替え検討委員会が設立され、建替案の検討、分譲者である大阪府住宅供給公社との協議などが行われ、1988年から1989年にかけて行われた2回の意向調査においても、92％以上の区分所有者が建替えに賛成した。さらに、上記検討委員会は、建替えに関する記事を連載した広報誌を発行し、建替えの関する説明会を度々開催した後、1996年に新築建物の設計概要等の法定の内容で各棟の建替決議が成立し、付帯決議として区分所有建物等を買い受けることができる買受指定者としてZを指定した。

その後、1996年4月から5月に建替決議に参加する者の代表から、非参加の区分所有者に対する参加の催告が行われたが（旧63条1項）、いずれも参加の意向が表明されなかったため、同年8月に、買受指定者Zが、非参加者に対して区分所有建物の売渡しを請求した（旧63条4項）。これに対して、非参加者のうちの一部X等が決議に賛成した区分所有者Y等に対して、旧62条の定める「老朽化」および、「効用の維持回復に過分の費用を要する」という建替え決議の客観的要件について、前者の「老朽化」については、本件建物は築後29年に過ぎず、税法上の耐用年数である60年の半ばにも至っておらず、適切な修繕により建物の効用を回復できること、後者の「費用の過分性」については、物理的効用の維持回復費用を中心に考慮すべきであり、社会的経済的効用の積極的増加を含むものではなく、かつ、通常の維持管理に関する費用を指すものであり、さらに、費用と対比すべき「建物の価格」も客観的な取引時価を基準にすべきであるが、本件建物については「過分の費用性」が全く検討されていない、という理由から決議の無効を主張した。

このような主張に対して、第1審は、「老朽化」については、「住居学や建築学でいうところの建物や柱の主要部分、構造部分が朽ちて役に立たなくなるというような場合に限定されるものではなく、建替え制度の設けられた趣旨に従って解釈されるべきであり、年月の経過によって建物としての物理的効用の減退はあるが、いまだ建物としての社会的効用を維持している状態をいう」と解したうえで、本件建物の状況から「老朽化」を認定し、「費用の過分性」についても、「建物価額その他の事情に照らし、建物の効用維持回復費用が合理的な範囲内にとどまるか否かの相対的な判断であって、一定の絶対的な価格を前提とするものではもとよりあり得ない」が、建物価格は補修にかかる費用対効果を考えるうえで大きな要素を占めるものであり、同時に、「その他の事情」を考えるにあたり、建物の機能の陳腐化をはじめとする社会情勢、生活情勢への変遷への対応の程度を考慮することも許されると解した。その上で、本件建物については、一戸あたりの建物価格が300万円であり、改修のための最小限の工事費用は一戸あたり500万円強であり、仮にこの費用を投じても回復される建物の機能は建築時である1967年当時の建物の機能水準に留まるという点を総合勘案して「費用の過分性」を肯定した。

このような第1審に対して、Yは、①「老朽」の概念については、建物の躯体の主要部分をはじめ建物の全体について物理的な効用の減退の有無を検討する必要がある、②区分所有法旧62条の要件論としての「老朽化」を論じるにあたり、経済的耐用年数によらずあくまで建物構造体の物理的耐用年数を基準とするべきである、③「費用の過分性」については、「建物の価格その他の事情に照らして」の「その他の事情」に、いわゆる効用増建替えにつながる「建物機能の社会的陳腐化」や「社会情勢への対応」に必要な費用を考慮する誤りを犯していると主張した。

2 判旨

老朽とは、「建築後の年月の経過による建物としての物理的効用の減退を指すと解するのが相当」であり、本件の建物の状況をみると「築後約30年という年月の経過により、建物として社会通年上要求される一定の性能が損なわれていることは明らかというべき」である。そして、「老朽により建物としての効用が損なわれていることを判断するに当たって、必ずしも物理的耐用年数を基準としなければならない理由はないし、建物としての効用が損なわれたかどうかは、建物の躯体部分だけでなく設備等を含めた全体としてみるべきであるから、仮に、劣化の程度が構造躯体に影響を及ぼさない程度のものであったとしても、建物としての効用が損なわれているとみるべき場合があり得る」と判示した。

費用の過分性については、「当該建物価格その他の事情に照らし、建物の効用維持回復費用が合理的な範囲内にとどまるか否かの相対的な判断であり、法62条の『その他の事情』とは、建物の利用上の不具合その他の建物の現状、土地の利用に関する四囲の状況等を指すものと解される。右の趣旨に照らせば、建物の効用維持回復費用が合理的な範囲内にとどまるかどうかは、右費用（原判決の説示するとおり改良費用を含むものではない。）と建物価格との比較だけでなく（もとよりこれが大きな比重を占めることはいうまでもない）、その他の事情として、建物の機能の社会的陳腐化をはじめとする社会情勢、生活情勢の変遷の対応の程度等も考慮して判断するのが相当であると解される。」と判示した。

3 解 説

1 本判決の分析

(1) 本判決は、築29年が経過したマンションについて行われた旧区分所有法62条(現62条)所定の建替決議について、「老朽、損傷、一部の滅失その他の事由により、建物の価値その他の事情に照らし、建物がその効用を維持し又は回復するのに過分の費用を要するに至った」という客観的要件を満たしていたかが争われたものである。

この要件は、本条の多数決が最終的には区分所有権の売渡請求という形で少数区分所有者の排除につながる可能性があるため、多数者の客観的正当性を担保する機能を担うものである。しかし、本条については、これらの客観的要件のうち、「老朽化」および「費用の過分性」の理解が明らかではなかった。本判決は、この点について明らかにした初めての高裁判決である。なお、本判決以前において本条の客観的要件(特に「費用の過分性」)が問題となった判決として、神戸地判平成11年6月21日判時1705号112頁、判タ1035号254頁【本書78事件】が存在する。しかし、上記判決は、本件のような「老朽化」した区分所有建物ではなく、阪神淡路大震災において被災した区分所有建物の建替えが問題となった事例であった。

2 本判決の評価

(1) まず、本判決は、旧法62条所定の「老朽化」は、物理的耐用年数で判断するものではなく、建物の効用が減退したか否かは建物の躯体部分のみならず設備等を含めた全体として判断するという見解を明らかにした。このような老朽化の判断は、従来の通説および第1審判決の見解と同様のものであり、さらに、本件はYにより上告・棄却されていることから、本判決において示された「老朽化」の見解は、判例および学説上確立されたものであるといえよう。

(2) 一方、「費用の過分性」の理解については、本判決は明確に判示しているわけではない。しかし、本件事案において、YZは、「過分か否かの判断には現在必要とされる費用だけではなく、将来必要と見込まれる費用をも考慮して、社会通念に従って判断すべきであり、区分所有者の大多数がこの要件を満たすものと判断したということは、それ自体十分に尊重するべきものと考えられる」と主張していたのに対して、本判決および本判決の第1審は、このようなYZの主張を採用しなかった。この点において、消極的な形ではあるが本判決の立場が示されているといえよう。

学説は、このような「費用の過分性」については、①何と何を比較して判断をするのか、②過分性の判断は、区分所有者の5分の4の賛成という特別多数決の存在とは切り離して客観的に定まると考えるか、あるいは、特別多数決(区分所有者の主観)の存在に影響を受けると考えるのかについて検討の余地があると解してきた。

この点について、まず、①については、一般的に、本条の文言から、「建物の価格とその他の事情」と「建物の効用維持・回復に要する費用」の比較であり、「建物の価格」とは「現存建物の価格」であると解してきた。一方、②については、ⓐ区分所有者の意思(建替決議)とは切り離した形で「費用の過分性」を客観的に判断する立場(独立判断説)、ⓑ過分性の判断は、基本的には区分所有者が総合的見地から判断すべきであり、決議がなされたこととの関係において相対的に判断すべきという立場(相関判断説)ⓒ過分性自体が総合的検討の上でなされるべきとする立場(総合判断説)が存在した。

(3) もっとも「費用の過分性」という実体要件については、2002年の区分所有法の改正によりその他の実体要件とともに削除されることとなった。その理由としては、「費用の過分性」要件は明確性を欠くものであり、決議後においても要件を満たしていないことを理由として決議の効力が争われる可能性が残り、仮に訴訟が提起されて紛争が長期化した場合、建替えの実施が遅れることになるなど建替えの実施を阻害する要因になる、と述べられている。もっとも、実体要件の削除が議論される過程においても、当該要件については従来の規定を明確化した形で存置する案が強く主張された。しかし、区分所有者間の紛争に至ることを防止するような明確性および合理性を備えた基準を設けることが困難であり、紛争の発生が懸念されると考えられたため、採用されるには至らなかった。

(4) 本判決は、旧区分所有法62条の客観的要件のうち、「老朽化」および「過分の費用性」が問題となったが、同条の立法担当者の示した考え方に忠実な理論展開がなされており、学説においても概ね支持を受けるものとなっているといえよう。もっとも、現行法の下では、区分所有建物は、区分所有者および議決権の各5分の4以上の賛成のみで決議することができることとなっている。したがって、本判決の説示は、現在においては大きな意義を有するとは言い難い。しかし、2002年の区分所有法改正に向けた審議が行われている過程において公表された本判決は、立法過程において大きな役割を果たしたと評価されている。

3 実務指針

老朽化した区分所有建物の建替えの問題は、今後さらに増加することが予想される。上述のような区分所有法62条については、2002年の区分所有法の改正を通じて立法上の障害が取り除かれるに至った。しかし、本件事案からも、実際に建替えが完了するまでには長期間にわたり多くの問題の発生することが伺える。特に、本件においては、建替決議に賛成した区分所有者であるXZは、Yに対して区分所有法63条4項の売渡請求を行っていた。【本書76事件】は買取請求の時価算定の問題であったが、今後は、売渡代金の時価の算定も問題となっていくと考えられる。なお、老朽化した区分所有建物の建替え事業を円滑に行うために、2002年に「マンションの建替えの円滑化等に関する法律」が制定された。このため、現時点では、同法に基づいた建物の建替えを行うこととなる。

【参考文献】 本判決の判例批評としては、澤野順彦・平成14年度主判解62頁以下、原審の判例批評としては、佐藤岩夫「区分所有法62条所定の建替決議の有効性」判タ1016号59頁以下がある。そのほか、稲本=鎌野・区分所有法393頁以下、湯浅道男・判評492号180頁以下、山野目章夫「区分所有建物の建替決議をするための費用の過分性の要件」判タ1091号51頁以下、鎌野邦樹「マンション建替論序説(1)阪神淡路大震災の経験と区分所有法の課題」千法13巻2号23頁以下、吉田徹ほか「建物の区分所有等に関する法律の一部改正法の概要(2)」NBL755号68頁以下。

上河内千香子
駿河台大学教授

78 被災マンションの建替え

神戸地裁平成11年6月21日判決（判時1705号112頁、判タ1035号254頁―六甲グランドパレス高羽事件）

1 事実

本件区分所有建物は、昭和55年に築造された12階建ての神戸市内のマンションであり、住戸177戸、店舗1戸から構成されている。本件マンションは、平成7年1月の阪神淡路大震災により損傷を受けたが、本件マンションの管理組合Yは、震災直後から、ライフラインの復旧、危険箇所の応急措置を行う一方、本件マンションの被災程度の診断のため、建築専門家に建物の構造耐力の調査などを依頼した。その結果、本件マンションは、本件震災によって、柱、壁等のひび割れのみならず、建物の全体的な変形、傾斜が生じ、エレベーター1基も使用が危険な状態にあることが判明した。このため、Yは、同年2月、本件マンションの元施工業者Aに、本件マンションの補修案と見積もりを依頼したところ、Aより、共用部分の復旧工事につき総額約14億円（A案）と8億円（B案）を得た。しかし、これらの補修案の検討を通じて、区分所有者の間には、補修費用の負担が相当の額になることが認識されるようになり、建替えを検討する意見が出されるようになった。そこで、Yは、同年4月末、補修と建替えを総合的に検討する「復興協力委員会」を設置し、同委員会を通じて行った補修案および建替案の調査検討の結果を説明会で報告し、アンケート調査を実施したところ、区分所有者の72％の建替えの賛成を得た。さらにその後、同年8月に開催された区分所有者の臨時総会において「建替え方針」を付議したところ、全住戸の78.1％において上記方針が可決された。

このため、Yは、新たに「建替事業推進委員会」を設置し、他の専門家の助言を得る等の形で補修案および建替案をまとめ、区分所有者に両案の内容および得失についての説明を行った。その後、Yは、平成8年9月、臨時総会において建替案の採決を行ったが、区分所有法62条所定の5分の4以上の賛成が得られなかった。しかし、上記総会後、未開票の賛成票等の存在が判明したため、再度、平成9年1月に臨時総会が開催され、賛成148名、反対21名、白票6名等で建替決議が成立した。その後、Yの理事長Bは、決議に賛成しなかった区分所有者X等に対して、建替えの参加を催告したものの、Xらは、参加の回答をしなかったため、建替決議に賛成した区分所有者Z等が、X等に対して売渡しを請求した。そこで、X等がYに対して、旧区分所有法62条1項所定の「建物がその効用を維持し、又は回復するのに過分の費用を要するに至ったとき」（費用の過分性）に該当するか否かは、「建替費用」と「建物の効用を維持・回復するために必要な補修費用」とを比較して判断されるべきところ、後者が前者の50％を超える場合にはこれに該当するというべきであり、本件マンションの補修費用を見積もると建替費用の50％に満たないため、本件建替決議は費用の過分性の要件を満たさないという理由から本件建替え決議の無効確認を請求した。

これに対して、Y等は、①費用の過分性については、決議当時の建物全体の取引価格と建物の効用の維持・回復に要する費用とを比較検討して判断すべきであり、また、当該規定の「その他の事情」として、補修工事によって得られる効果を考慮すべきである、②「過分の費用」か否かは社会通念によって決まるものであり、社会通念とは一般人にとって受容可能な客観的は判断を意味するので、当該建物の区分所有者の認識判断の内容とは一応区別されるが、現実に建替えをめぐる当該状況に立たされた多くの区分所有者によりなされた判断は経験則上「社会通念」と一致する場合が多い、③何を「過分の費用」とするかは建物にどの程度の効用を期待するかという相対的な価値判断にかかわる問題であり、第一次的には区分所有者が判断すべきものであるから、区分所有者の圧倒的多数がその要件を満たすものと判断した場合、その判断は、事後的判断にあたって可及的に尊重されることが相当である、等と主張した。

2 判旨

「「建物の価額その他の事情に照らし、建物がその効用を維持し、又は回復するのに過分の費用を要するに至ったとき」（費用の過分性）とは、区分所有建物が、物理的な効用の減退により建物の使用目的に応じた社会的経済的効用を果たすために社会通念上必要とされる性能を損ない、その効用を維持、回復するために必要な費用が相当な範囲を超えるに至ったことをいうものと解すべきである。

また、同条〔区分所有法62条〕の文理及び趣旨からすれば、効用の維持、回復に必要な費用が相当な範囲を超えるに至ったか否かは、建替え決議当時における当該建物の時価と建物の維持、回復費用との比較のみによって判断するのではなく、建物の利用上の不具合その他建物の現状、土地の利用に関する四囲の状況等、建替えの要否の判断に際して社会通念上検討されるべき諸般の事情を総合考慮し、区分所有者が当該建物を維持することが合理的といえるかどうかによって判断すべきものと解される。

そして、建物の効用の維持、回復に必要な費用は、建物の使用目的や効用の要求水準という区分所有者の主観的な価値判断に左右されるものであるから、右費用の認定にあたって、建物がその効用を果たすべき性能水準についての多数の区分所有者らの主観的判断は可及的に尊重されるべきである」。

3 解説

1　本判決の分析

（1）区分所有建物が震災等で全部滅失した場合には、区分所有法の適用はなく、被災区分所有建物再建等特別措置法が適用される場合を除いて、原則、民法の共有法理に服する。それは、建物が存在せず、共用部分等共同管理に服すべきものがないため、法律上区分所有者もその団体も存在しないためである。しかし、建物が大規模

一部滅失した場合には、建物をそのままの状態で維持する、補修により復旧させる、あるいは、取り壊して建て替える、という選択を迫られることとなる。【本書76事件】は、震災による大規模一部滅失した建物の復旧に関する問題であったが、本件は、同様に、震災によって一部滅失した建物について、旧法62条1項の建替決議の有効性、さらには、その客観的要件である「建替費用の過分性」が争われた事案である。本件と同様に費用の過分性の問題としては、【本書77事件】があるが、老朽化建物の建替えが争われた事案であった。

(2) 旧法62条1項により建替えが認められるためには、①老朽、損傷、一部の滅失、その他の事由により、建物の価格その他の事情に照らし、建物がその効用を維持、または回復するのに過分の費用を要する場合において（客観的要件）、②集会において、区分所有者および議決権の各5分の4以上の多数で建替えが決議される（手続的要件）、という2つの要件が必要であり、条文の文言上、要件①の充足は要件②の特別多数を行うための前提条件あり、かつ、両者は別個独立して存在しているということになる。したがって、訴訟になった段階では、要件①と要件②の充足性について裁判所が判断していくということになる。

しかし、その一方で、訴訟になった段階において、区分所有者による②の決議が存在するということは、要件①を充足しているという区分所有者の判断の存在を担保するものである、という考えも成り立つ。このため、この点についての裁判所の判断が待たれるところであった。

2 本判決の評価

(1) 本判決においては、まず、「費用の過分性」を判断する際の比較対象の一方である「建物の効用の維持、回復に必要な費用」は、区分所有者の主観的な価値判断に左右されるものであるから、費用の認定にあたっては多数の区分所有者らの主観的判断を尊重すべきである、とした点が注目されるところである。しかし、本判決は、そのうえで、「過分性」の判断については、Yが主張する、建物の時価と上記費用を比較して区分所有者が判断する、という立場ではなく、建物の時価と上記費用以外に社会通念上検討を要する諸般の事情を総合考慮して（裁判所が客観的に）判断するという立場を採用した。すなわち、旧法62条の要件①は、要件②に影響されるものではなく独立した要件であるということである。

従来、この問題については、学説上、ⓐ①と②は独立した要件であるとする見解（独立判断説）、ⓑ過分性は区分所有者が判断すべきであり、区分所有者による決議の存在を考慮して判断すべきとする見解（相関判断説）、ⓒ過分性自体が総合的検討の上でなされるべきであるという見解（総合判断説）が存在した。本判決は、基本的には、ⓐの立場に立脚しながらも、建物の維持、回復に必要な費用の認定については区分所有者の主観的価値判断を尊重する形で、過分性の判断に区分所有者の判断が影響する余地を残すものといえよう。このような「費用の過分性」についての本判決の判断構造は、立法担当者の説明にも表れているところであり、本件の控訴審である大阪高判平成12年7月13日判例集未登載、上告審である最判平成15年6月24日判例集未登載においても同様の見解が示されている。

(2) 本判決は、被災区分所有建物における旧区分所有法62条1項の建替決議の有効性が、「費用の過分性」を根拠に争われた。本条の建替決議は、決議に賛成しなかった区分所有者の権利を売渡請求という形で強制的に収用することにつながる可能性が存在し、実際、本件においても、建替えに賛成した区分所有者ZがXに対して売渡しを請求している。①の要件はこのような効用のある建替決議に正当性を担保する役割を担うものであるため、その充足性については、客観的に、かつ、厳格に判断することが求められる。しかし、その一方で、建物の建替えは、区分所有者の自治に委ねる問題であり、区分所有者の団体的意思形成のプロセスが正当である限り区分所有者の判断をできるだけ尊重するという要請も存在する。本判決は、このような2つの必要性を考慮したものであるが、概ね前者を基調とするものとなっているといえよう。このような見解は、本判決後に公表された老朽化建物の建替え事例である【本書79事件】においても承継されているところである。

(3) また、本判決においては、「費用の過分性」を判断するにあたり、本件建物が被災建物である点に着目し、建物の構造上潜在的な不具合を有しており、それが補修後に顕在化することによる新たな補修費用の発生の可能性、および、被災区分建物であるために補修後であっても取引価値が低下することにも言及している。「費用の過分性」を判断するにあたり、被災建物独自の事情を考慮要素として取り入れているといえよう。

(4) 本判決では、建替えを推進する立場のYが主張する「費用の過分性」に関する理論構成は認めなかったにもかかわらず、結果的には、客観的判断に基づいて「費用の過分性」を認定し、多数決の有効性を肯定した。この点については、老朽化建替えの判例である【本書79事件】も同様である。しかし、仮に、客観的判断に基づいて建替え決議の無効を判断した場合、区分所有者間において建物の処遇をめぐる紛争が長期化するという事態があったといえよう。

3 実務上の指針

旧区分所有法62条の客観的要件については、【本書79事件】において言及したように、2002年の改正を通じて削除され、現行区分所有法においては、区分所有者及び議決権の各5分の4以上の賛成のみで決議することができることとなっている。それは、客観的要件を廃止しても、建替え決議の正当性（少数者の利益保護）は、同条4項ないし6項における区分所有者団体の意思形成過程の手続により担保されるという理解に基づく。しかし、このような手続を踏まえたとしても区分所有者の利害調整が適切に行われない場合も考えられよう。このような場合には、民法の一般法理により決議の無効を導く余地があることが指摘されている。

【参考文献】 本判決の判例批評として、平田健治「マンション建替え決議の要件」判評507号8頁以下がある。そのほか、稲本＝鎌野・区分所有法393頁以下、鎌野邦樹「マンション建替え論序説―阪神淡路大震災の経験と区分所有法の課題(1)(2・完)」千法13巻2号23頁以下14巻4号215頁、座談会「区分所有法等の改正と今後のマンション管理」ジュリ1249号6頁以下、山野目章夫「マンションの建替えをめぐる法律改正の評価」ジュリ1249号44頁以下。

上河内千香子
駿河台大学教授

IX 復旧および建替え §62 建替え決議、§63 区分所有権等の売渡し請求等、§64 建替えに関する合意

79 建替決議における「再築建物の設計の概要」

東京高裁平成19年9月12日判決（判タ1268号186頁）

1 事 実

本件建物は、地上11階建ての区分所有建物（以下、本件区分所有建物と称する）であり、建敷地利用権として地上権が設定されていた。しかし、本件区分所有建物については、老朽化が進行しており、上地上権も平成32年8月17日に終了する予定となっていたため、本件建物については建替えが検討されるようになってきた。本件区分所有建物の管理組合法人X_1は、できるだけ区分所有者の建替費用の負担の軽減化を図るため、隣地所有者であるA社と協議し、区分所有者の同意が得られれば検討する余地があるという非公式見解を得たので、平成16年9月2日、本件マンションの各区分所有者に対し、建替決議のための臨時総会の招集通知に議案要領を付して発し、また、同日、このための説明会の招集通知を発したうえで、同月24日、説明会を開催した。その後、平成16年11月4日に開催されたX_1の臨時総会（本件総会）において、区分所有法62条に基づき、区分所有者および議決権の各5分の4以上の賛成多数で建替えを決議した。その内容は、「建築面積562.00平方メートル、延床面積13,872.64平方メートル、構造 鉄骨鉄筋コンクリート造り 階数 地上27階、地下2階、塔屋1 用途 住居118,事務所1,変電所1,立体駐車場42台」というものであった。

Yは、本件建替決議に賛成の意を表明していなかったところ、X_1は、平成16年11月15日、区分所有法63条1項に基づき、Yに対して建替決議の内容により、建替えに参加するか否かを回答すべき旨を書面で催告し、同書面は、同月16日、Yに到達した。このため、X_1の代表者理事であるX_2は、平成17年3月1日、区分所有法63項4号に基づき、にY対して、本件区分所有建物の区分所有権及び敷地利用権を時価で売り渡すべきことを請求した（第1事件）。これに対して、Yは、①建替敷地が特定されていない、②地上権の処理に関する説明の欠如、③敷地についての第三者との共同関係に関する説明の欠如、等を理由に、X_1に対して本件建替決議の無効を主張した（第2事件）。

このような主張に対して、第1審（東京地判平成19年1月24日判タ1268号188頁）は、①について、敷地が特定されなければ建ぺい率等の諸規制も明らかでなく、再築建物の建築面積、延床面積等も具体的に定まらないため、敷地の特定は法62条2項1号の再建建物の概要に該当するものであり、本件建替決議には敷地の特定がされていないため、上規定の要件を満たさない重大な瑕疵があることを認め、③についても同条2項4号を満たさないと判示した。

これに対して、X_1は、敷地は、本件議案添付の図面上明らかであり、説明会において、敷地はA所有の土地とともに建物を建て替えること、および、その実現可能性についても具体的に説明しており、未確定な部分があるため文書化が困難だっただけであり、このことを理由に大多数の賛成を得ている建替決議の無効を主張するのは権利の濫用であると主張した。

2 判 旨

「建替え決議は、建物を取り壊し、「当該建物の敷地若しくはその一部の土地又は当該建物の敷地の全部若しくは一部を含む土地」に新たに建物を建築する旨の決議である（区分所有法62条1項）から、再築建物の敷地は決議事項そのものであって、建替え決議に際して、敷地が特定されている必要がある。……同図面〔議案添付の図面〕が添付されていることをもって、本件建替え決議において、敷地が特定されているということはできない。また、区分所有建物の建替えは、多額の費用負担を伴い、反対者にとっては区分所有建物の売渡しが強制される場合がある（区分所有法63条4項）など、極めて重大な効果を生じさせるものであり、区分所有法62条2項が、建替え決議において、同項1号から4号までに掲げる建替え計画の概要を定めなければならないと規定する趣旨は、区分所有者が賛否の意思決定をするために、建替え計画の概要が開示される必要があること及び建替え決議が単なる取壊しの手段として利用されることがないようにすることにあることからすれば、同項に規定する建替え計画は、実現可能性があるものでなければならず、かつ、区分所有者がこの点について判断できるだけの具体性がなければならないというべきである。さらに、同項1号の「再築建物の設計の概要」は、建築に要する費用の算定等の決定が可能な程度に設計の内容の特定が必要なところ、敷地が特定されなければ、再建物の建ぺい率……などの諸規制の適用関係が明らかでなく、再建建物の建築面積……等も具体的に定まらないことになるから、建替え計画の実現可能性の検討も、建築に要する費用の算定も困難である。

以上によれば、本件議案は、再築建物の敷地の特定がされていない点において、区分所有法62条2項1号所定の要件を満たしていない」

「本件マンションの敷地利用権は地上権であるから、同敷地上に再建建物を建築する場合には、建替えに際して、地上権を更新するのか否か、更新するとすれば、その際の更新料……、又は更新せずに権利返還等により地上権を解消し、新たな敷地利用権等を取得するとすれば、その具体的な手法及び費用等を明らかにしない限り、建替え計画の実現可能性の検討も、建築に要する費用の算定も困難であり、本件議案は、これらの点について定めていない点において、区分所有法62条2項1号の要件を満たしていない」

「本件マンションは、築後46年を経過しており、設備の一部は老朽化または陳旧化していること、敷地の地上権設定期間は十数年後に満了すること及び本件マンションの区分所有者の多数が本件建替え決議に賛成したことが認められる。しかし、前記説示のとおり、区分所有法62条1項の建替え決議は、反対者にとっては区分所有

建物の売却が強制される場合があるなど、極めて重大な効果を生じさせるものであり、本件建替え決議は、同条1項及び2項の要件を満たしていないのであるから、被控訴人が本件建替え決議の無効を主張することは、前記事情があることを考慮しても、区分所有者としての正当な権利行使であって、権利の濫用には当たらないというべきである。」

3 解説

1 本判決の分析

現行区分所有法62条1項の予定する建替えとは、「建物を取り壊し、かつ、当該建物の敷地若しくはその一部の土地又は当該建物の敷地の全部若しくは一部を含む土地に新たに建物を建築する」ものである。すなわち、上の規定では、新建物の敷地のあり方は柔軟に考えられている。そして、同条2項各号おいては、建替決議において定めるべき事項を明示しているが、ここでは「敷地の特定」については言及されていない。しかし、本判決は、敷地の特定により再築建物の法規制や内容も定まるという理解より、法62条2項1号の「新たに建築する建物の設計の概要」に「敷地の特定」が含まれると解した。また、本件事案のマンションに設定されていた地上権の帰趨は、建替えの具体的検討のために必要な事項であるという理解から、同様に、法62条2項1号の「新たに建築する建物の設計の概要」に含まれる事柄であると判断した。

本条の建替え規定は、既存の区分所有建物の将来的な老朽化を見越して昭和58年に新設されたものであるが、立法当初は、敷地については、従来の建物と同一の敷地に築造されることが必要と定められていた。当該要件に関する判例としては、東京地判平成9年12月11日判タ970号280頁が存在する。当該判決は、建替決議とともに建替えが開発事業の一環として等価交換方式で行われることに伴う敷地の変更が多数決で決議された事案について、再築建物の敷地が旧建物の敷地上にないという理由で建替決議を無効としたものである。しかし、実際の建替えにおいては、敷地に余裕がある場合には、建替えに要する費用を捻出するために敷地の一部を売却することも考えられ、また、建築規制の変更などに伴い同じ敷地に現在と同一規模の建物を建築することが不可能である場合などがある。このため、既存の建物と全く同じ敷地における建物の再築を強制すると建替えが不自由となる場合があった。このような配慮から、2002年の改正を経た現行区分所有法62条は、敷地の同一性を緩和し、既存の建物の敷地と同一でなくとも、一部重なっている土地であれば、そこに建物を再築することを認めた。

2 本判決の評価

(1) しかし、上記のように既存の敷地と異なる範囲の敷地とした場合には、その特定という問題が生じる。本件は、現行法62条1項を前提として、従来の敷地を隣地に拡大することを予定した建替決議であったが、このような敷地の隣地への拡大に関する判決は、本判決および本判決の第1審以外には見受けられない。このような隣地への敷地の拡大は、当然、現行法62条の下では容認されるが、本判決は、敷地の特定が本条2項1号の「新たに建築される建物の概要」に含まれるものであるため、決議に先立って区分所有者に開示されなければならない、と判示した。もっとも、本件の建替決議においては、敷地については添付された図面が存在しており、法62条2項1号所定の再築建物の具体的概要は決議されている。しかし、本判決は、これらの事情も本号の要件を満たすものではなく、建替えを確実に遂行するために、敷地を明確に特定し、この点についての決議を要すると解した。このような理解は、本判決の第1審も同様である。

さらに、本判決は、同様に地上権の帰趨についても議事として明確に定めることを必要としてとした。もっとも、地上権については、第1審と本判決では理解が異なる。すなわち、本判決では、地上権の処理を明確にすることは建替えの具体的検討に必要であるという理解から、区分所有法62条2項1号に含まれると解したが、第1審は、新建物における敷地利用権を現状から変更する予定がない場合には、明示しなくても当該規定の要件を欠くものではなく、本件について利用権の定めがないことのみで当該規定に違反するものとまではいえないと判断した。この点においても、本判決は、建替決議の有効性を慎重に判断しているといえよう。

3 実務指針

本判決は、区分所有法62条に基づいて建替えを決議するにあたり同条2項で定める事項について、予定されている新建物の築造を担保するために、明確に敷地を特定する必要があることを示した。本判決からは、区分所有法62条2項各号所定の「建替え決議で定めるべき事項」は、具体的な資料に基づいて慎重に審議されていることを必要としていることが伺える。現行区分所有法62条1項の定める建替えの要件は、2002年の区分所有法の改正を通じて、【本書77事件】【本書78事件】で問題となった「過分の費用性」要件の撤廃、敷地の同一性の緩和、さらには、使用目的の同一性要件の撤廃という形で緩和されるに至った。しかし、その一方で、本判決は、同条2項1号で規定する建替決議にあたって定めるべき事項については、敷地の特定から始まる確固たる根拠に基づく建替え計画が区分所有者に開示されていることを必要と判示した。このような本判決の傾向は、同条の各号の充足性を考えるにあたっても参考になろう。

(2) なお、本件事案における建替えは、旧建物の敷地利用権に隣接地を加えたうえで建物を建て替えるという内容であった。このような敷地を拡張した形の建替えを現行区分所有法62条1項は容認しているが、従来の敷地を含むことなく全く異なる土地に建物を再築することは認められていない。この点を認めた場合、現在の建物の所在地から遠く離れた場所に新たな建物を建てるなど一般的な建替え概念と異なる場合が考えられたり、このような建替えが現行の建替え決議の枠組みが妥当するかが疑問視されるためである。もっとも、土地区画整理事業により換地が定められる場合には、従前の土地と同一とも見なされるため、換地上の建替えが容認されている。

【参考文献】 法務省・マンション法34頁以下、吉田徹編『一問一答 改正マンション法』72頁以下 [2003]、鎌野邦樹「マンション建替え論序説―阪神淡路大震災の経験と区分所有法の課題―(2・完)」千法14巻4号215頁以下、稲本＝鎌野・区分所有法407頁、飯島正ほか「座談会 区分所有法等の改正と今後のマンション管理」ジュリ1249号7頁以下。

上河内千香子
駿河台大学教授

80 62条2項4号「再建建物の区分所有権の帰属に関する事項」

東京地裁平成24年9月25日判決（判時2201号42頁）

1 事実

本件は、A団地内のマンションの区分所有者であったXらが、A団地についてなされたマンション建替組合設立認可処分の取消しを求めて訴えた事件である。A団地は、区分所有者の多数が敷地利用権として土地所有権を有していたが、一部の区分所有者は、敷地利用権として借地権を有しているという、敷地利用権の混在する団地であった。A団地管理組合が建替決議（以下、「本件建替決議」という）を行い、マンション建替組合設立認可の申請をしたところ、東京都知事によって認可処分がなされた（地方自治法の規定により、本件処分は世田谷区長が行った認可とみなされた）。これに対し、Xらは、敷地利用権が借地権である者についての借地権の価格が確定して初めてこれらの借地権者がどれだけの底地権を取得できるかが決まり、ひいては再建建物につき何戸の申込権を取得できるかが決まることになるところ、本件建替決議は敷地利用権たる借地権の価格が定まっていないままなされたことになるから、法62条2項4号に違反し、マンション建替法12条1号の「申請手続が法令に違反するものでないこと」という要件を満たさないことになると主張して、建替設立認可処分の取消しを求めた。

2 判旨

請求棄却「区分所有法62条2項4号にいう……「再建建物の区分所有権の帰属に関する事項」という決議事項については、現建物の区分所有者が再建建物においていかなる扱いを受けるのか、すなわち、現建物の区分所有者が、どのようにして再建建物の区分所有権を取得することになり、また、清算額が定まることになるのか等についての基準ないしルールが定められていることが必要であり、かつ、それをもって足りると解すべきである。

そして、区分所有法には、区分所有建物の建替え決議において、敷地利用権について、現建物の敷地利用権の価格や再建建物の敷地利用権の内容や価格など何らかの事項について決議を行うことを定めた規定は存在しないところ、これは、敷地利用権は、一般に各区分所有者の専有部分の面積に応じた割合で与えられるのが通常であって、建替え決議においてあえて決議する必要性に乏しいし、仮に再建建物の敷地利用権について特別の定めをするのであれば、それは、建替え決議においてではなく、実際の建替え参加者が確定した後に、その者たちの合意によって行うことが合理的であるからであると解される。

そうすると、区分所有法は、建替え決議における決議事項として、現建物及び再建建物の敷地利用権の価格や内容について定めることを求めていないと解すべきである。」

本件では決議事項に欠けているところはない。

ところで、敷地利用権として所有権と借地権が混在する場合、「現建物の敷地利用権としての所有及び借地権が、再建建物の敷地利用権あるいは区分所有権にどのように反映されるのかが不明確であると、現建物の敷地利用権が所有権である者と借地権である者のそれぞれにおいて、現建物における区分所有者としての権利が、再建建物においてどのような扱いを受けることになるか分からず、適切な議決権の行使ができない可能性が生じ、区分所有法62条2項4号〔の〕趣旨に反する事態が生じかねない。」

本件では「本件建替え決議より前に、現建物の敷地利用権としての所有権及び借地権が、それぞれ建替え後の再建建物においていかなる取扱いがされるかについて、区分所有者に対して、具体的な評価額を示した上で、その評価額の割合に応じた等価交換という手法で行うことが示されていたのであって、現建物の敷地利用権が所有権である者と借地権である者のそれぞれが、再建建物においてどのような扱いを受けることになるかを了解することが可能であり、適切な議決権の行使ができる状況であったと認められるから、本件においては、区分所有法62条2項4号を決議事項とした趣旨に反する事態は生じてはいなかったと認められる。」

なお、東京高等裁判所は本判決をほぼ引用する形で控訴を棄却した（東京高判平成25年3月14日判例集未登載（LEX/DB 25445938））。

3 解説

1 本判決の分析

区分所有建物の建替決議においては、建替計画の概要として、①「新たに建築する建物の設計の概要」、②「建物の取壊し及び再建建物の建築に要する費用の概算額」、③②の「費用の分担に関する事項」、④「再建建物の区分所有権の帰属に関する事項」を定めなければならないとされている（62条2項）。本件では、団地の敷地について所有権と借地権が混在していたため、建替えを機に所有権に一本化する計画が立てられた。しかしながら、借地権の価格や解消方法については、建替決議集会の前に開催された意見交換会で説明がなされたものの、建替決議の決議事項には含まれていなかった。このため、敷地利用権たる借地権の価格や内容が④の再建建物の区分所有権の帰属に関する事項に含まれるかどうかが問題となった。マンション建替法12条によると、都道府県知事等は、組合の申請手続が法令に違反する場合には認可ができないため、認可が取り消されうることとなるのである。

法62条2項が、建替計画の概要として上記4つの必要事項を定めた趣旨は、第1に、区分所有者が賛否の意思決定をするには計画の概要を知ることが必要であると考えられること、第2に、決議において定められた概要について建替参加者の合意を擬制する（64条）ことによって、建物の再建の実現を確保することにあるとされる。

④は、再建建物の各専有部分を誰がいかなる対価をも

って取得し、その対価の清算をどのようにするかに関する事項である。もっとも、決議の時点では、建替参加者はいまだ確定していないのであるから、決議事項の詳細を具体的に定めておくことは不可能である。これらの事項が、事後に改めて合意をしなくても、結果として自動的に定まるように、その決定の方法または基準が示されていれば十分である。すなわち、建替計画に参加する区分所有者が、自己の費用の分担および取得すべき専有部分について、自動的に確定することができるように定めをする必要があり、かつ、それをもって足りるのである（濱崎・改正390頁）。なお、③および④の事項は、各区分所有者の衡平を害しないように定めなければならないとされている（62条3項）。これらの事項が公平に定められなければ、不利益を受ける区分所有者は建替えに反対することとなろう。公平性を保障することによって、円滑な建替決議を導くことが期待されている。

それでは、④「再建建物の区分所有権の帰属に関する事項」には、敷地利用権の帰属に関する事項も含まれるのであろうか。実際の建替えにおいては、新旧建物で各専有部分の床面積割合が同一であることはまれである。とりわけ、等価交換方式を用いたり、そうでなくても余剰床を売却したりするときには、各区分所有者の敷地利用権は当然ながら従前とは異なってくる。このため、建替えに伴い、各専有部分に対応する敷地利用権の割合の変更も必要となる。

敷地利用権に関する事項は、しかしながら、再建建物の区分所有権の帰属に関する事項には含まれず、建替決議において決議すべき事項には当たらないと解するものが多い。建物と敷地は別個の不動産であるから、敷地利用権の再配分は建物の建替えにおいて不可欠なこととはいえない。また、敷地を共有する各自の持分割合を変更することになるから、建替え参加者全員の合意が必要になると考えられるからである。したがって、敷地利用権の再配分が建替決議に盛りこまれていても（実際にはこれが盛りこまれているのが通例であろうが）、それは、決議事項として記載されているのではなく、建替決議賛成者間の合意として効力を有するものと考えるべきであるとされている（濱崎・改正391頁、川島武宜＝川井健編『新版注釈民法(7)』802頁［2007］、太田知行＝村辻義信＝田村誠邦編『マンション建替えの法と実務』134頁［2005］）。もっとも、建替決議と敷地利用権のあり方が密接な関係にあることから、専有部分の帰属の決定が敷地利用権の変更を必要とする場合には、建替えの決議においてそれを定めるものと解すべきであるとするものもある（稲本＝鎌野・区分所有法417頁。土居・後掲マンション学51頁もこれを支持する）。

敷地利用権の帰属に関する事項が建替えの決議事項となるかどうかを問題にした裁判例はほとんど見当たらない。わずかに、再建建物の敷地利用権について審議しないままされた建替決議について、再建建物の敷地の利用権について定めがないことのみをもって、建替決議が法62条2項に違反するとまではいえないとしたものがあるのみである（東京地判平成19年1月24日判タ1268号188頁【本書79事件】の原審）。

2 本判決の評価

本判決は、法62条2項4号の「再建建物の区分所有権の帰属に関する事項」については、区分所有者がどのようにして再建建物の区分所有権を取得することになり、また清算額が定まるか等についての基準ないしルールが定められていることが必要であり、かつ、それをもって足りると解すべきであるとした。つまり、建替決議における決議事項には、敷地利用権の価格や内容は含まれないとする。従来の一般的な見解に沿う判断である。本判決はその理由として、敷地利用権は一般に専有部分の床面積の割合に比例して与えられるからあえて決議する必要性に乏しいこと、特別の定めをする場合には建替え参加者の合意によることが合理的であることを挙げている。建物の権利関係と敷地の権利関係を区別することによって、迅速に建替えを進める利益を守るという考え方が見て取れる（土居・後掲判評18頁）。

もっとも、本件のように敷地利用権として所有権と借地権が混在している場合、再建建物の敷地利用権あるいは区分所有権にかかる敷地利用権がどのように反映されるかが不明確であると、区分所有者は自己の権利が再建建物においてどのような扱いを受けることになるか分からず、適切な議決権行使ができない可能性が生じる。そうすると、一般には敷地利用権の帰属に関する事項は決議事項に含まれないとしても、このように敷地利用権の帰趨が建替え後の区分所有権のあり方に大きな影響を与える場合には、62条2項4号の趣旨に鑑みて、例外的に敷地利用権の帰属に関する事項も決議事項に含まれると解する余地が出てくる。

この点について、本件では借地権と所有権の評価額がそれぞれ示され説明されたうえで、借地権を消滅させる方法も具体的に説明されていることから、適切な議決権の行使ができる状況にあったと認められるとして、敷地利用権の帰属に関する事項を建替決議事項に含めるべき例外的な場合には当たらないと判断された。

建物の権利関係と敷地の権利関係は区別されることが前提となる以上、原則として建替決議事項に敷地の権利関係に関する事項は含まれないと解するべきである。しかしながら、建替えが既存の建物の権利関係を消滅させる内容を含むものである以上、その計画について十分な情報が与えられたうえで議決権を行使することが保障されなければならない。平成14年改正によって建替えの客観的要件が外され、特別多数決によって建替えが可能となった現在では、このような情報提供と十分な理解に基づく建替決議が求められていると考えられる（土居・後掲マンション学を参照）。

3 実務指針

建替決議と敷地利用権のあり方との密接な関連性に鑑みるならば、特に敷地利用権の配分法が旧建物のときと異なってくるような場合には、敷地利用権の帰属についても概要で示しておくことが望ましい。また、建替計画の概要に入れない場合であっても、本件におけるように事前の説明会で丁寧な説明を行うなど、区分所有者の議決権行使を確保できるようなやり方で建替えを進めるべきである。

【参考文献】 本件判例の評釈として、土居俊平・判評667号14頁以下がある。さらに同「区分所有法62条22項4号「再建建物の区分所有権の帰属に関する事項」の意義」マンション学53号48頁以下。

岡田康夫
東北学院大学准教授

IX　復旧および建替え　§62　建替え決議、§63　区分所有権等の売渡し請求等、§64　建替えに関する合意

81　団地一括建替決議の反対者に対する マンション建替法15条1項の売渡請求

東京地裁平成24年12月27日判決（判時2187号51頁、判タ1394号340頁）

1 事実

　A団地の団地内建物の一括建替決議（以下、「本件建替決議」という）を受けて認可された建替組合Xは、本件建替決議に反対し建替えに参加しない旨を回答した区分所有者Yに対して、マンション建替法15条1項の売渡請求を行い（以下、「本件売渡請求」という）、Yを含む建替非賛成者に対して建物の明渡し等を求める訴えを提起した。Xは、訴訟中に、本件売渡請求に基づく売買契約の代金を、Yの受領拒絶を理由として供託した。また、この間にY以外の建替非賛成者Aらと Xとの間では訴訟上の和解が成立し、団地から退去がされることとなったため、Xは建替えの準備工事に着手することができる状態になった。

　これに対しYが、①売渡請求の前提となる本件建替決議が無効だから本件売渡請求も無効であること、②本件売渡請求が無効であること、を主張。さらにXから③Yの無効の主張が権利濫用に当たること、Yから④再売渡請求の主張がなされている。

2 判旨

　争点は多岐にわたるが、裁判所は主として③および④について検討したうえでXの請求を認容した。なお、傍論として①②についても簡潔な判断を示しており、このうち①の一部を紹介する。
③権利濫用について　　Yは、供託金のうちXが賃料相当損害金として仮差押えをした分を除く残額について、Xに対する賠償請求権の一部として（団地から退去した住民がYに対して起こした別訴をXとの共謀によるものであると主張する）、還付請求をして受領した。裁判所は、次のように述べて権利濫用を認めた。

　供託金の受領は原則としてXが供託原因とする本件売渡請求に基づく売買代金を弁済として受領することであって、「本件売渡し請求及びその前提である本件建替え決議が有効であることを自認する行為であると解されることになる。

　これに対し、例外的に、供託原因について留保付きで還付請求をすることが正当でありこれが許される場合があることも否定できない」が、本件はこれに当たらない。
④再売渡請求について　　「Xが本件団地内建物の取壊し工事に着手することができなかったのは、Y及び分離前被告Aらが本件建替え決議及び本件売渡し請求の効力を争って本件団地内建物全17棟のうち11棟に点在する各専有部分に居住して明渡しを拒んでいたため、判決を得て明渡しを実現する必要があったためである。Xが一括建替えが不能である状況下で物理的に取壊しが可能な一部の建物の取壊しに形式的に着手しなかったことは、再売渡し請求の制度趣旨に照らし、Xが建替えを放置したものとはいえず、建物の取壊し工事に着手しなかったことにつき正当な理由があるものと解するのが相当である。」

　裁判所は、以上のように判断してXの請求を認容したうえで、本件訴訟の審理の経緯を考慮し、建替決議の有効性について次のような判断を示した。
①本件建替決議について　　（1）敷地の共有持分を持つが建物の区分所有者ではない者がいる場合、一括建替えの要件である「団地内建物の敷地が団地内建物の区分所有者の共有に属すること」を満たすか

　敷地共有者の中に区分所有者以外の者が含まれている場合でも、この要件を満たすと解される。「なぜならば、このような事態は、上記分離処分の原則禁止が区分所有法の改正によって定められたことからも、容易に起こり得ることである一方、この場合であっても、当該区分所有者全員の利益状況は変わらないのであり、団地内の敷地……が団地内建物の区分所有者全員の共有に属しているといって妨げがないからである。」

　（2）一括建替えの要件である「団地管理組合において、団地管理規約が定められている」を満たすか

　昭和58年改正法施行の際に現に効力を有する規約は、「改正後の同法68条、66条、31条1項により定められたものとみなされる。」

　本件団地においては昭和40年に設定された規約が上記の適用を受けるので、「本件建替え決議当時、団地管理規約の内容を含む本件管理組合規約が存在していた」。

3 解説

1　本判決の分析

　本件は、団地内建物の一括建替決議がなされ、マンション建替法に基づく建替事業が進められるなかで生じた、建替不参加者に対する売渡請求権の行使をめぐる争いである。建替決議に反対するYは、売渡請求の前提である建替決議そのものの有効性も争った。このため、団地内建物の一括建替決議の要件についても付随的に裁判所の判断が示されることとなった。以下、売渡請求、一括建替決議要件の順に概要をみていこう。

　マンション建替法15条は、組合の設立認可の公告がされた場合、マンション建替えに参加しない区分所有者に対して組合が、当該区分所有権及び敷地所有権を時価で売り渡すべきことを請求できると定める（1項）。区分所有法63条4項に定める、建替参加者および買受指定者による売渡請求権の行使を、組合にも認めるものである。建替えにおいては、既存のマンションが取り壊されるため、その上の区分所有権も論理的には消滅する。建替えに反対する者の区分所有権を、その同意なしに消滅させることは許されないから（憲29条参照）、建替決議の効果として売渡請求を認めることにより、建替不参加者を当該区分所有関係から離脱させ、区分所有者全員が建替えに同意している状態を作り出して既存マンションの取壊しを正当化するのである。

　売渡請求権は、形成権とされ、その行使の表示が相手方に到達すると直ちに、相手方の区分所有権および敷地利用権を目的とする時価による売買契約が成立する。こ

の請求権は、組合設立認可の公告の日から2月以内に（マンション建替15条1項）、かつ、原則として、建替決議の日から1年以内に行使しなければならない（同条2項。正当な理由があるときは、延長が認められる。2項ただし書）。

ところで、売渡請求権は、建替えを実現する手段として与えられるものであるから、これを行使して強制的に区分所有権を買い取ったまま、その実行に着手しないで放置することを認めるのは、衡平を欠く。そこで、法63条6項は、決議の日から2年以内に建物の取壊しの工事に着手しない場合に、売渡請求権を行使されて区分所有権を売り渡した者による再売渡（買戻し）請求権を定めている。ただし、建物の取壊しの工事に着手しなかったことにつき正当な理由があるときは、この限りでない（同項ただし書）。この規定は、団地内の建物の一括建替決議がなされた場合に準用される（70条4項）。

売渡請求権の行使を受けた者が任意に建物の明渡しをしないため、確定判決を得て強制執行をしない限り明渡しを実現できず、取壊しの工事に着手できない場合が、「正当な理由」の典型例である。また、建替えについて近隣住民との交渉が長引いた場合や急激な社会変動によって資金の見込み違いが生じた場合等も、事情によっては、正当な理由に該当するとされている（濱崎・改正407頁、稲本＝鎌野・区分所有法440頁）。

以上のような組合の売渡請求は、団地内建物の一括建替えの決議が有効になされていることを前提とする。法70条1項によると、団地内建物がすべて区分所有建物であり、その敷地が全建物の区分所有者の共有に属する場合であって、各建物が敷地の共有者で構成される団地管理組合の規約で管理の対象とされているときは、その団地管理組合の集会で団地全体の5分の4以上の賛成と、各建物ごとに3分の2以上の賛成がそれぞれ得られれば、団地内の全部の建物を一括して取り壊し、新たな建物を建築することができる。本件では、3度の不成立を経て4度目にようやく一括建替決議が成立したが、Yは、敷地共有者の中に団地内建物の区分所有者でない者がいること（相続により生じた事態のようである）、有効な団地管理規約が存在しないことなどを指摘して、決議の有効性を争った。

売渡請求権をめぐっては、借地上のマンションの建替えにおいて、専有部分を賃貸していた区分所有者の賃借人を退去させる義務および敷地賃借権の譲渡につき敷地所有者の承諾を得る義務を認めたもの（東京地判平成16年7月13日金法1737号42頁【本書82事件】）、および借地借家法19条、20条を類推適用して借地権譲渡を拒絶した敷地所有者による介入権行使を認めたもの（東京地決平成17年7月19日判時1918号22頁）がある。また、時価の具体的算定方法を示したもの（東京高判平成16年7月14日判時1875号52頁）がある。

2　本判決の評価

まず、本判決は、供託された建物代金の還付請求をもって自認行為と評価し、Yによる売渡請求の無効等の主張を権利の濫用に当たるとした。たとえば、賃貸借契約解除の有効性が争われる場合に、賃借人が賃料として供託した金銭を、賃貸人が賃料相当損害金として受領するとの留保を付けて受領する場合のように、還付請求をする者が当該法的な紛争の成否によっていずれかの請求権を選択的に有することになる場合、あるいは、債権額に争いがある場合に、供託金を債権の一部弁済として受領するという留保付の受領は、認められるであろう。しかし、本件のように供託原因とは異なる原因に基づく還付請求を認めると供託制度の趣旨に反して供託者の利益を著しく害することになるし、留保付の還付請求が建替え反対者により争いの引き延ばしの道具として使われかねない。このような判断のもとに権利濫用を認めた本判決は、供託金の留保付き還付請求に関する従来の考え方に沿うものである。

次に、本判決はYによる再売渡請求も否定した。本件の事情は、法63条6項ただし書の正当な理由のまさに典型例であり、この点に関する判断も妥当である。

団地建替一括決議の有効性についてはどうであろうか。まず、「団地内建物の敷地が団地内建物の区分所有者の共有に属すること」という要件であるが、本判決は、当該団地の区分所有者全員が敷地の共有持分権者に含まれていればこの要件を満たすとする。一括建替制度の正当化根拠を、団地管理規約に基づく、団地内の建物と敷地の強い一体性と建物管理の敷地利用とのきわめて密接な関係性から導かれる、敷地共有者による意思決定に委ねることへの相当の合理性と考えるならば（川島武宜＝川井健編『新版注釈民法(7)』839頁[2007]）、団地内の区分所有者「全員」が決議に参加していれば要件を満たすと考えてよい（和田・後掲702〜703頁も参照）。区分所有者でない敷地共有持分権者からは個別に同意を得れば十分であると考えられる。これとは反対に、区分所有者の中に敷地の共有持分を有していない者がいる場合に一括建替決議を認めてしまうのは、かかる区分所有者は議決権を行使できないことから、敷地の共有持分を有する区分所有者の多数意思によって全ての区分所有建物の建替えが決定してしまうことになり不当である。

次に、昭和58年改正前の規約をもって団地管理規約が存在するとみてよいであろうか。大阪高判平成20年5月19日（【本書86事件】の原審）は、本判決と同様にこれを肯定している。旧法に基づく規約の制定には、原則として団地内の全ての区分所有者の全員の書面による同意が必要であった（制定当初の36条により準用される24条1項）。このような全員の同意に基づく団地管理規約に、法改正後も有効性を認めても問題はないと思われる（詳しくは大山・後掲164〜167頁を参照）。

3　実務指針

本判決が、団地内建物の一括建替決議の有効性についてさまざまな点を検討し明らかにした点は、類似の裁判例がみられないなかでの貴重な判断であり、団地の一括建替えを行う際に大いに参考となろう。

【参考文献】　大山和寿「団地内建物の一括建替え決議、マンション建替え円滑化法15条の売渡請求権及び再売渡請求権に関する覚書」青山法学論集56巻1号151頁、椙村寛道・NBL1011号83頁、和田澄男「団地の法律関係」丸山＝折田678頁以下

岡田康夫
東北学院大学准教授

IX 復旧および建替え §62 建替え決議、§63 区分所有権等の売渡し請求等、§64 建替えに関する合意

82 借地上マンションの区分所有権および敷地利用権の売渡請求と相手方の義務

東京地裁平成16年7月13日判決（金法1737号42頁）

1 事実

　原告Xおよび被告Yはともに本件マンションの区分所有者であるが、本件マンションの敷地の所有者は訴外Aであり、各区分所有者は、Aから敷地を賃借していた。また、Yは、区分所有建物を訴外Bに賃貸していた。

　本件マンションは、昭和39年2月10日に建築されたが、老朽化してきたので、平成14年7月27日に区分所有法62条に基づいて、建替えのための集会が開催され、本件マンションの建替え決議がされた。この際、Xは、建替え決議に賛成し、Yは、建替え決議に反対した。本件マンション管理組合の理事長であったXは、Yに対して、区分所有法63条1項に基づき、Yが本件建替え決議の内容により建替えに参加するか否かを回答すべき旨を、平成14年7月29日付の書面で催告し、同書面は同月30日にYに到達した。

　これに対して、Yは、7月30日から2ヵ月以内に回答をしなかった。2ヵ月以内に回答をしなかったときは、建替えに参加しない旨の回答をしたとみなされるから（63条3項）、Xは、Yに対して、区分所有法63条4項に基づき、本件区分所有権および敷地利用権（土地賃借権）を時価で売り渡すよう、平成14年10月28日付書面で請求し、この書面は翌29日にYに到達した。

　Xは、区分所有権および土地賃借権の売渡しを請求したことに基づき、Yに対して区分所有建物の所有権移転登記手続、区分所有建物の引渡しおよび土地賃借権の譲渡しを請求した。

　Xは、売渡請求権は形成権であり、売渡請求をしたことによって、XとYの間では本件土地賃借権の売買契約が成立しており、この契約の効果としてYにはAの承諾を得たうえで本件土地賃借権をXに譲り渡す義務があると主張した。

　これに対し、Yは、区分所有法63条4項の売渡請求権の行使は、行使の相手方に、自己の意思に反し、自己の財産である建物区分所有権の処分を強制するものである、その行使の効果については制限的に解すべきであって、借地権設定者から賃借権譲渡についての承諾を得るような過大な負担を負わせるべきではない、と主張して争った。

2 判旨

　「1　区分所有法63条4項の売渡請求権は形成権であるから、その行使の意思表示が相手方に到達すると直ちに、相手方の区分所有権及び敷地利用権を目的とする時価による売買契約が成立する。そして、売買契約の効果として、区分所有権及び敷地利用権が相手方から請求権行使者に移転し、相手方は、専有部分の引渡義務及びその登記移転義務を負い、請求権行使者は、時価による売買代金支払義務を負い、この両者の義務は同時履行の関係に立つ。

　したがって、Yは、本件建物の引渡義務及びその登記移転義務を負い、Xは、本件建物の時価による売買代金支払義務を負う。Yは、Xが、両者の合意に基づいて本件建物の引渡等を請求しているところ、かかる合意は存しないから引渡等の義務はないと主張するが、Xは、上記売渡請求権に基づいて本件建物の引渡等を請求しているのであって、Yの上記主張は、的を射ていない。

　本件建物の売渡請求の時点における時価については、《証拠略》及び弁論の全趣旨によれば、1000万円と認められる。

　ところで、Yは、本件建物をBに賃貸しているが、建物の売買における売主の引渡義務には、借家人を立ち退かせることも含まれると解され、このことは区分所有法63条4項の売渡請求権行使により売買契約が成立した場合であっても異ならないと解されるから、Yは、本件建物からBを退去させる義務を負うものと認められる。

　2　借地権の売買においては、地主の承諾が地主に対する対抗要件となるから、売主は、地主の承諾を得る義務を負うと解され、このことは区分所有法63条4項の売渡請求権行使により売買契約が成立した場合であっても異ならないと解されるから（したがって、この点についてのYの主張は採用できない。）、Yは、本件土地賃借権の譲渡につき、Aの承諾を得る義務を負うものと認められる。Yは、地主の承諾を得る義務が不代替的作為義務であり、かつ、間接強制が許されないものであるから、給付請求自体が否定される旨主張するが、そのように解すべき根拠はない。」

3 解説

1 本判決の分析

　本件では、Xが区分所有法63条4項に基づいて区分所有権および敷地の賃借権の売渡しを請求した。この売渡請求権は、形成権であると解されているから、Xの売渡請求権の行使の意思表示がYに到達すると区分所有権および敷地の賃借権を目的とする売買契約がX・Y間で成立したことになる。

　売買契約が成立した場合の売主の義務として、民法555条は、財産権の移転義務しか規定していないが、さらに、買主に目的の財産権を完全に享受させるために必要な一切の行為をしなければならない義務が売主にはある、と解されている。

　すなわち、権利を完全に享受させるには対抗要件を備えることも必要であり、さらに目的物の占有を買主に移転することが必要となる。

　(1) 賃貸人の承諾を得る売主の義務　本件では、敷地利用権たる賃借権についても売渡請求がなされている。敷地利用権が地上権であれば、物権であるから地上権設定者の承諾なしに譲渡することが可能であるから、売主に地上権設定者から承諾を得る義務は生じないが、本件では、敷地利用権が賃借権とされているから、賃借権の売主は、賃借権の売却につき借地権設定者たる賃貸人の承諾を得なければならない。この承諾は賃借権には元来

欠けている譲渡性を賦与する意思表示であって賃借権移転の効力を生じさせるための要件と解する説もあるが、判例は、承諾を対抗要件と捉え、承諾がなくても、売主と買主の間でなされた賃借権の譲渡契約は有効であり、ただ賃貸人の承諾がないために賃貸人に賃借権の移転を対抗できないだけだとしている（大判明治43年12月9日民録16輯918頁）。

賃借権の売主は、買主に完全な賃借権を享受させるためには、対抗要件たる賃貸人の承諾を得る義務があることになる（最判昭和34年9月17日民集13巻11号1412頁）。

本件では、マンション建替えに賛成したXが売渡請求権行使の意思表示をしているから、Yは承諾の意思表示をしなくても、形成権行使の行使の結果、売買契約は成立したことになる。ここで問題となるのは、Yが承諾の意思表示をしていないのに、売買契約が成立したと扱われる場合に、この売買契約を通常の当事者の合意によって成立した売買契約と同じに扱ってよいかである。

Y側は、区分所有法63条4項による売渡請求権制度はその行使の相手方にとっては、自己の意思に反して自己の財産である建物区分所有権および敷地利用権の処分を強制されるものであり、憲法29条の財産権の保障に対する制約規定であって、その行使の効果は限定的に解釈されるべきであり、賃貸人の承諾を得るというような過大な負担を負わせるべきではない。さらに、立法論としては、承諾を擬制する制度あるいは簡易な承諾取得方法等を用意すべきであったが、現行法にこのような規定は存在しない法の欠缺があり、法の欠缺の不利益を財産権の制約を受ける者に負わせるのは不合理であって、承諾を得る給付請求自体が否定されるべきだ、と主張した。

これに対して、裁判所は、当事者の申込みと承諾の合致によって成立する売買契約と区分所有法63条4項の売渡請求権の行使によって成立する売買契約とは異なるところがないとして、Yの承諾を得る義務を肯定する。

(2) 売主の引渡義務　Yに区分所有建物の引渡義務があるかが問題である。すなわち、Yは賃借人Bを区分所有建物から立ち退かせて、Xに引き渡すべき義務があるかである。

当事者の主張の部分からは明らかではないが、裁判所の判断に関する記述において「Yは、Xが、両者の合意に基づいて本件建物の引渡等を請求しているところ、かかる合意は存しないから引渡等の義務はないと主張する」とされている。そして、裁判所は、Xは売渡請求権に基づいて本件建物の引渡等の請求をしているのであって、「Yの主張は、的を射ていない」としたうえで、「建物の売買における売主の引渡義務には、借家人を立ち退かせることも含まれると解され」から、Yは本件建物から建物賃借人Bを退去させる義務を負うと判示している。ここでも、裁判所は、通常の売買と売渡請求権の行使に基づく売買の区別をしていない。

2 本判決の評価

当事者の合意によって成立した売買の場合には、売主は、財産権移転義務を履行するために様々な義務を負うことは、その合意の中に含まれていると解することができよう。これに対して、区分所有法63条4項の売渡請求権の行使により成立した売買に基づいてその意思に反して売渡しを強制される売主となる者にも同様の義務を課してもよいのか、疑問が生じるところである。

本件判決では、被告側が過大な負担を負わせられていると主張したにもかかわらず、通常の売買と同様の売主の義務を売渡請求権行使の相手方に課しており、この相違に関する考慮はなされていない。裁判所の判断において、この相違に言及すべきであったと考える。

さらに次の点を指摘しておこう

(1) 賃借権の売主が賃貸人の承諾を得る義務　本判決では、賃借権の譲渡の賃貸人に対する対抗要件である承諾を売主は得なければならないと判示する。

本判決の先例は、前掲最判昭和34年9月17日である。この最高裁判決では「賃借権の譲渡人は、特別の事情のないかぎり、その譲受人に対し、譲渡につき遅滞なく賃貸人の承諾をえる義務を負う」とされている。この承諾を得るべき義務は、承諾をするか否かは賃貸人の自由意思にかかるから、譲渡人は賃貸人の承諾を得るべくできるだけ努力する義務を負うにとどまるものである（星野英一・法協78巻1号126頁）。

本件のように売渡請求権の行使に基づく賃借権の譲渡の場合もこの「特別の事情」に該当し、承諾を得る義務はないと解すべきではないか。すなわち、譲渡人は売渡請求権が行使された結果、賃借権を譲渡せざるえなくなったのであり、元来は譲渡しようという意思を有していないのであるからである。また、承諾を得る義務を履行しなかった場合には、結局完全な賃借権が譲受人に移転しないから、譲受人としては、賃借権譲渡契約を解除することになろうか。これでは区分所有法22条に反するから、売渡請求権行使自体が実質的に無効となり、建替え決議をした目的を達成することが困難となり、建替えを円滑に進めようとする制度趣旨（法務省・マンション法346頁）に反することになろう。したがって、承諾がなくても、賃貸人に対する背信行為とは原則としてならないから、承諾がなくても賃貸人は借地契約を解除できないと解すべきである。区分所有者が変更しても、敷地の利用に著しい変化は生じないからである。

(2) 売主の引渡義務　売主は、原則として、直接占有を買主に移転しなければならない。「不動産を売った場合には、特約のない限り、借地人または借家人を立退かせて引き渡す義務を負う」とされており（我妻榮『債権各論中巻一』267頁［1957］）、本判決もこれに従っている。しかし、一般には、買主は賃借人がいることを認容して購入する場合が多いのではないか。売買は賃貸借を破らずとする原則は、このような事情を前提としているのである。ちなみに、ドイツでは、売主が直接占有をしているときは、直接占有を移転すべきであるが、売主が間接占有をしている場合には、その有する返還請求権のみを買主に譲渡すれば賃貸されている不動産の引渡義務は履行されたことになる、と解されている（Medicus/Lorenz, Schuldrecht Ⅱ, S.12.）。

3 実務指針

本件におけるような問題が生じるのは、敷地利用権を賃借権としているためである。マンションの所有のためには、地上権を敷地利用権とすることが望ましい。しかし、賃借権とした場合には、契約締結時に、あらかじめ賃借権譲渡の承諾を得ておくべきであろう。マンションは、戸建てに比して中古流通市場がある物件だからである。

【参考文献】 本文に引用したものを参照。

藤井俊二
創価大学教授

83 売渡請求権の行使による敷地賃借権の移転と賃貸人の承諾に代わる許可の裁判

東京地裁平成17年7月19日決定（判時1918号22頁）

1 事実

Aはマンションの1室を所有し、その敷地利用のためにYより土地を賃借していた。平成14年7月の臨時総会で本件マンションの建替え決議がなされたが、Aは建替え決議に反対した。そこで、臨時総会の招集者であるXは、Aに建替えに参加するか否かを回答するよう書面で催告したが、Aからは2ヵ月以内に回答がなかった。そこで、XはAに対し区分所有建物および賃借権を時価で売り渡すよう請求した。

XはAを被告として所有権移転登記を求める訴えを提起し、その旨の判決を得て、区分所有建物につき所有権の移転登記は経由した。さらに、Xは、Yに対して賃借権の譲渡の承諾を求めたが、協議が調わなかった。

そこで、Xは、売渡請求権行使により敷地賃借権を取得したのは、公競売により賃借権を取得した場合と利益状況は同様であるから、借地借家法20条を類推して、賃借権譲渡の許可の裁判を申し立てた。

他方、Yは、①本件の場合は文理上競売または公売に当たらないこと、②売渡請求の場合には再売渡請求（63条6項）が認められ、公競売のように売買の効力が確定的ではない、③仮登記担保権者についても借地借家法20条の適用がないことから、同法20条の適用ないし類推適用はないと主張した。さらに、類推適用が認められた場合に備えて、Yは介入権の申立てをした。

2 決定要旨

「売渡請求権を行使すると時価による売買契約成立の効果が生じる。

一方、Xが指摘する借地借家法20条が定める公競売に伴う譲渡許可は、借地権者の意思に関わりなく地上建物が売却され、それに伴って賃借権が移転する場合を規定するもので、手続が終了するまで誰が建物及び賃借権の譲受人となるか未定なため、予め借地借家法19条の手続によることはできないから、競落人が申立人となって、裁判所に承諾に代わる許可の裁判を申し立てることができるとするものである。区分所有法に基づく売渡請求権の行使の場合も、譲渡人の意思に関わりなく賃借権が譲渡される点において「競売又は公売」と同様であり、譲渡人が予め借地権設定者に対し譲渡の承諾を求めることができない。このような場合、売渡請求権を行使した者が、借地権設定者による譲渡の承諾に代わる許可を得る方法がないとするならば、建替え決議に反対者がいる場合に備えて売渡請求権を認めた法の趣旨が没却されることとなり、妥当性に欠ける。また、本件のような場合に、借地借家法20条の類推適用を認めても、競売又は公売と同様、売買代金納付後2か月以内に限り申立てをすることができると限定するならば、借地権設定者の地位を不安定にするものとまでいえない。さらに、区分所有法63条6項に定める再売渡請求は競売又は公売にはない制度であり、これが認められることにより譲渡の効力が生じると、その譲渡につき承諾の問題が生じることとなるが、かかる例外的な事態があり得ることが、借地借家法20条の類推適用を全面的に否定する理由とはなり難い。

そうすると、本件のように売渡請求権を行使した者は、明文上で申立権者として予定されていないとの理由で、同条による手続から排除されるべきではなく、借地借家法20条の類推適用により、譲渡の承諾に代わる許可を求めることができると解すべきである。」

「区分所有法63条4項によれば、売渡請求権を行使することができる者は、「建替え決議に賛成した各区分所有者」「建替え決議の内容により建替えに参加する旨を回答した各区分所有者」「これらの者の全員の合意により区分所有権及び敷地利用権を買い受けることができる者として指定された者」に限定されており、借地権設定者はこれらの者に該当しない。

一方、介入権は、第三者へ借地権が譲渡されることを阻止するために借地権設定者に認められた対抗手段である。競公売に伴う賃借権の譲受事案でも、借地借家法20条2項に基づく同法19条3項の準用により、借地権設定者に介入権の行使が認められている。本件において、売渡請求権者に借地借家法20条の類推適用により譲渡に代わる許可を得る途を認める以上、かかる譲渡の機会に優先的な買受権を認める介入権の行使のみを否定する理由はない。これを認めても、借地権設定者は区分所有法64条により建替え決議の内容に拘束されると解されるから、Xを始め建替え決議賛成者らに不利益を与えるものとはいえない。Xは、Yに介入権を認めることによって、建替えの実現が阻害されるおそれがあるというが、Yは建替え決議後、Bから本件マンションの別の区分所有建物を取得しているから、今回、Yに介入権を認めることによって、特に建替えの実現が阻害されるわけではない。

よって、Yによる介入権の行使は認められる。」

3 解説

1 本決定の分析

（1）借地権設定者の承諾に代わる許可の裁判　敷地利用権が賃借権である場合には、借地権者は賃借権を譲渡するために、借地権設定者から承諾を得ておかなければならない（民612条1項）。ただし、この承諾は、借地権設定者に対する対抗要件であるから、賃借権の譲渡人と譲受人の間では譲渡の効力が生じているが、承諾がなければ、これを借地権設定者に対抗することができないだけである。

承諾を得ないで賃借権の譲渡をしても、「賃貸人が賃貸人の承諾なく第三者をして賃借物の使用収益を為さしめた場合においても、賃借人の当該行為が賃貸人に対する背信的行為と認めるに足らない特段の事情がある場合においては、同条の解除権は発生しないものと解するを相当とする。」（最判昭和28年9月25日民集7巻9号

979頁）として、背信行為とは認められない場合には、借地権設定者＝賃貸人は賃貸借契約を解除することができないとした。しかし、この判例の論理は、土地と建物を別個独立の不動産とするわが国不動産法制（民370条）においては、問題の解決のために不十分なものであった。

つまり、他人の土地上に借地権者が建物を建築し、所有することができるわが国法制からすれば、借地権者は自由に建物を処分でき、その処分のためには土地利用権も一緒に移転していかなければならないからである。その点では、最高裁判例では、基本的に土地賃借権の無断譲渡は背信的であり、例外的に「背信的行為と認めるに足らない特段の事情がある場合」には、解除権が発生しないとか、解除が制限されるというのである。借地をする場合に、地上権を設定した場合と比較すると著しく不合理であり、何らかの立法的手当が必要であった。そこで、昭和41年の借地法改正において借地法9条ノ2に裁判所による代諾許可の制度を導入したのである。この制度は現行借地借家法19条に引き継がれている。

さて、借地借家法19条によって借地権設定者の承諾に代わる許可の裁判を申し立てるには、同条1項によれば、「建物を第三者に譲渡しようとする場合において」と規定されているから、建物譲渡前に申立てをしなければならない。さらに、申立てをすることができる者は、借地権者と定められている（稲本洋之助＝澤野順彦編『コンメンタール借地借家法〔第3版〕』140頁［鎌野邦樹］［2010］）。したがって、本件のように、売渡請求権が行使された結果、建物の所有権および賃借権が既に建物の買主に移転している場合は、借地権者は申立てをすることができない。本件で、許可の裁判を借地権者ではなく、買主が申し立てている。建物の所有権および借地権を取得した者が代諾許可を申し立てる制度は、競売・公売によって第三者が建物を取得した場合についての規定である借地借家法20条にある。そこで、本件では、Xは、承諾に代わる許可を借地借家法20条を類推して裁判所に求めた。

裁判所は、「区分所有法に基づく売渡請求権の行使の場合も、譲渡人の意思に関わりなく賃借権が譲渡される点において「競売又は公売」と同様であり、譲渡人が予め借地権設定者に対し譲渡の承諾を求めることができない」こと、および承諾に代わる許可を求めることができないとすると売渡請求権制度の趣旨を没却することになるとして、借地借家法20条の類推適用を認めた。

（2）借地権設定者の介入権　借地権設定者であるYは、借地借家法20条の類推が認められるならば、同法20条2項によって準用される同法19条3項の類推による介入権の行使を認められるべきかが問題となる。

この問題についても、裁判所は、介入権を行使してもYは「建替え決議の内容に拘束されると解される」から、「建替え決議賛成者らに不利益を与えるものとはいえない」。また、「Yに介入権を認めることによって、特に建替えの実現が阻害されるわけではない」として、Yの介入権行使を認めている。

最終的に、裁判所は、Xに対して区分所有建物を代金1104万円で譲渡することを命じている。

2　本決定の評価

既に【本書82事件】の解説で述べたように、わが国の法制では、土地と建物を独立別個の不動産としたために、物権である地上権以外に債権である賃借権を用いても借地をすることができることとなった。しかし、この2つの権利は、建物所有のために土地を利用するという同一の作用を営むにもかかわらず、譲渡性を有するか否かで権利の性質が大きく異なっている。既に述べたように、借地権者は建物を所有しているのであるから、それを処分するのは自由であるはずだが、土地の利用権が建物処分に伴っていなければ、実質的には建物を処分できないことになる。

この法律上の欠陥を不十分ながら補うために規定されたのが、借地借家法19条、20条ということになる。

借地借家法19条は、借地上の建物を譲渡しようとするときに、譲渡前にあらかじめ裁判所に申し立てることが要件となっており、譲渡後に申し立てることができないことは既に述べたとおりであり、本件のような区分所有法63条4項の売渡請求権行使による区分所有権移転の場合には、適用できない。そのために、Xが建物譲渡後でも申立てをすることができる同法20条の類推適用を主張し、それを裁判所が認めたのもやむをえないところである。売渡請求権制度を制定したときに、敷地利用権としての借地権の移転に関する法制度の整備をしなかった、いわば法の欠缺を補充するものとして、この類推は認められるべきであろう。また、同条2項には、借地権設定者の介入権に関する規定があり、同法20条が類推されるのであれば同条2項も類推されるという結論になるであろう。

介入権を行使し、区分所有建物を買い受けた借地権設定者は、本決定によると、区分所有法62条による建替え決議に拘束されるとされている。この判決を補足すると、介入権を行使して区分所有建物と敷地利用権を取得したときに、売渡請求権を行使した者の地位を承継すると解することができる。

ただし、敷地利用権が地上権である場合には、同じ借地権でも借地権設定者の介入権が発生することはない。この不均衡を如何に是正するかは、借地上のマンションについて今後の課題となろう。

3　実務指針

【本書82事件】解説においても述べたが、戸建て住宅よりも圧倒的に中古住宅の流通が多いマンションについては、借地権も区分所有建物所有権の移転に伴って移転するのであるから、借地権設定者の承諾がなくても権利移転をすることができる地上権で設定することが望ましい。区分所有者が自由の処分することができる地上権のほうが、敷地利用権と区分所有権の分離処分を禁止した区分所有法22条の趣旨にも合致し、マンションの敷地利用権に適しているであろう。ちなみに、国土交通省「全国定期借地権付住宅の供給実績調査」によると平成19年12月末時点では、定期借地権付マンションの61.6％が地上権であるとされている。

それでも、借地権設定者が賃借権で設定することを望む場合には、借地権の移転についての承諾をあらかじめ得ておく等の方策をとるべきであろう。

【参考文献】　本文に引用したものを参照。

藤井俊二
創価大学教授

IX 復旧および建替え　§62 建替え決議、§63 区分所有権等の売渡し請求等、§64 建替えに関する合意

84 建替決議後の売渡請求時の時価

東京高裁平成16年7月14日判決（判時1875号52頁）

1 事実

本件は、同潤会江戸川アパートメントの区分所有者集会においてなされた建替決議において、原告Xが建替えに参加しなかった区分所有者に対してそれらの者が所有する区分所有建物の売渡しを請求した事案であるが、争点としては、売渡請求時における建物の「時価」の額で、当事者らは中間合意によって、XがY₁〜Y₈らに売渡代金の一部を支払い、その余を預託することによって建物の引渡しを受け、移転登記手続のみが未了となっていた。Yらの補足的主張および予備的主張は、非民主的な手続が繰り返された結果、還元率の著しく低く極めて不当な建替計画を、一部の理事会執行部とXとが結びつき地権者に無理矢理押し付け、多くの地権者が不本意ながらもそれに同意せざるをえない状況に追い込まれ、まっとうな建替計画を希望していたYらをXが追い出しにかかったという事案であると主張、このような事案のもとでは、法63条4項の解釈にあたっては、建替不参加者の保護の目的を重視すべきであるのに、建替参加者が建替不参加者を追い出しにかかっている事案では、時価の算定方法としては、売渡請求を受けた者に有利に解釈すべきであるにもかかわらず、時価の算定における開発法と取引事例比較法との間で多くの場合建替不参加者に有利な結論が導かれる取引事例比較法が採用されるべきであるとする。

また、A意見書の開発法による試算は、現実の建替決議と同じではなく、分譲による収入、建築工事費、解体工事費について、現に決議された再建事業計画とは異なる数値を勝手に盛り込んだものとなっており、A意見書には問題があると指摘。また、解体費用2億7600万円については合理的と判断する根拠は示されていない。Yらは、不動産鑑定士B作成の調査報告書に基づき、予備的に鑑定評価は、法63条4項に規定される時価の判定の参考のため、開発法、取引事例比較法による算定を行ったうえで、最終的には取引事例比較法を基本として開発法を関連づけながら評価を行う。すると、Y₁は2700万円、Y₂は2680万円、Y₃は2200万円、Y₄は2200万円、Y₅は595万円、Y₆は811万円、Y₇は1490万円およびY₈は1180万円をそれぞれ受領する権利があり、また、修繕積立金がYらに返還されるべきであるから、総合考慮の一要素として時価に盛り込まれるべきである等と主張した。

2 判旨

「当裁判所も、XのYらに対する請求はいずれも理由があるものと考える（YらのXに対する控訴はいずれもその利益を欠く不適法なものと考える。）が、その理由は、」まずYらのX₁に対する控訴の適法性については、「X₁の引受承継の申立てにより、Xが、X₁のYらに対する権利の譲渡を受けたとして、Yらを被告として、X₁とYらとの間の訴訟に片面的に参加した事案であるところ、YらがX₁の訴訟脱退に同意しなかったため、そのまま原告の地位にとどまったYのXらに対する請求は、原審においていずれも全面的に棄却されているのであるから、YらのXに対する控訴は、控訴の利益を欠く不適法なものといわざるを得ない。なお、Yらは、訴訟引受の申立てをすることのできる当事者は被承継人の相手方当事者である控訴人らのみに限られ、被承継人たるX₁が訴訟引受の申し立てをすることはできないと解すべきであるとするほか、本件訴訟においては既にYらのX₁への建物明渡しが完了しており、争点は売渡し代金の金額のみとなっていることから、訴訟引受を認める趣旨に照らしても理由がなく、これらの点を質すためにX₁に対する控訴を提起する利益が存する旨主張する。しかし民事訴訟法の法文上、訴訟引受の申立てをすることのできる当事者は被承継人の相手方当事者（本件ではYら）のみに限られ、被承継人X₁（本件では被控訴人）が訴訟引受の申立てをすることはできないとの限定は存せず（民事訴訟法51条、50条1項）、また、本件はX₁から会社分割により権利の譲渡を受けたとするXのYらに対する本件各建物についての所有権ないし共有持分権に基づく登記請求権が問題となっているのであるから、Xについて訴訟引受の必要性が存するものである。」

Yらの補足的主張および予備的主張については、「非民主的な手続が繰り返された結果、建替え決議がされたとの事実を認めるに足る証拠はないし、Yらの主張のように手続上問題があるから、時価の算定方法として建替え不参加者に有利な結論が導かれる取引事例比較法が採用されるべきであるとする合理的な根拠は見出し難」く、「Yらは、A意見書の開発法による試算は、……問題がある旨主張する。しかし、A不動産鑑定士は、建築事業費、解体事業費について、現に決議された再建事業計画における数値とは別に、鑑定人として公正妥当なものと判断した数値を用いて鑑定評価を行っているが、格別これらの数値を不合理とすべき事由は見当たらないところ、再建建物の新築販売価格の総額の算定の場合、変動的要因を含む分譲収入、建築事業費、解体事業費等に関しては、必ずしも現に決議された再建事業計画における数値に拘束されず、現に決議された再建事業計画における再建建物の建築を前提とする限り合理的な範囲で修正、検討することができるというべきであるから、Yらの主張は理由がない。なお、A意見書は、解体費用について2億7600万円と試算しているが、市場調査等を前提とした判断と考えられ格別これを不合理とみるべき事由はない。」また、「Yらは、売渡し請求時の本件各建物の時価について前記のとおりの予備的主張をするが、……C報告書の証拠提出は時機に後れた攻撃防御方法として却下されるべきもので、その他Yらの予備的主張に係る時価が相当であることを根拠付ける証拠はない。」

時機に後れた攻撃防御方法の却下につき原審は、「平成15年4月28日の第二回弁論準備手続期日において、Yらに対し、同年5月21日の第三回弁論準備手続期日

までに不動産評価の専門家の意見書を提出するように促し」結局、「同年9月25日の第七回弁論準備手続期日にB鑑定書が提出されたことがそれぞれ認められるところ、C報告書はその作成日付が平成15年7月4日とされている……ことなどの上記経過からすると、Yらは、C不動産鑑定士に意見書の作成を依頼していたが、その内容が自分たちの意に沿わなかったことからこれを裁判所に証拠として提出することをやめ、改めて代わりに意見書の作成を依頼したB不動産鑑定士の鑑定書を証拠として提出したこと、」つまりは、「YらのC報告書の提出行為は、「攻撃又は防御の方法は、訴訟の進行状況に応じ適切な時期に提出しなければならない。」とする民事訴訟法156条に反することが明らかであるとともに、Yらにおいて故意又は重大な過失により時機に後れて提出した攻撃・防御方法に当たり、かつ、本件のような不動産の評価に関する意見書の提出は、その評価をめぐって更に当事者双方の主張を尽くさせる必要があるなど訴訟の完結を遅延させる（同法157条1項）こととなると認められるのみならず、訴訟手続上の信義則にももとることになるから、Xの申立てにより、YらのC報告書の証拠提出を却下する」。よって、「原判決は相当であり、YらのXに対する控訴はいずれも理由がないからこれらを棄却し、また、YらのXに対する控訴はいずれもその利益を欠く不適法なものであるからこれらを却下する。」

3 解説

1 本判決の分析

建替決議による建替えの制度は、複数の区分所有者の意見が集約されないことで老朽化や一部が滅失した区分所有建物およびその敷地のもつ社会経済的価値の有効利用が著しく妨げられることを防ぐことを目的とするものであり、個々の区分所有者の私的権利の保護に尽きるものではなく、建物の区分所有という制度自体の合理性を維持して限られた社会資源の有効利用を図るという公益的、社会政策的観点をも包含する。法63条は、建替えの賛否にかかわらず全ての区分所有者の利害を調整してその保護を図る趣旨であると解するのが相当である。

さて時価とは、その建物について建替決議がなされていることを前提とし、区分所有権と敷地利用権とを一体として評価した客観的な評価額をいい、本件各建物の時価は、①建替えが完成した場合の再建建物および敷地利用権の価額から建替えに要した経費を控除した額、または、②再建建物の敷地とすることを予定した敷地の更地価額から現存建物の取壊し費用を控除した額に、対象となる区分所有部分および敷地利用権の配分率を乗じて算定する。①の額の「時価」試算は、1㎡当たり47万6000円となることが認められる。

次に②の額の試算について裁判所は、A意見書およびB鑑定書のその他の記載ならびに弁論の全趣旨（「時価」評価に関する当事者の意見を含む）を総合考慮し、更地価額を61万5000円/㎡と試算。現存建物の取壊し費用についてA意見書によると、現存建物の取壊し費用は、2億7600万円であると認められ、この認定を覆すに足りる証拠はない。当裁判所は、②の額を57万4500円/㎡と試算する。【計算式（61万5000円×6813.7㎡−2億7600万円）÷6813.7㎡＝約57万4500円】総合的判断に基づく「時価」（㎡単価）については①の額が47万6000円/㎡、②の額は57万4500円となり、かなりの差異が生ずるが、①の額の算出方法が、現実の再建事業計画を前提として開発法を用いて算出したものであるのに対し、②の額は、もっぱら他のマンション敷地の取引価格との比較において算出したものであること、江戸川アパートは200名以上の区分所有者が存在する区分所有建物であること、また、理論的には①の額と②の額は一致すると説かれるところ、②の額は、①の額の客観性・合理性を検証するために、あえて開発法を用いることなく算出して①の額の検討資料となる数値を算出したものであることを考慮すると、両者の数値を比較考量するにあたり、両者の数値の価値を全く同等とみるのは妥当でなく、①の額を相対的に重視すべきである。以上から、「時価」を49万9000円/㎡と試算し、端数整理のうえ全体の「時価」を34億円とする。なお、立退料、余剰分配金および固定資産税の負担について合理的範囲内でこれを考慮するのが相当だが、原告であったX₁は既に、Yらに対して本件売渡請求をしたことにより成立した本件各建物の売買契約に基づく売渡し代金額をほぼ全額支払済みであり、さらに残額を大きく超える多額の金員をYらに預託しているから、Yらに同時履行の抗弁は認められないとした。

2 本判決の評価

法61条による買取請求時の時価問題は、極端な鑑定額の差を表面化させたが、法62条に基づく法63条の売渡請求時の時価は、判例上さほど大きな差額が生じているわけではない。

本件からすると、「原価法」「取引事例比較法」「収益還元法」といった不動産鑑定評価のうち、区分所有建物およびその敷地については、取引事例比較法のなかの「開発法」を採用し、建替えが実現した場合における再建建物および敷地利用権の価格から、建替えに要した費用を控除した額と、同一需給圏内の近傍類似地域におけるマンション敷地にするために、ディベロッパー等によって取得された規範性のある事例に絞って取引事例法を適用することによって求めた敷地の更地価格から、現存建物の取り壊しに要する費用を差し引いた額を関連付けて求めていく、両鑑定評価法から求められた数値を比較考量しつつ開発法による鑑定額を相対的に重視するという考え方のようだ。

3 実務指針

民法上の共有法理では、その変更にあたって全員の合意を求めているが、区分所有法は、単純化してみると、組合員の頭数と議決権の80％以上のコンセンサスで、建替決議を認め、全員の合意を擬制するため、形成権である売渡請求権の行使を規定する。売渡請求時の時価は、建替えの当事者にとっては1つの要諦だが、マンション建替えにあたっては、その市況が常に動いており、鑑定理論の手法上の積み重ねと精査が求められる。

【参考文献】 判例評釈として、塩崎勤「マンションの建替え決議があった場合における売渡し請求と『時価』の算定」民事法情報222号80頁、同事例の綿密な事例報告として、太田知行＝村辻義信＝田村誠邦編『マンション建替えの法と実務』169頁［2005］。

竹田智志
明治学院大学兼任講師

85 団地関係の成立の法意

福岡高裁平成15年2月13日判決（判時1828号36頁）

1 事実

福岡市内に一筆の土地（本件土地）を所有するY（住都公団）は、同土地上に9棟のマンションからなる団地の開発計画をたて、数次にわたって段階的に建設・分譲を行ってきた。便宜上、これを3区分していえば、①まず、1号棟から5号棟はすでに分譲が終わった段階、②次に、6号棟と7号棟は分譲が開始している段階、そして、③8号棟と9号棟は、躯体部分は完成しているものの、設備・内装工事が未施工のままになっていて、分譲もされていない段階である。

なお、6号棟から9号棟の各室は、内装工事がなされないままに、ユニバーシアード組織委員会に貸与され、ユニバーシアード福岡大会の選手村として使用された。その際に、各室には仮内装が施されたが、選手村としての使用を終えた後、仮内装が撤去され、スケルトンの状態（内装が未施工でコンクリートが剥き出しの状態）で返還された。そして、8号棟と9号棟はこの状態のままとなっており、その敷地は関係者以外は出入り禁止の工事区域とされている。

この状態において、すでに分譲された部分（1号棟から7号棟の各住戸）の区分所有者を構成員とするX管理組合は、分譲業者であるYに対して、6号棟と7号棟についてその躯体部分完成時から分譲時までの管理費と8号棟と9号棟について、その躯体部分完成時以降の管理費をそれぞれ請求した（なお、管理費等のほか、駐車場維持管理にかかる損害賠償請求もしている）。

原審（1審）は、団地関係の1号棟から9号棟まで団地関係にあるとしつつ、組合費等の負担を定めた規約はYには適用しない旨の合意があったと推認して、Xの各請求を棄却した。X控訴。

2 判旨

原審は団地関係の成立は認めつつも、合意の解釈により管理費の支払義務を否定したが、本判決は、団地関係の成立を否定して、Yに管理費の支払義務はないとして、Xの控訴を棄却した。

「区分所有法65条は、ア　団地内に数棟の建物があり、イ　団地内の土地又は附属施設がそれらの建物所有者の共有に属するとの二要件を具備する場合には、団地建物所有者は法律上当然に団体を構成し、この団体が主体となって、同法66条で準用する各規定に基づき、集会を開き、規約を定めるなどして目的物を管理すべき団体的拘束を受けることを規定している。そして、本件の場合、1号棟ないし9号棟はYが当初単独所有しその後順次住戸部分の分譲にしたがって持分が譲渡されつつある一筆の土地上に存在するから、上記規定を形式的に適用すれば、6号棟ないし9号棟が外形的に建物として完成しYがその所有権を取得した以上、本件マンションの各住戸部分の分譲を受けた者とともに団地建物所有者の一員となって、6号棟及び9号棟の関係でも建物完成と同時に団地関係が成立し、組合規約の適用を受けるかのように解されないでもない。

しかし、区分所有法65条が上記のような要件を具備した場合に、団地建物所有者全員による団体を構成させることとした目的は、同団体の意思に基づいて、共有に係る土地、附属施設の管理等を行わせることにあることは、同条の文言からも明らかである。即ち、一定の要件の下に団地関係の成立が法的に強制されるのは、団地建物所有者全員にとって共通の利害関係を有すると考えられる事項の管理について、全員を構成員とする団体の意思によってこれを決定、実行させようとすることにあるといえる。そこで、以下このような同条の趣旨に照らして、本件の場合にも同条が適用されX主張のような団地関係の成立が認められるべきか否かを検討することとする。」

「このような広範囲な敷地に多数の棟のマンションの建築がなされる場合には、それが一筆の土地上に建築されるものであったとしても、土地全体の利用状況からみると、建築工事が完了して入居者のある棟の敷地に供されている土地部分の利用形態と、現に建築工事が続行中の土地部分の利用状況との間には大きな隔たりが存在し、前者の敷地部分が主としてマンション居住者によって利用されるのに対し、後者の土地部分は専らマンション建築の施主により工事専用に利用されるものといえ、各土地を管理するためになすべき事柄や管理に必要な費用も大きく異なることは経験則上明らかというべきである。」

「以上判示のような区分所有法65条による団地関係成立の法意、すなわち同条は団地建物所有者全員にとって利害関係を共通にする事項の管理の便宜上団地関係の成立を定めたものと解されること、及び本件マンションがすべて一筆の土地上にあるとはいえ、完成したマンションの住戸部分の所有者と本件マンションの施主であるYとは、本件土地の管理上工事区域部分については利害関係を共通にするとはいえないことに照らして考えると、本件の場合には各棟の建物の建築が完了してそれぞれその分譲が開始されるまでは、分譲開始前の建物敷地部分に関して、区分所有法65条の適用の前提となる既存の本件マンション住戸部分の所有者とYとの間の共有に属するとの要件を実質的に充足せず、団地関係は成立しないと解するのが相当である。」（控訴棄却）

3 解説

1 本判決の分析

（1）本件の争点は、分譲業者の管理費支払義務の有無であるが、法理論としては、区分所有法65条所定の団地関係が成立しているかどうか、具体的には、数次にわたり段階的に建設・分譲が行われていく団地開発において、建物躯体部分が完成しているが、内装が未施工で分譲が開始されていない段階でも、その部分を含めた団地関係が成立しているかどうかである。

本判決の意義は、団地関係成立の判断基準として、建

物の完成と同時に団地関係が成立するとの形式論をとらず、団地関係の成立は、団地建物所有者全員にとって共通の利害関係を有する関係にあるかを実質的に判断することを明らかにした点にある（その結果として団地関係の成立を否定し、分譲業者に管理費の支払義務はないとした）。

(2) 区分所有法65条が定める団地関係が成立すれば、団地建物所有者は、当然に団地管理組合の構成員となり、管理組合が定める規律（集会決議や管理規約）に服することになるから、定められた管理費を支払う義務を負うことになる。ここに団地関係が成立するか否かが管理費支払義務の有無を決するポイントとなる。そして、本件では、管理費を請求するXが躯体部分完成後の団地関係の成立を主張し、それを拒むYが団地関係は成立していないと主張したのであった。

そして、団地関係の成立要件は、区分所有法65条の定める「一団地内に数棟の建物があって、その団地内の土地又は附属施設（これらに関する権利を含む。）がそれらの建物の所有者（専有部分のある建物にあっては、区分所有者）の共有に属する場合」に当たることである。すなわち、①一団地内における数棟の建物の存在と②団地内の土地または附属施設の共有の2つの要件を具備することで、団地関係の成立が認められる。

(3) 本判決（および原審）は、管理費支払義務との関係で、この団地関係の成否を論じた初めての裁判例である。原審は、1号棟ないし9号棟は、団地関係が成立し、Yもその団体を構成する一員であるとしつつ、X管理組合とYとの間で、6号棟ないし9号棟について、分譲建物としての工事を完了して分譲し得るまでの期間は、X組合員らに適用すべき組合費等の負担を定めた規約をYには適用しない棟の合意があったと推認するのが相当であるとして、Yは管理費支払義務を負わないとした。

これに対して、本判決は、団地関係の成立には、団地建物所有者全員にとって共通の利害関係があることが必要であるところ、本件土地全体の利用状況からみて、既存のマンションの住戸部分の所有者とYとは、利害関係を共通にするとはいえないとして、法65条が定める団地関係成立の要件である「共有」であるとの要件を実質的に充足せず、団地関係は成立しないとした。いずれもYの管理費支払義務を否定したわけだが、団地関係の成立についての判断が異なっている（学説では後掲①②および稲本＝鎌野・区分所有法456頁が本判決に賛成、③④が反対）。

2　本判決の評価

(1) 法65条の適用における団地関係の成否については、①「団地」ないし「一団地」とは何か（団地の意義）、②「数棟の建物」とは何か（建物の意義）、③「共有」とは何か（共有の意義）の3点を検討する必要がある。まず、団地について、その定義を定めた規定はない。団地の実態が多様であることから、定義の立法化は断念され、その判断を社会通念に委ねても、土地が建物所有者の共有に属するという客観的基準があるので問題はないと考えられたことによるとされる（立法の経緯につき、後掲各文献参照）。一般には、団地とは、客観的な一区画内に数棟の建物が建設されている区域のことということができよう。建設・分譲が次次にわたり段階的に行われてきた本件においても、1号棟から9号棟まで棟自体の建設は終えており、これを「一団地」と扱ってよいであろう。

(2) 次に、数棟の建物について、本件の8号棟9号棟のように、躯体部分の工事は完了しているが、内装工事やあるべき設備が施されていない段階のものを法65条にいう「建物」ということができるかである。判例は、天井や床がなくても、その目的とする使用に適当な構成部分を具備する程度に達していなくても、屋根および周壁を有し、土地に定着した一個の建造物として存在するにいたっていれば独立の不動産といえるとする（大判昭和10年10月1日民集14巻1671頁。登記実務について、旧不動産登記事務取扱手続準則136条1項参照）。これによれば、本件の8号棟9号棟も建物といってよいように思われるが、建物がマンションの場合には、区分所有権が成立するためには、構造上の独立性と利用上ないし用途上の独立性が必要であるので、独立した利用ができない状態であるならば、ここでいう建物とはいえないとも考えられる（こう考えると団地関係は否定されることになる）。しかし、管理組合による管理の必要性があることを考えるならば、構造上の独立性があれば、ここでいう建物として、管理の対象と考えるほうがよいように思われる。

(3) 最後に、共有について、本判決は、実質的にみて、他の区分所有者とYとの間で共通の利害関係がなければ、法65条の「共有」ではないとした。確かに本件のYが8号棟9号棟の区分所有者の立場で団地管理組合の集会決議などに参画できる地位にあるとみるのは妥当ではない。かといって、すでに建物が建っている以上、その建物に関連した管理が必要となる場合やそれどころか、場合によっては管理組合の責任が生じることもありえないではない。そうすると、躯体部分しかない区分所有建物の所有者（分譲業者）に管理費（の一部）の負担をさせてよいと思われる場合も十分に考えられる。また、理論的にいって、本判決のように、民法上の共有概念に実質的考慮を持ち込むことは望ましくない。したがって、原審判決のように、団地関係の成立を認めたうえで、合意の解釈によって当該実態に即した妥当な結論を導くのがよいのではないだろうか。そうすることで、オールオアナッシングではなく、その部分の管理に必要な管理費の相当額を一部負担という形で、その請求を認めることもでき、それが望ましいと考える。

3　実務指針

本判決の考え方によれば、同じ団地の敷地にあっても、内装工事が完了しておらず、分譲が開始されていないマンションの棟については、分譲業者に対して、応分の管理費を請求することはできないことになる。それが可能になるのは、事前に分譲業者との間で開発計画の説明と分譲が開始されない場合をも想定した合意を得ておくことが必要になろう。

【参考文献】　本判決の評釈としては、①玉田弘毅・NBL765号8頁、768号43頁、770号54頁、②藤井俊二・判評543号177頁、③土居俊平・法時77巻3号106頁がある。また、本判決を含む団地関係を論じたものとして、④土居俊平「区分所有法にいういわゆる団地関係」関西大学法学研究所研究叢書第33冊（区分所有建物の法的課題）165頁がある。

良永和隆
専修大学教授

86 団地内一括建替え

最高裁平成21年4月23日判決（判時2045号116頁、判タ1299号121頁—千里桃山台事件）

1 事実

　事案を簡単にまとめていえば、団地内の建物の一括建替え決議が成立した後に、決議に賛成した区分所有者から区分所有権の譲渡を受けたXが、建替えに反対するYらに対して、Yらの所有する区分所有権の売渡請求権を行使し、Yらに対して所有権移転登記手続および同建物の明渡しを請求した事件である。

　より具体的にいえば、A団地は、昭和44年頃から分譲された17棟からなる住宅団地で、各棟5階建ての低層団地であった。団地内の各建物は、いずれも専有部分を有する建物で、その区分所有者全員で敷地を共有し、団地全般の管理をするため、団地管理組合が設立され、敷地の管理などについて規約が定められていた（すなわち区分所有法70条所定の団地である）。このA団地管理組合では、平成3年頃から建替えの話し合いがされ、平成13年頃から本格的に建替えの検討がされてきたが、平成17年3月に、臨時総会において一括建替え決議が可決された（団地の区分所有者総数366名の5分の4以上の305名（反対58名、棄権3名）及び各棟議決権の3分の2以上の賛成があり、法70条所定の要件を満たしている）。この議決において、団地内の建物の専有部分を所有するYらは、反対の議決権を行使した。

　この一括建替え決議に基づく建替え計画において、等価交換方式による共同事業予定者X会社は、賛成の議決権を行使した区分所有者から区分所有権を承継し、Yらに対して、Yらの所有する区分所有権の売渡請求権を行使し、各専有部分の所有権移転登記手続および明渡請求をした。第1審および原審ともにXの請求認容。Yらが上告して、区分所有法70条は憲法29条に違反すると主張した。

2 判旨

　本判決は、区分所有法70条は、憲法29条に違反するものではないとして、上告を棄却した。

　「①区分所有権の行使（区分所有権の行使に伴う共有持分や敷地利用権の行使を含む。以下同じ。）は、必然的に他の区分所有者の区分所有権の行使に影響を与えるものであるから、区分所有権の行使については、他の区分所有権の行使との調整が不可欠であり、区分所有者の集会の決議等による他の区分所有者の意思を反映した行使の制限は、区分所有権自体に内在するものであって、これらは、区分所有権の性質というべきものである。
　②区分所有建物について、老朽化等によって建替えの必要が生じたような場合に、大多数の区分所有者が建替えの意思を有していても一部の区分所有者が反対すれば建替えができないということになると、良好かつ安全な住環境の確保や敷地の有効活用の支障となるばかりか、一部の区分所有者の区分所有権の行使によって、大多数の区分所有者の区分所有権の合理的な行使が妨げられることになるから、1棟建替えの場合に区分所有者及び議決権の各5分の4以上の多数で建替え決議ができる旨定めた区分所有法62条1項は、区分所有権の上記性質にかんがみて、十分な合理性を有するものというべきである。③そして、同法70条1項は、団地内の各建物の区分所有者及び議決権の各3分の2以上の賛成があれば、団地内区分所有者及び議決権の各5分の4以上の多数の賛成で団地内全建物一括建替えの決議ができるものとしているが、団地内全建物一括建替えは、団地全体として計画的に良好かつ安全な住環境を確保し、その敷地全体の効率的かつ一体的な利用を図ろうとするものであるところ、区分所有権の上記性質にかんがみると、団地全体では同法62条1項の議決要件と同一の議決要件を定め、各建物単位では区分所有者の数及び議決権数の過半数を相当超える議決要件を定めているのであり、同法70条1項の定めは、なお合理性を失うものではないというべきである。④また、団地内全建物一括建替えの場合、1棟建替えの場合と同じく、上記のとおり、建替えに参加しない区分所有者は、売渡請求権の行使を受けることにより、区分所有権及び敷地利用権を時価で売り渡すこととされているのであり（同法70条4項、63条4項）、その経済的損失については相応の手当がされているというべきである。

　そうすると、規制の目的、必要性、内容、その規制によって制限される財産権の種類、性質及び制限の程度等を比較考量して判断すれば、区分所有法70条は、憲法29条に違反するものではない。⑤このことは、最高裁平成12年（オ）第1965号、同年（受）第1703号同14年2月13日大法廷判決・民集56巻2号331頁の趣旨に徴して明らかである。」（引用中①〜⑤の番号は付した）

3 解説

1 本判決の分析

　(1) 本件の争点は、区分所有法（以下「法」）70条が憲法29条に違反するかどうかである。本判決は、同条の法令違憲の有無を初めて正面から判断し、これを合憲としたものである。まずは法70条の内容を確認しておこう。

　(2) 団地内の建物を一括して建て替える制度ができたのは平成14年の改正によってである。改正前には、1棟の建物を建て替えるについて、特別多数の議決要件に加えて、「老朽、損傷、一部の滅失その他の事由により、建物の価額その他の事情に照らし、建物がその効用を維持し、又は回復するのに過分の費用を要するに至つたとき」という客観的要件（過分性要件という）が必要とされていたが、この要件をめぐって紛争が生じ建替えが円滑にされない事態が生じていることから、一棟の建物の建替えについても、この要件は廃止され、区分所有者及び議決権の各5分の4以上の多数という議決要件があれば、前記のような客観的要件がなくても（その代わりに建替え決議の手続要件が整備された）、建替え決議ができるものとされた（62条）。

この1棟の建物の建替え制度を前提として、団地内の建物の一括建替えの制度が定められた（70条各項参照）。すなわち、①団地内建物の区分所有者および議決権の各5分の4以上の多数の賛成、加えて、②各建物ごとに、その建物の区分所有者および議決権の各3分の2以上の多数の賛成があれば、団地内の全部の建物を一括して取り壊し、新たな建物を建築する決議ができるものとされた。そして、この一括建替え決議がされると、反対者に対しては、時価による売渡請求権が行使され、この結果、建替えに参加しなかった区分所有者は、その区分所有権および敷地権を失うことになり、団地内の全建物の一括建替えができるようになる。

（3）建替え決議に反対した少数者の区分所有権は剥奪され、財産権が侵害されることになることから、法70条は憲法29条に違反するのではないかが本件の争点となった。本判決は、区分所有権の特質からみて、法70条の定める団地内建物の一括建替えの制度には合理性があるとして、合憲とした。

まず、区分所有権は他の区分所有権の行使との調整が不可欠であることから、他の区分所有者の意思を反映した行使の制限が、区分所有権に内在するものであるという区分所有権の特質があるとする（判文①）。そして、この区分所有権の特質からみて、1棟建替えの場合に区分所有権および議決権の各5分の4の多数で建替え決議ができる旨を定めた法62条1項には、十分な合理性があるとする（判文②〔理由1〕）。そして、同じくこの特質からみて、団地内全建物の一括建替えについて、前記の議決要件（団地で各5分の4、各棟で各3分の2）を定める法70条1項の定めは、なお合理性を失うものではないとする（判文③〔理由2〕）。これに加えて、売渡請求権の行使を受けて、区分所有権および敷地利用権を失う区分所有者の経済的損失についても相応の手当て（時価での補償）がされているとする（判文④〔理由3〕）。そして、財産権の制限の合憲違憲判断の判断枠組みについて、証券取引法合憲判決（最大判平成14年2月13日民集56巻2号331頁）を引用しつつ（判文⑤）、同判決が示した判断基準、すなわち、規制の目的、必要性、内容、その規制によって制限される財産権の種類、性質および制限の程度等を比較考量すれば、憲法29条に違反するものではないと結論づけている。

つまり、区分所有権の特質から、1棟建替えの議決要件が合理性を有し（合理性を積極的に肯定）、かつ、一括建替えの議決要件も合理性を失うものではないこと（合理性を消極的に肯定）が中心的理由であり、その経済的損失にも時価での補償を受けられることが補助的理由となっているとみることができる。

（4）本判決の理論および結論に対しては、学説では批判的な見方をするものが多い（下記各文献参照）。特に本判決の問題点として指摘されているのは、本判決は区分所有権の「行使」の制限・調整の問題としているが、ここで問題となっているのは「行使」ではなく、行使を超える問題（帰属の収奪）であること、建替え目的が老朽化ではない場面で適用されてしまうのは適切でないこと、時価の評価には問題があり、手当てとして十分ではないことなどである（これらにつき、特に、後掲文献①③⑤⑦⑩など）。本判決に対する批判を一言でいえば、区分所有権という財産権を権利者の意思に反して剥奪してしまう結果となる法70条には問題があるということ

である。事案に即していえば、「終の棲家」として人生の最後まで住み続けたいと願う高齢者を、開発業者（本件では投資ファンド系開発業者）がその経済的利益追求のために追い出すことができる結果になることはあまりにも不当であるという見方である。

2　本判決の評価

（1）筆者には、本判決は、やや説明不足の感はあるものの、理論的には筋が通った見方を示しているということができるように思われる。本判決のいう「区分所有権の特質」は、「制限」か「帰属の収奪」かの言葉の問題はあるにせよ、その言わんとするところは、区分所有権とは、一般の所有権とは異なる特別な性質があって、権利行使にも、そして、その結果として使用収益の継続性（期待）にも大きな制限が加えられる場合があるということであって、この基本的な考え方は承認されてよい。

老朽化や震災などによる崩壊に対応して一括建替えの要請に、少数者の反対があってもそれを可能にすることは必要不可欠であり、合理性がある。平成14年改正前のような客観的要件（過分性の要件）を明確に除外した立法の趣旨にも合理性がないとはいえない。必ずしも老朽化がすぐに建替えを必要とする程度に達していないとしても、そう遠くない将来の老朽化対策として建替えが議論されるのであるから（そうでなければ特別多数は得られないであろう）、その本質は異なるものではないように思われる。したがって、法70条を合憲とした本判決には賛成することができる。

（2）ただし、そのように考えても、具体的な結論において本件の被告の追い出しを認めることには賛成することができない。区分所有権が所有権とは異なり、多数者の意思による権利剥奪もありうる権利とされたのは法70条が改正されて以降であって、それ以前にもそうした「制限（権利の剥奪）」を及ぼすことは、その当時に認められていた財産権の内容に重大な不利益変更をするものであって、法律不遡及の原則の例外として許されるものではないというべきであるからである。

3　実務指針

今後、マンションの老朽化に対応して建替えが激増することが予想されるなかで、それを後押しする重要な判決ということができる。実際上、老朽化を主目的としない土地（敷地）の有効活用のための建替えにも道を開くものということができる。他方、マンションの区分所有権は、所有権とはいえ、こうした特別な場合には、権利が剥奪されてしまうこともある性質のものであること（より具体的にいえば、居住を継続したいという意図に反して追い出されてしまう可能性があるものであること）は認識しておく必要があることになる。

【参考文献】　本判決の評釈・解説としては、①熊野勝之・法セミ54巻9号6頁、②榎透・法セミ55巻5号116頁、③吉田邦彦・判時2080号3頁、④高橋正俊・判例セレクト2009〔1〕【憲法6】8頁、⑤千葉恵美子・判例セレクト2009〔1〕【民法4】15頁、⑥内野正幸・平成21年度重判【憲法7】20頁、⑦山野目章夫・リマークス41号30頁、⑧竹田智志・法律科学研究所年報〔明治学院大学〕28号161頁、⑨渡辺健司・平成21年度主判解58頁などがある。

良永和隆
専修大学教授

XI　その他（マンションの購入・欠陥・近隣紛争・居住者間トラブル・保険等）

87 マンション建設と近隣環境

最高裁平成18年3月30日判決（民集60巻3号948頁）

1　事　実

　マンション販売会社Y_1が国立市大学通り沿いの土地甲を1999年7月にAから購入し、高さ44m、14階建て353戸の高層マンション乙を建築した。これに対し、付近住民と学校法人のXら計50名が景観利益の侵害を理由に、①Y_1と区分所有者Y_3ら（控訴審では220名）に対し、高さ20mを超える部分の撤去を求め、②Y_1Y_3らと施工業者Y_2に対し、慰謝料と弁護士費用相当額の支払を求めた。1審は、Xらのうち大学通りから20m内の土地所有者3名につき、①乙の東棟の20mを超える部分の撤去請求を認め、また、②Y_1に対し、撤去まで1日1万円の慰謝料、弁護士費用900万円、遅延損害金の支払を命じ、その余の請求を棄却した。原審はすべての請求を棄却。Xらから上告受理申立て。

2　判　旨

　上告棄却（(i)(ii)(iii)、㋐㋑、ⓐⓑ、-1 -2は引用者による。㋐㋑の意味は後述）。
　「(i)都市の景観は、良好な風景として、人々の歴史的又は文化的環境を形作り、豊かな生活環境を構成する場合には、客観的価値を有する」。乙の建築着手時点で、国立市、東京都等が良好な都市景観の形成・保全を目的とする景観条例を制定し、平成16年6月の景観法も良好な景観の保護を目的とするから、㋐「良好な景観に近接する地域内に居住し、その恵沢を日常的に享受している者……が有する……利益……は、法律上保護に値する」「(ii)もっとも、この景観利益の内容は、景観の性質、態様等によって異なり得るものであるし、社会の変化に伴って変化する可能性のあるもの」だから『景観権』という権利性を有するもの」ではない。
　「(iii)ところで、民法上の不法行為は、私法上の権利が侵害された場合だけではなく、法律上保護される利益が侵害された場合にも成立し得る……（民法709条）が、……㋑建物の建築が……景観利益の違法な侵害となるかどうかは、被侵害利益である景観利益の性質と内容、当該景観の所在地の地域環境、侵害行為の態様、程度、侵害の経過等を総合的に考察して判断すべきである。」そして、ⓐ景観利益は、その侵害が被侵害者の生活妨害や健康被害を生じさせないこと、ⓑ景観利益の保護は、-1一方において当該地域における土地・建物の財産権に制限を加えることとなり、-2その範囲・内容等をめぐって周辺の住民相互間や財産権者との間で意見の対立が生ずることも予想されるのであるから、景観利益の保護とこれに伴う財産権等の規制は、第一次的には、民主的手続により定められた行政法規や当該地域の条例等によってなされることが予定されている」ことなどからすれば、ある行為が景観利益に対する違法な侵害に当たるためには、その侵害行為が刑罰法規や行政法規に違反したり、公序良俗違反や権利の濫用に該当するものであるなど社会的に容認された行為としての相当性を欠くことが求められる。
　本件では、一橋大学以南750mの範囲（以下では「丙地域」と呼ぶ）では街路樹と建物の高さが連続し調和した景観をもつから、「この景観に近接する地域内の居住者は、上記景観の恵沢を日常的に享受しており、……景観利益を有する」。しかし、国立市は本件着工時に建築規制策を講じておらず、改正条例（後述3参照）の公布・施行時には根切り工事がされていたから建物乙は改正条例の20m以下の高さ制限を受けず、その他日影等の行政法規や都条例等に違反していない。乙は当時の刑罰法規や行政法規の違反や公序良俗違反、権利の濫用に該当しないから不法行為にならない。

3　解　説

1　本判決の分析

　本判決は、景観利益を不法行為法上の保護利益と認めたが、そのことの正確な意義は景観利益の特質からみる必要がある。景観は日照、眺望に比べ、㋐享受者が不特定多数で、㋑その妨害が心理的で身体や生活を害さず、侵害の評価が分れる。このために、景観の侵害を理由とする損害賠償・差止めの請求では、㋐-1多数者に関わる景観利益に一部の個人の権利を認めてよいか、㋐-2認めるとして誰に認めるべきか、そして、㋑どのような場合に景観利益の侵害を不法行為とするかが問題になる。これらの問題に対する本件の1審、原審、上告審の判断の違いは景観利益の考え方の違いを反映している。
　1審（東京地判平成14年12月18日判時1829号36頁）は、まず㋐-1良好な景観を、地権者らの建物基準遵守の積み重ねによる土地の付加価値ととらえる（「ア　景観の権利性」）。本件では1970年に市議会の第二種住居専用地域（高さ制限がない）指定に反対した住民の運動により第一種住居専用地域に指定したこと（ただし甲土地を除外）、1998年の景観形成重要地区基本方針は景観条例で甲土地を含めて景観形成重点地区の指定を示したこと等から、行政と地域住民が、甲土地を含む大学通りの一橋大学以南江戸街道までの両外側20mの地域（丙地域）に高さ制限があると認識していた（「イ　大学通りの景観形成」の「（イ）景観の要素」）とし、これを理由に、㋐-2当該地権者らはこの景観維持を相互に求める「景観利益」を有するとする。この考えから、㋑建物乙が公法的な法令に違反しないことよりも、Y_1が地権者らの景観利益を損ないつつ景観利益を享受することに不法行為を認める。すなわち、甲土地が第二種住居専用地域のままだから建物乙は公的規制に反しないが、高さ等に配慮すべき共通認識があり（「三　受忍限度」の「(2)地域性」）、Y_1が並木との調和の必要性を知りながら、法令の規制がないとして土地を購入し建物を建築したこと（「(4) Y_1の対応と被害回避可能性」）、日照については公法上の規制を遵守していても不法行為が成立しうることを述べて（同「(4)」の「エ　Y_1の対応」）、Y_1が「周囲の環境を無視し」ながら「周辺地権者らが築いて

きた景観利益を逆に売り物に」することが受忍限度を超えるとして（「(6) 小括」。被害状況ではなく加害態様に着目する点で、一般の受忍限度論とは異なる）、不法行為を認めた。

これに対し、原審（東京高判平成16年10月27日判時1877号40頁）は、⑦「良好な景観を享受する利益は、その景観を……観望する全ての人々が……共に感得し得るものであり、これを特定の個人が享受する利益として理解すべきものではない」とする（「(6) 景観利益と法的保護」）。こう考える理由の1つは、1審判決の考えによるとしても、大学通りの景観は、大正期の開発構想、その後の町会住民一般の活動、公道の整備、都市計画法の規制等によるのであって、地権者らの努力の結果ではないという（「(4) 大学通りの景観の形成」）。原審はここで、本件景観を大正期まで遡り、また、国立駅から谷保駅までの範囲（「丁地域」とする）でみることにより原告地権者らの関与を希薄化する。もう1つのより重要な理由は、景観利益を、享受者の側から——しかも、「仕事で訪れる人」まで含む広範な享受者の側から——とらえたうえで、景観の良否は主観的であることと（「(3) 景観利益の多様性」）、乙は大学通りの景観と不調和ではない、谷保駅前の発展につながるともいえるとの意見を率直に述べる（「(5) 大学通りの景観と本件建物」）。この考えから、景観の形成・保全は行政が住民参加のもとに行うべきであり、都市計画、景観法、建築基準法上の諸制度によらずに一部住民に権利を認めると良好な景観の形成を妨げる危惧があるとする（「(8) 景観形成の在り方」）。

以上と比べると、最高裁は(i)で、都市景観が客観的価値をもつことと、景観条例・景観法が良好な景観の保護を目的とすることを理由に、⑦近接地域の居住者は良好な景観に対する法的利益をもつとする。近隣地区の地権者の相互義務により景観利益を根拠付けた1審の考えも、享受者の不特定多数性と景観評価の主観性を理由にそれを否定した原審の考えも採らなかった。そして(iii)で、①景観保護による財産権の制限と、その範囲・内容に関する意見対立を理由に、まず、民主的に形成された法令等の違反があるときに私人の賠償請求・差止請求を認める。ここでは、「取締法規違反による不法行為」に似た考えを採っていると思われる。原審が、景観の形成保全をいわば行政の権限とし、私人の景観利益はその反射的利益だとしたのと対照的である。ただ、景観条例・景観法は狭義の取締法規ではないが、私的利益の保護を目的とする保護法規でもない点で、日照権にとっての建築基準法と違うが、本判決はこの違いを説明していない。他方で、最高裁は、公序良俗違反、権利濫用による景観侵害でも不法行為責任を認めるが、本件に即しては詳しい判断をしていない。

2 本判決の評価

景観利益に関する本判決以前の裁判例には、本件の1審のような考え方（たとえば、名古屋地判平成15年3月31日判タ1119号278頁（白壁地区事件））と原審のような考え方（たとえば、名古屋地決平成16年10月18日判例地方自治268号98頁（住民が市に対し道路建設工事禁止の仮処分請求））がみられた（坂和章平『眺望・景観をめぐる法と政策』54頁以下〔2012〕）。そのなかで、本判決は上記のような中間的な考えを示した。しかし、本判決後は、法令・条例の違反がないことだけで景観利益の侵害を否定する裁判例が続いている（高崎経済大学地域政策研究センター編『景観法と地域政策を考える』159頁以下〔2014〕）。このゆえに、中間的な立場の本判決には批判がある。しかし、本件で景観利益の保護を進めるには、本判決とその後の裁判例が考える法令・条例に依拠する景観利益とは別の景観利益を考える必要がある。

景観利益は多数者に関わるから何らかの共同体的規範や共同体を前提とする。（1審も、「互換的利害関係」に立つ地権者の共同体的規範を想定する。その景観利益は土地所有権の一部でも通常の人格的利益でもない。）この景観利益の内容は、それが前提とする景観共同体の享受権者と負担者とその関係による。本件でいえば、享受権者が地権者、住民、単なる通行人のいずれか、地域が丙地域、丁地域、国立市全体のいずれかによって異なる景観共同体が考えられる。これに対応して、国家や地方自治体という共同体の法令や条例は景観利益の補助的な法源になる。最高裁判決のいう「公序良俗違反」「権利濫用」による不法行為の成否は、これらの共同体の規範のいずれかに依拠することになる。その共同体的規範の内容を探るときには、本件甲地が第二種住専のままにおかれた経緯・理由が重要である。最高裁判決が法令・条例の違反の有無のみで判断したのは、この経緯・理由が明らかでなかったためかと思われる。

3 実務指針

1の冒頭で述べたように、景観には多数の享受者がおり、その良否は主観的である。このことから、景観利益の内容は非定型的で事案によって異なり、また、本件1審と最高裁のように異なる景観利益が層をなすことがある（角松生史「『景観利益』概念の位相」新世代法政策学研究20号273頁以下、特に290頁以下）。そのなかで本判決の景観利益概念は上記のように広い幅を残しているから、実務指針を具体的な形で述べることができない。

ただ、このように景観には広狭さまざまな利害関係者がいるから紛争拡大の可能性が大きいことに注意すべきである。本件では、乙の建築に対する建築反対派住民からの訴訟（①本件のほか、②乙建築禁止の仮処分申請、③都建築指導事務所長に対する、除却命令等を出さないことの違法確認等請求）のほか、乙の工事着手直後に、国立市議会が丙地区の建物高さを20m以下とする地区計画条例を制定したのに対し、④Y_1から国立市と同市長に対し当条例無効確認と国家賠償を請求した。その控訴審判決（条例無効確認は棄却、国賠は認容）に対し補助参加人（景観保護派の周辺住民）が上告したために国賠責任の遅延利息が増加したことから、⑤国立市民4名が、市長に対し賠償請求するよう国立市に住民訴訟を提起した。⑥その認容判決に基づく支払請求訴訟が継続している。紛争が拡大したのは、丙地域の景観に関する市政のあり方を市民一般が争い得るからである。

【参考文献】　本判決の判例研究：髙橋譲　判解民平成18年度425頁以下、大塚直・ジュリ1323号70頁以下、吉田克己・民法判例百選Ⅱ〔第6版〕156頁以下、秋山靖浩・同〔第7版〕174頁以下、角松生史・地方自治判例百選74頁以下、板垣勝彦・法協127巻12号190頁以下、富井利安『景観利益の保護法理と裁判』67頁以下〔2014〕。

瀬川信久
早稲田大学教授

XI　その他（マンションの購入・欠陥・近隣紛争・居住者間トラブル・保険等）

88　マンションの基本的安全性と瑕疵

最高裁平成19年7月6日判決（民集61巻5号1769頁）、最高裁平成23年7月21日判決（判時2129号36頁、判タ1357号81頁）

1　事実

Aは、昭和63年8月8日、本件土地を買い受け、同年10月19日、Y_1との間で本件土地上に本件建物（マンション）の建築請負契約を締結した（工事代金3億6100万円）。Y_2は、本件建物の建築について、Aから設計および工事監理の委託を受けた。X_1およびX_2は、本件建物完成後の平成2年5月23日に、Aから本件土地建物を買い受け、引渡しを受けた。

その後、本件建物の共用廊下や駐車場ピロティのはりおよび壁のひび割れ、甲棟居室内の壁のひび割れ、乙棟居室床や内壁のひび割れ、鉄筋の耐力低下、バルコニーの手すりのぐらつき、配水管の亀裂やすきまなど多くの瑕疵が発見された。そこで、Xらから施工会社Y_1および設計・監理会社Y_2を相手にして、不法行為を理由とする損害賠償請求訴訟を提起した（総計5億2500万円）。

2　判旨

（1）第1次上告審判決（③最判平成19年7月6日民集61巻5号1769頁）

第1審判決（①大分地判平成15年2月24日LEX/DB28081741）は、Xらの請求を一部認容した（請求額の約14％）。しかし、原審判決（②福岡高判平成16年12月16日金判1280号27頁）は、「その違法性が強度である場合……に限って、不法行為責任が成立する余地がある」とし、本件ではこの特別の要件を充足していないとして、Xらの請求を棄却した。そこでXらから上告受理申立てがなされた。

判旨：破棄差戻し「建物は、そこに居住する者、そこで働く者、そこを訪問する者等の様々な者によって利用されるとともに、当該建物の周辺には他の建物や道路等が存在しているから、建物は、これらの建物利用者や隣人、通行人等（以下、併せて「居住者等」という。）の生命、身体又は財産を危険にさらすことがないような安全性を備えていなければならず、このような安全性は、建物としての基本的な安全性というべきである。そうすると、建物の建築に携わる設計者、施工者及び工事監理者（以下、併せて「設計・施工者等」という。）は、建物の建築に当たり、契約関係にない居住者等に対する関係でも、当該建物に建物としての基本的な安全性が欠けることがないように配慮すべき注意義務を負うと解するのが相当である。そして、設計・施工者等がこの義務を怠ったために建築された建物に建物としての基本的な安全性を損なう瑕疵があり、それにより居住者等の生命、身体又は財産が侵害された場合には、設計・施工者等は、不法行為の成立を主張する者が上記瑕疵の存在を知りながらこれを前提として当該建物を買受けていたなど特段の事情がない限り、これによって生じた損害について不法行為による賠償責任を負うというべきである。」

（2）第2次上告審判決（⑤最判平成23年7月21日判時2129号36頁）

差戻後控訴審は、Xらの請求を再び棄却した（④福岡高判平成21年2月6日判時2051号74頁）。③判決がいう「建物としての基本的な安全性を損なう瑕疵」とは、「居住者等の生命、身体又は財産に対する現実的な危険性を生じさせる瑕疵をいうものと解」しつつ、本件においては、このような瑕疵は存在しないことを理由とする。そこでXらから再度の上告受理申立てがなされた。

判旨：破棄差戻し「『建物としての基本的な安全性を損なう瑕疵』とは、居住者等の生命、身体又は財産を危険にさらすような瑕疵をいい、建物の瑕疵が、居住者等の生命、身体又は財産に対する現実的な危険をもたらしている場合に限らず、当該瑕疵の性質に鑑み、これを放置するといずれは居住者等の生命、身体又は財産に対する危険が現実化することになる場合には、当該瑕疵は、建物としての基本的な安全性を損なう瑕疵に該当すると解するのが相当である。」

第2次差戻後控訴審は、Xらの請求を一部のみ認容した（請求額約3億5085万円に対して認容率約10.9％。⑥福岡高判平成24年1月10日判時2158号62頁）。そこで、Xらから再び上告受理の申立てがなされている。

3　解説

1　本判決の分析

（1）建物に瑕疵がある場合には、買主Xは、売主Aに対する瑕疵担保責任追及（民570条）に加えて、Aとの間の請負契約に基づいて建物を建築した請負人Y_1さらには建築の設計監理にあたったY_2に対して、不法行為責任を追及することができるか（買主からの責任追及型。第II類型）。また、注文者Aは、請負人Y_1に対する請負契約上の瑕疵担保責任追及（民634条以下）に加えて、Y_1さらにはY_2に対して不法行為責任を追及することができるか（注文者からの責任追及型。第I類型）。

本判決（③判決）は、第II類型について不法行為責任成立の可能性を最高裁として初めて肯定したものである。なお、本件においては、AのY_2に対する瑕疵担保責任履行請求権がAからXに譲渡されたとの主張もなされたが、②判決はこれを否定した。そこで、不法行為責任の成否が、本件の解決にとって決定的な重要性をもつに至ったわけである。

（2）第I類型も含めて従来の下級審裁判例の動向をみておくと、判断は分かれていた（瀬川信久〔判決判批〕現代消費者法14号92頁の一覧も参照）。

まず、否定説に立つ一連の裁判例がある。その初期のものは、単純に契約関係にある者の間での不法行為責任を否定した（⑦長崎地判平成元年3月1日判例地方自治65号78頁。第I類型）。しかし、その後の裁判例は、例外の余地を認めたうえで否定する傾向にある。⑧神戸地判平成9年9月8日判時1652号114頁（積極的に侵害する意思がある場合に限定。第II類型）、⑨福岡高判平成11年10月28日判タ1079号235頁（反社会性ないし反倫理性が強い場合に限定。第I類型）、⑩大阪地判

平成12年9月27日判タ1053号137頁（詐欺行為等があった場合に限定。第Ⅱ類型）などである。本件原審の②判決もこの系譜に属する。そこでは、不法行為が成立には、いわゆる完全性利益の侵害が必要であり、単に契約に従った目的物の給付を受ける利益のような契約法上の利益侵害がある場合には、特段の事情がない限り不法行為が成立する余地はないという形で、2つの責任の振り分けがなされる（⑩判決）。

これに対して、肯定説に立つ裁判例も少なくない。⑪神戸地姫路支判平成7年1月30日判時1531号92頁（第Ⅰ類型）、⑫大阪地判平成10年7月29日金判1052号40頁（第Ⅱ類型）、⑬福岡地判平成11年10月20日判時1709号77頁（第Ⅰ類型）、⑭大阪高判平成13年11月7日判タ1104号216頁（第Ⅱ類型。⑩の控訴審）などである。これらにおいては、一般に、過失の認定から被侵害法益を明示することなく直ちに不法行為が導かれている。契約法上の利益侵害との関係では、「いずれの請求権を選択して訴訟物を構成するかは、原告の権能に属する」と積極的に請求権競合論を展開するものがある（⑬判決）。

（3）このような流れのなかで、③判決は、明確に肯定説を採用した。しかし、それまでの下級審裁判例における単純な肯定説とは異なり、③判決は、建物の「基本的な安全性」が欠けることのないように配慮する注意義務を語っている。そして、この注意義務に反して「建物の基本的な安全性を損なう瑕疵」を生じさせる場合には、不法行為が成立する可能性があるものとされる。問題は、この瑕疵が何を意味するかである。

差戻後控訴審判決（④判決）は、この瑕疵を「居住者等の生命、身体又は財産に対する現実的な危険性を生じさせる瑕疵」と理解した。しかし、このように理解すると、居住者等の生命等が現実に侵害される場合（この場合に不法行為が成立することには疑いの余地がない）との差はほとんどなくなってしまう。はたして、第2次上告審判決（⑤判決）は、このような理解を否定して、「建物の基本的な安全性を損なう瑕疵」とは「これを放置するといずれは居住者等の生命、身体又は財産に対する危険が現実化する」ことになるような瑕疵を指すものであることを明確にした。

2 本判決の評価

（1）本判決に関する大きな論点は、①瑕疵担保責任とは別に不法行為の成立を認めたことをどう評価すべきか、②「建物の基本的な安全性を損なう瑕疵」がある場合に、被侵害法益と損害とをどのように把握すべきかという2点である。この解説では、紙幅の制約から、②の論点に絞って若干の点を述べるにとどめる。①については、本件の論点に限定せずに視野を拡大すると、原告に救済法理の選択を認める請求権競合論が裁判実務の主流であることを指摘するにとどめておく。

（2）②については、学説の理解が多岐に分かれている。大きく整理すると、2つの発想に分けることができる。

第1は、本件における被侵害法益を財産的な次元で捉えるという発想である。この発想にも、さらに分けると、純粋経済損害が賠償の対象になったとみる見解（山口成樹〔③判決判批〕判評593号25頁、荻野奈緒〔③判決判批〕同志社法学60巻5号2198頁以下、新堂明子・NBL936号17頁以下など）と、当該建物の所有権侵害が生じているとみる見解（松本・後掲193頁、202頁、

222頁等。鎌野邦樹〔③判決判批〕NBL875号14頁も同様の方向）がある。また、「安全性信頼利益」という新たな財産的法益が認められたと捉える見解もある（石橋秀起・立命館法学324号375頁以下）。財産的次元での把握ということで1つにまとめたが、これらの見解の性格は相当に異なる。やや一般的に言えば、最初の方向は、不法行為成立に抑制的に働くのに対して、後の二者の方向は、むしろ促進的に働くからである。

第2は、本判決における人格的利益の意味を強調する発想である。たとえば、「基本的な安全性が確保されないことにより生命、身体または財産が危険にさらされない」という利益が直截に不法行為法上の保護法益として認められたという理解がある（円谷峻〔③判決判批〕平成19年度重判90頁、同〔⑤判決判批〕法の支配167号64頁。笠井修〔⑤判決判批〕NBL963号46頁も同様の方向）。また、「基本的安全性」の背後に、とりわけ生命身体の防御措置を見出す見解もある。すなわち、「基本的安全性」を欠いた建物を取得した居住者等は、生命身体に対する差し迫った危険性にさらされている。その危険性を除去するためには、瑕疵修補が必要である。このような場合には、権利が現実に侵害された場合に準じて不法行為責任が成立する、というわけである（橋本佳幸・法学論叢164巻1=6号413頁。長野史寛・法学論叢177巻1号34-35頁も参照）。もっとも、この見解は、生命身体等に対する「差し迫った」危険の存在が不法行為成立のために必要だとみている。これに対して、⑤判決は、放置すれば「いずれは」生命身体等への危険が現実化することを挙げるだけで、「差し迫った」という限定をかけているわけではない点に注意しておきたい。

（3）本判決を理解するためには、生命身体という人格的利益を無視することができないように思われる。たしかに、本判決で認められているのは、瑕疵修補に関わる費用相当額の賠償であり、これは直接的には建物所有権という財産的利益に関わる。しかし、価値減価分ではなくて瑕疵修補費用の賠償が認められるのは、生命身体が危険にさらされる事態を避けるためにそれが必要とされるからである（高橋・後掲520頁注(5)参照）。本判決の発想によれば、居住者等の生命身体という保護法益を措定することによってこそ、建物の「基本的安全性」確保という注意義務設定が可能になる。そして、この注意義務を踏まえて、不法行為に基づく瑕疵修補費用の賠償が導かれるのである。本判決の特徴は、生命身体侵害はいまだ生じていないがそれを回避するための費用を損害と認めるという点に見出すことができる。財産的利益侵害の賠償を通じて人格的利益侵害の回避が追求されるのである。

最後に、本判決は、侵害から護るべき保護法益として、生命身体に加えて財産も含める。また、Xが建物を売却した場合であっても、いったん取得した損害賠償請求権を当然に失うものではないと判断する（⑤判決）。これらについても論ずべき点があるが、省略せざるをえない。

【参考文献】 きわめて多くの批評、解説があるが、網羅的に挙げる紙幅がない。③判決については、高橋讓〔③判決判解〕判解民平成19年度（下）499頁、松本克美〔⑤判決判批〕立命館法学337号173頁に網羅的な紹介がある。⑤判決についても、松本・同上参照。

吉田克己
早稲田大学教授

XI その他（マンションの購入・欠陥・近隣紛争・居住者間トラブル・保険等）

89 耐震偽装・耐震不足マンション

札幌地裁平成 22 年 4 月 22 日判決（判時 2083 号 96 頁）

1 事実

本件は、被告 Y 不動産販売会社から新築マンション（以下、甲）の分譲を受けた原告 X ほか 13 名（以下、単に X）が、甲が耐震基準を満たしていないことを理由として、Y に対して、①売買契約の錯誤無効、および、②消費者契約法 4 条 1 項 1 号による取消しを主張し、③不当利得として売買代金の返還と利息の支払請求とともに、④Y が、耐震性能を回復することができる根拠を示さないまま補修による対応を主張し続けたことが不法行為に当たるとして損害賠償請求をした事件である。

甲の設計者は訴外 A 設計事務所であり、構造計算をした事務所の二級建築士 B は構造計算書を偽装したが、Y はこの構造計算書に基づいて、甲の建築確認申請を行い、指定確認検査機関 C は確認済証を発行した。X は、Y ないし Y の委託業者 D から「新耐震基準に基づく安心設計」等と記載されたパンフレットの交付を受け、甲の住戸を買い受けた。Y は甲の竣工後、X への引渡しを終えた。その後、耐震偽装が発覚し、Y は、説明会において甲の購入者に説明会を開催し、耐震基準を満たすための補強工事案を提示したが、構造計算書は提示されていなかった。

X は、Y の対応案に満足せず、本件訴訟を提起したものであり、主たる争点は、①の主張、および④の主張が認められるかどうかであり、Y は、①について、動機の錯誤には当たらず、動機の表示がなく、さらに、錯誤無効が認められるためには、買主の認識と客観的な性状との間に売買の目的が達成できないほどの重大な齟齬が必要であるが、本件の耐震性不足はこれに当たらないと主張した。

2 判旨

①の錯誤無効について　マンションの販売においては、立地条件、外観、設備の充実度などがセールスポイントとして宣伝されることが多く、住宅の基本的性能（防火・耐火性能、防音・遮音性能、耐水性能、耐震強度など）がセールスポイントとして強調されたり宣伝されたりすることは少ないが、「本件各売買契約においては、売主である被告は、建築基準法令所定の基本的性能が具備された建物である事実を当然の大前提として販売価格を決定し、販売活動を行い、原告らもその事実を当然の大前提として販売価格の妥当性を吟味し分譲物件を買い受けたことに疑いはない。

そうすると、本件各売買契約においては、客観的には耐震偽装がされた建物の引渡しが予定されていたのに、売主も買主も、これが建築基準法令所定の基本的性能が具備された建物であるとの誤解に基づき売買を合意したことになり、売買目的物の性状に関する錯誤（いわゆる動機に関する錯誤）があったことになる。」

耐震強度の不足という瑕疵の重大性は社会通念によって測る必要があり、「新築マンションにあっては、耐震強度に関する錯誤は、錯誤を主張する者に契約関係から離脱することを許容すべき程度に重大なものというべきであり、民法 95 条の錯誤に該当するものと認めるのが相当である。」

当事者双方が契約の大前提として了解している性状に錯誤があった場合、「『当該性状があるから買い受ける』という動機の表示がされたがその性状がなかった場合と同視すべきで」あり、動機を明示しないで売買契約を締結したことは、錯誤無効の主張を排除するものではない。

④の不法行為の成否について　Y は説明会において、具体的補強案を示したわけではなく、対応方針を説明したにとどまり、「管理組合において補修の方針が定まっていない段階において、Y が構造計算書を伴った具体的補強案を提示すべき義務を負っていたということはできない。」

これらの判断に基づき、判決は、X の代金返還請求を認容し（ただし、利息については、民法 575 条 2 項類推により、目的物の返還まで利息支払義務は発生しないとした）、不法行為に基づく損害賠償請求を棄却した。

3 解説

1 本判決の分析

（1）本件の最も重要な争点は、錯誤無効の主張の成否にある。判決は、X の錯誤無効の主張を認めた結果、不実表示を理由とする取消しの可否については判断をしていない。本解説でも、錯誤無効の問題を中心に検討を行う。

まず問題となるのが、耐震基準を満たしていないという目的物の性状について錯誤があったといえるかどうかである。Y は、動機と客観的事実の不一致は契約締結の時点で存在している必要があり、契約締結時においては、いまだ、耐震基準を満たす物件の引渡しを受けることができないという客観的事実は存在しないと主張した。

判決は、これに直接には答えず、X と Y は、建築確認に従って施工される物件を売買することを合意したものと認められるとして、上掲判旨のとおり、性状に関する錯誤（いわゆる動機に関する錯誤）を認めた。

（2）では、X はこの錯誤に基づいて売買契約を締結したといえるか、またそうだとして動機の表示があったといえるか。現在の判例理論によれば、動機の錯誤が民法 95 条の要素の錯誤に当たるためには、動機が表示され、意思表示内容となっていること、および、その錯誤がなければ表意者がその意思表示をしなかったであろうことが必要であるとされるが（最判平成元年 9 月 14 日判時 1336 号 93 頁参照）、Y は、X は甲の立地条件などの特徴に着目して購入したのであり、耐震強度に着目して購入したのではないとして、因果関係を争うほか、Y は耐震性に問題がない旨の説明をしておらず、パンフレットの交付は動機の表示とは関係がないから、X は明示的にも黙示的にも動機を表示していないと主張した。

しかし、判決は、住宅の基本的性能が X・Y との間で

当然の大前提となっていると述べて、動機の錯誤と契約締結の因果関係を肯定し、また、動機の表示について、当事者双方が契約の大前提として了解している性状に錯誤があったときは、当該性状があるという動機が表示された場合と同視できるとして、動機が明示されていないことは錯誤無効を認める妨げとはならないとした。

(3) また、耐震性に関する錯誤が要素の錯誤に当たるかどうかが問題となるが、判例（大判大正3年12月15日民録20輯1101頁）・通説（我妻榮『新訂民法総則』300頁［1965］、山本敬三『民法講義Ⅰ総則〔第3版〕』208頁［2011］等）は、①当該錯誤がなければ表意者はそのような意思表示をしなかったこと、および、②通常人であってもそのような意思表示をしなかったであろうこと、という2つの要件を満たす必要があるとする（前掲最判平成平成元年9月14日は、②を掲げてはいないが、これを不要とする趣旨ではないと思われる）。①は主観的因果関係、②は客観的重要性を意味するが、本判決は、②に代えて、瑕疵の重大性を問題とし、「錯誤を主張する者に契約関係から離脱することを許容すべき程度に重大なものである」として、無効主張を認めた。もっとも、耐震強度の不足があれば大部分の者が甲を買い受けようとは思わないはずであると判示しており、実質的にみれば、②の要件が満たされていたといえる。

(4) 不法行為に基づく損害賠償請求を棄却したのは、相当であったと解される。

2 本判決の評価

(1) 錯誤無効の可否について、無効主張を認めた結論は正当であると考えられるが、いくつかの点を検討する。

まず、耐震性に関する動機の表示があったといえるかどうかについて、判旨が動機の表示があったとしたのか、あるいは表示があった場合と同視したのかは明確ではない。買主側の特殊な購入目的等の場合とは異なり、耐震強度を含むマンションの基本的性能・品質について、買主が積極的に表示をするのではなく、むしろ売主側から提供された情報を前提として買い受けるのが通例である。このような場合、目的物の性状に関する表示は、提供された情報を認識して意思表示を行うものと考えられ、動機の表示は少なくとも黙示的になされていたとみることができる。これに関連して、土地の売買において、土壌が汚染されていたという事案で、東京地判平成18年9月5日判時1973号84頁は、土壌汚染について当事者間で話題になったことはなく、動機が表示されていないとして、錯誤無効の主張を排斥し、瑕疵担保責任を認めたが、本事案は、Yが耐震性の高さを表示したパンフレットを交付しており、動機の表示を正面から認めることができる事案であった。

(2) 錯誤の要素性についても、端的に、上掲①および②の要件に照らして、これを肯定することができたと解される。判旨が、瑕疵の重大性に言及しているのは、Yの修補によって一定の耐震性能を確保することができる点を考慮したものと推測されるが、修補が可能であることと、修補が必要な物件を購入するについての品質・性能に関する錯誤主張が認められるかどうかは同一の問題ではない。とりわけ、分譲マンションの耐震性補強工事は、通常、法17条の規定に従い、区分所有者および議決権の4分の3以上の賛成が必要となるが、具体的な補強工事案が管理組合総会において承認されるためには相当期間の経過が必要であると考えられることに加えて、特別決議要件を満たした補強工事案が総会において承認された場合、この案に賛成しなかった区分所有者もそれに拘束されることになる。そうすると、買主が購入そのものを断念して、支払済みの売買代金返還を求める必要性は、他の場合に比べてより高いといえる。したがって、補強工事によって耐震性が高められるとしても、無効主張は排除されないというべきである。

(3) 甲が、本来備えるべき品質・性能を備えていなかったことから、本件事案は、瑕疵担保責任を追及することも考えられた（東京地判平成17年12月5日判時1914号107頁は、錯誤と瑕疵担保が同時に主張された事案で、瑕疵担保による解除を認め、錯誤の成否について判断しなかった）。理論的に、錯誤と瑕疵担保の要件双方を満たす場合に、両者の関係が問題となりうる。学説においては、瑕疵担保責任に適用される短期の期間制限（民566条3項）を考慮して、民法570条は民法95条の特則であり、錯誤無効の主張が排除されるとする見解も有力である（議論の状況につき、山本敬三『民法講義Ⅳ-1 契約』299頁［2005］参照）。しかし、判例（最判昭和35年6月14日民集12巻9号1492頁）は、その評価が分かれるものの、錯誤無効主張が排除されるとする立場を採っておらず、本件において、この点は争点とならなかった。

かりに、Xが瑕疵担保責任を主張していれば契約を解除することが可能であったか。解除に必要な契約目的達成不能の要件が満たされていたかどうかが問題となる。一般に、修補が容易かつ低廉にできる場合には、契約目的達成不能とはいえないと解されている（我妻榮『債権各論中巻一』290頁［1957］）。本件においては、住宅品質確保法95条1項・民法634条に従い、修補請求が認められるが、(2)の錯誤について指摘したとおり、甲全体の修補に要する費用と時間、修補内容がXの意思に適合しない可能性を考慮すると、契約目的達成不能の要件も充たされるものというべきであろう。

3 実務指針

近時において、杭の不備によるマンションの傾斜や、杭データの偽装が問題となっているが、マンションの基本性能・構造に係る瑕疵は、購入者の意思決定に重大な影響を及ぼし、しかも、通常の買主にとっては、きわめて高額の取引に当たることから、早期に契約から離脱することを可能とする錯誤無効や瑕疵担保による解除の主張はとりわけ重要な救済手段となる。瑕疵の修補によって事後的に当初に表示された品質・性能が確保できるとしても、それによって、これらの救済手段を排除することはとくに慎重であるべきである。

なお、民法改正案は、物の契約不適合（物の瑕疵に相当する用語）の場合に、履行不能等の場合を除いて、催告期間を設けて履行請求をすることを原則としている（改正案541条、542条参照）。改正案が実現した場合、これが上述の議論にどのような影響を及ぼすか、今後の検討課題といえる。

【参考文献】 本文引用のもの。

磯村 保
早稲田大学教授

XI その他(マンションの購入・欠陥・近隣紛争・居住者間トラブル・保険等)

90 公団の分譲販売後の値下げと説明義務

最高裁平成16年11月18日判決(民集58巻8号2225頁)

1 事実

A(住宅・都市整備公団(公団)〔Yは、その承継者〕)は、平成2年、団地建替え事業に着手し、団地居住者らに説明会で次のように説明した。説明会後2年以内に、建替後の賃貸・分譲住宅への戻り入居等のいずれかを選択したうえ、平成4年3月までに居住住宅を明け渡す。分譲住宅への戻り入居を選択した者には一般公募に先立つ優先購入(入居)、仮住居確保、移転費用相当額の支払等の措置をとる(これらは後に建替え事業に協力する態度を示した場合にかぎり、覚書を交わして確認)。

X_1・X_2らは、後日、従前の賃貸借契約の合意解約に応じ住宅の明渡し等を行い、Aとの間で上記優先購入(入居)条項等の記載のある覚書を交わし、公団の建替事業に協力するなどした。その後、X_1らは、平成7年10月、X_2らは、平成6年12月に、Aとの間で建替後の新団地の分譲住宅の譲渡契約を締結した。だが、Aは、平成10年7月に、未分譲住宅をかなり値下げして(平均引下率、X_1ら入居団地29.1%、X_2ら入居団地25.5%)一般公募した。

Xらは、Aに対して、①本件覚書の本件優先購入条項違反による債務不履行に基づく損害賠償、②錯誤による譲渡契約の無効、③適正価格設定義務違反に基づく損害賠償、および④公団の説明義務違反による損害賠償を求めて訴えを提起した。第1審は、④につき一部認容した。原審も、第1審とほぼ同様の理由で控訴を棄却した。

Yから上告受理の申立て。その理由は、説明義務を肯定した原審の判旨部分は、最判平成15年12月9日民集57巻11号1887頁と相反するというものである。

2 判旨

上告棄却「前記事実関係によれば、次のことが明らかである。(1)Xらは、Aとの間で……賃貸借契約を締結していたが、Aの建て替え事業に当たって、借家権を喪失させるなどしてこれに協力した。(2)AとXらとの間で交わされた本件覚書中の本件優先購入条項は、Xらに対するあっせん後未分譲住宅の一般公募が直ちに行われること及び一般公募における譲渡価格とXらに対する譲渡価格が少なくとも同等であることを前提とし、その上で抽選によることなくXらが確実に住宅を確保することができることを約したものである。(3)そのため、Xらは、本件優先購入条項により、本件各譲渡契約締結の時点において、Xらに対するあっせん後未分譲住宅の一般公募が直ちに行われ、価格の面でもXらに示された譲渡価格は、その直後に行われる一般公募の際の譲渡価格と少なくとも同等であるものと認識していた。(4)ところが、Aは、本件各譲渡契約締結の時点において、Xらに対する譲渡価格が高額に過ぎ、仮にその価格で未分譲住宅につき一般公募を行っても買手がつかないことを認識しており、そのためXら及び他の建て替え団地の居住者に対するあっせん後直ちに未分譲住宅の一般公募をする意思を有していなかった。(5)それにもかかわらず、Aは、Xらに対し、Xらに対するあっせん後直ちに未分譲住宅の一般公募をする意思がないことを説明しなかった」。

「以上の諸点に照らすと、Aは、Xらが、本件優先購入条項により、本件各譲渡契約締結の時点において、Xらに対するあっせん後未分譲住宅の一般公募が直ちに行われると認識していたことを少なくとも容易に知ることができたにもかかわらず、Xらに対し、上記一般公募を直ちにする意思がないことを全く説明せず、これによりXらがAの設定に係る分譲住宅の価格の適否について十分に検討した上で本件各譲渡契約を締結するか否かを決定する機会を奪ったものというべきであって、Aが当該説明をしなかったことは信義誠実の原則に著しく違反するものであるといわざるを得ない。そうすると、XらがAとの間で本件各譲渡契約を締結するか否かの意思決定は財産的利益に関するものではあるが、Aの上記行為は慰謝料請求権の発生を肯認し得る違法行為と評価することが相当である。上記判断は、所論引用の判例(最高裁平成14年(受)第218号同15年12月9日第三小法廷判決・民集57巻11号1887頁)に抵触するものではない」。

3 解説

1 本判決の分析

バブル崩壊後、公団等が販売した分譲住宅と同種同等のものを後日値下げ販売したところ、当初の購入者から、公団等に対し値下げ分相当額の損害賠償等を求める訴訟等が多数提起されたが、当初の購入者の請求は棄却されてきた(東京地判平成5年4月26日判タ827号191頁〔被告は民間不動産業者〕、福岡地判平成13年1月29日判時1743号112頁〔被告は旧住宅・都市整備公団〕等)。これに対して、本件1、2審および本判決は、同じく値下げ販売に関する訴訟にあって、初めて当初の購入者の請求が認められたもので、その意味で注目される。しかし、これまでにない特殊な事案のケースであり、値下げ分相当額の損害賠償が認められたものではなく、慰謝料請求が認められたにすぎない。

本判決は、一般的に述べれば、当該分譲住宅の価格の適否につき十分検討して当該契約を締結するか否かを決定する機会を奪ったという、財産的利益に関する事件で慰謝料請求を認めたものということになる。だが、最判平成15年12月9日民集57巻11号1887頁は、地震保険に関する説明義務違反について、「地震保険に加入するか否かについての意思決定は、生命・身体等の人格的利益に関するものではなく、財産的利益に関するものであることにかんがみると、この意思決定に関して、仮に保険会社側からの情報の提供や説明に何らかの不十分、不適切な点があったとしても、特段の事情が存しない限り、これをもって慰謝料請求権の発生を肯認し得る違法行為と評価することはできない」と判示していた。

180

そこで、本判決の上記の判断は、前掲最判平成15年12月9日と抵触しないかが問題となる。本判決は、本件では、Aの説明義務違反の内容が信義誠実の原則に著しく違反する点で、前掲最判平成15年12月9日の事案とは異なるとした。前掲最判平成15年12月9日であれ本判決であれ、民法の条文としては民法709条が、しかも、その要件のうち権利侵害（2005年4月1日改正民法施行前）が問題となっている。伝統的な見解は、権利侵害を違法性と読みかえたうえで、違法性は被侵害利益の種類と侵害行為の態様との相関関係によって決まるとの相関関係説をとっていた。最近の最高裁判例も、人格的利益に関するものであるが、被侵害利益が十分に強固なものでない場合には、加害行為の態様や程度が悪質でないかぎり違法性はないとの相関関係説に沿った判断を行っている（最判昭和63年2月16日民集42巻2号27頁等）。本判決も、前掲最判平成15年12月9日と異なり、Aの「加害行為の態様や程度が悪質」であることから、財産的利益にかかる意思決定権侵害を理由とする慰謝料請求という被侵害利益としては弱いものであっても違法性を肯定できると解したと理解できよう。

では、本判決が、財産的利益に関するケースにあって、慰謝料請求のみを認めたことをどのように解すべきか。人格的利益に関するケースにあっては、医療事故に関するもので、最高裁は、医師の説明義務違反により、宗教上の信念に基づき輸血を伴う医療行為を拒否する意思決定をする権利を侵害したとして医師に精神的苦痛を慰謝する責任を認めている（最判平成12年2月29日民集54巻2号582頁）。しかし、前掲最判平成15年12月9日および本判決は、財産的利益に関する自己決定権が侵害されたケースである。このような場合、次のような見解があった。①自己決定権の侵害がある場合、その意思決定の機会の喪失を損害とみるべきで、具体的な財産的損害が生じていなくても慰謝料を認めるべきである（小粥・後掲35頁）。②自己決定権は、少なくとも現状では、財産的利益の保護を実現するという効果を導き出すという枠内で認められるにすぎない（錦織成史・ジュリ1086号90頁）。前掲最判平成15年12月9日は、財産的利益に関する自己決定権侵害による慰謝料請求は原則的には認められないとした。だが、本判決では、説明義務違反が信義誠実の原則に著しく違反するもので、「住宅の価格の適否について十分に検討した上で本件各譲渡契約を締結するか否かを決定する機会」を奪った場合には慰謝料請求が認められるとする。これは、①説のように、本件にあっても、信義則に著しく反するような場合に限定されているものの、「住宅の……契約を締結するか否か決定する機会」の喪失自体を損害として、慰謝料請求が認められたとみることもできる（安永・後掲33頁、鎌野・後掲107頁、野澤・後掲107頁）。しかし、本件にあっては、上記のような機会の喪失により、Xらは結果的に高額な住宅を購入することとなったという財産的損害が発生していることは確かであるが、その算定が困難なため、その補完として慰謝料が認められたとの理解も可能であろう。

2　本判決の評価

以上が本判決の法的枠組みに沿った分析である。しかし、本件の事案の解決という視点からすると、別の見方もできる。

優先購入条項により、Xらは、優先購入直後に行われる一般公募の際の譲渡価格と少なくとも同等であるもの、つまり市場価格であると認識していた。ところが、Aは、Xらへの譲渡価格が、直ちになされる一般公募では売れない高額の価格であることを十分に認識しながら、しかも直ちに行うつもりはなかったにもかかわらず、直ちに一般公募を行うとして、つまり、その価格は市場で受け入れられる価格であるとして、AはXらに当該住宅を譲渡したことになる。Xらは、優先購入する住宅の価格は市場価格であると認識していることを、Aは、十分に認識していたといえよう。とすれば、Aには、Xらを欺罔して錯誤に陥らせようとの故意もその錯誤によって契約を締結させようとの故意もあったとみることもできる。そこで、当該譲渡契約の詐欺取消し（民96条1項）が十分可能であろう。そのようにいえないとしても（むろん、詐欺取消しが可能な場合も）、Aの違法な詐欺的行為により、Xらは高額の住宅を購入させられたことになり、XらはYに対して、その差額分を不法行為に基づき損害賠償請求できると解される（窪田・後掲68～69頁、74～75頁注(9)(10)参照）。しかし、この場合、直ちに一般公募がなされた場合、一体いくらで売れたのかは必ずしも明確とはいえない。そこで、慰謝料として損害の賠償を認めることも考えられないではない。

このように考えることができれば、その具体的な金額の妥当性を検証する余裕はないが、前掲最判平成15年12月9日と異なり、本判決でXらのYに対する損害賠償が認められたのは当然といえよう。また、本判決を、財産的利益に関して、説明義務違反が信義誠実の原則に著しく違反することにより、意思決定の機会を喪失させたことによる慰謝料が認められたと一般化して理解することには慎重であるべきであろう（窪田・後掲74頁参照）。

3　実務指針

本判決から導かれる実務指針は、要するに、マンション等の販売にあたり、売主は買主に価格について誤認をもたらすような情報を提供しないようにすべきであるという単純なものである。また、買主としては、マンション等の購入にあたっては、価格に関する情報を納得いくまで売主等から手に入れ、価格に見合うものかにつき、まずはじっくりと検討する必要がある。もっとも、今後、本判決の一般論が一人歩きをしないではない。そこで、その一般論がどのような展開を見せるかについても注視する必要があろう。

【参考文献】　本判決の評釈は、岩本尚禧・北大法学論集58巻3号498頁、大中有信・金判1216号75頁、鎌野邦樹・法教298号106頁、久保宏之・平成16年度重判70頁、窪田充見・法時78巻8号66頁、小粥太郎・消費者法判例百選34頁、塩崎勤・平成17年度主判解48頁、志田原信三・判解民平成16年度693頁、円谷峻・ひろば58巻7号77頁、中村肇・横浜国際経済法学14巻3号151頁、二宮照興・判タ1178号144頁、野澤正充・判タ1187号102頁、原田剛・法セミ602号120頁、丸山愛博・法学新報112巻5・6号357頁、武川幸胴・受験新報653号10頁、安永正昭・判評564号33頁、山下純司・判例セレクト2005、15頁、横山美夏・みんけん575号3頁等がある。また、潮見佳男・法教222号46頁参照。

執行秀幸
中央大学教授

XI その他（マンションの購入・欠陥・近隣紛争・居住者間トラブル・保険等）

91 リゾートマンションと付属スポーツ施設の関係（債務不履行による解除）

最高裁平成8年11月12日判決（民集50巻10号2673頁）

1 事実

不動産会社Yは、別荘地のリゾートマンションを建設・分譲するとともに、それに付属するスポーツクラブを所有・運営している。平成3年11月、X_1・X_2は、このリゾートマンションの一区画を4400万円でYから購入し（持分各2分の1）、X_1は同時にスポーツクラブの会員権1口を購入して登録料50万円および預託金250万円を支払った。本件マンションの売買契約書には、スポーツクラブ会員権付である旨の記載があり、また、本件スポーツクラブ会則には、マンションの区分所有権を譲渡した場合には会員たる地位を失う旨の定めがあった。

Yは、新聞広告・案内書等において、本件スポーツクラブには、施設として、テニスコート、屋外プール、サウナ、レストラン等が完備されており、また、平成4年9月末には屋内プール等の施設が完成予定であるのを明示していた。しかし、X_1らの再三の要求にもかかわらず、その完成予定期日から1年近く経過しても、屋内プールは未着工のままであった。そこで、X_1らはYに対して、平成5年7月、マンションの売買契約とスポーツクラブ会員権契約を解除する旨の意思表示を行い、ついで、マンションの売買代金、およびスポーツクラブの登録料・預託金等の返還を求めて、本件訴訟を提起した。

第1審（大阪地判平成6年12月19日）は、本件のマンション売買契約とスポーツクラブ会員権契約は不可分一体であり、屋内プールを建設し利用させる債務は会員権契約のみならず売買契約にとっても必須の要素たる債務であるとして両契約の解除を有効とし、X_1らの請求を全部認容した。

原審（大阪高判平成8年1月31日）は、第1審判決を取り消し、X_1らの請求を棄却した。すなわち、①本件不動産と会員権とは別個独立の財産権であり、1個の客体として売買契約の客体となっているとみることはできない。②会員権契約上の義務の履行がマンションの売買契約締結の主たる目的達成に必須であり、かつ、そのことが不動産売買契約に表示されていたときは、売買契約の要素たる債務が履行されない場合に準じて、会員権契約上の義務の不履行を理由に売買契約を解除することができる。③本件では、屋内プールを利用することがマンション購入の重要な動機となっていたことがうかがえないではないが、そのことは売買契約に表示されていなかった。④したがって、屋内プールの完成遅延を理由にマンションの売買契約を解除することはできない。X_1・X_2から上告。

2 判旨

破棄自判（控訴棄却）。原判決を破棄し、マンション売買契約の解除を認めた第1審の結論を支持した。

(1)「本件クラブにあっては、既に完成しているテニスコート等の外に、その主要な施設として、……屋内温水プールを平成4年9月末ないしこれからそれほど遅れない相当な時期までに完成することが予定されていたことが明らかであり、これを利用し得ることが会員の重要な権利内容となっていたものというべきであるから、Yが右の時期までに屋内プールを完成してX_1らの利用に供することは、本件会員権契約においては、単なる付随的義務ではなく、要素たる債務の一部であったといわなければならない」

(2)「本件マンションの区分所有権の得喪と本件クラブの会員たる地位の得喪とは密接に関連付けられている。すなわち、Yは、両者がその帰属を異にすることを許容しておらず、本件マンションの区分所有権を買い受け、本件クラブに入会する者は、これを容認してYとの間に契約を締結しているのである。」

(3)「このように、同一当事者間の債権債務関係がその形式が甲契約及び乙契約といった2個以上の契約から成る場合であっても、それらの目的とするところが相互に密接に関連付けられていて、社会通念上、甲契約又は乙契約のいずれかが履行されるだけでは契約を締結した目的が全体としては達成されないと認められる場合には、甲契約上の債務の不履行を理由に、その債権者が法定解除権の行使として甲契約と併せて乙契約をも解除することができるものと解するのが相当である。」

(4)「これを本件について見ると、本件不動産は、屋内プールを含むスポーツ施設を利用することを主要な目的としたいわゆるリゾートマンションであり、前記の事実関係の下においては、X_1らは、本件不動産をそのような目的を持つ物件として購入したものであることがうかがわれ、Yによる屋内プールの完成の遅延という本件会員権契約の要素たる債務の履行遅滞により、本件売買契約を締結した目的を達成することができなくなったものというべきであるから、本件売買契約においてその目的が表示されていたかどうかにかかわらず、右の履行遅滞を理由として民法541条により本件売買契約を解除することができるものと解するのが相当である。」

3 解説

1 本判決の分析

(1) 本判決の争点は、リゾートマンションの売買契約を、そのマンションに密接な関連を有するスポーツクラブの会員権契約の債務不履行を理由として、解除できるかであり、より一般的に言えば、同一当事者間で複数の契約が締結されたときに、ある契約の債務不履行を理由として他の契約をも解除できるかという問題である。

本判決は、上記判旨(3)のような一般論を述べて、一定の要件のもとにこれを肯定した。すなわち、2個以上の契約の目的が相互に密接に関連づけられていて、社会通念上、一方の契約が履行されただけでは契約を締結した目的が全体としては達成されないときには、不履行のあった契約のみならず他の（それ自体については債務不履行のない）契約をも解除できる、としたのである。

本判決は、この一般論を本件事案にあてはめ、具体

な結論としても、マンション購入者が、屋内プール開設遅延というスポーツクラブ会員権契約の不履行を理由に、マンション売買契約を解除することを認めた。

（2）それまでの裁判例には、本判決の争点と同様の問題（複数の契約があるときの、一方の契約の債務不履行による他方の契約の解除の可否）を直接に扱ったものはみられないが、参考になる裁判例として、芸娼妓契約契約に関する最判昭和30年10月7日民集9巻11号1616頁――借金をしてその返済のために娘を酌婦として働かせる取引に関して、公序良俗違反で無効となる労働契約だけではなく消費貸借契約をも無効とした最高裁判決――を挙げることができる。最高裁は、この判決において、2つの契約は「密接に関連して互いに不可分の関係」にあるとして、取引全体を無効としている。本判決は、基本的にこれと同様の発想に基づくものであるといえよう。

（3）複合的な給付を内容とする取引の仕組みとしては、それぞれの給付についてそれぞれ契約を締結する――すなわち複数の契約による――手法と、1つの契約を締結してその契約のなかで複数の給付内容を定める手法とが、ありうる。ある具体的な事案において、複数の契約が締結されたのか、それとも複数の給付内容をもつ1つの契約が締結されたのか、すなわち「契約の個数」がいくつであるのかは、必ずしも自明であるわけではない。現に、本件事案についても、第1審判決は、売買契約と会員権購入契約の不可分一体性を認めて、1つの契約であることを（明示的にではないが）前提としていると解されるのに対し、原判決は、これらは独立した2つの契約であると考えている。

本判決は、この「契約の個数」の問題については明確には言及せずに、「同一当事者間の債権債務関係がその形式は甲契約及び乙契約といった2個以上の契約から成る場合であっても」というやや微妙な表現を用いている。そこで、本判決が、本件が2個の契約のある事案であると判断しているわけではないとみることも可能ではあるが（河上・後掲評釈はそのような理解に立つ）、本件事案が2個の契約の事案であるという前提に立つと解するのがやはり素直な理解であろう。もっとも、契約の個数の問題は、本判決においては、次のように考えれば、決定的な重要性をもつものではない。

（4）従来の判例・通説によれば、履行遅滞による契約解除（民541条）にはその契約の「要素たる債務」の不履行が必要であり、付随的債務の不履行では足りないとされてきた（最判昭和36年11月21日民集15巻10号2507頁など）。本判決も、スポーツクラブ会員権契約の解除を認める前提として、屋外プールの提供が同契約の要素たる債務であったと判示しており（判旨(1)）、この考え方に従っている。

そして、そこにいう「要素たる債務」とは、それが履行されなければ当該契約の目的を達成することができないような債務であると考えられてきた（最判昭和43年2月23日民集22巻2号281頁など）。いいかえれば、契約を解除できるのは、その債務の不履行の故に契約の目的を達成できないときであるとされてきたのである。

本件事案を、マンションの売買とスポーツクラブの会員権設定を目的とする1つの契約であると考えた場合には、屋内プールの提供が「要素たる債務」であるか否かによって、すなわちその債務の不履行によって売買の部分も含めた契約の目的が達成されないことになるか否かによって、解除の可否が決せられることになる。第1審判決はまさにこのような判断手法をとったのである。

本判決は、この《目的が達成されないか否かによって解除の可否を決する》という考え方を、密接に関連する複数の契約による取引の場合についても及ぼしたものである。そうなると、解除の可否は契約（取引）の目的が達成されるか否かによって決まるのであって、契約が1個であるか2個であるかは決定的な重要性をもつわけではない（もちろん、2個の契約の場合には、不履行になった債務の契約以外の契約をも解除できることが条文上明らかではないという違いはある）。

2　本判決の評価

本判決の示した一般論（判旨(3)）には、十分な説得力がある。契約解除という制度の趣旨が、相手方の契約違反によって契約をした目的を達成できない当事者をその契約から解放するという点にあること、および、具体的な事案で契約が1つであるか複数であるかの判断が容易ではない場合も少なくないことに鑑みれば、たとえ形式的には複数の契約による取引の場合であっても、そのうちの1つの契約上の債務の不履行によってその取引全体の目的が達成されないときには当事者がその取引から解放されることを認めるのが、実質的にみて妥当だからである。また、目的が達成されるか否かの判断に際して「社会通念」によるとする点も、具体的に妥当な結論を導くという実務上の要請に応えるものであるといえよう。

もっとも、この一般論を理論的にどのように説明して契約法上どのように位置づけるかについては、この一般論の考え方をどこまで及ぼすことができるか（たとえば、三者間に複数の契約がある場合の契約解除や抗弁対抗などの問題）という点とも関連して、なお検討すべき課題が残されている。

3　実務指針

本件のように、マンションの取引（売買等）について、それと関連する他の契約の消長がどのような影響を及ぼすかが問題となった場合には、その取引の目的が全体として達成されるか否かという観点から、事案の諸事情を勘案したうえで総合的に判断することが求められることになろう。本件では売買契約の解除が認められたが、そのような結論が出されたのは、この取引が、リゾートマンションとその付属施設としてのスポーツクラブというきわめて一体性の強いものについてそれぞれ契約を締結するものであった――その意味でかなり特殊な事案であった――ためであることに留意する必要がある。

【参考文献】本件の評釈として、北村實・法時69巻12号103頁、本田純一・リマークス16号35頁、河上正二・判評470号13頁、近藤崇晴・ジュリ1107号130頁、渡辺達徳・法学新報104巻4＝5号161頁、池田真朗・NBL617号64頁、金山直樹・法教201号114頁、近藤崇晴・曹時49巻8号2099頁（判解民平成8年度950頁）、北村實・民法判例百選Ⅱ〔第5版〕100頁、大村敦志・ジュリ1113号68頁、北村實・民法判例百選Ⅱ〔第5判新法対応補正版〕100頁、原啓一郎・平成9年度主判解70頁、山本豊・判夕949号45頁、久保宏之・民法判例百選Ⅱ〔第6版〕92頁、窪田充見・不動産百選62頁、金山直樹・民事研修633号47頁、鹿野菜穂子・民法判例百選Ⅱ〔第7版〕96頁等がある。

早川眞一郎
東京大学教授

92 マンション販売における不動産業者の告知義務

東京高裁平成 11 年 9 月 8 日判決（判時 1710 号 110 頁、判タ 1046 号 175 頁）

1 事実

近く退職予定の X は、母親との同居を考えていたところ、平成 8 年 1 月 8 日頃、Y 会社の従業員 A から、電話で、建築予定の本件マンション（以下、「甲」という）につき購入の勧誘を受けた。当時、同地域には南側を除き高層ビルが建ち並び、南側隣地（以下、「乙地」という）は約 2 ヵ月前、大蔵省（現財務省）が相続税の物納により取得した空き地であった。X は、当日、A の勧誘に応じ甲の説明を受け、現地を見分し、モデルルームを見学した。X は、自然採光がよい居室を望んでいたが、A が示したパンフレットには明るさや自然採光を強調した記事が随所に見られた。そこで、X は甲の居室（以下、「本件建物」という）の購入を決意し、X・Y は、同月16 日、契約を締結し、X は手付金 430 万円を支払った。契約締結時、Y 側より重要事項説明書（宅建業 35 条）を示した説明がされ、X は異議を述べなかった。同説明書および本件契約書には、商業地域のため、現在空地でも将来、建物の建築に伴い日影等の環境変化が生じる旨が明記されていた。同年 7 月に大蔵省から乙地を買い取った B が、同年 8 月上旬、Y を訪れ、乙地にマンションを建設する予定である旨を話し、Y は、マンション建設の事実をこのとき初めて知った。このような状況で、X は、解約を申し入れ、既払金の返還を求めた。Y はこれに応じず、契約を解除して中間金を返還し、手付金は違約金条項に基づき没収した。そこで、X は、一次的に、売買契約には南側隣接地に建物が建たないことを保証する旨の特約があったとして、保証特約の履行不能による契約解除に基づき手付金 430 万円の返還を求め、二次的かつ選択的に、日照享受の動機錯誤による錯誤無効と債務不履行（契約締結上の過失）に基づく手付金相当額の損害賠償を求めた。第 1 審判決（東京地判平成 11 年 3 月 15 日平 10(ワ)8352 号）は X の請求をいずれも棄却したため、X が控訴した。

2 判旨

原判決変更（確定）。「Y は、不動産売買に関する専門的知識を有する株式会社であり、X は、不動産売買の専門的知識を有しない一般消費者であるから、Y としては、X に対し、売却物件である甲ないし本件建物の日照・通風等に関し、正確な情報を提供する義務があり、誤った情報を提供して本件建物の購入・不購入の判断を誤らせないようにする信義則上の義務があるというべきである。

南側隣地は、大蔵省が相続税の物納により所有権を取得した土地であり、大蔵省が何らかの用途に供する目的で取得した土地ではないから、不動産売買に関する専門的知識を有し、右経過を知っていた Y としては、南側隣地が横浜駅から至近距離にあるという立地条件と相まって、大蔵省において、早晩これを換金処分し、その購入者がその土地上に中高層マンション等を建築する可能性があることやマンション等の建築によって本件建物の日照・通風等が阻害されることがあることを当然予想できたというべきであるから、甲の販売に当たり、その旨営業社員に周知徹底し、営業社員をして、右のような可能性等があることを X らの顧客に告知すべき義務があったというべきである。

しかるに、Y は、営業社員に対し、右のような可能性があることを周知徹底させず、そのため、A は、かえって、X に対し、個人的見解と断りながらも、南側隣地の所有者が大蔵省なので、しばらくは何も建たないし、建物が建てられるにしても変なものは建たないはずである旨説明し、X をして、南側隣地に建物が建築されることはなく、本件建物の日照が確保される旨の期待を持たせて本件建物の購入を勧誘し、X をして本件建物を購入させたものであるから、Y には、右告知義務違反の債務不履行があったと認められる。」

3 解説

1 本判決の分析

(1) 本判決は、上記判旨のように述べて、Y の信義則上の義務（本件建物の日照・通風等に関する告知義務）の違反を理由とする債務不履行に基づく損害賠償（民 415 条）を認めた。ここでの信義則上の義務は、契約準備段階における義務であり、学説はこの場面での義務違反を契約締結上の過失責任の問題として議論してきた。

契約締結上の過失責任としては、①契約の準備交渉過程において一方当事者 A が契約の成立が確実なものと期待することが正当であり、相手方 B もそれに原因を与えているような状況で、B が交渉を破棄した場合（交渉破棄型）や、② A が、B の不当勧誘により、本来ならば望まないような契約をさせられた場合（不当勧誘型）などが問題とされており、本件は②の類型に属する。

②の類型の契約締結上の過失責任は、契約締結の準備交渉段階に入った当事者に情報提供義務違反・説明義務違反がある場合に、その者に損害賠償責任を負わせるものである。

(2) この類型において、いかなる場合に情報提供義務違反・説明義務違反が認められるかが問題であるが、マンションの眺望を気に入って購入した後、その眺望を妨げる建物が建築されたような場合については、「眺望自体、その性質上、周囲の環境の変化に伴い不断に変化するものであって、永久的かつ独占的にこれを享受し得るものとはいい難い」（東京地判平成 5 年 11 月 29 日判時 1498 号 98 頁）のであり、その建物の建築が法令に違反していないかぎり、原則的には建物の建築につき損害賠償責任を問われることはない。

ただし、眺望をセールスポイントにしてマンションを販売した業者自らがその眺望を害する建物を建築した場合（横浜地判平成 8 年 2 月 16 日判時 1608 号 135 頁、東京地判平成 18 年 12 月 8 日判時 1963 号 83 頁等）や、眺望をセールスポイントにしてマンションを販売した業者が、右眺望を阻害するマンションの建築を容認しつつ、

隣接地を他の業者に売却し、当初購入者の眺望が害された場合（大阪地判平成5年12月9日判時1507号151頁）には、損害賠償責任が肯定される。眺望を害する建物の建築が他の業者により計画されているのを知っていながら、眺望をセールスポイントにして販売した場合も、同様に損害賠償責任が認められよう。

本件については、ⓐ本件対象物件が商業地に位置し、環境変化の可能性が高いこと、ⓑその旨が重要事項説明書に記載されていたことは、情報提供義務・説明義務違反を否定する方向で考慮される。しかし、本件には、ⓒ売主（不動産業者）、買主（一般消費者）の属性、ⓓ売主の宣伝広告の内容（良好な日照、通風等であることを宣伝していた）、ⓔ売主の悪意ないし認識可能性（南側隣接地に中高層マンションが建築され日照が阻害されることを認識し得た）、ⓕ告知・不告知の態様（積極的に不実の告知をした）といった事情があり、本判決は、これらの事情を考慮して、Yの告知義務違反を認めている（森田憲右・判タ1178号137頁）。とりわけ環境が悪化する可能性を認識しながら、その可能性がないという誤った情報を積極的に提供したことが責任を肯定する主たる要素として働いたといえよう（本多智子・平成13年度主判解59頁）。

2　本判決の評価

（1）契約締結上の過失責任の法的性質について、伝統的には、一種の契約責任ないし債務不履行責任とする考え方が多数であるが、不法行為責任とする見解もある（潮見佳男『基本講義債権各論Ⅰ契約法・事務管理・不当利得〔第2版〕』6頁［2009］参照）。裁判例も分かれていたが、最近の最判平成23年4月22日民集65巻3号1405頁は、「契約の一方当事者が、当該契約の締結に先立ち、信義則上の説明義務に違反して、当該契約を締結するか否かに関する判断に影響を及ぼすべき情報を相手方に提供しなかった場合には、上記一方当事者は、相手方が当該契約を締結したことにより被った損害につき、不法行為による賠償責任を負うことがあるのは格別、当該契約上の債務の不履行による賠償責任を負うことはない」と判示した。これによると、Yの説明義務違反が上記の情報（当該契約を締結するか否かに関する判断に影響を及ぼすべき情報）に関わるものであるならば、Yは不法行為責任を負う可能性はあるものの債務不履行責任は負わないことになる。本件では、Yは契約を解除して中間金を返還し、手付金は違約金条項に基づいて没収したという事情があり、本判決は、これを踏まえて、Xは、「近い将来において南側隣地に中高層建物が建築され、これにより住宅条件が劣悪化する可能性がある旨の説明を受けていれば、本件売買契約を締結することはなく、ひいては、本件売買契約の不履行を理由として本件売買契約を解除され、本件手付金を没収されることはなかったと認められる」としているから、上記情報が問題となる事案であり、同最判の立場からは、債務不履行責任でなく、不法行為責任を問題とすべきことになろう。同最判は、締結された契約は、説明義務違反の結果として位置づけられるので、同義務をその契約に基づいて生じた義務ということは「一種の背理」であるというが、説明を要するような契約だからこそ義務があるといえるのであり、債務不履行責任としてよいとする見方もある（中田裕康『債権総論〔第三版〕』128頁［2013］）。

（2）本件につき、債務不履行ないし不法行為責任以外の主張は考えられないだろうか。判例は、民法570条が規定する瑕疵担保責任の法的性質について明言していないが、法定責任説をベースにしているとみるのが素直である（潮見・前掲89頁）。この立場からは、契約締結時に存在していた瑕疵のみが同条の「瑕疵」に当たるとされるため、本件のような青田売りの事例では環境瑕疵が契約締結時に存しないと考えるかぎり、瑕疵担保責任（民570条）を認めるのは難しい（今西康人・不動産百選31頁）。また、本判決の事案で、Xは、売買契約の錯誤無効を主張しているが、裁判所は、「本件建物について日照が得られることについては、これを事実上の期待ないし利益にとどめ、本件売買契約の内容としないこととしたというべきであり、したがって、Xが、Yに対し、南側隣地に建物が建築されことはなく、本件建物について日照が得られることを動機として明示的又は黙示的に表示し、その結果、これが本件売買契約の内容となったとまでは認めることができない」と判示している。さらに、詐欺（民96条）が成立するためには、詐欺をする側に、相手方を錯誤に陥らせようとする故意と、その錯誤に基づいて意思表示をさせようとする故意の2つの故意が必要であり、この故意は、表意者の側で立証しなければならない。この立証が困難であることから、詐欺の成立が認められることは多くはない。

他方、本件Xは消費者、Yは事業者であるから、消費者契約法の適用があるとすれば（同法は平成13年4月1日施行であり、本件には適用されない）、事業者が消費者契約の締結について勧誘をするに際し、消費者に対して不実告知等の行為をし、これによって消費者が誤認をして契約を締結した場合には、消費者は契約を取り消すことができる（消費契約4条1項・2項）。本件契約が締結された時点では、Yは南側隣接地にマンションが建設予定であることを知らなかったが、民法上の詐欺取消しと異なり、不実告知の成立のためには故意は不要であるから、Aの示したパンフレットの記載やAが南側隣接地にはしばらくは何も建たない等の説明をしたことは、不実告知に該当する可能性がある。不特定多数向けの広告やパンフレットの記載であっても、当該消費者がそれを見て誤認し、それによって契約を締結したという関係が認められる場合には、「消費者契約の締結について勧誘をするに際し」不実告知がなされたものと解するのが学説の多数である（落合誠一『消費者契約法』73頁［2001］）。

なお、本件では、不利益事実の不告知につき故意は認定できないから、これを理由とする取消しは認められないようにみえるが、消費者契約法の立法目的（消費契約1条参照）等を考慮すれば、不利益事実の不告知につき事業者に重過失があれば、取消しを認めるべきであろう（落合・前掲84頁）。

3　実務指針

平成23年最判によると、本件についてはむしろ不法行為責任を考えるべき事案となるが、同判決について批判的な学説もあり、今後の裁判例の展開が注目される。

【参考文献】　角田美穂子・民法判例百選Ⅱ〔第7版〕10頁。

後藤巻則
早稲田大学教授

93 シックハウス症候群と売主の瑕疵担保責任

東京地裁平成17年12月5日判決（判時1914号107頁、判タ1219号266頁）

1 事実

　マンションの分譲にあたり、売主Yは、販売促進用の新聞折込チラシおよびパンフレットにおいて、販売物件が日本農林規格（JAS）等の環境物質対策基準に適合している旨を表示して、申込みの誘引を行い、X_1、X_2は、このようなチラシ等を検討のうえで、平成14年Yから本件マンション（以下、本件建物という）を購入した。しかし、X_1らが、引渡しのおよそ2ヵ月後に保健所に依頼して室内空気環境調査の簡易測定を行ったところ、高濃度のホルムアルデヒドが検出されたため、本件建物から退去し、Yに対し、本件売買契約につき消費者契約法4条に基づく取消し、詐欺取消しおよび瑕疵担保責任による解除等の意思表示を行った。

　そのうえで、X_1らは本件訴えを提起し、本件建物はホルムアルデヒドの放散する環境物質の対策が不十分な建物であり居住に適さない状態にあるとして、Yに対し、①消費者契約法4条1項に基づく売買契約の取消し、錯誤無効、詐欺取消しを理由とする不当利得返還請求、②瑕疵担保責任による契約解除・損害賠償請求、③ホルムアルデヒド濃度が厚生省指針値を超えることがないよう設計・施工等をなすべき注意義務の債務不履行責任、ないし不完全な目的物を売却した不法行為責任および設計者・施工者としての注意義務違反により欠陥を生じさせた不法行為責任の追及を行った。

2 判旨

　本判決は、まず、引渡しから約1年後に行われた鑑定の結果を踏まえ、本件建物の引渡し当時の室内空気におけるホルムアルデヒドの濃度は、$100\mu g/m^3$を相当程度超える水準にあったものと推認したうえで、本件建物の状態が瑕疵（民570条）に当たるかにつきつぎのように判断した。

　「Yは、本件建物を含むマンションの分譲に当たり、環境物質対策基準であるJASのFc0基準およびJISのE0・E1基準を充足するフローリング材等を使用した物件である旨を本件チラシ等にうたって申込みの誘引をなし、X_1らがこのような本件チラシ等を検討の上Yに対して本件建物の購入を申し込んだ結果、本件売買契約が成立したのである。そうである以上、本件売買契約においては、本件建物の備えるべき品質として、本件建物自体が環境物質対策基準に適合していること、すなわち、ホルムアルデヒドをはじめとする環境物質の放散につき、少なくとも契約当時行政レベルで行われていた各種取組において推奨されていたというべき水準の室内濃度に抑制されたものであることが前提とされていたものと見ることが、両当事者の合理的な意思に合致するものというべきである。」

　「（本件契約締結の）当時行政レベルで行われていた各種取組においては、住宅室内におけるホルムアルデヒド濃度を少なくとも厚生省指針値の水準に抑制すべきものとすることが推奨されていたものと認めるのが相当である。

　そして、……前記のとおり、X_1らに対する引渡当時における本件建物の室内空気に含有されたホルムアルデヒドの濃度は、$100\mu g/m^3$（$0.1mg/m^3$）を相当程度超える水準にあったものと推認されることから、本件建物にはその品質につき当事者が前提としていた水準に到達していないという瑕疵が存在するものと認められる。」。そして、この瑕疵が隠れたものであること、この瑕疵によって本件売買契約の目的が達成されないことを認めたうえで、X_1らのYに対する、瑕疵担保責任の追及としての、本件契約の解除、損害賠償の請求を認容した。

　他方、債務不履行に基づく損害賠償請求については上記の注意義務違反の主張を退け、不法行為に基づく損害賠償についても、上記の主張を否定した。

3 解説

1 本判決の分析

　(1) 建物に使用された建材等から放散される種々の化学物質が室内の空気に一定以上の濃度で含まれることにより、そこに居住する者等に健康被害が生じることがある。このような建物をシックハウスということがあり、また、その健康被害の状態をまとめてシックハウス症候群と呼ぶこともある。

　シックハウスの規制は、昭和55年には日本農林規格（JAS）がホルムアルデヒドに関する「環境物質対策基準」を策定し、また、平成9年に厚生省（当時）がホルムアルデヒドの室内濃度指針値として「30分平均値で$0.1mg/m^3$以下」を提案して本格化した。立法的規制としては、特に平成14年の建築基準法の改正（平成15年施行）において、ホルムアルデヒドを規制対象化学物質の1つとしてシックハウス症候群対策のための規制の導入が盛り込まれるに至った。

　ただ、この改正法施行前に着工された建物（本件建物もそうである）を中心に（建具や内装を含め）、シックハウス症候群に関連する紛争が多数生じ、建物売主、建物賃貸人、仲介業者、請負人の債務不履行責任や不法行為責任、売主や請負人の瑕疵担保責任、建物の建材メーカーの製造物責任等が争われるようになった。

　(2) 従来のシックハウスをめぐる裁判例を概観すると、まず、本判決以前に公刊されていたものとしては、横浜地判平成10年2月25日判時1642号117頁（建物内の異常な刺激臭につき、賃貸人に対する債務不履行責任の追及。過失を否定）および札幌地判平成14年12月27日裁判所ウェブサイト（建物の注文者・家族の化学物質過敏症につき、請負人に対する不法行為責任・債務不履行責任の追及。過失を否定）があり、いずれも原告の請求が棄却されていた（本判決以前の未公刊の裁判例につき、秋野卓生「最近のシックハウス訴訟判決」NBL831号46頁の紹介を参照）。

　主な争点は、健康被害の有無、因果関係の有無、過失

の肯否にあり、いずれの事件でも原告の主張が否定されていた。このようななかで、本事件では、その建物に売主瑕疵担保責任によって担保されるべき瑕疵が存するか否かが中心的な争点となり、本判決ははじめてこれを肯定する判断を示したものであって、特にこの点における先例として注目される。

（3）本判決は、瑕疵担保責任の瑕疵判断について、まず、鑑定結果から判断して、本件建物の引渡当時における室内空気に含有されるホルムアルデヒドの濃度は100μg/㎥を相当程度超える水準にあったものと推認した。次に、原告が本件チラシ等を検討の上本件売買契約を締結した以上、少なくとも契約当時行政レベルで行われていた各種取組において推奨されていたというべき水準の室内濃度（厚生省指針値である100μg/㎥）に抑制されたものであることが前提とされていたものとみることが、「両当事者の合理的な意思」に合致するものとした。そして、本件建物はその品質につき「当事者が前提としていた水準に達していない」という瑕疵が存するものとした。

瑕疵担保責任における瑕疵の概念については、主観的瑕疵をも含むものとする考え方が判例・学説上一般的であるが（主観説をとること明言した最高裁判決として、最判平成22年6月1日民集64巻4号953頁）、本判決は、従来の主観的瑕疵概念に立ちつつ当事者意思の合理的解釈から瑕疵判断を導いたものであって、シックハウスのケースにおける意思解釈に関する事実認定の先例として意味をもつ。

（4）本判決以後も、シックハウスに関連する裁判例は続いており、東京地判平成19年10月10日判夕1279号237頁、東京地判平成21年10月1日消費者法ニュース82号267頁、東京地判平成22年5月27日判夕1340号177頁などがある（東京地判平成21年10月1日のほかは否定例である）。

ただ、本判決以後は、シックハウスの事例において瑕疵担保責任を肯定した判断はみあたらない。また、瑕疵担保責任の否定例を含めて、シックハウスについて主観的瑕疵によって瑕疵を判断した事例もない。むしろ客観的瑕疵判断による瑕疵の否定例として、前掲東京地判平成19年10月10日は、建材について当時のホルムアルデヒドの放散量についての品質等級のうち、JASの最上等級の物が使用されているから、それが通常の性能を有していないという意味で瑕疵があるということはできないとした。また、前掲東京地判平成22年5月27日は、マンションの床材につき、売買契約の締結、マンションの建築の後の法改正にて使用が禁止されるようになった床材が使用されていたことは住戸の瑕疵には当たらないものとした。つまり、契約時における行政上の建材の使用規制を基準として客観的な瑕疵判断を行うものであり、今日では、むしろこのような判断方法が一般的とみることができる。

本来、行政上の指針値や公的機関による基準値は、公法的な性格のものであり、契約上の「あるべき性質」を定めることを目的としたものではないが、本判決は、これを両当事者の合理的意思に読み込むことにより、瑕疵判断の基準としたものである。

2 本判決の評価

（1）本件判決においても、合理的意思の解釈を通じて、結局は行政の指針値という客観的な基準を採用したものであるから、上記の傾向と結果において相違が生じるものではない。少なくともこれまでの有害化学物質による建物の汚染の事例では、瑕疵判断が客観的であるか主観的であるかという点は問題の中心ではなく（もっとも、特定の利用目的等により行政上の基準値よりも厳しい状態を合意していた場合であれば、主観的瑕疵概念は意味をもち、これにより瑕疵を肯定する余地はある）、むしろ問題は、JAS規格等の建材の環境物質対策基準のように使用が許される建材の指定方法と、建物内の化学物質の濃度に関する行政の推奨値とが、別途二重に存在していることにあった。

そのうえで、本判決が、前者の基準を考慮して売買契約が結ばれたという事実を認定し、それをただちに後者の推奨値に即した合理的意思に結びつけたことは事実認定として精密さを欠いたように思われる。つまり、JAS規格等の建材に関する環境物質対策基準に適合する建材であっても、そこから放散される有害化学物質による汚染の可能性は残るが、これに関して、別途の行政上の指針値に即した室内濃度に抑制されたものであることを前提とするような「両当事者の合理的意思」があったとただちに解することは無理がある（前掲東京地判平成19年10月10日も参照）。

むしろ、行政上の指針値を基準とした瑕疵評価を行うのであれば、直截に、およそ建物のもつべき客観的性能としてそのような指針値に適合した状態が取引通念上要求されるべきかを検討する方が適切であった。

今日の建築物は化学物質をまったく放散しないものはまれであり、瑕疵についても、目的物のもたらす経済的利益と化学物質に対する入居者の科学的な受容性の程度のかね合いのなかで判断されるべきものであろう。

（2）なお、本件とは異なり、実際に健康被害が生じたケースについては、売主瑕疵担保責任の損害賠償の範囲は、シックハウス被害という生命・身体の侵害に基づく損害には及ばないのではないかという制約も残されている（請負のケースとして、前掲札幌高判平成17年7月15日参照）。

3 実務指針

買主は、購入時に、目的建物の室内における化学物質濃度が行政の推奨する指針値に適合したものであるかにつき、取引相手方に対し情報提供を求めるべきであり、供給者側もそのような情報提供義務を果たすべきであろう。

また、ホルムアルデヒド、クロルピリホスについては、建築基準法による立法の規制が実現したが、今後はより広い範囲の有害化学物質についても法的規制が求められることになろう。

なお、近年は、化学物質に汚染された環境下で労働する被用者の健康被害につき、使用者の安全配慮義務違反の責任を追及するケースが多数現れており注意が必要である。例えば、大阪高判平成19年1月24日労働判例952号77頁（否定）、東京高判平成24年10月18日判時2172号30頁（肯定）などがある。

【参考文献】 本文中に掲げたもの。

笠井　修
中央大学教授

XI　その他（マンションの購入・欠陥・近隣紛争・居住者間トラブル・保険等）

94　暴力団組員が居住する中古マンションの売買と売主の瑕疵担保責任

東京地裁平成9年7月7日判決（判時1605号71頁、判タ946号282頁）

1　事実

Xらは平成6年3月17日、Yらとの間で土地と建物を（以下、併せて、本件不動産という）を3500万円で購入する契約をし（以下、本件売買契約という）、同年5月16日までに代金を支払った。

本件不動産を含むAマンション（以下、本件マンションという）は昭和60年7月に新築され、当時から101号室には、暴力団丁原会戊田一家甲田組の組長代理補佐である訴外Aおよび同人の家族らが居住していた。

Xらは、訴外Aおよびその家族が本件マンションの他の居住者に対する迷惑行為を行っている（以下、本件事情という）のを瑕疵であるとして、本件売買契約当時Xらが認識することができず、客観的にも知ることができなかったから隠れた瑕疵に当たる（以下、本件瑕疵という）ことを理由に瑕疵担保責任等を訴求した。

すなわち、本件事情とは、①毎年8月中旬に地元神社の祭礼が行われ、入れ墨をする等人相風体が明らかに暴力団員であることが分かる男女約200名が集合し、本件マンション前の道路両端を閉鎖し、道路にござを敷き詰めて飲食し、気勢をあげ、深夜まで大騒ぎをする。②甲田組の事務所は本件マンションの近所にある。③本件マンション管理人室に私物のカメラ、書籍、テーブル等を置き、物置きとして使用している。④管理人室のトイレと訴外A宅との境の壁を取り壊し、管理人室のトイレの便座・タンクを取り外し、トイレに大きな仏壇を設置している。⑤自転車置き場に物置きを設置し、専有使用している。⑥本件マンションの管理規約に反し、大型犬を飼育している。⑦本件マンションの屋上に居住者が使用するテレビの集合アンテナとは別の、大きなアンテナを設置している。⑧屋上にバイクのガソリンタンク、火鉢、タイヤを置き、物置きとして使用している。⑨本件マンションの入口植え込み部分に、①の際に使用するテーブル、椅子、よしず等が雑然と置かれ、現在はタイヤ10本が放置されている。

2　判旨

本件事情のうち⑥および⑧を除いて、①につき平成8年8月15日の祭礼において人相風体が明らかに暴力団風であるとは認められないが、多人数が長時間にわたって本件マンション前道路において飲食の上騒いでいたこと、集会は訴外Aの異母兄弟である訴外Bが現場の指揮をとり、訴外Aの意を受けて行っていたこと、②ないし⑤、⑦および⑨の事実を認定した。

その他に、⑨の事実は本件売買契約当時存在したが、その後タイヤ等が撤去されていることなどを認定した。

このような事情を認定して、次のような瑕疵判断をして損害賠償を認めた。

「民法570条にいう瑕疵とは、客観的に目的物が通常有すべき設備を有しない等の物理的欠陥が存する場合のみならず、目的物の通常の用途に照らしその使用の際に

心理的に十全な使用を妨げられるという欠陥、すなわち心理的欠陥も含むものであるところ、建物は継続的に生活する場であるから、その居住環境として通常人にとって平穏な生活を乱すべき環境が売買契約時において当該目的物に一時的ではない属性として備わっている場合には、同条にいう瑕疵にあたるものというべきである。……各認定事実によれば、本件マンションは、暴力団員である訴外Aが新築当時から敷地と等価交換により居住しはじめ、同人所属の暴力団組員を多数出入りさせ、更に夏には深夜にわたり大騒ぎし、管理費用を長期間にわたって滞納する等、通常人にとって明らかに住み心地の良さを欠く状態に至っているものと認められ、右状態は、管理組合の努力によっても現在までに解消されていないことに加え、本件売買契約締結前の経緯に照らし、右事情はもはや一時的な状態とはいえないから、本件事情は本件不動産の瑕疵であると認められる。……Yは、本件売買契約締結交渉の際、Xらから本件マンションの住人について尋ねられた際、よく分からないと答えている。Xらは、本件マンション入口付近の私物化等について、現地見聞の際に気づいたものと推認されるが、訴外Aが暴力団員であること及び夏祭りの際の集会等は、一般人に通常要求される調査では容易に発見することができず、一定期間居住してみて初めて分かることであるから、右事情については、本件売買契約当時にXらにおいて知り得なかったものと認められる。……したがって本件事情は、本件不動産の隠れたる瑕疵にあたる。」

3　解説

1　本判決の分析

（1）本判決では、本件事情が本件売買契約における民法570条の隠れた瑕疵に当たるのか否かが問われた。

（2）売買の目的物の隠れた瑕疵とは、物が通常有すべき主として物質的な品質・性能を欠いていることをいう。当事者が品質・性能を保証した場合に保証された品質・性能がない場合も瑕疵であるとする。この瑕疵の存在につき買主が善意で無過失であることを要する（我妻栄『債権各論中巻一』288頁以下〔1957〕、川井健『民法概論4債権各論〔補訂版〕』159頁以下〔2010〕）。大判大正15年5月24日民集5巻433頁もそうであった。

本件は売買の物質的な目的物の隠れたる瑕疵が問題となった事例ではなく、隠れたる瑕疵がマンションの周辺環境にあった場合である。これは心理的瑕疵といわれている。この点に関する判例・学説の動向を検討する。

マンションの判例に限定して類似例を挙げると、横浜地判平成元年9月7日判時1352号126頁は、「建物にまつわる嫌悪すべき歴史的背景等に原因する心理的欠陥も瑕疵と解することができ」、「原告らは、小学生の子供2名との4人家族で、永続的な居住の用に供するために本件建物を購入したものであって、右の場合、本件建物に買受の6年前に縊首自殺があり、しかも、その後もその家族が居住しているものであり、本件建物を、他のこれ

らの類歴のない建物と同様に買受けるということは通常考えられないことであり、右居住目的からみて、通常人においては、右自殺の事情を知ったうえで買い受けたのであればともかく、子供も含めた家族で永続的な居住の用に供することははなはだ妥当性を欠くことは明らかであ」るとして、契約解除を認めた。

福岡高判平成23年3月8日判時2126号70頁は、「建物を買った者がこれを使用することにより通常人として耐え難い程度の心理的負担を負うべき事情があり、これがその建物の財産的価値（取引価格）を減少させるときも、当該建物の価値と代金額とが対価的均衡を欠いていることから、同条にいう瑕疵がある」とし、「本件居室が前入居者によって相当長期間にわたり性風俗特殊営業に使用されていたことは、民法570条にいう瑕疵に当たる」として、損害賠償を認めた。

これらの判例の「嫌悪すべき歴史的背景等に原因する心理的欠陥」や「通常人として耐え難い程度の心理的負担を負うべき事情」は、本判決の「目的物の通常の用途に照らしその使用の際に心理的に十全な使用を妨げられるという欠陥、……通常人にとって平穏な生活を乱すべき環境が売買契約時において当該目的物に一時的ではない属性として備わっている場合」と同じである。

瑕疵担保責任ではないが、大阪地判平成21年11月26日判タ1348号166頁は、「Aは、本件契約締結時に本件死亡事件に関する事実を知っており、平成19年12月3日に本件契約を締結するまでの間に、Bから、本件不動産について過去に何か問題がなかったかと問われたにもかかわらず、Xに対し本件死亡事件があった事実を秘匿し告知しなかったのであり、Aの地位は、本件契約において被告と同視すべきであるから、このことは、売買契約に伴い信義則上売主として被告が負う告知義務に違反し、Yは債務不履行の責めを負うと解する」として、契約解除を認めた。

これらの事例は、縊首自殺、性風俗特殊営業、殺人とみられる死亡事件であった。これらは、暴力団がマンションの一室に住んでいた場合に起きた本件事情とは異なる事例である。しかし、マンションではないが、売却した土地の近隣に暴力団事務所が存在した事例で、瑕疵担保責任を認めた判決がある。

東京地判平成7年8月29日判時1560号107頁は、「本件暴力団事務所と交差点を隔てた対角線の位置に所在する本件土地は、宅地として、通常保有すべき品質・性能を欠いているものといわざるを得ず、本件暴力団事務所の存在は、本件土地の瑕疵に当たる」として、損害賠償を認めた。

瑕疵担保責任ではなく付随義務違反による損害賠償を認めたマンションの売買に関する札幌地判平成13年5月28日判時1791号119頁がある。これは契約後に暴力団が入居した事例である。

交差点を隔てた対角線の位置にある暴力団事務所が瑕疵に当たるならば、暴力団がマンションの一室に住んでいた場合の本件事情も瑕疵に当たる可能性がある。これは契約後に暴力団が入居した事例からも裏付けられる。

学説では、前掲横浜地判平成元年9月7日に関連して、住み心地の良さを評価するために瑕疵概念を拡大せざるをえないとし、瑕疵を場所的に限定できないが時間的には限定できるので事件後1年以内に限って瑕疵と評価すべきだとし、具体的な損害がなければ契約解除が適切で

あるとする見解（栗田哲男・判タ743号31頁以下）、嫌悪すべき過去は建物の交換価値を下落させるが、契約解除ができるのかは微妙であるので告知義務違反による損害賠償または契約解除が適切であるとする見解（加藤誠・平成2年度主判解81頁）、通常一般人を基準として自殺者がいた場合に購入意欲を阻害したとしても、契約解除事由の瑕疵に当たるのかは疑問であるとする見解（野口恵三・NBL459号66頁以下）がある。これらの見解から、瑕疵概念の拡大基準や、損害賠償だけか契約の解除もできるのかにつき問題点があることがわかる。

前掲東京地判平成7年8月29日について、目的土地の近隣に暴力団事務所があることを瑕疵として認める見解（野口恵三・NBL617号59頁、杉田雅彦・平成9年度主判解74頁、後藤泰一・信大法学論集11号8頁）、嫌忌施設との関係の瑕疵を認めたものであるが、取引通念により嫌悪感が生じた事例であるとする見解（田沼柾・金判1041号59頁）があり、瑕疵概念の拡大を認めている。

前掲福岡高判平成23年3月8日については、客観的な住み心地の良さを基準に考えるべきだとする見解（後藤泰一・信大法学論集19号178頁以下）、別訴で性風俗特殊営業が問題とされていた事情を斟酌して瑕疵判断の正当性を主張する見解（宗宮英俊ほか・NBL971号98頁）、物質的瑕疵に匹敵する程度のもので心理的瑕疵の客観化の観点から居住用建物としての機能を損なう瑕疵があるとする見解（笠井修・リマークス45号29頁）が主張され、心理的瑕疵の客観化が図られてきた。

2 本判決の評価

本件事情が隠れた瑕疵に当たるという結論を導き出すためには、瑕疵概念を拡大して心理的瑕疵を含むとしなければならない。住生活の質を考慮するならば、心理的瑕疵を含むとするのが正当である。

しかし、この心理的瑕疵は単に主観的な感情だけでは不十分であって、一般的に正当化できるものでなければならない。瑕疵の継続性を考慮し、判例の通常人という基準、この基準を含めた学説の心理的瑕疵の客観化は、その意味で正当である。

本判決は心理的瑕疵に言及し、客観化も満たしている。判例・学説の傾向を踏まえた判決であるといえる。

この心理的瑕疵について買主の善意・無過失を要求するのが判例・学説である。本判決は、この要件を満たす妥当な判断である。

効果について詳論しなかったが、契約の目的を達成できない場合は契約の解除ができ、それ以外は損害賠償だけである。住み心地の良さを欠く状態に軽重を付けることは難しい。損害賠償だけでは心理的瑕疵が治癒するとは限らないので、物質的瑕疵に比べて契約の解除を容易に認める態度が適していると考える。

3 実務指針

判例によれば、売主に住生活の質を考慮した心理的瑕疵がない状態の物件を引き渡す義務があるといってよい。したがって、売主はこの点を買主に説明する必要がある。そのために情報収集をしておく必要があろう。

【参考文献】 本文に引用したものを参照。

角田光隆
神奈川大学教授

95 区分所有部分に登記のない1棟の建物全部について賃借権設定登記がされた場合の抹消登記請求

最高裁平成7年1月19日判決（判時1520号84頁、判タ871号300頁）

1 事実

　訴外A社は、その所有する鉄筋コンクリート造5階建のビル（以下「本件建物」という）の、①2階部分をX社（原告・被控訴人・上告人）に賃貸し、②2階部分以外をY（被告・控訴人・被上告人）に賃貸した。だが、②の賃貸借契約に関して、AYの合意に基づき経由された賃借権設定登記では、本件建物全部が賃借権の対象とされていた。その後、A社から本件建物を取得したX社は、建物全部につき経由されたYの賃借権設定登記は実体関係に合致しない無効な登記であるとして、全部抹消を求める本件訴訟を提起した。これに対して、Yは、自己の登記は2階部分以外については有効（一部有効）な登記であるとして、Xの請求の全部棄却を求めた。
　第1審は、「構造上及び利用上の各独立性を有する建物の各部分が当然に専有部分として1個の建物になるのではなく、所有権者が同一であるときは、その所有権者の意思に基づいて、1棟の建物の一部分または隣接する数個の部分を1個の建物とすることができるのである。そして、建物の一部について区分所有権が成立するのは一物一権主義の例外であるから、その旨の特別の意思表示が必要である。それ故、各専有部分につき登記がなされたときには区分所有権が成立するのは当然であるが、未登記の段階でも、専有部分に区分されて譲渡されたときはもとより、右建物全体が一人の所有権者に属している段階であっても、右所有権者が各専有部分ごとに区分して所有するという意思を外部に表示したとき（分譲マンションとして販売する旨の広告をしたとき、区分所有建物として建物の表示の登記の申請をしたときなど）には区分所有権が成立すると解すべきである。／これを、本件について検討するに、本件全証拠によっても、本件建物の所有権者は、各専有部分ごとに区分して所有するという意思を外部に表示したという事実を認めることはできない。……／そうすると、本件においては、裁判所はその所有権者の意思を無視して本件建物を区分所有建物とすることはできないから、本件建物につき区分所有登記手続をした上で、右賃借権の対象となっていない2階部分のみの抹消登記手続を命じることはできない」として、Xの全部抹消請求を認容したため、Yが控訴。
　これに対して、原審は、前所有者Aの意思に基づき、あえて建物全部を対象とするYの賃借権登記が経由された事情等に照らせば、Xが2階部分について区分所有登記を経由したうえで右部分につき抹消登記請求をした場合は格別、Yの賃借権登記の全部抹消を求める本件請求は認められないとして、原判決を取り消しXの請求の全部棄却を言い渡したため、X上告。

2 判旨

　破棄差戻し「甲が、その所有する1棟の建物のうち構造上区分され独立して住居等の用途に供することができる建物部分のみについて、乙に対し賃借権を設定したにもかかわらず、甲乙間の合意に基づき右1棟の建物全部について乙を賃借権者とする賃借権設定の登記がされている場合において、甲が乙に対して右登記の抹消登記手続を請求したときは、右請求は右建物部分を除く残余の部分に関する限度において認容されるべきものである。けだし、右登記は右建物部分に関する限り有効であるから、甲は、右登記全部の抹消登記手続を請求することは許されないが、右1棟の建物を右建物部分と残余の部分とに区分する登記を経た上、残余の部分のみについて乙の賃借権設定登記の抹消登記手続をすることができるからである。
　これを本件についてみると、第1審判決別紙物件目録一記載の建物（鉄筋コンクリート造り5階建。以下「本件建物」という。）については平成2年11月20日受付でYを賃借権者とする賃借権設定登記（以下、これを「本件登記」という。）がされているところ、本件訴訟は、XがYに対し、本件建物の所有権を主張し本件登記は実体に反する無効なものであるとしてその抹消登記手続を請求するものである。そして、原審の確定した事実によれば、Xは同月末日Aから本件建物を譲り受けたが、これより前に、AとYの間で本件建物のうち2階部分を除く建物部分について賃貸借契約が締結され、AとYとの合意に基づき本件登記がされたというのであり、また、当事者双方の主張及び原審の認定事実に照らすと、本件建物の2階部分には構造上及び利用上の独立性のあることが十分にうかがわれる。そうだとすれば、Xの本件請求は、本件建物のうち2階部分について本件登記の抹消登記手続を求める限度において、これを認容する余地があるというべきこととなる。」

3 解説

1 本判決の分析

　本判決は、登記と実体関係の一部不一致の場合の処理をめぐる登記法上の論点（全部抹消か一部抹消か）のうち、客体に関する一部不一致が争われた事案である。
　(1) 1棟の建物の一部と「物権」の成立
　今日の判例・通説によれば、1筆の土地の一部の所有権移転も当事者間では有効であり、ただし分筆のうえ移転登記を経由しなければ第三者に対抗できない。だが、これに対して、1棟の建物の一部に関しては、本件第1審判決も説示するように、①構造上・利用上の独立性に加えて、②建物所有者の特別の意思表示があった場合に限って、区分所有権が成立するので、①・②要件を欠く建物部分の所有権移転・制限物権設定は、当事者間でも「物権的には」無効である。
　この論点に関して、本件第1審は②要件の不充足を認定したが、原審および最高裁は①・②要件とも充足する旨を認定しているので、本件建物の2階部分には、区分所有権が成立している。
　(2) 1棟の建物の一部と「債権」の成立
　しかしながら、本件Yの有する権利は、物権ではなく、

債権たる賃借権である。

賃借権・使用借権・受寄者の権利その他の債権については、物権に関する一物一権主義の適用はないので、①1筆の土地の一部・1棟の建物の一部についての賃貸借や使用貸借は、何の制約もなく完全有効である。また、②数個の客体に対して1個の賃貸権・使用借権を設定することも可能であり、あるいは、1棟の建物のうち、区分所有権の成立している2階部分と、区分所有権の成立していない3階部分の、両者を対象とする1個の賃借権・使用借権も認められる。

なお、債権は原則として第三者効力を有さないが、しかし、建物を対象とする賃貸借に関しては、借地借家法が適用されるので（同法1条参照）、区分所有権が成立していない建物部分の賃貸借であっても、当該部分の引渡しがあったときは、当該部分の賃借権を第三者に対抗することができる（同法31条参照）。

したがって、もし本判決の事案が、XのYに対する2階部分の明渡請求訴訟であったならば、区分所有権の成立をめぐる論点は、およそ問題となる余地はなかった。

だが、本件のような登記請求の事案に関しては、事情が異なる。1棟の建物の一部に賃借権設定登記をするためには、まず当該部分につき区分所有登記を経由しておく必要がある。本件のように、1棟の建物の一部を除外した残りの部分に賃借権を設定した場合の登記についても同様である。にもかかわらず、かかる登記手続を経ることなく、賃借部分を超過して建物全部についてされたYの賃借権設定登記は、全部無効か、一部無効か。

（3）登記と実体関係の一部不一致

登記法の分野では、登記と実体関係に「同一性」が認められない程度の大きな不一致の場合は全部無効、「同一性」が認められる程度の軽微な不一致の場合は当該部分のみの一部無効と説かれるが、ここにいう「同一性」の判断は、①登記申請の側面では厳しく、なされてしまった登記の②対抗力の有無ならびに③抹消登記の可否の側面では緩い。かつ、②と③の判断は連動しており、登記と実体関係が一致している部分について、②対抗力を存続させるのが妥当と判断されるときは、③抹消登記請求に関しても一部抹消のみが認められる。本件は、このうちの③抹消登記請求の事案であるが、従前の判例において、本件と同様、客体に関する一部不一致が問題となった例には、以下の【1】【2】【3】がある。

【1】XがYに1筆の土地の一部を譲渡したが、土地全部についての所有権移転登記が経由され、その後、譲受人Yが（課税上の問題から）譲受部分と非譲受部分を分筆した事案　大判大正10年3月9日民録27輯507頁（〔本件評釈〕中川善之助『判例民法（大正10年度）』102頁）は、非譲受部分の分筆後の登記の抹消を命じた原判決を是認して、全部抹消を求める譲渡人Xの上告を棄却した。

【2】共同相続人（Xら・Y）の一人（Y）の単独名義の相続登記が経由された事案　最判昭和38年2月22日民集17巻1号235頁（「共同相続と登記」の論点に関する著名判例。〔本件評釈〕瀬戸正二・判解民昭和38年度53頁、浦野由紀子・不動産百選82頁、七戸克彦・家族法判例百選148頁、占部洋之・民法判例百選Ⅰ114頁）は、Xらの全部抹消請求を肯定した第1審判決を取り消し、Xらの持分の限りでの登記の一部抹消（更正）を命じた原審の判断を是認した。

【3】X所有の甲建物の賃借人Yが附属建物を築造し甲建物と合わせて新たに別の乙建物として所有権保存登記をした事案　最判昭和38年5月31日民集17巻4号588頁（〔本件評釈〕真船孝允・判解民昭和38年度174頁、石田喜久夫・民商50巻1号119頁）は、乙建物の登記につき主たる建物（Xが甲建物として登記済の部分）と附属建物の分割登記をしたうえ、主たる建物の登記のみを抹消すべきとした。

2　本判決の評価

（1）本判決の位置づけ

以上のように、従来の判例は、未取得部分の登記に限っての一部抹消請求を認めることで、登記の全部抹消の結果、有効な取得部分が対抗不能となる不利益を回避しており、本判決は、建物に関しては【3】に次いで2例目の最高裁判例である。

なお、本件Yの賃借権登記から2階部分を除外する手続は、まず①Xが2階部分につき区分所有登記をしたうえ（区分登記に関しては建物所有者が単独で申請できる。本判決後の平成16年制定の現行不登法では54条）、その際に区分所有登記に職権で移記された（現行不登規則130条参照）Yの賃借権登記につき、②これのみを抹消する手順になる。原審と最高裁の判断の相違個所は、①の区分所有登記を経由していない段階での②賃借権の抹消登記請求を全面的に否定するか（原審）、将来Xが①の区分所有登記を経由した場合には②移記された無効部分の賃借権登記を抹消すべき旨の一部認容判決を言い渡すか（最高裁）である。最高裁の見解に立った場合の判決主文は、①区分所有権が成立している建物部分を特定したうえ、②当該区分所有部分以外の部分の賃借権登記の抹消手続をすべき旨をYに命じることになろう。

（2）申立事項と判決事項

もっとも、全部抹消と一部抹消の処理の違いが「同一性」の有無に求められている以上、当事者の全部抹消請求に対して一部抹消の判決を言い渡すことは、処分権主義（民訴246条）に反するようにもみえる。判例の多くは、全部抹消を求める申立て中に一部抹消（＝更正）を求める申立てが含まれるとしているが（前掲1(3)【2】最判昭和38年2月22日、最判平成22年4月20日判時2078号22頁・判タ1323号98頁）、一部抹消（＝更正）の申立てに関して釈明権を行使すべきとしたものもある（最判昭和37年5月24日裁判集民60号767頁、最判昭和41年7月28日裁判集民84号243頁）。

3　実務指針

では、もし仮に、本件建物の2階部分が区分所有の要件を満たしていなかった場合には、どのような判決が言い渡されるか。この場合には、建物全部についてされたYの賃借権登記の一部を残存させる手立ては存在しないので、本件第1審判決の述べるごとく、Xの全部抹消請求が認容されることとなろう。その結果として、Yは、有効に賃借した部分について、登記による対抗はできなくなるが、しかし、当該部分について引渡しを受けていれば、借地借家法31条の保護を受けることができる。

【参考文献】　本件の評釈として、①大野秀夫・判評441号40頁、②甲斐道太郎・リマークス12号18頁、③難波孝一・NBL599号64頁がある。

七戸克彦
九州大学教授

XI　その他（マンションの購入・欠陥・近隣紛争・居住者間トラブル・保険等）

96　管理委託契約と徴収管理費等の管理会社名義の預金債権の帰属者

東京高裁平成12年12月14日判決（判時1755号65頁、金法1621号33頁、金判1108号15頁）

1　事実

　A会社は、不動産業者B会社の建築、分譲したマンションの管理業務を行うことを主な目的としたBの子会社である（以下「会社」の表示は略）。Bが昭和52年から53年にかけて建築、分譲した本件各マンションについて、Aは各区分所有との間で管理委託契約を締結して管理業務を行っていた。その一環として、Aは、各マンションごとに、各区分所有者が負担する管理費・修繕積立金等の受入れ口座としてA名義の普通預金口座を開設・管理し、その残高が多額となった段階で一部をA名義の定期預金にして管理していた。Bは、昭和58年ころから、Aが管理している各マンションの管理費等を原資とする預金をBの債権者に対する担保として提供させるようになった。本件各マンションの管理費等を原資とするY銀行の本件A名義の各預金についても平成4年2月から3月にかけてBの債権者であるY銀行に質権が設定された。Bは、同年11月20日に破産宣告を受け、Aも同月30日に破産宣告を受けた。Y銀行は、同月26日に本件各預金に設定された質権を実行し、本件各預金の返還請求権を取り立てた。Aの破産管財人X_1が、本件各預金の質権設定について、取締役会の承認を欠く利益相反取引、公序良俗違反を理由に、無効を主張して、Y銀行に対して預金の返還を求めた。それに対し、本件各マンションの管理組合法人X_2、X_3（ともに平成5年頃法人成り）が独立当事者参加し、本件各預金はX_2、X_3に帰属すると主張して、X_1に対してその確認を求め、Y銀行に対して預金返還請求権または不当利得返還請求権に基づきその支払を求めた。
　1審（東京地裁）は、Aは管理委託契約の事務処理に要する費用の前払いとして管理費等を受け取っていたと認められ、管理費等はA名義の普通預金口座に送金された段階でAに帰属するというべきであり本件各預金についての質権設定は有効であるとし、X_1、X_2らの請求をいずれも棄却した。X_2、X_3はこれを不服として控訴したが、管財人X_1は控訴しなかった。本件の争点は、①本件各預金の帰属者はAか、X_2・X_3か、②預金者がX_2・X_3である場合、Y銀行のした質権実行には民法478条が、質権設定に同法94条2項が、それぞれ類推適用されるか否かである。

2　判旨

　以下の理由で、1審判決を取り消しX_2、X_3の各請求を認めた。
　預金者認定の判断基準については、「自らの出捐によって自己の預金とする意思で銀行に対して自ら又は使者・代理人を通じて預金契約をした者が」、預入行為者が出捐者の金銭を横領し自己の預金とする意図で預金をしたなどの特段の事情のないかぎり、「当該預金の預金者であると解するのが相当である（最高裁昭和57年3月30日第三小法廷判決昭和54年（オ）第803号・昭和54年（オ）第1186号）」との準則を前提とし、本件の預金者について以下のように認定する。
　本件マンション管理組合X_2、X_3の構成員である各区分所有者は、マンション購入時に管理規約および使用細則を承認し、同時に、Aとの間で管理委託契約を締結し、Aは区分所有法上の「管理者」（26条2項、旧法18条2項）であった。「管理者」は、区分所有者が共用部分の共同管理のために構成する団体（管理組合）の管理業務の執行者であり、それは「団体の代理」を意味する。「その効果は、団体を構成する区分所有者全員に合有的又は総有的に帰属する」と解し、各区分所有者が管理費等を支払う義務を負うのは、団体（管理組合）に対してである。「管理者」たるAは、その団体のために「区分所有者に対し、管理費等の支払を請求し、これを受領、保管する権限はあるが、管理費等についての債権自体は右団体ひいては管理組合に帰属すると解する」とする。そして、Aは「管理者」としての管理権限の一環として、管理費等入金のための区分所有者団体の預金口座を開設する権限を付与されていたところ「団体の表示としてA名義を用いて、銀行との間で普通預金契約を締結し、本件普通預金口座1、2を開設し、各区分所有者から区分所有者団体に対する債務の履行としての管理費等の送金を受けたものというべきであり、したがって、これらの普通預金口座の預金者は各マンションの区分所有者団体である」とする。さらに、普通預金の金額が一定額に達した場合にこれを定期預金に組み替えることは、預金管理の方法として当然許され、区分所有者団体もこれに黙示の承諾を与えていたと解すべきで、保管中の各預金を「定期預金に組み替えたとしても、その預金者が各マンションの区分所有者団体であることには何ら変更はない」、「この理は、Aがその後右定期預金について1審被告のBに対する債権の担保として質権を設定した場合でも同様である。」とした。
　「以上によれば、本件各マンションの区分所有者団体は、本件定期預金について、自らの出捐によって、自己の預金とする意思で、「管理者」たるAを代理人として銀行との間で預金契約をしたものであり、本件定期預金の預金者である」とし、各団体が法人格を取得した後は、預金はX_2、X_3に帰属しているとする。
　次に民法478条、94条2項の各類推適用については、Yは、「本件質権設定当時、Aが区分所有者団体の「管理者」として各マンションの管理費等を原資とする預金を管理していること及び本件定期預金がそうした預金であることを知っていた」「Aが毎年本件各マンションの区分所有者に配布していた管理費収支決算書の記載内容を除くその余の事実を知っていたにもかかわらず」Aを預金者と認定しており、金融機関として相当の注意義務を尽くしていないとして、いずれも否定した。

3 解説

1 本判決の分析

(1) 本件の主たる争点は、多数のマンションにおいて、管理委託契約に基づき管理業務を行っていたA会社が、各マンションの区分所有者から徴収した管理費等をA会社名義で預金していた場合に、当該預金は誰に帰属するか、である。広く、委託に基づき保管する一定の金銭に関する預金債権の帰属主体を決するにあたってどのような判断基準を用いるべきかという問題と関わる。本件は、マンション管理の場面において、マンション管理会社の法的地位と業務の性質、管理費や修繕積立金等マンションの共益費としての性格、預金口座の管理の名義や分別性、などをふまえて預金債権の帰属主体が争われた事件といってよい。本事件などを契機として、マンション管理適正化法が平成12年12月に成立した(翌年8月施行)。管理会社の固有の預金や他の管理組合の財産である預金とは名義の区別・分別管理を徹底し、管理業者が預金通帳とその印鑑を同時に管理することを禁止するなど適正な管理が要求された(マンション管理76条、同規則87条)。

(2) 区分所有法は、建物ならびに敷地等の維持管理のために、区分所有者らはその全員からなる「団体」を当然に構成し(3条)、この「団体」(管理組合)による規約自治の原則の下で(30条以下)、この「団体」を中心として建物の維持・管理が遂行されることになる。共用部分は区分所有者の共有となるが(11条1項本文)、その共有者は、規約に別段の定めがないかぎりその専有部分の面積割合による持分に応じた「共用部分の負担」の責任を負っている(19条)。この「共用部分の負担」として、日常的な保存・変更費用などの「管理費」や大規模修繕等に備えた「修繕積立金」などがある。したがって、これらの金員は、各区分所有者が共同所有する建物の維持管理のために、共同所有者の「団体」(管理組合)に対して供出する共益費用である。管理組合が法人成りしていれば、その管理費等は管理組合法人に帰属する財産であり、法人成りしていない場合でも「権利能力なき社団」論をふまえれば当該団体に総有的または合有的に帰属するものといえる(法務省・マンション法53頁)。各区分所有者は、いったん管理組合に供出した管理費等については、たとえ専有部分を譲渡して「団体」(管理組合)を脱退するときもその持分の払い戻しを請求することはできない(法務省・マンション法54頁)。したがって、上記のような性質の「管理費等」は、管理業者に対して報酬として支払われる部分は別として、管理組合に帰属すべき財産である。

(3) このように「管理費等」は実質的には管理組合に帰属すべきものではあるが、その管理口座の預金契約締結者および名義人が管理会社である場合、法的には、誰に預金債権が帰属するのかが問題となった。このことを、Y銀行に対しても法的に主張しうる構成として、X_2らは、本判決が引用している最判昭和57年3月30日金法992号38頁等が確立してきた判例準則である「客観説」(金銭の出捐者と預金行為者・名義人が異なる場合、その預金の原資の出捐者が誰かを重視して預金帰属者とする)を主張した。本判決は、それに即した判断をした。

2 本判決の評価

本件の問題の本質は、銀行に対する預金債権という法形式で存在する金銭的価値が、管理口座の名義いかんにかかわらず、管理会社の固有の財産とは区別された「他人性」をもつことである。本件東京高裁(民事7部)は本件預金の預入行為者の「管理者」としての地位を強調し預金の性質等その「他人性」を示す事実を認定しつつ、基本的にこの「客観説」によって、A名義の預金の「他人性」を対銀行との関係でも認めたのである(Yが別の銀行でほぼ同事案の別訴においても、東京高裁(民事4部)は、同様に「客観説」に依拠し、Aを「区分所有者の使者」としてその「他人性」を認めた(東京高判平成11年8月31日判時1684号39頁))。本件の評釈における学説においても、本判決および別訴高裁判決が「客観説」に依拠した趣旨については肯定的である(鎌野邦樹・リマークス25号37頁、中舎寛樹・金法1652号12頁)。「客観説」に基づいた利害調整は、金銭的価値の実質的な帰属主体と債権の名義のズレという預金の特殊性に対応した場面においてのみ、かつ、名義等を信頼した銀行の保護を一定の表見法理とワンセットでのみ妥当性を有するといえる(中舎・前掲14頁)。本件においては、Yには、預金の「他人性」について「悪意」ともいえる「過失」があることから、民法478条および94条2項の類推適用など表見法理による保護を受けられないとしたのは当然の判断といえる。

3 実務指針

マンション管理適正化法制定により管理費等の預金の分別管理が徹底され、本件のような問題は今後は生じにくいと思われる。もっとも、この分別管理を前提として、管理会社が、管理委託契約に基づき、どこまで管理費等の適正な管理に関する「善管注意義務」を負うのか、その具体的内容はさらに問題となることに注意すべきである(たとえば東京地判平成17年9月15日判例集未登載は、管理組合理事長がエレベーター塔屋請負工事代金額を偽り、管理会社が通帳を管理する管理組合の口座から安易に理事長の資金移動要請に応じたことなど、理事長の不信な行動があるのに漫然とした対応しかせず、理事長の管理費等の横領の継続を許したことについて、管理会社の「善管注意義務」違反とし損害の一部に賠償責任を認めた。また、東京地判平成21年5月21日判例集未登載は、交換用の蛍光灯、理事会等の茶菓子代など比較的小額の金員の支出について、総会での決算報告で承認を得る以上、個別に理事長等の承諾を経なくても管理会社に同義務違反は認められないとした)。

【参考文献】 本文中に引用した本判決評釈のほか、本件1審判決東京地判平成10年1月23日の評釈として中舎寛樹・金法1556号7頁、前掲東京高判平11年8月31日の評釈として、新田敏・マンション学9号143頁、太田知行・判評495号16頁、同第1審東京地判平8年5月10日判時1596号70頁の評釈として平田健治・判評464号29頁を参照。なお、これらの判例を素材として広く金銭の特殊性と「他人性」の問題を扱ったものとして、西島良尚「金銭の管理と帰属について(1)」NBL810号89頁、「同(2・完)」NBL812号130頁参照。

西島良尚
流通経済大学教授・弁護士

XI その他（マンションの購入・欠陥・近隣紛争・居住者間トラブル・保険等）

97 マンション内でのトラブル

東京高裁平成25年10月10日判決（判時2205号50頁）

1 事実

本件は犬の咬傷事件を原因として居室賃貸人に生じた財産的損害に関する事案である。

Y夫妻（以下「Yら」という）は高級マンションの居室で飼育していたドーベルマン（本件犬）を散歩させるため、Yらの子（6歳）が同マンション2階フロアの共用部分に犬を連れ出した際、犬が子が持っていた手綱を振りほどくように3階フロアに駆け上がり、同フロアの共用通路を歩いていた同マンションの居住者であるAおよびその子（4歳）に襲いかかり、Aの右大腿部に咬みつき、11日間の通院治療を要する右大腿表皮剥離の傷害を負わせた。Aおよびその子はこの咬傷事故のためにマンションに居住し続けることが困難な精神状態に陥ったため、同マンションの居室を賃貸人Xから賃借してAらを居住させていたB社はXとの賃貸借契約を合意解除し、B社は同月末日限り同居室を明け渡した。なお、XとB社とは解約違約金（賃料の2か月分に相当する金額）の支払債務を免除することなどについて合意した。

Xは、Yらが飼育していた犬による咬傷事故が原因となり、Xの賃貸物件の賃借人が退去し（その後入居者が決まるまでの間に）得べかりし賃料収入を喪失したなどと主張し、Yらに対しては民法718条1項または同法709条に基づき、またYらに住居を使用させていたY会社に対しては民法709条に基づき損害賠償を請求した。第1審判決（東京地判平成25年5月14日判時2197号49頁）は、Xの請求のうち、賃料収入の逸失利益につきYらの損害賠償責任を否定し、解約違約金につき民法422条の類推適用によりYらの損害賠償責任を一部認容した（385万円および遅延利息）。これに対して当事者双方が控訴。

2 判旨

XのYらに対する請求を認め、Yらに対し連帯して1725万円および遅延利息の賠償を命じるとともに、XのY会社に対する控訴およびYらの控訴を棄却した。

「本件マンションの建物使用細則は、居室のみで飼育できる小動物を除き、動物を飼育することを禁止していることが認められる。

この禁止規定の目的は、本件マンションの区分所有者、居住者その他の関係者の生命、身体、財産の安全を確保し、快適な居住環境を保持するという本件マンションの区分所有者、居住者その他の関係者の共同の利益を守ることにあり、合理性が認められる。この禁止規定に違反した結果この共同の利益が損なわれることは、本件マンションに居住する価値が低下することにつながるから、専有部分の区分所有者その他の権利者が有する財産上の利益も損なうことになると解するのが相当である。特に本件マンションは、7戸という特定少数の入居者が外部から隔離された環境で生活する高級マンションであり、快適な居住環境が通常の居宅以上に重視されているのであって、このことが月額賃料の額にも反映されていると見るのが相当である。したがって、本件マンションの居住者は、この禁止規定に違反してはならず、これに違反して動物を飼育する場合には、本件マンションの居住者その他の関係者の生命、身体、財産の安全等を損なうことがないように万全の注意を払う必要があり、飼育する動物が専有部分や共用部分の一部を毀損するなど、財産的価値を損なう行為をして専有部分の区分所有者その他の権利者が有する財産上の利益を侵害したときは、民法718条1項による損害賠償責任を負うほか、上記注意義務に違反したと認められるときは、同法709条による損害賠償責任も免れず、いずれにしても専有部分の区分所有者その他の権利者が財産上の利益に関して受けた損害を賠償する責任があるというべきである。そして、動物の飼育者が上記注意義務に違反したために飼育する動物が本件マンションの共用部分において居住者に対して咬傷事故等を惹起し、被害者が恐怖心等により心理的に本件マンションの居室に居住することが困難になって賃貸借契約を解約して退去したときは、本件マンションの区分所有者、居住者その他の関係者の生命、身体、財産の安全を確保し、快適な居住環境を保持するという共同の利益が侵害されたといわざるを得ず、これによって発生する損害について不法行為による損害賠償責任を免れないところ、これを被害者に居室を賃貸していた賃貸人についていうならば、賃貸借契約解約に伴い次の賃貸借契約が締結されるまでの間通常生じ得る空白期間だけでなく、その影響が更に及び、次の賃貸借契約が締結されるまで相当の期間を要することとなり得ることを否定することはできないから、飼育する動物が専有部分や共用部分の一部を毀損するなど、財産的価値を損なう行為をして専有部分の区分所有者その他の権利者が有する財産上の利益を侵害したときと同様に、相当因果関係が認められる範囲で損害を賠償する責任があるというべきである。」

3 解説

1 本判決の分析

(1) 犬の飼育者（Yら）の注意義務　本判決は犬の飼育者の注意義務について、Yらはマンション規約の禁止規定に違反して犬を飼育した以上、その犬がマンションの区分所有者、居住者その他の関係者の生命、身体、財産に危害を加えないように万全の注意を払い、生命、身体、財産の安全に十分配慮し、マンションの区分所有者、居住者その他の関係者の共同の利益に反する結果を招来しないように配慮すべき注意義務を負っていると認めた。かかる注意義務は居住の事実に注目しており、区分所有者やその賃借人、その他の居室利用者にも妥当する。また、本件犬の飼育について許可を得たかどうかを問わない（本件ではY会社は許可を得たかというが、誰の許可を得たかは不明）。なお、本件はYらの行為が

問題になっており、飼犬の手綱を離した本件幼児の行為は法的に独立の行為ということはできない。

(2) 損害賠償の範囲とその根拠　本判決は、咬傷事故の被害者が恐怖心等により心理的にマンションに居住することが困難になり賃貸借契約を解約し退去したときは、マンションの区分所有者、居住者その他の関係者の生命、身体、財産の安全を確保し、快適な居住環境を保持するという共同の利益が侵害されたとし、この被害者に居室を賃貸していた賃貸人には、「賃貸借契約解約に伴い次の賃貸借契約が締結されるまでの間通常生じ得る空白期間だけでなく、その影響が更に及び、次の賃貸借契約が締結されるまで相当の期間を要することとなり得ることを否定することはできない」と捉え、この場合には「飼育する動物が専有部分や共用部分の一部を毀損するなど、財産的価値を損なう行為をして専有部分の区分所有者その他の権利者が有する財産上の利益を侵害したときと同様に、相当因果関係が認められる範囲で損害を賠償する責任がある」と認めた。

(3) XのY会社に対する請求について　本判決はY会社の損害賠償責任を否定した。第1に、Y会社は民法718条1項にいう動物の占有者には当たらず、同条2項にいう占有者に代わって動物を管理する者にも当たらず、動物占有者を幇助した者にも当たらないとした。第2に、709条については、本件マンションの区分所有者、居住者その他の関係者の生命、身体、財産の安全等を損なうことがないように万全の注意を払う必要があるのは、直接には犬の飼育者であるYらであり、Y会社がドーベルマン1匹を室内で飼育することの許可を受けて、同犬が本件マンションの居住者等の生命、身体等の安全を損なう危険を作出したことと、Xが本件事故により受けた損害との間に相当因果関係がないと認めた。

2　本判決の評価

本判決は第1に、本件マンションが高級マンションであり、快適な居住環境が通常の居宅以上に重視され、このことが賃料額にも反映されているとしたうえで、Yらが損害賠償責任を負うべきときは、マンション居住者らの共同利益が侵害され財産上の利益を侵害された者が不法行為の直接の被害者に当たると解するのが相当であるとした。そして、賃料相当額を上限とし相当性の範囲で損害賠償の範囲が画定されると認めた。このように、本判決が本件損害のなかに居住環境の価値が含まれていることを明確にしたことは妥当であり、かかる考え方は相当因果関係論に基づくことによって可能となった。

他方、本判決の認容額については、喪失した賃料相当額の上限まで認める理由が必ずしも明確でない。これについては相当性判断においてより説得力ある理由が必要である。ここに相当性は、事故の寄与度を求める寄与度論（拙稿「割合的認定論の法的構成—相当因果関係論の再構成」『交通賠償論の新次元』100頁［2007年］）の発想によると咬傷事故の寄与度について当該居室の空室期間の合理性が問われ、新たな賃借人が現に入居するまでの期間ではなく、入居するのが相当期間が求められることになろう。ちなみに、直接損害と間接損害の概念を重視する損害論に基づくアプローチからは、解約違約金相当額を超えて損害を認めることに異論を示す（第1審判決および第1審判決を参考に本判決を批判的に検討する大久保・後掲21頁、加藤・後掲96頁が精緻である。加藤は高額賠償が容認された背景としてXがサブリース事業者であったこと等に言及し、高額賠償は高級マンションという一種の部分社会における規範違反に対する制裁の意味があると指摘する）。

本判決は第2に、Y会社の責任を否定した。本件犬が大型犬で、通常、飼主以外の人に対して警戒心が強いともいわれ稀に咬傷事故が報告されることもあることを考慮すると、咬傷事故の寄与度、あるいは特別事情による損害としてY会社に予見可能性が認められる場合がありうる。この場合、YらとY会社の行為は関連共同性があり共同不法行為責任（民719条1項）が認められる（大久保・後掲26頁は民法719条2項の責任を認める）。

3　実務指針

民法の相隣関係の規定は、隣人相互の土地・建物利用のあり方等について規律している。わが国では高度経済成長期にマンション等が次々と建設され、新たに出現した相隣関係に対応するために、建物の区分所有等に関する法律が昭和37年に制定された。本法はマンションの横と縦の関係や共用部分の利用などについて規律し、マンションの集会決議や規約は同法の規律を補充する（鎌野、案内101頁以下）。本法は今日、土地・住宅法あるいは不動産法の要として機能している。

ペット飼育は居住者の安全のほか、ペットの鳴き声、悪臭、衛生など環境問題を惹起する。マンション内のトラブルはしばしば、上下階の居室、隣接する居室の居住者間において騒音・振動を原因として生じている。これはマンションにおける典型的な環境問題である（最近の事例として東京地判平成19年10月3日判タ1263号297頁、判時1987号27頁（階上の騒音に損害賠償を認容）、東京地判平成24年3月15日判時2155号71頁（階上の騒音に損害賠償と差止めを認容）がある。）。

マンションの居室でペットを飼育することは、従前はマンション規約において禁止されることが多かったが、最近ではペット飼育についての理解が深まり、多様な価値観を互いに尊重するようになってきたこと等を背景にし、猫や小型犬等一部のペットについては飼育が許容される例が増えてきた。今日、マンションの居室は一戸建ての家とともに人々の生活の拠点となり、また終の棲家となり、マンションでペットと共に生活したいとする人は少なくない。マンションはそれぞれの地域に立地する集合住宅であり、ここでの生活の秩序はマンション内の秩序にとどまらず、地域社会の秩序でもある。ペット飼育では飼育者のルール（安全、衛生、環境問題、その他のマナー）が要請されるが、同時に、地域におけるペットとの共生を許容することも要請される。マンションの集会決議や規約による規律のあり方としては、この双方の要請を考慮しなければならない。本判決が認めた居住環境の価値は高級マンションに限定されず、より一般的に追求されるべきであろう。

【参考文献】　本件の評釈として、①大久保邦彦・判評664号21頁、②加藤雅之・民事判例Ⅸ 2014年前期96頁。

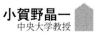
小賀野晶一
中央大学教授

XI その他（マンションの購入・欠陥・近隣紛争・居住者間トラブル・保険等）

98 区分所有者が締結した個人財産総合保険契約約款における地震免責条項の解釈

東京高裁平成 24 年 3 月 19 日判決（判時 2147 号 118 頁、判タ 1374 号 197 頁）

1 事実

　平成 23 年 3 月 11 日に東日本大震災（以下「本件地震」という）が発生し、同地震の地震動は東京都にも及び、東京都杉並区所在の本マンション（以下「本件マンション」という）にも震度 5 強または震度 5 弱の揺れを生じさせた。本件マンションの 6 階の 603 号室に居住していた Y_1 は、電気温水器を使用して浴室や台所の洗い場の給湯をしていたが、室外から室内への配水管の一部に本件地震によって亀裂が生じ亀裂部分からの漏水によって、5 階の 504 号室の居住者 X_1 に対し損害を被らせた（以下「本件事故」という）。

　Y_1 は、Y_2 保険会社との間で、ホームオーナーズ保険契約（個人財産総合保険契約）（以下「本件保険契約」という）を締結していた。本件保険契約には個人賠償責任保険総合補償特約が付され、同特約は被保険者が居室の所有、使用または管理に起因する偶然な事故により他人の身体の障害または財物の減失、毀損もしくは汚損に対し法律上の損害賠償責任を負担することによって損害を被ったときは、保険会社が保険金を支払うとの契約約款があり、また、地震によって生じた損害に対しては保険金を支払わないとの地震免責条項が設けられていた。

　本件マンションの 504 号室の区分所有者は X_2 で、X_2 には妻 X_3 がいた。X_1 は X_2 および X_3 の娘婿で、504 号室に居住させてもらい、X_1 は、妻と子供の 3 人暮らしであった。本件事故により、天井の電灯が故障し、内装のクロスも水漏れが生じ、X_1 は 3 月 12 日から 4 月 5 日までの 25 日間、妻の実家の X_2 および X_3 宅での生活を余儀なくされた。X_1 は、妻の実家での生活による精神的な苦痛の損害 10 万円を、X_2 は、504 号室の電灯改修工事代金 15 万 2922 円、内装リフォーム工事代金 103 万 9500 円および慰謝料 7 万 5000 円の合計 126 万 7422 円を、X_3 は、慰謝料 5 万円を、Y_1 に対しては、民法 717 条 1 項および同法 709 条に基づき損害賠償請求を、Y_2 に対しては Y_1 に対する損害賠償責任が確定したことを条件に保険金請求をした。

　原審（東京地判平成 23 年 10 月 20 日）は、Y_1 に対する X_1 の慰謝料請求 10 万円を認容し、X_2 の電灯改修工事代金および内装リフォーム工事代金の請求 104 万 9222 円は認めたが、X_2 の慰謝料請求 7 万 5000 円および X_3 の慰謝料請求 5 万円は棄却した。また、Y_2 保険会社に対する請求について、X らの原告適格を認め、地震免責条項の適用を排除し、上記で認めた X_1 および X_2 の損害を填補する保険金の請求を認容した。

　Y_2 は、地震免責条項の適用を排除したことを不服とし、また、X_1 および X_2 には Y_2 を被告として訴訟を提起する原告適格がないとして控訴した。控訴審において Y_1 は X_1 および X_2 のために補助参加した。

2 判旨

　控訴認容。「1　地震免責条項の適用の有無

（1）地震免責条項にいう『地震』の意義

　本件保険契約の個人賠償責任総合補償特約の約款は、Y_2 保険会社が保険金を支払わない場合につき、『地震もしくは噴火またはこれらによる津波』と規定しており、免責の対象となる地震の意義ないし範囲等につき何ら限定を付していない。

　また、地震は、我が国を含む地球上で頻繁に起こる自然現象（地殻又はマントル内に自然に起こる急激な変動及びこれによって生ずる地殻の弾性波により地面が動揺する現象。広辞苑〔第 6 版〕参照）であり、社会通念上『地震』の語の意義は明確であって、保険事故の原因となった現象が地震であるかどうかにつき紛れが生じることはないと考える。

　したがって、上記約款の文言上、『地震』の語をその強度、規模等によって限定的に解釈することはできず、地震と相当因果関係のある損害であれば地震免責条項の対象になると解するのが相当である。」

「（2）本件における損害と地震との相当因果関係

　本件事故が、東北地方太平洋沖地震の発生直後に、補助参加人 Y_1 が所有する 603 号室に設置されていた電気温水器の配水管に亀裂が生じたことにより発生したものであること、本件マンションが所在する東京都杉並区内の観測点における上記地震の震度が 5 強又は 5 弱であったことは、上記前提事実（原判決 2 ～ 4 頁）のとおりである。また、上記配水管に経年劣化が生じており、このことが亀裂発生の一因となったということができるとしても、上記地震の揺れがきっかけとなって亀裂が生じたこと自体は当事者間に争いがない。したがって、本件事故につき補助参加人 Y_1 が損害賠償責任を負担するという形で損害を被ったとしても、この損害は上記地震と相当因果関係があると認められるから、地震免責条項が適用され、Y_2 は保険金支払義務を負わないと判断するのが相当である。」

「2　保険会社に対する直接請求の可否

　X らの請求に理由がないことは上記 1 のとおりであるが、本件の訴訟物は本件保険契約に基づく Y_1 の Y_2 に対する保険金請求権であって、X らが Y_2 に対し直接請求することができるとは認められず、X らの請求はこの点からも理由がないと解される。」

3 解説

1　本判決の分析

（1）地震免責条項の「地震」の意義について　本判決の最も重要な争点は、地震免責条項に規定されている「地震」について、地震に何らかの限定を付して解釈されるべきか否かということである。地震限定説と地震非限定説の対立である。地震限定説は、地震免責条項の適用を回避して、火災保険金満額の支払を期待する被災者原告側からの主張であり、地震非限定説は、地震免責条項の適用を肯定して、火災保険金の支払を免れたい被告保険会社側の主張である。

本判決以前において、阪神淡路大震災後、神戸地裁を中心に多くの地震免責条項に関する訴訟が提起され、その中で、地震免責条項の有効性・合理性、拘束力、第3類型の解釈、割合的適用なども争われたが（拙著『地震保険の法理と課題』244頁以下［2003］参照）、本判決と同様、地震免責条項の「地震」の意義についても争点となった判例もある。たとえば、神戸地裁において、原告側は、「『地震』とは、地震と同時に広範囲にわたって多発的に火災が生じ、被害額自体が損害保険会社の基礎を掘り崩し、企業の存立を危うくするような地震」と主張したが、神戸地裁判決は、地震による損害は地震保険によってカバーする関係性や保険契約者の地震保険の不採用という選択を理由に、地震は限定されるべきではないと判示した（神戸地判平成11年4月28日判タ1044号191頁）。また、奥尻島地震津波災害後、函館地裁においても、原告側は、「火災損害が損害保険会社の経済的基盤を崩壊させ、正常な保険業務が不可能となるような『保険数理崩壊型地震』」と主張し、それに至らないような局地的・小規模な地震については地震免責条項の適用はないとした。これに対し、函館地裁は、生命保険契約約款や建物更生共済規約と異なり、保険会社の経営基盤に影響を及ぼさない限りは火災保険金を支払うとの文言は一切存在しない地震免責条項の解釈において、地震を限定して解釈すべき合理的理由はないと判示した（函館地判平成12年3月30日判時1720号33頁、判タ1083号164頁、拙稿・判評506号41頁参照）。

(2) 本件における損害と地震との相当因果関係について　電気温水器の配水管に亀裂が生じその亀裂から温水が漏出した原因として、本判決は、配水管の経年劣化と地震を挙げている。本件マンションの建築年は昭和57年6月2日であり、電気温水器は平成6年製造の東芝製電気温水器であった。東日本大震災が発生した平成23年までに16年9ヵ月余りの時が経過していた。途中、Y_1が本件マンションの603号室を購入した平成19年に電気温水器および配水管の点検が実施されたが、配水管の修理や補修はされず、17年間の経年劣化により東日本大震災前に配水管に既に亀裂が生じていた可能性もある。本判決は、経年劣化による亀裂が仮にあったとしても、東日本大震災後に漏水事故が発生している以上、東日本大震災によって既に経年劣化から生じていた亀裂をさらに拡大して漏水につながったか、あるいは東日本大震災によって生じた亀裂から漏水事故が生じたかを問わず、東日本大震災と漏水事故との間には相当因果関係があるとした。

(3) 被害者による保険会社に対する直接請求の可否について　本判決は、Xらが、Y_2保険会社に対して直接請求することはできないと判示した。その理由として、Y_1のY_2に対する保険金請求権の債権譲渡の事実はないこと、任意的訴訟担当は弁護士代理の原則から許されないこと、債権者代理権の行使にはY_1の無資力を要件とするがY_1は無資力ではないこと、法律上または保険約款上、被害者による直接請求権の行使の根拠がないこと等を挙げている。たとえば、自動車損害賠償保障法16条1項や自動車保険約款6条1項などである。原判決は、Y_1からXらに対する保険金請求権の譲渡を認めたが、本判決はそれを否定した。

2　本判決の評価

本判決は、地震免責条項における「地震」の意義について、地震非限定説に立ち、その理由付けを詳細に判示した。阪神淡路大震災などの比較的大きな地震が発生する度に、この点に関する主張が法廷で争われてきたが、本判決によって、地震限定説はたとえ主張したとしても認められないことがほぼ確実となった。

すなわち、本判決も地震非限定説に立ったが、従来の判例と異なる本判決の特徴は、なぜ地震非限定説に立つのかを高裁段階ではじめて詳細に理由付けしたところである。これは、原審の東京地裁が地震限定説に立ったことで（東京地判平成23年10月20日判時2147号124頁）、敗訴したY_2保険会社が控訴理由の中で展開した地震非限定説の根拠に賛同し、原判決の挙げた地震限定説の根拠を覆したものである。すなわち、第1に、「地震」の意義について、約款文言においてその強度、規模等によって限定していないのであるから、その限定をすることは約款の文理解釈に反していること、第2に、地震免責条項と地震保険法との関係から、地震の意義を同一に解さないと、地震保険法の制度趣旨である「被災者の生活安定への寄与」の役割（同法1条）を果たせないこと、第3に、原判決が示した根拠である、戦争、津波、噴火、放射能汚染と並列的に地震を挙げていることは、巨大地震に限定する解釈の根拠にならないこと、第4に、原判決のように事故発生地点での個別具体的な揺れの程度や建物の震度5強以下の耐震性等を考慮して地震免責条項の適用の有無を判断することは、保険金請求時にこれらの点の事実認定をめぐる争いが多発することが予想されるうえ、保険契約の加入時にも建物の耐震性等についての審査が求められることになり、保険実務の混乱を招くことになりかねないこと、第5に、原審のように考えると、巨大地震により損害を受けたものが同一の保険に加入していた場合に、震源地に近く被害が大きい地域では保険金の支払を受けられないのに対し、震源地から遠く被害が小さい地域ではその支払いを受けられることになりうるが、このような結論は保険契約者間の公平を欠くことがその根拠として挙げられている（渡邉雅之「地震免責条項における『地震』の意義が問題となった判決」NBL965号8頁参照）。

また、被害者による保険会社に対する直接請求について、法律上または保険約款上の根拠がない以上、それはできないことも明らかにした。保険金請求権の譲渡が認められるためには、明確な証拠として、例えば、確定日付のある内容証明郵便や公正証書などによるその譲渡を証明することが必要になる。

3　実務指針

本件の漏水事故は、電気温水器の配水管の経年劣化と東日本大震災が作用したことが問題となった。マンションにおける漏水事故は、きわめて日常的な事故で多くのマンションにおいて問題となっている。漏水事故の原因を特定することがその責任主体や責任の有無を決定する。したがって、マンション所有者、管理組合、管理会社などは、配水管、水道管、排水設備の経年劣化の状況を定期的に正確に把握しておくことがその責任を回避するために重要になるであろう。

【参考文献】　本文に引用したものを参照。

黒木松男
創価大学教授

XI　その他（マンションの購入・欠陥・近隣紛争・居住者間トラブル・保険等）

99 保険会社の管理組合に対する損害賠償請求

東京地裁平成23年4月25日判決（判時2116号123頁）

1　事実

　X保険会社は、訴外Aとの間で、Aが居住する東京都世田谷区に所在する本件マンションの101号室の専有部分に関する建物火災保険契約と家財火災保険契約を締結していた。平成19年10月頃、101号室内にカビや剥離が生じたため、Aは火災保険金の請求を行い、Xは、Aに対し、385万2,822円（建物保険金305万5122円＋家財保険金79万7,700円）の保険金を平成20年2月に支払った。Xは、商法662条（平成20法57号による改正前のもの、保険法25条）の請求権代位に基づき、Aの本件マンションのY管理組合に対する債務不履行に基づく損害賠償請求権に保険代位して、385万2,822円の求償金請求訴訟を提起した。同訴訟の中で、Xは、101号室のカビや剥離は、102号室および104号室の床下排水管の亀裂による漏水事故に起因するものであるとし、本件マンションを管理するY管理組合に適切な維持管理を怠った過失があるとして求償金の支払を求めた。

　これに対し、Yは、本件マンションの101号室のカビや剥離は、結露による結果であって、床下排水管の亀裂による漏水事故が原因ではないと因果関係を否定し、Yには責任はないと主張した。

2　判旨

　請求棄却。「(1)　Xは、102号室及び104号室の床下ピット内に大量に流れ込んだ比較的温度の高い排水により発生した水蒸気が、もともと水蒸気量の多かった101号室の床下ピット内に移動し、これが充填されたモルタルの崩れたジョイントや排水管と床板との隙間、さらには毛細管現象によって101号室に侵入し、二重床の隙間に入って畳を保湿材とし、101号室の日照障害や南側外壁に断熱材がなかったこともあり、101号室にカビ等の被害を生じさせた旨主張する。

　(2)　しかし、前提事実及び上記認定のとおり、本件各排水管は洗面・浴室排水系統であり、給水管と異なり常時加圧された水が充満しているものではなく、漏水が生じるのは洗濯や入浴の排水が流れる際であり、漏水が常時生じているものではないこと、……102号室及び104号室の床下ピット内には、多量の生活排水が漏れた痕跡は見あたらなかったことからすれば、本件事故による漏水が多量であったとは認められず、これを前提とするXの主張は採用することはできない。」

　「(5)　前提事実及び上記認定のとおり、本件マンションは結露が生じやすい構造であり、特に101号室の南側は断熱材がなく、三面が外気に接する結露の生じやすい構造で、102号室から106号室の住人は結露及びカビに悩まされていたことからすれば、むしろ101号室のカビ等は本件事故とは無関係な結露による可能性が高い。

　Xは、101号室のカビ等の被害は、平成19年7月以降に生じ、本件事故と因果関係がある旨主張するが、前記認定のとおり、フロンティアが写真撮影した平成19年11月までのわずか4ヶ月の間で室内全面に前提事実記載の被害が生じたとは考えがたく、101号室のカビ等の被害は、平成19年7月以降に生じたことを認めるに足りず、Xの主張は採用できない。」

　「(6)　ア　丙田鑑定書は、101号室のカビ等の被害発生原因についてAから提出された事故原因報告書、損害状況写真・平面図、原因詳細報告書等を参照するとともに、現場においてA及びフロンティアから状況を聴取した結果、上階よりの漏水及びAの給排水管に破損等がないこと、床下から上部に向かって損害が拡大していることから本件各排水管の床下立上り付近に劣化による割れが生じたため亀裂部から漏水したためと思われるとしているが、本件マンションの構造、101号室の位置及び断熱材の設置状況、周囲の環境、1階他室の被害状況などについての考察が十分加えられていないのみならず、上階よりの漏水につき、平成11年6月に、101号室の上階にあたる301号室から漏水があったのであり、因果関係の判断において前提となる事実の誤りがあり、上記鑑定意見は採用することができない。

　イ　乙川意見書では、101号室排水管が1階床を貫通している部分のコンクリートと配管の間の隙間からピット内の水蒸気が床下に流入して、カビの発生原因となった可能性があること、また、床プレキャストコンクリート板の鉄筋継手用開口やジョイント目地のモルタル充填が不良で空隙があった場合には、ピット内の水蒸気がその空隙を通過して床下に流入して、カビの発生原因となる可能性があるなどとした上、本件各排水管の破損がカビの発生には一定の影響を与えた可能性があるとしているところ、『甲野ハイツ検討依頼回答』では、上記意見書を補強するものとして壁際の1階床開口のモルタル充填が不十分であり、床下の水蒸気が1階床に流入する可能性があると推定した、壁際の部分に集中してカビの発生が見られたことから、壁と床の間からの水蒸気の影響によりカビが発生した可能性があると推定したとの意見を述べている。

　しかし、意見書は、本件各排水管の破損がカビの発生に一定の影響を与えた可能性があるとするにとどまるのであり、これによって因果関係を認めることはできない。」

3　解説

1　本判決の分析

　(1)　保険会社のマンション管理組合に対する請求

　保険代位は、被保険者の不当な利得や二重利得を阻止するために設けられた制度で、残存物代位（保険24条）と請求権代位（保険25条）があるが、本事件は後者の保険代位である。近時、保険会社が被保険者に保険金を支払った後に第三者に責任があるとして損害賠償を求める事例が増加している。

　本事件のようなマンション管理組合を相手取って訴訟を提起する例は稀であった。Y管理組合としても青天の霹靂であったろう。保険会社としては、マンション管

組合が適切な維持管理をしなければならない共用部分の維持管理を怠ったことを立証できるとの自信の下で訴訟提起に踏み切り、Ｘ保険会社は、Ａに対するＹ管理組合の適切な共用部分の維持管理を怠ったという債務不履行に基づく損害賠償責任（民415条）を請求権代位によって追及した。

（2）本件マンション101号室のカビ・剥離の発生原因

本事件は、法律や約款上の解釈問題はなく、本件マンション101号室のカビや剥離の発生原因の特定という事実認定上の問題が焦点になった。

Ｘ保険会社側は、101号室のカビや剥離は、Ｙ管理組合が適切な維持管理をしなければならない102号室および104号室の床下配水管の亀裂による漏水事故がその発生原因であると主張したのに対し、Ｙは、101号室の結露がその発生原因であると主張した。したがって、ＸおよびＹは、発生原因を特定するための客観的で正確な証拠の提出の応酬に精力を注いだ。特に、鑑定書や意見書の証拠能力および本件マンションの管理組合の状況が勝敗を決した感がある。

2 本判決の評価

（1）本件排水管の漏水事故と101号室のカビ等の発生との間の因果関係の有無　本件マンション101号室の損害は、室内内装表面や床CFシート表面にカビや剥離が生じ、畳には吸湿による腐食が進行していた。その損傷範囲は、和室、ダイニングキッチン、トイレ、廊下など室内全面に及んでいる。和室は、南側2室、北側1室の3室すべてで生じ、居住に耐えうる状況になかった。

内装クロスやシートのカビや剥離の発生原因を特定することは極めて困難を伴う。種々の複合的要因が重なり合ってカビや剥離を生じさせたといってよいが、その複合的要因の中でも最も影響を与えた要因は何かを特定することもかなり困難である。漏水事故の場合は、水の流れがどう伝わって階下に流れ込んだのか、水蒸気による湿気事故の場合も、湿気を伴う空気の流れがどのように伝播したかを特定し解明することは技術的に極めて困難である。本件マンションの場合は3階建てのマンションであるから、比較的その困難の程度は低減できるが、階数が増え、住居戸数が増加すればするほどその難しさは増す。これはマンションの構造からくる困難性である。また、本判決も指摘するように、①マンションの構造だけではなく、②部屋の位置、③断熱材の設置状況、④周囲の環境（風通し・日照の程度）、⑤他室の被害状況など、種々の損害発生原因を特定するために考慮する必要がある。

本判決は、このように困難な課題に対して果敢に取り組んで一定の方向性を示したという点で評価に値する。この種の事件では、専門家の意見が判断の重要な手掛りになる。しかし、本判決は、鑑定業務を行った2人の専門家の意見を否定した。

第1に、丙田鑑定書で、平成19年10月30日に、Ｙ管理組合が締結していた三井住友海上との責任保険契約に基づき、三井住友海上が依頼した有限会社共和鑑定事務所の丙田鑑定人が鑑定したものである。Ｙは、Ｘ保険会社による本件求償金請求訴訟で敗訴した場合の損害を填補するための準備として、三井住友海上に保険金請求の見積りを依頼し、三井住友海上としては、本件求償金請求訴訟でＹが敗訴する蓋然性を見極めたいということから丙田鑑定をしたものである。丙田鑑定書は、排水管の亀裂部からの漏水によってカビや剥離が生じたという因果関係を肯定した。これに対し、本判決は、上述した他の損害発生要因について考察を加えていないこと、また、平成11年6月の上階の301号室の漏水事故に対してＡがリフォーム対応せず放置し、その事故処理の不十分さが本件カビや剥離を生じさせたとした。

第2に、乙川意見書で、平成20年10月5日に、Ｘ保険会社の依頼で技術士である乙川が床下ピット内を調査した技術士意見書である。同意見書は、種々のカビや剥離の発生原因を指摘した中で、本件排水管の破損がカビの発生に一定の影響を与えた可能性があるとした。これに対し、本判決は、排水管の亀裂からの漏水がカビの発生に影響したことは可能性としては認めたが、因果関係は否定した。

（2）101号室の損害額　Ｘ保険会社とＹ管理組合との間で、101号室の損害額をめぐって争いがあった。Ｘは、カビの増殖やクロス剥がれ、家財の汚損等を査定し、建物損害保険金305万5,122円および家財損害保険金79万7,700円の合計385万2,822円を、Ａに平成20年2月6日に既に支払い、その金額を合理的で妥当な金額であると主張した。一方、Ｙは、Ａが依頼した建設業者の株式会社フロンティアの作成した見積書は、原状回復のための見積りとしているが、実際には、その造作は新築仕様の見積りとなっていて、過大な費用の計上や二重計上もみられると反論した。本判決は、求償金請求を棄却したことから、101号室の損害額については判示しなかったが、双方の主張に大きな隔たりがあり、仮に上述の因果関係を肯定し求償金請求が認められた場合には、Ｘの求償できる金額の立証をめぐって大いに争われたであろう。

3 実務指針

マンションの共用部分の維持管理を履行する主体はマンション管理組合である。管理組合が住民等の自主管理をしている場合と第三者管理方式をとって管理会社が管理組合から委託されている場合がある。後者については業務としてマンションの維持管理を行っているので、十分な維持管理がなされることが期待できるが、前者の場合は、管理組合として遺漏なくその任務を遂行できるか否かは、マンションによってケース・バイ・ケースである。本件マンションのように、昭和49年に建築された3階建て18戸のマンションにおいては、マンション住民の高齢化がかなり進んでいることが推測できる。マンション住民の高齢化がイコール管理組合のマンション管理能力の低下とはならないが、往々にして、管理組合の役員のなり手がない、役員をやりたがらないという状況に追い込まれているマンションがある。このような管理能力が低下したマンションが、本件のような保険会社からの求償金請求に遭遇すると、その請求が認められる可能性が高まる。したがって、マンション管理組合としては、その管理能力の維持に常に留意し、場合によっては管理会社への委託も検討すべきである。

【参考文献】　藤田裕監修『マンション管理の法律とトラブル解決マニュアル』140頁［2016］、日下理絵『マンションの設備・管理が一番わかる』90頁［2016］、マンション管理センター『マンション管理の知識』889頁［2016］。

黒木松男
創価大学教授

100 マンションの各住戸への政党ビラ投函行為と住居侵入罪

最高裁平成21年11月30日判決（刑集63巻9号1765頁）

1 事実

本件マンション（地上7階、地下1階）は、1階の店舗・事務所部分と2階以上の住宅部分への各出入口は区分され、非オートロック式玄関のホール右手には、有害ビラやチラシの投函を禁止する旨のシールが貼られた集合ポストがあり、その奥には、管理人が非常勤する管理人室と1階廊下へ続く入口扉があった。また、玄関掲示板には、葛飾区の公報以外の集合ポストへの投函を禁止する掲示と、入退館者へ向けて管理人室で『入退館記録簿』に記帳する旨の掲示がなされていた。

平成16年12月23日午後2時20分頃、被告人が、所属政党の区民アンケートおよび返信用封筒等の配付を目的として、本件マンションの玄関ホール奥のドアから1階廊下へ侵入し、エレベーターで7階に昇り、廊下および外階段を利用して、各住戸のドアポストに本件政党ビラを投函しながら3階まで降りてきたところを住人に呼び止められ、同政党が同様の立入り・投函行為を繰り返していたことから押し問答となり、警察に不法侵入者（住居侵入罪）として通報されたのが本件事案である。

第1審（東京地判平成18年8月28日刑集63巻9号1846頁）では被告人は無罪であったが、原審（東京高判平成19年12月11日刑集63巻9号1880頁）では有罪で5万円の罰金刑となり、最高裁に上告された。

本件は刑事事件であり、本上告審の主要な争点は、本件被告人の行為を刑法130条前段の罪に問うことは憲法21条1項に違反するか否かではあるが、付随的に、マンション判例の争点として、①「マンション共用部分」が刑法130条に規定する「住居」としての該当性、②ポスティング目的の共用部分への侵入行為の違法性（「正当な理由」の有無）と阻却事由の有無が問われることになる。なお、上記争点について、各裁判所の判断理由が異なるため、本上告審判決を検討する前提として、第1審と原審判断の概要を示しておきたい。

(1) 第1審の判断の概要

(ア) 共用部分の「住居」要件　「住居」要件については、刑法130条の「建造物」について「囲繞地」も含まれることから、集合住宅においても、住戸部分と不可分一体のものとして利用される「共用部分」についても「住居」に当たるとした。

(イ) 「正当な理由」の有無　他人の住居に居住権者の意思に反して立ち入ることは、一般的に「正当な理由」のない侵入であるとしたうえで、他方、立入者にとっては、誰の承諾を受ければ適法なのかが必ずしも容易には把握できないので、マンション共用部分の場合は、個々の居住者の承諾の有無のみによって判断すべきではなく、集合住宅の管理の形態・設備、立入りの目的・態様等に照らして、その時の社会通念を基準として、法秩序全体の見地からみて社会通念上容認できない行為といえるか否かによって、一般的・規範的に推定的承諾の有無を判断するほかはない、との判断基準を示した。その

うえで本件では、①政党活動方針を区民に伝える目的にすぎない点、②昼間帯に公然と立ち入った態様、③わずか10分足らずの滞在時間、④投函全面禁止は、部外者に集合住宅の居住者との接触機会が事実上失われて不当な点、⑤社会一般の意識として、共用部分への立入り投函行為は、管理権者の推定的、包括的な承諾ある行為として原則としては許容されている点、⑥オートロック等の設備や常駐管理者はなく事実上自由に立ち入れる構造、⑦投函全面禁止の内部合意が外部的に表示されていない（「広告の投函」という表現、入退館記録簿の有名無実化）点等の諸般の事情を総合判断して、正当な理由があると認めて無罪を言い渡した。

(2) 原審の判断の概要

(ア) 「住居」要件　住居性要件について、原審は第1審と同様に判断している。

(イ) 「正当な理由」の有無・違法性阻却事由の有無

原審では、本件マンションの構造に加えて、本件マンション管理組合が部外者の立入りを許容していないことを知りながら行為に及んだ、被告人の主観的要素も併せて斟酌して否定している。また、政党活動を区民に伝える目的自体に不当な点はないとしても、居住者は住居の平穏を守るため、マンション内への部外者の立入りを禁止できるのであり、その意思に反してまで立入り行為が正当化されるものではなく、同目的には代替手段があるので、同目的のための立入り行為につき違法性の阻却事由や可罰的違法性を欠くと解することはできない、として住居侵入罪を認めた。

2 判旨

上告棄却。(1) 刑法130条前段構成要件該当性

「本件マンションの構造及び管理状況、玄関ホール内の状況、上記はり紙の記載内容、本件立入りの目的などからみて、本件立入り行為が本件管理組合の意思に反するものであることは明らかであり、被告人もこれを認識していたものと認められる。」と判示した。

(2) 違法性阻却事由・可罰的違法性の有無　「本件マンションは分譲マンションであり、本件立入り行為の態様は玄関内東側ドアから侵入し、7階から3階までの本件マンションの廊下等に立ち入ったというものであることなどに照らすと、法益侵害の程度が極めて軽微なものであったということはできず、他に犯罪の成立を阻却すべき事情は認められないから、本件立入り行為について刑法130条前段の罪が成立するというべきである」と判示した。

(3) 憲法21条1項違反について　「憲法21条1項も、表現の自由を絶対無制限に保障したものではなく、公共の福祉のため必要かつ合理的な制限を是認するものであって、たとえ思想を外部に発表するための手段であっても、その手段が他人の権利を不当に害するようなものは許されないというべきである（最判昭和59年12月18日刑集38巻12号3206頁）。」「本件では、表現その

ものを処罰することの憲法適合性が問われているのではなく、表現の手段すなわちビラの配布のために本件管理組合の承諾なく本件マンション内に立ち入ったことを処罰することの憲法適合性が問われているところ、本件で被告人が立ち入った場所は、本件マンションの住人らが私的生活を営む場所である住宅の共用部分であり、その所有者によって構成される本件管理組合がそのような場所として管理していたもので、一般に人が自由に出入りすることのできる場所ではない。」「本件管理組合の意思に反して立ち入ることは、本件管理組合の管理権を侵害するのみならず、そこで私的生活を営む者の私生活の平穏を侵害するものといわざるを得ない。」「したがって、本件立入り行為をもって刑法130条前段の罪に問うことは、憲法21条1項に違反するものではない。」「このように解することができることは、当裁判所の判例（最大判昭和43年12月18日刑集22巻13号1549頁、最大判昭和45年6月17日刑集24巻6号280頁）の趣旨に徴して明らかである（最判平成20年4月11日刑集62巻5号1217頁）」として、原審の判断を支持した（紙面上、判決引用判例を筆者が表記短縮）。

3 解説

1 本判決の分析

（1）「正当な理由」・「可罰的違法性」の有無　　以上のように、原審では、第1審が示した本件マンションの構造等の判断要素に加え、①立入行為が管理組合の意思に反する行為であること、②それについての被告人の認識を積極的な判断要素に加味している。他方、第1審が総合判断要素として示した、社会一般の意識として、特に集合住宅では部外者の立入りが広く認められているとする社会情勢を否定した。また、貼紙の趣旨についての限定的な解釈も否定して「正当な理由」がない、とし、非オートロックシステムや管理員非常駐体制や外階段での出入りが容易である等の事情は、上記の判断を左右するものではない、とした点が注目される。

本判決も、第1審の貼紙についての制限的な解釈に対しては原審と同様に否定し、本件貼紙を併せ読めば、政党ビラの投函を目的とする建物内への立入りが、管理組合の意思に反するものであり、集合ポストがあるにもかかわらず、住戸ドアポストまで立ち入る行為の法益侵害の程度が極めて軽微とはいえず、本件立入行為について刑法130条前段の罪の成立を認めたものである。

（2）政党ビラ配布行為への刑事処分と憲法21条

原審は、前掲最判昭和59年12月18日を先例として、表現の自由は、最大限に尊重されるとしても、無制限ではないことを理由に加えて、本判決では、本件で当否されているのは、表現そのものではなく、その手段として、ビラ等配布の手段として、管理権者の承諾なく立ち入ったことを処罰することの憲法適合性が問われている点が強調されている。そして、分譲マンションの住人が私的生活を営む住宅の共用部分は、一般に人が自由に出入りすることのできる場所ではなく、管理組合の意思に反して、そこに立ち入ることは、その管理権を侵害するのみならず、私生活の平穏を侵害するものであることから、本件立入りを刑法130条前段の罪に問うことは憲法21条1項に違反しないとして、より積極的に理由づけたものである。

2 本判決の評価

本判決は、住居等侵入罪に関する先例を踏襲したものであるが、ポスティングを目的とする共用部分への立入行為についての初めての最高裁判例であり、今後の判例に影響を与えるものと思われる。

（1）共用部分の「住居」要件　　第1審・原審では、マンションの共用部分を中間的な私的空間であると評価したうえで、住居部分と不可分一体であることから「住居」に含まれるとしたが、最高裁では、共用部分が「住居」、「建造物」または「邸宅」のいずれに該当するかは言及せずに、「刑法130条前段の罪」と判示している。

しかし、近接の判例として前掲最判平成20年4月11日が、公務員宿舎の玄関・廊下等について「人の看守する邸宅」に該当する旨を判示して邸宅侵入罪の成立を認めたが、国の管理のもとに貸与される公務員宿舎の廊下部分に関する先例を、本件のような区分所有者全員の共有に属する共用部分に関する例と同視しがたい点もある。すなわち、本件は、区分所有者全員の共有に属する部分で、管理意思は規約や決議によって「単一意思」に帰属するものであるとしても、あくまで居住ルールとしてのそれであり、別途に個々の区分所有者の了解があれば部外者が自由に立ち入れる場所でもあり、区分所有者固有の立入許諾との関係に言及・検討が必要かと思われる。

（2）管理意思に反する行為　　管理意思に反する立入行為か否かの認定について、本判決は、前掲最判昭和59年12月18日を先例に、管理権者が予め立入り拒否の意思を積極的に明示していない場合であっても、該建造物の性質、使用目的、管理権者の態度、立入りの目的などからみて、現に行われた立入り行為を管理権者が容認していないと合理的に判断されるときは、他に犯罪の成立を阻却すべき事情が認められない以上、同条の罪の成立を免れないというべきであるとの立場から掲示板の2枚の貼紙から当然に推認できると結論づけるが、同立場からすれば、入退館記録簿が有名無実化していた点や、他に立入りを許可する者が存在しない等の、本件マンション固有の違法性軽減事由の有無についても、検討が必要であったかと思われる。

3 実務指針

政党ビラの配布行為と憲法21条1項との解釈に関して、本判決が示した、政党活動行為が表現の自由として最大限に尊重されるとしても、その手段が私生活の平穏を侵害することまで許すものではないとする点は、今後も憲法解釈の基準とされる一方、平穏な生活が侵害に関しては、マンション管理組合において、①禁止事項として玄関入口にその旨を掲示し、②侵入者・その組織にその旨も過去に伝達していたにもかかわらず、それを知りながら、あえて同行為に及んだ場合には、たとえ、不法目的でない場合であっても、そのような諸般の事情が存在する場合には、刑法130条前段の罪に問われると示した事例判決と理解すべきであろう。

【参考文献】　西野吾一・ジュリ1433号117頁、毛利透・平成22年度重判19頁、十河太郎・平成22年度重判208頁。

掲載判例索引

※タイトルの次の〔 〕内の数字は判例番号

最高裁判所判例

最判昭和 50・4・10（判時 779 号 62 頁、判タ 323 号 148 頁）バルコニーの帰属〔12〕……………角田光隆　24
最判昭和 61・4・25（判時 1199 号 67 頁、判タ 607 号 45 頁）マンション内の倉庫の帰属〔9〕……………角田光隆　18
最判昭和 61・7・10（判時 1213 号 83 頁、判タ 623 号 77 頁）区分所有者の設備撤去の責任〔41〕…………矢田尚子　82
最判昭和 62・7・17（判時 1243 号 28 頁、判タ 644 号 97 頁）暴力団事務所〔72〕……………………………大場浩之　144
最判平成元・11・24（民集 43 巻 10 号 1220 頁）共有者が相続人なくして死亡した場合の共有持分の
　　　　　　　　　帰属〔33〕……………………………………………………………………西島良尚　66
最判平成 2・11・26（民集 44 巻 8 号 1137 頁）代表権の制限〔59〕……………………………………山野目章夫　118
最判平成 5・2・12（民集 47 巻 2 号 393 頁）管理室・管理人室の帰属〔13〕…………………………角田光隆　26
最判平成 7・1・19（判時 1520 号 84 頁、判タ 871 号 300 頁）区分所有部分に登記のない 1 棟の建物全部
　　　　　　　　　について賃借権設定登記がされた場合の抹消登記請求〔95〕………七戸克彦　190
最判平成 7・7・18（民集 49 巻 7 号 2684 頁）共有者による地役権設定登記手続請求と当事者適格〔26〕…小田敬美　52
最判平成 8・11・12（民集 50 巻 10 号 2673 頁）リゾートマンションと付属スポーツ施設の関係
　　　　　　　　　（債務不履行による解除）〔91〕……………………………………早川眞一郎　182
最判平成 9・3・27（判時 1610 号 72 頁、判タ 947 号 204 頁）特定承継人への効力〔57〕…………………藤巻　梓　114
最判平成 10・3・26（判例集未登載）ペット飼育〔47〕……………………………………………………小西飛鳥　94
最判平成 10・10・22（民集 52 巻 7 号 1555 頁）駐車場専用使用権（1）〔19〕……………………………野口大作　38
最判平成 10・10・30（民集 52 巻 7 号 1604 頁）駐車場専用使用権（2）〔20〕……………………………野口大作　40
最判平成 12・3・21（判時 1715 号 20 頁、判タ 1038 号 179 頁）マンションの排水管枝管の帰属と
　　　　　　　　　その費用負担〔11〕………………………………………………………大野　武　22
最判平成 13・3・22（金法 1617 号 39 頁）管理組合法人の法人化前の団体の原告適格〔58〕……………小田敬美　116
最判平成 16・4・23（民集 58 巻 4 号 959 頁）管理費等の消滅時効〔29〕…………………………………伊藤栄寿　58
最判平成 16・11・18（民集 58 巻 8 号 2225 頁）公団の分譲販売後の値下げと説明義務〔90〕……………執行秀幸　180
最判平成 17・4・26（判時 1897 号 10 頁、判タ 1182 号 160 頁）県営住宅の自治会における会員の脱会の
　　　　　　　　　自由と自治会費の支払〔2〕……………………………………………鎌野邦樹　4
最判平成 18・3・30（民集 60 巻 3 号 948 頁）マンション建設と近隣環境〔87〕…………………………瀬川信久　174
最判平成 19・7・6（民集 61 巻 5 号 1769 頁）、マンションの基本的安全性と瑕疵〔88〕………………吉田克己　176
最判平成 21・4・23（判時 2045 号 116 頁、判タ 1299 号 121 頁）団地内一括建替え〔86〕………………良永和隆　172
最判平成 21・11・30（刑集 63 巻 9 号 1765 頁）マンションの各住戸への政党ビラ投函行為と
　　　　　　　　　住居侵入罪〔100〕………………………………………………………花房博文　200
最判平成 22・1・26（判時 2069 号 15 頁、判タ 1317 号 137 頁）不在区分所有者に対し住民活動協力金
　　　　　　　　　支払を求める規約の有効性〔45〕………………………………………土居俊平　90
最判平成 23・2・15（判時 2110 号 40 頁、判タ 1345 号 129 頁）管理組合の原告適格〔38〕……………吉井啓子　76
最判平成 23・7・21（判時 2129 号 36 頁、判タ 1357 号 81 頁）マンションの基本的安全性と瑕疵〔88〕……吉田克己　176
最決平成 23・10・11（判時 2136 号 36 頁、判タ 1361 号 128 頁、金法 1939 号 100 頁）
　　　　　　　　　区分所有権の競売請求訴訟の口頭弁論終結後の承継人に対する競売申立て〔70〕…中村壽宏　140
最判平成 24・1・17（判時 2142 号 26 頁、判タ 1366 号 99 頁）管理組合の役員らに対する誹謗中傷行為
　　　　　　　　　の共同利益背反行為該当性〔15〕…………………………………大野　武　30
最判平成 25・4・9（判時 2187 号 26 頁、判タ 1390 号 142 頁）マンションの譲受人の賃借人に対する
　　　　　　　　　看板の撤去請求（権利の濫用）〔1〕……山野目章夫　2

最判平成27・9・18（民集69巻6号1711頁）マンションの共用部分について生じた不当利得の返還
請求権の行使権者〔31〕……………………………鎌野邦樹　62

高等裁判所判例

東京高判昭和56・4・21（東高民時報32巻4号89頁）屋上広告塔に専用使用権を設定した売買契約
および管理規約の有効性〔17〕……………………大野　武　34
東京高判昭和59・11・29（判時1139号44頁、判タ566号155頁）一区分所有者による管理にすべき
かの判断〔21〕………………………野口大作　42
東京高判平成2・3・27（判時1355号59頁）専有部分のみの取得者が他の専有部分と敷地利用権を取得
したときは「敷地利用権を有しない区分所有者」に当たらない〔8〕…松尾　弘　16
大阪高判平成4・1・28（判時1428号89頁、判タ784号243頁）専有部分の増築と区分所有法17条
2項の「特別の影響」〔22〕……………野口大作　44
東京高判平成7・2・28（判時1529号73頁）義務違反行為の結果の除去〔63〕……………………秋山靖浩　126
東京高判平成7・12・18（判タ929号199頁）議案の要領の欠如〔53〕……………………………岡田康夫　106
東京高判平成8・12・26（判時1599号79頁）管理組合の当事者適格と請求権〔3〕……………花房博文　6
東京高判平成11・9・8（判時1710号110頁、判タ1046号175頁）マンション販売における不動産業者
の告知義務〔92〕……………………後藤巻則　184
大阪高判平成12・9・28（判時1753号65頁、判タ1073号216頁）建物の老朽化と建替え〔77〕………上河内千香子　154
東京高判平成12・12・14（判時1755号65頁、金法1621号33頁、金判1108号15頁）管理委託契約
と徴収管理費等の管理会社名義の預金債権の帰属者〔96〕…西島良尚　192
大阪高判平成14・5・16（判タ1109号253頁）管理費等の滞納と専有部分の使用禁止請求〔66〕…………竹田智志　132
大阪高判平成14・6・21（判時1812号101頁）買取請求時の時価〔76〕……………………………上河内千香子　152
東京高判平成14・8・28（判時1812号91頁）規約の閲覧〔48〕……………………………………小西飛鳥　96
福岡高判平成15・2・13（判時1828号36頁）団地関係の成立の法意〔85〕………………………良永和隆　170
東京高決平成16・5・20（判タ1210号170頁）剰余を生じる見込みがない競売請求の訴えに係る競売
〔71〕……………………………………中村壽宏　142
東京高判平成16・7・14（判時1875号52頁）建替決議後の売渡請求時の時価〔84〕………………竹田智志　168
東京高判平成17・3・30（判時1915号32頁、金判1224号51頁）特定承継人が滞納管理費等を支払った
場合における前区分所有者への求償〔5〕…大山和寿　10
東京高判平成19・9・12（判タ1268号186頁）建替決議における「再建建物の設計の概要」〔79〕…上河内千香子　158
大阪高判平成20・4・16（判時2018号19頁、判タ1267号289頁）先取特権の被担保債権〔4〕…………大山和寿　8
札幌高判平成21・2・27（判タ1304号201頁）屋上通信アンテナ設置のため管理組合が共用部分を
第三者に賃貸するための要件〔18〕……………大野武　36
東京高判平成21・8・6（判タ1314号211頁）登記されていない規約共用部分の譲渡と背信的悪意者
〔14〕……………………………………鎌野邦樹　28
東京高判平成23・9・15（判タ1375号223頁）閲覧・謄写請求〔49〕…………………小西飛鳥・藤巻　梓　98
東京高判平成23・11・24（判タ1375号215頁）規約に違反した用途外利用行為〔42〕………………土居俊平　84
東京高判平成24・3・19（判時2147号118頁、判タ1374号197頁）区分所有者が締結した個人財産
総合保険契約約款における地震免責条項の解釈〔98〕…黒木松男　196
東京高判平成25・10・10（判時2205号50頁）マンション内でのトラブル〔97〕……………………小賀野晶一　194
東京高判平成26・4・16（判時2226号26頁、判タ1417号107頁、金判1445号58頁）管理費等滞納者
が支払う「違約金としての弁護士費用」の意義〔44〕…土居俊平　88

地方裁判所判例

神戸地決昭和54・11・9（判時974号112頁）敷地付属施設の管理〔32〕……………………………西島良尚　64
大阪地判昭和57・10・22（判時1068号85頁、判タ487号106頁）共用部分への負担〔28〕……………伊藤栄寿　56
東京地判昭和62・4・10（判時1266号49頁、判タ661号180頁）議題の欠如〔52〕………………………岡田康夫　104

判例	担当者	頁
福岡地判昭和62・5・19（判タ651号221頁）暴力団事務所の使用禁止〔65〕	南部あゆみ	130
大阪地判昭和62・6・23（判時1258号102頁、判タ658号218頁）中間取得者と特定承継人の責任〔6〕	大山和寿	12
大阪地決昭和63・2・24（判時1293号124頁、判タ679号181頁）組合の仮理事長の選任申立てが認められたケース〔60〕	山野目章夫	120
東京地判昭和63・11・28（判タ702号255頁、金判820号35頁）店舗の使用制限を内容とする規約変更の有効性〔46〕	土居俊平	92
東京地判平成2・7・24（判時1382号83頁、判タ754号217頁、金判867号39頁）法人が負担すべき管理費等を高額にする規約等の有効性〔43〕	土居俊平	86
東京地判平成2・10・26（判時1393号102頁、判タ764号184頁）管理者の解任請求〔35〕	吉井啓子	70
東京地判平成3・11・29（判時1431号138頁）マンションの雑排水管は専有部分か、共用部分か〔24〕	舟橋　哲	48
横浜地判平成3・12・12（判時1420号108頁、判タ775号226頁）白紙委任状〔55〕	藤巻　梓	110
東京地判平成4・3・19（判時1442号126頁、判タ809号182頁）階上から階下の住宅への雨水の浸入による損害〔7〕	松尾　弘	14
東京地判平成4・5・22（判時1448号137頁）管理者の報告義務〔39〕	矢田尚子	78
東京地判平成4・7・29（判タ801号236頁）区分所有法18条1項但書の「保存行為」の意義〔25〕	舟橋　哲	50
京都地判平成4・10・22（判時1455号130頁、判タ805号196頁）暴力団事務所の競売請求〔67〕	南部あゆみ	134
東京地八王子支判平成5・2・10（判タ815号198頁）原始規約の設定手続〔56〕	藤巻　梓	112
東京地判平成5・3・30（判時1461号72頁）一部共用部分の該当性と管理費の負担割合〔16〕	大野　武	32
東京地八王子支判平成5・7・9（判時1480号86頁、判タ848号201頁）複合用途型マンションでの用途区分違反使用〔73〕	大場浩之	146
東京地判平成6・2・14（判時1515号91頁、判タ856号219頁）訴訟の提起〔64〕	秋山靖浩	128
神戸地判平成7・10・4（判時1569号89頁）集会の決議の実行〔36〕	吉井啓子	72
東京地判平成9・7・7（判時1605号71頁、判タ946号282頁）暴力団組員が居住する中古マンションの売買と売主の瑕疵担保責任〔94〕	角田光隆	188
東京地判平成9・7・25（判タ970号276頁）不当利得返還請求〔37〕	吉井啓子	74
神戸地判平成11・6・21（判時1705号112頁、判タ1035号254頁）被災マンションの建替え〔78〕	上河内千香子	156
横浜地判平成12・9・6（判時1737号90頁、判タ1105号246頁）教団施設としてのマンションの専有部分の使用と賃貸借契約の解除および専有部分の引渡請求〔74〕	カライスコス アントニオス	148
神戸地判平成13・1・31（判時1757号123頁）頭数と議決権（人数の数え方）〔54〕	藤巻　梓	108
東京地判平成13・2・20（判時1136号181頁）管理者による集会の招集〔50〕	花房博文	100
那覇地判平成16・3・25（判タ1160号265頁）駐車場の使用細則〔23〕	野口大作	46
東京地判平成16・7・13（金法1737号42頁）借地上マンションの区分所有権および敷地利用権の売渡請求と相手方の義務〔82〕	藤井俊二	164
東京地判平成16・11・25（判時1892号39頁）管理組合法人の劣化抑制・壁面塗装工事と事務管理〔30〕	角田光隆	60
東京地判平成17・5・13（判タ1218号311頁）管理費等の滞納と区分所有法59条1項の競売請求〔69〕	竹田智志	138
東京地判平成17・6・23（判タ1205号207頁）義務違反行為の停止(2)〔62〕	横山美夏	124
東京地決平成17・7・19（判時1918号22頁）売渡請求権の行使による敷地賃借権の移転と賃貸人の承諾に代わる許可の裁判〔83〕	藤井俊二	166
東京地判平成17・9・13（判時1937号112頁、判タ1213号163頁）騒音・振動等の迷惑行為とマンションの引渡請求・競売申立請求等〔75〕	カライスコス アントニオス	150
東京地判平成17・12・5（判時1914号107頁、判タ1219号266頁）シックハウス症候群と売主の瑕疵担保責任〔93〕	笠井　修	186
東京地判平成19・2・1（判タ1257号321頁）招集通知の欠如〔51〕	花房博文	102
札幌地判平成22・4・22（判時2083号96頁）耐震偽装・耐震不足マンション〔89〕	磯村　保	178
東京地立川支判平成22・5・13（判時2082号74頁）義務違反行為の停止(1)〔61〕	横山美夏	122
東京地判平成22・6・21（判タ1341号104頁）管理者の金銭等の引渡義務〔40〕	矢田尚子	80

横浜地判平成 22・11・29（判タ 1379 号 132 頁）電気供給契約の切替え〔68〕……………………南部あゆみ 136
東京地判平成 23・4・25（判時 2116 号 123 頁）保険会社の管理組合に対する損害賠償請求〔99〕…………黒木松男 198
東京地判平成 24・1・30（判時 2187 号 46 頁）排水槽についての費用負担義務〔27〕………………………伊藤栄寿 54
東京地判平成 24・9・25（判時 2201 号 42 頁）62 条 2 項 4 号「再建建物の区分所有権の帰属に関する
　　　　　　　　　　　　　　　　　　　　　　　事項」〔80〕……………………………………………岡田康夫 160
東京地判平成 24・12・27（判時 2187 号 51 頁、判タ 1394 号 340 頁）団地一括建替決議の反対者に対する
　　　　　　　　　　　　　　　　　　　マンション建替法 15 条 1 項の売渡請求〔81〕……岡田康夫 162
東京地判平成 25・8・22（判時 2217 号 52 頁）棟割式区分所有建物と土地の占有権原〔34〕………………西島良尚 68
東京地判平成 26・10・28（判時 2245 号 42 頁）マンション内の駐車場の帰属〔10〕………………………角田光隆 20

マンション法の判例解説

2017年2月20日　第1版第1刷発行

編者　鎌野邦樹
　　　花房博文
　　　山野目章夫

発行者　井村寿人

発行所　株式会社　勁草書房

112-0005　東京都文京区水道2-1-1　振替 00150-2-175253
　　　　（編集）電話 03-3815-5277／FAX 03-3814-6968
　　　　（営業）電話 03-3814-6861／FAX 03-3814-6854
　　　　本文組版 プログレス・理想社・中永製本

©KAMANO Kuniki, HANAFUSA Hirofumi,
　YAMANOME Akio　2017

ISBN978-4-326-40331-8　　Printed in Japan

JCOPY　＜(社)出版者著作権管理機構　委託出版物＞
本書の無断複写は著作権法上での例外を除き禁じられています。
複写される場合は、そのつど事前に、(社)出版者著作権管理機構
（電話 03-3513-6969、FAX 03-3513-6979、e-mail: info@jcopy.or.jp）
の許諾を得てください。

＊落丁本・乱丁本はお取替いたします。
　　　http://www.keisoshobo.co.jp

【勁草法学案内シリーズ】

鎌野邦樹
マンション法案内　　　四六判　2,200円

マンションを買い、入居し、居住を続けていく、その間、建物を共同で維持・管理し、定期的に大規模修繕、最終的には建て替えるといった、いわばマンションの一生におけるその時々の法的問題を物語風に解説する。教育的配慮を行き届かせた第一人者による、はじめてのマンション法入門書である。

七戸克彦
不動産登記法案内　　　四六判　2,600円

多くの具体的書式を示しながら正確で体系的な知識の習得を得られるようわかりやすく解説する。法の章立てに沿って理論と実務の両側面につき正確な体系的な知識の習得に重点を置きつつ、登記事項証明書の内容や登記申請書の記載例・オンライン申請の申請画面等を示しながら、登記簿の読み方や登記申請の手順について具体的に説明をする。

最新刊

内田勝一
借地借家法案内　　　四六判　2,600円

規定の内容を断片的に書き並べるのではなく、法制度の趣旨、背景等の本質的なしくみに重きを置き、法が織りなす全体像を縦糸（歴史的沿革）と横糸（比較法、社会的実態）から立体的にわかりやすく解きほぐす。相互の法令を有機的に連関させ、法的・論理的な思考方法をも習得できる。

半田正夫
著作権法案内　　　四六判　2,300円

著作権法って身近でためになりおもしろい！私たちの日常に深いかかわりがある著作権制度の仕組みを、Q&Aでキホンのキにさかのぼって知識を全くもっていないヒトにもわかりやすく解説する。

藤木英雄・板倉宏
刑法案内 1、2　　　四六判　各2,300円

常識にそった刑法理論をわかりやすく世に問う名著。刑法に新風を吹き込んだ藤木英雄の「しろうとにもわかる刑法を」という想いを、板倉宏が引き継いだ。

※表示価格は2017年2月現在。消費税は含まれておりません。